GUOJIA
XIETIAOLUN

国 家 协 调 论

导 论

一、经济法学的概念和地位

（一）经济法学的概念

要搞清楚什么是经济法学，需要对经济法学这一概念下一个科学的定义。这就要用简明的语言揭示其内涵，即用简明的语言揭示经济法学这一概念所反映的事物的本质属性。笔者认为，经济法学是研究经济法及其发展规律的法学学科。对此，可以着重从以下两方面进行分析：

第一，经济法学是一门法学学科。

法学是研究法及其发展规律的社会科学。所谓社会科学，是研究社会现象的学科。法学属于社会科学的范畴，是社会科学体系中的一门学科。它与政治学、经济学、军事学、社会学、文学、史学等同属于社会科学体系的其他学科既有联系又有区别。它们之间的本质区别，是各自研究的社会现象不同。法学是以法及其发展规律为研究对象的。需要指出的是，在法学界，对于法学的研究对象存在着三种不同的认识①：一是有些论著在对法学这一概念下定义时指出，法学是研究法这一特定社会现象及其发展规律的；二是有的论著虽然未将法的发展规律作为法学的研究对象列入其对法学这一概念所下的定义之中，但认为法的发展规律是法学研究的内容之一；三是有的论著无论在对法学这一概念下的定义之中，还是在阐述法学的研究对象时，都没有谈到对法的发展规律的研究。笔

---

① 参见北京大学法学院（在北京大学法学院的历史上，一度称为法律学系，为了行文方便，本书统一称为法学院）法学理论教研室编：《法学基础理论》（新编本），北京大学出版社 1984 年版，第 1 页；《法学词典》（增订版），上海辞书出版社 1984 年版，第 602 页；沈宗灵主编：《法理学》，高等教育出版社 1994 年版，第 1 页；曾庆敏主编：《法学大辞典》，上海辞书出版社 1998 年版，第 1091 页；张云秀主编：《法学概论》，北京大学出版社 2000 年版，第 1 页。

者认为:上述第一种观点是正确的;第二种观点不无道理;第三种观点不妥。

在经济法学界,学者们一般都认为,经济法学是法学的一门学科。但是,在对经济法学这一概念下的定义中有"经济法学是……法学学科"、"经济法学是……部门法学"、"经济法学是……学科"等不同的表述方式。上述第一种表述方式,是笔者和不少学者所主张的;采取第二种表述方式,应该说也是可以的;采取第三种表述方式,虽然没有错,但是不够明确。

第二,经济法学以经济法及其发展规律为研究对象。

毛泽东同志指出:"科学研究的区分,就是根据科学对象所具有的特殊的矛盾性。因此,对于某一现象的领域所特有的某一种矛盾的研究,就构成某一门科学的对象。""固然,如果不认识矛盾的普遍性,就无从发现事物运动发展的普遍的原因或普遍的根据;但是,如果不研究矛盾的特殊性,就无从确定一事物不同于他事物的特殊的本质,就无从发现事物运动发展的特殊的原因,或特殊的根据,也就无从辨别事物,无从区分科学研究的领域。"[①]我们研究经济法学,在正确认识经济法学是一门法学学科的同时,应该明确它的研究对象所具有的特殊的矛盾性,从而搞清楚经济法学不同于法学的其他分支学科的特殊本质,将经济法学同其他事物区分开来。

笔者认为,经济法学的研究对象是经济法及其发展规律。这就是说,经济法学不仅研究经济法,而且研究经济法的发展规律;不仅研究经济法的现状,而且研究经济法的历史发展;不仅研究静态的经济法,而且研究动态的经济法。

为了阐明经济法学的研究对象,有必要对经济法总论和经济法分论的研究对象作一些分析。经济法总论即经济法基本理论或经济法基础理论,是研究经济法现象的共同问题和经济法发展一般规律的经济法学学科。它是从对多层次的各类经济法制度及其发展规律的研究中概括起来的,是多层次的各类部门经济法学的理论基础;同时,它对于研究多层次的各类经济法制度及其发展规律具有指导作用。经济法总论研究的内容,主要包括经济法与经济法学发展的一般规律,经济法的概念、调整对象、地位、体系、主体、理念、基本原则、渊源、制定、实施和责任制度等方面的问题。

经济法分论,是研究多层次的各类经济法制度及其发展规律的经济法学学科。它是经济法总论的展开和具体体现。经济法分论所研究的第一层次的经济法制度及其发展规律,包括市场监管法律制度及其发展规律、宏观调控法律制度及其发展规律。研究市场监管法律制度及其发展规律,又可以划分为研究市场准入与退出法、竞争法、消费者权益保护法、产品质量法等法律制度及其发展规律;研究宏观调控法律制度及其发展规律,又可以划分为研究计划法、财政法

---

① 《毛泽东选集》第1卷,人民出版社1952年版,第297页。

(含税法等)、中央银行法、价格调控法等法律制度及其发展规律。根据实践的需要,这样的划分可以继续进行。

在经济法学研究对象的问题上,经济法学界尚未取得共识。笔者认为,在对经济法学这一概念下的定义中应该明确指出,经济法学的研究对象是经济法及其发展规律。如果在对经济法学这一概念下定义时只是将研究经济法列入经济法学的定义之中,在阐述经济法学的研究对象时才指出经济法学也研究经济法的发展规律,这样的认识不能说有什么问题,但对经济法学这一概念所下的定义不能说是完善的。如果不仅在对经济法学这一概念下的定义中,而且在阐述经济法学的研究对象时,均未涉及到对经济法发展规律的研究,这就实际上否定了经济法学对经济法发展规律进行研究的必要性,是不全面的。那种认为经济法律、法规是经济法学的研究对象的观点,是不可取的。因为经济法是由以各类制定法和非制定法为表现形式的全部经济法律规范组成的,而不是经济法律、法规的总称。应该明确:在许多经济法律、法规等规范性文件中存在的非经济法律规范,不是经济法的组成部分,不属于经济法学研究对象的范围;与此同时,有不少经济法律规范虽然不是以经济法律、法规为表现形式的,甚至不是以制定法为表现形式的,但它们也是经济法的组成部分,也属于经济法学研究对象的范围。

此外,在对经济法学这一概念所下的定义中,不宜使用含混的概念。有些论著在对这一概念下的定义中,使用了"一定"、"主要"、"等"这些含混的概念,这不妥。逻辑学告诉我们,任何定义都是由被定义项即被定义概念、定义项即定义概念和联结词组成的。其中,被定义概念和定义概念是两个主要组成部分。"经济法学"是被揭示内涵的概念,即被定义概念或称被定义项;用来揭示"经济法学"这个被定义概念内涵的概念,即定义概念或称定义项。定义的规则之一是,在定义概念中不得使用含混的概念。含混的概念,是指内涵和外延不明确的概念。下定义的目的,是为了明确被定义概念的内涵,而定义概念本身如果不明确,含糊不清,就无法揭示被定义概念的内涵,就不能达到下定义的目的。

(二) 经济法学的地位

经济法学的地位,是指经济法学在法学体系中所处的位置。所谓法学体系,是由多层次的、门类齐全的法学分支学科组成的有机联系的统一整体。根据实践的需要,可以按照不同的标准,对法学进行连续划分。例如,可以将法学分别划分为国内法学和国际法学,理论法学和应用法学,以及独立学科和边缘学科,传统学科和新兴学科等等。在第一次划分结束以后,根据实践的需要,还可以继续进行划分,如国内法学可以划分为民法学、经济法学、行政法学等,国际法学可以划分为国际公法学、国际经济法学等。

那么,经济法学在法学体系中是一门什么样的学科呢?这可以从以下几方面来回答：

首先，经济法学是一门独立学科。

要明确经济法学的地位，最重要的是要了解经济法学具有特定的研究对象，是法学体系中的一门独立学科。独立学科是相对于边缘学科而言的。独立学科，是指具有特定研究对象的学科。所谓特定研究对象，是指该研究对象不仅具有一定的范围，而且同其他学科的研究对象是可以分开的。边缘学科，是指其研究对象跨越两个以上[①]独立学科的研究对象的学科，如法律经济学、法律社会学、法律心理学、法律逻辑学、法律统计学、法律教育学等。作为经济法学研究对象的经济法及其发展规律，不仅具有一定的范围，而且同其他法学学科的研究对象是可以分开的。所以，笔者与多数学者认为，经济法学是一门独立的法学学科。

但是，这还不是学界的共识，还有进一步讨论的必要。现在，单纯强调经济法学是一门边缘学科的观点已不多见。但是需要指出，在肯定经济法学具有特定的研究对象，是一门独立学科的同时，又说经济法学是一门边缘学科，这是自相矛盾的。因为任何一门学科，根据其是否具有特定的研究对象，不是属于独立学科，就是边缘学科，不可能既是独立学科又是边缘学科。而经济法学正是一门具有特定研究对象的学科，其研究对象并没有跨越两个以上独立学科的研究对象，所以，它是一门独立学科，而不是什么边缘学科。那么，是否只要说经济法学是一门独立的学科，其观点都没有问题了呢？不一定，这还要具体分析。好比，在说经济法学是一门独立学科的同时，又将合同制度以及诉讼、仲裁程序等列入经济法学研究对象的范围，这就实际上否定了经济法学具有特定的研究对象，从而否定了经济法学是一门独立的学科。

其次，经济法学是一门国内法学。

国内法学是相对于国际法学而言的。国际法学，是指研究国际法及其发展规律的法学学科。国内法学，是指研究国内法及其发展规律的法学学科。它包括本国的国内法学和外国的国内法学。人们平时所说的经济法，实际上是相对于国际经济法而言的国内经济法，属于国内法体系。所以，研究经济法及其发展规律的法学学科即经济法学[②]，是一门国内法学。

再次，经济法学是一门应用法学。

应用法学是相对于理论法学而言的。理论法学，是指研究法的共同问题和法发展的一般规律的法学学科。应用法学，是指研究多层次的各类法律制度及

---

① 本书在讲到“以上”或“以下”时，均包括本数在内。

② 人们平时所说的经济法学，实际上是相对于国际经济法学而言的国内经济法学。它包括：本国的国内经济法学，简称本国经济法学；外国的国内经济法学，简称外国经济法学。

其发展规律的法学学科。应用法学与理论法学的区别是:应用法学也有自己的理论,但理论法学的理论性更强;理论法学也来自社会实践并为社会实践服务,也具有一定的实用价值,但应用法学同社会实践的联系更为紧密,实用价值更大。经济法学同社会实践具有紧密联系,实用价值很大,当然,它也有自己的理论,但从总体上来说,它属于应用法学的范围。

第四,经济法学是一门新兴学科。

新兴学科是相对于传统学科而言的。传统学科,是指历史悠久的学科。新兴学科,是指新近兴起的学科。经济法学与民法学等传统学科相比,它问世的时间要晚得很多。经济法学产生于20世纪20年代的德国。在中国,经济法学是在1979年以后产生的。[①] 总之,经济法学是一门在现代社会应运而生的年轻学科,是一门新兴的法学学科;同时,它也是一门迅猛发展中的学科,具有广阔的发展前景。

第五,经济法学是一门重要学科。

判断一门学科是否重要,其重要程度如何,不决定于该学科和其他学科学者的主观愿望,而决定于它实际发挥作用的状况。应该说,各门学科的产生和存在都不是偶然的,它们发挥着不同程度的作用。各门学科所发挥的作用的领域和大小并不是相同的;就是同一门学科,在不同的历史时期,其作用的大小也是不一样的。在现代社会中,经济法学对于加强经济法制建设,维护社会经济秩序,推动经济社会发展,发挥着重要作用。所以,经济法学是一门重要的法学学科。

二、经济法学与经济法的关系

在经济法学与经济法的关系问题上,法学界存在两种不同的观点:一是认为,经济法是一个法律部门和一门法律学科,或者认为经济法具有两种含义。例如:认为"经济法是一门新兴的法律部门和法律学科";认为经济法一词有"法律意义上的经济法"和"学科意义上的经济法"双重含义或者"经济法规范"和"经济法学科"两种含义;认为经济法是"一个独立法律部门",是"一种学问"、一门"相对较新的学科";认为经济法是"一个'独立'部门","一门法律学科";认为"经济法是我国法律体系中的一个非常年轻的法律部门,也是我国法学领域中

① 关于经济法学在外国和中国的产生,本书将在第二、三章作进一步阐述。

正在逐渐成长的一个新兴学科”。[①] 二是认为，“经济法学和经济法既有联系，又有区别，不应混淆。”[②]

笔者认为，搞清楚经济法学与经济法的关系，这是从事经济法的制度建设和经济法的理论研究必须首先要明确的一个基本问题。那种断言“经济法是一门新兴的法律部门和法律学科”的观点，或者认为经济法是一门法律学科的观点，都混淆了经济法与经济法学的界限，是不可取的。应该说：经济法是一个独立的法的部门，经济法学是一门独立的法学学科，它们之间有联系，有区别；看不到它们之间的联系不妥，抹杀它们之间的区别也不对。早在二十多年前的1983年，笔者就明确指出：“经济法是法律体系中的一个独立部门，有特定的调整对象。经济法学是法学体系中的一门独立学科，有特定的研究对象。两者既有联系，又有区别，不应混淆。认为作为一个部门法的经济法又是一门独立的法律学科，这种观点不能说是正确的。”[③]

经济法学与经济法之间的联系主要表现在两个方面：一是没有经济法，就不会有经济法学。经济法及其发展规律是经济法学的研究对象，如果没有经济法就不会有它的发展规律，没有经济法及其发展规律，就不存在经济法学的研究对象，而没有研究对象的学科，过去和现在没有，今后也不会有。二是经济法学的产生和发展，为经济法的进一步发展开辟了道路。对经济法及其发展规律研究的开展和深入，经济法学的产生和发展，有助于明确在国家协调本国经济运行过程中需要制定、认可和修改完善哪些经济法律规范，应该采取哪些正确的立法对策，这样就可以使经济法律规范的数量不断增加，质量日益提高，从而推动经济法的发展。

经济法学与经济法之间的区别主要表现在以下三个方面：一是经济法学是法学体系中的一门独立的法学学科；经济法是法的体系中的一个独立的部门。二是经济法学具有特定的研究对象；经济法具有特定的调整对象。三是经济法学是人们从事学术研究的产物，没有法律约束力；经济法是由国家制定或认可的，由国家强制力保证实施。

---

① 参见高程德：《经济法》，上海人民出版社1987年版，封面；梁慧星、王利明：《经济法的理论问题》，中国政法大学出版社1986年版，前言；佟柔：《学科经济法论》，见《中国经济法诸论》编写组编著：《中国经济法诸论》，法律出版社1987年版，第221页；王保树主编：《经济法原理》，社会科学文献出版社2004年版，第1、64页；潘静成、刘文华主编：《经济法》，中国人民大学出版社2005年版，第46、83页；李昌麒主编：《经济法学》，法律出版社2007年版，第96页。

② 杨紫烜：《论经济法的若干理论问题》，载《北京大学学报（哲学社会科学版）》1986年第3期，第59页；杨紫烜主编：《经济法》，北京大学出版社、高等教育出版社1999年、2006年、2008年版第1页。

③ 中国社会科学院法学研究所民法、经济法研究室编：《经济法理论学术论文集》，群众出版社1985年版，第374页。

三、研究经济法的指导思想和方法

(一) 研究经济法的指导思想

具有正确的指导思想和科学的研究方法,对于深入开展经济法理论问题和实际问题的研究,发展经济法学,完善经济法制,至关重要。

马克思主义哲学,即辩证唯物主义和历史唯物主义,是关于自然、社会和人类思维的一般规律的科学,是科学的世界观和方法论的统一。研究经济法,必须以辩证唯物主义和历史唯物主义为指导思想和根本方法,决不能搞指导思想多元化。

以马克思主义哲学为指导研究经济法,必须坚持社会存在决定社会意识、社会意识反作用于社会存在的观点。作为法的组成部分的经济法属于上层建筑的范畴,它是由经济基础决定的;同时,它又反作用于经济基础。在认识论上,从事经济法研究,应该广泛参加经济法制建设的实践,在实践中看到、听到和接触到大量经济法现象,引起了人们的感觉,产生了印象,这是认识的感性阶段;进而经过科学的抽象,将对经济法的感性认识上升到理性认识;然后,又将对经济法的理性认识能动地指导经济法制建设的实践,并接受实践的检验,使这种认识在实践中继续得到发展。

以马克思主义哲学为指导研究经济法,必须坚持社会现象普遍联系和社会历史有规律发展的观点。坚持普遍联系的观点,就不能孤立地看待经济法现象,而应该进行全方位的考察,不仅要考察经济法系统本身各要素之间的联系,而且要考察经济法与其他现象的联系。坚持上述观点,就会看到,在经济法领域中,同样存在原因和结果、必然和偶然、可能和现实、形式和内容、现象和本质这些普遍的联系形式。坚持发展的观点,就不能静止地看待经济法现象,而应该把经济法视为一个发展过程,它不仅有一个产生、发展以至消亡的过程,而且在现实生活中它也是发展变化的。坚持上述观点,就会看到,经济法也是遵循着唯物辩证法关于事物发展的普遍规律——对立统一规律、质量互变规律、否定之否定规律——发展的。

以马克思主义哲学为指导研究经济法,必须坚持实事求是的科学态度。毛泽东同志指出:"'实事'就是客观存在着的一切事物,'是'就是客观事物的内部联系,即规律性,'求'就是我们去研究。"[①]这要求我们,研究经济法应该做到主观和客观相统一、理论与实践相结合,一切从实际出发,具体问题具体分析,透过

---

① 《毛泽东选集》第3卷,人民出版社1991年版,第801页。

复杂的社会现象,揭示经济法的本质,找出经济法发展的规律,用以指导经济法的实践,从而改造主观世界和改造客观世界。

坚持以马克思主义哲学为指导,决不搞指导思想多元化,要反对迷信西方思想理论的教条主义,要正确对待西方新自由主义思潮。西方新自由主义经济学的核心理论包括四点内容:一是经济人假设。认为自私自利是不变的人性。二是认为私有制是最有效率的,是永恒的,是最符合人性的,是市场经济的唯一基础。三是迷信市场自由化、市场原教主义,迷信完全竞争的假设和完全信息的假设。四是主张政府作用最小化,反对国家对经济的干预和调控。这些"理论"同马克思主义、同社会主义、同中国的国情都格格不入,是我们所不能接受的。①

(二)研究经济法的方法

研究经济法的方法要体现研究经济法的指导思想;研究经济法的方法的创新不能离开研究经济法的指导思想。研究经济法需要采取的多种方法,其中包括社会调查方法、历史考察方法、阶级分析方法、经济和社会效益分析方法、博弈分析方法、系统分析方法、比较研究方法和语义分析方法等。下面,分别进行论述:

第一,社会调查方法。

进行社会调查,这是坚持辩证唯物主义认识路线的必然要求。因为要做到实事求是必须了解"实事",要从实际出发必须了解实际情况,而在社会领域中"要了解情况,唯一的方法是向社会作调查"②。研究经济法必须从实际出发,这就要向社会作调查。调查的目的是为了进行研究,研究的目的是为了改造主观世界和客观世界。而为了研究的需要,"必须充分地占有材料"③,必须"从事实的全部总和、从事实的联系去掌握事实"④。

进行社会调查必须明确调查的内容。应该说,为了搞好经济法的制度建设和经济法的理论研究,需要调查的内容是多方面的。对于不同的部门、地

---

① 参见刘国光(我国著名经济学家、中国社会科学院学部委员、中国社会科学院原副院长、现任中国社会科学院特邀顾问):《对经济学教学和研究中一些问题的看法》,载《高教理论战线》2005 年第 9 期,第 26 页。

② 《毛泽东选集》第 3 卷,人民出版社 1991 年版,第 789 页。

③ 马克思指出:"研究必须充分地占有材料,分析它的各种发展形式,探寻这些形式的内在联系。只有这项工作完成以后,现实的运动才能适当地叙述出来。"见《马克思恩格斯选集》第 2 卷,人民出版社 1995 年版,第 111 页。

④ 列宁指出:"罗列一般例子是毫不费劲的,但这是没有任何意义的或者完全起相反的作用,因为在具体的历史情况下,一切事情都有它个别的情况。如果从事实的全部总和、从事实的联系去掌握事实,那么,事实不仅是'胜于雄辩的东西',而且是证据确凿的东西。如果不是从全部总和、不是从联系中去掌握事实,而是片断的和随便挑出来的,那么事实就只能是一种儿戏,或者甚至连儿戏也不如。"见《列宁全集》第 23 卷,人民出版社 1958 年版,第 279 页。

区、单位、个人来说，需要调查的内容往往既有相同的方面，又有不同的方面；同时，随着情况的发展变化，不同时期需要调查的内容也是发展变化的。但是，总的来说，在经济法的制度建设和经济法的理论研究方面，除了要了解还有什么老的问题需要解决以外，应该着重调查在当前出现了哪些新情况，积累了哪些新经验，存在哪些新问题。在此基础上，认真研究在经济法的制度创新和理论研究方面，需要继续采取哪些以往行之有效的对策，特别是需要采取哪些新的对策。

进行社会调查，必须深入实际，深入群众。要运用多种方式，通过多种渠道，收集各种有关资料。社会调查的具体方式包括：直接参加经济法的立法、执法、司法实践；参加有关会议，采访相关人员；进行社会统计、民意测验、抽样调查；等等。

第二，历史考察方法。

以历史唯物主义为指导研究经济法，必须运用历史考察的方法。人类社会的历史是一个有规律的发展过程。各种社会现象都有其产生和发展的历史。要科学地看待经济法问题，就应该对它的产生、发展情况作一个历史的考察。正如列宁所说的："在社会科学问题上有一种最可靠的方法，它是真正养成正确分析这个问题的本领而不致淹没在一大堆细节或大量争执意见之中所必需的，对于用科学眼光分析这个问题来说是最重要的，那就是不要忘记基本的历史联系，考察每个问题都要看某种现象在历史上怎样产生、在发展中经过了哪些主要阶段，并根据它的这种发展去考察这一事物现在是怎样的。"①

历史唯物主义认为，社会的基本矛盾，是生产关系和生产力之间的矛盾，上层建筑和经济基础之间的矛盾，而不是什么社会整体利益与社会个体利益的矛盾。经济法的产生和发展，从根本上来说，是由社会基本矛盾的运动决定的，是不依人们的意志为转移的。以历史唯物主义为指导对经济法进行历史考察，包括多方面的内容。例如：考察经济法与经济、政治、文化、社会相互作用的历史；考察经济法与民法、行政法等其他法相互作用的历史；考察中国经济法与外国经济法相互作用的历史；考察经济法系统本身各要素相互作用的历史；等等。

第三，阶级分析方法。

阶级分析方法，是指在存在阶级和阶级斗争的历史条件下，对于社会现象要用阶级和阶级斗争的观点分析其所具有的阶级属性的方法。列宁指出："马克思主义者不应当离开分析阶级关系的正确立场。"②进行阶级分析，是马克思主义阶级和阶级斗争观点的具体运用。这是马克思主义者分析国家与法等社会现

① 《列宁选集》第4卷，人民出版社1995年版，第26页。
② 《列宁选集》第3卷，人民出版社1995年版，第27页。

象时必须运用的方法，也是研究经济法的一个基本方法。

关于运用阶级分析方法的必要性和重要性，可以从以下几方面作进一步分析：一是要揭示法[①]的阶级本质，必须运用阶级分析方法。“世界上没有什么超阶级的法”，“任何国家的法都具有阶级性。”[②]法既有阶级性又有社会性，阶级性是本质属性。[③] 无论在古代国家还是现代国家，无论是外国不是中国，法都具有阶级性；无论是公法还是私法，无论是经济法还是其他法，也都具有阶级性。当然，不同的法，其阶级性强弱的程度是有差别的。法本身的阶级性，决定了运用阶级分析方法研究法的必要性。只有运用阶级分析方法，才能揭示出“法律就是取得胜利并掌握国家政权的阶级的意志的表现”[④]，法所体现的阶级意志的内容，是由该阶级的物质生活条件决定的。二是要了解法的发展规律，必须运用阶级分析方法。只有运用阶级分析方法，才能明确决定法的性质的经济基础的性质，才能明确法的历史类型的变更决定于经济基础的历史类型的变更，才能明确“法随着阶级、阶级斗争的产生和发展而产生和发展，并且随着阶级斗争和阶级的退出历史舞台而走向消亡。”[⑤]三是要实现我国社会主义法的根本任务，必须运用阶级分析方法。只有运用阶级分析方法，才能真正懂得我国所进行的是社会主义法制建设，要建立的是社会主义法治国家，我国社会主义法必须维护国有经济的主导地位和公有制的主体地位，维护改革开放的社会主义方向，维护社会主义国家的经济安全，为社会主义经济基础服务，推动生产力的发展。

要运用阶级分析方法，必须反对各种超阶级的观点。剥削阶级的法学家未能揭示法的阶级本质，甚至制造种种超阶级的所谓“理论”，说什么资产阶级国家的法是“全民的公意”，是全体社会成员“共同意志”的反映，是维护全体社会成员“共同利益”的等等，从而抹杀法的阶级本质，欺骗劳动人民。在我国法学界，除了也有一些公开否认法的阶级性的观点以外，有的主张同西方国家的法律全面“接轨”，有的主张实行“全球法律一体化”。这是不符合阶级分析的方法的，是不正确的，有害的。在我国经济法学界，有时也会听到一些无视经济法的阶级性的言论，有的在大讲经济法的研究方法时没有提阶级分析的方法，但愿这不是理论上的偏见，而只是一种不应有的疏漏。

第四，经济和社会效益分析方法。

经济和社会效益分析方法，是经济效益分析方法和社会效益分析方法的合

---

① 在本书中，没有专门指明是哪一种法而使用“法”这一概念时，是包括作为法的组成部分的“经济法”在内的。

② 李龙：《马克思主义经典作家法律观的主要内容》，载《人民日报》2008 年 7 月 23 日。

③ 本书将在有关章节作进一步论述。

④ 《列宁全集》第 16 卷，人民出版社 1988 年版，第 292 页。

⑤ 张光博：《坚持马克思主义法律观》，吉林人民出版社 2005 年版，第 112 页。

称。运用这一方法研究经济法,其目的是为了在经济法的立法、实施和经济法的理论研究中,以尽可能低[①]的经济与社会成本,取得尽可能高的经济与社会收益。经济与社会成本,包括经济资源与社会资源的占用和消耗。其占用和消耗越少,成本就越低;反之,其占用和消耗越多,成本就越高。经济效益的大小决定于经济成本与经济收益之比;社会效益的大小决定于社会成本与社会效益之比。经济和社会效益分析要以经济和社会成本分析、经济和社会收益分析为基础。

运用经济和社会效益分析方法进行经济法研究,有助于经济资源与社会资源的优化配置,避免资源的浪费,实现经济法的立法、实施和经济法理论研究的经济和社会收益最大化。也就是说,不仅要力求取得最好的经济效益,而且要力求取得最好的社会效益。这有助于推动经济社会全面发展,落实科学发展观。

对经济法的立法、实施和经济法理论研究进行经济和社会效益分析的过程,就是总结经济法的立法、实施和经济法理论研究的经验教训的过程,也是对经济法的立法、实施和经济法理论研究进行经济和社会成本与收益预测,为其未来发展进行决策提供依据的过程。这对于推动经济法的制度创新和理论发展具有重要意义。

第五,博弈分析方法。

"中文的'博弈'一词,最早出自《论语·阳货》:'不有博弈者乎?'原指一种下棋游戏,现广泛应用于说明带有竞争性的社会现象、社会活动。它反映行为主体在一定的条件和规则下,选择并实施一定的策略,从而获得某种结果的过程。"[②]博弈论,亦称对策论,是指研究两个以上局中人即博弈参与者或博弈主体的行为发生直接互动时,如何选择最优策略的理论。

根据实践的需要,对博弈可以进行不同的划分:一是合作博弈和非合作博弈。合作博弈即正和博弈,是指参与者的行为发生直接互动时,能够达成一个具有约束力的协议,其结果是双赢、共赢。非合作博弈包括零和博弈与负和博弈,是指参与者的行为发生直接互动时,无法达成具有约束力的协议,其结果是参与者有胜有败或两败俱伤、多败俱伤。二是静态博弈和动态博弈。静态博弈,是指参与者同时采取行动,或者尽管参与者行动的采取有先后顺序,但后行动的人不知道先采取行动的人采取的是什么行动。动态博弈,是指参与者的行动有先后顺序,并且后采取行动的人可以知道先采取行动的人所采取的行动。三是完全信息博弈和不完全信息博弈。完全信息博弈,是指参与者对所有参与者的策略空间及策略组合下的支付(即收益或报酬)有"完全的了解";否则,是不完全信

① "尽可能低"当然不是不顾实际需要的越低越好,不能由于缺乏必要的投入而严重地影响到本来可以取得的收益。

② 呼书秀:《中国与东盟发展相互投资的法律机制研究》,北京大学出版社 2005 年版,第 19 页。

息博弈。①

运用博弈分析方法研究经济法,有助于经济法的立法者、实施者和研究者在经济法的立法、实施和经济法的理论研究过程中,分别选择最优策略,取得最佳支付。这里说的"最佳支付"包括:经济法立法的最佳支付,即经济法立法收益最大化,为经济法主体提供优质行为规范;经济法实施的最佳支付,即经济法实施收益最大化,以利于经济法宗旨的实现;经济法理论研究的最佳支付,即经济法理论研究收益最大化,推动经济法学的发展。

每一个经济法主体都是博弈参与者。运用博弈分析方法,有助于经济法主体选择最优策略,取得最佳支付。例如,在外商投资监管机关和外国投资者之间的博弈中,他们都依照博弈规则——外商投资企业法的规定,选择最优策略,可以取得双赢,以实现正和博弈的结果。又如,在税务机关和纳税人之间的博弈中,他们也都依照博弈规则——税法的规定,选择最优策略,同样可以取得双赢,以实现正和博弈的结果。取得双赢,实现正和博弈,意味着不同经济法主体利益的协调发展。

第六,系统分析方法。

何谓系统?现代系统理论的创立者美籍奥地利生物学家贝塔朗菲(L. V. Bertalanffy)认为:"系统可定义为相互作用的诸要素的复合体。"②后来,他又指出:"'系统'即有相互作用的元素的综合体。""系统可以定义为相互关联的元素的集。"③在我国,有些学者说;"我们称这种由相互作用和相互依赖的若干部分(要素)组成的具有确定功能的有机整体为系统。"④有的学者认为:"系统是由具有有机联系的要素组成的、具有系统新质或特定功能的复合体。"⑤还有学者指出:"系统是由相互作用的要素构成的有机整体。"⑥笔者认为,系统是由两个以上相互依赖和相互作用的要素组成的、具有新质和相应功能的有机整体。这就是说:系统是由两个以上要素组成的;组成系统的要素之间是相互依赖、相互作用的;系统不是要素的简单相加,而是具有新质和相应功能的有机整体。经济法是一个有机整体,是一个系统;同时,它又是法这个更大系统的组成部分。经济法制也是一个有机整体,是一个系统;同时,它又是法制这个更大系统的组成部分。经济法学也是一个有机整体,是一个系统;同时,它又是法学这个更大系统的组成部分。在这里,笔者将重点对经济法系统作简要分析,但是,其分析的方

---

① 参见潘天群:《博弈生存——社会现象的博弈论解读》,中央编译出版社2004年版,第18—19页。
② 〔美〕L. V. Bertalanffy, "Problems of Lite", 1952, p. 199.
③ 〔美〕L. V. 贝塔朗菲:《一般系统论》,社会科学文献出版社1987年版,第27、46页。
④ 《自然辩证法讲义》编写组:《自然辩证法讲义》,人民教育出版社1979年版,第399页。
⑤ 冯国瑞:《系统论、信息论、控制论与马克思主义认识论》,北京大学出版社1991年版,第98页。
⑥ 《马克思主义哲学全书》,中国人民大学出版社1996年版,第737页。

法和原理对于分析经济法制系统和经济法学系统也是适用的。

系统分析方法,是指按照事物本身的系统性把对象放在系统的运行过程中来加以考察的方法。[①] 系统分析方法体现了唯物辩证法的精神,丰富了认识方法体系的内容。运用系统分析方法研究经济法,就是要具体运用整体分析、结构分析、层次分析、动态分析等方法,着重对经济法现象的整体与部分、部分与部分、整体与外部环境之间的辩证关系进行考察。

运用整体分析方法研究经济法,要求把经济法作为一个整体,考察它的内外关系。例如:经济法与经济、政治、文化、社会等外部环境的关系;经济法作为法的系统的组成部分与作为整体的法的关系;经济法与法的系统的其他组成部分的关系(考察经济法与其他法的联系和区别,就要明确经济法的质的规定性和功能);经济法与其组成部分的关系。

运用结构分析方法[②]研究经济法,要求考察经济法内部的结构和功能。例如:组成经济法这个有机整体的各个组成部分是按什么样的结构方式组织起来的,它们之间是什么关系;这些经济法的组成部分各自的功能是什么;经济法内部的结构与功能之间是何种关系。

运用层次分析方法研究经济法,要求考察经济法系统的层次问题。经济法作为一个有机整体,一个系统,它与其他事物一样不仅是可分的,而且可以连续划分,这样就必然地出现了经济法系统的不同层次。也就是说,在经济法系统中,把经济法视为第一层次的话,还有经济法的第二、第三……层次。那么,经济法的各个层次是分别由哪些组成部分即要素组成的呢?经济法的各个层次是按照什么标准划分其组成部分的呢?经济法第一层次以下的不同层次之间是什么关系?经济法第一层次以下的各个层次与其外部环境是什么关系?这些问题正是运用层次分析方法所要考察的。

运用动态分析方法研究经济法,要求考察经济法系统的发展变化。动态地考察经济法系统,是该系统本身发展变化的内在要求。我们不仅要考察经济法系统是怎样发展变化的,而且要考察其发展变化的原因,掌握其发展变化的规律性。系统论告诉我们,经济法系统内部各要素之间,经济法系统与外部环境之间,既有联系又有区别,它们之间相互依赖、相互作用。这是决定它们发展变化的内因和外因。

---

① 参见冯国瑞:《系统论、信息论、控制论与马克思主义认识论》,北京大学出版社 1991 年版,第 184 页。

② 系统的结构即系统的内部结构。系统有系统的功能,按一定的结构方式组织起来的系统的各个组成部分(要素)也有自己的功能。系统内部的结构和功能具有密切联系。结构分析方法也可以称为结构功能分析方法。

第七，比较研究方法。

运用比较研究方法研究经济法，有两种形式：一是横向比较研究。例如：不同法系国家经济法之间、不同社会制度国家经济法之间、同一种社会制度不同国家经济法之间的比较研究；同一个国家不同地区（如中国内地与港、澳，台地区）经济法之间的比较研究。二是纵向比较研究。例如：同一个国家不同历史类型经济法之间的比较研究；同一个国家同一种历史类型不同时期经济法之间的比较研究。

运用比较研究方法研究经济法，其内容是多方面的。例如：经济法与其他法之间的比较研究；属于经济法的不同法律制度之间、不同国家经济法的立法之间、不同国家经济法的实施之间的比较研究。

对经济法进行比较研究，不能只是罗列一大堆经济法现象而不加分析研究；也不能脱离我国的实际情况，盲目地认为外国有的经济法现象中国就应该有，外国没有的经济法现象中国也不应该有；更不能只说现代资本主义国家的经济法现象这也好、那也好，中国的经济法现象这也不行、那也不行，然后得出外国的东西这要学、那也要搬的结论。笔者认为，进行比较研究时，无论对于国内还是国外的经济法现象、历史上的还是现实的经济法现象，都应该认真研究，全面分析，区别对待：凡是有关国家、地区的成果和经验，应该根据是否符合本国、本地区的情况和需要，决定要不要学习和借鉴；凡是有关国家、地区的教训，要引以为戒。总之，运用比较研究方法研究经济法，是要在明确各自的长处、短处及其原因的基础上，从实际出发，扬长补短。

第八，语义分析方法。

“语词是表达概念的声音与符号，是概念的语言形式，概念是语词的思想内容。概念必须依附于语词，绝对没有脱离语词而单独存在的概念，任何概念都是通过语词来表达的。……概念赋予语词以一定的思想内容，不同的概念使语词有不同的含义，表示不同的事物。”①笔者认为，语义分析方法，是指通过对语词含义的分析，以明确概念所赋予语词的思想内容的方法。

语义分析方法作为一种研究方法，对于任何一门学科都是不可缺少的，对于包括经济法在内的法的研究具有特殊的意义。从逻辑上来说，法律规范是由假定、行为模式和法律后果三部分构成的，经济法律规范也不例外；由经济法律规范组成的经济法同其他法一样都是由国家强制力保证实施的，具有高度权威。因此，经济法的语词必须明确，对于明确的经济法的语词必须结合特定的语言环境，准确地把握它所表达的概念，以利于经济法的立法和实施以及经济法的理论研究的开展。经济法的语词不能模棱两可、含糊不清，不能任意生造语词；否则，

① 吴家麟主编：《法律逻辑学》，群众出版社1983年版，第45页。

就会在认识上产生意见分歧和不必要的争论,在行动上产生无所适从或各行其是甚至随心所欲。这既有损于经济法的制度建设,又不利于经济法学研究。总之,运用语义分析方法对于经济法研究具有重要作用。但是,它并不是万能的,对其作用也不要估计过高。

有的学者指出:一些学者有生造语词的习惯,好像在其论著中没有几个自己编造的语词就不足以表明其理论具有前瞻性;有的人喜欢寻找些生僻的、令人费解的语词来表达文义,仿佛用那些大众所熟悉的语词就显得自己没有水平。[①] 这些都不是负责任的学者应有的学风。有的学者严肃地批评了学界存在的"玄"、"虚"、"浮"三大怪现象。其中,"玄"表现为:滥用文学色彩很浓的术语,以哗众取宠;乱用杜撰的术语,以先声夺人;使用主观色彩很浓的术语,以壮声势;滥用模糊术语,以装饰自己;运用一些大字眼,以耸人听闻。[②] 应该看到,这种怪现象在其他学界存在,在经济法学界也不同程度地存在。

此外,需要指出,有些词组,往往需要用简称来表达,但也不宜使用模棱两可的或令人费解的语词。例如,《中华人民共和国个人所得税法》可以简称为我国《个人所得税法》,而不宜简称为我国《所得税法》,因为这样简称,可能被人误认为是《中华人民共和国企业所得税法》。又如,监督、管理以简称为监管为宜,而不宜简称为管监、监理、理监、督管、管督、督理或理督。同样的道理,调节、控制以简称为调控为宜,而不宜简称为控调、调制、制调、节控、控节、节制或制节。因为,生造那些不宜使用的语词,让人难以理解。

四、研究经济法总论的意义

研究经济法总论具有重要意义。这主要表现在以下四个方面:

第一,从经济法学科建设发展的需要来看。

研究经济法总论对于经济法学科建设发展的重要性,是由经济法总论在经济法学科中重要的地位和作用决定的。经济法总论在经济法学的各门分支学科中,是一门基础性学科,是其他经济法学分支学科的理论基础,对这些分支学科的研究具有指导作用。经济法总论研究水平的高低,在很大程度上标志着整个经济法学科发展的状况,影响着整个经济法学科发展的水平。加强经济法总论的研究,不仅是经济法总论这一门分支学科本身发展的需要,而且是整个经济法学科建设发展的一项基础工程,对于推动整个经济法学科的发展具有重要意义。

① 参见陈家兴:《学术著作也应贴近大众》,载《人民日报》2001年12月8日。

② 参见顾海兵:《中国经济学界之怪现象》,载《政治经济学(社会主义部分)》(复印报刊资料)1990年第2期,第23页。

就经济法总论研究的现状而言，虽然取得了很大成绩，但是还很不适应经济法学科发展的需要。这大致上有三种情况：一是有些经济法总论的问题经过长期研究，有了很大进展，正在逐步取得共识，但是仍然存在一些不同观点；二是有些经济法总论的问题经过多年研究，虽然取得了一定成绩，但是还存在着严重的意见分歧，远远没有取得共识；三是还有些经济法总论的问题研究得很不够，甚至刚刚起步，有待大力加强。此外，需要明确，学术观点正确与否是不能简单地以赞成者人数的多少来衡量的，有的观点虽然是多数人的主张，但不一定是正确的。总之，要适应经济法学科建设发展的需要，必须加大力度，把经济法总论的研究进一步引向深入。

第二，从经济法的学习和人才培养的需要来看。

学习和研究经济法总论与分论是互相促进的。如前所述，经济法总论是研究经济法现象的共同问题和经济法发展一般规律的经济法学学科。它是经济法分论的概括和总结。掌握了经济法总论，明确了经济法的基本概念、基本理论和基本知识，才能深刻理解经济法的法律规范和各项具体制度，才能深刻领会经济法分论的精神实质。而学习和研究经济法分论，可以加深对经济法总论的理解，推动经济法总论的发展。学习和研究经济法总论比学习和研究经济法分论难度大，容易使人产生畏难情绪。学习和研究经济法总论比学习和研究经济法分论见效慢，难以取得“立竿见影”的效果，往往不能引起人们应有的重视。怎么办？我们应该克服困难，重视经济法总论的学习和研究。这样，基础打好了，基本功扎实了，底子厚了，后劲强了，可以举一反三，触类旁通，对学好、用好经济法分论十分重要。

关于人才培养，根据《中华人民共和国学位条例》第4、5、6条的规定，包括经济法专业在内的法学专业和其他专业毕业生，授予学士、硕士、博士学位的必备条件中分别包括：“较好地掌握本门学科的基础理论”；“在本门学科上掌握坚实的基础理论”；“在本门学科上掌握坚实宽广的基础理论”。认真学习和研究经济法总论，教师教好、学生学好经济法总论，才能符合国家对法学专门人才培养的要求。在我国，经济法总论不仅要研究经济法的概念、本质和发展规律等问题，而且要研究经济法与改革开放和社会主义现代化建设的关系、经济法与依法治国的关系、经济法与落实科学发展观的关系等问题。搞好经济法总论的学习、研究和宣传，有助于广大干部和群众增强经济法制观念，树立依法治国的思想，建设社会主义法治国家，建设中国特色社会主义，使我国成为富强、民主、文明的社会主义国家。

第三，从经济法总论与经济法立法的关系来看。

关于经济法的立法，经济法法总论不仅研究经济法立法的指导思想和基本原则，研究经济法立法的成绩、经验、问题、原因和对策，而且从总体上研究经济法立法应该立什么、为什么要立、怎么立，以提高经济法立法的科学性，提高立法的效率和质量，降低立法成本，切实解决好“有法可依”的问题。

经济法的立法立什么？需要解决的问题是：从客观的需要和实际具备的条件出发，根据经济法总论对“经济法”这一概念的科学界定，正确地确定立法项目和相应的内容。

经济法的立法为什么要立？需要解决的问题是：要建立和完善中国特色社会主义经济法规范性文件体系，以健全经济法制，为建设社会主义法治国家和中国特色社会主义作出贡献。

经济法的立法怎么立？需要解决的问题是：要贯彻《中华人民共和国立法法》的规定，坚持经济法立法的基本原则，按照法定的权限和程序，有计划、有步骤地进行经济法的立法。

第四，从经济法总论与经济法实施的关系来看。

关于经济法的实施，经济法总论要研究经济法实施的指导思想和基本原则，研究经济法实施的成绩、经验、问题、原因和对策，以提高经济法实施的科学性，提高实施的效率和质量，降低实施成本，切实解决好“有法必依，执法必严，违法必究”的问题。

学习和研究经济法总论，可以提高对实施经济法的必要性和重要性的认识，增强经济守法、经济执法、经济司法的自觉性和高度责任感，为经济法的实施打好坚实的思想基础。

学习和研究经济法总论，有助于依照经济法办事。学习和研究经济法总论，可以提高经济法的理论水平、理论素质和依照经济法办事的能力。这有助于在经济法的实施过程中，准确地理解和贯彻经济法律规范；同时，在遇到没有可以直接适用的经济法律规范的情况下，可以运用经济法的理论来分析问题，运用经济法的基本原则来处理问题，以利于问题的解决。

第一章
经济法的产生和发展

一、经济法产生

（一）在经济法产生问题上的不同观点

1. 认为经济法是在资本主义进入垄断阶段以后才产生的

日本经济法学者金泽良雄认为，经济法是一个新的领域。他谈到在德国产生的经济法时，首先指出，“经济法”一词在学术上开始使用时，主要是在第一次世界大战后的德国。当时在德国，由于第一次世界大战时期的战时经济政策，经济领域出现了新的立法活动和法律现象。在战后，又开始出现了有关战时经济复兴的法令，以及在《德意志共和国宪法》体制下的社会化法和其他新的法律现象。受到这种法律现象刺激而产生的，就是“经济法”这一概括性的术语和概念。由此可以得知：经济法产生的历史背景，一般的是以资本主义高度发展现象为基础的；经济法之所以在德国产生，这是适合了德国的学术土壤。①

在中国，有的学者认为，经济法作为一个独立的法的部门，是在资本主义从自由竞争走上垄断的时代，到了20世纪初，特别是第一次世界大战以后才形成的。② 有些学者认为，法律部门的形成，需要具备的一个条件是形成相应的理论或学说，并在相当程度上被学界和社会所接受。在分析经济法产生的主观条件时，他们阐述了“经济法”一词的提出和使用；在分析经济法产生的客观条件时，他们强调了经济集中和垄断是经济法产生的内在原因。③

---

① 参见〔日〕金泽良雄：《经济法概论》，满达人译，甘肃人民出版社1985年版，第1、2页。

② 参见王忠等：《经济法学》，吉林人民出版社1982年版，第5页。

③ 参见史际春、邓峰：《经济法总论》，法律出版社1998年版，第68—71页。

2. 认为近代经济法产生于19世纪末，但并不否认“市民革命以前的经济法”的存在

在日本，有的学者认为，在19世纪后半叶，随着资本主义的发展，垄断市场的倾向日渐显著，产生了各种市场弊端。因此，国家对自由市场干预的法，即经济法也就发展起来。近代的经济法虽然是从19世纪末发展起来的，但国家对市场的介入法，在市民革命前就已经存在了。大约从古代起，在存在自由市场的场合，就产生了垄断的倾向。在古罗马帝国时期，就已制定了被认为明显是垄断禁止法的法律。到了市民革命的前后，在英国和法国等国家，进一步制定了对垄断的禁止法。不过在这里并不涉及这种市民革命以前的经济法，而只是叙述19世纪末以来美国、德国和日本的经济法的产生和发展。①

3. 认为在奴隶制国家和封建制国家就有了经济法，但在此之后才形成部门法意义上的经济法

在20世纪80年代，有的学者认为，就经济法的内涵，即国家运用法律的强制手段来管理社会经济来看，它是阶级社会中最古老的法律中的一个组成部分。当人类进入阶级社会时，随着国家与法律的产生，经济法也就产生了。在奴隶制与封建制社会，经济法律规范有一部分是以调整经济关系的规范性文件为表现形式的，其余是包括在“诸法合体”的法律之中的。到了资本主义社会，在自由资本主义时期，经济法与其他法同时并存，到了垄断资本主义阶段，经济法的地位突出出来，逐步形成了一个新的法律部门。在社会主义社会，建立了一种新型的社会主义经济法。②

在上个世纪90年代，有的学者说，前资本主义的经济法是指奴隶制国家和封建制国家的经济法，它是奴隶制国家和封建制国家为了组织和管理社会经济生活，利用国家权力直接干预社会生产、交换和分配而制定的法律规范的总称。它的产生由来已久，它伴随着国家与法的产生而同时出现。但是，在法律体系的构成、法律部门的分类以及在法学研究领域中提出经济法并使之成为一个独立的法律部门，是近代的事情。③

进入本世纪以来，有的学者指出，从单纯的法律条文、法律规范的角度来看，在前资本主义“诸法合体”的法律体系中，存在着许多国家干预经济关系的法律规定。可以说，这些具有国家干预经济关系特点的法律条文、法律规范就是经济法规范。既然经济法规范产生了，那么经济法也就客观存在。但是，这种经济法与“资本主义经济法”或“现代经济法”不同，“资本主义经济法”或“现代经济

---

① 参见〔日〕丹宗昭信、厚谷襄儿编：《现代经济法入门》，谢次昌译，群众出版社1985年版，第11、12页。

② 参见关乃凡主编：《中国经济法》，中国财政经济出版社1988年版，第23、26页。

③ 参见陶和谦主编：《经济法基础理论》，法律出版社1992年版，第10、13页。

法”是部门意义上的经济法,作为部门法划分意义上的经济法,则是在人类社会进入到资本主义社会以后发展起来的。而前资本主义的经济法是从法律条文、法律规范角度上来谈的,属于“古代经济法”的范畴。①

4. 认为作为一个独立的法的部门的经济法产生于古代社会

笔者在上个世纪80年代指出:“不论在外国还是中国,经济立法不断加强,经济法规日益完备,这是社会经济关系发展变化的客观要求。经济法是调整特定经济关系的法律规范的总称。它是生产力与生产关系、经济基础与上层建筑矛盾运动的必然产物。经济法的产生和发展是不以人们的意志为转移的。它既不是在人们提出经济法这一概念的时候才产生的,也不是在人们承认了它是一个独立的法律部门的时候才存在的。当适应经济关系发展的需要而制定的、调整特定经济关系的法律规范达到一定数量的时候,也就形成了作为独立法律部门的经济法。因此,不论在奴隶制国家、封建制国家、资本主义国家,还是在社会主义国家,都有各自的经济法。当然,在不同社会制度的国家,经济法的本质、内容和作用是各不相同的。”②

(二)对经济法产生问题上的不同观点的评析

1. 关于经济法产生的含义

有一种观点认为,经济法的产生,即经济法律规范的产生。持该观点的学者主张,在经济法成为一个独立的法的部门之前的奴隶制与封建制社会,“经济法规范产生了”,“经济法也就产生了”,“经济法也就客观存在”。

另一种观点认为,经济法的产生,即经济法律的制定。在持该观点的学者看来,经济法的产生,就是在经济领域出现了“新的法律现象”。这种“新的法律现象”,金泽良雄指的是德国于1915年发布的《关于限制契约最高价格的公告》,1916年发布的《确保国民粮食战时措施令》,1918年发布的《战时经济复兴令》,1919年发布的《煤炭经济法》、《碳酸钾经济法》等。③

再一种观点认为,经济法的产生,即经济法部门的形成。持这种观点的学者指出,经济法律规范达到相当多数量的时候,“也就形成了作为独立法律部门的经济法”。

上述三种对经济法产生的含义的理解,即经济法律规范的产生、经济法律的

① 李昌麒主编:《经济法学》,法律出版社2007年版,第30—31页。

② 杨紫烜主编:《经济法概要》,光明日报出版社1987年版,第32页。

③ 参见〔日〕金泽良雄:《经济法概论》,满达人译,甘肃人民出版社1985年版,第2—3页。需要说明的是,《中国大百科全书·法学》把《关于限制契约最高价格的公告》译为《关于限制契约最高价格的通知》,把《确保国民粮食战时措施令》译为《确保战时国民粮食措施令》,见中国大百科全书出版社1984年版,第328页。

制定、经济法部门的形成有一定的联系。因为经济法部门是由经济法律规范组成的，经济法律规范的相当大一部分是以经济法律为表现形式的。从这个意义上讲，对经济法产生的含义的三种理解，都有不同程度的合理性。这里，需要进一步指出以下几点：一是有的学者一方面正确地指出，在前资本主义的法律体系中，存在着许多经济法规范，那么经济法也就客观存在；另一方面，又认为“古代经济法”还不是“部门法划分意义上的经济法”。这值得商榷。因为经济法是由经济法律规范组成的，许多经济法律规范的产生，就是经济法部门的形成，就是经济法的产生。二是不能认为经济法的产生即经济法律的制定。这种观点实际上是把经济法律或经济法律的总称等同于经济法。这不妥。三是学术意义上所指的“经济法”，是从部门法意义上讲的，就是讲的经济法这个独立的法的部门。把经济法产生的含义理解为经济法这个独立的法的部门的形成，是恰当的。

2. 关于经济法产生的时间和历史背景

有一种观点认为，经济法产生于资本主义垄断阶段。它产生的历史背景有三：一是资本主义从自由资本主义阶段发展到了垄断资本主义阶段；二是改变了“诸法合体”的形式，制定了一系列相关的法律，如美国的《谢尔曼法》(1890年)、德国的《反不正当竞争法》(1896年)、《确保国民粮食战时措施令》(1916年)等；三是“经济法”这一概念的提出和使用，经济法学说的形成并在相当程度上被学界和社会所接受。

另一种观点认为，经济法产生于古代社会。关于经济法产生的历史背景，持该观点的学者指出，经济法是生产力与生产关系、经济基础与上层建筑矛盾运动的必然产物，不能把“经济法”概念的提出和使用以及人们是否承认经济法为独立的法的部门作为经济法产生所必备的条件。

笔者认为，为了正确认识经济法产生的时间和历史背景，需要明确以下几点：

第一，经济法产生的历史背景应该是以下三个方面，而不是其他。

这三个方面，一是随着生产力的发展产生了奴隶制生产关系，奴隶制生产关系的总和是经济法得以在奴隶制国家产生的经济基础；二是奴隶制国家为了行使其管理经济的职能，陆续制定或认可了一系列经济法律规范，这是经济法得以在奴隶制国家产生的法制前提；三是奴隶制国家的立法者对于运用法律手段管理经济需要制定或认可相应的法律规范有了基本的认识，这是经济法得以在奴隶制国家产生的思想条件。

第二，经济法的产生先于经济法学的产生，而不是相反。

经济法的产生与否，决定于国家是否制定、认可了经济法律规范及其数量的多寡，而不在于“经济法”这一概念的提出与否和经济法学说的形成与否。大家知道，一系列经济法律规范并不是在人们提出“经济法”这一概念以后才由国家制定或认可的,更不是在经济法学说形成以后才由国家制定或认可的。实践表明,早在人们提出"经济法"这一概念和形成经济法学说以前很久的年代,经济法的产生已是客观事实,是先有经济法,后提出了"经济法"的概念,产生了经济法学。

第三,经济法是经济法律规范的总称,而不是经济法律的总称。

经济法是由经济法律规范组成的。当国家制定或认可的经济法律规范达到相当多数量的时候,也就事实上形成了作为独立的法的部门的经济法,而不论经济法律规范是以什么形式表现出来的。不能因为在古代社会还没有制定大量经济法律,经济法律规范是以"诸法合体"的法典和非制定法为表现形式的,就否定经济法的产生。也不能认为只有到了垄断资本主义阶段,制定了一系列相关的经济法律,才产生经济法。因为经济法是经济法律规范的总称,而不是经济法律的总称。

第四,经济法产生于古代社会的根据,是国家制定、认可了大量调整经济管理关系的法律规范,而不能无视其调整的社会关系的性质。

法的调整对象,是划分法的部门的标准。判断法律规范的部门法属性,也必须以其调整对象为标准。需要指出:经济管理关系的性质不同于行政管理关系,应该由经济法调整;调整经济管理关系的法律规范,是经济法律规范。因此,不能无视古代社会调整土地管理关系、农业管理关系、手工业管理关系、商业管理关系和财政(包括税收在内)关系等经济管理关系的大量经济法律规范的实际存在,而以所谓调整方法为依据,否认经济法产生于古代社会。

二、前资本主义国家经济法

(一)前资本主义国家经济法的内容

1. 奴隶制国家经济法的主要内容

(1) 关于土地管理的法律规定

根据已知的考古发现,约在公元前22世纪至公元前21世纪之交,两河流域南部地区的乌尔第三王朝制定的《乌尔纳姆法典》,是人类历史上第一部成文法典。在这部法典中就有关于土地管理的法律规定。[①] 在公元前18世纪,巴比伦奴隶制国家颁布的《汉谟拉比法典》对土地的国家所有权和土地的法律保护作出了规定。[②]

---

① 参见杨联华主编:《外国法制史》,四川大学出版社1992年版,第17、344页;林榕年主编:《外国法制史》,中国人民大学出版社2006年版,第23页。

② 在《汉谟拉比法典》的282条正文中,有121条是保护奴隶主财产所有权的,特别是关于土地权属和保护的规定。

在我国,“普天之下,莫非王土;率土之滨,莫非王臣”①。这反映了西周奴隶制国家的土地属国家所有。除由王室直接控制的王畿的土地外,由周王“授民授疆土”②,分封诸侯。诸侯分得的土地不得买卖或转让。但在西周中期以后,出现了土地流通的活动。

(2) 关于农业管理的法律规定

为了保护农田水利,《汉谟拉比法典》规定:“倘自由民怠于巩固其田之堤堰”,“自由民应赔偿其所毁坏之谷物”。关于果园经营,该法典就有关分配问题作出了规定。例如,园艺师租生地种植枣树,培植果园的前四年不交租,从第五年起与园主平分秋色;园艺师租现成果园经营,其收获园艺师得 1/3,园主得 2/3。③

在我国西周时期,除了有不少关于种植业管理的法律规定以外,在林、牧、渔猎业管理方面也有不少规定。例如,据《逸周书 · 文传解》记载:不到规定时间,不准砍伐林木,以保证草木的生长;不到规定时间,不准网捕鱼鳖,以保证鱼鳖的生长;不捉取幼兽和鸟卵,以保证鸟兽的生长;渔猎都要按照规定的时间进行;不宰杀幼牛;不役使幼马。④

(3) 关于手工业管理的法律规定

根据《汉谟拉比法典》的规定,因建筑师造的房屋不坚固而倒塌压死人的,因造船匠造的船漏水而沉没的,要依法惩处;酒中掺水的,要受重罚。

我国西周时期,手工业得到了进一步发展,各主要城市出现了比较发达的青铜铸造、陶器烧造、骨器制造、玉石雕刻,以及造车等手工业。西周实行“工商食官”的制度,即手工业和商业一律由官府经营,由工师等官吏直接管理。⑤ 春秋时期,各诸侯国都设有专门管理手工业生产的官吏,有“工正”、“工师”、“匠师”。楚国中央设有“工尹”,是管理手工业生产的最高机关。还有“百工”,是泛指工官和手工业生产者。从史籍中能看到有关手工业管理方面的法令的记载。⑥

(4) 关于商业管理的法律规定

在巴比伦奴隶制国家,有坐庄商人和普通行商之分。前者可将货物交与后者远销外地。《汉谟拉比法典》对其行销获利和运输风险等项作出了规定,对他们之间的欺诈行为要严加处理,对抬高价格的行为要受重罚。

在我国奴隶制后期,开始设置管理市场的官吏。买卖奴隶、牛马使用的较长

① 《诗 · 小雅 · 北山》。
② 《大盂鼎》。
③ 由嵘主编:《外国法制史》,北京大学出版社 1992 年版,第 29 页。
④ 参见赵昆坡:《中国法制史》,北京大学出版社 2002 年版,第 44 页。
⑤ 同上。
⑥ 参见蒲坚编著:《中国古代法制丛钞》第 1 卷,光明日报出版社 2001 年版,第 125—126 页。

的契券和买卖兵器、珍异之物使用的较短的契券,均由官方制作;对契券的使用,管理市场的官吏有权监督和干预。

(5) 关于财政(包括税收在内,下同)的法律规定

我国从夏朝开始,就有了征收贡赋的制度。"自虞夏时,贡赋备矣。"[①]商朝的贡赋,实行"助"法,公田收入交国家,私田收入归自己。西周的贡赋,实行"彻"法,按井田计亩征收税赋,有"九赋"、"九贡"之制。西周的财政开支量入为出,专款专用。在管理制度上,夏、商、周时期均设有负责赋税征收和财政支出的专门官职,实行地方分权的财政管理体制,加强预算和会计管理。中国奴隶制国家税收的主要特点是贡赋不分,租税合一,以土地税为主。[②]

2. 封建制国家经济法的主要内容

关于封建制国家的经济法,从已经掌握的资料来看,中国封建制国家的经济法与其他封建制国家的经济法比较,更具有典型性,内容也更为丰富。因此,可以从以下六个方面来简要阐述中国封建制国家经济法的主要内容:

(1) 关于土地管理的法律规定

为了保护封建制国家与地主阶级的土地所有权,《唐律》规定,严禁妄认、盗卖或盗耕公田和私田[③]。唐初,曾实行均田制,禁止"占田过限"。这对发展农业生产起过一定作用。但是所谓均田,绝不是要改变封建的土地所有制,官僚地主对农民土地的掠夺和兼并仍然比比皆是,禁止"占田过限"的规定实际上并未严格执行。

明清两朝建立初期,都曾把无主荒地招民开垦,洪武初年,下令开垦成熟者"听为己业"。明清两朝,把国家掌握的土地,有的作为牧马草场,有的拨给学校作为学田,有的作为百官的职田或养廉田。但是大量的国有土地,则是采用屯田的方式进行经营管理。[④]

(2) 关于农业管理的法律规定

为了针对实际情况,采取有效措施,发展农业生产,战国时期秦国的《田律》[⑤]除了规定各级官吏及时掌握并上报农业生产情况以外,还具体规定:春天土地干旱需要水,不得堵塞水道;不得采摘刚发芽的植物;春二月林木生长,不得砍伐;不得捕捉幼兽、幼鸟;不得设置陷阱和网罟捕捉鸟兽;不得毒杀鱼鳖;等等。

为了发展农业生产,《唐律》对于严禁杀死官牛和私牛,不准私自把驿马、驿

① 《史记·夏本纪》。

② 参见刘剑文主编:《财政税收法》,法律出版社 1997 年版,第 31、32、189 页。

③ 这里所谓的公田,指归皇帝或朝廷所有的土地;私田,主要是地主所有的土地。

④ 参见蒲坚编著:《中国古代法制丛钞》第 4 卷,光明日报出版社 2001 年版,第 186 页。

⑤ 1975 年,在湖北云梦城关睡虎地 11 号秦墓的发掘中,出土了共 1155 枚竹简,内容极其丰富。法律令文书有《秦律十八种》,《田律》是其中的一种。

驴借人,驮运货物不准超过数量等作出了规定。

“宋朝建立以后,为安定民生,首先重视恢复和发展农业生产,为此,颁布了许多诏令和指示,这些就是当时的农业立法,其内容主要是勤于耕作和种植树木、桑麻,招募流民回乡生产,奖励开垦荒地,兴修水利,灌溉农田。对有功的官吏给予升迁。”①

在清朝初期,为尽快恢复农业生产,加强清朝的国力,采取了下列奖励垦荒的法律措施:对垦荒者予以帮助;准许将所垦荒田永为世业;对所垦荒田缓征赋税;垦荒较多者可以任官;垦荒有功的官吏可以升官。②

(3) 关于手工业管理的法律规定

秦简《工律》等规定,官营手工业作坊制作的同一种类器物,其大小、长短和宽窄必须相同,不准制造“伪滥之物”。为保证产品质量,秦朝建立了生产责任制。在生产的器物上,须刻有制作官署名或工匠名。对产品质量要每年评比一次;产品质量被评为下等的,有关人员要受罚。

唐律对手工业产品的质量有严格规定,如各种手工业品有不牢、假货、不够标准而出售者,要处以杖刑。主管官吏若知其产品质量不合标准而不予处理,要与之同罪,不觉者减二等。③

在明朝,法律禁止私人开采金、银、铜、铅、锡和水银矿。对铁矿和冶铁业不再采取官营垄断的办法,但法律仍然作出了实行严格管理的规定。例如:采铁、冶铁须经州县官批准;采铁、冶铁的主持人必须是矿山的所有者,每处只能开一炉,雇工不得超过 50 人;开炉时间只能在农闲季节;等等。

(4) 关于商业管理的法律规定

秦简《金布律》规定,出售的商品须标明价格,但价格不到一钱的小商品除外。《工律》对度量衡的制造、使用的监督制度作出了明确规定。

在汉朝,为了反对富商大贾牟取暴利,防止物价暴涨,法律对于国家干预市场、调剂物价作出了规定。“汉武帝时为了增加国家财政收入,抑制商人资本,将盐、铁、酒有关民生的产品,从煮制、冶炼、酿造直至销售,完全收归由国家经营管理,制定法令严加限制私人经营。”④

在唐朝,为加强市场管理,维护市场秩序,《唐律》作出了一系列有关规定。例如:买卖双方订立契约时,管理市场的官吏要参与监督;严禁投机商人操纵市场,垄断物价;严禁私造货币;制作度量衡,须经主管机关鉴定并加盖官府印署,方准使用。

---

① 蒲坚编著:《中国古代法制丛钞》第 3 卷,光明日报出版社 2001 年版,第 157 页。

② 参见赵昆坡:《中国法制史》,北京大学出版社 2002 年版,第 253—254 页。

③ 参见蒲坚主编:《新编中国法制史教程》,高等教育出版社 2003 年版,第 61、133 页。

④ 叶孝信主编:《中国法制史》(新编本),北京大学出版社 1996 年版,第 115 页。

(5) 关于对外贸易管理的法律规定

在汉朝,为发展对外贸易,开辟了通往中亚、西亚的“丝绸之路”;同时,朝廷还对朝鲜、日本等东亚邻国开展了对外贸易。参加对境外贸易的商队,必须经过政府批准,随使节同行,不准私商擅自输出、输入商品。

中国的对外贸易,在唐代以前以陆路为主,从唐代开始逐渐转为以海路为主。唐朝建立后,严格限制陆上贸易。法律只允许中外商人在官府监督下,在边境进行以物易物的互市,而禁止其他方式的贸易。中外双方互派的使节,都不能顺带进行贸易。唐朝对于海路贸易实行鼓励政策,允许外商来华自由贸易,允许外商在通商城市的划定区域居住、营业。

(6) 关于财政的法律规定

汉朝的工商税有向手工业者征收的工税,有向商户征收的市籍租,有在盐、铁、酒私营时期向经营者征收的盐铁酒税等。①

在唐朝中期,进行了税制改革,推行以户税、地税为基础的“两税法”。“两税法”将原来的各种赋税加以合并,简化了税制。“两税法”贯彻了“量出以制入”的原则,即根据各种开支总额确定两税的总额。

在明朝,从中期起,在全国推行“一条鞭法”,赋役合一,计亩征银,赋役和各种费用合并征收,简化了租税和稽征。“一条鞭法”从税制上结束了我国两千多年赋役分征的历史,基本上完成了对人税向对物税、实物税向货币税的转化,促进了工商业的发展。明朝的财政管理制度较前更趋缜密,分设中央管理机构和地方管理机构,征解制度、财政监察制度、预算制度等不断走向完善。②

综上所述,仅从以上所谈到的部分材料来看,不论中国还是外国,在关于土地管理、农业管理、手工业管理、商业管理、对外贸易管理和财政等方面,都制定了大量经济法律规范。这表明,在古代社会,由大量经济法律规范组成的经济法的产生和它的存在,已经是客观事实。

但是,有一种观点却认为,在古代社会,人们还不知道什么是经济法,不仅没有产生经济法学,而且连“经济法”这一概念也还没有提出来,哪里有什么经济法呢?应该说,这种观点是没有根据的。列宁在批判主观唯心主义时指出:在地球上没有也不可能有人类和任何生物的状况下,地球就已经存在了;有机物质是后来的现象,是长期发展的结果。这就是说,当地球上不可能有任何生命、任何具有感觉的物质,当然也就不可能有任何感觉的时候,地球早就存在了。③ 可见:地球是否存在,并不以人类是否已经产生、人们是否已经提出了关于地球的

① 参见赵昆坡:《中国法制史》,北京大学出版社 2002 年版,第 125 页。

② 参见刘剑文主编:《财政税收法》,法律出版社 1997 年版,第 35 页。

③ 参见列宁:《唯物主义和经验批判主义》,人民出版社 1950 年版,第 62、65 页。

概念为转移;同样的道理,在古代社会,人们虽然尚未提出经济法这一概念,但是这并不影响也不可能影响经济法的产生和存在。

还有一种观点认为,在古代社会,虽然存在大量关于土地、农业、手工业、商业和财政等管理关系,但是,调整这种社会关系的方法是行政方法,因此,调整这种社会关系的法律规范属于行政法的范围。有些学者在承认现代社会的土地、农业、工业(含手工业)、商业和财政等经济管理关系应该由经济法调整的同时,却否认古代社会的这些经济管理关系应该由经济法调整,其所谓的"理由"是对这些社会关系的调整方法不同。笔者认为,这是不能成立的。因为划分法的部门的标准不是法的调整方法,而是法的调整对象。

(二)前资本主义国家经济法的特征

前资本主义国家经济法的特征,主要表现在以下四个方面:

1. 体现奴隶主或封建主阶级的意志

奴隶社会生产关系的基础是以奴隶主占有全部生产资料,并占有奴隶为特征的私有制。建立在奴隶制经济基础之上的奴隶制国家的经济法,是奴隶主阶级意志的体现。

封建社会生产关系的基础是以封建主占有基本生产资料——土地和不完全占有农民(农奴)为特征的私有制。建立在封建制经济基础之上的封建制国家的经济法,是封建主阶级意志的体现。

2. 公开维护等级特权

奴隶社会和封建社会的等级制度,其实质是阶级关系的表现形式。马克思、恩格斯指出:"在过去的各个历史时代,我们几乎到处都可以看到社会完全划分为各个不同的等级,看到社会地位分成多种多样的层次。在古罗马,有贵族、骑士、平民、奴隶,在中世纪,有封建主、臣仆、行会师傅、帮工、农奴,而且几乎在每一个阶级内部又有一些特殊的阶层。"①奴隶制和封建制国家的经济法明确规定不同等级的人有不同的经济地位和法律地位,运用残酷的手段公开维护等级特权。

3. 协调本国经济运行主要运用直接手段

大家知道,历史上三次社会大分工促进了生产力的发展,出现了商品生产和商品交换,产生了简单商品经济。在奴隶社会和封建社会,由于自给自足的自然经济占统治地位,商品经济只有从属的意义。当时,广泛运用具有法律形式的经济手段管理经济的条件尚不具备。奴隶制与封建制国家行使其管理经济的职能时,主要是运用直接手段来协调本国经济运行的。前资本主义国家经济法是这

① 《马克思恩格斯选集》第1卷,人民出版社1995年版,第272—273页。

种协调本国经济运行的手段的法律形式。所以,主要运用直接手段协调本国经济运行是前资本主义国家经济法的特征之一。

4. 经济法律规范以"诸法合体"的法典为主要表现形式

关于经济法律规范的表现形式,中国的奴隶制法、封建制法,外国的奴隶制法、封建制法,各有自己的特征。有些国家在有的时期以非制定法即不成文法为主要表现形式,有些国家在有的时期以制定法即成文法为主要表现形式。在以制定法为主要表现形式的国家中,有的以"诸法合体"的法典为主要表现形式,有的以单行经济法的法律、法规为主要形式。但从中国和外国的总的情况来看,奴隶制国家和封建制国家经济法律规范似以"诸法合体"的法典为主要表现形式的。

三、资本主义国家经济法

(一)资本主义国家经济法的内容

资本主义国家经济法的内容,主要包括以下六个方面:

1. 关于市场监管的法律规定

市场监管的法律规定包括多方面内容。下面,择要进行阐述:

美国于1890年通过的《谢尔曼法》是联邦第一部反托拉斯法。1914年制定的《克莱顿法》是美国又一部重要的反托拉斯法,用以补充《谢尔曼法》。1914年制定的《联邦贸易委员会法》,也属于美国反托拉斯法的范围。以后,美国通过了多个法案,对上述法律进行了修改。美国司法部于1968年、1982年和1984年先后发布了《企业合并指南》。1992年,美国司法部和联邦贸易委员会共同发布了企业《横向合并指南》,修改了司法部1984年的《企业合并指南》。1995年,美国相继公布了《国际反托拉斯执行指南》和《知识产权许可领域反托拉斯指南》。①

英国制定的关于市场监管的法律主要有:《垄断与限制性行为(调查与控制)法》(1948年)、《限制性贸易行为法》(1956年)、《垄断与合并法》(1965年)《公平贸易法》(1973年)、《竞争法》(1980年)、《保护贸易利益法》(1980年)、《消费者利益保护法》(1987年)、《竞争法》(1998年)等。

早在1793年,法国就制定了《严禁囤积垄断令》和《粮食法令》。第二次世界大战以后,法国制定了一系列关于竞争的法令,1992年制定了《消费者利益保护法》,1993年制定了《消费者法典》。

---

① 参见魏琼:《西方经济法发达史》,北京大学出版社2006年版,第271—273页。

德国的竞争法律最主要的是两个:一个是制定于1896年,后经十多次修改的《反不正当竞争法》;另一个是于1957年颁布、1958年1月1日起施行,后经多次修改的《反对限制竞争法》。

日本于1934年制定了《不正当竞争防止法》(后经多次修改),1947年制定了《禁止私人垄断及确保公平交易法》(后经多次修改),1947年制定了《经济力量过度集中排除法》,1968年制定了《保护消费者基本法》。

2. 关于计划的法律规定

在计划方面,为了规范计划的制订和实施行为,有些资本主义国家制定了有关法律。例如:美国制定的《充分就业和国民经济平衡增长法》(1976年);英国制定的《城乡计划法》(1971年)、《金融服务受管计划法》(1991年);法国制定的《关于实施中期计划法令》(1946年)、《计划化改革法》(1982年);德国制定的《经济稳定与增长促进法》(1967年);比利时制定的《计划组织和经济分权法》(1970年)。

3. 关于行业管理和产业发展的法律规定

在加强行业管理、促进产业发展方面,美国于1887年通过了《商业管理法》,20世纪30年代制定了《全国产业复兴法》、《农业调整法》和《通信法》,20世纪70年代以来先后制定了《贸易法》(1974年)、《贸易协定法》(1979年)、《出口管理法》(1979年)、《贸易与关税法》(1984年)、《贸易与竞争综合法》即《综合贸易法》(1988年)、《电信法》(1996年)等法律。

英国先后制定了《煤炭工业国有化法》(1946年)、《煤气事业法》(1948年)、《冶金工业国有化法》(1949年)、《钢铁工业化法》(1950年)、《石油开采法》(1974年)、《工业法》(1975年)、《电信法》(1984年)等法律。

法国于1955年制定了《农业法典》,1960—1962年制定了《农业指导法》、《农业指导法的补充》、《商业法》,1980年制定了新的《农业指导法》。

德国在1910年制定了《钾矿业法》,1919年制定了《煤炭经济法》、《碳酸钾经济法》,1935年制定了《动力工业法》,在第二次世界大战后制定了《农业法》、《原子能法》等法律。

日本先后制定了《渔业法》(1901年)、《电力管理法》(1938年)、《外汇和外贸管理法》(1949年)、《矿业法》(1950年)、《原子能基本法》(1955年)、《农业基本法》(1961年)、《石油业法》(1962年)、《石油储备法》(1975年)、《能源使用合理化法》(1979年),以及1985年制定、1997年和2001年修改的《电信事业法》。

4. 关于财政的法律规定

早在1789年,美国制定了《关税法案》,1861年制定了《莫里尔关税法》。以后,美国又陆续制定了《预算与会计法》(1921年)、《预算与审计法》(1921年)、

《税收法》(1969年)、《财政收入法》(1978年)、《能源税法》(1978年)、《税制改革法》(1986年)、《总括预算协调法》(1987年)、《专门税和杂税法》(1988年)、《预算强制执行法》(1990年)等法律。

德国制定了《联邦预算法典》(1969年)、《联邦财政均衡法》(1969年制定,1993年修改)等法律。

日本先后制定了《地税改革条例》(1873年)、《财政法》(1947年)、《地方财政法》(1948年)、《关税法》(1954年)、《所得税法》(1965年)、《法人税法》(1965年)、《税制改革法案》(1994年)等法律。

5. 关于金融的法律规定

美国1863年制定了《货币法》,1864年制定了《国民银行法》,1913年制定了《联邦储蓄法》,1966年制定了《银行合并法》,1999年制定了《金融服务现代化法》。

英国于1826年制定了《银行券法》,1844年制定了《银行法》、《英格兰股份银行法》,1946年制定了《英格兰银行国有法案》,1979年制定了《英国银行法》,1986年制定了《英国金融服务法》,1998年制定了《英格兰银行法》,2000年制定了《金融市场与服务法案》。

法国于1973年制定了《法兰西银行法》,1984年制定了《银行法》。

德国于1924年制定、1933年修改了《银行法》,1957年制定了《联邦银行法》。

日本于1872年制定了《国立银行条例》(此后作了多次修改),1933年制定了《外汇管理法》,1942年制定了《银行法》(中央银行法),1952年制定了《开发银行法》,1982年制定了《银行法》(商业银行法),1998年制定了新的《银行法》。

6. 关于价格的法律规定

英国于1966年制定了《价格及收入法》,1974年制定了《价格法》,1976年制定了《转售价格法》。

法国于1793年制定了《粮食限价法》、《全面限价法》,1945年制定了《价格管理条例》,1996年制定了《价格放开与竞争条例》。

日本于1946年制定了《物价统制令》,1953年制定了《农产品价格稳定法》,1994年制定了《关于稳定主要粮食的供需及价格的法律》。

综上所述,以上虽然只是资本主义国家经济法制定的部分情况,但它告诉我们,资本主义国家不仅从19世纪末、20世纪初以来制定了大量经济法律规范,而且此前在市场监管、税收、金融、价格等方面也制定了许多经济法律规范。此外,在资本主义进入垄断阶段前后,英美法系国家还有许多不成文的经济法律规范。但是,有些学者却只承认资本主义进入垄断阶段以后存在经济法,而否认在此之前存在经济法。这种认识是片面的,它在理论上是站不住的,在法律上是没有根据的。

还应该指出,反垄断法在经济法中具有重要的地位,这是毫无疑义的,但是,不能夸大反垄断法的重要性而无视宏观控制法在经济法体系中的重要地位,不能将反垄断法的产生作为经济法产生的标志而无视经济法在资本主义进入垄断阶段以前就已经存在的事实。

(二) 资本主义国家经济法的特征

资本主义国家的经济法有以下四个主要特征:

1. 体现资产阶级的意志

资本主义生产关系的基础是以资本家占有生产资料并用以剥削雇佣劳动者为特征的私有制。建立在资本主义经济基础之上的资本主义国家的经济法,本质上是资产阶级意志的体现,是反映作为一个整体的资产阶级的意志的。

2. 形式上平等,事实上不平等

在资本主义社会中,公民在资产阶级法律面前一律平等。这是反对等级特权的一大成果,具有历史进步作用。资本主义国家经济法与奴隶制国家和封建制国家经济法的一个重要区别,就是体现了公民在法律面前一律平等。

但是又要看到,这种形式上的平等和事实上的不平等是同时存在的。资本主义国家经济法是以不平等的生产资料资本主义私有制为基础的,是在不平等的法律面前的平等。它不仅不消灭剥削度,而且维护剥削制度;不仅不消灭或缩小贫富差距,而且导致贫富差距的扩大。在资产阶级和劳动人民之间,存在着事实上的不平等。

3. 协调本国经济运行以间接手段为主

资本主义的发展经历了自由资本主义和垄断资本主义两个阶段。第一阶段实行的是自由市场经济;第二阶段实行的是现代市场经济。在这两个阶段,国家都具有管理经济的职能,经济运行都需要国家协调。但是,国家管理的力度第二个阶段比第一个阶段要强,国家协调更为广泛、深入。

就国家协调本国经济运行的手段而言,在实行现代市场经济阶段,运用直接手段要多于实行自由市场经济阶段。但是,总的来说,在这两个阶段都是以间接手段为主的。资本主义国家经济法是这种协调本国经济运行的手段的法律形式。所以,以间接手段为主协调本国经济运行是资本主义国家经济法的特征之一。

4. 经济法律规范以单行经济法的法律、法规为主要表现形式

在不同的资本主义国家和同一个资本主义国家的不同历史时期,经济法律规范的表现形式是有区别或重大区别的。有些国家制定法的地位十分突出,有些国家非制定法的地位十分重要。但就资本主义国家的总的情况来说,制定法

的地位越来越重要，单行经济法的法律、法规是资本主义国家经济法律规范的主要表现形式。

四、社会主义国家经济法

（一）社会主义国家经济法的内容

1. 苏联[①]和东欧社会主义国家[②]经济法的内容

在历史上，苏联和东欧社会主义国家的经济法，属于计划经济时期的经济法，其主要内容包括以下几个方面：

（1）关于计划的法律规定

苏共中央和苏联部长会议于1965年、1969年和1980年先后作出了《关于完善工业生产计划和加强经济刺激的决议》、《关于改进基本建设计划工作和加强建筑业生产经济刺激的决议》和《关于改进农产品生产和收购的计划工作及经济刺激的决议》，苏联部长会议于1970年和1982年先后批准了《年度和季度货物运输计划基本条例》和新的《苏联国家计划委员会条例》。

匈牙利于1973年制定了《国民经济计划法》。南斯拉夫于1976年制定了《社会计划体制基础和社会计划法》。罗马尼亚于1979年制定了《经济社会发展计划法》。波兰于1982年制定了《社会—经济计划法》。

（2）关于行业管理和产业发展的法律规定

俄国十月革命胜利后的第二天，即1917年11月8日，全俄工人、士兵和农民代表苏维埃第二次代表大会通过了列宁起草的《土地法令》。[③] 以后，苏俄先后制定了《土地法典》（1923年）、《森林法典》（1923年）、《地下矿藏及其开发条例》（1923年），苏联制定了《土地立法纲要》（1968年）、《水立法纲要》（1970年）、《地下资源立法纲要》（1975年）、《森林立法纲要》（1977年）、《航空法典》（1983年）、新的《土地法》（1990年），苏共中央和苏联部长会议于1982年作出了《关于改善农业和农工综合体其他部门管理的决议》。

罗马尼亚制定了《商业法》（1972年）。匈牙利制定了《外贸法》（1974年）、《商业法》（1978年）。

---

① 苏联，即苏维埃社会主义共和国联盟。有些论著中所称的“前苏联”与本书所称的“苏联”，实际所指的是同一个对象。本书之所以用“苏联”这一概念，是因为历史上有苏联现在不存在苏联，如果使用“前苏联”的概念，就好像现在还存在一个与“前苏联”不同的苏联似的。

② 东欧社会主义国家，是指20世纪80年代末、90年代初发生剧变之前在东欧实行社会主义制度的国家。本书没有在东欧社会主义国家前加“前”字，是因为不存在“前”东欧社会主义国家和“现”东欧社会主义国家之分。

③ 参见〔苏联〕И. 彼得罗夫：《列宁与经济立法》，杨紫烜译，载《国外法学》1984年第5期，第9页。

(3) 关于财政的法律规定

苏共中央和苏联部长会议于 1981 年作出了《关于进一步改善设计和预算工作的决议》。

南斯拉夫于 1976 年制定了《资助经济欠发达共和国和自治省迅速发展的联邦资金法》。罗马尼亚于 1979 年制定了新的《财政法》。

(4) 关于金融的法律规定

苏共中央和苏联部长会议于 1954 年作出了批准《关于苏联国家银行的作用和任务的决议》。

南斯拉夫于 1976 年制定了《货币制度法》

(5) 关于价格的法律规定

苏联部长会议于 1971 年批准了《苏联国家物价委员会条例》。

匈牙利于 1967 年制定了《关于价格管理的法令》。南斯拉夫于 1979 年制定了《价格制度基础和社会对价格的监督法》。

2. 新中国社会主义经济法的内容

新中国的经济法是社会主义的经济法。关于它的产生时间,有几种不同的观点:在新中国成立以后产生的;在开始改革开放以后产生的;在明确建立社会主义市场经济体制的目标以后产生的;在初步建立了社会主义市场经济体制以后产生的。笔者认为,判断新中国经济法究竟是何时产生的,不能凭主观想象,而要依据事实说话。事实是,新中国的社会主义经济法是在 1949 年中华人民共和国建立以后,随着一系列经济法的规范性文件的制定,经济法律规范数量的日益增加而产生的。

经济法的发展同实行什么样的经济体制有着内在的、紧密的联系。新中国的经济法经历了下列三个发展阶段:

第一阶段(1949—1978 年),计划经济时期经济法的主要内容。

(1) 关于计划的法律规定

我国先后制定的计划方面的规范性文件主要有:《关于实行粮食的计划收购和计划供应的命令》(1953 年)、《关于实行棉花计划收购的命令》(1954 年)、《关于实行棉布计划收购和计划供应的命令》(1954 年)、《关于各部负责综合平衡和编制各该管生产、事业、基建和劳动计划的规定》(1957 年)、《关于改进计划管理体制的规定》(1958 年)、《关于加强综合财政计划工作的决定》(1960 年)等。

(2) 关于行业管理和产业发展的法律规定

我国除了制定《土地改革法》(1950 年)以外,制定的有关规范性文件主要有:《矿业暂行条例》(1950 年)、《对外贸易管理暂行条例》(1950 年)、《关于国家建设征用土地办法》(1953 年)、《农村粮食统购统销暂行办法》(1954 年)、

《基本建设工程设计任务书审查批准暂行办法》(1955 年)、《关于非金属矿管理问题的指示》(1956 年)、《矿产资源保护试行条例》(1956 年)、《关于改进工业管理体制的规定》(1957 年)、《关于改进商业管理体制的规定》(1957 年)、《关于棉花、棉布购销工作的指示》(1957 年)、《关于改进粮食管理体制的几项规定》(1958 年)、《关于组织农村集市贸易的指示》(1959 年)、《关于发展农副业生产的决定》(1962 年)、《关于加强种子工作的决定》(1962 年)、《森林保护条例》(1963 年)、《关于大力发展农村副业的指示》(1965 年)、《关于抓紧粮棉油收购工作的通知》(1969 年)、《跨省电网管理办法》(1975 年)、《关于加强物资协作管理的规定》(1977 年)等。

(3) 关于财政的法律规定

我国制定的关于财政方面的规范性文件包括:1950 年制定的《全国税政实施要则》、《关于统一国家财政经济工作的决定》、《关于决算制度、预算审核、投资的施工计划和货币管理的决定》、《工商业税暂行条例》、《货物税暂行条例》、《利息所得税暂行条例》、《印花税暂行条例》、《屠宰税暂行条例》、《契税暂行条例》等;1951 年制定的《关于划分中央与地方在财政经济工作上管理权限的决定》、《预算决算暂行条例》、《特种消费行为税暂行条例》、《城市房地产税暂行条例》、《车船使用牌照税暂行条例》、《海关进出口税则暂行实施条例》等;1952 年制定的《国营企业决算报告编送暂行办法》、《商品流通税试行办法》等;1958 年制定的《农业税条例》、《关于改进税收管理体制的规定》等;1963 年制定的《关于调整工商所得税负担和改进征收办法的试行规定》、《关于基本建设拨款的几项规定》等。

(4) 关于金融的法律规定

我国制定的金融方面的规范性文件主要有:《中央金库条例》(1950 年)、《关于实行国家机关的现金管理的决定》(1950 年)、《查检邮件中夹带外币或外币票据暂行处理办法》(1950 年)、《禁止国家货币出入国境办法》(1951 年)、《侨汇业管理暂行办法》(1951 年)、《禁止国家货币票据及证券出入国境暂行办法》(1952 年)、《关于发放农业贷款的指示》(1953 年)、《关于农村金融工作中若干问题的指示》(1956 年)、《地方经济建设公债条例》(1958 年)、《关于整顿和加强银行工作的几项规定》(1977 年)、《关于实行现金管理的决定》(1977 年)等。

(5) 关于价格的法律规定

我国制定的价格方面的规范性文件主要有:《关于各地不得自动提高国家统购和收购的农副产品收购价格的指示》(1956 年)、《关于物价管理权限和有关商业管理体制的几项规定》(1958 年)、《关于市场物价分级管理的规定》(1958 年)、《关于物价管理的试行规定》(1963 年)、《关于国营工商企业商品作价的规定》(1964 年)等。

第二阶段(1979—1992 年),有计划商品经济时期经济法的主要内容。

(1) 关于市场监管的法律规定

为了加强市场监管,我国制定的规范性文件主要有:《关于开展和保护社会主义竞争的暂行规定》(1980 年)、《关于工业品生产资料市场管理暂行规定》(1981 年)、《关于加强市场管理打击投机倒把和走私活动的指示》(1981 年)、《关于制止商品流通中不正之风的通知》(1981 年)、《关于在工业品购销中禁止封锁的通知》(1982 年)、《工商企业登记管理条例》(1982 年)、《城乡集市贸易管理办法》(1983 年)、《关于认真解决商品搭售问题的通知》(1986 年)、《工业产品质量责任条例》(1986 年)、《核电厂质量保证安全规定》(1986 年)、《乡镇企业工业产品质量管理办法》(1987 年)、《军工产品质量管理条例》(1987 年)等。

(2) 关于计划、统计的法律规定

在计划、统计方面,我国先后制定了《关于加强基本建设计划管理控制基本建设规模的若干规定》(1981 年)、《统计法》(1983 年)、《关于改进计划体制的若干暂行规定》(1984 年)、《关于加强统计工作的决定》(1984 年)、《统计法实施细则》(1987 年)等规范性文件。

(3) 关于行业管理和产业发展的法律规定

在加强行业管理、促进产业发展方面,我国制定了《森林法(试行)》(1979 年)、《森林法》(1984 年)、《草原法》(1985 年)、《土地管理法》(1986 年)、《渔业法》(1986 年)、《矿产资源法》(1986 年)、《邮政法》(1986 年)、《水法》(1988 年)、《铁路法》(1990 年)、《烟草专卖法》(1991 年)。此外,还制定了《关于民航管理体制若干问题的指示》(1980 年)、《关于保护森林发展林业若干问题的决定》(1981 年)、《对外合作开采海洋石油资源条例》(1982 年)、《国家建设征用土地条例》(1982 年)、《关于发展城乡零售商业、服务业的指示》(1983 年)、《烟草专卖条例》(1983 年)、《进出口货物许可制度暂行条例》(1984 年)、《关于进一步活跃农村经济的十项政策》(1985 年)、《节约能源管理暂行条例》(1986 年)、《关于通用航空管理的暂行规定》(1986 年)、《水路运输管理条例》(1987 年)、《渔业法实施细则》(1987 年)、《种子管理条例》(1989 年)等规范性文件。

(4) 关于财政的法律规定

在财政方面,制定的法律主要有:《个人所得税法》(1980 年)、《中外合资经营企业所得税法》(1980 年)、《外国企业所得税法》(1981 年)、《外商投资企业和外国企业所得税法》(1991 年)、《税收征收管理法》(1992 年)。国务院制定的规范性文件有:《关于平衡财政收支、严格财政管理的决定》(1981 年)、《进出口关税条例》(1985 年)、《关于实行“划分税种、核定收支、分级包干”财政管理体制的规定》(1985 年)、《关于加强预算外资金管理的通知》(1986 年)、《个人收入调节税暂行条例》(1986 年)、《耕地占用税暂行条例》(1987 年)、《关于违反财政法规处罚的暂行规定》(1987 年)、《国家预算管理条例》(1991 年)等。

(5) 关于金融的法律规定

在金融方面,国务院制定的规范性文件有:《外汇管理暂行条例》(1980 年)、《国库券条例》(从 1981 年起,国务院连续多年发布了这样的《条例》)、《关于切实加强信贷管理严格控制货币发行的决定》(1981 年)、《关于中国人民银行专门行使中央银行职能的决定》(1983 年)、《金银管理条例》(1983 年)、《国家金库条例》(1985 年)、《经济特区外资银行、中外合资银行管理条例》(1985 年)、《保险企业管理暂行条例》(1985 年)、《关于加强外汇管理的决定》(1985 年)、《银行管理暂行条例》(1986 年)、《企业债券管理暂行条例》(1987 年)等。

(6) 关于价格的法律规定

在价格方面,先后制定的规范性文件有:《关于加强物价管理,坚决制止乱涨价和变相涨价的通知》(1980 年)、《物价管理暂行条例》(1982 年)、《关于加强物价管理和监督检查的通知》(1985 年)、《关于加强物价管理保持市场物价基本稳定的通知》(1987 年)、《价格管理条例》(1987 年)、《重要生产资料和交通运输价格管理暂行规定》(1988 年)、《关于提高粮食统销价格的决定》(1992 年)等。

(7) 关于会计、审计的法律规定

在会计、审计方面,制定的法律、法规主要有:《会计法》(1985 年)、《关于审计工作的暂行规定》(1985 年)、《注册会计师条例》(1986 年)、《审计条例》(1988 年)等。

第三阶段(1993 年以来),建立和完善社会主义市场经济时期经济法的主要内容。

(1) 关于市场监管的法律规定

为了加强市场监管,1993 年以来,我国制定、修改或修订了一系列法律。其中,主要有:1993 年制定的《反不正当竞争法》、《消费者权益保护法》,1993 年制定、2000 年修改的《产品质量法》,1994 年制定的《广告法》,1994 年制定、2007 年修改的《城市房地产管理法》,1998 年制定、2004 年修改、2005 年修订的《证券法》,1999 年制定的《招标投标法》,2003 年制定的《证券投资基金法》,2006 年制定的《农产品质量安全法》,2007 年制定的《反垄断法》。此外,还制定、修改了不少有关法规。

(2) 关于统计的法律规定

在统计方面,我国制定、修改或修订了一些法律、法规。其中包括 1996 年修改的《统计法》,2000 年修订、2005 年修改的《统计法实施细则》,2005 年制定的

《海关统计条例》。

(3) 关于行业管理和产业发展的法律规定

在加强行业管理、促进产业发展方面,制定、修改或修订的法律主要有:1993年制定、2002年修订的《农业法》,1994年制定、2004年修改的《对外贸易法》,1995年制定的《民用航空法》、《电力法》,1996年制定的《煤炭法》,1996年修改的《矿产资源法》,1997年制定、2007年修订的《节约能源法》,1997年制定、1999年和2004年修改的《公路法》,1998年修改的《森林法》,1988年修改、1998年修订、2004年修改的《土地管理法》,2000年制定、2004年修改的《种子法》,2000年、2004年修改的《渔业法》,2002年修订的《水法》、《草原法》,2004年制定的《农业机械化促进法》,2005年制定的《畜牧法》,2005年制定、2007年修订的《可再生能源法》,2008年制定的《循环经济促进法》。

(4) 关于财政的法律规定

在财政方面,制定、修改或修订的法律主要有:1993年、1999年、2005年、2007年修改的《个人所得税法》,1994年制定的《预算法》,1995年修改、2001年修订的《税收征收管理法》,2002年制定的《政府采购法》,2007年制定的《企业所得税法》。此外,制定、修改或修订的法规主要有:1994年制定、2005年和2008年修改的《个人所得税法实施条例》,2003年修订的《进出口关税条例》,2006年制定的《烟叶税暂行条例》、《车船税暂行条例》,2006年修改的《城镇土地使用税暂行条例》,2007年制定的《企业所得税实施条例》、《耕地占用税暂行条例》。

(5) 关于金融的法律规定

在金融方面,制定、修改或修订的法律、法规主要有:1995年制定、2004年修改的《中国人民银行法》,1995年制定、2004年修改的《商业银行法》,2004年制定、2006年修改的《银行业监督管理法》,2005年制定的《外国中央银行财产司法强制措施豁免法》,以及1996年制定、2007年修改、2008年修订的《外汇管理条例》,2006年制定的《外资银行管理条例》。

(6) 关于价格的法律规定

在价格方面,有1997年制定的《价格法》,以及1999年制定、2006年和2008年修改的《价格违法行为行政处罚规定》。

(7) 关于会计、审计的法律规定

在会计、审计方面,制定、修改或修订的法律、法规主要有:1993年修改、1999年修订的《会计法》,1993年制定的《注册会计师法》,1994年制定、2006年修改的《审计法》,以及1997年制定的《审计法实施条例》,2000年制定的《企业财务会计报告条例》。

综上所述,社会主义国家的历史虽然还不长,但却制定了一系列作为经济法主要渊源的经济法的法律、法规等规范性文件。仅从以上谈到的部分经济法的法律、法规来看,以它们作为表现形式的经济法律规范,不仅在建立和完善社会主义市场经济时期是大量存在的,在实行计划经济时期和有计划商品经济时期也已大量存在。组成经济法的经济法律规范的大量存在表明,经济法的产生和存在是客观事实。

但是,有的观点却否认社会主义国家在实行计划经济时期和有计划商品经济时期存在经济法,认为中国经济法是改革开放的产物,甚至认为只有市场经济国家才有经济法,社会主义国家的经济法是建立了社会主义市场经济体制以后才产生的。上述观点是不符合实际的。应该说,一个国家有没有经济法,不决定于该国是否实行市场经济,而决定于该国是否创制了大量经济法律规范。人们不禁要问:在调整特定经济关系的经济法律规范不仅实际存在,而且数量又如此之多的时候,怎么能说作为经济法律规范总称的经济法不存在呢?

(二) 社会主义国家经济法的特征

社会主义国家经济法的主要特征有以下四个:

1. 体现以工人阶级为领导的全国人民的意志

经济基础决定上层建筑,上层建筑随着经济基础的变化而变化。在社会主义初级阶段,所有制结构上必须坚持公有制为主体、多种所有制经济共同发展,分配制度上必须坚持按劳分配为主体、多种分配方式并存。由社会主义初级阶段的经济基础所决定,社会主义国家的经济法,是体现以工人阶级为领导的全国人民的意志的。

2. 注重事实上的平等,促进共同富裕

社会主义国家经济法所规定的平等权利,体现平等的内容和形式的统一,注重事实上的平等。这与资本主义国家经济法注重形式上的平等、事实上不平等具有原则区别。但在社会主义初级阶段,还存在多种所有制经济,存在贫富悬殊的现象。这就必须更加强调,在落实科学发展观的过程中,坚持以人为本,真正把最广大人民的根本利益作为党和国家一切工作的出发点和落脚点,作为我国经济法制定和实施的出发点和落脚点。更加注重社会公平,提高低收入者收入,调节过高收入,取缔非法收入,促进共同富裕。

3. 协调本国经济运行从直接手段为主转变为间接手段为主

社会主义国家在实行计划经济时期行使经济管理职能的特征之一,是以直接手段为主协调本国经济运行。中国在从计划经济向社会主义市场经济过渡的时期,国家协调本国经济运行从直接手段为主向间接手段为主转变;在实行社会主义市场经济时期,政企职责分开,企业在法律规定的范围内自主经营,国家行使经济管理职能的特征之一,是以间接手段为主协调本国经济运行。

4. 经济法律规范以单行经济法的法律、法规为主要表现形式

社会主义国家都制定了大量单行经济法的法律、法规。这是其经济法律规范的主要表现形式。捷克斯洛伐克曾于1964年制定了《捷克斯洛伐克社会主义共和国经济法典》,但是绝大多数经济法律规范还是通过大量单行经济法的法律、法规表现出来的。其他社会主义国家,并没有或者还没有制定《经济法典》,就是以后制定了《经济法典》,也不会改变其经济法律规范的主要表现形式。

至于判例法,除了在中国的香港特别行政区是经济法律规范的表现形式之一以外,它不是中国和其他社会主义国家经济法律规范的表现形式。习惯法和法定解释虽然属于社会主义国家经济法律规范的表现形式,但并不是主要表现形式。这种情况,以后也不会改变。

第二章
经济法学的产生和发展(上)

一、外国经济法学产生的概况和评析

要搞清楚外国经济法学的产生的问题,需要明确以下三点:

首先,经济法学产生的条件。

关于法学产生的条件,恩格斯在《论住宅问题》一书中指出:“随着立法进一步发展为复杂和广泛的整体,出现了新的社会分工的必要性:一个职业法学家阶层形成起来了,同时也就产生了法学。”①这就是说,法学的产生必须具备两个条件:一是立法已经发展到复杂和广泛的程度,已经产生了法;二是法学者已经有了相当多的数量,形成了一个职业法学者阶层。

经济法学的产生,也必须具备两个条件:一是经济法的立法取得了相当大的成就,有关法律、法规等规范性文件和习惯法、判例法、法定解释的数量日益增加、内容不断充实,已经产生了经济法;二是已经有了一批从事经济法的教学和研究工作的学者,形成了一支具有相当规模的队伍。

其次,判断经济法学产生与否的标准。

什么是判断经济法学产生与否的标准呢?能否认为经济法的产生就标志着经济法学的产生呢?不能。如前所述,经济法学与经济法不能混淆。再从产生时间上来说,它们不是同时产生的,而是先有经济法后有经济法学。因为没有经济法及其发展规律就没有经济法学的研究对象,也就不会有经济法学。就是说,只有有了经济法之后,才有可能产生经济法学。本书第一章用大量历史事实说明,早在经济法学产生以前很久,经济法已经是客观存在。

能否认为一支具有相当规模的经济法理论工作者队伍的形成就标志着经济

---

① 《马克思恩格斯选集》第3卷,人民出版社1995年版,第211页。

法学的产生呢？也不能。因为这虽然是经济法学产生的必要条件之一,但是它本身并不是经济法学产生的标志。

判断经济法学是否已经产生,要看在已经具备经济法学产生的必要条件的基础上,经济法的研究是否已经取得了相当大的成就,发表和出版了一批经济法的论著,从而表明作为一门法学学科——经济法学科的形成。

再次,外国经济法学产生的时间。

在国外,经济法学产生于20世纪20年代的德国。在第一次世界大战期间,德国制定了《关于限制契约最高价格的通知》(1915年)、《确保战时国民粮食措施令》(1916年)、《战时经济复兴令》(1918年)。在第一次世界大战结束后,德国制定了《德意志联邦宪法》即《魏玛宪法》(1919年)[①]、《煤炭经济法》(1919年)、《碳酸钾经济法》(1919年)、《防止滥用经济力法令》即《卡特尔令》(1923年)。"这些法律包含的法律规范,确认国家有权对私人企业的经营活动进行干预,对经济运行要素进行国家协调,从而可以对垄断组织进行一定的限制,并在一定程度上取消或限制了契约自由原则和无限制所有权原则"。[②]

上述新的法律现象,引起了德国法学界的广泛关注,并进行了集中研究,取得了一系列研究成果,如努斯鲍姆(Nussbaum)的《新德国经济法——关于世界大战爆发以来私法及其相邻法域发展的系统展望》(1920年)、鲁姆夫(Rumpf)的《经济法和经济法学者》(1920年)和《经济法的概念》(1922年)、郝德曼(Hedemann)的《经济法基础》(1922年)、盖勒(Geiler)的《新经济法的社会组织理论》(1922年)和《在社会法中的经济法的方法》(1927年)、戈尔德斯密特(Goldschmidt)的《帝国经济法》(1923年)、威斯赫夫(Westhoff)的《经济法的体系》(1926年)等。这表明了经济法学在德国的产生。

二、外国经济法学发展概况

自从经济法学产生以来,在经济法的基本理论、特别是经济法的概念和地位问题上,展开了广泛的讨论,提出了许多不同的观点,形成了若干有影响的理论。其中,除了有待商榷的观点以外,不少见解推动了经济法学的发展。下面,先就一些国家经济法学发展的情况进行概述,然后作简要评析:

---

① 这部《宪法》专设了"经济生活"一章,对国家的经济制度和国民经济的基本政策等作出了规定。

② 肖江平:《中国经济法学史研究》,人民法院出版社2002年版,第63页。

（一）西欧一些国家和日本经济法学的发展

1. 德国关于经济法的理论①

经济法学不仅产生于德国，而且在德国得到了相当大的发展。在第一次世界大战以后，对经济法的学术探讨德国是最活跃的。丹宗昭信认为，第二次世界大战结束前，在德国，“一方面虽然有人认为经济法不是独立的法律分科，而只不过是企图指出当时各种经济关系法的倾向的观点，如赫德曼的世界观说和努斯鲍姆的搜集说以及把新的经济关系法包括在行政法体系中而认为仅仅是经济行政法的佛巴的学说等。但是，另一方面主张经济法是独立的实在的法律分科的学说也不少。”②德国在经济法学的发展过程中，形成了多种关于经济法的理论。在第二次世界大战以前，主要有如下五种被人们称为“集成说”（或“搜集说”）、“方法论说”、“世界观说”、“对象说”、“机能说”的关于经济法的理论：

第一，“集成说”把经济法看作是一个集合的概念，是一系列法律规范的综合。其代表人物努斯鲍姆认为：经济法是对国民经济予以直接影响的法律规范集合之称；而间接影响到国民经济的法律如财政法，以及以个人生活为对象的法律如民法，则应排除于经济法之外；经济法兼具公法与私法的性质。

第二，“方法论说”是试图以社会学的方法来研究经济法。其代表人物之一盖勒认为，经济法无非是在有关经济生活的法律领域中，适用法学研究的社会学方法而已。另一代表人物威斯赫夫主张，一切有关经济的法律均属于经济法。对此，金泽良雄指出，威斯赫夫的这一论点，严格说来，不应该被看作是有关经济法“概念”的学说。

第三，“世界观说”以“经济性”作为现时代基调的法为经济法。其代表人物赫德曼自称，他的学说为“世界观说”。赫德曼的观点前后有很大变化。前期，他主张，以具有现代性为特征，并渗透于现代法的经济精神为基调之法为经济法，经济法具有经济性。在他看来，经济法不应该被理解为单一的法域、法律部门，而应该理解为时代精神的基调、世界观。他在 1922 年出版的《经济法基础》一书中说：“当今将经济法视为与亲属法、继承法、国家法、教会法、国际法等并列的独立的法部门全然是一种谬见。”到 1939 年出版的新作《德意志经济法纲要》一书中，赫德曼断言，以往的搜集说、对象说以及他自己的世界观说，“这样的学说无一具有实效。”他承认了经济法的独立性，即经济法作为独立的法域和单一的法部门。

---

① 除另行注明出处的以外，请参见张世明：《经济法学理论演变研究》，中国民主法制出版社 2000 年版；〔日〕金泽良雄：《经济法概论》，满达人译，甘肃人民出版社 1985 年版。

② 〔日〕丹宗昭信、厚谷襄儿编：《现代经济法入门》，谢次昌译，群众出版社 1985 年版，第 2 页。

第四,“对象说”[①]主张,把经济法作为对象去研究,并作为法律分支承认其独立性。其代表人物之一戈尔德斯密特(Goldschmidt)认为,经济法是“组织经济固有之法”,并把它作为独立的法律分支。另一代表人物卡斯凯尔(Kaskel)主张,有关企业管理的专门法为经济法。在他看来,经济法诚然是关于经济性企业者的法,但关于经济性企业者的法并不全是经济法,只有规制企业管理或完成经济性企业者的事业而产生的关系,才是经济法的对象。[②]

第五,“机能说”着眼于法律的机能,并以经济统制为中心概念的学说。其代表人物之一赫梅尔勒(Heamerle)主张,以国家统制经济特有的法律为经济法。另一代表人物林克(Rinck)认为,经济法是为了追求总体经济的正确性和社会的正义性而对独立的营利行为加以促进和限制的法律及国家诸措施的体系。简言之,经济法是经济指导与管理之法。他将经济法的内容体系构筑为:经济基本体制法;经济指导与管理的措施(包括经济计划、总体经济引导、经济管制、价格管制、经济辅助及经济刑法等);各种个别经济行业的秩序(包括工商及手工艺业、交通、能源、农业及货币金融业等);不正当竞争防止法;营业竞争限制防止法。

第二次世界大战以后,在联邦德国经济法学发展的过程中,主要提出了如下理论:

第一,把经济法看作是一种“冲突法”。胡贝尔(Ernst Rudolf Huber)认为,经济法是反映经济活动中诸力量,即企业者和劳动者等在经济秩序中,争执其活动得为自由拟制或受有拘束的特别法。其特征为个人的自由与团体乃至国家对其所为之拘束间的冲突。因此,经济法系一种“冲突法”。他将经济法的内容分为四个部分:一是经济私法;二是经济行政法;三是经济刑法;四是经济基本体制法。劳申布施(Gerhard Rauschenbach)也视经济法为一种“冲突法”,它是通过国家干涉的行政手段以达到公共的全体利益的社会均等化目标。他将经济法的内容分为另外四个部分:一是国家与经济的法律关系;二是经济官署、经济团体及共同决定权;三是营业竞争限制防止法;四是经济引导与经济监督。

第二,将经济法视为一种“作用法”。汉斯·卡尔·尼佩代(Hans Carl Nipperdey)认为,从事实和意义的联结看,公法和私法的分类必须加以克服,其理由是因为经济法与过去的法律分科不同,并且是具有不同目的的机能的法,即经济法是以保障及促进经济发挥其适当机能为目的而随事制宜的公法及私法。他将经济法的内容分为六个部分:一是经济基本体制法;二是经济私法;三是经济行政法:四是经济刑法;五是经济诉讼法:六是国际经济法。

---

① 金泽良雄所说的“对象说”,包括了埃希勒(Eichler)主张的所谓“组织经济法说”、“企业者法说”。

② 与卡斯凯尔的观点不同,库拉乌捷(Krause)认为,经济法是关于企业的法,商法也是关于企业的法,因此,经济法和商法都应该作为企业法来看待,它们应该统一于企业法。

第三，认为经济法的重心是追求社会整体利益。在施密特-林普勒(Welter Schmidt-Rimpler)看来，经济法区别于其他的法领域，其重心在于追求社会整体的经济利益，其着眼点是从维护与增进社会整体的经济利益为出发点自成领域，别树一帜。他认为，经济法的内容包括竞争秩序的法规以及国家引导与管理的法规(关于管理经济的机构组织与措施方法的规定)。

第四，提出对"经济的一般法"和"经济的特别法"加以区别。在德国，人们常常使用"经济的法"这一概念，大学讲授"经济的法"，有些研究所研究"经济的法"。通常为人们接受的初步看法是："经济的法"包含统制经济的法律框架，更一般地说，包含政府当局干预经济活动的法律框架；它是"一整套旨在限制和管理独立经济活动的国家的措施"，或者说，是经济政策的手段。菲肯切尔(Fikentscher)对"经济的法"提出了新的见解。他主张把"经济的一般法"和"经济的特别法"加以区别：前一类，涉及有关经济活动的根本法律制度(主要是财产法、合同法、竞争法)；后一类，有政府当局用以对经济活动进行强制性干预的各种具体措施。在后一类中，还可以区分为职能性"经济的法"(旨在保证贸易和谐进行，或更一般地说，保证经济效率的国家干预)和实用性"经济的法"(与某些特定部门或活动有关的国家干预)。有学者指出，按照这种观点所理解的"经济的法"的范围，超过了那种把"经济的法"仅仅视为关于管制经济之法的范围。①

2. 其他一些西欧国家关于经济法的理论②

法国主要有以下三种关于经济法的理论③：

第一，企业法论。其代表人物是克劳德·尚波。这种理论认为，经济法是企业法。它规定着三类法律关系：一是企业的结构及其内部的运行；二是同其他企业的关系；三是同公权力的关系。作为企业法，经济法既同旨在保持个人之间利益的完全的私法相分离，也同优先照顾普遍利益的公法相分离。克劳德·尚波还断言，经济法不是一个法律部门，而是与全部传统法律规则并存的一项新法律。

第二，经济生活国家干预论。其代表人物是费尔南·夏尔·让泰。这种理论认为，经济法是国家干预经济生活法，它属于公法。费尔南·夏尔·让泰提出，经济法是"以给予公共权力机构能够对经济采取积极行动为目的的法律规则之总称"。这种涉及范围较窄的经济法观点，当时在法国，既是公法和私法学

① 参见〔法〕阿莱克西·雅克曼、居伊·施朗斯：《经济法》，宇泉译，商务印书馆1997年版，第54—56页。

② 除另行注明出处的以外，请参见同上注书。

③ 参见〔法〕罗伯·萨维：《法国法律上的经济法概念》，载《法学译丛》1983年第5期，第30—34页。

家所支持的,也是经济学家和实际工作者所支持的。

第三,经济利益平衡论。其代表人物是罗伯·萨维。他对经济法这一概念下了这样一个定义:经济法,“是旨在保证特定时刻和特定社会中国家和私人经济代理人的特殊利益和普遍经济利益之间的平衡的规则之总称”。该理论认为:“这种平衡乃是经济法的本质”;经济法“主要是一门公法”。罗伯·萨维赞成这样的观点:旨在保障在国家的整个经济政策范围内制定的关于物价、对外贸易、运输调配、农业结构等的各种法规,是一种使人遵守由经济法规则建立的关于普遍经济利益与企业家的利益之间的平衡的方法,因而,此类规则属于经济法范畴。

比利时关于经济法的理论也主要有三种:

第一,经济政策工具论。这种理论认为,经济法是国家实施其经济政策的工具。J. 范乌特说,经济法是用来指商业和工业的自由以及愿望自主,以实施国家经济政策的全部规则。E. 谢雷克斯认为,经济法是由国家据以对经济施加积极影响的全部法律规则组成的。但是,这并不意味着经济法是“经济法规”的同义词。它是政府当局以有效地实现其经济政策的工具之一。

第二,商法延伸论。这种理论认为,经济法是商法的延伸。在 J. 范兰看来,“商法”这种表达方式,现在已经变得很不恰当了:既然商法包括在法律上反映经济活动框架和结构的全部法律规则之中,那么最好是用“经济法”这种名称代替“商法”那种过时的名称。J. 林彭斯为经济法提出了一个范围广泛的概念,其基础就是传统的商法,但加进了现代经济引出的许多规则。他认为,经济法的内容可以分为四个大类:一是法律主体(自然人、法人、经济部门与专业组织);二是法律客体(商业营业用房屋的续租权和营业资产);三是法律关系(抵押、委托、运输、保险、证券交易、银行、有价证券);四是诉讼程序(破产、缓期、破产人与债务人之间的清偿协议)。

第三,新部门法论。提出这一理论的 R. 昂立翁认为,经济法不只是商法的发展。它是处于公法和私法交界处的一个新部门;它是集中和综合的产物,它的统一性在于它的唯一目的是“管理经济活动,而且观察经济活动不是按照法律规则的观点,而是按照从事某种特定活动、适用经济形势和经济需要所引起的一系列不同渊源规则的所有人的观点”。

对于荷兰的关于经济法的理论,需要指出,在第二次世界大战结束后的一段时间里,有些学者曾试图采用“经济法”这一概念。其中,H. A. 福伊厄尔还赋予经济法范围很广的含义,即“涉及经济关系的全部法律规则”。但是,在学者中,对这一概念没有取得一致认识。人们使用较多的是“社会经济法”这一概念。对此,在这里说明以下三点:一是“社会经济法”这一概念是 A. 米尔德尔在 1949 年提出来的。二是持“社会经济法”观点的学者认为,该法包含以有意识地影响市场运转作为直接目的或间接目的的全部法律规则。在属于这个法律部门的内容中,可以举出:关于竞争、物价、商业准入和从事商业(开业权)、清仓减价出售和加价出售商品、关闭商店、信贷控制、分期付款销售和分期偿还的贷款、人寿保险、保险经纪、客运和货运、工商会、对外贸易、食品质量等的法规。三是在持"社会经济法"观点的学者看来,"社会经济法"不包含"企业法规",大多数学者也都同意它属于公法范围。

在意大利,关于经济法的理论一般使用"经济的法"而不是"经济法"这一概念。从1955年起,有一家杂志就是以《经济的法》命名的。有多个高等院校开设的课程讲授"经济的法"的内容。但是,学者们对"经济的法"这一概念的内容并没有取得一致的认识。根据M.隆哥于1966年在巴黎大学比较法研究所组织的经济法定义讨论会上提出的报告,意大利的学者对"经济的法"这一概念的内容有三种不同的看法:一是认为,"经济的法"包含一系列当前可以有规范性迅速变化的、与公法和私法交叉的法规。二是认为,"经济的法"主要涉及政府部门在经济领域的活动。这指的是"经济公法"。三是认为,对"经济的法",不能根据它的客体下定义;相反,"经济的法"既是一个特别的部门,又是一个一般的部门。但是,某些学者对这样设想的"经济的法"的独立性表示了怀疑。

3. 日本关于经济法的理论①

在第二次世界大战结束以前,对于日本关于经济法的理论,按照是否承认经济法是一个"独立的法律分支",可以划分为"肯定论"和"否定论"。

持"肯定论"的一些学者主要提出了如下观点:

第一,认为除了公法和私法以外还有经济法。持这一观点的有桥本文雄、菊池勇夫等学者。桥本文雄认为,经济法是作为国家经济的法制形成的独立的法域,是独立的法律分支。在他看来,现在的"财政以及社会、经济政策都是依照国家的意思,着眼于形成受统制的经济生活方面,这都可以包括在国家经济的概念之中。对经济生活进行着眼于国家经济和规制的国家意思,这便是经济法。于是,国家经济和经济法的关系宛如实质和形式的关系。"菊池勇夫认为,经济法的固有对象是垄断资本主义时代的统制经济立法。这种立法的指导思想是社会法学理论。经济法是超越公法、私法之外的一个独立的法域。②

第二,认为经济法是"统制经济所固有的法"。在第二次世界大战之前,峰村光郎就坚持经济法是"统制经济所固有的法"的观点。他认为,经济法属于在超越公法和私法分界的基础上在两者之外另外形成的社会法领域。作为新的法

① 除另行注明出处的以外,请参见〔日〕金泽良雄:《经济法概论》,满达人译,甘肃人民出版社1985年版;〔日〕丹宗昭信、厚谷襄儿编:《现代经济法入门》,谢次昌译,群众出版社1985年版;张世明:《经济法学理论演变研究》,中国民主法制出版社2002年版。

② 转引自何勤华:《当代日本法学——人与作品》,上海社会科学出版社1991年版,第339页。

现象的经济法,以调整所谓的国民经济的共同经济为己任,在这一点上是与调整公经济为己任的有关财政、军政、公企业等的行政法以及以调整私经济为己任的私法相区分的。他还认为,统制经济在法律上的概念和经济上的概念是不相符的,按照统制经济法律上的概念,财政法、租税法、军政法、公企业法等仅仅是统制经济存续的条件,而非统制经济所固有的法。

持"否定论"的学者提出的观点主要有:

第一,认为经济法就是"企业法或企业者法"。在日本,米谷隆三、西原宽一、大隅健一郎、津曲藏之丞等学者以企业法为中心,认为经济法就是企业法或企业者法,将商法与经济法作为企业法来统一理解、把握,否定经济法是独立的法律分支。

第二,否认经济法概念的存在。美浓部达吉认为:所谓经济法的概念,"从法律学角度出发,在理论上则是不能承认的";"作为法律学,维持公法与私法的传统分类是正当的,提出经济法的概念并使其取代前两者(公法与私法)在理论上并无正当的理由"。

第三,把经济法视为"社会化经济制度的全体"。孙田秀春将劳动法界定为"社会化劳动制度的全体"。与此相对应,他认为,经济法是"社会化经济制度的全体"。他说:"我认为可以把劳动法以外的一切的社会法制用经济法的观念加以统括。据卑见看来,劳动法和经济法尽管可以如此区分,但无论如何其据于的根本思想是一致的,作为相对应的姊妹法具有共同构成社会法全法域的关系。"他还认为,经济法不仅仅局限于生产组织的问题。假如分配问题、消费问题也受到社会化思想的影响,那么就可以纳入总的经济法的范围。

第四,提出"经济统制法"(或"统制经济法")的理论。田中二郎等学者提出的这种理论,是指与统制经济有关或相关的法,是一种否定经济法存在的泛经济法理论。它除了统制经济所固有的法以外,还包括财政法、租税法、军政法、公企业法、特殊会社法、特许企业的监督取缔以及经济上的保护救助等有关法律领域。可见,这种"经济统制法"理论不同于峰村光郎和江上勋的"统制经济所固有的法"理论。

第二次世界大战以后,丹宗昭信认为:日本"关于经济法的学说,可以大致区别不以垄断禁止法为核心的学说和以垄断禁止法为核心的学说两种"。他曾说:"经过战后三十年的今天,以垄断禁止法为核心的经济法(在理论上作为核心或在事实上承认其为核心)可以说已经占了统治地位。"

将垄断禁止法视为经济法的核心的学者,主要提出了如下观点:

第一,认为经济法是"规制以……垄断为中心的经济从属关系的法"。峰村光郎和正田彬指出,私的独占禁止法为经济法的中心。经济法的本质性前提是"在垄断资本主义阶段固有的垄断体与非垄断体之间的从属关系"。后来,正田彬进一步指出:"在达到垄断阶段的资本主义经济社会中,最基本的人的社会关系就是作为垄断集团和非垄断之间的关系而形成的经济上的支配服从关系。"他认为,经济法是由两部分组成的:一是"通过规制经济支配者的活动,在经济的从属关系上,限制其进行恣意的活动,或处于支配地位的经济主体任意进行交易"的经济规制法;二是"以反映允许经济从属者为了提高经济地位而结成的经济关系为中心的法制"的经济关系法。

第二,认为经济法"是国家规制市场支配的法"。丹宗昭信指出,这里所谓的"市场支配",是指限制自由竞争的状况。并认为,国家为了维持竞争秩序而介入市场的法,就是本来意义的经济法。在现代资本主义国家中,基本经济政策的基础是维持竞争的政策,与此相适应的经济政策立法就是垄断禁止法。关于"经济法的范围",丹宗昭信认为,把采取竞争维持政策的垄断禁止法作为核心,把其他的竞争秩序维持政策立法(不当竞争防止法、广告规制法、转包价款迟延防止法)置于其周围的地位,并且,相对于原则法,给予其他的竞争限制允许法以一定的存在理由和位置,在涉及竞争的范围内,就可以作为经济法的对象包括进来。作为这种经济关系法的主要类型,有竞争限制的禁止、竞争限制的助长和竞争限制的允许及其赔偿措施等三种,后者是作为垄断禁止法的适用除外来对待的。关于经济法的法域属性,丹宗昭信认为,经济法既不属于传统公法,也不属于传统私法的范畴,而是带有两种法律的混合形态特征的法。经济法这个新的法律部门已经处于社会法的一部分的地位。

第三,认为经济法的概念可以分为广义、中义、狭义三种。田中诚二指出:广义的经济法,是指关于经济生活的各种新出现的而又不能归入其他法域的法律规范;中义的经济法,是指适应社会调和之要求,作为国家干涉市民社会的经济之法,即直接从社会利益的观点出发对市民社会的经济运动方向加以规制,从而将其引向一定方向的法律;狭义的经济法,是指对企业进行社会性控制的法,具体指独占禁止法和与其相关联的法、关于公用事业的法、各种行业中保护中小企业的法等等。松下满雄指出,在上述分类中,田中诚二采用何种意义上的经济法概念却不明确。中国学者张思明教授认为,田中诚二和峰村光郎、正田彬、丹宗昭信观点的相似之处在于,将独占禁止法置于经济法的核心地位。

不把垄断禁止法视为经济法核心的学者,提出了下列主要观点:

第一,认为经济法是社会调节法。金泽良雄说:经济法是"适应经济的即社会调节的要求的法,即主要是用社会调节的方式解决经济循环中产生的矛盾、困难(市民法自动调节作用的局限)的法"①。这里,所谓经济的即社会调节的要

① 这是谢次昌在《现代经济法入门》一书中的译文。其中,"适应经济的即社会调节的要求的法"这一句话,满达人在《经济法概论》一书中译为"适应经济性即社会协调性要求的法律"。

求,是通过“国家的手”来实现的。它“要求国家制定为了实现在经济上从总资本即国民经济的立场出发的国家政策,而对经济进行干涉的法律”。金泽良雄还进一步指出了以下三点:一是经济的即社会调节的要求,由于时代和社会的不同而有各种不同的表现,如根据不同的情况,分别制定垄断禁止法、卡特尔促进法以及稳定供求的法律、有关抑制物价和物资分配的法律等等;二是有些虽然也是国家对经济的经济性干预之法,但是为了建立实行自由主义经济的基础和条件而制定的法,如《产业促进法》、《货币法》、《计量法》、《银行法》、《保险业法》、《铁道营业法》、《海上运输法》等“原则上可以认为并不属于经济法”;三是虽然同属于国家对经济干预之法,但属于非经济目的者,如为了公安、卫生目的的各种营业取缔法等,在本质上与经济法不同。关于经济法的法域属性,金泽良雄认为,经济法是与公法、私法二者重叠存在的,它不仅采取公法的规制,同时也采用了私法方面的规制。从这种意义上说,经济法正是跨于公法、私法两个领域,并也存在着这两者相互牵连以至相互交错的现象。

第二,认为经济法是经济体制维护法。今村成和说:“经济法的特征是以维持垄断阶段的资本主义经济体制为目的的经济政策的立法。”经济法是“以依靠政府的力量支持因垄断发展而失去其自主性的资本主义经济体制为目的的法律之整体。”他认为,资本主义经济构造的特点是在市场经济范围内实现经济循环,因此,经济法的目的或机能是用法的手段对市场经济加以适当的规制。这种规制分为对构成市场的企业的状况、行为的直接规制和通过政府对交易过程的介入来影响市场经济的间接规制。宫坂富之助指出:经济法“反映在国家垄断资本主义阶段是以国家介入经济,维护资本主义经济体制为目的的经济政策的法律的整体”。

第三,认为经济法是市场机制保全法。松下满雄的《经济法概说》[①]一书的结构,除序章经济法的概念以外,分为竞争政策法和产业政策法两大部分。他在该书中引用了新开阳一等经济学学者关于“市场机制”的定义,并阐述了自己的经济法观点。他说:“市场机制就是指分配国民经济资源上的自由的分权的意思决定机制。一旦市场中独占、寡占成立,乃至卡特尔横行,这种市场机制就会陷于机能不全的境况。并且,如果对这种竞争限制置之不管,市场机制就会产生衰退倾向。因此,以维持这种市场机制健全性为目的的竞争政策就是必要的,作为实现这种政策的独占禁止法便应运而生。”这就是松下满雄所说的经济法首先是“市场机制”保全法的含义。另一方面,他又指出,市场机制不是万能的,“市场失败”也会产生。因此,在市场失败时,政策进行介入以发挥补充作用,便成为必要。松下满雄认为,基础技术研究开发法、中小企业保护法、供需价格调

① 〔日〕松下满雄:《经济法概说》,日本东京大学出版会1986年初版,1989年再版。

整法、不景气对策措施法、对外经济法、公企业法六类法都属于对市场机制的补充法,亦即产业政策法。

(二)苏联和东欧一些社会主义国家经济法学的发展

1. 苏联关于经济法的理论①

苏联的经济法学,从1922年苏联成立至1991年苏联解体的数十年间,经历了产生和曲折发展的过程。起初,苏联的一些有影响的法学家把民法视为经济法的组成部分。例如,A. Г. 戈伊赫巴尔格计划撰写的《苏俄经济法》共5卷,其中于1923年出版的第1卷就是论述苏俄民法典的。后来,在苏联陆续产生了多种关于经济法的理论。下面,先简要介绍第二次世界大战以前苏联的两种关于经济法的理论:

第一,两成分法论。这种理论是20世纪20年代末由 П. И. 斯图契卡提出来的,以不同经济成分为标准划分民法与经济行政法的理论。他说:既然"民法(也是私法)主要调整私有者的各种财产关系和部分地调整各种经济成分之间的关系,那么,经济行政法便是调整社会主义成分的各种经济关系了"。斯图契卡认为:经济行政法调整的社会主义经济成分中各社会主义组织之间的关系,具有计划性和隶属性的特征;民法调整的私有经济成分中的财产关系和两种经济成分之间的财产关系,是以非计划原则为基础的,在"无政府状态下"产生的。

第二,战前经济法论。E. B. 帕舒卡尼斯和 Л. Я. 金茨布尔格在1935年出版的《经济法教程》一书中指出:经济法是"无产阶级国家组织经济管理和组织经济联系的政策的一种特殊形式"。金茨布尔格还说:"在调整社会主义企业之间的关系方面计划和服从的因素起着特殊的作用。"持这一理论的学者虽然将自己的力量集中在研究社会主义成分内部的法律关系方面,但同时认为,经济法的调整对象不仅包括社会主义组织之间的经济关系,而且包括公民之间的经济关系以及社会主义组织与公民之间的经济关系。

在第二次世界大战以后,苏联主要产生了四种关于经济法的理论。这几种理论曾对东欧一些社会主义国家和20世纪80年代的社会主义中国关于经济法的理论产生了相当大的影响,有些理论基本上是苏联相关理论的翻版。

第一,现代经济法论。在苏联,由 B. B. 拉普捷夫、B. K. 马穆托夫在20世纪50年代末提出的经济法理论,被称为"现代经济法理论",又称"纵横统一论"。1959年,拉普捷夫发表论文指出:苏维埃经济法"全面地既调整纵的又调整横的

① 除另行注明出处的以外,请参见〔苏联〕国立莫斯科大学、斯维尔德洛夫法学院合编:《经济法》,中国人民大学苏联东欧研究所译,中国人民大学出版社1980年版;〔苏联〕B. B. 拉普捷夫主编:《经济法》,中国社会科学院法学研究所民法经济法研究室译,群众出版社1987年版;张世明:《经济法学理论演变研究》,中国民主法制出版社2002年版。

关系,现实生活中这些关系的不可分割的联系和统一决定了经济法规范的统一,它们构成独立的法律部门——经济法。不能按不同法律部门分割这些规范,因为它们彼此交错,使相应的法律制度具有新质量。”[①]马穆托夫在《苏维埃国家与法》1959年第5期上发表的论文指出:“经济法主张认为社会主义组织之间在进行经济活动以及管理社会主义财产和生产的过程中形成的经济(计划—经济核算)关系的统一体系,是法律调整的客体(对象)。该体系既包括企业之间的关系,也包括企业与上级经济机关的关系以及企业内部经济关系。”[②]后来,拉普捷夫在由苏联法律书籍出版社于1983年出版的《经济法》教科书中进一步指出,经济法的调整对象,就是在进行经济活动和领导经济活动中形成的经济关系,即社会主义组织之间在进行经济活动时形成的关系(横向关系)和领导经济活动时形成的关系(纵向关系,经济管理关系),它们所属的单位之间以及这些单位和整个组织之间形成的关系(内部经济关系)。他还认为:“横向经济关系和纵向经济关系的统一以及在所有这些关系中计划组织因素和财产因素的结合,是经济法作为部门法的理论基础。”

第二,综合部门法论。这一理论是由B.K.拉伊赫尔在1947年提出来的,后来得到了Ю.K.托尔斯泰等人的支持。拉伊赫尔认为,在苏维埃社会主义法的体系中,应该把法的部门分为基本部门和综合部门两类,经济法不是“基本部门法”,而应被“看成综合性部门法”。在托尔斯泰看来,基本部门法与综合部门法有如下区别:一是每个基本部门法(独立法律部门)都有自己统一的调整对象,而综合部门法调整的则是不同种类的社会关系,没有统一的调整对象;二是基本部门法不可能包括别的部门法规范,而综合部门法则是由不同的(基本)部门法规范组成的;三是每个基本部门法都有其固有的法律调整方法,而综合部门法则是使用从各基本部门法吸收来的一系列不同的法律调整方法;四是基本部门法在法的体系中占有一定的地位,而综合部门法只是在对法进行分类(根据分类整理的目的)时才给予相对的地位,在法的体系中“没有任何位置”。

第三,经济行政法论。这是由C.H.勃拉图西、C.C.阿列克谢耶夫于1963年提出的一种理论。勃拉图西在《论经济立法系统化的途径》一文中说,在经济组织(企业、联合企业)和计划调整机关之间,根据后者的权威性规定产生的关系,由行政法(确切地说是“行政法的一部分——经济行政法”)调整。在他看来,经济关系包括权力组织关系和财产关系。勃拉图西主张:在国民经济管理领域中,由政府、各国家委员会、各主管经济的部、其他主管部门和工业联合企业管

① 〔苏联〕B.B.拉普捷夫:《论苏维埃经济法》,原载〔苏联〕《苏维埃国家与法》1959年第4期,见《国外法学》1979年第4期。

② 〔苏联〕B.K.马穆托夫:《调整经济关系的各种法律主张》,载宋维义:《外国经济法理论资料类编》,群众出版社1986年版,第27页。

理局实行集中计划和调整而产生的权力组织关系,由行政法规范调整;在社会主义组织之间,根据计划任务在利用商品货币形式、经济核算制原则和物质利益原则基础上产生的财产关系,由民法规范调整。

第四,不同部门的规范和制度总和论。这是20世纪70年代由苏联国立莫斯科大学法律系民法教研室和斯维尔德洛夫法学院民法教研室集体编写的《经济法》教材所坚持的观点。该教材认为,经济法,在我们看来不是苏维埃社会主义法的一个部门,因为它的规范不具有同类的调整对象。它的对象是在社会主义经营管理领域中形成的不同类的社会关系的一定总和。因此,经济法也就没有什么同一的(专门的)法律调整方法。该教材断言:"在苏维埃社会主义法的总体中并不存在像经济法这样一个独立的法律部门。"那么,在该教材作者看来什么是经济法呢?他们说:"经济法就是苏维埃社会主义法的不同部门的、在调整经济活动中起职能上相互配合作用的规范和制度的一定总和。"

2. 东欧一些社会主义国家关于经济法的理论

在第二次世界大战以后,东欧先后成立了一些社会主义国家,并分别形成了关于经济法的理论。下面,仅就其中若干国家在其剧变之前关于经济法的理论作一些介绍:

《捷克斯洛伐克社会主义共和国经济法典》集中地体现了其官方的经济法观点。这部《经济法典》制定于1964年,后经多次修改,1982年12月颁布了新的《经济法典》。它明确规定:"经济法调整在国民经济管理和社会主义组织的经济活动中发生的下列关系:国民经济的计划领导和社会主义公共财产的管理;经济活动的组织、社会主义组织的地位及其经济活动;社会主义组织间的协作及违反规定的义务时应负的财产上的责任;社会主义组织间的支付和信贷关系。"①

关于罗马尼亚的经济法理论,V. 斯托内斯库、M. 康斯坦丁内斯库认为,经济法与其他法律部门是有区别的,它们之间既互相依存,又各自独立。经济法调整特定的一组社会关系——经济关系。它涉及的是在社会主义所有制的经济关系的基础上建立起来的,并在这种所有制范围内展开的各经济单位与经济领导机关之间的各种关系。他们还说:"经济法关系的主体只能是经济单位或经济领导机关。""在经济法的关系中,当事人可以是平等的、领导与被领导的,构成了纵的或横的关系。"②

在《南斯拉夫经济法的含义及其产生和发展》一文中,左·安多列耶维奇

① 《捷克斯洛伐克社会主义共和国经济法典》,中国社会科学出版社1981年版,第5页。

② 〔罗〕V. 斯托内斯库、M. 康斯坦丁内斯库:《经济法同其他法律部门的区别》,载《法学译丛》1982年第1期。

说:南斯拉夫“经济法被看作是一种特殊的部门法。这一部门中包括调整在经济流通中作为主体的联合组织法律地位的法律规范和旨在调整联合劳动组织和社会共同体机构相互关系的法律规范,以及包括为了调整连同业务活动在内的这些组织之间相互关系的法律规范。”他还同意南斯拉夫学者米·巴尔托沙教授的下列观点:经济法的内容可以区分为所谓地位法(即关于联合劳动组织的法律地位法)、调整法(即关于联合劳动组织同社会共同体的关系法)和经济业务活动的实体法(即关于经济领域中的商品和货币流通业务法)。[①] 中国学者韩天森指出,经济法在南斯拉夫的诞生和发展是经过激烈斗争的,其中心问题是经济法能否成为一个独立的法律部门,以及它与其他法律部门的关系问题。南斯拉夫法学界经过长期的争论,最后统一意见,认为经济法应当成为南斯拉夫法律体系中的特别的独立的法律部门,经济法学科应当成为特别的独立的学科。[②]

三、对外国经济法学发展的评析

以上简要介绍了国外一些国家经济法学、主要是关于经济法基本理论的发展情况。在这里,先对外国一些有代表性的经济法观点进行简要分析(较为详细的分析,将在本书的有关章节中进行);然后,对外国经济法学的发展进行总体评价。

(一)对外国经济法学主要观点的简要分析

第一,关于经济法的概念。

“经济法”这一语词可否用“经济的法”、“社会经济法”、“经济行政法”、“经济统制法”或“统制经济法”等语词来代替?应该说,其中有些语词不宜使用,有些语词以不使用为好。因为“经济统制法”或“统制经济法”,其本意是指与统制经济有关或相关的法,是一种否定经济法存在的观点[③],这样的语词不宜使用;“经济行政法”,其提出者就自称,“确切地说”它是“行政法的一部分”,我们也不宜使用;使用“经济的法”、“社会经济法”这两个语词都有一定道理,但不够准确,也以不使用为好。我们知道:语词是表达概念的语言形式;概念是语词的思想内容,任何概念都是通过语词表达出来的。相对而言,“经济法”这一语词是准确表达概念的语言形式,它不易使人对其思想内容产生误解。

能不能认为经济法是一定类型的法律规范的总称?关于这个问题,在国外学者中主要有两种观点:一种是否定的。例如,他们分别认为:经济法是一项新

① 〔南斯拉夫〕左·安多列耶维奇:《南斯拉夫经济法的含义及其产生和发展》,载宋维义:《外国经济法理论资料类编》,群众出版社 1986 年版,第 258、259 页。

② 韩天森:《经济法在南斯拉夫的地位和作用》,载《法学季刊》1985 年第 1 期。

③ 参见张世明:《经济法学理论演变研究》,中国民主法制出版社 2002 年版,第 111 页。

的法律:经济法是国家对经济进行干涉的法律;经济法是维护经济体制的法律的整体;一切有关经济的法律均属于经济法。这就是说,在他们看来,经济法是一种法律或者经济法律的总体。另一种在不同程度上是肯定的。例如:有的学者认为,经济法是对国民经济予以直接影响的法律规范集合之称;有的学者说,经济法是由国家据以对经济施加积极影响的全部法律规则组成的;有的学者断言,经济法是涉及经济关系的全部法律规则。笔者认为:上述第一种观点值得商榷;第二种观点是有一定道理的。此外,有的学者指出,经济法不是经济法规的同义词,这是正确的。

经济法是不是体现国家管理经济的职能?这也是在如何理解和论述经济法的概念时常常遇到的一个问题。笔者对这个问题的回答是肯定的。国外许多学者也不同程度上采取了肯定的态度。例如,他们分别指出:经济法是经济指导与管理之法;经济法是国家干预经济生活之法;经济法是国家实施其经济政策的工具;经济法主要涉及政府部门在经济领域的活动;经济法是国家规制市场支配的法。虽然他们各自的表述方式不同,认识的正确程度有别,但总的来说是可取的或在一定程度上是可取的。

此外,有的学者说什么经济法的概念"是不能承认的"。持这一观点的人不懂得一个起码的道理:事实是最顽强的,不承认经济法的概念,改变不了经济法的客观存在。

第二,关于经济法的调整对象。

经济法有没有特定的调整对象?有的学者说,经济法调整的是不同种类的社会关系,没有统一的调整对象。另有学者说,经济法的调整对象是不同类的社会关系,其规范不具有同类的调整对象。还有的学者认为,经济法的调整对象包括社会主义组织之间、公民之间、社会主义组织与公民之间的经济关系。许多学者不同意上述观点。笔者认为,经济法只调整特定的经济关系,不调整各种经济关系,更不调整非经济关系。

经济法是否调整国民经济管理关系?有的学者把在国民经济管理领域中发生的经济关系称为"权力组织关系",认为这种关系应由行政法调整。许多经济法学者持另一种观点。他们认为,经济法的调整对象包括在国民经济管理中发生的经济关系或者在领导经济活动中形成的经济关系。笔者认为,主张国民经济管理关系应该由经济法调整,而不是由行政法调整,这种观点是可取的。

经济法是否调整发生在社会组织之间的平等的经济关系?在苏联,有不少学者把社会主义组织之间在进行经济活动时形成的关系称为横向关系,认为这种经济关系应该由经济法调整。这种观点在东欧社会主义国家有广泛的影响。笔者认为,在平等主体之间发生的经济关系,无论它是否发生在社会主义组织之间,均宜由民法而不是经济法调整。

经济法是否调整经济组织内部的关系？有些苏联学者主张，社会主义组织所属的单位之间以及这些单位和整个组织之间形成的关系，即内部经济关系，应该由经济法调整。笔者认为：不能说经济组织内部的各种关系都应由经济法调整；关于经济组织内部的组织管理关系是否应该由经济法调整，本书将在第五章第四部分进行具体分析。

第三，关于经济法的地位。

经济法是不是一个独立的法的部门？否定论者提出了多种说法：经济法不是一个独立的法律分支；经济法不是单一的法律部门；经济法不是一个法的部门；经济法属于综合部门法，它在法的体系中"没有任何位置"。有的学者竟然断言，将经济法视为独立的法部门"全然是一种谬见"。上述观点理所当然地遭到了反对。许多学者分别指出：经济法具有独立性，是独立的法律分支；经济法是单一的法律部门；经济法是特殊的部门法；经济法既是一个特别的部门，又是一个一般的部门；经济法是一个独立的法律部门。笔者认为：肯定经济法是一个独立的法的部门的观点是可取的；否定经济法是一个独立的法的部门的种种说法都是不正确的，特别是断言将经济法视为独立的法部门"全然是一种谬见"的说法，才是真正的谬见。

经济法与相关法是什么关系？关于经济法与民法的关系：有的学者把民法视为经济法的组成部分；有的学者主张，把民法排除于经济法之外。关于经济法与商法的关系：有的学者认为，经济法是商法的延伸，最好用"经济法"这种名称代替"商法"那种过时的名称；有的学者说，经济法不是商法的发展。关于经济法与行政法的关系：有的学者认为，经济法即经济行政法，包括在行政法体系之中；有的学者说，经济行政法属于经济法的内容之一。关于经济法与国际经济法的关系：有些学者认为，在经济法的内容中包括国际经济法。笔者认为，经济法与民法、行政法都是独立的法的部门，同属于国内法体系，它们之间是并列关系。要搞清楚经济法与商法的关系，首先应明确商法是不是一个独立的法的部门这样一个颇有意见分歧的重要问题，这有待于笔者在本书第六章中再来详细论述。经济法与国际经济法都是独立的法的部门，在整个法的体系中它们之间是并列关系，但是需要明确，前者属于国内法体系，而后者属于国际法体系。

怎样认识经济法的法域属性？对这个问题，存在三种观点：一是认为，经济法既有公法的性质，又有私法的性质。持该观点的一些学者各自作了如下表述：经济法兼具公法与私法的性质；经济法跨越于公法、私法两个领域，与公法、私法重叠存在；经济法包含一系列与公法、私法交叉的法规；经济法主要是一门公法；经济法是带有公法、私法混合形态特征的法。二是认为，经济法是社会法或社会法的组成部分。持这一观点的不同学者分别指出：经济法既同私法相分离，又同公法相分离；经济法是超越公法、私法之外的一个独立的法域；经济法是在公法和私法之外另外形成的社会法域;劳动法和经济法共同构成社会法这一法域。三是认为,经济法属于公法的范围。例如:有的学者说,经济法属于公法;有的学者说,大多数学者也都同意它属于公法范围,如在荷兰;有的学者说,经济法指的就是经济公法。笔者认为,要搞清楚经济法的法域属性,首先要明确公法、私法的概念和划分公法与私法的意义,进而具体分析经济法规范究竟是否属于公法规范。根据笔者的研究,本书将在第六章对于经济法为什么属于公法的范围等有关问题进行论述。

第四,关于经济法体系的结构。

在外国学者中,还没有见到关于经济法体系及其结构这两个概念的科学定义。关于经济法体系的结构的内容,有的学者概括为二三个方面,有的概括为四五个或者六个方面,每一个方面又包括若干较为具体的内容。在有关论述中,还没有人对经济法体系的结构的内容提出一个较为一致地认为是正确的见解。

但是,也有一些见解是合理的或相当程度上是合理的,可供吸取或参考。例如,不少外国学者分别提出,除了"基本经济体制法"以外,还应将下列两类法作为经济法体系的结构的内容:一是垄断禁止法(有学者称为禁止垄断法或营业竞争限制防止法)、不正当竞争防止法、广告规制法、食品质量法等;二是财政法、租税法、银行法、物价法(有学者称为价格管制法或供需价格调整法)、计划法、不景气对策措施法、产业促进法或产业政策法(以及属于产业法范围的农业结构法、运输调配法、海上运输法、对外贸易法等)。在笔者看来,上述第一类法属于市场监管法的范围,上述第二类法属于宏观调控法的范围。

应该指出:在国外,有的学者认为,财政法应排除于经济法之外,这一观点是不正确的;有的学者说,银行法、货币法、产业促进法原则上不属于经济法,这一观点也不妥;有些学者分别提出,把军政法、经济刑法、经济诉讼法[①]、国际经济法等作为经济法体系的结构的内容,这是笔者和其他许多学者不能赞同的。

(二)对外国经济法学发展的总体评价

第一,"关于经济法的理论"不一定是"经济法理论","经济法理论"不一定是"经济法学说"。

本书对于国外的种种关于经济法的理论并没有一概称其为"经济法理论"。因为有些学者提出的见解本来就不是"经济法理论"。例如,有的学者说,经济法在法的体系中"没有任何位置"。这是一种无视客观事实,从根本上否认经济法存在的不正确观点。有的学者说什么,将经济法视为独立的法的部门"全然

① 经济诉讼法与经济法有着密切的联系,为了保证经济法的实施,制定和实施经济诉讼法很有必要。但是,经济诉讼法属于诉讼法的范围,它不是经济法的组成部分。

是一种谬见”。其实,对于正确论断的这种无理指责,才够得上“全然是一种缪见”的水平。还有的学者竟然说,经济法的概念也是“不能承认的”,其反对经济法更为彻底。像以上这一类否认甚至反对经济法的所谓“理论”,怎么能称其为“经济法理论”呢?如果要称其为什么“论”或“理论”的话,可以实事就是地称其为经济法的“否定论”,要是客气一点也只能称其为“关于经济法的理论”。笔者认为,“经济法”这一概念本来就是从“部门法”(即“法的部门”)意义上讲的,它不同于作为一门法学学科的“经济法学”,也不同于作为规范性文件的“经济法律”。因此,只有承认经济法作为一个部门法存在的理论,才有可能成为“经济法理论”。任何“经济法理论”都是“关于经济法的理论”,但是“关于经济法的理论”不一定是“经济法理论”。本书较多地使用了“关于经济法的理论”这一概念,因为它可以同时包括肯定或否定经济法是一个部门法的理论。应该说,经济法学的发展主要是由于肯定经济法是一个独立的法的部门的学者作出了贡献。但是,否定经济法是一个独立的法的部门的观点不正确,并不等于这些学者的其他观点一概没有可取之处;同时,还要看到,错误的观点也能从反面促使人们去思考、去研究、去回答有关的经济法理论问题,在一定意义上也对经济法学的发展起了作用。

在外国经济法学发展的过程中,陆续形成了一些经济法学说。有些学说还具有相当大的影响,这在一定程度上反映了经济法研究的成就和经济法学发展的水平。继承和发扬外国经济法学发展的成果,对于经济法学的未来发展具有重要意义。但是,是否像一些学者所说的那样先后在德国、日本、苏联等国家共形成了20种以上经济法学说呢?这需要商榷。要是把一些理论都称为“学说”,甚至把某些理论观点也称为“学说”,恐怕不妥。因为经济法学说,是指在学术上自成系统的经济法理论;任何“经济法学说”都是“经济法理论”,但是“经济法理论”不一定是“经济法学说”。如果只是在有的经济法理论问题上有一点自己的见解,还不等于形成了一种经济法理论;如果没有在学术上提出独到的、系统的经济法理论,还不能说就形成了一种经济法学说。所以,本书在介绍外国经济法学发展的情况时,虽然使用了“经济法学说”这一概念,但是并没有这也称为“学说”,那也称为“学说”。目前,在国外究竟哪些是经济法学说?共有多少经济法学说?对此,还存在着不同的意见。这需要通过掌握更多的资料和深入的研究,逐步取得共识。

第二,经济法学曲折地向前发展,是历史的必然。

事物的发展变化都有自己的规律。经济法学作为一个新生事物,它的发展经过了八十多年的历程,走过了一条曲折的道路,达到了一定的水平。今后,经济法学的发展也不会是一帆风顺的,但是前途是光明的。这是历史的必然。

经济法学在德国产生以后不仅在德国得到了发展,而且影响了其他一些国家经济法学的发展。以法国为例，从上个世纪60年代以后，德国关于经济法的理论被陆续介绍到法国，法国学者一方面注意吸收和借鉴德国的理论，另一方面又结合本国的情况发展经济法学，而并非无条件地追随或轻率地接受。[①] 能够表明经济法学在西欧国家发展的另一个情况是：在一些国家的“大学里教授着以经济法为名的课程，建立了总部设在比利时勒芬大学的经济法国际协会，其成员是西方各国的学者，它还出版《经济法》杂志”[②]。

早在20世纪20年代，德国关于经济法的理论传入了日本，对日本经济法学的产生和发展起了很大的作用。起初，日本学者只是介绍甚至照搬德国的某些关于经济法的理论，或者强调采取经济统制法的战时经济体制，并没有明确地认识到经济法的独立性，而推动经济法学在日本的发展。[③] 在第二次世界大战以后，“随着日本现代化的发展，日本法制体系中的‘日本特色’愈来愈多，时至今日，日本在经济法制方面已经形成了独特的‘日本法系’。”[④]至今，经济法在日本作为独立的法律分支，已经处于不可动摇的地位。[⑤]

在苏联经济法学发展的过程中，不同法学学科的学者之间、特别是民法学科同经济法学科的学者之间，以及经济法学科内部持不同理论观点的学者之间，展开了长期的讨论、争论。这种讨论、争论有时是摆事实讲道理的学术争鸣，有时却变成了粗暴的指责和怒骂。Г. К. 马特维耶夫还“竟然建议不仅消灭经济法学，而且消灭这门学科的教学，撤销法学院和大学法律系里已经建立的经济法教研室”。“在管理经济的行政体制得到广泛发展的30年代[⑥]，经济法则被禁止，被革出教门并被 А. Я. 维辛斯基宣布为‘法律战线的破坏活动’。”[⑦]两成分法和战前经济法理论的代表人物还遭到了清算和处理[⑧]。正如中国社会科学院法学研究所民法经济法研究室在《经济法》一书的《译者的话》中所指出的，苏联经济法学发展的历史，经历了一段曲折的道路。在20世纪20、30年代先后提出的两种关于经济法的理论，于30年代后期遭到了不公正的批判，被视为“异端邪

---

① 参见张世明：《经济法学理论演变研究》，中国民主法制出版社2002年版，第170页。

② 〔俄〕В. В. 拉普捷夫：《经济法——经营活动法》，原载〔俄〕《国家与法》1993年第1期，见《外国法译评》1993年第4期，第86页。

③ 参见〔日〕丹宗昭信、厚谷襄儿编：《现代经济法入门》，谢次昌译，群众出版社1985年版，第3—4页。

④ 范健等：《当代中国经济立法的回顾与展望》，载《安徽大学学报》1996年第3期。

⑤ 参见〔日〕江上勋：《经济法·独占禁止法概论》，日本东京税务经理协会1992年版，第64页。

⑥ 这里指的是20世纪30年代。——本书作者注

⑦ 〔俄〕В. В. 拉普捷夫：《经济法——经营活动法》，原载〔俄〕《国家与法》1993年第1期，见《外国法译评》1993年第4期，第89—90页。

⑧ 这两种关于经济法的理论的代表人物 П. И. 斯图契卡、Е. В. 帕舒卡尼斯和 Л. Я. 金茨布尔格在1938年6月召开的全苏法学和法律工作者会议上受到了批判，后来还被作为托洛茨基-布哈林分子受到清算和处理。

说”。在而后的20年间,经济法成了法学研究领域里的一个禁区,无人敢于问津。但是,到了20世纪50年代末,在苏联新的历史条件下,提出了一种新的经济法理论,并在不长的时间内发展成为一个具有自己的理论体系的学派,即苏联现代经济法学派。[①] 这一学派“经过不断完善,成为当时苏联经济法思想史上最具影响力的主流学派”[②]。

① 参见〔苏联〕B. B. 拉普捷夫主编:《经济法》,中国社会科学院法学研究所民法经济法研究室译,群众出版社1987年版。

② 张世明:《经济法学理论演变研究》,中国民主法制出版社2002年版,第143页。

第三章
经济法学的产生和发展(下)

一、中国经济法学产生的概况和评析

要搞清楚中国的经济法学是何时产生的,首先要明确经济法学产生的条件和判断经济法学产生与否的标准。关于这两个问题,笔者已经在前一章作了论述,这里不再重复。

那么,中国经济法学是什么时间产生的呢?应该说,它是在1979年以后产生的。当时,我国经济法的制定取得了很大成绩,经济法教学和研究工作迅速开展起来,形成了一支具有相当大规模的经济法理论工作者队伍,并且取得了一系列研究成果。

关于经济法的制定:仅在1979年和1980年,我国制定的不少重要的经济法律、法规中就有大量经济法律规范,它们的问世反映了在经济法制定方面所取得的成就。这方面的经济法律、法规主要有《关于推动经济联合的暂行规定》、《关于开展和保护社会主义竞争的暂行规定》、《关于实行"划分收支、分级包干"财政管理体制的暂行规定》、《外汇管理暂行条例》、《森林法(试行)》、《中外合资经营企业法》、《中外合资经营企业所得税法》、《个人所得税法》、《广东省经济特区条例》等。

关于经济法课程的开设:1979年,湖北财经学院开设了"经济法概论"课程,北京大学法学院开设了"经济立法和经济司法专题";从1980年起,全国各综合大学法学院系、各财经院校以至理工科等院校的有关专业或系陆续开设了经济法课程。

关于经济法专门人才的培养:从20世纪70年代末开始,北京大学法学院在全国首先开始招收经济法专业硕士研究生;1980年2月,经教育部批准,在北京大学法学院设立了全国第一个(本科)经济法专业[①];接着,在吉林大学、中国人民大学、武汉大学等综合大学法学院也先后增设了经济法专业;1980年以后,在政法院校和一些财经院校陆续增设了经济法系或经济法专业;此外,20世纪80年代初,受国务院经济法规研究中心委托,北京大学法学院举办了经济法干部进修班,培养了一批高层次的经济法制干部。

关于经济法教学和研究机构的建立:1979年,湖北财经学院建立了经济法教研室,北京大学法学院和北京财贸学院经济研究所分别建立了经济法教研组和经济法研究组;以后,在开设经济法课程的院系普遍建立了经济法教研室;1984年2月,经教育部批准,在北京大学建立了经济法研究所;1984年8月,中国经济法研究会正式成立,接着,在不少省、自治区、直辖市和有关部门成立了经济法研究会的地方分会和专业分会;1985年1月,辽宁省建立了经济法研究所;此后,在北方工业大学等高等院校也陆续建立了一些经济法研究所或经济法研究中心。

关于经济法学者队伍的形成和壮大:从1979年起,随着经济法教学、研究工作的开展,以及经济法教学、研究机构的建立和健全,从事经济法的教学和研究工作的人员不断增加,经过几年的时间,在我国就形成了一支人数众多的经济法理论工作者队伍。

关于经济法的研究成果:在1979年至1984年期间,除了在全国许多报刊上公开发表了一批经济法的学术论文以外,先后发表了一些关于经济法的系列讲座,出版了不少经济法的教材[②]和专著。例如:北京政法学院经济法教研室:《经济法系列讲座》,《辽宁大学学报》1981年连载;刘隆亨:《经济法简论》,北京大学出版社1981年版;王忠等:《经济法学》,吉林人民出版社1982年版;辽宁大学日本研究所:《日本经济法概要》,地质出版社1982年版;法学教材编辑部《经济法学》编写组:《经济法学》(由全国11所高等学校选派的15位经济法教师共同编写的全国第一部经济法统编教材),群众出版社1983年版;谢次昌、卞耀武:《经济法概说》,青海人民出版社1983年版;北京大学法学院经济法教研室:《经济法系列讲座》,《中国法制日报》1984年连载;徐杰主编:《经济法讲义》,北京政法学院出版社1984年版;方宝林等:《经济法学概论》,辽宁人民出版社1984年版。总之,一系列经济法研究成果的取得,表明了中国经济法学的产生。

---

① 从20世纪80年代初开始,北京大学法学院的经济法学者首先给经济法专业的学生开设了一系列经济法专业课程。

② 在全国,最早编写的经济法教材是湖北财经学院经济法教研室施竟成主编的《经济法概论》,该书于1980年、1981年分为上、下两册铅印,在有关院校之间交流。

二、中国经济法学发展概况

中国经济法学的发展同我国经济体制改革的进程有着内在的、紧密的联系。实行什么样的经济体制,对于经济法学发展的影响是全面的、深刻的。因此,不宜以某一个法律的制定或者某一次学术会议的召开作为划分中国经济法学发展阶段的标志,而应该根据我国经济体制改革发展的进程,将中国经济法学的发展划分为这样两个阶段:第一阶段,从1979年至1992年实行有计划的商品经济体制时期,是经济法学初步发展的阶段;第二阶段,1993年以来建立和完善社会主义市场经济体制时期,是经济法学走向成熟的阶段。

(一)中国经济法学初步发展的阶段

党的十一届三中全会指出,为了实现社会主义现代化,必须对经济管理体制进行改革。会议强调:"现在我国经济管理体制的一个严重缺点是权力过于集中,应该有领导地大胆下放,让地方和工农业企业在国家统一计划的指导下有更多的经营管理自主权;……应该坚决实行按经济规律办事,重视价值规律的作用"。[①] 党的十二届三中全会通过的《关于经济体制改革的决定》指出:"我们改革经济体制,是在坚持社会主义制度的前提下,改革生产关系和上层建筑中不适应生产力发展的一系列相互联系的环节和方面。这种改革,……是社会主义制度的自我完善和发展。"该《决定》同时指出:"就总体说,我国实行的是计划经济,即有计划的商品经济。"[②]中国经济法学初步发展的阶段,是与实行有计划的商品经济体制相适应的。在这个阶段,主要形成了七种关于经济法的理论。下面,简要介绍这几种理论的主要观点:

第一,纵横经济法论。[③]

关于经济法的概念,群众出版社陶和谦编审在其主编的《经济法学》一书中指出:"我国经济法是调整国家机关、企业、事业单位和其他社会组织内部及其

---

① 载《人民日报》1978年12月24日。

② 载《人民日报》1984年10月21日。

③ 纵横经济法论的基本观点,是1980年9月4日至17日在郑州召开的法学教材编写会议上,由经济法教材编写组首先提出来的。1983年出版的全国第一部经济法统编教材——《经济法学》,较为全面地体现了纵横经济法论的观点。同时应该指出,还有不少经济法论著也体现了甚至在不同程度上发展了纵横经济法论。关于这一理论的内容,除另行注明出处的以外,请参见陶和谦主编:《经济法学》,群众出版社1983年版,第5—14页;中国人民大学法律系经济法教研室编著:《中国经济法教程》,中国人民大学出版社1985年版,第9—21页;王峻岩:《纵横经济法论》,载《中国经济法诸论》编写组编著:《中国经济法诸论》,法律出版社1987年版,第195—220页;许明月主编:《经济法学论点要览》,法律出版社2000年版。

相互之间,以及它们与公民之间,在经济活动中所发生的社会关系的法律规范的总称。"中国人民大学法律系的经济法学者在《中国经济法教程》一书中说:"我国经济法是建立在社会主义公有制基础上,用以确认和调整国家机关、社会组织和其他经济实体在国民经济管理和经济协作过程中的地位及所发生的经济关系的法律规范的统一体。"王峻岩教授认为:"我国经济法是调整国民经济管理和各个经济组织之间以及经济组织内部,在计划商品经济活动中发生的经济关系的法律规范的总和。"①

陶和谦认为,经济法的调整对象包括三个方面的经济关系:一是在国民经济管理活动中所发生的社会关系——纵向经济关系;二是社会组织之间在经济活动中所发生的社会关系——横向经济关系;三是国家机关、企业、事业单位和其他社会组织的内部经济关系,以及他们与公民、个体户之间的经济关系。上述《中国经济法教程》一书指出:"经济法所调整的经济关系也可分为两大类:即纵向的经济管理关系和横向的经营协作关系"。该书认为,不能把这种统一的经济关系这样分开:纵的关系归行政法调整,横的关系归民法调整。总的来说,持纵横经济法论的学者认为,经济法的调整对象是纵向经济关系和横向经济关系。纵向经济关系,是在国民经济管理中发生的经济关系,它往往又被称为垂直的经济关系。横向经济关系,是经济组织之间在经济活动中发生的经济关系,它往往又被称为平等的经济关系。在纵横经济法论的发展过程中,对于经济法调整对象的范围,先后产生了几种不同的认识:一是认为,经济法调整的是纵向经济关系和横向经济关系;二是认为,经济法不仅调整纵向和横向的经济关系,而且调整经济组织内部的经济关系;三是认为,经济法主要调整纵向经济关系,同时也调整某些横向经济关系;四是认为,纵向经济关系由行政法调整,横向经济关系由民法调整,只有纵横交错的经济关系才由经济法调整。此外,有的学者认为,经济法与其他法律部门在调整对象上当然有区别,但也存在着交叉。

在经济法的地位问题上,纵横经济法论者普遍认为,经济法是法律体系的组成部分,是一个独立的法律部门,发挥着重要作用。但是,对于经济法为什么能成为一个独立的法律部门的看法上,存在着不同的观点。例如:有的学者认为,因为经济法具有特定的调整对象,所以它是一个独立的法律部门;有的学者认为,经济法之所以是一个独立的法律部门,是因为它的调整对象和调整方法不同于其他法律部门;有的学者说,根据经济法的调整对象、主体、原则与调整方法的特点,可以认为它是一个独立的法律部门。

对于经济法体系的概念,持纵横经济法论观点的学者意见也不一致。例如,

① 中国社会科学院法学研究所民法经济法研究室编:《经济法理论学术论文集》,群众出版社 1985 年版,第 375 页。

他们分别发表了这样一些看法：经济法体系可指经济立法体系，也可指经济法学体系；经济法体系包括经济法律体系和经济法学体系；经济法体系，是经济法规体系和经济法学体系的总体；经济法体系，是指经济法作为部门法的体系；等。关于经济法体系的结构，有的学者认为，经济法体系应当由总则、分则、经济仲裁和经济司法三编组成。有些学者说，可以从各种经济法规的法律性质上，建立经济法体系。这除了总论部分外，可以分为四个部分：一是地位法，指与确定经济法主体地位有关的一系列经济法规；二是管理法，指有关国家对国民经济实行领导管理的一系列经济法规；三是协调法，指协调各社会组织之间经济交往和生产协作经济关系的一系列经济法规；四是资源法，主要指规定自然资源、能源的开发利用及保护的一系列经济法规。有的学者主张，经济法体系大致可分为三类：一是基本经济法，是指涉及宏观管理的经济法，如国民经济计划法、经济合同法、基本建设法和中外合资经营企业法等；二是部门经济法，是指按经济部门分类的经济法律制度，如农业、工业、商业、交通运输业、金融业、城市公共事业、科学研究和科学服务等部门的经济法规；三是企业管理法，是指调整微观经济的法规，主要是由国家制定和认可的有关企业管理的法律制度。

第二，纵向经济法论。[①]

中国社会科学院法学研究所原所长孙亚明教授在《纵向经济法论》一文中谈到经济法的调整对象时指出，纵向经济关系具有经济管理性质。他还说："计划指导关系、宏观管理关系和环境保护关系，都是纵向经济关系"。"计划指导的纵向经济关系由计划法调整；宏观管理的纵向经济关系由经济法调整；环境保护的纵向经济关系由环境保护法调整；横向经济关系由民法调整；劳动关系由劳动法调整；对外经济关系由对外经济法调整。"原国家国有资产管理局政策法规司司长谢次昌认为，可以把经济法的调整对象概括为经济管理关系。所谓经济管理，包括国家对整个国民经济的管理和经济组织内部的管理两个层次。前者属于宏观经济管理，后者属于微观经济管理。这两个层次的经济管理关系都属于纵向经济关系。纵向经济关系又可以分为命令和服从的关系、指导和被指导的关系、监督和被监督的关系三种情况。总的看来，持纵向经济法论的学者都是认为，经济法是调整纵向经济关系的，横向经济关系由民法调整。但在经济法调整的纵向经济关系的范围问题上，存在着三种不同的认识：一是认为，经济法的调整对象是在国民经济管理和经济组织的内部管理过程中发生的经济关系；二是认为，经济法的调整对象只是在国民经济管理过程中发生的经济关系；三是认

① 除另行注明出处的以外，请参见孙亚明：《纵向经济法论》，载《中国经济法诸论》编写组编著：《中国经济法诸论》，法律出版社 1987 年版，第 66—128 页；谢次昌：《论经济法的对象、地位及学科建设》，载《中国法学》1990 年第 6 期，第 67、68 页；谢次昌主编：《中国经济法概论》，中国法制出版社 1991 年版，第 54、55 页。

为,经济法只调整宏观管理的纵向经济关系,不包括计划指导的纵向经济关系和环境保护的纵向经济关系。

关于经济法的地位,持纵向经济法论的学者一般都认为,经济法是一个独立的法律部门。经济法之所以成为独立的法律部门,谢次昌认为有三个依据:一是理论依据,因为它具有独立的调整对象;二是客观依据,因为这是国家行使经济管理职能的必然要求;三是法律依据,因为有关法律的立法说明已明确把经济法与民法、行政法列为并列地位。孙亚明指出:"有人把经济法说成是法学中的一门学科,这个提法似欠确切。经济法学才是法学中的一门学科,而经济法则是法律体系中的一个法律部门。"他说,经济法已经作为独立的法律部门存在,这是因为,"属于经济法的一系列经济法规……都是调整宏观管理的纵向经济关系的法律规范。"与此同时,他却又认为:"经济法是一个综合性法律部门",因为属于经济法的一系列经济法规,它们种类繁多,涉及范围很广。

对于经济法体系的结构,孙亚明认为,我国的经济法体系由两大部分构成:一是全局性的经济管理法规,包括财政税收、金融、建筑和基本建设、物资、物价、土地和自然资源、发明以及专用和专利、工商行政管理、对外经济合作和技术交流等方面法规;二是部门性经济管理法规,包括工业、农业、能源、交通运输、商业、外贸等方面法规。

需要说明的是,有的学者认为,经济法的调整对象是纵向经济关系,它是独立的法律部门;同时主张,对于"经济法,还不如称之为'行政经济法',更为确切。"[①]这除了与"纵向经济法论"的观点有相同之处以外,也有区别。它与"经济行政法论"的观点显然不同:"行政经济法"强调的是行政的"经济法";"经济行政法"强调的是经济的"行政法"。

第三,综合经济法论。[②]

王家福、王保树教授在《综合经济法论》一文中指出:"经济法是国家对经济生活进行综合调整的法律规范的总和。"又说:"综合经济法即是以各种方法对各种社会主义经济关系进行综合调整的不同性质的法律规范的总和。"

关于经济法的调整对象,综合经济法论进一步指出:"经济法没有特定的调整对象"。经济法所调整的平等的社会经济关系、行政管理性的社会经济关系、劳动的社会经济关系,就其性质而言,分别是经济民事关系、经济行政关系、经济劳动关系。"经济法这三种性质各异的调整对象"表明,"经济法调整对象是综合的"。经济法律关系能否作为经济法的调整对象呢? 这一种理论认为:"作为

---

① 李静堂:《试论民法与经济法的关系》,载中国社会科学院法学研究所民法经济法研究室编:《经济法理论学术论文集》,群众出版社 1985 年版,第 155、158 页。

② 参见王家福、王保树:《综合经济法》,载《中国经济法诸论》编写组编著:《中国经济法诸论》,法律出版社 1987 年版,第 1—65 页。

经济法调整对象的社会经济关系是具体的社会经济关系”。“经济法律关系实质上就是由国家经济法律规范调整的具体社会经济关系。”

持上述理论的学者说,经济法的调整方法,包括经济民法调整方法、经济行政法调整方法和经济劳动法调整方法等三种性质各异的调整方法。因此,“其调整方法具有明显的综合性。”

在经济法的地位问题上,王家福、王保树曾提出,综合经济法究竟在我国社会主义法律体系中占据什么地位这一问题,有两种回答:一是如果从意义和作用上讲,经济法在我国社会主义法律体系中占据极其重要的地位;二是如果从法律部门划分上讲,经济法在我国社会主义法律体系中则占据着综合法律部门的地位,而不是占据着独立法律部门的位置。他们说:“综合经济法的理论依据,是法律部门的建立需以单一的调整对象为前提,而单一调整对象则是同一性质的社会关系”。“经济法之所以不是独立的法律部门,就是因为经济法没有特定的调整对象即没有特定的被调整的社会经济关系,也没有特定的调整方法即作用于它所调整的社会经济关系的方法。”总之,由于经济法调整的对象是综合的,调整方法也是综合的,“因此,理所当然,它应该是综合法律部门。”①

第四,学科经济法论。②

什么是经济法?对于这个问题,佟柔教授曾经说:“我根本不承认经济法是一个独立的法律部门,连‘经济法’这个名称也不科学”。但在《学科经济法论》等论文中,他却多次使用了“经济法”这个被他视为不科学的“名称”。他指出:“经济法一词有两种含义,一是指国家制定和颁布的经济法规范,二是指在理论上形成的经济法学科”。对于前者,他说:经济法是国家对经济组织之间,在实现经营管理职能过程中,所发生的各种社会关系进行综合调整的法律、法令、条例的总称;我国经济法实际上是指国家或国家授权的机关颁布的一系列经济法规;我国经济法不过是调整各种经济关系并分别属于各个部门法的法律规范的总称;从法律规范上讲,经济法也就是综合利用各个基本法的方法和原则对经济关系进行综合调整的法律规范的总和。对于后者,他说:经济法作为一门学科,是以大量经济法规为研究对象的;经济法学是一门独立的学科;经济法是一门十

① 关于经济法是不是一个独立的法的部门的问题,王家福、王保树教授随着实践的发展,做了进一步研究,提出了新的观点。例如,王家福在讲到经济法的地位问题时指出,这里所说经济法不是平时所讲的有关经济的法律,“而是各国都认同的作为一个法律部门的经济法。”(见王家福:《关于社会主义市场经济法律制度建设问题》,载全国人大常委会办公厅研究室编:《全国人大常委会法制讲座汇编》第一辑,中国民主法制出版社 1999 年版,第 155 页。)王保树在讲到经济法的地位问题时说:“经济法在法律体系中是一个独立法律部门”。(见王保树主编:《经济法原理》,社会科学文献出版社 2004 年版,第 64 页。)

② 参见佟柔:《关于经济法几个问题的答问》,载《湖北财经学院学报》1982 年第 1 期,第 128—130 页;佟柔:《关于经济法的几个理论问题》,载《中国法学》1984 年第 2 期,第 61—66 页;佟柔:《学科经济法论》,载《中国经济法诸论》编写组编著:《中国经济法诸论》,法律出版社 1987 年版,第 221—277 页。

分必要的法律学科。

对于经济法的调整对象,学科经济法论者提出过如下观点:“经济法没有自己特定的调整对象”。“经济法中的各种经济法规,是把某种具体经济现象、经济过程作为自己的调整对象。在这些具体的经济过程与经济现象中,往往包含着许多不同种类的经济关系”。我国经济法实际上是指一系列经济法规,经济法规调整着“许多不同种类的社会关系”。经济法“没有统一的调整对象”,而“民法的对象是统一的”。

上述理论认为,经济法调整的多种经济关系,需要分别利用不同的调整原则和不同的调整方法进行调整。学科经济法论者还说,经济法不可能有自己独立的制裁手段和方式,而只能沿用基本法的三种制裁手段,即民事制裁、行政制裁和刑事制裁。

关于经济法的地位问题,学科经济法论者正确地指出,划分法律部门的标准是不同性质的社会关系。但同时却又说:“经济法没有自己的特定调整对象”。“经济法不是一个独立的法律部门”。“在我国经济法律体系中不存在经济法这个部门。”可见,学科经济法论和综合经济法论都否认经济法是一个独立的法律部门。但在经济法是不是一个综合部门的问题上,它们的观点是不同的:王家福和王保树作出了肯定的回答;佟柔明确表示:“综合性经济法规是否能够产生一个综合部门?对此我是否定的。”

第五,经济行政法论。

在国内外法学界对于经济行政法提出了几种不同的观点①。其中,相当一部分学者认为,经济行政法是行政法的一个分支,是行政法的组成部分。梁慧星、崔勤之研究员和王利明教授所主张的经济行政法理论②与他们有所不同。

梁慧星等学者认为,经济法一词具有双重含义:一是指调整经济关系的法律规范,即法律意义上的经济法;二是指研究调整经济关系的经济法律的学科,即学科意义上的经济法。作为法律意义上的经济法,就是经济行政法(或称为行政经济法),它是国家行政权力作用于经济领域,国家行政机关对国民经济实行组织、管理、监督、调节的法律规范的总称。作为学科意义上的经济法,就是研究

---

① 程信和教授将国内外学术界关于经济行政法的主张概括为这样几种:一是认为,经济行政法是狭义经济法;二是认为,经济行政法是广义经济法的重要组成部分;三是认为,经济行政法是行政法的重要组成部分;四是认为,经济行政法既属于经济法的组成部分,又属于行政法的组成部分,是经济法与行政法相交叉而组成的一种法律形态。参见程信和:《经济法新论——改革开放中的若干经济法律问题》,中山大学出版社 1993 年版,第 16 页。

② 参见梁慧星:《经济行政法论》,载中国社会科学院法学研究所民法经济法研究室编:《经济法理论学术论文集》,群众出版社 1985 年版,第 312—333 页;梁慧星、王利明:《经济法的理论问题》,中国政法大学出版社 1986 年版,前言、第 196—317 页;梁慧星、王利明、崔勤之:《经济行政法论》,载《中国经济法诸论》编写组编著:《中国经济法诸论》,法律出版社 1987 年版,第 129—194 页。

各个法律部门（主要是民法和经济行政法）如何运用各自的方法和手段对有计划的商品经济实行综合调整的法律学科。又说：经济行政法，是各种行政性经济法规的总称；经济行政法，亦可称之为狭义经济法。

在该法的调整对象问题上，他们说，经济行政法主要调整纵向的、具有行政隶属特征的经济管理关系，具体指国家在组织和管理国民经济的活动中，与社会组织和公民之间形成的具有隶属性特征的经济管理关系。那么，经济行政法与行政法在调整对象的范围上怎样划分呢？他们的观点是："从理论上说，在全部管理关系中，凡具有经济性的管理关系即经济管理关系，属于经济行政法的调整范围。除此以外的其他管理关系，即非'经济性'的管理关系，仍归行政法调整。"此外，他们主张："我国经济行政法的调整对象还应包括经济行政诉讼关系。"

关于经济行政法是不是一个独立的法律部门的问题，梁慧星在《经济行政法论》一文中强调："按照传统行政法学的观点看来，经济行政法应当属于行政法中的行政作用法之一部。"梁慧星等学者在被收集到《中国经济法绪论》一书中的《经济行政法论》一文指出，经济行政法调整的经济领域中的管理关系当然也包括在行政法调整的执行—指挥关系之中。从这个意义上说，经济行政法是行政法的一个组成部分。而在《经济法的理论问题》一书的"前言"中，有这样一句话：经济行政法是一个独立的法律部门。

第六，管理—协作经济法论。①

这一理论指出，经济法是调整经济管理关系和经济协作关系的法律规范的总称。经济法的调整对象是经济管理关系和经济协作关系。经济管理关系，是指在对社会生产总过程的经济活动进行计划、组织、指挥、调节和监督过程中发生的物质利益关系。这种经济关系包括：宏观的和微观的经济管理关系；涉内的和涉外的经济管理关系。经济协作关系，是指在生产过程中有计划地一起协同劳动而发生的物质利益关系②。这种经济关系包括：宏观的和微观的经济协作关系；涉内的和涉外的经济协作关系。从表面上看，经济管理关系就是纵向经济

① 这一理论是笔者于1985年下半年先后参加的两次研讨会上分别提交的两篇学术论文（《经济法调整对象新论》、《论经济法的若干理论问题》）中提出来的。后来，两个刊物分别发表了这两篇论文。关于该理论的内容，除另行注明出处的以外，请参见杨紫烜：《经济法调整对象新论》，载《政法论坛》1986年第1期；杨紫烜：《论经济法的若干理论问题》，载《北京大学学报（哲学社会科学版）》1986年第3期；杨紫烜主编：《经济法原理》，北京大学出版社1987年版，第6—22、34—45页；杨紫烜：《管理—协作经济法论纲》，载《经济法制》1990年第11期。

② 马克思指出："许多人在同一生产过程中，或在不同的但互相联系的生产过程中，有计划地一起协同劳动，这种劳动形式叫做协作。"（《马克思恩格斯全集》第23卷，人民出版社1972年版，第362页。）可见：不是在生产过程中有计划地一起协同劳动而发生的物质利益关系，不能称为经济协作关系；平等的经济关系不一定是经济协作关系，二者不能等同。

关系,经济协作关系就是横向经济关系。但在实际上,经济管理关系和纵向经济关系、经济协作关系和横向经济关系之间,既有联系,又有区别,不能混为一谈。[①] 笔者认为,看不到它们之间存在的实质性区别,同时又无视管理—协作经济法论与纵横经济法论在关于经济法的调整对象与其他法律部门的调整对象是否交叉、对经济法这一概念应该下一个什么样的定义、经济法为什么是一个独立的法律部门、经济法体系的概念和结构、经济法的基本原则等问题上的不同观点,从而把"管理—协作经济法论"纳入"纵横经济法论"之中,这是值得商榷的。

关于经济法的地位,提出管理—协作经济法论的学者认为,根据法律规范调整对象的不同,可以把一国现行的法律规范划分为若干类。每一类现行的法律规范,在法学上称为一个独立的法律部门。每一个独立的法律部门,必有自己特定的调整对象;没有特定的调整对象,就不可能成为一个独立的法律部门。经济法具有特定的调整对象,它是法律体系中的一个独立部门,即独立的法律部门。经济法不同于经济法学,不宜互相混淆。一个法律部门的重要程度,取决于该法律部门作用的大小。经济法发挥着重要作用,是一个重要的法律部门。

持这一理论的学者说,经济法体系,是由多层次的经济法部门组成的有机联系的统一整体。经济法体系同经济法规体系、经济法学体系、经济法教材体系之间的关系,是有联系、有区别,它们不是同一关系(即全同关系),也不是从属关系(包括真包含关系和真包含于关系)。关于经济法体系的结构,根据组成经济法的法律规范所调整的经济关系在性质上所具有的不同特点,可以把经济法划分为若干个较大的经济法部门,然后又可以将每个较大的经济法部门再划分为若干个较小的经济法部门,这样的划分可以进行多次,直到满足实践的需要为止。

---

① 它们之间的区别有四:一是纵横经济法论主张,在概括经济法的调整对象时使用"纵向经济关系"和"横向经济关系"的概念;管理—协作经济法认为,"经济管理关系"和"经济协作关系"这两个概念能够直接表明经济法所调整的经济关系的性质,而"纵向经济关系"和"横向经济关系"是一种形象的比喻,并不能直接表明经济法所调整的经济关系的性质,以不使用为宜。二是纵横经济法论认为,纵向经济关系是垂直的经济关系,横向经济关系是平等的经济关系;管理—协作经济法论的观点是,垂直的经济关系并不都是经济管理关系,平等的经济关系并不都是经济协作关系。三是纵横经济法论者多数主张,把纵向经济关系、横向经济关系、内部经济关系并列地作为经济法的调整对象,他们所说的纵向经济关系和横向经济关系是不包括内部经济关系的,他们所说的内部经济关系也没有范围的限定;管理—协作经济法论所说的经济管理关系和经济协作关系,是分别包括经济组织内部的经济管理关系和经济协作关系在内的,但这是特定的内部经济关系,而不是全部内部经济关系。四是纵横经济法论者很少有人提出对涉外经济关系的调整问题,有些学者虽然提出了这个问题,但他们是把纵向、横向、内部经济关系同涉外经济关系并列地作为经济法的调整对象的,对涉外经济关系也没有范围的限定;管理—协作经济法论一贯认为,经济法的调整对象是包括涉外的经济管理关系和经济协作关系在内的,但这是特定的涉外经济关系,而不是一切涉外经济关系。

第七,经营管理经济法论。①

关于经济法的概念和调整对象,潘念之教授说:"经济法是调整企业的经营管理关系,提供经济工作准则的法。"经济法"也可以称为经营管理法或经营经济法"。"中国经济法是为了发展经济,办好企业,运用经济规律,调整国家与企业、企业内部、企业相互间,在生产经营管理中产生的各种经济关系的部门法。"他认为,具体来说,企业为了进行经济活动,必然有对上、对下、对内、对外的关系。对上是建立同国家机构的正确关系,对下是建立同分支机构的正确关系,对外是建立同其他有关企业的正确关系,对内是建立企业同职工和职工相互之间的正确关系。调整这些关系,正是经济法的主要内容。

在经济法的地位问题上,经营管理经济法法论认为,经济法是"一个独立的部门法"。又说:"经济法在中国社会主义法律体系中占有重要地位,对经济工作将日益起着重要作用,这是无可争议的。然而经济法毕竟是一个新的法律部门和新的法律学科。"

经济法的体系问题是法学界颇有意见分歧的一个问题。对此,经营管理经济法论指出,经济法是多层次的,有总的基本法,也有各种单行的法律、法规。它们都是有机联系彼此配合,组成一个体系。其中包括:调整企业的组织、经营、管理活动的全部过程的法律,如工业企业法、农业企业法、商业企业法、集体经济法、个体经济法、涉外经济法等是专业经济法;调整各类企业共同有关问题的法,如经济计划法、经济核算法、经济合同法等是综合经济法;调整企业经营活动的法,如金融法、物价法、外汇法、各种基金提成法规等是调节性法规;此外,还有其他各种法规。这些法律、法规可按行业部门分类,也可按工作性质分类,纵横交错成为多层次、多方面的经济法体系。

(二)中国经济法学走向成熟的阶段

党的十四次全国代表大会指出:我国"经济体制改革的目标,是在坚持公有制和按劳分配为主体、其他经济成分和分配方式为补充的基础上,建立和完善社会主义市场经济体制。"②第八届全国人民代表大会第一次会议通过的《中华人民共和国宪法修正案》规定:"国家实行社会主义市场经济。"党的十四届三中全会作出了《关于建立社会主义市场经济体制若干问题的决定》③。党的十六届三中全会作出了《关于完善社会主义市场经济体制若干问题的决定》④。笔者认

---

① 参见潘念之:《关于经济法的几个理论问题》,载《经济法制》1986 年第 1 期;潘念之编著:《中国经济法理论探索》,上海社会科学出版社 1987 年版。

② 载《人民日报》1992 年 10 月 21 日。

③ 载《人民日报》1993 年 11 月 17 日。

④ 载《人民日报》2003 年 10 月 22 日。

为:市场经济,是指市场对资源配置起基础性作用的经济体制;如果不是"市场对资源配置起基础性作用",就不是市场经济。现代市场经济,是指市场在国家宏观调控下对资源配置起基础性作用的经济体制;如果不是市场"在国家宏观调控下"对资源配置起基础性作用,就不是现代市场经济。社会主义市场经济,是指与社会主义基本制度相结合的,市场在国家宏观调控下对资源配置起基础性作用的经济体制;如果不是"与社会主义基本制度相结合的"现代市场经济,就不是社会主义市场经济。正如党的十四届三中全会所指出的:"社会主义市场经济体制是同社会主义基本制度结合在一起的。建立社会主义市场经济体制,就是要使市场在国家宏观调控下对资源配置起基础性作用。"①这就要求我们坚持社会主义基本制度,坚持国家宏观调控,坚持市场对资源配置起基础性作用。1993 年以来,中国的经济法学者在建立和完善社会主义市场经济体制的过程中,对经济法的理论问题和实际问题进行了并在继续进行着新的探索和研究,取得了一系列成果,推动经济法学的发展进入了走向成熟的阶段。下面,简要介绍在这个阶段形成的八种经济法理论的主要观点:

第一,国家协调论。②

提出这一理论的学者认为,经济法的概念问题是经济法理论中的首要问题。对经济法这一概念下定义,要明确经济法的定义与经济法概念的关系,经济法的定义与对经济法的有关论述要相互一致。还要注意:在经济法的定义中,要正确地概括经济法的调整对象,不需要讲各种法律规范共有的属性,不必列举经济法的主体,不应当使用含混的概念,定义项的外延与被定义项的外延应该相等,要明确经济法是以特定经济关系为调整对象的法律规范的总称。他对经济法这一概念下了这样一个的定义:经济法是调整在国家协调的本国经济运行过程中发生的经济关系的法律规范的总称。这个定义有三个基本含义:一是经济法属于法的范畴;二是经济法属于国内法体系;三是经济法不同于国内法体系中的其他法的部门。他指出:"经济法是国家协调本国经济运行之法"。

搞清楚经济法调整对象的特殊性,这是准确了解"经济法"这一概念的关键。经济法的调整对象有一定的范围,同其他法的部门的调整对象是可以分开的,因而具有特定的调整对象。否认经济法具有特定的调整对象的观点,包括调整对象问题上的"交叉论"、"重叠论"值得商榷。经济法的调整对象是特定的经

① 载《人民日报》1993 年 11 月 17 日。

② 这一理论是在 1992 年底、1993 年初形成的。1993 年上半年,笔者在给北京大学法学院研究生讲授"经济法基础理论研究"课程时,较为系统地阐述了"国家协调论"的观点。后来,在一系列有关论著中,使这一理论得到了丰富和初步发展。关于该理论的主要内容,请参见《当代中国法学名家——杨紫烜》,载《当代中国法学名家》第 4 卷,人民法院出版社 2005 年版,第 2264—2270 页;杨紫烜主编:《经济法》,北京大学出版社、高等教育出版社 2008 年版,第 1—91 页。

济关系。把经济法律关系视为经济法的调整对象,是不正确的。经济法调整的特定经济关系是在国家协调的本国经济运行过程中发生的经济关系。使用"国家协调"这一概念,体现了国家行使经济管理的职能应该符合客观规律的要求,力求避免主观随意性。这就既充分肯定了"国家之手"在经济运行中的作用,又反映了对国家权力的必要限制。

经济法的地位,是指经济法在法的体系中所处的位置。法的体系是由多层次的、门类齐全的法的部门组成的有机联系的统一整体。它不同于规范性文件体系和法学体系,也不同于中国特色社会主义法律体系。中国特色社会主义法律体系,是符合中国国情的、体现社会主义基本制度要求的规范性文件体系。法的调整对象是划分法的部门的标准。经济法具有特定的调整对象,是一个独立的法的部门。一个法的部门重要性如何,决定于该法作用的大小。经济法是一个重要的法的部门。关于经济法的法域属性,笔者认为,经济法属于公法的范围,不属于私法的范围,不是部分公法和私法规范的混合,也不是什么第三法域。

经济法体系是由多层次的、门类齐全的经济法部门组成的有机联系的统一整体。经济法体系同调整经济关系的规范性文件体系、经济立法体系,经济法学体系、经济法教材体系有联系、有区别,不能混淆。经济法体系的结构,决定于作为经济法调整对象的特定经济关系的结构。由于人们对经济法的调整对象存在着不同的认识,因此,人们在经济法体系的结构问题上存在着意见分歧,有待进一步研究。但是,对于市场监管法和宏观调控法应该列入经济法体系的结构之中,观点是基本一致的。

经济法的理念,是指人们关于经济法的宗旨及其实现途径的基本观念。经济法的宗旨,是指贯穿在经济法律规范之中的,创制和实施经济法所追求的目标。从维护掌握国家政权的阶级的根本利益出发,实现经济法主体利益的协调发展,是经济法宗旨的基本内容。经济法宗旨的实现途径,是指贯穿在经济法律规范之中的,实现经济法宗旨的路径、方法。对本国经济运行依法进行国家协调,是经济法宗旨实现途径的基本内容。

经济法的基本原则,是指贯穿于各种经济法律规范之中的,在国家协调本国经济运行过程中必须遵循的根本准则。经济法的基本原则与经济法的理念有着密切的联系:经济法的理念决定经济法的基本原则;经济法的基本原则体现经济法的理念。这就决定了经济法的基本原则由经济法主体利益协调原则和国家协调本国经济运行法定原则构成。

第二,需要国家干预论。①

关于经济法的概念,李昌麒教授采取了"把某种法的调整对象和功能结合起来,对该法进行定义"的方法,下了这样一个定义:"经济法是国家为了克服市场失灵而制定的调整需要由国家干预的具有全局性和社会公共性的经济关系的法律规范的总称。简而言之,经济法是调整需要由国家干预的经济关系的法律规范的总称。"他把经济法定位于需要国家干预经济之法。

提出需要国家干预论的学者说:我把"凡是需要由国家干预的经济关系都纳入了经济法的调整范围";"我把经济法的具体调整对象归结为市场主体调控关系、市场运行调控关系、宏观经济调控关系和社会分配关系。"他认为:"不能说经济法的调整对象是经济法律关系。"他主张:"所有权关系、经营管理关系、不正当竞争关系、消费者保护关系、产品质量关系及工业产权关系等,不是哪一个法律部门所能完全调整的,而必须由民法和经济法共同调整"。"要承认经济法与民法和行政法之间的某些交叉"。

这一理论认为:"尽管经济法作为一个独立的部门法的地位已经无可逆转,但仍然在理论上存在着不同的认识甚至多种观点,这都可能影响人们对经济法作为一门重要的法律学科的认识"。"经济法是我国法律体系中的一个非常年轻的法律部门,也是我国法学领域中正在逐渐成长的一个新兴学科"。还认为:经济法以社会为本位,具有"公私法兼容性质"。"将那些既有公法成分又具有私法成分的经济法绝对地划入公法或者私法范畴,都是不恰当的"。"经济法应是介于公法和私法之间的'第三法域'。""经济法与社会法是同属于第三法域下的两个并行的法律部门"。

在经济法体系结构的问题上,创立这一理论的学者说,从经济法调整的社会关系的范围出发,我国经济法体系应当由市场主体规制法、市场秩序维护法、宏观经济调控法和社会分配法所构成。

对于经济法的基本原则,这一理论指出:"经济法的基本原则,是指规定于或寓意于经济法律、法规之中,对经济立法、经济执法、经济司法和经济守法具有指导意义和适用价值的根本指导思想或准则。"认为在市场经济条件下,经济法的基本原则包括资源优化配置原则、国家适度干预原则、社会本位原则、经济民主原则、经济公平原则、经济效益原则、经济安全原则、可持续发展原则。

---

① 参见李昌麒:《经济法——国家干预经济的基本法律形式》,四川人民出版社1995年版,第197—223、238—257、436—464页;李昌麒主编:《经济法学》,法律出版社2007年版,第1—84、96—111页;李昌麒:《守望星空——我的经济法学术生涯回顾》,见《海阔天高——中国经济法(学)的过去、现在和未来》(第一辑),上海财经大学出版社2008年版,第139—146页。

第三，纵横统一论。[①]

在潘静成、刘文华主编的《经济法》一书中，刘文华、史际春教授指出："作为经济法学和经济法的起点，对经济法概念的基本表述或定义还是应当立足于经济法的调整对象及其根本特征，否则，经济法作为一门法律科学就缺乏明确而坚实的起点。"他们主张："基于纵横统一说，我们对经济法概念的基本定义为：经济法是调整经济管理关系、维护公平竞争关系、组织管理性的流转和协作关系的法。"又说："经济法是对纵向的经济管理关系和一定范围内直接体现纵向管理因素的横向流转和协作关系予以统一调整的法律部门。"

他们认为，经济法调整的对象有三类：一是经济管理关系，指公共经济管理关系，主要是国家在管理经济过程中形成的物质利益关系；二是维护公平竞争关系，"应属上层建筑范畴之法律关系"；三是组织管理性的流转和协作关系，"主要为经济合同关系"。提出这一理论的有的学者说，经济法与民法、行政法都调整一定范围的经济关系，它们之间的调整对象应该有所划分，但是"交叉、重叠调整是不可免的"[②]。

关于经济法的地位，这一理论认为："经济法是我国社会主义法律体系中的一个'独立'部门"。同时指出："法的部门划分是相对的，具有一定的模糊性，这是由立法和法学的主观性决定的。这种相对性主要表现为法律部门之间的交叉性和层次包容性，也表现为同一项法规可以同时属于不同的法律部门"。"部门法之间的交叉，主要表现为不同部门的相关法规发生交叉"。还说："将经济法单纯地归为公法或私法，都有失偏颇……它是'以公为主、公私兼顾'的法，是介于二者之间，对二者进行平衡协调的一种新型的法。"

在提出纵横统一论的学者看来，构造经济法的体系，应当在经济法调整的范围内，符合经济的内在逻辑来进行，以尽可能减少重合缺漏，做到结构清晰。按照经济关系及其经济法调整的内在逻辑，经济法可以大致分为经济组织法、经济管理法和经济活动法三个部分。"经济组织法不限于企业法，它还包括中央银行法，经济性行业组织法等"。"经济管理法是经济法的核心部分"。"经济活动法调整的是经济主体间的权利、义务关系，包括经济合同法和竞争法、消费者保护法等内容。"

怎样认识经济法的理念？史际春等学者首先指出，法的理念，是指对法的应然规定性的、理性的、基本的认识和追求。接着，进一步指出："经济法的理念是人们对经济法的应然规定性的理性的、基本的认识和追求，是经济法及其适用的

① 除另行注明出处的以外，请参见潘静成、刘文华主编：《经济法》，中国人民大学出版社 2005 年版，第 46—97 页。

② 参见刘文华主编：《新编经济法学》，高等教育出版社 1993 年版，第 8 页。

最高原理。”又说：“经济法的理念是经济社会化条件下的实质公平正义，其核心内容是社会整体经济利益的实现。”①

在回答什么是经济法的基本原则和经济法有哪些基本原则的问题时，刘文华和史际春的观点是：经济法的基本原则是在经济法的立法和具体适用中所应当遵循的准则；它是经济法精神和价值的反映，是经济法宗旨和本质的具体体现：我国经济法的基本原则有平衡协调原则、维护公平竞争原则、责权利效相统一原则。

第四，国民经济运行论。②

关于经济法的概念，刘瑞复教授指出：“经济法，是调整国民经济运行过程中形成的经济关系的经济法律规范的总和。这一定义，是由‘国民经济运行’、‘经济关系’和‘经济法律规范’等三个要素构成的。”他认为，经济法是调整国民经济运行的法，是调整经济依赖关系的法，是经济法律制度体系的法。又说：“经济法是一门新兴学科、边缘学科、发展中学科”。

这一理论认为，经济法调整的经济关系的范围，在当代条件下，就是国民经济运行过程中形成的七种经济关系：一是经济组织关系，是指经济组织内部和外部的组织关系；二是经济活动关系，是指主体依据其法律地位和经济权利，在对外参加经济动中所形成的关系；三是经济竞争关系，是指主体在市场竞争机制中所形成的经济关系；四是经济调控关系，是指国家在协调、控制国民经济运行中形成的经济关系；五是经济管理关系，是指国家经济机关、社会组织和经济组织在管辖、处理经济事务中形成的经济关系；六是经济监督关系，是指国家和社会组织以及个人在对经济行为实行监察、督导所形成的经济关系；七是涉外经济关系，是指在一国与外国或者地区间进行经济活动所形成的经济关系。

国民经济运行论指出，经济法的地位是指经济法在法体系中的地位。又说：“经济法在一国整个法体系中仅次于国家法，居于首要地位，而且，它是以真正独立的地位存在的。”“经济法的地位问题，不仅是理论问题，也是实践问题。正因为具有宪法、国家政策和经济法本身作用等重要基础，经济法才确立了自己的地位。”

在谈到经济法律规范体系时，持国民经济运行论的学者主张，经济法包括七种相互联系、相互依存的经济法律制度。与之相适应的法，是经济组织法、经济活动法、经济竞争法、经济调控法、经济管理法、经济监督法和涉外经济法。

刘瑞复说，经济法的基本原则，不同于具体原则，它是各个具体原则的一般

---

①　史际春、李青山：《论经济法的理念》，载《经济法学、劳动法学》(复印报刊资料)2003 年第 8 期，第 28—31 页。

②　参见刘瑞复：《经济法学原理》，北京大学出版社 2000 年版，第 1—45、87—123 页；刘瑞复：《经济法的一般概念》，载李昌麒、刘瑞复主编：《经济法》，法律出版社 2004 年版，第 50—72 页。

概括。经济法的基本原则,是指经济法领域处于指导地位、具有普遍制约意义的法律原则。它是经济法本身所特有的原则,是经济法领域的指导原则,是对于法的实现具有普遍意义的原则。我国经济法的基本原则包括实行社会主义经济制度的原则、宏观调控与市场机制相结合原则、责权利统一原则和国家经济主权原则。

第五,管理和协调论。①

程信和教授指出:“经济法是从社会整体利益出发,直接调整在国家管理和协调国民经济运行过程中产生的经济关系的法律规范的总称。”“经济法的本质或实质是,从法律角度反映国家因素对市场经济的直接影响,亦即对国家管理和协调国民经济运行关系的法律调整。”他说,经济法是国家(政府)管理和协调国民经济运行之法。又说,经济法就是国民经济发展法、社会整体利益平衡法、国家经济安全法。它的目标是为着实现发展、公平、安全的三位一体。

提出管理和协调论的学者认为,经济法的调整对象,是经济法学研究的第一个难点。这个问题不解决,经济法就理不清楚。那么,经济法调整的是什么样的经济关系呢?他认为,经济法的调整对象是“国家从社会整体利益出发,管理和协调国民经济运行过程中发生的宏观的和微观的经济关系”。简称之为“国民经济运行中的管理和协调关系”或者“经济管理与经济协调关系”。

程信和说:“我一直主张:经济法应当成为一个独立的、基本的、重要的法律部门。”他进一步指出,“独立的”,是指它具有特定的调整对象以及特殊的调整方法,有别于传统的民法、行政法。“基本的”,是指它在国家整个法律体系中的地位。“重要的”,是指它对国民经济建设、对人民生活的影响和作用。他还说:“新型的经济关系,加上综合的调整方法,造就了崭新的经济法。”关于经济法的法域属性,他认为:“经济法的一部分属于公法,即国民经济管理法……。这部分法律全部或基本由公法因素组合而成。经济法的另一部分则是由公法、私法两种因素融合为一体的……。公法、私法结合而成的这一部分法律中,往往以私法因素为基础,以公法因素为主导。”总之,“经济法是以公法因素为主,也结合了许多私法因素。”

关于经济法的体系的结构,程信和认为,经济法规范的内容,大体可归纳为实行宏观调控、维护市场秩序、促进企业发展等三大方面。而每一部经济法律,又包括主体、行为、责任等三大制度。这样,就基本形成为经济法的体系。他又说,宏观经济调控法、市场秩序规制法、企业发展促进法,这三大板块法律规范构成中国现行的经济法体系。

---

① 参见程信和:《经济法与政府经济管理》,广东高等教育出版社 2000 年版,第 31—76 页;程信和:《经济法之探索》,载《经济法制论坛》2004 年第 5 期,第 113—120 页。

在经济法理念的问题上,这一理论认为:"与传统行政法相比,经济法的基本理念是考虑社会整体利益协调,而不是单纯的'服从'。"又说:"经济法必须坚持社会本位,体现人文关怀。……经济法的理念集中为一个大写的字,就是'人'!"

程信和主张:"要在发展、公平、安全三位一体的总原则下,概括出经济法的若干具体原则来。"他提出:"'发展和可持续发展'、'社会整体经济利益平衡'、'效率优先与兼顾公平'、'经济安全'、'宏观调控'、'控权与分权'、'经济民主'等等,可否作为反映经济法原则的范畴?"

第六,国家调制论。①

张守文教授认为,经济法的概念问题是经济法各类理论问题展开的起点和基础。对经济法这一概念,他从两个不同的角度分别下了定义:一是从调整对象理论中的"社会关系说"的角度给出的定义——"经济法是调整在现代国家进行宏观调控和市场规制过程中发生的社会关系的法律规范的总称"。"简单地说,经济法就是调整调制关系的法律规范的总称"。二是从调整对象理论中的"行为说"的角度下的定义——"经济法是规范经济调制行为和市场对策行为的法律规范的总称"。

关于经济法的调整对象,提出国家调制论的学者进一步指出:经济法调整的宏观调控关系可以分为财税调控关系、金融调控关系、计划调控关系;市场规制关系可以分为反垄断关系、反不正当竞争关系、消费者保护关系。他认为,经济法的调整对象与其他部门法的调整对象有区别,不存在对特定经济关系的交叉调整和重叠调整问题。

持国家调制论的学者说,经济法的地位问题,就是指经济法在整个法律体系中有无自己的位置,以及具体位阶如何的问题。又说,按照传统的部门法理论,经济法可以成为一个独立的法律部门,并且是整个法律系统中日益重要的一个子系统,这已经为经济法学界所认同。还指出,经济法不仅是一个独立的部门法,而且在公法与私法法域中,它还是公法法域中的一个重要成员,同时,它与私法法域有着重要的关联,对私法的调整,有着重要的影响。

对于经济法体系,张守文说:经济法的体系,也就是相关的经济法规范所构成的一个系统。经济法体系由此也可称为经济法系统。经济法体系由宏观调控法和市场规制法这两大部分构成。其中,宏观调控法包括财税法、金融法和计划法三个部门法:市场规制法包括反垄断法、反不正当竞争法和消费者保护法三个部门法。对这些亚部门,还可以做进一步细分。

这一理论认为,经济法的宗旨,作为经济法调整所欲实现的目标,是经济法

① 参见张守文:《经济法理论的重构》,人民出版社 2004 年版,第 197—217、246—284、307—343 页。

调整应当遵循的总体上的、根本性的意旨。经济法的宗旨，在横向上分为两个方面，一个是经济目标，一个是社会目标。经济法宗旨，在纵向上可以分为基本目标（规范经济法主体的行为，调整宏观调控关系和市场规制关系，保障各类主体的合法权益）和最高目标（实现经济与社会的良性运行和协调发展）。

根据国家调制论的观点，经济法的基本原则，是贯穿于经济法的法制建设的各个环节的基本准则，是各类具体的经济法规则的本原性的规则，对各类具体的经济法规则具有指导意义。经济法的三项基本原则，即调制法定原则、调制适度原则和调制绩效原则。其中，调制法定原则更强调内容法定和程序法定，调制适度原则更强调符合规律和公平有效，调制绩效原则更强调调整目标和平衡协调。

第七，国家调节论。[①]

漆多俊教授主张："从法的调整对象与功能两个方面的结合上来揭示经济法这一部门法的本质属性"。他说："经济法是调整在国家调节社会经济过程中发生的各种社会关系，以促进社会经济实现国家意志预期目标的法律规范的总称。"他还认为，经济法可以"作为一个部门法或作为一门学科"。

这一理论认为：经济法"调整国家经济调节过程中人们的行为规范，调整在国家调节中有关人们之间的社会关系，即国家经济调节关系"。"经济法的调整对象，是在国家调节社会经济过程中发生的各种社会关系。这种社会关系可以简称为国家经济调节关系。"也可以简称为"国家经济管理关系"或"国家经济调节管理关系"。又说："国家经济管理关系，是国家在对社会经济实行管理的过程中，以国家（或其代表者）为一方主体同其他主体发生的权利义务关系。"[②]对"发生的争议与违法行为进行调解、仲裁或诉讼……过程中，有关各方之间发生的关系，也是国家经济调节关系的内容，属于经济法调整对象范畴。"他肯定"经济法调整对象的特定性"；同时认为，"经济法同民法在调整对象上也存在着密切联系和某些交叉"，"经济法所调整的这种社会关系同行政法所调整的行政管理关系，性质上有所交叉。"

提出国家调节论的学者指出，经济法的地位，即经济法在法的体系中的地位，它主要是指经济法是否为一个独立法律部门，它的重要性及其与宪法和其他部门法的关系。经济法有着同其他部门法不同而为经济法所特有的调整对象和功能，它能够成为一个独立法律部门。与此同时，又说："经济法同行政法的联系仍然是非常密切的，特别是在微观经济领域，这两个部门法的交叉和融合，是必需和不可避免的。"还说："经济法是介于公法与私法之间，公权力介入私经济

① 除另行注明出处的以外，请参见漆多俊：《经济法基础理论》，武汉大学出版社 2000 年版，第 67—87、107—114、166—177、244—256 页；漆多俊主编：《经济法学》，高等教育出版社 2007 年版，第 35—51、60—78、91—109 页。

② 漆多俊：《经济法基础理论》，武汉大学出版社 1993 年版，第 27 页。

领域的法,是一种社会化立法。"

在谈到"经济法体系的构成"时,漆多俊认为,经济法体系的构成"有三种基本法律——一是市场障碍排除法即市场规制法,包括反垄断法、反不正当竞争法等;二是国家投资经营法,包括国家投资法、国有企业法、国有化和私有化(民营化)法令等;三是国家对经济的引导促进法,大致相当于我国人们所谓的宏观调控法。"他说:"中国加入 WTO 前后,美国和欧盟等之所以不承认中国是完全市场经济国家,其中的理由主要在于说中国经济中的国家因素太多。"他主张:"国家投资太多就要退出"。他还指出:"国家投资经营法包括国企改革法、私有化法令等无论现在或可预见的将来都仍然会是经济法体系中的一个构成部分。"①

关于经济法的理念,这一理论认为:"经济法理念是人们关于借助于此法(它同民商法等部门法律互相配合)可以实现理想的社会经济生活目标模式的一种信念。"还认为,经济法从社会经济总体角度,规范和保障新的社会调节机制即现代国家调节,协调经济个体与社会整体、微观经济与宏观经济之间的矛盾冲突。它同民商法等法律配合,共同实现理想的社会经济生活的秩序、效率、公平和正义的目标。

在漆多俊看来,"经济法原则是经济法在其调整特定社会关系时在特定范围内所普遍适用的基本准则。""经济法的基本原则涵盖整个经济法部门,是该部门所有法律规范及从其制定到实施全过程都需贯彻的;经济法的局部性原则,仅贯彻于该部门法中某个或某些种类(经济法的分支)的法律规范。"他认为,经济法的基本原则最核心的内涵便是:注重维护社会经济总体效益,兼顾社会各方经济利益公平。

第八,社会公共性论。②

提出这一理论的学者王保树教授说:"经济法是调整发生在政府、政府经济管理机关和经济组织、公民个人之间的以社会公共性为根本特征的经济管理关系的法律规范的总和。"又说:"经济法作为一种学问",是"相对较新的学科"。

这一理论认为,经济法只能定位于"调整经济管理关系",不能再留有调整财产关系的痕迹。"社会公共性"经济管理关系,是指政府或政府授权经济管理机关以社会公共管理者的名义实施经济管理中发生的经济管理关系。经济法调整对象具有物质性和社会公共性的特征。经济法调整对象的社会公共性是它区别于其他法的调整对象的一个最根本的特征。经济法仅以具有社会公共性为根本特征的经济管理关系为其调整对象。经济法的调整范围包括三部分:一是市

---

① 漆多俊:《法学的困惑与创新》,载《安徽大学法律评论》第 5 卷第 2 期,安徽大学出版社 2005 年版,第 5、6 页。

② 参见王保树主编:《经济法原理》,社会科学文献出版社 2004 年版,第一版序、第 3—72 页。

场管理关系,它是政府或政府授权部门在建立和维护自由、公平的市场竞争秩序中形成的管理关系;二是宏观经济管理关系,它是中央和省两级人民政府及其法定的宏观经济管理部门实施对国民经济的宏观管理而发生在宏观经济领域里的经济管理关系;三是对外经济管理关系,它是指因国家对外经济贸易管理部门实施对外经济贸易管理而发生在对外经济贸易管理部门与对外贸易经营者、境外进口商家间的社会关系。

持社会公共性论的学者说:“经济法是法律体系中的一个独立法律部门”,“是确认和实行社会整体调节机制的重要法律部门”。经济法之所以是一个独立法律部门,这是因为“判断一个法域是不是独立的法律部门,关键是看它有没有自己独特的调整对象”。而“由于经济法有了特有的调整对象,经济法可以无疑地以一个法律部门立于法律体系之中了。”对于经济法的法域属性,他认为,经济法以公法性质为主,兼具私法的性质,或言之,它基本上是公法。

王保树主张:“对经济法体系应作这样的概括:即它是按照统一性和内在有机联系的要求,由经济法规范构成的部门法体系。”他同时认为,经济法体系可以由市场管理法、宏观经济管理法和对外经济法三个部分构成。

社会公共性论认为,经济法理念,即经济法原理,是关于经济法现象产生、发展、变化规律和相关的各种观点学说的理性认识。经济法理念的任务有二:一是指导人们认识和运用经济法,即识别经济法,把握经济法,适用经济法,将纸面上的经济法变为实践中的经济法;二是指导人们在实践中总结经济法的发展规律,进一步发展经济法理念,使其更好地反映经济法现象的全体的、本质的和内在统一的联系。

对于经济法基本原则这一概念,上述理论的提出者下了如下定义:“经济法基本原则是法律原则的一种,它是对经济立法、司法、执法、守法具有统帅意义和指导意义的根本准则。”他认为,经济法的基本原则有三:一是经济上的公平与公正原则;二是违法行为法定原则;三是经济管理权限和程序法定原则。

三、对中国经济法学发展的评析

以上简要介绍了中国经济法学、主要是关于经济法基本理论的发展情况。下面,先对我国一些有代表性的经济法观点进行简要分析(较为详细的分析,将在本书的有关章节中进行);然后,对我国经济法学的发展进行总体评价。

(一)对中国经济法学主要观点的简要分析

第一,关于经济法的概念。

关于语词使用的问题,个别学者认为:“连‘经济法’,这个名称也不科学”。

有少数学者主张,使用“经济行政法(或称为‘行政经济法’)”这一语词。有的学者认为,对于经济法,还不如“称之为‘行政经济法’更为确切”。多数学者主张,应该使用“经济法”这一语词。笔者认为:同国内外学者使用的各种有关语词相比较,“经济法”这一语词是准确表达概念的语言形式;认为“经济法”这个语词“不科学”的观点,从根本上否定经济法的客观存在,这才是不科学的;用“经济行政法”来代替“经济法”也不可取,因为这容易使人将经济法误认为是具有经济内容的行政法,是行政法的一个分支,而且国内外有些学者正是在反复地讲“经济行政法”是行政法的组成部分,并对经济法学的发展产生了负面影响;使用“行政经济法”这一语词不同于“经济行政法”,因为其侧重点讲的是“经济法”而不是“行政法”,不过在“经济法”之前加了“行政”二字,容易使人对“行政经济法”的思想内容产生不同于“经济法”的理解,因此也以不使用为好。

能否认为经济法既是一个法的部门又是一门法学学科?对此,不少学者认为,经济法是一个法的部门,不是一门法学学科。有的学者说,经济法一词具有经济法规范和经济法学科两种含义。有些学者认为,经济法是一个法律部门和法律学科。笔者认为:经济法是由经济法律规范组成的,认为它是一个独立的法的部门,是正确的;把它说成是一门经济法学科或法律学科,都不妥,因为这混淆了经济法与经济法学的原则界限。

对经济法这一概念下定义,是否应该从调整对象的角度揭示其内涵,即这一概念所反映的事物的本质属性?对此,提出国家协调论和其他一些理论的多数学者是持肯定态度的。但是,对经济法这一概念下定义,也有另外一些认识和做法。例如,从调整对象和调整方法结合的角度、从调整对象和经济法功能结合的角度或者仅从经济法功能的角度等对经济法这一概念下定义。笔者认为:经济法与任何事物一样都有多种属性,搞清楚经济法调整对象的特殊性,是准确了解经济法这一概念的关键;从调整对象的角度对经济法这一概念下定义,能够揭示这一概念所反映的事物的本质属性,把经济法与其他法的部门区别开来。

经济法是不是经济法律规范的总称?对此,多数学者的回答是肯定的。但有些学者却说:经济法是“……法律、法令、条例的总称”;经济法是“一系列经济法规”;经济法是“各种行政性经济法规的总称”。笔者认为:在这个问题上,多数人的意见是正确的;将经济法视为经济法律、法规等规范性文件的总称或“一系列经济法规”的观点,是不可取的。

此外,有些学者在经济法的定义中谈到了各种法律规范共有的属性,或列举了经济法的主体,或使用了含混的概念,或定义项的外延与被定项的外延不相等,这些都值得商榷。

第二,关于经济法的调整对象。

经济法有没有特定的调整对象?有几种不同的观点:一种回答是否定的。

例如,个别学者明确地说:"经济法没有特定的调整对象"。另一种观点是:一方面,肯定经济法具有特定调整对象或者经济法的调整对象具有特定性;另一方面又说,经济法与民法、行政法的调整对象之间存在交叉、重叠。再一种观点与上述两种观点都不同。如前所述,有的学者明确指出:"经济法的调整对象有一定的范围,同其他法的部门的调整对象是可以分开的,因而具有特定的调整对象。否认经济法具有特定的调整对象的观点,包括调整对象问题上的'交叉论'、'重叠论',值得商榷。"有学者说:"经济法的调整对象与其他部门法的调整对象有区别,不存在对特定经济关系的交叉调整和重叠调整问题。"笔者认为:直接否认经济法具有特定调整对象的观点,明显不妥;调整对象问题上的"交叉论"、"重叠论",实际上否认了经济法、民法、行政法各自具有特定调整对象,而且与他们同时承认经济法具有特定调整对象或者经济法的调整对象具有特定性,是自相矛盾的。

经济法的调整对象是什么?对此,仅在提出上述理论的学者中,就有多种不同的观点。其中,比较多的学者认为,经济法的调整对象是特定经济关系。也有一些学者分别认为,经济法调整各种经济关系、各种社会关系、经济行为、经济生活或经济现象等。还有的学者认为,经济法的调整对象中包括经济行政诉讼关系或者在调解、仲裁或诉讼过程中有关各方之间发生的关系。甚至认为,经济法"调整国家经济调节过程中人们的行为规范"。真可谓众说纷纭。笔者认为,经济法的调整对象是特定的经济关系,而不是各种经济关系,不是经济关系以外的社会关系,也不是经济行为、经济生活或经济现象,更不是人们的行为规范。关于经济法调整的特定经济关系的内容,在中国经济法学界,也有不同的观点。对此,笔者将在本书第五章作详细论述。

经济法律关系可否作为经济法的调整对象?对这个问题有不同的回答。有的学者明确指出:"把经济法律关系视为经济法的调整对象,是不正确的。"有的学者说:"不能说经济法的调整对象是经济法律关系。"但另有学者一方面说:经济法的调整对象是"社会经济关系";另一方面又说:"经济法律关系由经济法规范调整"。此外,在有些学者中,还有这样几种提法:属于经济法调整的维护公平竞争关系,属于"法律关系";经济法调整的"国家经济管理关系,是……权利义务关系";属于经济法组成部分的经济活动法调整的是经济主体间的"权利、义务关系";属于经济法调整的组织管理性的流转和协作关系,主要为"经济合同关系";经济法调整的经济关系中包括"所有权关系"、"工业产权关系"。对于上述观点,有必要指出三点:一是不能把经济法律关系视为经济法的调整对象;二是不能把权利义务关系作为经济法的调整对象,因为法律上讲的权利义务关系(包括合同关系、所有权关系、工业产权关系在内)就是法律关系;三是不能把经济关系等同于经济法律关系。

第三,关于经济法的地位。

经济法是不是一个独立的法的部门?从总的来说,这有肯定与否定两种回答。具体而言,有如下几种观点:一是认为,经济法是一个独立的法的部门;二是认为,经济法是一个独立法律部门,但它同行政法存在着"交叉和融合";三是认为,经济法是一个综合法律部门;四是认为,经济法既不是一个独立的法律部门,又不是一个综合部门。笔者认为:上述第一种观点是可取的,因为法的调整对象是划分法的部门的标准(即法的部门的划分标准,下同),经济法具有特定的调整对象,是一个独立的法的部门;第二种观点前后矛盾,不妥;第三、四种观点无视经济法具有特定的调整对象,得出了否定经济法是一个独立的法的部门的不正确结论。

如何认识经济法的法域属性?对此,在持上述几种理论的学者中,提出了如下观点:经济法属于公法的范围;经济法具有公法、私法的性质,以公法性质为主;经济法是介于公法和私法之间的"第三法域";经济法与社会法两个法律部门同属于第三法域。笔者的观点是:真正搞清楚了公法、私法和经济法的本质属性,就可以明确经济法属于公法的范围;不能由于不少"经济法律"、"经济法规"中同时具有公法、私法规范就认为经济法"兼容"、"兼顾"或"兼具"公法和私法的性质,也不能认为经济法是"第三法域"或"第三法域"的组成部分。因为经济法不是经济法律、经济法规的总称,不能将经济法律、经济法规等同于经济法。

第四,关于经济法的体系。

对于经济法体系的概念,在学者中存在多种不同的理解。例如,他们分别认为:经济法体系,是指经济法作为部门法的体系;经济法体系,是由经济法规范构成的部门法体系;经济法体系,是由多层次的、门类齐全的经济法部门组成的有机联系的统一整体;经济法体系可指经济立法体系,也可指经济法学体系;经济法体系包括经济法律体系和经济法学体系。其中,有些观点是正确或基本正确的,有些观点不妥。有些观点之所以不妥,因为它们混淆了经济法体系与经济立法体系、经济法学体系、经济法律体系的界限。笔者认为,对经济法体系这一概念下定义,应该明确以下几点:一是经济法体系是由经济法部门组成的,经济法部门是由经济法律规范组成的;二是组成经济法体系的经济法部门是多层次的、门类齐全的;三是组成经济法体系的这些经济法部门是有机联系的统一整体。

在经济法体系的结构问题上,学者们更是众说纷纭。这与他们对经济法体系这一概念的不同理解以及对经济法调整对象的不同认识直接有关。这些不同的观点可以概括为三类:一是认为,经济法体系包括总论、分论、附论(经济仲裁和经济司法),或者应当由总则、分则、经济仲裁和经济司法三编组成。这实际上是把一些经济法教材的结构,等同于经济法体系的结构。二是认为,经济法体系由全局性和部门性的两大部分经济管理法规构成,或者由基本经济法、部门经济法规和企业管理法规组成，或者由多层次的经济法律、法规组成。这是把他们所主张的调整经济关系的规范性文件体系的结构，误认为是经济法体系的结构。三是认为，经济法体系是由经济法部门组成的。至于包括哪些经济法部门，又有多种不同的观点。例如认为：包括市场监管法（或市场规制法）、宏观调控法；包括宏观经济调控法、市场秩序规制法、企业发展促进法；包括经济组织法（将中央银行法也作为其组成部分）、经济管理法、经济活动法；包括市场管理法、宏观经济管理法、对外经济法；包括市场障碍排除法、国家投资经营法（其中包括“私有化法令”）、国家对外经济的引导促进法；包括市场主体规制法、市场秩序维护法、宏观经济调控法、社会分配法；包括经济组织法、经济活动法、经济竞争法、经济调控法、经济管理法、经济监督法、涉外经济法。其中，认为市场监管法（有的称市场管理法、市场规制法、市场秩序规制法、市场秩序维护法或市场障碍排除法等）、宏观调控法（有的称宏观经济调控法、宏观经济管理法、经济调控法或国家对经济的引导促进法等）应该是经济法体系结构的组成部分，大体上是一致的认识；有些看法颇有分歧。有些意见是正确或基本正确的；有些意见值得商榷。这些在经济法体系结构的问题上值得商榷的意见，包括这样几种情况：一是将经济活动法列入经济法体系之中，而在经济活动法中包括了非经济法律规范的内容，这欠妥；二是将本应属于宏观调控法的中央银行法列入经济组织法之中，这应重新考虑；三是将对外经济法或涉外经济法与其他法并列地列入经济法体系的结构之中，从而在内容上出现交叉，这不合适；四是有的学者对美国等西方国家无理指责“中国经济中的国家因素太多”，希望中国实行私有化，作了不恰当的回应，提出了“国家投资太多就要退出”的主张，并将“私有化法令”作为“经济法体系中的一个构成部分”的内容，这是不符合我国《宪法》的规定和我国经济法的社会主义性质的。

第五，关于经济法的理念。

对于经济法的理念这一概念，在学者中有这样一些看法：有的认为，经济法的理念是人们对经济法的应然规定性的理性的、基本的认识和追求，是经济法及其适用的最高原理；有的认为，它是人们关于借助于经济法可以实现理想的社会经济生活目标模式的一种信念；有的认为，它是关于经济法现象产生、发展、变化规律和相关的各种观点学说的理性认识；有的认为，经济法理念，是指关于经济法的宗旨及其实现途径的基本观念。

应该说，上述观点在不同程度上都是有道理的。当然，有些定义也有不足之处。例如：有的定义指出了经济法的理念是一种信念或理性认识，但是，没有指出它是一种基本观念或基本的认识；有的定义指出了经济法的理念是实现理想的目标模式的一种信念，但是，没有指出它还是关于经济法宗旨实现途径的基本观念。

第六,关于经济法基本原则。

在谈到经济法基本原则的概念时,在以下三个问题上分别存在一些不同的观点:一是它是不是"根本准则"?答案有:是"准则",是"处于指导地位……的法律原则",是"根本指导思想或准则",是"根本准则"或"基本准则"。二是它是不是"必须遵循的"?有些学者分别认为,经济法的基本原则是"必须遵循的"、"具有普遍约束意义的"或"普遍适用的";有些学者对经济法的基本原则这一概念下的定义中,没有谈到这方面的内容。三是它是不是贯穿于"各种经济法律规范"之中的?有的学者作出了肯定的回答;有的学者说,经济法的基本原则是规定于"经济法律、法规"之中的;有些学者对经济法的基本原则这一概念下的定义中,未涉及这方面的内容。在上述观点中,有些是正确的,有些是不完善的或者有待商榷的。但从发展上来看,对经济法基本原则这一概念所下的定义的水平,在经济法学发展的第二阶段比第一阶段已经有了相当大的提高。笔者认为:对经济法的基本原则这一概念下定义,有必要指出:它是根本准则;它是在国家协调本国经济运行过程中必须遵循的;它是贯穿于各种经济法律规范之中的。

经济法有哪些基本原则?这是意见分歧较大的一个问题。不仅对经济法基本原则的数量看法不同,而且对它的具体内容的认识也有较大差别。不过,不是法的原则、是法的原则而不是经济法原则、是经济法的原则而不是经济法基本原则被列入经济法基本原则之中的情况,已在逐渐减少。

(二)对中国经济法学发展的总体评价

第一,不同学术观点的争论是正常现象,应予正确对待。

在任何一门学科的发展过程中,自始至终存在着不同的学术观点及其相互争论,经济法学也不例外。这同人们研究经济法的指导思想和方法不同,参加社会实践的广度和深度不同,受国内外传统法学观念和各种思潮的影响不同直接有关。经济法学作为一门新兴的法学学科,在开始的时候得不到多数人的承认、特别是遭到相关学科中一部分人的否定,这是不足为奇的。在中国,提出和拥护经济法的学者与民法学、行政法学等相关学科的部分学者之间产生不同的学术观点,并展开争论,开始于 1979 年,至今没有停止,今后还将长期进行下去。这是必然的,也是正常的。当然,在不同的时期和不同的条件下,这种争论的广度、深度和激烈程度是有差别的,甚至大不相同。与此同时,在经济法学科内部产生不同的经济法理论,并开展争论,也是必然的、正常的。这种争论也由来已久,并将持续进行下去,它并不因为有些人不希望争论而停止下来。

既然在经济法学产生和发展的过程中,不同学术观点的争论是必然产生的现象,那么,人们应该怎样对待呢?有些学者对这种争论的必然性认识不够,总希望自己能够自由发表意见，而没有他人与之争论；有些学者对于学术争论的长期性缺乏思想准备，对所谓"争论不休"产生不耐烦情绪、甚至厌恶的态度；有些学者、包括个别经济法学者一再指责与他们观点不同的经济法学者"抢占"其他部门法的"地盘"；有些学者希望用强制的、压服的办法结束争论。这都是不可取的。应该看到，不同学术观点的争论（无论是本学科内部，还是本学科与其他学科之间），是推动学科发展的动力。对待学术问题上的是非问题，正确的态度是："对事不对人"，采取学术讨论、学术争论的办法，摆事实、讲道理的办法，逐步发展正确的观点，克服错误的观点。一句话，应该贯彻"百花齐放、百家争鸣的方针"，推动经济法学的发展。笔者认为，在学术问题上，无论与谁，即使是与你的老师，与你的好同事、好朋友、好学生之间有了不同观点，都没有必要不讨论、不争论。因为正确地进行不同学术观点的讨论、争论，不仅能够推动经济法学的发展，而且有助于学习他人的长处，弥补自己的不足，增进彼此之间的了解和友谊。

第二，经济法学曲折地向前发展，是历史的必然。

"任何新生事物的成长都是要经过艰难曲折的。"①作为一个新生事物，经济法学同历史上其他新的正确的东西一样，只能在斗争中曲折地发展。在中国经济法学创建之初，法学界就有人讲，经济法根本不是一个独立的法律部门，"连'经济法'这个名称也不科学"。此后，在经济法学发展的过程中发生了几件值得注意的事情：

其一，关于把"战火烧到了经济法学派的后院"问题。

1983 年 12 月 2 日至 7 日，中国社会科学院法学研究所在北京召开了全国经济法理论学术讨论会。由于大多数与会者的共同努力，这次会议对于推动经济法学的发展还是起了积极作用的。

但是，学者们对待这次学术会议的态度并不是相同的。例如，有人说："回想起来，当年的论战确乎关系重大，民法和民法学，生死存亡系于一役。民法学派这一边迅速调整了战略策略，不能等着人家杀过来，我们也应主动杀过去。"于是在那次会上，"除了经济法学者的主张之外，民法学者也提出了好几种有力的经济法主张，如综合经济法，行政经济法，学科经济法，等等。一下子战局改观，战火烧到了经济法学派的后院。本来是民法学与经济法学的论争，转变为主要是各派经济法观点之间的较量。"②应该指出，把民法学与经济法学的学术争论当作"生死存亡"的斗争，并且对经济法学者采取"主动杀过去"的"战略策

① 毛泽东：《关于正确处理人民内部矛盾的问题》，人民出版社 1957 年版，第 17 页。

② 梁慧星：《佟柔先生与民法经济法论争》，载《佟柔文集》，中国政法大学出版社 1996 年版，第 414 页。

略”,将战火烧到“经济法学派的后院”,这种对待不同学科之间的学术争论的态度是不正确的。这种态度不利于法学界的团结,对经济法学的发展起了干扰作用。

其二,关于《民法通则(征求意见稿)》第2条的问题。

由一些民法学者和有关法律专家草拟的《中华人民共和国民法通则(征求意见稿)》(1985年8月15日)第2条第1款规定:中华人民共和国民法“调整公民之间和一切依法成立的组织之间,以及它们相互之间的财产关系,调整公民之间的人身关系”。该条第2款规定:“刑法、行政法调整的财产关系和人身关系,不在民法调整的范围之内。”这表明,在草拟上述《征求意见稿》中的少数学者、专家看来,财产关系(即经济关系)除了由刑法、行政法调整的部分以外,全部归民法调整,其他法(包括经济法在内)概不调整。这反映了一些人企图趁他们参与立法的机会,将本应调整特定经济关系的经济法置于死地。要是全国人民代表大会像他们所希望的那样通过这一法律的话,他们就可以理直气壮地宣布:经济法不调整任何经济关系,经济法是不存在的;关于经济法是一个独立的法的部门的论断是没有法律根据的,是违反现行法律规定的。

对于上述《征求意见稿》第2条的规定,许多人理所当然地提出了批评和修改意见。例如,北京大学经济法研究所和北京大学法学院经济法教研室于1985年9月向有关机关提交的《对〈民法通则〉(征求意见稿)的修改意见》中明确指出:“经济法是一个独立的、重要的法律部门。它在四化建设和改革、开放中,能够起到其他部门法所不能替代的作用。”而“根据《民法通则》(征求意见稿)第2条的规定,除了刑法和行政法调整的部分财产关系以外,其他一切财产关系都是由民法调整的,这与我党在十一届三中全会以来所确定的立法指导思想不一致,不符合我国的国情,也不利于社会主义现代化建设的顺利进行。”又如,北京商学院的学者指出:《征求意见稿》第2条的问题,“实质在于民法将取代经济法,不要经济法。显然,这样规定不符合民法的本来含义,也不符合我国的现实情况。”再如,国家计委条法办的同志说:《征求意见稿》第2条“这样的规定,在理论上说不过去,在实践上行不通。”

那么,结果怎么样呢?由于草拟《征求意见稿》中的少数人的如意算盘太脱离实际,偏见十分严重,当然不可能被国家立法机关所接受。1986年4月12日第六届全国人民代表大会第四次会议通过的《中华人民共和国民法通则》,是一部重要的基本法律。它的制定和实施是我国法制建设的一件大事。该法不仅没有采用上述《征求意见稿》第2条第1款的规定,而且取消了第2条第2款的规定。该法第2条明确规定:“中华人民共和国民法调整平等主体的公民之间、法人之间、公民和法人之间的财产关系和人身关系。”这就纠正了上述《征求意见稿》第2条规定中的不适当的内容。不过,少数人的那种不切实际的观点和态度改也难，他们对经济法学的发展还是产生了相当程度的负面影响，但是无关大局。①

其三，关于在高等学校本科取消经济法专业的问题。

先是1990年，有人在《中国法学》发表文章提出："要适当更改经济法专业或经济法系的名称"。"如果现在仍保留这样的名称，在实践上就会造成忽视民法的后果，并且会影响我国改革开放的形象。"②到了1998年，国务院教育行政部门在片面地听取了某些法学专家的所谓"指导"性意见之后，以合并专业为名在全国范围内取消了高等学校本科的经济法专业。

需要指出，采取上述举措是违反我国《高等教育法》第33条关于"高等学校依法自主设置和调整学科、专业"的规定的，是不符合社会对经济法专门人才的实际需要的，也是法律虚无主义影响的表现之一③。在本科阶段的经济法专业被取消以后，高等学校设置的经济法的必修课大为减少，经济法课程在本科生课程体系中的地位显著降低，经济法的教学和研究工作的发展受到了不应有的冲击。

其四，关于人民法院撤销经济审判庭的问题。

对于这个问题，本书将在第十四章进行较为详细的评析。在这里仅作简要阐述。

最高人民法院在2000年8月8日举行的一次新闻发布会上宣布："将原有的经济（知识产权）、交通运输审判庭纳入民事审判的大类，建立了大民事审判

---

① 关于这种负面影响，有的学者说：这对于"经济法学无疑是一个严重的挫折"。"许多经济法学者……一时感到有些无所适从，整个经济法理论的研究，一度处于停顿。"（谢次昌：《经济法学的十年及当前亟待解决的一些问题》，载《中国法学》1989年第3期，第38页）不过，实际情况并没有那么严重，许多经济法学者并不是经不起风浪考验的人。例如：北京大学经济法研究所和北京大学法学院经济法教研室的学者于1986—1987年在经济法总论方面就发表了《经济法调整对象新论》（载《政法论丛》）、《关于制定〈中华人民共和国经济法纲要〉的建议》（载《法制建设》）、《论经济法的若干理论问题》（载《北京大学学报》）、《论经济体制改革与经济立法》（载［香港］《中国经济法论文集》）、《再论经济法的调整对象》（载《法学杂志》）等论文；他们在这两年出版的经济法著作有《经济法通论》（中央广播电视大学出版社）、《经济法学》（人民日报出版社）、《经济法原理》（北京大学出版社）、《经济法概要》（光明日报出版社）等；此外，他们中的一些学者还主编和参编了其他不少经济法著作。又如，1986—1987年，仅法律出版社就出版了经法学教材编辑部编审的《经济法基础理论》、《工业企业法教程》、《农业经济法教程》、《商业法教程》、《财政法教程》、《金融法教程》、《自然资源法教程》、《特区经济法教程》等一批经济法教材。

② 谢次昌：《论经济法的对象、地位及学科建设》，载《中国法学》1990年第6期，第73页。

③ 1998年，全国已有110个高等学校本科设置了经济法专业，这在法学类本科各个专业中数量是最多的；在全国，报考本科经济法专业的学生数量也最多，毕业生也容易找到工作。这都表明了社会对经济法专门人才的实际需要。当然，高等学校的专业设置不能过多，每个专业涉及的内容不能太窄。因此，对专业设置作适当调整是必要的，许多学科也正是这样做的。但是，设置的专业也不是越少越好，而不顾实际的需要。可是，有一些人由于受了法律虚无主义的影响，对法律的重要性认识不够，对法学的丰富内容缺乏了解，好像在本科阶段将法学这一一级学科分为若干个专业，教师就没有多少内容好教、学生就没有多少内容好学了，只有合并为一个专业才行。这种认识是片面的。

格局,设立了四个民事审判庭"[①],从而撤销了经济审判庭。随后,高级人民法院、中级人民法院和基层人民法院的经济审判庭也相继被撤销。

大家知道,经济审判庭是根据我国《人民法院组织法》的规定设立的;至今,该法关于设立经济审判庭的规定仍然是现行的、有效的。因此,撤销经济庭的决定和贯彻这一决定的行为,是不符合全国人民代表大会制定的上述基本法律的规定的。可是,有些人为了替撤销经济审判庭辩护,竟公然否定我国《人民法院组织法》的现行规定,这是不能容许的。与此同时,他们还乘机否定经济法学,造成了恶劣的影响。

以上事实表明,我国经济法学的发展不是一帆风顺的,在它的发展过程中遇到过多种阻力。但是,新生事物具有强大的生命力,年轻的中国社会主义经济法学仍然以任何原有法学学科无可比拟的速度向前发展着。实践表明,三十年来中国法学领域革命性变革的一个突出成就,不仅是在中国创立了一门独立的学科——经济法学,而且人们相当普遍地承认了经济法是一个独立而重要的法的部门,对经济法的许多重大理论问题和实际问题的研究正在日益深入。应该说,在中国不仅形成了多种经济法理论,而且已经形成了若干经济法学说。这些学说具有中国特色,其水平也并不比国外的经济法学说逊色。目前,从总体上来说,与国外经济法学的发展相比,无论在发表和出版的经济法论著方面,还是在经济法研究的广度和深度方面,中国正在、甚至已经走到了世界的前列。中国经济法学的发展取得这样的巨大成就,一条重要经验是,要解放思想,敢于创新,并善于创新。按照传统的法学观念,经济法和经济法学都是不存在的。不解放思想,没有创新,就不会有经济法学的产生,也没有经济法学的发展。什么是创新?创新当然要新。但是,不能把创立了过去没有的东西都认为是"创新",更不能把改头换面的复旧称为"创新",也不能把玩弄文字游戏当作"创新"。应该说,只有创立了符合客观规律要求的新经验、新理论、新制度才是创新。怎么创新?要创新,必须坚持正确的指导思想和科学的研究方法;必须具有扎实的理论功底和严谨的学风;必须紧密联系实际,特别是全面落实科学发展观、推动经济法制建设发展的实际。

在充分肯定成绩的同时,我们也要清醒地看到,中国经济法学的发展还存在着不少问题。在经济法的理论问题的研究方面,虽然取得了很大成绩,但对有些重大问题的研究还不够,不少基本问题虽经长期研究但还远未取得共识。在经济法实际问题的研究方面,虽然作出了很大贡献,但是有不少老问题尚未解决,有些新问题的研究尚未开始或者刚刚起步。

总的来说,中国经济法学发展的形势是好的,中国的经济法理论工作者和实

---

① 载《人民日报》2000 年 8 月 9 日。

际工作者所面临的任务是光荣而艰巨的。当前,有许多经济法的理论问题和实际问题需要我们去研究,去解决;同时,在全面落实科学发展观、建设社会主义法治国家的过程中,还会不断提出许多新的经济法理论问题和实际问题又需要我们去研究,去解决。这必将推动我国经济法制度的不断创新和经济法学生机勃勃地向前发展。完全可以预料,经济法学在社会主义中国的未来发展,有着广阔的前景。

第四章 经济法的概念

一、经济法概念的语源

（一）摩莱里首先提出和使用了经济法这一概念，德萨米发展了摩莱里的经济法思想

“经济法”这一概念，是18世纪法国空想共产主义的著名代表之一摩莱里（Morelly，1720—1780年）在1755年出版的《自然法典》[①]一书中首先提出并使用的。该书第四篇“合乎自然意图的法制蓝本”，被作者称为“法律草案”，共12个部分，117条。其中，第二部分“分配法或经济法”有12条，主要就作者所设想的未来公有制社会的“自然产品或人工产品的分配”作出了规定。19世纪30—40年代法国空想共产主义的著名代表之一德萨米（T. Dezamy，1803—1850年）在1842—1843年分册出版的《公有法典》[②]一书也使用了“经济法”这个概念，并且发展了摩莱里的经济法思想。德萨米认为，最好的分配方式是按比例的平等。在《公有法典》一书的第二章“根本法”中，他明确表示赞成摩莱里的下列论断：人“本着自己的能力、知识、需要和特长参加共同劳动，并同时按照自己的全部需要来享用共同的产品，享受共同的快乐”。这里含有“各尽所能，按需分配”思想的萌芽。在该书第三章“分配法或经济法”中，德萨米进一步指出：“人在权利

① 《自然法典》是摩莱里最重要的一部著作。商务印书馆于1959年出版了由刘元慎、何清新根据俄译本译成中文的《自然法典》；1982年出版了由黄建华、姜亚洲根据1970年在巴黎出版的法文原著译成中文的《自然法典》，以后多次印刷。本书引文均出自该书1982年版。

② 《公有法典》是德萨米最重要的一部著作。1959年和1964年先后由三联书店和商务印书馆出版了根据俄文译本译成中文的《公有法典》；1982年商务印书馆又出版了由黄建华、姜亚洲根据1967年巴黎出版的法文原著译成中文的《公有法典》。关于该书最早的出版时间，有的说是1842年，有的说是1843年，也有的说是1842—1843年，参见商务印书馆1982年版《公有法典》第289、319、322页。本书引文均出自该书1982年版。

上是平等的，因而在事实上也应该平等。""这种真正的平等只有伴随公有制而实现。"

我们知道，法国空想共产主义是马克思主义的三个来源之一，具有重大的理论意义。摩莱里和德萨米的经济法思想虽然同空想共产主义的其他观点一样具有"空想"的属性，但是不能低估其理论意义。概念是发展变化的。在18世纪由摩莱里提出的"经济法"这一概念的含义，至今已经发生了重大变化。在当代，经济法明显地不能等同于产品分配法，但是它们又有着内在的联系。可以说，被当代人赋予新含义的经济法概念是对摩莱里和德萨米经济法思想的继承和重大发展。当代经济法学者认为，经济法是调整特定经济关系即物质利益关系的，其目的在于为各类经济法主体之间物质利益的分配提供法律保障。从这个意义上来说，经济法实质上就是分配法。

（二）最早使用经济法这一概念的不是博多

在摩莱里提出并使用"经济法"这一概念之后、德萨米使用"经济法"这一概念之前，法国重农学派（法国的古典经济学派）学者尼古拉·博多（Nicolas Baudeau，1730—1792年）在其名为《经济哲学初步入门，或文明状态分析》一书（1771年）中，使用了"经济法规"这一概念。① 有的学者认为，最早使用"经济法"这一概念的应该是尼古拉·博多。② 这值得商榷。因为经济法规是调整经济关系的一种规范性文件，经济法是由经济法律规范组成的一个法的部门，它们虽有密切联系，但有明显区别，不能把使用"经济法规"这一概念等同于使用"经济法"这一概念；还有，尼古拉·博多在1771年才使用"经济法规"这一概念，也明显地是在摩莱里于1755年提出并使用"经济法"这一概念之后，怎么能说尼古拉·博多最早使用了"经济法"这一概念呢？

（三）对普鲁东使用经济法这一概念的评析

皮埃尔·约瑟夫·蒲鲁东（P. J. Proudhon，1809—1865年）在1865年出版的《论工人阶级的政治能力》一书中，使用了"经济法"这一概念。有的学者说，蒲鲁东是法国著名的政治家、经济学家，是现代经济法概念的开山鼻祖，并对他的经济法观点作了肯定性的高度评价。③ 那么，对蒲鲁东其人、特别是他的法学

---

① 参见〔法〕阿莱克西·雅克曼、居伊·施朗斯：《经济法》，宇泉译，商务印书馆1997年版，第1页。

② 参见李曙光：《经济法词义解释与理论研究的重心》，载《经济法学、劳动法学》（复印报刊资料）2006年第4期，第16页。

③ 参见史际春、邓峰：《经济法总论》，法律出版社1998年版，第69页；李曙光：《经济法词义解释与理论研究的重心》，载《经济法学、劳动法学》（复印报刊资料）2006年第4期，第16页。

思想和经济法观点[①]究竟应该怎么评析呢？这是需要讨论的问题。

蒲鲁东仇视资产阶级官僚国家机器，看出了资产阶级民主的局限性，揭露了资本主义所有制的某些弊害，这是应予肯定的一面。另一方面，也是更为重要的一面，蒲鲁东是一个彻头彻尾的小资产阶哲学家和经济学家，他十分强烈地敌视一切政治运动，反对建立无产阶级专政，可笑地责难共产主义[②]，是无政府主义的创始人之一。"蒲鲁东主义给工人运动带来了极大的危害。"[③]

对于蒲鲁东的法学思想和经济法观点，必须联系当时的历史背景和蒲鲁东的整个思想体系来进行分析，才能揭示其实质。下面谈五点：一是关于法律的任务。蒲鲁东认为，法律应该通过"普遍和解"的途径解决社会生活的矛盾。有必要指出，蒲鲁东的所谓"普遍和解"，是用一些改良主义的、阶级和平的幻想代替和取消无产阶级的一切阶级斗争，既反对经济罢工，更反对政治斗争和暴力革命。[④]"蒲鲁东先生一心想调和矛盾"[⑤]。正如马克思和恩格斯指出的："民主派小资产者根本不愿为革命无产者的利益而变革整个社会，他们要求改变社会状况，是想使现存社会尽可能让他们感到日子好过而舒服。""对我们说来，问题不在于改变私有制，而只在于消灭私有制，不在于掩盖阶级矛盾，而在于消灭阶级，不在于改良现存社会，而在于建立新社会。"[⑥]二是关于经济法的制定。蒲鲁东认为，经济法应该是在参加经济活动的各个集团之间达成协议之初形成的，经济法是参加经济活动的集团之间的协议和章程。这不妥。因为包括经济法在内的任何法都是由国家制定或认可的，参加经济活动的任何民间组织，包括经济组织、事业单位、社会团体之间达成的任何协议、制定的任何章程都不是法，即使在国家机关与民间组织之间达成的协议和制定的章程也不是法。三是关于经济法的特征。蒲鲁东认为，经济法的特征是"协商经济"或合同经济。笔者认为，这是作为民法组成部分的合同法的特征，而不是经济法的特征。经济法是国家协调本国经济运行之法，国家对本国经济运行的协调体现了国家管理经济的职能。经济法不同于民法，当然也不同于作为民法组成部分的合同法，把经济法的特征视为"协商经济"或合同经济，抹杀了经济法与民法的界限，是不可取的。四是关于经济法的地位。蒲鲁东认为，构成新社会组织基础的，就是经济法。又说，社会组织将建立在"作为政治法和民法之补充和必然结果的经济法"的基础上。对于后一句话的另一种翻译是："经济法是作为政治法和市民法之补充和必要

---

① 关于蒲鲁东的法学思想和经济法观点，除另行注明出处的以外，请参见〔法〕阿莱克西·雅克曼、居伊·施朗斯：《经济法》，宇泉译，商务印书馆 1997 年版。

② 参见《马克思恩格斯选集》第 4 卷，人民出版社 1995 年版，第 540、541 页。

③ 《国际共产主义运动史》编写组：《国际共产主义运动史》，人民出版社 1978 年版，第 189 页。

④ 参见同上书，第 186、189 页。

⑤ 《马克思恩格斯选集》第 4 卷，人民出版社 1995 年版，第 540 页。

⑥ 《马克思恩格斯选集》第 1 卷，人民出版社 1995 年版，第 367、368 页。

的派生物(droit economique, compliment et corollaire du droit politique et droit civil)。"[①]应该说,社会组织有多种形式,在法制社会中社会组织都是依法建立的,从这个意义上说,社会组织的建立是有法律基础的。但是,强调社会组织的基础"就是经济法"即仅仅是经济法,这是不全面的。还要指出,经济法是一个独立的法的部门,他与调整政治关系的政治法和调整民事关系的民法(市民法)之间不是从属关系,不存在谁补充谁、谁是谁的派生物的问题,将经济法视为政治法和民法(市民法)的"补充和必要的派生物",这是不正确的观点。五是关于经济法的宗旨和原则。蒲鲁东认为,经济法的"目的在于维护社会正义",经济法贯穿的原则是"公正原则"。维护"社会正义"、贯穿"公正原则",表面看来没有什么问题。但是需要明确,在存在阶级和阶级斗争的历史条件下,不同的阶级对于"正义"和"公正"有不同的理解,"正义"、"公正"是有阶级性的。那么,蒲鲁东所说的经济法的目的(即经济法的宗旨)和原则的实质是什么?这只要看一看他在经济上和政治上的基本立场和基本观点也就清楚了。在经济上,蒲鲁东从李嘉图那里接受了资本主义生产关系是永恒的观念,他企图保存资本主义所有制而只消除其某些弊害;在政治上,蒲鲁东反对无产阶级的阶级斗争,反对暴力革命,反对无产阶级建立自己的国家组织——无产阶级专政。[②] 显然,在保存资本主义剥削制度和实行资产阶级专政的国家,经济法所维护的绝不会是无产阶级和广大劳动人民所需要的"社会正义",经济法所贯穿的绝不会是无产阶级和广大劳动人民所需要的"公正原则"。

(四) 20世纪以来经济法这一概念被广泛使用

进入20世纪以来,不仅在许多国家的法学论著中,而且在有些国家颁布的法律中,先后使用了"经济法"这一概念。德国于1919年颁布了《煤炭经济法》、《碳酸钾经济法》。捷克斯洛伐克于1964年颁布了《捷克斯洛伐克社会主义共和国经济法典》。

在我国,自从1979年以来,不仅在全国人民代表大会及其常委会的文件[③]和中共中央、国务院的文件[④]中,在第九届、第十届、第十一届全国人民代表大会常务委员会先后制定的五年立法规划中,都使用了"经济法"这一概念,而且在第九届全国人民代表大会第四次会议批准的《全国人民代表大会常务委员会工作

① 张世明:《经济法学理论演变研究》,中国民主法制出版社2002年版,第20页。

② 参见《国际共产主义运动史》编写组:《国际共产主义运动史》,人民出版社1978年版,第34、55、185、186页。

③ 《中华人民共和国第五届全国人民代表大会第二次会议文件》,人民出版社1979年版,第2、106页;《人民日报》1986年4月17日;《全国人民代表大会常务委员会公报》2001年第3号第243页,2002年第2号第143页,2003年第2号第197页。

④ 《中华人民共和国国务院公报》1985年第36号,第1173页。

报告》中明确指出，经济法是我国的一个法律部门。与此同时，在我国的法学教材、专著、论文、工具书、资料汇编中，广泛地使用了“经济法”这一概念。此外，在《中华人民共和国宪法》和我国的法律、全国人大及其常委会的文件、国务院文件、党的全国代表大会文件、中共中央文件中，还广泛使用了与“经济法”有关的一些重要概念，如“经济立法”、“经济法律”、“经济法规”、“经济法规体系”“社会主义市场经济法律体系”、“经济法制”、“经济法律制度”、“经济法制建设”等等。

“经济法”这一概念，不论在中国还是在外国，被越来越多的人所承认和使用绝不是偶然的。这表明，作为上层建筑组成部分的经济法的存在，已是客观事实。但是，在社会制度不同的国家，人们对于这一概念的理解各不相同；在社会制度相同的国家以至同一个国家，对“经济法”这一概念的理解也存在着不同的观点。

现在，摆在我们面前的任务，是要从实际出发，认真研究经济法的概念，以便准确了解和使用这一概念。这是发展经济法学的需要，是健全经济法制的需要，是实行依法治国、建设社会主义法治国家的需要。

二、对经济法这一概念下定义应该注意的问题[①]

（一）要明确经济法的定义与经济法的概念的关系

定义，是指用简明的语言揭示概念内涵的逻辑方法。对经济法这一概念下定义，就是要用简明的语言揭示经济法这一概念的内涵，即经济法这一概念所反映的事物的本质属性。

对概念下定义有多种方法，通常使用的是种差加邻近的属概念的方法。这就是列宁所指出的：“下‘定义’是什么意思呢？这首先就是把某一个概念放在另一个更广泛的概念里。”[②]

有些学者由于不明确经济法的定义与经济法概念的关系，出现了一些不恰当的认识和表述。有的学者在一次学术会议上说，现在我对经济法“下一个概念”。对经济法这一概念“下一个定义”说成了对经济法“下一个概念”，这不妥。有的学者把自己对经济法这一概念下的“定义”称为：“经济法的概念是……”。

---

① 这一部分所引用的一些学者的观点，除另行注明出处的以外，请参见本书第二章的“外国经济法学发展概况”和第三章的“中国经济法学发展概况”部分；中国社会科学院法学研究所民法经济法研究室编：《经济法理论学术论文集》，群众出版社 1985 年版，第 32—56 页；宋维义：《外国经济法理论资料类编》，群众出版社 1986 年版，第 1—30 页；许明月主编：《经济法学论点要览》，法律出版社 2000 年版，第 1—47 页。

② 《列宁选集》第 2 卷，人民出版社 1995 年版，第 107 页。

在这里,如果把"概念"二字改为"定义"就对了。有的学者在一本教材中写道,经济法这一"概念揭示了……"。实际上,这位学者也是对经济法这一概念下了一个定义。正确的表述应该是:经济法的"定义揭示了……"。还有的学者说,经济法的概念可以"归纳为……"。这也值得商榷。为了明确经济法这一概念的内涵,需要的是对这一概念下一个科学的定义,而不是对经济法这一概念进行什么"归纳"。

要对经济法这一概念下一个科学的定义,不仅需要经济法学和逻辑学的知识,而且需要法理学、经济学等方面的知识。懂得了对经济法这一概念下定义应该注意的问题,不仅有助于对经济法的概念下一个力求科学的定义,而且其基本原理对于其他法的概念下定义,以至对于不是法的概念下定义,都有参考价值。

(二)经济法的定义与对经济法的有关论述要相互一致

在法学界,包括经济法学界在内,有些学者对经济法这一概念所下的定义与他们对经济法的有关论述互不一致,自相矛盾。这主要有四种情况。以下分别进行介绍和评析:

第一,经济法的定义与对组成经济法的法律规范的范围的论述互不一致。

在法理学界,有的学者对经济法这一概念下了这样一个定义:经济法是有关"国家对经济实行宏观调控的各种法律规范的总和。"与此同时,又认为:经济法涉及的范围很广,其中包括预算法、计划法、财政法、基本建设法、税法、银行法……等方面的法律规范;有关各类企业管理的法律规范……;有关规范市场行为、维护市场秩序的法律规范,如反不正当竞争法、消费者权益保护法……;等等。①

可以说,该学者对于经济法律规范范围的论述有不少可取之处。但是,在上述定义中界定的经济法是"宏观调控"法律规范的总和,其范围明显地小于他所论述的属于经济法的法律规范的范围。这是自相矛盾的。

第二,经济法的定义与对经济法又是一门"法律学科"的论述互不一致。

有的学者说:"经济法是国家为调整经济关系而制定的法律规范。"又说:"经济法是一门新兴的法律部门和法律学科"。②

大家知道:经济法是一个法的部门,它是由经济法律规范组成的;经济法学是一门法学学科,它是由经济法学的分支学科组成的。上述学者把经济法视为

① 参见张文显主编:《法理学》,高等教育出版社、北京大学出版社1999年版,第82—83页。

② 参见高程德:《经济法》,上海人民出版社1987年版,封面和第8页;该书2003年版,前言部分第1页。

调整经济关系的“法律规范”，有一定道理。但是，他把经济法说成是一门“法律部门和法律学科”，这不妥。因为这就是把经济法等同于经济法学，这同他对经济法这一概念下的定义是自相矛盾的。

第三，经济法的定义与对经济法内容的论述互不一致。

有的学者对经济法这一概念下了这样一个定义：经济法是调整以社会公共性为根本特征的经济管理关系的法律规范的总称。并说：它调整的范围，是市场管理关系和宏观调控关系；它的主要内容，是经济组织法、市场管理法、宏观调控法。他认为：宏观调控法是经济法的组成部分，经济法主要维护社会公共利益；财政法与经济法不同，它主要保护国家利益。①

上述论断除了合理的部分以外，主要有两个问题：一是既然认为经济组织法是经济法的主要内容之一，那么它的调整对象是什么呢？为什么在列举经济法的调整对象的范围中没有经济组织法的调整对象呢？二是认为，宏观调控是经济法的组成部分。这固然没有错，但同时应该承认，财政法是宏观调控法的组成部分。那种把财政法与经济法割裂开来的观点，是不可取的。

第四，经济法的定义与对经济法是由经济法律、法规构成的论述互不一致。

有的学者在对经济法这一概念下的定义中说，经济法是经济“法律规范的总称”；同时又说，经济法是由许多“经济法律、法规构成的”。

对此，人们要问：经济法律规范与经济法律、法规两者能够等同吗？经济法律、法规中所包括的法律规范难道都是经济法律规范吗？经济法律规范的表现形式难道只是经济法律、法规吗？笔者认为，这三个问题的答案都应该是否定的。

（三）在经济法的定义中，要正确地概括经济法的调整对象

对经济法这一概念下定义，最重要的是要正确地概括经济法的调整对象。关于经济法的调整对象应该是什么样的经济关系，本书将在第五章中进行详细论述。这里需要指出的是，在经济法的定义中对经济法调整对象的概括，要与对经济法调整对象内容的阐述相一致。但在一些经济法的著作中，常常可以见到以下几种与此相反的情况，需要予以评析：

第一，既认为经济法的调整对象具有特定性，又认为经济法调整“……各种社会关系”。

在谈到经济法的调整对象时，有的学者说，经济法的调整对象具有特定性，经济法只调整“国家经济调节关系”，不调整其他社会关系，其他社会关系应由其他部门法去调整。可是，在对经济法这一概念下的定义中却说，经济法调整国

① 参见马洪主编：《什么是社会主义市场经济》，中国发展出版社1993年版，第257—258页。

家调节社会经济过程中发生的“各种社会关系”。并认为:“各种社会关系”中包括为保障国家调节,进行调解、仲裁或诉讼过程中有关各方之间发生的关系;经济法同民法、行政法的调整对象存在交叉。

需要明确:“国家经济调节关系”属于经济关系的范围。既然经济法只调整“国家经济调节关系”,在经济法的定义中概括经济法的调整对象时,就不宜使用“各种社会关系”的概念。还要指出:既认为经济法的调整对象具有特定性,经济法只调整“国家经济调节关系”,又认为为保障国家调节,进行调解、仲裁或诉讼过程中有关各方之间发生的关系属于经济法调整,是自相矛盾的;既认为经济法的调整对象具有特定性,经济法只调整“国家经济调节关系”,又认为经济法同民法、行政法的调整对象存在交叉,也是自相矛盾的。

第二,既认为经济法只调整“……经济关系”,又认为这种经济关系中包括“合同关系”。

有些学者在对经济法这一概念下的定义中说,经济法调整的只是“……经济关系”;同时又说,在经济法调整的这种“经济关系”中包括“合同关系”。这是前后矛盾的,因为经济关系是物质利益关系,而合同关系是根据合同法的规定发生的权利义务关系,是思想意志关系中的一种法律关系,它不属于经济关系的范围,不能成为经济法和其他任何法的调整对象。

第三,既认为经济法调整一定范围的“经济关系”,又认为这些关系是“意志经济关系”。

有的学者,一方面在经济法的定义中肯定经济法是调整一定范围的“经济关系”的;另一方面,在论述经济法的调整对象时又说,经济法调整的这些关系“可谓意志经济关系”。这种观点值得商榷。因为经济关系是物质利益关系(简称物质关系),它同思想意志关系(简称思想关系)是属于不同范畴的两种社会关系,其原则界限不容混淆。应该说,既不是物质关系又不是思想关系的第三种社会关系是不存在的,所谓“意志经济关系”的提法以不使用为好。

第四,既认为经济法调整“经济管理关系”,又认为经济法不调整企业管理关系。

有的论著在对经济法这一概念下的定义中指出,经济法是调整“经济管理关系”的,而在阐述经济法调整对象的范围时,却未包括企业管理关系。需要指出:如果认为经济法的调整对象是经济管理关系,就应该包括本来属于经济管理关系范围的企业管理关系;如果认为经济法不调整企业管理关系,就不宜用经济管理关系这一概念来概括经济法的调整对象,而应该使用国民经济管理关系这一概念。否则,易于使人对“经济管理关系”这一概念的外延产生误解,好像企业管理关系不属于经济管理关系似的。

第五,既认为经济法调整经济管理关系和“市场运行关系”,又认为经济法除了调整经济管理关系外只调整"一定范围内的市场运行关系"。

有的经济法定义对经济法的调整对象概括为两类经济关系，其中包括"市场运行关系"①，而在论述经济法的调整对象时却使用了"一定范围内的市场运行关系"的提法，前后互不一致。人们费解的是，究竟应该以定义中使用的概念为准还是以对定义的论述为准来理解作者关于经济调整对象的观点呢？

第六，既认为经济法调整特定的"经济关系"，又认为经济法的调整对象中包括"经济活动"。

有的经济法著作在经济法的定义中断言，经济法是调整"……经济关系"的；而在分析经济法的调整对象时却说，经济法是调整"经济活动、经济关系"的。这似乎在说："……经济关系" = 经济活动 + 经济关系，而事实上它们之间是不能画等号的。经济活动是一种行为，经济关系是一种社会关系，两者虽有密切联系，但是经济活动不是经济关系的组成部分。

第七，既认为经济法调整"……经济关系"，又认为经济法的调整对象中包括"经济法律责任的解决程序问题"。

有的经济法著作在对经济法这一概念下的定义中指出，经济法是调整"……经济关系的"。然后又说，经济法的调整对象大致有 11 类，其中包括"经济法律责任的解决程序问题"。笔者认为，这是前后矛盾的，因为调整特定经济关系的经济法属于实体法的范畴，而解决程序问题是程序法的任务。

此外，有的学者对经济法这一概念同时下了两个定义，而对经济法调整对象的概括是不同的。例如：在对经济法这一概念下的一个定义中说，经济法进行综合调整的是"经济生活"；而在同一篇论文中，对经济法这一概念下的另一个定义中又说，经济法进行综合调整的是"各种社会主义经济关系"。显然，这两个定义所表述的经济法的调整对象，无论是内涵还是外延都是不同的，而且缺乏科学性。

（四）在经济法的定义中，不需要讲各种法律规范共有的属性

在经济法的定义中，不少学者谈到了经济法是由经济法律规范组成的，他们认为，在经济法的定义中不宜列举各种法律规范共有的属性。但在另一些经济法定义中，人们可以看到以下内容：一是认为，经济法是"由国家制定的"、"由国家制定或认可的"、"由国家认可或制定的"或者"由国家制定和颁布的"；二是认为，经济法是"体现统治阶级意志的"或者是"统治阶级的意志"；三是认为，经济

---

① 有的学者指出："市场运行关系，根据其所组成的市场交易关系和市场管理关系的性质不同，应分别由民法和经济法调整。经济法只调整市场运行关系中的市场管理关系。"见王红一：《论经济法调整对象的范围》，载《中山大学学报》2000 年第 2 期，第 127 页。应该认为：市场管理关系，实质上就是市场监管关系；认为"经济法只调整市场运行关系中的市场管理关系"的观点是正确的。

法是"以国家强制力保证实施的"或者是"由国家强制实施的"。

对于上述三种观点应该如何评析呢？从语词的使用上来说，应该指出三点：一是关于经济法的创制。法的创制包括法的制定、认可两种形式，只讲制定不讲认可是不全面的；从国内外法的创制情况和国内外立法的发展趋势来看，制定法比非制定法具有更为重要的地位，而且越来越重要，因此，使用"由国家制定或认可的"这一语词比使用"由国家认可或制定的"这一语词要好；此外，使用"制定"这一语词不仅符合我国《宪法》和《立法法》的规定，而且其含义比使用"制订"这一语词要确切。二是关于经济法的阶级本质。使用经济法是"体现统治阶级意志的"或者是"统治阶级的意志"这两个语词，基本含义相同，但前者比后者更为确切。三是关于经济法实施的保证。使用经济法是"以国家强制力保证实施的"或者是"由国家强制实施的"这两个语词，基本含义相同，但前者比后者更为确切。

笔者认为，对于上述三种观点，还需要从对经济法这一概念下定义的角度来进行评析。必须明确，任何法都是由法律规范组成的，经济法也不例外。在经济法的定义中，只要指明了经济法是由"法律规范"组成的，这就表明，经济法具有各种法律规范所共有的属性。所以，在经济法的定义中，不需要再在法律规范之前写上"由国家制定或认可的"、"体现统治阶级意志的"、"以国家强制力保证实施的"等各种法律规范所共有的属性。因为这是没有必要的、多余的；这会使定义的文字相当烦琐而不简明；这会使一些人误认为法律规范还有"由国家制定或认可的"和"不由国家制定或认可的"之分，有"体现统治阶级意志的"和"不体现统治阶级意志的"之分，有"以国家强制力保证实施的"和"不以国家强制力保证实施的"之分，从而造成不良影响。

（五）在经济法的定义中，不必列举经济法的主体

在对经济法这一概念下的定义中，有些没有谈到经济法的主体，有些列举了不少经济法主体。例如，有一些学者在定义中谈到的经济法主体包括国家机关、企业、事业单位、社会团体、公民以及社会经济组织内部的领导机构、职能科室和生产单位等。有的定义中还谈到个体经营者、外国法人、自然人。

在这里，应当分析的问题是：在经济法的定义中，是否需要谈经济法的主体？笔者认为，以某些主体之间发生的经济关系作为经济法调整的对象，以另一些主体之间发生的经济关系作为民法等法的部门的调整对象或调整对象的组成部分，这实际上不是在以不同性质的经济关系而是在以不同的主体作为划分经济法与民法等法的部门的标准，这是不能解决问题的。正确的做法应该是，在经济法的定义中准确地指出什么是经济法的特定调整对象，因为只有这特定的调整对象，才是经济法区别于其他法的部门的具有决定意义的特征。此外，一一列举

经济法的主体还会使定义的文字烦琐而不简明,不符合定义的要求。

(六)在经济法的定义中,不应当使用含混的概念

在经济法论著对经济法这一概念所下的定义中,人们往往会发现多种含混的概念。例如,有的经济法著作写道:“经济法是……国家制定的调整国民经济管理、国家与经济组织之间和经济组织内部在经济活动中发生的纵向经济关系以及一定条件下某些横向经济关系的法律规范的总称。”这个定义指出了经济法是“……法律规范的总称”,其调整对象是“……经济关系”,这是正确的。但是,在该定义中出现了“纵向”、“横向”、“一定条件”、“某些”等含混的概念。在其他经济法论著中的含混概念还有:“主要调整”中的“主要”,“一定经济关系”、“一定范围”、“一定总和”中的“一定”以及“某种”、“等”之类的含混概念。

笔者认为:“经济法”是被揭示内涵的概念,即被定义项或称被定义概念;用来揭示“经济法”这一被定义项内涵的概念,即定义项或称定义概念。如前所述,定义的规则之一是,在定义概念中不得使用含混的概念。含混的概念,是指内涵和外延不明确的概念。下定义的目的,是为了明确被定义概念的内涵,而定义概念本身如果不明确,含糊不清,就无法揭示被定义概念的内涵,就不能达到下定义的目的。

(七)在经济法的定义中,定义项的外延与被定义项的外延应该相等

定义的规则之一是:定义项的外延与被定义项的外延应该相等。就是说,定义项的外延既不能大于、也不能小于被定义项的外延。在经济法的定义中,除了符合这一定义规则的以外,违反这一定义规则的有以下两种情况:

第一,“定义过宽”。

在对经济法这一概念下定义时,在定义项中讲到经济法的调整对象时,使用“各种经济关系”、“许多不同种类的社会关系”等概念,其外延不仅包括了经济法的调整对象,而且包括了其他法的部门调整的社会关系。这样,就出现了定义项的外延大于经济法这一被定义项的外延的情况,犯了“定义过宽”的逻辑错误。这样的经济法定义,否认了经济法具有特定的调整对象,混淆了经济法与相关法的界限,为一些人进而否定经济法是一个独立的法的部门提供了所谓“理论根据”。

第二,“定义过窄”。

有的日本学者在对“经济法”这一概念下定义时说,经济法是以维持现代资本主义体制为目的的,在定义项中使用了“现代资本主义”的概念;有的日本学者说,经济法就是资本主义社会……之法,在定义项中使用了“资本主义社会”的概念。而作为被定义项的“经济法”这一概念,本来包括了古今中外的经济

法,其外延是比较宽的。可是,上述日本学者所下的定义,定义项的外延是相当窄的,在实际上,不仅否认了在奴隶制国家、封建制国家存在经济法,而且否认了在社会主义国家存在经济法。这种定义项的外延小于被定义项外延的情况,在逻辑学上叫做"定义过窄"。

有的中国学者在经济法的定义中说,经济法是调整在市场经济条件下……的经济关系的;有的说,经济法是调整市场经济关系的。他们在定义项中都使用了"市场经济"的概念,定义项的外延明显地比被定义项的外延窄,这就否认了奴隶制国家和封建制国家的经济法以及社会主义国家在实行社会主义市场经济以前的经济法,好像只有实行资本主义市场经济和社会主义市场经济的国家才有经济法。这是"定义过窄"的又一种表现形式,是不可取的。

在中国,有的学者在经济法的定义中说,经济法是国家为了保证社会主义市场经济的协调发展而制定的。在定义项中使用"社会主义市场经济"的概念,定义项的外延比被定义项的外延窄得很多,它不仅把非社会主义国家的经济法,而且把社会主义国家在建立起社会主义市场经济体制以前的经济法一概排除在经济法之外,这同样犯了"定义过窄"的逻辑错误。这样的经济法定义,实际上告诉人们,只有在社会主义市场经济条件下才有经济法,在社会主义国家实行计划经济的时期不存在经济法,在计划经济向社会主义市场经济过渡时期不存在经济法,在实行资本主义市场经济的国家也不存在经济法,在奴隶制国家和封建制国家更不存在经济法。这种认识的正确性是有问题的。当然,下上述定义的学者不一定就清楚地意识到这一点,但是这种"定义过窄"的情况至少是提供了一种经不起实践检验的法学信息。

(八)在经济法的定义中,要指出经济法是以特定经济关系为调整对象的法律规范的总称

对经济法这一概念下定义,涉及的另一个重要问题是,经济法是不是以特定经济关系为调整对象的"法律规范的总称"?对此,在国内外法学界,特别是经济法学界有多种不同的观点。下面,对一些有代表性的观点分别进行介绍和评析:

第一,在中国,有些学者分别认为,经济法是调整……经济关系的"法律规范"或"法律规则",是"经济活动的准则"。

对此,有必要指出两点:一是"法律规范"与"法律规则"含义基本相同,认为经济法是调整……经济关系的"法律规范"或"法律规则"有一定道理,因为组成经济法的经济法律规范也属于法律规范的范围。但是,调整经济关系的"法律规范"、"法律规则"并不都是经济法律规范;同时,经济法是调整……经济关系的"法律规范"或"法律规则"这种表达方式也不明确,它没有告诉人们,经济法不是由一个或几个而是由许多调整特定经济关系的法律规范即经济法律规范组成的。二是认为经济法是“经济活动的准则”，不能说没有道理，因为从一定意义上说，经济法律规范也是一种“经济活动的准则”。但是，在“经济活动的准则”中相当大一部分不是“法律规范”，更不是“经济法律规范”。因此，不能笼统地说经济法是“经济活动的准则”。

第二，在国内外，有些学者分别认为，经济法是调整……经济关系的“法律”，是国家统制经济特有的“法律”，是实现经济政策目标的“基本法律”，是对工商业者密切相关的“各项法律”，是调节经济生活的“一系列法律的总称”。

一些学者对经济法的上述表述方式虽有不同，但实质上都是认为经济法是经济“法律”或经济“法律的总称”。笔者认为，虽然相当一部分调整特定经济关系的法律规范即经济法律规范，是通过国家最高权力机关及其常设机关制定的经济法律表现出来的，但是很多经济法律规范是通过其他国家机关制定的规范性文件表现出来的，或是以非制定法为表现形式的；同时，在经济法律中，还常常包括一些经济法以外的其他法的部门的法律规范。因此，不能把上述某一个经济法律、一些经济法律或是它们的总称与“经济法”这个法的部门等同起来。

第三，在国内外，有些学者分别认为，经济法是调整经济关系的“法规”或“法规的总称”，是“经济法规”、“一系列经济法规”或“各种经济法规的总称”，是调整经济关系的“法律、法规、规章的总称”，是以经济法律规范为核心的“规范性法律文件的有机总和”。

对于上述观点，需要从两方面进行分析：一是关于经济法规的概念。从狭义上讲，经济法规包括调整经济关系的行政法规和地方性法规；从广义上讲，经济法规包括调整经济关系的各种规范性文件。当人们将经济法规与经济法律并用时，或与经济法律、经济规章并用时，经济法规是从狭义上使用的；在党和国家的文件与学术论著中提出或论述建立完备的“经济法规体系”时，经济法规是从广义上使用的。在法学界，人们往往是从广义上使用“经济法规”这一概念的。二是无论从广义上还是从狭义上理解，把经济法说成是单个经济法规、一系列经济法规或者经济法规的总称（或总和），都是不可取的。因为就经济法律规范的表现形式而言，虽然经济法律规范主要是通过大量调整经济关系的各种规范性文件，即广义上讲的经济法规表现出来的，但是还有相当数量的经济法律规范是通过其他规范性文件表现出来的，或是以非制定法为表现形式的；同时，在经济法规中，还常常包括一些属于法的其他部门的法律规范，而不是经济法律规范。

第四，在国内外，有些学者分别认为，经济法是调整……经济关系的“法”，是对企业进行社会性控制的“法”，是国家规制市场支配的“法”，是经济指导与管理之“法”，是调整经济关系的一个“部门法”或“法律部门”。

对于上述观点，笔者认为，可作以下评析：一是由于经济法是法的组成部分，是法的体系中的一个独立的法的部门,因此,认为经济法是"法",是一个"部门法"或"法律部门",这没有错。但是,在回答什么是经济法的时候,在对经济法这一概念下定义的时候,说经济法是……"法",经济法是一个"部门法"或"法律部门",这不够明确。从系统论的观点来看,经济法是一个系统,它是由大量相互依赖和相互作用的要素(元素)——经济法律规范组成的有机整体。如果在经济法定义中不能正确地概括经济法调整的特定经济关系,并指出经济法是调整这种经济关系的"法律规范的总称",人们就无法通过经济法的定义来了解组成经济法这个系统的要素是什么,从而影响其对经济法的本质属性的深刻理解。二是认为经济法是对企业进行社会性控制的"法",是国家规制市场支配的"法",都有一定道理,但对经济法功能的理解不够全面。三是认为经济法是经济指导与管理之"法",这是对经济法功能的较为可取的一种理解。

第五,在国内外,有些学者分别认为,经济法是调整……经济关系的"法律规范的总称"或"法律规范的总和",是对国民经济予以直接影响的"法律规范集合",是涉及经济关系的"全部法律规则",是以给予公共权力机构能够对经济采取积极行动为目的的"法律规则之总称",是调整经济活动的不同部门的"规范和制度的一定总和"。

笔者一贯认为:"经济法是调整……经济关系的法律规范的总称"。这也是中国经济法学界多数人的主张。由于经济法本来就是由调整特定经济关系的全部法律规范即经济法律规范组成的有机整体,经济法正是在法学上对于大量经济法律规范的总的称呼。在上述观点中的其他几种观点,不同程度上肯定了经济法是与经济有关的一定类型的法律规范的总称。这是有道理的。但需要指出以下几点:一是将经济法视为调整特定经济关系的"法律规范的总和",其基本含义虽然同"法律规范的总称"相同,但是,这样的表述容易使人误认为经济法是许多经济法律规范数量上的简单相加。二是在对国民经济予以直接影响的法律规范、涉及经济关系的法律规则、以给予公共权力机构能够对经济采取积极行动为目的的法律规则,并不都是经济法律规范或经济法律规则,将这些"法律规范集合"、"全部法律规则"或"法律规则之总称"视为经济法,就不适当地扩大了经济法的范围。三是认为经济法是调整经济活动的不同部门的"规范和制度的一定总和",把经济法的调整对象说成是"经济活动"不妥,把经济法看成"不同部门"的规范和制度的总和实际上否认经济法是一个独立的法的部门不妥,把法律"规范和制度"视为并列关系不妥,在经济法的定义中使用"一定"这样的含混概念也不妥。

三、经济法的定义及其基本含义

（一）本书关于经济法的定义

在认真总结国内外经济法学者和本人长期以来研究经济法的调整对象和概念的正反两方面经验的基础上，在充分吸取已经取得的相关研究成果的基础上，笔者认为，对经济法这一概念可以下这样一个定义：经济法是调整在国家协调的本国经济运行过程中发生的经济关系的法律规范的总称。这个定义体现了笔者对经济法调整对象的基本认识和对经济法这一概念下定义应该注意的几个问题的理解。它既反映了经济法与其他法共同具有的属性，又反映了经济法所特有的本质属性。这就不仅明确了经济法与其他法的部门的联系，而且把经济法与属于国际法体系的法的部门以及同属于国内法体系的其他法的部门区别开来。

下面，对经济法定义的基本含义——经济法属于法的范畴；经济法属于国内法体系；经济法不同于国内法体系中的其他法的部门——进行论述：

（二）经济法属于法的范畴

"经济法是……法律规范的总称。"这就是说，经济法同其他任何法的部门一样，都是由法律规范组成的，它属于法的范畴。那么，什么是法？法具有哪些特征呢？笔者认为，法是由国家制定或认可的，体现统治阶级意志的，以国家强制力保证实施的社会规范的总称。法具有以下四个特征，这四个特征也是经济法和其他法的部门共有的属性：

第一，法是由国家制定或认可的。

任何法都是国家机关制定或认可的，经济法也不例外。非国家机关和不是法定的国家机关都无权制定或认可法。企业（包括公司在内）、事业单位、政党和社会团体作出的决定、通过的决议、制定的章程和发布的其他文件，都不是法。所谓"厂规厂法"、"党规党法"的说法，也不妥。虽然有关组织和单位制定的规章制度，特别是执政党制定的文件不仅是重要的，而且与法有着密切的联系，甚至在一定条件下可以互相转化，但是它们本身都不是由法定的国家机关制定的，不能称为法。否则，就混淆了它们与法的界限。

第二，法是体现统治阶级意志的。

马克思、恩格斯在对资产阶级观念进行批判时指出："你们的观念本身是资产阶级的生产关系和所有制关系的产物，正像你们的法不过是被奉为法律的你们这个阶级的意志一样，而这种意志的内容是由你们这个阶级的物质生活条件来决定的。"[1]列宁指出:"法律是什么呢?法律是统治阶级意志的表现。"[2]统治阶级就是掌握国家政权的阶级,统治阶级的意志就是掌握国家政权的阶级的意志,法所体现的国家意志也就是掌握国家政权的阶级的意志。这种意志的内容是由统治阶级的物质生活条件决定的。这就是法的阶级本质,也是经济法的阶级本质。认为法是体现全体社会成员"共同意志"的,认为经济法是"社会公共意志"的体现,否认法(包括经济法在内)的阶级本质,这是一种超阶级的观点,是不可取的。

第三,法是以国家强制力保证实施的。

法以外的其他社会规范也是为了实施而制定的,但是,不具有国家强制性。例如,社会组织的规章制度是由各该组织的内部纪律保证实施的。而法是由国家的专门机关以国家的名义采取强制措施保证实施的。包括经济法在内的各种法都具有国家强制性。但是,"法依靠国家强制力保证实施,这是从终极意义上讲的,即国家强制力是法的最后一道防线的意义上讲的,而非意味着法的每一个实施过程,每一个法律规范的实施都要借助于国家的系统化的暴力;也不等于国家强制力是保证法实施的唯一力量。"[3]

第四,法是由特殊的社会规范组成的。

规范即规则。规范有多种多样,如语言规范、技术规范、社会规范等。社会规范,是人类社会内部调整人们相互关系的行为规则。组成法的社会规范不同于政治规范、道德规范、宗教规范等社会规范,而是一种特殊的社会规范即法律规范。[4] 法律规范不同于其他社会规范的特征主要有三个:一是由国家制定或认可;二是体现统治阶级意志;三是以国家强制力保证实施。法律规范的这三个特征是相对于其他社会规范而言的,是法律规范的个性,而对于不同类型的法律规范来说,这三个方面是它们的共性,是经济法律规范与民事法律规范、行政法律规范等法律规范共有的属性。包括经济法律规范在内的各种法律规范,在逻辑结构上有假定、行为模式、法律后果三个部分组成。假定是法律规范中指出适用该规范的条件或情况的部分;行为模式是法律规范中指出人们权利和义务的部分;法律后果是法律规范中指出对于合法行为的有效性的承认、保护,以至对于行为人的奖励和对于违法行为的有效性的否认,以至对于行为人追究法律责任的部分。其中,行为模式是法律规范的逻辑结构中最重要的部分。

---

① 《马克思恩格斯选集》第1卷,人民出版社1995年版,第289页。

② 《列宁全集》第17卷,人民出版社1988年版,第145页。

③ 沈宗灵主编:《法理学》,高等教育出版社1994年版,第34页。

④ 参见北京大学法律系法学理论教研室编:《法学基础理论》(新编本),北京大学出版社1984年版,第25页。

(三)经济法属于国内法体系

第一,什么是国内法和国际法?什么是国内法体系和国际法体系?

国内法,是指由一个国家制定或认可的法律规范的总称。国际法,是指由两个以上国家制定或认可的法律规范的总称。[①] 国内法与国际法有着密切联系,在一定条件下可以互相转化。但是,有着密切联系的两个事物,终究是两个事物而不是一个事物,不能片面强调国内法与国际法的密切联系而抹杀它们的原则界限。那种认为国内法和国际法在全球范围内"趋同化和一体化"的观点,值得商榷。

法的体系可以划分为国内法体系和国际法体系。经济法属于国内法体系而不属于国际法体系。国内法体系是由多层次的、门类齐全的国内法部门组成的有机联系的统一整体。在国内法体系的结构中包括多个法的部门,每一个国内法部门内部又有层次之分和门类之别。在中国,法学界对法的部门究竟有哪些,看法还很不一致,需要继续研究。但是,应该肯定,经济法具有特定的调整对象,是国内法体系中的一个独立的法的部门。

国际法体系是由多层次的、门类齐全的国际法部门组成的有机联系的统一整体。在国际法体系的结构中,包括国际公法、国际经济法等,在这些国际法部门内部也有层次之分和门类之别。经济法不属于国际法体系,这是显而易见的。不能认为涉外经济法既是经济法的组成部分,又是国际经济法的组成部分,从而将经济法与国际经济法视为交叉关系。对于这种观点,本书将在有关章节中进行评析。

第二,为什么说经济法属于国内法体系?

我们说经济法属于国内法体系,是因为制定或认可组成经济法的法律规范即经济法律规范的是一个国家,而不是两个以上国家。所以,经济法属于国内法体系,不属于国际法体系,不同于国际经济法[②]。

那么,为什么经济法律规范的制定或认可是一个国家而不是两个以上国家呢?其原因有二:一是经济法调整的经济关系是在本国经济运行而不是国际经济运行过程中发生的。经济运行,就是生产和再生产过程。生产,亦称社会生产,是指人们结成一定的生产关系,运用劳动资料作用于劳动对象,创造物质资料以满足自己需要的活动。不断重复和更新的生产就是再生产。再生产包括生产(直接生产过程)、分配、交换、消费四个环节。[③] 正如马克思所指出的:"不管

① 这里说的国际法,是对国际法这个概念的广义的理解;从狭义上讲,国际法仅指国际公法。

② 对国际经济法这一概念,国内外学者有不同的理解。笔者认为,国际经济法,是调整在两个以上国家共同协调的国际经济运行过程中发生的经济关系的法律规范的总称。

③ 《经济大辞典》,上海辞书出版社 1992 年版,第 434—435 页。

生产过程的社会形式怎样，它必须是连续不断的，或者说，必须周而复始地经过同样一些阶段。一个社会不能停止消费，同样，它也不能停止生产。因此，每一个社会生产过程，从经常的联系和它不断更新来看，同时也就是再生产过程。”① 二是对本国经济运行的协调是国家协调，而不是国际协调。这里说的国家协调即一个国家的协调，是指国家运用法律的和非法律的手段，使经济运行符合客观规律的要求，推动国民经济的发展。这里说的国际协调即两个以上国家的共同协调。“两个以上国家”，包括两个以上国家参加的国际组织在内；两个以上，包括本数在内(下同)。所以，为了运用法律手段进行国家协调，就需要国家制定或认可组成经济法的法律规范。

（四）经济法不同于国内法体系中的其他法的部门

经济法与民法、行政法等国内法部门的关系非常密切，它们之间的联系和区别本书将在第六章中作详细论述。在这里，笔者只从经济法的定义中所谈到的调整对象的角度来简要分析一下为什么经济法不同于国内法体系中的其他法的部门。

任何法都是调整一定社会关系的。经济法调整的社会关系是特定的“经济关系”，而不是政治关系、人身关系等非经济关系。但是，调整经济关系的国内法部门又不仅是经济法，那么，经济法所调整的经济关系与其他国内法部门调整的经济关系又怎样区分呢？这要看这种经济关系是不是在“本国经济运行”过程中发生的以及它是不是在“国家协调”的本国经济运行过程中发生的。也就是说：不是在“本国经济运行”过程中发生的经济关系，不属于经济法调整对象的范围；在本国经运行过程中发生的经济关系如果不体现“国家协调”，也不属于经济法调整对象的范围。所以，经济法不同于属于国内法体系中的民法、行政法等法的部门。

① 《马克思恩格斯全集》第23卷，人民出版社1972年版，第621页。

第五章
经济法的调整对象

一、经济法调整对象问题上的观点正确与否的衡量标准

（一）明确衡量经济法调整对象问题上的观点正确与否的标准的重要性

经济法的概念问题是经济法理论的首要问题。要对“经济法”这一概念下一个科学的定义，最重要的是要明确经济法的调整对象。经济法是不是一个独立的法的部门，决定于经济法是否具有特定的调整对象。经济法体系的结构，是由作为经济法调整对象的特定经济关系的结构决定的。可见，明确经济法有没有特定的调整对象以及它的特定调整对象是什么，这是准确了解“经济法”这一概念的关键，是搞清楚为什么经济法是一个独立的法的部门的关键，是弄明白经济法体系的结构的关键。

要明确经济法的调整对象，必须以辩证唯物主义和历史唯物主义为指导，真正懂得经济法调整对象问题上的观点正确与否的衡量标准；否则，产生了不符合实际的观点，还往往以为自己的观点是有所谓“根据”的。

（二）衡量经济法调整对象问题上的观点正确与否的标准只能是社会实践

大家知道，经济法的调整对象问题，同民法、行政法、国际经济法等法的部门的调整对象问题是有密切联系的。国内外法学界对经济法、民法、行政法、国际经济法的调整对象都存在着不同的看法。这些法的部门的调整对象究竟怎样界定，经济法与民法、行政法、国际经济法的调整对象的界限究竟怎么划分，这是国内外法学界关注的重大问题。由于在这个问题上长期存在着意见分歧而没有统一的认识，人们称其为“公说公有理，婆说婆有理”，谁也说服不了谁。那么，究竟如何来判断同经济法的调整对象有关的各种学术观点的是非呢？

必须指出：“真理的标准只能是社会的实践。实践的观点是辩证唯物论的

认识论之第一的和基本的观点。”①衡量经济法调整对象问题上的观点正确与否的标准，只能是社会的实践。现阶段，在我国，最大量、最重要的实践是坚持“四项基本原则”和社会主义改革开放，是社会主义现代化建设。如果我们确定的中国社会主义经济法的调整对象，是体现坚持“四项基本原则”和社会主义改革开放的要求的，是体现社会主义现代化建设的要求的，那就是正确的；否则，就是不正确的。因此，应该根据坚持“四项基本原则”和社会主义改革开放的需要，根据社会主义现代化建设的需要，来确定我国社会主义经济法的调整对象。

（三）对不符合“真理的标准只能是社会实践”的一些观点的评析

要坚持“真理的标准只能是社会实践”这一辩证唯物主义的观点，必须明确以下几点：

第一，不能以持不同观点者人数的多少作为判断是非的标准。

在经济法的调整对象等理论问题上，有些人、特别是经济法的初学者很关注国内外法学界的多数人对有关问题是怎么看的，觉得对某一种观点赞成者越多，可信度越大。这是有一定道理的。因为经过对有关问题的研究，多数人的观点往往是正确的。但是，事实也证明，真理有时掌握在少数人手里，特别是对于新生事物，在开始的时候常常得不到多数人的拥护。所以，赞成和反对经济法具有特定调整对象的学者究竟各有多少，占多大比例，不能成为判断经济法是否具有特定调整对象的标准。因为真理是不能表决的。多数人的观点不一定正确，少数人的观点不一定错误；反之，亦然。

第二，不能以持不同观点者职称、职务的高低作为判断是非的标准。

有一种观点认为，职称、职务高的人总比职称、职务低的人水平要高一些，在经济法调整对象的问题上，首先要看权威人士是怎么说的。笔者认为，一般而言，我们要尊重权威，向权威学习，但是不要迷信权威。应该认为，职称、职务高的人在特定的领域往往有其专长，甚至确实是权威，但不可能对法学的各个领域都精通；同时，有些所谓“权威”，名声很大，实际水平不高，甚至错误观点不少。在经济法学界，有一些有影响的学者对经济法调整对象问题的研究水平也不见得就比别人高。实际上，职称、职务不高的人，甚至没有任何职称、职务的人，不见得对经济法的调整对象问题就没有研究，不见得就一定没有高水平的独到见解。

第三，不能以各种不同的观点中哪一种符合国内外的传统说法作为判断是非的标准。

① 《毛泽东选集》第1卷，人民出版社1991年版，第284页。

在法学界,有人认为,自从提出了经济法,把中国早已存在的法律体系搞乱了。[①] 还有的学者说:“作为部门法的经济法的特殊调整对象是不存在的”;同时又说:“在既往的历史中,人类用来调整社会经济关系的法律规范也可分为三种最基本的类型:一是刑法的规范……;二是民法的规范……;三是行政法的规范……。”[②]笔者认为,有关经济法调整对象问题的上述观点不妥。人们对于包括经济法现象在内的法律现象的认识有一个发展的过程。人们的传统认识有正确的,也有不正确的。对传统的认识既不能一概否定,也不能全盘肯定,更不能把传统的不正确的认识搬过来作为认识现实问题的依据。

第四,不能以国内外的现行法律规定作为判断是非的标准。

有的学者发表论文,在谈到“界定经济法调整对象的依据”时说:“经济法的调整对象问题严格来说,并不单纯是一个学术问题,而是一个法律规定问题。……我们也不能用纯学术的眼光去对待,而应该从我国现行法律的规定去寻找依据。”[③]按照这种说法,经济法的调整对象问题是一个法律规定问题,界定经济法的调整对象只能以现行法律的规定为依据;否则,关于经济法调整对象的观点,就是没有法律依据的,是违反法律规定的。对此,笔者不敢苟同。事实上,至今为止,我国的任何一部法律、法规都没有对经济法的调整对象作出过规定。但是,这并不影响经济法具有特定调整对象,并不影响经济法的客观存在。应该指出,现行法律规定,不能作为判断包括经济法学观点在内的各种法学观点正确与否的标准。为什么?原因如下:

其一,现行法律规定不一定都是正确的,它本身的正确性尚需实践的检验。大家知道,法律具有高度的权威,任何现行的法律都是以国家强制力保证实施的。但是,这绝不等于现行法律规定都是完全正确、永远正确的。实际情况是:我国现行的法律在制定时,其内容一般是正确的,但并不都是正确的;法律的内容在制定时是正确的,可是随着实践的发展其中有些内容变得不符合需要了,而不符合需要的、不正确的规定不一定都能得到及时的修改或废止,这些规定在修改或废止之前仍是现行的。可见,现行的法律规定本身究竟是否正确,需要以实践检验的结果为准,因此,它不宜成为检验法学观点正确与否的标准。

其二,把现行法律规定视为判断法学观点正确与否的标准,不利于法学的发展和繁荣。毛泽东同志指出:“百花齐放、百家争鸣的方针,是促进艺术发展和科学进步的方针。……对于科学上、艺术上的是非,应当保持慎重的态度,提倡

① 转引自杨紫烜:《论经济法的若干理论问题》,载《北京大学学报(哲学社会科学版)》1986 年第 3 期,第 65 页。

② 参见周大伟:《研究经济法理论问题的新思路——兼对近年来经济法理论研究的反思》,载《中国法学》1989 年第 3 期,第 43—44 页。

③ 谢次昌:《论经济法的对象、地位及学科建设》,载《中国法学》1990 年第 6 期,第 67 页。

自由讨论，不要轻率地作结论。”①在我国，制定现行法律规定的目的，并不是要对学术问题的讨论作什么结论。在实践中，我国也不是只允许发表与现行法律和《宪法》一致的观点的。例如，《〈民法通则〉讲话》一文根据《民法通则》规定的精神指出，我国民法的内容包括对婚姻家庭关系的调整。而《维护法律的严肃性》一文认为，婚姻法是与民法相并列的一个法的部门。这两篇文章先后发表在 1986 年 5 月 8 日和同年 7 月 27 日的《人民日报》上。这表明，中共中央机关报也并不限制发表与现行法律不一致的观点。又如，《法学》（复印报刊资料）1989 年第 8 期刊登的郑幸福写的《关于修改民法通则的几点看法》一文说：“民法通则施行至今已逾两年，至少存在两方面不足”，它的修改“势在必行”。再如，中国人民大学的学者苏荣才在 1992 年 12 月 1 日的《现代人报》上撰文说，我国现行《宪法》第 15 条关于计划经济的规定，应尽快修改。对于这些作者就现行法律、《宪法》提出的不同意见，人们并没有给他们扣上违反现行法律、《宪法》以及进行违法宣传之类的政治帽子。可是，有些学者总希望利用参加制定法律的机会，把自己的学术观点反映到现行法律中去，然后利用现行法律的规定去压制不同的学术观点。这是违反立法机关的本意的，违反“双百方针”的，不利于法学的发展和繁荣。

其三，把现行法律规定视为判断法学观点正确与否的标准，不利于建立和完善中国特色社会主义法律体系。把现行法律规定视为判断法学观点正确与否的标准，就是用形而上学的方法将现行法律规定视为完全正确的，将不符合现行法律规定的观点视为都是错误的。这样，法律一经生效似乎就不需要补充、修改，更不能废止了；人们只能发表与现行法律一致的看法，不许发表与现行法律不一致的观点。而法律的发展是在实践中通过不断的立、改、废实现的，如果原有的法律不能及时补充、修改以至废止，新的法律不能及时制定，久而久之，法律也就成了僵化的东西，中国特色社会主义法律体系怎么能够建立和完善呢？所以，把现行法律规定视为判断法学观点正确与否的标准，是不可取的。

二、经济法具有特定的调整对象

（一）为什么说经济法具有特定的调整对象

笔者认为，之所以说经济法具有特定的调整对象，原因有二：一是“经济法的调整对象有一定的范围，而不是漫无边际的、捉摸不定的”；二是“经济法的调整对象同其他法的部门的调整对象是有区别的、可以分开的，而不是交叉的、重

① 毛泽东：《关于正确处理人民内部矛盾的问题》，人民出版社 1957 年版，第 25—26 页。

叠的。”[①]对此，张守文教授也正确地指出：“经济法的调整对象有一定的范围，且可以特定化，而不是漫无边际、杂乱无章的”；“经济法的调整对象与其他部门法的调整对象有区别，不存在对特定经济关系的交叉调整和重叠调整问题。”[②]

（二）对否认经济法具有特定调整对象的观点的评析[③]

需要看到，在国内外法学界，还有相当一些学者直接否认或者实际上否认经济法具有特定的调整对象。这是值得商榷的。

第一，对认为经济法没有特定的调整对象、统一的调整对象的观点的评析。

苏联的综合部门法论者的观点是：经济法是综合部门法，它没有统一的调整对象，它调整的是不同种类的社会关系；只有民法、行政法等基本部门法，才各有自己统一的调整对象。[④]

在中国，持综合经济法论的学者说：“经济法没有特定的调整对象”。他们认为，经济法调整的经济民事关系、经济行政关系、经济劳动关系是三种性质各异的调整对象，经济法调整对象是“综合的”。

提出中国学科经济法论的学者认为：“经济法没有自己的特定调整对象”。其所谓“理由”是：我国经济法是分别属于各个部门法的法律规范的总称，它调整“各种经济关系”；我国经济法实际上是指一系列经济法规，经济法规调整着“许多不同种类的社会关系”。该学者还说，经济法“没有统一的调整对象”，而“民法的对象是统一的”。

应该指出，上述观点都不能说是正确的。持这些观点的学者有一个共同之处，就是人为地扩大了经济法调整对象的范围，把一些本来不属于经济法调整对象范围的经济关系甚至是其他社会关系也说成是经济法的调整对象，然后得出“经济法没有特定的调整对象”、“没有统一的调整对象”的结论，其前提和结论都是不真实的。此外，在他们看来，调整一定范围的财产关系和人身关系这两种性质不同的社会关系的民法有统一的调整对象，而实际上只调整一定范围经济关系的经济法反而没有统一的调整对象，这是没有道理的。他们对“统一”的含义的解释具有极大的主观随意性，是典型的“双重标准”。

第二，对调整对象“交叉论”的评析。

有些学者用不同的语言分别表达了调整对象“交叉论”的主张。例如：认为

---

① 杨紫烜主编：《经济法》，北京大学出版社、高等教育出版社 1999 年版第 25—26 页、2006 年版第 9 页、2008 年版第 9 页。

② 张守文：《经济法理论的重构》，人民出版社 2004 年版，第 204 页。

③ 这一部分所引用的一些学者的观点，除另行注明出处的以外，请参见本书第三章的“中国经济法学发展概况”部分。

④ 参见张世明：《经济法学理论演变研究》，中国民主法制出版社 2002 年版，第 155—157 页。

经济法与民法、行政法的调整对象应该有所划分,“但交叉调整是不可免的”;认为有一些社会关系“必须由民法和经济法共同调整”,“要承认经济法与民法和行政法之间的某些交叉”;认为“经济法同民法在调整对象上也存在着密切联系和某些交叉”,经济法所调整的国家经济调节关系“同行政法所调整的行政管理关系,性质上有所交叉”;认为“涉外经济关系应当同为国际经济法和国内经济法的调整对象”①。

应该如何评析这些观点呢?笔者认为,“交叉论”是不能成立的。这里指出三点:一是“交叉论”实际上否定了经济法和相关法的部门各自具有特定的调整对象。法的调整对象是划分法的部门的标准。不同的法的部门的调整对象都有一定的范围,它们的调整对象是可以分开的,不是交叉的。而“交叉论”认为经济法与相关法的调整对象是交叉的,这就不仅否定了经济法具有特定的调整对象,而且否定了相关法的部门具有特定的调整对象。二是“交叉论”必然导致否定经济法和其他相关法的独立的部门法地位。经济法、民法、行政法、国际经济法等之所以是独立的法的部门,是以它们各自具有特定的调整对象为前提的,否定了这一前提,也就必然导致否定由此得出的正确结论。三是持上述“交叉论”的学者与他们中的多数人同时又承认经济法具有特定的调整对象或者经济法的调整对象具有特定性,是自相矛盾的。

此外,有一种观点认为:“一个法律部门不一定只调整一种社会关系,一种社会关系也不一定只能由一个法律部门调整。”②这两句话,表面看起来好像讲得非常全面,很符合辩证法。其实,它并不是完全正确的。应该认为,这两句话中的第一句话,即一个法的部门不一定只调整一种社会关系,其论断是正确的。例如,经济法只调整特定的经济关系,是一个独立的法的部门;民法不仅调整一定范围的财产关系即经济关系,而且调整一定范围的人身关系,这虽是性质不同的两种社会关系,但它们相互关联,并不影响民法成为一个独立的法的部门。第二句话,即一种社会关系不一定只由一个法的部门调整,其正确性要作具体分析。首先,对于一种范围广泛的社会关系如经济关系,不一定只由一个法的部门调整,有两种理解:一是指经济法、民法等法的部门各自调整不同的经济关系,这是正确的;二是指经济法、民法等法的部门可以对经济关系实行交叉调整,那就不能说是正确的。其次,对于一种特定的社会关系如市场监管关系,说它不一定只由一个法的部门调整,这就意味着除了应该由经济法调整以外,同时还可以由其他法的部门共同对它进行调整,那是不正确。

① 高尔森主编:《国际经济法通论》,法律出版社1998年版,第8页。

② 刘文华主编:《新编经济法学》,高等教育出版社1993年版,第6—7页。

第三,对调整对象"重叠论"的评析。

关于调整对象"重叠论"的观点,有这样一些看法:认为经济法是调整经济关系的,民法是主要调整财产关系即经济关系的,民法也可以说是经济法,而且是基本的经济法[①];认为经济法仍然是对已有的民商关系进行调整,只是与民商法的调整手段不同而已[②];认为经济法与民法、行政法的调整对象应该有所划分,但是"重叠调整是不可免的"。

对于上述观点有必要作以下评析:一是说经济法调整经济关系没有错,但是必须明确,经济法的调整对象不是全部经济关系,而是与其他法的部门所调整的经济关系不同的、特定的经济关系;二是认为民法的调整对象主要是财产关系,财产关系就是经济关系,这也是对的;三是民法调整的经济关系不同于经济法调整的经济关系,民法还调整人身关系,经济法不调整人身关系,认为民法也是经济法而且是基本经济法的观点,混淆了这两个法的部门的原则界限;四是认为经济法的调整对象是对民商法[③]调整的民商关系的调整,即再调整、重叠调整,从而否定了经济法和民法这两个法的部门各有特定的调整对象,这不妥;五是把经济法与民法的区别仅仅归结为调整手段是不可取的,它们的根本区别是调整对象,同时还有其他若干区别[④];六是认为经济法与民法、行政法调整对象的重叠不可免的,这就否认了它们各自都有特定的调整对象,并实际上否认了它们是三个独立的法的部门,因而是不可取的。

三、经济法的特定调整对象是特定的经济关系

(一) 如何理解经济关系这一概念

经济关系是社会关系的组成部分。社会关系,是指人们在共同的社会活动中结成的相互关系。社会关系是人与人之间的关系,而不是人与物的关系,更不是物与物的关系。列宁指出:马克思、恩格斯的基本思想"是把社会关系分成物质的社会关系和思想的社会关系。""思想的社会关系是物质的社会关系的上层建筑"[⑤]。列宁认为:思想的社会关系,即通过人们的意识而形成的社会关系;物质的社会关系,即不通过人们的意识而形成的社会关系。[⑥] 根据笔者学习和研

① 参见高程德:《经济法》,上海人民出版社 1987 年版,第 11 页。

② 参见《经济法学的若干理论问题探讨》,载《中外法学》1998 年第 3 期,第 97 页。

③ 商法是不是一个独立的法的部门或者有没有一个独立的民商法部门,将在本书第六章进行论述。至于民法,当然是一个独立的法的部门。

④ 经济法与民法的联系和区别,笔者也将在本书第六章进行论述。

⑤ 《列宁选集》第 1 卷,人民出版社 1995 年版,第 19、47 页。

⑥ 同上书,第 8 页。

究的体会,对于经济关系和思想关系是否可以这样理解:经济关系,即物质关系、物质利益关系或物质的社会关系,是指通过物而形成的社会关系;思想关系,即思想意志关系或思想的社会关系,是指通过人们的意识而形成的社会关系。也可以说:经济关系是通过物而形成的人与人之间的关系;思想关系是通过人们的意识而形成的人与人之间的关系。

要明确"经济关系"这一概念,还需要着重搞清楚以下两个问题:

第一,经济关系与财产关系的关系。

经济法学界谈到经济法的调整对象时,通常使用"经济关系"这一概念。民法学界谈到民法的调整对象时,通常使用"财产关系"这一概念。经济法与民法这两个法的部门的调整对象问题,一直是整个法学界,特别是经济法、民法学界所讨论和争论的重要问题之一。这同经济关系与财产关系的关系问题直接有关。如果经济关系与财产关系是两种完全不同的社会关系,经济法与民法的调整对象的关系问题也就简单了,你调整你的经济关系,我调整我的财产关系,"井水不犯河水",有什么好争论呢?

在经济关系与财产关系的关系问题上,有四种不同的观点:一是认为,财产关系就是经济关系。例如,认为我国民法所调整的"财产关系是人们在占有、使用和处分物质财富的过程中所发生的社会关系,即经济关系。"[①]认为"所谓财产关系就是经济关系,是指人们在占有、使用、交换和分配物质财富过程中所发生的社会关系。"[②]认为"财产关系,亦称经济关系,是指人们在物质资料生产、分配、交换和消费过程中形成的具有经济内容或利益的社会关系,它属于物质的社会关系。财产关系(经济关系)并不都是民法调整的对象,民法只调整平等主体间发生的财产关系即横向经济关系。"[③]认为"由于财产关系以主体的物质利益或者经济利益为内容,因此,人们通常把财产关系视为经济关系在法律上的用语。"[④]认为"法学意义上的经济关系,即作为法律调整对象的人们在生产、交换、分配和消费活动中形成的具有直接物质利益内容的具体社会关系,……与财产关系是同义语。因此,经济法调整的经济关系也就是作为'生产关系的法律用语'的财产关系。"[⑤]二是认为,财产关系只是经济关系的一种。例如,有些学者说:"经济关系是一个更广义的概念(种概念),而财产关系则只是经济关系的一种(属概念)。经济关系可分为经济管理关系和财产经营关系(财产关系)两

① 北京大学法学院法学理论教研室编:《法学基础理论》(新编本),北京大学出版社1984年版,第403页。

② 陶希晋主编:《民法简论》,河北人民出版社1985年版,第11页。

③ 郑立、王作堂主编:《民法学》,北京大学出版社1994年版,第13页。

④ 李开国:《民法基本问题研究》,法律出版社1997年版,第6页。

⑤ 史际春、邓峰:《经济法总论》,法律出版社1998年版,第34页。

类。”[①]三是认为，财产关系既是经济关系，又是法律关系。例如，有的学者说，财产关系包括生产关系和意志关系两个方面，它既可以属于经济基础的范畴，也可以属于上层建筑的范畴。[②] 又如，有些学者说：“民法并非调整所有的财产关系，而只是调整平等主体之间发生的财产关系，如所有权关系、债权关系、知识产权关系等。其他范围的财产关系，则分别由行政法、经济法、婚姻法等部门法调整。”又说：“经济法是调整一定范围的社会经济关系的”[③]。这表明：这些学者一方面把财产关系视为由经济法等法的部门调整的经济关系，属于经济基础的范畴；另一方面，又把财产关系视为所有权关系、债权关系、知识产权关系等法律上的权利义务关系，即法律关系，属于上层建筑的范畴。四是认为，财产关系是法律关系，不是经济关系。例如，大家知道，民法是调整一定范围的财产关系和人身关系的，而有些民法学者却说：“所谓民事法律关系就是指民法所调整的社会关系，是当事人之间发生的民事权利义务关系。”[④]这表明，在有的学者看来，民法所调整的财产关系和人身关系就是民事法律关系，民法所调整的财产关系被视为民事法律关系的组成部分，财产关系在他那里成了法律关系而不是经济关系。又如，我国《民法通则》第1条将“正确调整民事关系”作为其立法宗旨的一个重要内容。而有的学者说：“各种具体的财产关系和人身关系……，既可以受民法调整，也可以受其他法律部门调整”。“‘民事关系’与民事法律关系是同一概念。我们可以把它作为民事法律关系的简称”。[⑤] 这实际上是把民法所调整的财产关系当作了民事法律关系的组成部分，把财产关系当作了法律关系而不是经济关系。

对于经济关系与财产关系的关系应该如何认识呢？对于上述几种观点应该怎样评析呢？笔者认为，需要谈以下五点看法：

其一，经济关系就是财产关系，财产关系就是经济关系。经济关系与财产关系都是通过物而形成的社会关系，都是物质关系而不是思想关系。这是两个从不同角度出发使用的同义语。财产关系往往是从物的归属这个角度出发使用的一个语词。[⑥] 经济关系往往是从经济基础和上层建筑的关系这个角度出发使用的一个语词。马克思主义经典作家就是这样使用的。例如，他们先后指出：“国

---

① 潘静成、刘文华主编：《经济法基础理论教程》，高等教育出版社1993年版，第39页。

② 参见杨志淮：《生产关系 · 经济关系 · 财产关系——有关民法调整对象的一些问题》，载《法学研究》1983年第1期，第36页。

③ 孙国华、朱景文主编：《法理学》，中国人民大学出版社1999年版，第303—304页。

④ 陶希晋主编：《民法简论》，河北人民出版社1985年版，第107页。

⑤ 史际春：《民事关系、民事法律关系及其他》，载《法学研究》1989年第4期，第42—43页。

⑥ 参见杨志淮：《生产关系 · 经济关系 · 财产关系——有关民法调整对象的一些问题》，载《法学研究》1983年第1期，第36页。

家，政治制度是从属的东西，而市民社会，经济关系的领域是决定性的因素"①；"如果说国家和公法是由经济关系决定的，那么不言而喻，私法也是这样，因为私法本质上只是确认单个人之间的现存的、在一定情况下是正常的经济关系"②；"这种具有契约形式的（不管这种契约是不是用法律固定下来的）法权关系，是一种反映着经济关系的意志关系。这种法权关系或意志关系的内容是由这种经济关系本身决定的。"③

其二，财产关系并不只是平等主体之间的财产关系，不能认为财产关系只是经济关系的一种。经济关系与财产关系这两个概念的外延是相同的。对于财产关系，根据实践的需要，可以作多种不同的划分，如平等主体之间的财产关系和不平等主体之间的财产关系、静态的财产关系和动态的财产关系等等。"财产关系"这一概念的外延广，"平等主体之间的财产关系"这一概念的外延狭，后者是前者的组成部分，它们之间是从属关系。根据我国《民法通则》第2条的规定，民法调整的是平等主体之间的财产关系，而不是全部财产关系。认为财产关系只是经济关系的一种而经济管理关系不是财产关系的观点，不能说是正确的。

其三，平等主体之间的财产关系即平等主体之间的经济关系，而不是权利义务关系。有的学者认为，经济法、行政法调整的是平等主体之间的财产关系以外的财产关系即经济关系，这是对的。但是，他们把民法所调整的平等主体之间的财产关系，视为所有权关系、债权关系、知识产权关系等，这不妥。因为这几种关系是权利义务关系，不是财产关系即经济关系，不能成为民法和任何法的调整对象。

其四，财产关系不是法律关系，不是属于上层建筑范畴的意志关系。有的学者把财产关系视为法律关系，这同他们不能正确理解马克思的下列论断有关。马克思在《〈政治经济学批判〉序言》中指出："社会的物质生产力发展到一定阶段，便同它们一直在其中活动的现存生产关系或财产关系（这只是生产关系的法律用语）发生矛盾。"④在这里，马克思使用了"生产关系或财产关系"的提法，这表明，生产关系与财产关系是同义语，财产关系不属于上层建筑的范畴。马克思说，财产关系只是生产关系的"法律用语"（注意：这里说的是"法律用语"，而不是"法律表现"；只有财产法律关系才是生产关系的"法律表现"），这进一步表明，作为"法律用语"的财产关系就是生产关系，不属于上层建筑的范畴。所以，把财产关系等同于财产法律关系不妥。马克思在《论蒲鲁东》一文中指出："政治经济学不是把财产关系的总和从它们的法律表现上即作为意志关系包括起

① 《马克思恩格斯选集》第4卷，人民出版社1995年版，第251页。
② 同上书，第252页。
③ 《马克思恩格斯全集》第23卷，人民出版社1972年版，第102页。
④ 《马克思恩格斯选集》第2卷，人民出版社1995年版，第32页。

来，而是从它们的现实形态即作为生产关系包括起来。"[①]有的学者认为，马克思的这一段话表明了财产关系包括生产关系和意志关系两个方面，它既可以属于经济基础的范畴，又可以属于上层建筑的范畴。这是对马克思的正确论断的误解。其实，马克思的本意很清楚：财产关系的现实形态是生产关系，其法律上的表现才是意志关系。也就是说，财产关系是生产关系，而不是意志关系。所以，把财产关系理解为属于上层建筑范畴的意志关系不妥。

其五，财产关系是经济关系，而不是财产法律关系。有些学者把民法调整的平等主体之间的财产关系和人身关系，说成是民事法律关系。有的学者把民法调整的民事关系，说成是民事法律关系的简称。这就实际上是把平等主体之间的财产关系当作了民事法律关系的组成部分，把财产关系当作了财产法律关系，从而混淆了属于经济基础范畴的财产关系与属于上层建筑范畴的财产法律关系的界限，是不可取的。

第二，经济关系与生产关系的关系。

关于经济关系与生产关系的关系，人们也存在着不同的认识，主要有三种观点：一是认为，生产关系即经济关系，经济关系即生产关系。例如，恩格斯正确指出："这些互相斗争的社会阶级在任何时候都是生产关系和交换关系的产物，一句话，都是自己时代的经济关系的产物"[②]。又如，普列汉诺夫说；"人们在社会生产过程中彼此之间的关系：生产关系。"[③]又说："生产力的状况决定了社会生产过程中人对人的关系，亦即经济关系。"[④]再如，斯大林指出："人们的生产关系，即经济关系。"[⑤]在中国学者中，也有人认为，生产关系即经济关系。例如，认为"自从人类社会产生以来，在一定生产方式的基础上，便产生了生产、交换、分配、消费诸种关系。其总称即为经济关系。"[⑥]认为"生产关系包括物质资料生产过程中的生产、分配、交换和消费四个环节。这里的'生产'，显然超出了狭义的'生产'范畴，应当理解为整个经济过程，和经济关系属于同义语。"[⑦]以上说的是生产关系即经济关系。能否说经济关系即生产关系呢？有些学者认为可以。例如，认为"经济关系即生产关系"[⑧]。认为"社会主义经济关系即生产关系的整体

① 《马克思恩格斯选集》第2卷，人民出版社1995年版，第615页。
② 《马克思恩格斯选集》第3卷，人民出版社1995年版，第739页。
③ 普列汉诺夫：《论一元论历史观之发展》(1894年)，人民出版社1957年版，第270页。
④ 普列汉诺夫：《论唯物主义的历史观》(1897年)，人民出版社1957年版，第13页。
⑤ 斯大林：《苏联社会主义经济问题》(1952年)，人民出版社1957年版，第65页。
⑥ 潘静成、刘文华主编：《经济法基础理论教程》，高等教育出版社1993年版，第40页。
⑦ 薛克鹏：《经济法的定义》，中国法制出版社2003年版，第107页。
⑧ 许涤新主编：《政治经济学辞典》(上)，人民出版社1980年版，第32页。

或总和"[①]。"经济关系,就是社会生产关系"[②]。二是认为,生产关系是经济关系的组成部分。例如,有的学者说,经济关系可以分为生产关系和非生产关系两类:前者,是在广义的生产过程中通过物而发生的人与人之间的关系,即生产关系;后者,是在广义的生产过程之外通过物而发生的人与人之间的关系,它虽是经济关系但不是生产关系,如遗产继承关系。[③] 三是认为,经济关系不是生产关系。例如,有些学者说:"经济法所调整的社会经济关系,又并非社会生产关系。"[④]

关于经济关系与生产关系的关系问题,笔者认为,可以着重从以下两个方面进行分析:

其一,经济关系就是生产关系,生产关系就是经济关系。不能认为经济关系不是生产关系。因为经济关系与生产关系都是通过物而形成的社会关系,都是物质关系而不是思想关系。它们是从不同角度出发使用的两个同义语。如前所述,经济关系往往是从经济基础和上层建筑的关系这个角度出发使用的一个语词。而生产关系往往是从生产力和生产关系的关系这个角度出发使用的一个语词。例如,马克思指出:"人们在自己生活的社会生产中发生一定的、必然的、不以他们的意志为转移的关系,即同他们的物质生产力的一定发展阶段相适合的生产关系。"[⑤]又如,列宁指出:"生产力的发展决定人们在生产人类必需的产品时彼此所发生的关系。"[⑥]

其二,不能认为生产关系[⑦]只是经济关系的组成部分。笔者认为,广义的生产关系——包括狭义的生产关系(即在直接生产过程中发生的人与人的关系)、分配关系、交换关系、消费关系——就是经济关系,经济关系就是生产关系,将生产关系视为经济关系的组成部分不妥,把遗产继承关系排除在生产关系范围之外也不妥。遗产继承关系属于分配关系的范围,分配关系属于生产关系的范围,因此,遗产继承关系当然属于生产关系的范围。

以上笔者着重论述了经济关系与财产关系、生产关系的关系;同时,简要谈了本人对马克思关于财产关系是生产关系的法律用语这一论断的理解。总的来

---

① 孙亚明:《纵向经济法论》,见《中国经济法诸论》编写组编著:《中国经济法诸论》,法律出版社1987年版,第76页。

② 关乃凡主编:《中国经济法学》,中国财政经济出版社1988年版,第48页。

③ 参见杨志淮:《生产关系·经济关系·财产关系——有关民法调整对象的一些问题》,载《法学研究》1983年第1期,第35页。

④ 王家福、王保树:《综合经济法》,见《中国经济法诸论》编写组编著:《中国经济法诸论》,法律出版社1987年版,第20页。

⑤ 《马克思恩格斯选集》第2卷,人民出版社1995年版,第32页。

⑥ 《列宁选集》第1卷,人民出版社1995年版,第91页。

⑦ 这里说的生产关系是从广义上讲的。在没有注明是狭义的生产关系的情况下,在本书中,生产关系都是从广义上讲的。

说,经济关系、财产关系、生产关系都是通过物而形成的社会关系,都是物质关系而不是思想关系。这是三个从不同角度出发使用的同义词。从20世纪80年代以来,笔者先后在给硕士生、博士生讲课时详细阐述了这一观点,现在通过本书予以发表,与学界同仁讨论。需要指出的是,对于上述问题的研究,马克思主义经典作家的一系列重要论述为我们提供了正确的指导思想,法学界和经济学界的一些学者也作出了不同程度的贡献。其中,有些民法学者在论述民法的调整对象时,也提出了有价值的学术观点:“民法调整的对象不是财产法律关系,而是生产关系意义上的财产关系,即生产、交换、分配、消费的关系,也就是经济关系。”①不过,在这里,如果把“生产、交换,分配、消费的关系”,改为“生产、分配、交换、消费的关系”就更好了。

(二)经济法的调整对象是特定的经济关系,不调整一切经济关系,更不调整非经济关系

经济关系是一种范围广泛的社会关系。经济法的调整对象是特定经济关系。特定的经济关系绝不是“各种经济关系”,而是有一定范围的经济关系;同时,经济法调整的一定范围的经济关系同其他法的部门调整的经济关系是可以分开的。经济法只调整特定的经济关系,不调整其他经济关系。例如,市场交易关系(包括商品买卖关系、证券交易关系等)、财产赠与关系、遗产继承关系等等虽然也是经济关系,但是不属于经济法调整对象的范围。

非经济关系,即经济关系以外的其他社会关系,更不属于经济法调整。例如,经济法律关系、权利义务关系、合同关系、所有权关系、工业产权关系、仲裁或诉讼关系等社会关系,显然不属于经济法调整对象的范围。有的民法学者说,经济法调整“许多不同种类的社会关系”。这种观点是不能成立的。

经济法究竟是否调整经济法律关系?其他法究竟是否调整其他法律关系?一句话,法究竟是否调整法律关系?这是长期以来存在不同观点、至今仍然没有解决的一个基本问题。对此,很有深入研究的必要。现在,先让我们来看看经济法学界关于经济法调整经济法律关系的若干提法:经济法调整的社会经济关系,是“经济法律关系”;“经济法律关系”实质上就是由经济法律规范调整的具体社会经济关系;只能由经济法调整的几种经济关系,共同构成了“经济法律关系”;“经济法律关系”由经济法规范调整;属经济法调整的维护公平竞争关系,应属上层建筑范畴之“法律关系”;等等。与此同时,在其他一些权威性法学论著中,我们又看到如下一些论断:民法调整“民事法律关系”;行政法调整“行政法律关系”;民事诉讼法调整民事诉讼活动和“民事诉讼法律关系”;国际公法调整的是

① 王作堂等:《民法教程》,北京大学出版社1983年版,第8页。

"国家之间的法律关系";国际经济法调整"超越一国国境的经济法律关系"(有的说国际经济法调整国际经济关系,同时又说国际经济法调整"国际经济法律关系");国际私法调整"涉外民事法律关系";法的调整对象是具体的"意志社会关系";作为法的调整对象的社会关系,有时就是"法律关系";任何一个法律部门都负有调整一种"特定的法律关系"的使命,否则,它就不能成为一个独立的法律部门;等等。[①] 这就告诉我们,经济法是否调整经济法律关系的问题,不可能孤立地得到解决。要解决这个问题,必须明确以下三点:一是什么是法律关系和经济法律关系?笔者认为:法律关系,是指根据法的规定发生的权利和义务关系;经济法律关系,是指根据经济法的规定发生的权利和义务关系。应该说:法律关系、经济法律关系是分别根据法和经济法的规定发生的;法律关系、经济法律关系都是法律上的权利和义务关系,而不是其他权利和义务关系;它们都是思想关系,而不是物质关系。二是先有法、经济法,然后分别有法律关系、经济法律关系?还是相反?笔者认为,法律关系的发生以法的存在为前提,是先有法后有法律关系。如果认为法是调整法律关系的,这就等于说只有有了法律关系,才有法的调整对象,法才存在。[②] 所以,按照法调整法律关系的观点,必然得出先有法律关系后有法的结论,而这是不符合实际的。同样的道理,经济法律关系的发生以经济法的存在为前提,是先有经济法后有法律经济法律关系。如果认为经济法是调整经济法律关系的,这就等于说只有有了经济法律关系,才有经济法的调整对象,经济法才存在。[③] 所以,按照经济法调整经济法律关系的观点,必然得出先有经济法律关系后有经济法的结论,而这也是不符合实际的。三是作为法的调整对象的社会关系同法律关系是什么关系?经济法调整的特定经济关系,同经济法律关系是什么关系?笔者认为:法所调整的社会关系是社会关系的重要组成部分,而不是全部社会关系;法律关系虽也是社会关系,但不是法的调整对象;法律关系是法所调整的社会关系在法律上的反映。经济法调整的特定经济关系,同经济法律关系是属于不同类型的社会关系:前者是物质关系,属于经济基础的范畴;后者是思想关系,是前者在法律上的反映,属于上层建筑的范畴。有些学者之所以把经济法律关系说成是经济法的调整对象,正是因为他们把特定的物质关系和特定的思想关系等同起来,混淆了它们的原则界限,这是违反历史唯物主义的基本原理的。总之,经济法律关系不能成为经济法的调整对

---

① 无论在20世纪80年代初召开的教材会议上的发言中,还是在此后发表的一系列论著中,笔者一直主张,经济法不调整经济法律关系,任何法都不调整法律关系。在经济法学界,李昌麒教授也正确地指出:"不能说经济法的调整对象是经济法律关系。"见李昌麒主编:《经济法学》,法律出版社2007年版,第62页。

② 因为世界上过去和现在没有、今后也不会存在没有调整对象的法。

③ 因为世界上过去和现在没有、今后也不会存在没有调整对象的经济法。

象，其他法律关系不能成为其他法的调整对象，任何法律关系都不能成为法的调整对象。

那么，权利义务关系、合同关系、所有权关系、工业产权关系能否作为经济法、其他法的调整对象或法的调整对象呢？如前所述，有些经济法学者分别认为：经济法调整的“国家经济管理关系，是……权利义务关系”；属于经济法组成部分的经济活动法调整的是经济主体间的“权利、义务关系”；属于经济法调整的组织管理性的流转和协作关系，主要为“经济合同关系”；经济法调整的经济关系中包括“所有权关系”、“工业产权关系”；等等。在法学界，还有这样一些观点：法是调整人类社会内部“权利义务关系”的行为规范体系；国际法调整在国际法主体间的“权利和义务关系”；国际经济法直接调整“国际经济关系中的权利与义务关系”；民法的调整对象包括“合同关系”；“所有权关系”、“工业产权关系”必须由民法和经济法共同调整；等等。笔者认为，无论把“权利义务关系”（或“权利和义务关系”、“权利与义务关系”）还是“合同关系”、“所有权关系”、“工业产权关系”作为经济法、其他法的调整对象或者法的调整对象，都是不可取的。因为法律上讲的权利义务关系（包括合同关系、所有权关系、工业产权关系在内）就是法律关系。[①] 所以，笔者分析经济法不能调整经济法律关系、其他法不能调整其他法律关系、法不能调整法律关系的原理，也可以用来分析为什么权利义务关系不能作为经济法、其他法的调整对象或法的调整对象。

仲裁或诉讼关系能否作为经济法的调整对象呢？如前所述，有一种观点认为，经济法调整的国家经济调节关系的内容，包括在仲裁或诉讼过程中发生的有关各方之间的关系。笔者认为，这种社会关系不是经济关系，不应该由经济法调整，而应该由程序法调整。具体来说，它应该由作为非诉讼程序法的仲裁法和作为程序法的诉讼法分别调整。

此外，另有一种早在二十多年前就提出过的观点，现在又重新提出来了。这就是：法除了调整人与人的关系以外，是否调整人与物的关系，调整人与自然的关系？自然资源法的调整对象是不是属于人与自然的关系？对此，有的学者作出了肯定的回答。而早在上个世纪 80 年代初，当这种观点在一次教材会议上提出的时候，笔者和有的教材作者作出的是否定的回答，并得了其他与会者的普遍赞同。应该认为：任何法都是调整一定范围的社会关系的，任何社会关系都是人与人的关系；有些法所调整的社会关系是通过物（包括自然资源在内）而形成的人与人的关系，但它不是人与物的关系，不是人与自然的关系，更不是物与物的

① 由于合同关系是合同当事人依照合同法的规定，通过订立合同形成的权利义务关系；这种权利义务关系属于法律关系的范围。根据我国《民法通则》的规定，所有权和工业产权属于民事权利的范围，因此，所有权关系、工业产权关系属于民事权利义务关系的范围；这种权利义务关系也属于法律关系的范围。

关系。例如,自然资源法所调整的人们在自然资源的开发、利用、保护和管理过程中所发生的经济关系即人与人的关系,它不是人与自然的关系,不能把人与自然的关系视为自然资源法的调整对象。总之,认为法可以调整人与自然的关系的观点,值得商榷。

(三)经济法也不调整经济行为或经济活动

经济法的调整对象是不是经济行为或经济活动呢?对此,有些经济法学者作出了肯定的回答,并有多种不同的说法。例如:认为经济法所调整的对象中包括"行为";认为经济法是国家对国民经济的各种经济关系和经济组织的"各种经济活动"进行调整、管理、监督、奖励或限制的法律手段;认为"具体的经济活动",属于经济法调整的范围。

对于上述观点,笔者认为有必要指出:法是由法律规范组成的,法律规范是一种特殊的行为规则或行为规范;它通过规定人们的权利、义务和相应的法律后果,来规范人们的行为或活动,以调整一定的社会关系。这就是说:法所规定的是人们的权利、义务和相应的法律后果;法的规范对象是人们的行为或活动;其调整对象是一定的社会关系。如前所述,社会关系,是指人们在共同的社会活动中结成的相互关系。人们的行为或活动体现社会关系,又影响社会关系。它与社会关系有联系,但有区别。不宜把人们的经济行为或经济活动当作经济法的调整对象。

(四)经济法更不调整行为规范

如前所述,有一种观点认为,经济法的调整对象中包括"国家经济调节过程中人们的行为规范"。这使人十分费解。因为经济法是由经济法律规范组成的,经济法律规范是法律规范中的一种,法律规范是一种特殊的行为规则或行为规范,认为经济法调整"人们的行为规范",就是行为规范调整"人们的行为规范",这不妥;再说,经济法是通过规范人们的行为调整社会关系的,认为经济法调整"人们的行为规范",就是把"人们的行为规范"本身视为社会关系,这是不可取的。

四、经济法调整的特定经济关系的内容

(一)研究经济法调整的特定经济关系的内容应该明确的几个问题

1. 经济法调整的特定经济关系是否必须是新的经济关系

有的学者说:"我国经济法尚未形成为一个独立部门,或者说,在我国法律

体系中不存在经济法这个部门。”他认为，这是因为“我国现阶段尚未出现一种新的经济关系，需要另立一个经济法部门予以调整”。①

这位学者之所以得出“我国现阶段尚未出现一种新的经济关系，需要另立一个经济法部门予以调整”的结论，是以我国现有的各种经济关系已经由不包括经济法在内的现存的法的部门分别作了合理调整为前提的。而这个前提是不能成立的。认为“在我国法律体系中不存在经济法这个部门”的观点，是一种脱离实际的传统观念。实际情况是，无论在中国还是外国，市场监管关系和宏观调控关系是客观存在的，调整这两种经济关系的经济法律规范是客观存在的，由大量经济法律规范组成的经济法也是客观存在的。

法所调整的社会关系的存在是客观的，人们对于法的调整对象的划分的认识是主观的。主观认识应该反映客观实际。法学研究的一项重要任务，就是要使有关的法的部门对于不同的经济关系的调整既合理分工，又相互配合，以充分发挥它们各自的功能。我们一定要解放思现，发扬开拓创新的精神，冲破只有“出现一种新的经济关系”，才“需要另立一个经济法部门”的思想障碍，推动经济法和民法、行政法等相关法的部门的协调发展。

2. 经济法调整的若干经济关系之间可否相互交叉

在经济法学界，学者们都把经济法调整的经济关系划分为若干类，这是必要的。但是，其中有些学者所主张的若干类经济关系之间是相互交叉的。例如，将经济法调整的经济关系分为若干类，其中有一类是涉外经济关系，而其他类经济关系由于没有指明仅指涉内的经济关系，其外延当然包括涉内和涉外两个方面的经济关系，这样，涉外经济关系与其他几类经济关系就发生了交叉。又如，认为在经济法调整的宏观经济调控关系中包括税收调控关系等，在经济法调整的社会分配关系中包括税收分配关系等，这样，在宏观经济调控关系和社会分配关系之间是相互交叉的。

笔者认为，如果能把经济法调整的特定经济关系正确地划分为若干类经济关系，这有助于明确经济法调整对象的范围，有助于人们对经济法调整的特定经济关系的理解。但要做到正确地划分绝非易事。现在，不少经济法学者正在这方面作努力。要是把经济法的调整对象划分为若干类经济关系是相互交义的，那就不能通过划分达到明确经济法调整对象的外延的目的，甚至反而会使人对经济法调整对象的认识更为模糊。这是应该力求克服和避免的。所以，要加强对经济法调整对象问题的理论研究，使我们的认识逐步接近真理，以便把这个老大难问题的解决逐步推向前进！这是经济法学界的一项重要任务。

① 佟柔:《学科经济法论》，载《中国经济法诸论》编写组编著:《中国经济法诸论》，法律出版社 1987 年版，第 226 页。

3. 经济管理关系、国民经济管理关系、国家经济调节关系之间是什么关系

在经济法的论著中，人们经常见到“经济管理关系”、“国民经济管理关系”这样的概念，有时还见到“国家经济调节关系”的概念。关于它们的含义及其相互关系，有的观点是有道理的，有的观点有待商榷。例如，有一种观点认为，经济法的调整对象是经济管理关系，它只包括市场管理关系和宏观调控关系，不包括经济组织内部的管理关系。[①] 另一种观点认为，经济法的调整对象包括经济管理关系、经济组织内部的经济关系（含经济组织内部的经济管理关系）等。[②] 再一种观点认为，经济法所调整的经济管理关系，包括国民经济管理关系和社会组织或经济组织内部的管理关系。[③] 还有一种观点认为，经济法的调整对象是国家经济调节关系，它是国家调节与被调节、国家管理与被管理的关系。[④]

笔者认为：经济管理，是指对社会生产总过程的经济活动进行计划、组织、指挥、调节和监督；经济管理关系，是指在对社会生产总过程的经济活动进行计划、组织、指挥、调节和监督过程中发生的物质利益关系。[⑤] 经济管理关系包括国民经济管理关系和经济组织内部的管理关系。[⑥] 有些学者讲的经济管理关系不包括经济组织内部的管理关系，或者把经济管理关系同经济组织内部的经济关系（含经济组织内部的经济管理关系）相并列，这就实际上把国民经济管理关系当作了经济管理关系，混淆了两者的界限。有的学者把国家经济调节关系当作经济法的调整对象，而“调节”只是经济管理的职能之一，这样，是不是把所谓“小经济法”的调整对象的范围划得太小了呢？同时，把国家经济调节关系说成国家调节与被调节、国家管理与被管理的关系，是不是又混淆了“调节”与“管理”的界限呢？

① 参见马洪主编：《什么是社会主义市场经济》，中国发展出版社 1993 年版，第 257 页。

② 参见许明月主编：《经济法学论点要览》，法律出版社 2000 年版，第 86—87 页。

③ 参见种明钊主编：《经济法概论》，四川人民出版社 1990 年版，第 3—5 页；谢次昌主编：《中国经济法概论》，中国法制出版社 1992 年版，第 28—30 页。

④ 参见漆多俊：《经济法基础理论》，武汉大学出版社 2000 年版，第 107 页。

⑤ 这里的经济管理和经济管理关系是从广义上讲的。从狭义上讲，经济管理，是对社会生产总过程的经济活动进行计划、组织、指挥和调节；经济管理关系，是指在对社会生产总过程的经济活动进行计划、组织、指挥和调节过程中发生的物质利益关系。

⑥ 在学术界，不少学者认为，经济管理包括国民经济管理和企业管理两个方面。例如：宋原放主编：《简明社会科学词典》，上海辞书出版社 1982 年版，第 703 页；南开大学等六所高等院校部分政治经济学教师编：《政治经济学教学参考书》（社会主义部分），南开大学出版社 1984 年版，第 169—170 页。上述观点是有道理的。

（二）经济法调整的特定经济关系是在国家协调的本国经济运行过程中发生的经济关系

1. 经济运行需要国家协调

(1) 国家协调的概念

在现代汉语中，“协调”的含义有二：一是配合适宜；二是使配合适宜。前者是形容词，后者是动词。[①] 在“国家协调”这一概念中的“协调”二字，是“协调”的第二种含义，是在“使配合适宜”这一意义上使用的。[②] 这与马克思主义创始人的论断、我们党和国家领导人的讲话以及我国的法律、党的文件的规定的精神是一致的。马克思指出：“一切规模较大的直接社会劳动或共同劳动，都或多或少地需要指挥，以协调个人的活动……”[③]在这里，马克思所使用的“协调”这一概念，从现代汉语上讲，属于“协调”的第二种含义。我国《全民所有制工业企业法》(1988 年 4 月 13 日第七届全国人民代表大会第一次会议通过)有两处使用了“协调”这一概念。其中，第 56 条规定，政府有关部门要根据各自的职责，依照法律、法规的规定，“协调企业与其他单位之间的关系。”第 57 条规定：“企业所在地的县级以上地方政府应当……协调企业与当地其他单位之间的关系……”在这里，“协调”二字均属于现代汉语中“协调”的第二种含义。在党中央先后作出的三个关于经济体制改革的决定[④]所使用的“协调”概念中，属于“协调”的第二种含义的共有 6 处，如“协调地区、部门、企业之间的发展计划和经济关系”、“做好综合协调工作”、“加强对经济运行的综合协调”、“协调好改革过程中的各种利益关系”、“加强对区域发展的协调”等。

国家协调，是指国家运用法律的和非法律的手段，使经济运行符合客观规律的要求，推动国民经济的发展。在这里，协调的主体是国家。协调的对象是经济运行，而不是经济关系。协调的方式是法律的和非法律的手段。其中，法律手段是主要的。在法律手段中，具有法律形式的经济手段是主要的。协调的目的是使经济运行符合客观规律的要求，推动国民经济的发展。经济运行具有自己的规律。人们不能创造、改变和消灭规律，但是可以发现、认识和利用规律。所以，

① 参见《现代汉语辞海》第 4 卷，光明日报出版社 2002 年版，第 1287 页；《现代汉语规范词典》，外语教学与研究出版社、语文出版社 2004 年版，第 1440 页。

② 笔者在 1993 年春讲授“经济法基础理论研究”这一课程时和 1993 年 6 月 6 日在《光明日报》发表的论文中，提出并阐述了“国家协调”这一概念。当时使用的“协调”概念和本书在论述对本国经济运行进行国家协调时所使用的“协调”概念，都是取的“协调”的第二种含义。

③ 《马克思恩格斯全集》第 23 卷，人民出版社 1972 年版，第 367 页。

④ 中共中央：《关于经济体制改革的决定》(1984 年 10 月 20 日)；中共中央：《关于建立社会主义市场经济体制若干问题的决定》(1993 年 11 月 14 日)；中共中央：《关于完善社会主义市场经济体制若干问题的决定》(2003 年 10 月 14 日)。

国家不能随意左右经济运行,而只能因势利导,力求把经济运行协调到符合客观规律的轨道上来。使用"国家协调"这一概念,体现了国家行使经济管理的职能应该符合客观规律的要求,力求避免主观随意性。这就既充分肯定了"国家之手"在经济运行中的作用,又反映了对国家权力的必要限制。应该说,在讲到经济运行时,使用"国家协调"这一概念比较合适。或者说,使用"国家协调"经济运行,比使用"国家干预"经济运行、"国家管理"经济运行、"国家调控"经济运行、"国家控制"经济运行要好。

(2) 国家协调的必要性和国家协调的发展变化

经济运行之所以需要国家协调,其根源在于:生产力决定生产关系,生产关系对于生产力具有反作用;经济基础决定上层建筑,上层建筑对于经济基础具有反作用。所以,国家要适应经济发展的需要,经济运行需要国家协调。国家对经济运行的协调,体现了国家管理经济的职能,体现了国家对经济活动的干预,体现了"国家之手"在经济运行中的作用。

历史的发展表明,无论是奴隶制国家、封建制国家、资本主义国家,还是社会主义国家,经济运行都不能没有国家协调。在资本主义国家,无论是在实行自由市场经济时期,还是实行现代市场经济时期,经济运行也都不能没有国家协调。在社会主义中国,不仅在建国以后实行计划经济体制的时期,在从计划经济体制向社会主义市场经济体制过渡的时期,而且在建立起社会主义市场经济体制以后的时期,经济的运行也都不能没有国家协调。为什么在实行社会主义市场经济的情况下经济运行也需要国家协调呢?因为在社会主义市场经济条件下,市场对资源配置虽然起着基础性作用,但它并不是万能的,在经济运行中存在着"市场失效"或"市场失灵",市场调节具有自发性、滞后性和一定盲目性。对于资源配置,市场调节是必要的,它是自发调节和基础层次的调节;国家调节是自觉调节和高层次的调节,决不能重视了市场调节而忽视国家调节的重要地位和作用。实践证明,只有既强化市场机制的作用,又进行必要的国家协调,才能保证国民经济高效正常运行。

在看到国家协调必要性的同时,又要看到国家协调是发展变化的。在不同的国家以及同一个国家的不同时期,国家对经济运行进行协调的广度和深度、内容和方式是不同的,甚至有很大不同。

2. 在国家协调的本国经济运行过程中发生的经济关系应该由经济法调整

任何法都是调整一定社会关系的。需要指出的是:经济法调整的社会关系是经济关系而不是经济关系以外的社会关系;这种经济关系是在经济运行过程中发生的而不是在经济运行过程以外发生的;这种经济运行是本国经济运行而不是国际经济运行;这种本国经济运行过程体现了国家协调而不是国际协调。所以,经济法的调整对象,是在国家协调的本国经济运行过程中发生的经济关系。这是笔者对经济法调整对象的理论概括。它是从不同历史时期、不同国家的经济法调整的经济关系中概括出来的，是与其他法的部门的调整对象具有本质区别的，是作为一个独立的法的部门的经济法的调整对象。

上述经济关系由经济法调整，能够把经济法的调整对象与民法调整的民事关系、行政法调整的行政管理关系、国际经济法调整的国际经济协调关系以及其他法调整的其他社会关系区别开来，这就可以从根本上划清经济法与民法、行政法、国际经济法等法的部门的界限。[①] 同时，这种经济关系由经济法调整，能够体现经济法是国家协调本国经济运行之法，以实现经济法的基本功能，促进资源的优化配置，提高经济效益，推动经济社会协调发展。就中国而言，实现经济法的基本功能，有助于坚持社会主义道路，建立和完善社会主义市场经济体制，促进社会主义现代化建设，推动国民经济的平稳、较快发展，以及经济社会和人的全面发展。

事物都是发展变化的，经济关系也是这样。在历史发展的进程中，经济关系发展的总趋势是越来越复杂多样。作为经济法调整对象的经济关系，即在国家协调的本国经济运行过程中发生的经济关系，在古代和近现代有重大区别，在计划经济时期和市场经济时期也有显著不同。笔者认为，在社会主义市场经济条件下，这种经济关系的表现形式应该包括市场监管关系和宏观调控关系。下面，分别对市场监管关系、宏观调控关系的法律调整问题进行论述：

第一，关于市场监管关系及其法律调整。

市场监管，是指法定的国家机关对市场准入与退出以及经营主体在其存续期间的运营进行的监督和管理。市场监管关系，即市场监督管理关系，是指在国家进行市场监督管理过程中发生的经济关系。

实行社会主义市场经济，要形成统一开放竞争有序的现代市场体系。培育市场体系，充分发挥市场机制的作用，要求各种生产要素的自由流动，坚决打破条条块块的分割、封锁和垄断，不能允许市场交易行为扰乱市场经济秩序。这就需要国家协调，加强市场监督管理。市场监管关系应该由经济法调整。这有助于完善市场规则，保护市场活动主体的合法权益，维护市场经济秩序，保障经济安全，实现市场功能，促进经济社会发展。

市场监管关系应该由经济法调整。这在外国经济法学界，有部分相同或类

---

① 有的学者说：“‘国家协调’实际上就是国家调节。……在‘国家协调’过程中，也必然发生各被协调者之间的经济关系，这些属于平等主体之间的关系，应适用民法调整。‘经济协调关系说’对此未作区分，应当说是其缺陷。”（漆多俊：《经济法基础理论研究》，武汉大学出版社 2000 年版，第 142 页）笔者认为，“国家协调论”还不完善，它要走向完善，除了需要提出这一理论的人继续深入研究以外，很有必要听取各方面的意见，哪怕有的意见不很到位，也应采取欢迎的态度。这是毫无疑义的。这里只想提出两点进行讨论：一是“国家协调”与“国家调节”有联系，有区别，不宜等同；二是“国家协调论”所主张的经济法的调整对象并不包括被协调者之间的关系，正如“需要国家干预论”不认为经济法的调整对象包括被干预者之间的关系、“国家调节论”不认为经济法的调整对象包括被调节者之间的关系一样。

似的观点;在中国经济法学界,观点基本趋于一致,虽然尚未完全取得共识。例如,在国外,第二次世界大战后,有的德国学者认为,经济法的内容包括竞争秩序的法规;有的日本学者认为,经济法是国家规制市场支配的法,垄断禁止法是经济法的核心,其他的竞争秩序维持政策立法,如不当竞争防止法、广告规制法、转包价款迟延防止法,置于其周围的地位。[①] 又如,就中国学者而言,在纵横经济法论、纵向经济法论认为应该由经济法调整的纵向经济关系中,在管理—协作经济法论认为应该由经济法调整的经济管理关系中,在经营管理经济法论认为应该由经济法调整的国家机关与企业的经济关系中,实际上都在不同程度上包含了市场监管关系的内容,虽然他们当时并没有使用这一语词。需要国家干预论认为,"市场秩序调控关系"或者"市场调控关系"应该由经济法调整;国民经济运行论认为,"经济竞争关系"应该由经济法调整;纵横统一论认为,"维护公平竞争关系"应该由经济法调整;社会公共性论认为,"市场管理关系"应该由经济法调整;国家调制论和国家调节论认为,"市场规制关系"应该由经济法调整。[②]

在十多年前,笔者主张:"市场管理关系应该由经济法调整"[③]。后在北京大学出版社和高等教育出版社于 2006 年 1 月出版的教材《经济法》(第二版)中,笔者将"市场管理关系"改为"市场监管关系"。它们的基本含义是相同的。其区别是:前者,"管理"是从广义上讲的,包括了计划、组织、指挥、调节和监督五个职能[④];后者,将"监督"职能从上述五个职能中单列出来,与"管理"并列,这里的"管理"是从狭义上讲的。那么,为什么要将"市场管理关系"改为"市场监管关系"呢? 这是由于使用"市场监管关系"这一语词,提高了市场监督的地位,适应了改变监督不力、加强监督工作的客观要求;同时,近年来在党的政策性文件和国家的法律、法规中经常使用"市场监管"、"监管"和"监督管理"这样的语词[⑤],使用"市场监管关系"这一语词,是有政策、法律上的充分依据的。

---

① 上述外国学者的观点,参见本书第二章"外国经济法学发展概况"部分的有关内容。

② 以上中国学者的观点,参见本书第三章"中国经济法学发展概况"部分的有关内容。

③ 杨紫烜:《经济法调整对象新探》,载《经济法制》1994 年第 2 期,第 3 页。

④ 参见中国国民经济管理学研究会《国民经济管理学》编写组:《国民经济管理学》,山东人民出版社 1982 年版,第 9 页;湖北省《政治经济学》编写组:《政治经济学》,湖北人民出版社 1983 年版,第 284 页;王永治:《国民经济管理概论》(修订本),北京大学出版社 1988 年版,第 2 页;种明钊主编:《经济法概论》,四川人民出版社 1990 年版,第 3—5 页;杨紫烜、徐杰主编:《经济法学》,北京大学出版社 1991 年版,第 6 页。

⑤ 中共中央:《关于完善社会主义市场经济体制若干问题的决定》(2003 年 10 月 14 日)和中共中央:《关于制定国民经济和社会发展第十一个五年规划的建议》(2005 年 10 月 11 日)均多处使用了"市场监管"和"监管"的语词;《中华人民共和国保险法》(2002 年修改)第五章是"保险业的监督管理";《中华人民共和国证券投资基金法》(2003 年 10 月 28 日通过)第十章是"监督管理";《中华人民共和国银行业监督管理法》(2003 年 12 月 27 日通过)这部法律的名称中使用了"监督管理"的语词;《中华人民共和国证券法》(2005 年修订)第十章是"证券监督管理机构";《国有企业财产监督管理条例》(1994 年 7 月 24 日)这个行政法规的名称中使用了"监督管理"的语词;等等。

那么,为什么不使用"市场规制"、"市场规制关系"这样的语词呢?这首先涉及到如何理解"规制"这一语词的含义。满达人教授指出:"中国古籍记载:'规制,法则也',《唐书·韦述传》'规制遂定';《宋史·李神福传》'无规制远近失叙';《昌协·自表训至正阳记》'规所谓八角殿规制甚奇'。"①在现代汉语中,"规制"的含义有三:一是规则制度(名词),如加强金融业的规则制度建设;二是规范制约(动词),如加强对劳动力市场的规范制约和引导;三是(建筑物的)规模形制(名词),如赵州石拱桥规模形制十分宏大。② 在日本,于1980年10月由有斐阁出版的《法律学全集》中,金泽良雄的经济法著作满达人教授使用的译名为《经济法概论》,刘瑞复教授使用的译名为《当代经济法》。满达人将第四章的章名译为"经济法中的规制",在"规制的概念"中说:"在这里可将这种'国家的干预'换言为'规制'一词"。③ 刘瑞复将第四章的章名译为"经济法的调整",在"调整的概念"中说:"可以把'国家干预'用'调整'一词来代替"。④ 有的学者说:"经济法的对象是对于经济活动的干预或规制";"经济法的特点"之一是"指导性或曰'规制'性"。⑤ 在该学者看来,"规制"即"干预","规制"也是"指导"。有的学者认为:"规制,作动词,源于英语 regulate,指根据规则、原则或法律所进行的控制和引导。译成汉语时,在社会科学方面的文献中,常常译成'规制'、'管制'、'监管'、'调节'等。""该词在科学技术文献中翻译为汉语时,还可译为'校验'、'校准'等。"⑥有的学者是这样理解"规制"的含义的:"'规制'之语义有'规整'、'制约'和'使有条理'的含义,是利用外部一定的强制力量对某一事物(或行为)偏离应有状态的矫正和规范。"⑦由于人们对于"规制"这一语词的上述种种不同看法,就会导致人们对于"市场规制"这一语词的多种不同理解。例如,将其理解为市场法则、市场规则制度、市场规范制约、市场国家干预、市场调整、市场干预、市场指导、市场控制、市场引导、市场管制、市场调节、市场规整、市场制约等等。其中,有些理解与"市场监管"的含义相去甚远,显然不妥;有些理解虽与"市场监管"的含义具有不同程度的相同或相近之处,但也与"市场监管"的含义仍有不同程度的差别。应该说,与"市场规制"这一语词相比,"市场监管"这一语词是准确表达概念的语言形式。所以,使用"市场监管"、"市场监管关系"这样的语词,比使用"市场规制"、"市场规制关系"这样的语词更好一些。

---

① 满达人:《现代日本经济法律制度》,兰州大学出版社 1998 年版,第 20—21 页。
② 参见《现代汉语规范词典》,外语教学与研究出版社、语文出版社 2004 年版,第 491 页。
③ 〔日〕金泽良雄:《经济法概论》,满达人译,甘肃人民出版社 1985 年版,第 45 页。
④ 〔日〕金泽良雄:《当代经济法》,刘瑞复译,辽宁人民出版社 1988 年版,第 32 页。
⑤ 辽宁大学日本研究所:《日本经济法概要》,地质出版社 1982 年版,第 5、10—11 页。
⑥ 张守文主编:《经济法概论》,北京大学出版社 2005 年版,第 339 页。
⑦ 李昌麒主编:《经济法学》,法律出版社 2007 年版,第 227 页。

与“市场监管关系”有关的另一个语词是“市场运行关系”。能否说“市场运行关系”应该由经济法调整呢？这要具体分析。笔者认为，“市场运行关系”包括“市场交易关系”和“市场监管关系”。前者，应由民法调整；后者，应由经济法调整。

笔者认为，市场监管关系应该由经济法调整。从整个经济法学界来看，在市场监管关系的法律调整问题上，取得的研究成果是巨大的，形成的共识是主要的。但是，也还存在一些不同的观点，如对于究竟应该使用“市场监管关系”、“市场管理关系”、“市场规制关系”或其他语词还没有统一的认识，对于这些语词的含义及其包含的具体内容的看法也不一致等等。因此，对于市场监管关系的法律调整问题，尚需从实际出发，进一步深入研究。

第二，关于宏观调控关系及其法律调整。

宏观调控，是指国家为了实现经济总量的基本平衡，促进经济结构的优化，推动经济社会的协调发展，对国民经济总体活动进行的调节和控制。宏观调控关系，即宏观经济调控关系，是指在国家对国民经济总体活动进行调节和控制过程中发生的经济关系。

要实行社会主义市场经济，必须建立以间接手段为主的宏观调控体系。有了市场调节为什么还要宏观调控呢？因为有些事情是市场调节解决不了或解决不好的，如“经济和社会发展战略目标的选择，经济总量的平衡，重大结构和布局的调整，收入分配中公平与效率的兼顾，市场效率条件的保证以及资源和环境的保护等等”①。这就需要国家宏观调控。宏观调控关系应该由经济法调整。这有助于发挥宏观调控的长处，弥补市场调节的缺陷，防止或消除经济中的总量失衡和结构失调，优化资源配置，更好地把当前利益与长远利益、局部利益与整体利益结合起来。

经济法调整对象的范围应该包括宏观调控关系。这在外国经济法学界，有部分相同或类似的观点；在中国经济法学界，至今已是基本一致的观点。例如，在国外，苏联的现代经济法论认为，经济法的调整对象包括领导经济活动过程中形成的经济管理关系；《捷克斯洛伐克社会主义共和国经济法典》规定，经济法的调整对象包括国民经济管理过程中发生的经济关系；罗马尼亚有些经济法学者认为，经济法调整的经济关系包括经济领导机关与各经济单位之间发生的领导与被领导的关系。② 以上学术观点和法律规定中没有使用宏观调控关系的语词，但实际上含有这方面的内容。在国内，纵横经济法论和纵向经济法论认为，

① 桂世镛：《社会主义市场经济体制中计划的作用》，载《求是》1992年第23期，第37页。

② 上述外国学者的观点和法律的规定，参见本书第二章“外国经济法学发展概况”部分的有关内容。

经济法的调整对象包括在国民经济管理过程中发生的纵向经济关系；需要国家干预论、国家调制论、国家调节论分别认为，经济法的调整对象包括宏观经济调控关系或宏观调控关系；国民经济运行论认为，经济法的调整对象包括经济调控关系；管理和协调论、社会公共性论分别认为，经济法的调整对象包括国民经济宏观管理关系、宏观经济管理关系。[①] 这些观点，有些直接指出了宏观经济调控关系或宏观调控关系应该由经济法调整，有些把宏观调控关系包括在他们所主张的经济法调整的经济关系之中。

笔者认为，宏观调控关系应该由经济法调整。从整个经济法学界来看，在宏观调控关系的法律调整问题上，已取得了丰硕的研究成果，形成了很多共识，必须充分肯定。但在有些问题上还有意见分歧。例如：在法学界一般认为，宏观调控关系只是经济法调整对象中的一种经济关系；但有一种观点却认为，宏观调控关系是经济法唯一的调整对象。持后一种观点的学者分别指出："作为一个部门法的经济法，它调整的对象是国家在对经济实行宏观调控过程中的关系。"[②]"经济法的调整对象是国家宏观调控的经济关系"[③]。又如，在"宏观调控关系"这一语词的使用上观点也不完全一致。再如，有许多学者虽然都使用了"宏观调控关系"这一语词，但在对经济法所调整的"宏观调控关系"的具体范围的看法上，还存在不同看法。因此，为了在宏观调控关系的法律调整问题上进一步取得共识，还需要联系实际，继续深入研究。

总的来说，市场监管关系和宏观调控关系应该由经济法调整，在中国经济法学界已经基本取得共识。而在企业组织管理关系、社会保障关系和涉外经济关系的法律调整问题上，长期以来一直存在着意见分歧，现在已经到了需要进一步深入研究，逐步取得共识的时候了。下面，就这三个问题分别进行论述：

第一，关于企业组织管理关系及其法律调整。

在企业组织管理关系的法律调整问题上，国内外法学界存在着意见分歧。概括起来说，主要有以下两种观点：

其一，赞成或者部分赞成企业组织管理关系应该由经济法调整。这在国内外学者中，又有多种不同的认识。例如：在德国，有的"对象说"的代表人物主张，有关企业管理的专门法为经济法；法国"企业法论"的代表人物认为，经济法是企业法，它所规定的三类法律关系中包括企业的结构及其内部的运行；有些日本的学者认为，经济法就是企业法或企业者法；在苏联，有的提出"现代经济法论"的代表人物说，经济法的调整对象，也包括企业与上级经济机关的关系以及

---

① 以上中国学者的观点，参见本书第三章"中国经济法学发展概况"部分的有关内容。

② 沈宗灵主编：《法理学》，高等教育出版社 1994 年版，第 336 页。

③ 李仁玉主编：《新编经济法》，中央民族大学出版社 1994 年版，第 4 页。

企业内部经济关系；有些德意志民主共和国的学者认为，社会主义经济法中的组织法，即有关经济单位的建立、它们的法律地位和内部关系的发展的法律规范；有的南斯拉夫的学者说，在经济法这一部门法中，包括关于联合劳动组织法律地位的法律规范和旨在调整联合劳动组织和社会共同体机构相互关系的法律规范。① 在中国经济法学初步发展的阶段，有些持纵横经济法论的学者说，经济法的调整对象包括企业内部的经济关系。在持纵向经济法论的学者中，有人认为，经济法调整的纵向经济关系，包括经济组织内部的管理关系或经济组织内部管理过程中发生的经济关系。经营管理经济法论认为，经济法是调整企业的经营管理关系的。② 在中国经济法学走向成熟的阶段，有学者认为，在市场经济条件下，"需要经济法对企业及其内部的一些重要经济关系进行调整。比如第一，对企业的设立、变更和终止以及企业破产作出规定；第二，对企业内部必要机构的设置及其职权作出规定；第三，对企业的集资、承包，企业的财务、会计管理等作出规定。"③需要国家干预论认为，经济法调整的市场主体调控关系，其中包括企业等经济个体因成立审批、商业登记、设权等发生的关系，以及经济个体在实行内部的管理过程中发生的关系。④ 有的学者认为，经济法调整的由国家协调、干预经济关系中包括市场主体调控关系，"市场主体调控关系是指国家对各类市场主体，特别是企业的设立、变更、终止及内部管理所进行协调、干预而产生的经济关系。"⑤国民经济运行论认为，经济法调整的经济组织关系中，包括设存关系，即经济组织因设立、变更、终止所形成的关系，以及内部管理关系，即企业行政在对劳动雇佣、生产、技术、财务、销售、设备等方面的管理所形成的关系。⑥管理和协调论认为，企业法是经济法的组成部分，企业法的调整对象中包括企业内部的纵向经济关系，如企业总部与其分支机构（分厂、车间、班组等）的关系。⑦国家调制论认为，对于经济法是否调整内部经济关系，回答是肯定的。⑧ 国家调节论认为，经济法的调整对象包括在国有企业设立、组织与经营管理活动中，国家主管部门相互之间、主管部门同企业之间和企业内部等方面的关系。⑨

其二，认为企业组织管理关系不宜由经济法调整。其中：有些中、外学者虽

---

① 外国学者的这些观点，参见本书第二章"外国经济法学发展概况"部分的有关内容。

② 中国学者的上述观点，参见本书第三章"中国经济法学发展概况"部分的有关内容。

③ 肖乾刚、程宝山主编：《经济法概论》，中国商业出版社 1995 年版，第 14 页。

④ 参见李昌麒：《经济法——国家干预经济的基本法律形式》，四川人民出版社 1995 年版，第 274 页。

⑤ 吴弘主编：《新编经济法学》，立信会计出版社 1997 年版，第 16—18 页。

⑥ 参见刘瑞复：《经济法学原理》，北京大学出版社 2000 年版，第 120 页。

⑦ 参见程信和：《经济法与政府经济管理》，广东高等教育出版社 2000 年版，第 37—38 页。

⑧ 参见张守文：《经济法理论的重构》，人民出版社 2004 年版，第 268 页。

⑨ 参见漆多俊：《经济法基础理论》，武汉大学出版社 2000 年版，第 109 页。

然没有直接这样说，但他们有的认为经济法的概念也不能承认，有的说经济法没有特定的调整对象，有的列举了经济法调整的一种、两种或多种社会关系其中没有包括企业组织管理关系，这些都是否认企业组织管理关系应该由经济法调整的；另有一些学者明确提出经济法不调整企业组织管理关系，如认为"就企业组织管理关系而言，即使一定程度上体现某种国家干预的色彩但仍属私法自治领域，传统上由民（商）法予以调整。"①

就笔者而言，也先后对企业组织管理关系的法律调整问题作过一些研究，发表过属于上述第一种观点的一些看法。现在看来，包括笔者原来的认识在内的上述第一种观点，虽然有些是正确的，但并非没有值得商榷之处。下面，先来回顾一下本人对这个问题的认识过程，然后谈一谈笔者现在的一些见解。

在中国经济法学的初步发展的阶段，笔者提出的管理—协作经济法论认为，在经济法所调整的经济管理关系中，包括宏观的和微观的经济管理关系，微观经济管理关系即经济组织内部的管理关系。经济组织内部的管理关系由经济法调整，是深化企业改革，加强企业管理，实行企业内部经济责任制，增强企业活力的需要。这种经济关系不宜由民法调整，这是中国法学界比较一致的主张。它也不宜由行政法调整，因为作为行政法调整对象的行政管理关系的参加者必须有一方是国家行政机关，而经济组织内部的管理关系，不可能由国家行政机关参加。所以，行政法学者一般也不否认，经济组织内部的管理关系应该由经济法调整。②

在中国经济法学走向成熟的阶段，笔者提出的国家协调论认为，要实行社会主义市场经济，必须建立活跃的市场主体体系。在市场主体体系中，企业是最主要的主体。国家为了协调本国经济运行，对于企业的设立、变更和终止，企业内部机构的设置和职权，企业的财务、会计管理等，绝不能管得太多、太严，但又不能撒手不管，而应该进行必要的干预。在企业的设立、变更、终止过程中发生的经济管理关系和企业内部管理过程中发生的经济关系，简称企业组织管理关系。为了从法律上保证企业成为自主经营、自负盈亏的合格主体，能动地参与市场活动，改善经营管理，提高经济效益，可否认为，企业组织管理关系应该由经济法调整。③

笔者一直认为，在关于企业的规范性文件中，有关土地管理、税务管理、外汇管理、进出口管理、劳动管理等方面的法律规范，分别属于土地管理法、税法、外汇管理法、对外贸易法、劳动法的内容。至于调整企业组织管理关系的法律规

---

① 程宝山：《经济法基本理论研究》，郑州大学出版社 2003 年版，第 56 页。

② 参见杨紫烜主编：《经济法原理》，北京大学出版社 1987 年版，第 11—12、18 页；杨紫烜、徐杰主编：《经济法学》，北京大学出版社 1991 年版，第 7 页。

③ 参见杨紫烜：《经济法调整对象新探》，载《经济法制》1994 年第 2 期，第 3 页；杨紫烜主编：《经济法》，北京大学出版社、高等教育出版社 1999 年版第 29—30 页、2006 年版第 15 页。

范，多年来，笔者认为，它属于经济法的内容。企业组织管理关系包括在企业的设立、变更、终止过程中发生的经济管理关系和企业内部管理过程中发生的经济关系（企业内部管理关系）。后者，又包括关于企业内部机构的设置和职权的规定所涉及的企业内部的组织管理关系，以及关于企业的财务、会计管理的规定所涉及的经济管理关系。

近两年来，笔者对企业组织管理关系的法律调整问题作了进一步研究，有若干新的认识。其基本精神是：既不是将企业组织管理关系与市场监管关系、宏观调控关系并列地作为经济法的调整对象，又不是将属于企业组织管理关系范围的一些经济关系一概排除于经济法调整对象之外。具体来说，包括下列三方面内容：

其一，在企业的设立、变更、终止过程中发生的经济管理关系，即在企业的设立、变更、终止过程中因审批①和登记②而发生的经济管理关系，可以作为属于经济法范围的市场监管法中的市场准入与退出监管法的调整对象。对于市场主体进入市场以后从事限制竞争和不正当竞争等扰乱市场经济秩序的行为，实行监督管理固然十分必要，但是这还不够。如果对市场主体进入与退出市场也有效地实行监管，能够更好地维护市场经济秩序。

其二，具有符合法律规定的组织机构及其职权是设立企业的必备条件③；否则，企业就不能成立，不能进入市场从事经营活动。关于企业内部组织机构的设

① 我国的《公司法》、《中外合资经营企业法》、《中外合作经营企业法》、《外资企业法》、《全民所有制工业企业法》等一系列关于企业的法律，都对企业设立、变更、终止过程中的审批管理作出了规定。例如，我国《公司法》第 6 条第 2 款规定："法律、行政法规规定设立公司必须报经批准的，应当在公司登记前依法办理批准手续。"第 67 条第 1 款规定："……重要的国有独资公司合并、分立、解散、申请破产的，应当由国有资产监督管理机构审核后，报本级人民政府批准。"第 93 条第 2 款规定："以募集方式设立股份有限公司公开发行股票的，还应当向公司登记机关报送国务院证券监督管理机构的核准文件。"

② 我国的《公司法》、《中外合资经营企业法》、《中外合作经营企业法》、《外资企业法》、《全民所有制工业企业法》等关于企业的法律，都对企业设立、变更、终止过程中的登记管理作出了规定。例如，我国《公司法》第 6 条第 1 款规定："设立公司，应当依法向公司登记机关申请设立登记。……"第 7 条第 1 款规定："依法设立的公司，由公司登记机关发给公司营业执照。……"第 7 条第 3 款规定："公司营业执照记载的事项发生变更的，公司应当依法办理变更登记……。"第 180 条规定："公司合并或者分立，登记事项发生变更的，应当依法向公司登记机关办理变更登记；公司解散的，应当依法办理公司注销登记；设立新公司的，应当依法办理公司设立登记。公司增加或者减少注册资本，应当依法向公司登记机关办理变更登记。"第 189 条规定："公司清算结束后，清算组应当制作清算报告，报股东会、股东大会或者人民法院确认，并报送公司登记机关，申请注销公司登记，公告公司终止。"

③ 我国的《公司法》、《中外合资经营企业法》、《中外合作经营企业法》、《全民所有制工业企业法》等关于企业的法律，都对企业组织机构的设置和职权作出了规定。例如，我国《公司法》不仅第二章、第四章详细规定了公司应当设置的组织机构及其职权，而且有关条款还明确规定，依法设置组织机构并规定其职权是设立公司必须具备的条件。该法第 11 条规定："设立公司必须依法制定公司章程。……"根据该法第 23 条、第 77 条的规定，设立公司的必备条件包括制定公司章程、有符合公司要求的组织机构等。根据该法第 25 条、第 82 条的规定，公司章程应当载明的事项包括公司的机构、职权等。《外资企业法》虽然未对外资企业的组织机构及其职权作出规定，但该法《实施细则》第 10、11、15 条分别规定，外资企业章程的内容包括企业的"内部组织机构及其职权"，外资企业章程应当报审批机关审批。

置和职权的规定也应该纳入市场准入与退出监管法的内容之中。它所涉及的企业内部的组织管理关系（如公司股东会或股东大会、董事会或不设董事会的执行董事、经理、监事会或不设监事会的监事之间的组织管理关系），应该由市场监管法中的市场准入与退出监管法调整。

其三，关于企业的财务、会计管理，除了我国有关法律、行政法规等规范性文件作出了规定以外，我国《公司法》、《中外合资经营企业法》、《中外合作经营企业法》、《外资企业法》、《全民所有制工业企业法》等关于企业的法律也都分别作出了规定。[①] 从一定意义上，可以将企业的财务、会计管理关系理解为企业内部的管理关系。但是，联系到我国《会计法》、《审计法》等法律和国务院批准的《企业财务通则》、《企业会计准则》等行政法规的有关规定来理解，关于企业财务、会计的法律规定，实际上属于会计法、审计法的范围，企业的财务、会计管理关系，应该纳入会计法、审计法的调整对象之中。由于会计法、审计法是宏观调控法的组成部分，宏观调控法是经济法的组成部分，因此，也可以说，企业的财务、会计管理关系，属于经济法调整对象的范围。

如前所述，有一种观点认为，企业组织管理关系传统上由民（商）法予以调整。这种观点得到了一些人的支持。但是，笔者和一些经济法、民法学者认为，这种观点值得商榷。因为根据我国《民法通则》第1、2条的规定，民法的调整对象是民事关系，即除了平等主体之间的人身关系以外，只能是“平等主体的公民之间、法人之间、公民和法人之间的财产关系”，而企业组织管理关系不是“平等主体之间”的财产关系，不宜由民法调整。在商法学界，不少学者认为，“商法”调整的是“平等主体之间”的商事关系。笔者认为，即使按照这一种观点来进行分析，也不宜将企业组织管理关系列入“商法”调整对象的范围，因为企业组织管理关系不是“平等主体之间”的商事关系。至于“商法”是不是一个独立的法的部门，我们将在下一章另行讨论。

第二，关于社会保障关系及其法律调整。[②]

在社会保障关系的法律调整问题上，法学界主要存在以下两种观点：

其一，赞成或者部分赞成社会保障关系应该由经济法调整。例如，需要国家干预论的创立者对于社会保障关系的法律调整问题提出了这样的观点：经济法所调整的社会分配关系的表现形式之一，是社会保障分配关系；社会保险是我国

---

① 例如，我国《公司法》专门设了第八章共9条对“公司财务、会计”作出了规定。其中，第164条规定：“公司应当依照法律、行政法规和国务院财政部门的规定建立本公司的财务、会计制度。”

② 除另行注明出处的以外，请参见王全兴：《社会保障法》，见杨紫烜主编：《经济法》，北京大学出版社、高等教育出版社1999年版，第495—509页。

整个社会保障体系的重要组成部分，社会保险关系应当纳入经济法的调整范围。[①] 有的学者主张："经济法所调整的又一个方面的社会经济关系就是国家在实施二次分配和建立社会保障制度的过程中所形成的社会经济关系。"[②]还有一些学者，在他（她）的论著中先后明确指出，社会保障关系（社会经济保障关系或社会保障经济关系）属于经济法调整对象的范围。[③]

其二，认为社会保障关系不宜由经济法调整。持这一观点的学者，又有三种不同的看法：一是认为，社会保障关系应该由社会保障法调整。例如，有的学者说："社会保障法是以社会保障关系为其调整对象的，而形成于社会保障过程中的社会保障关系与其他社会关系相比，有其固有的特殊性和独立性。因此，社会保障法完全有理由作为一个独立的法律部门而存在于我国社会主义法律体系之中。"[④]有些学者认为："社会保障法的调整对象是社会整体为个体社会成员提供基本生活安全保障过程中而产生的社会关系——社会保障关系。"[⑤]二是认为，社会保障关系应该由社会法调整。例如，有的学者指出："社会法是调整有关劳动关系、社会保障和社会福利关系的法律规范的总和。"[⑥]有的学者说："关于社会保障关系，本质上并不是一种经济关系，故不应由经济法调整。……对其调整应属社会法范畴。"[⑦]国家调制论认为，社会保障法"因其有不同于经济法的宗旨和调整对象，因此，随着社会保障制度的建立和不断完善，其独立性日益突出。……许多学者已经开始把社会保障法归入作为部门法的社会法，而不是将其归入经济法。"[⑧]三是认为，社会保障关系属于民法调整对象的范围。例如，有的学者认为，社会保障法是民法的一个组成部分，是民法的一个子部门。[⑨] 在持上述观点的学者看来，社会保障关系是社会保障法的调整对象，它是民法调整的平等主体之间的财产关系和人身关系的组成部分，属于民法调整对象的范围。

关于社会保障关系的法律调整问题，笔者也作过一些研究，发表过属于上述第一种观点的一些看法。现在看来，包括笔者的一些看法在内的上述第一种观点，虽有一定道理，但需进一步探讨。下面，先来回顾一下笔者从 20 世纪 90 年

① 参见李昌麒：《经济法——国家干预经济的基本法律形式》，四川人民出版社 1995 年版，第 404、427、428 页。

② 朱崇实：《对经济法调整对象的再思考》，载《现代法学》1998 年第 2 期，第 32 页。

③ 参见许明月主编：《经济法学论点要览》，法律出版社 2000 年版，第 91—92、100—101、112—113、115—116、123—124 页。

④ 余卫明：《社会保障论纲》，载《法商研究》1996 年第 3 期，第 14 页。

⑤ 种明钊主编：《社会保障法律制度研究》，法律出版社 2000 年版，第 19 页。

⑥ 王维澄：《关于有中国特色社会主义法律体系的几个问题》，参见全国人大常委会办公厅研究室编：《全国人大常委会法制讲座汇编》（第二辑），中国民主法制出版社 2002 年版，第 43—44 页。

⑦ 程宝山：《经济法基本理论研究》，郑州大学出版社 2003 年版，第 57 页。

⑧ 张守文：《经济法理论的重构》，人民出版社 2004 年版，第 268 页。

⑨ 转引自种明钊主编：《社会保障法律制度研究》，法律出版社 2000 年版，第 22 页。

代初以来对这个问题的认识,然后谈谈笔者现在的一些见解。

在中国经济法学走向成熟的阶段,笔者提出的国家协调论认为,要实行社会主义市场经济,必须建立多层次的社会保障体系。在社会主义市场经济条件下,社会成员遇到生活风险时的基本生活需要应当给予保障,可是市场本身无法解决这个问题,因此需要国家进行协调,建立强制实施、互济互助、社会化管理的社会保障制度。在社会保障过程中发生的经济关系,简称社会保障关系。社会保障关系应该由经济法调整。这有助于保障社会成员的基本生活需要,充分开发和合理利用劳动力资源,维持劳动力的再生产,维护社会稳定,促进经济可持续发展。①

近两年来,笔者对社会保障关系的法律调整问题又进行了一些研究,有若干新的认识。其基本精神是:不宜将社会保障关系与市场监管关系、宏观调控关系并列地作为经济法的调整对象;至于属于社会保障关系的各个组成部分,既不是经济法都不调整,也不是都由经济法调整。下面,谈三个问题:

其一,何谓社会保障和社会保障制度?

要明确社会保障关系的法律调整问题,首先要了解社会保障和社会保障制度的概念。

笔者认为,社会保障,是指根据国家规定,对遇到生活风险的社会成员提供物质帮助,以保证其基本生活需要。

社会保障制度,是指根据国家规定,对遇到生活风险的社会成员提供物质帮助,以保证其基本生活需要的一种社会制度。社会保障制度,包括社会保险、社会救助、社会福利和优抚安置等制度。

其二,何谓社会保障关系?它是不是经济关系?

搞清楚社会保障关系的概念以及它是不是经济关系,是正确认识社会保障关系的法律调整问题的前提。

如前所述,社会关系分为物质关系和思想关系两类。社会保障关系,是指在社会保障过程中发生的物质利益关系,是一种社会财富的分配关系。因此,它属于经济关系的范畴。

除此以外,以下几个方面的相互关系也表明,社会保障关系是一种经济关系:一是从社会主义市场经济体制基本框架的构成与社会保障制度的关系来看,中共中央《关于建立社会主义市场经济体制若干问题的决定》(1993 年 11 月 14 日)指出,社会主义市场经济体制的基本框架,由五个主要环节②构成,建立多层

---

① 参见杨紫烜:《经济法调整对象新探》,载《经济法制》1994 年第 2 期,第 4 页;杨紫烜主编:《经济法》,北京大学出版社、高等教育出版社 1999 年版第 31 页、2006 年版第 15—16 页。

② 这五个环节包括:建立现代企业制度;建立全国统一开放的市场体系;建立以间接手段为主的完善的宏观调控体系;建立以按劳分配为主体的收入分配制度;建立多层次的社会保障制度。

次的社会保障制度是不可缺少的环节之一。二是从本国经济运行与社会保障关系的关系来看,资源配置中的“资源”,即“经济资源”,它包括物质资源和人力资源。实行社会保障制度,可以维持和促进经济的正常运行。不能把本国经济运行与社会保障关系割裂开来。三是从社会保障制度与社会保障基金的关系来看,社会保障制度,实际上是围绕着社会保障基金的筹集、分配、使用、运营、管理所设计的制度。在社会保障基金的筹集、分配、使用、运营、管理过程中发生的社会关系是一种经济关系。

其三,怎样认识社会保障关系的法律调整?

应该指出,在社会保障关系的各个组成部分中,有很大一部分应该由经济法调整。例如,作为社会保障关系重要组成部分的社会保障基金形成关系,即政府和社会保障经办机构通过各种法定渠道向社会保障基金供给主体筹集社会保障基金的关系,具体表现为特定的税收关系、财政补贴关系、缴费关系、捐赠关系等形式。其中,财政补贴关系和税收关系,是由属于宏观调控法的财政法(包括税法在内)调整的。如果从社会保障基金的筹集来看,社会保障基金主要由社会保障经办机构以收费等方式或者由国家以征税方式按法定标准向各种法定来源筹集。其法定来源一般包括国家资助、企业等单位缴纳、个人缴纳、社会捐赠和基金运营增值。其中,国家资助的形式主要是财政拨款、国家让税或让利。不同的社会保障项目,其基金来源不尽相同。社会保险基金大多来源于财政支出和用人单位、劳动者缴纳,社会救助基金主要来源于财政支出和社会捐赠,社会福利基金和社会优抚基金主要来源于财政支出。可见,社会保障关系中的社会保障基金筹集关系(也就是社会保障基金形成关系),有很大一部分是由属于宏观控制法的财政法调整的,而财政法是经济法的重要组成部分。又如,社会保障的审计监督,是指以国家审计机关为主、社会审计和单位内部审计机构为辅,对社会保障基金的财务收支,以及社会保障基金使用和运营的效益所实施的经济监督。关于审计机关对社会保障的审计监督,我国《审计法》第 23 条规定:“审计机关对政府部门管理的和其他单位受政府委托管理的社会保障基金、社会捐赠资金以及其他有关基金、资金的财务收支,进行审计监督。”可以说,在社会保障的审计监督过程中发生的经济关系,即审计监督关系。它是宏观调控法中的审计法调整的审计关系的组成部分,而审计法属于经济法的范围。

但是,社会保障关系的各个组成部分并不都是由经济法的调整对象。因为社会保障关系中的有些社会关系是由其他法的部门调整的。例如,社会救助制度是一种社会保障制度。社会救助基金的来源之一,是社会各界的自愿无偿捐赠。我国《合同法》第 185 条和第 186 条分别规定:“赠与合同是赠与人将自己的财产无偿给予受赠人,受赠人表示接受赠与的合同。”赠与合同中包括“具有救灾、扶贫等社会公益、道德义务性质的赠与合同”。赠与合同是民事合同的一种。关于赠与合同的法律规范所调整的社会关系，是财产赠与关系，其中包括社会救助基金的捐赠关系。这种财产关系是合同法调整的平等的财产关系的组成部分，属于作为民法调整对象的民事关系的范围。因此，可以说，在社会保障关系中，有的社会关系是由民法调整的。当然，这丝毫也不意味着社会保障关系都由民法调整。因为在社会保障关系的组成部分中，有许多不是平等的财产关系，更不是平等的人身关系，不应该由民法调整。

第三，关于涉外经济关系及其法律调整。

涉外经济法是经济法的组成部分，属于国内法体系。其调整对象是特定的涉外经济关系。正确认识涉外经济关系的法律调整问题至关重要。对于涉外经济关系的法律调整，在以下四个问题上存在着意见分歧，有必要一一进行论述：

其一，何谓涉外经济关系？

有的学者说，涉外经济法的调整对象是涉外经济关系。涉外经济关系具有以下特征：它是一种经济关系；它是一种对外的经济关系；这种对外的经济关系具有整体性，包括对外经济管理关系和对外经济流转关系。又说，涉外经济法的渊源有三：一是国内立法（是指本国的国家权力机关和国家行政机关颁发的各种调整涉外经济关系的规范性文件）。二是本国批准和参加的国际条约（必须具备的条件：本国是条约的成员国；条约与国际经济贸易有关；保留条款不包括在内）。三是本国认可的国际惯例（必须具备的条件：这种国际贸易惯例必须在长期的实践中连续有效，并具有确定的内容；这种国际贸易惯例为当事国或当事人所认可）。[①] 以上观点有些是有道理的，有的欠妥。例如，对涉外经济法渊源的认识，就值得商榷。因为在上述学者看来，涉外经济法是调整涉外经济关系的，而本国批准和参加的国际经贸条约以及本国认可的国际经贸惯例也是涉外经济法的渊源，因此，它们的调整对象也是涉外经济关系。这样，本国批准和参加的国际经贸条约以及本国认可的国际经贸惯例的调整对象，本来是国际经济关系却被视为涉外经济关系。如此理解涉外经济关系的概念，笔者不敢苟同。

笔者认为，涉外经济关系，即具有涉外因素的经济关系，是指具有涉外因素的，通过物而形成的社会关系。这就是说：它是一种社会关系，即人与人的关系；是一种物质关系，不是思想关系；是一种具有涉外因素的物质关系。它包括涉外市场监管关系、涉外宏观调控关系、涉外商品买卖关系、涉外财产赠与关系、涉外遗产继承关系等。

其二，涉外经济关系同经济法调整的经济关系是什么关系？

在中国经济法学界，一般都不否认经济法对涉外经济关系的调整。但在表述上出现了以下两种情况：一是有些学者在讲到经济法调整对象的范围时，列举

---

① 参见余先予主编：《涉外经济法总论》，法律出版社 1990 年版，第 7—15 页。

了若干类经济关系，其中之一是"涉外经济关系"（有的称为"涉外管制关系"或"对外经济管理关系"，下同）。实际上，这是将涉外经济关系与经济法调整的其他几类经济关系视为并列关系。例如：认为经济法调整对象的范围包括三类经济关系，其中第三类是"对外经济管理关系"①；认为经济法调整对象的范围包括四类经济关系，其中第四类是"涉外经济关系"②；认为经济法调整对象的范围包括五类经济关系，其中第五类是"涉外经济关系"③；认为经济法调整对象的范围包括五类经济关系，其中第四类是"涉外管制关系"④；认为经济法调整对象的范围包括七类经济关系，其中第七类是"涉外经济关系"⑤。二是另一些学者认为，经济法调整的若干类经济关系中分别包括了有关的涉外经济关系，不宜将涉外经济关系与这若干类经济关系相并列。例如，国家协调论、需要国家干预论、管理和协调论、国家调制论等就是持这种观点的。

至于涉外经济关系与市场监管关系、宏观调控关系的关系，笔者认为：市场监管关系包含了涉内和涉外的市场监管关系，宏观调控关系包含了涉内和涉外的宏观调控关系；涉外经济关系不仅包含了涉外的市场监管关系、宏观调控关系，而且包含了经济关系中涉外的非市场监管关系、非宏观调控关系，但不包含涉内的市场监管关系、宏观调控关系，也不包含经济关系中涉内的非市场监管关系、非宏观调控关系。因此，涉外经济关系同市场监管关系、宏观调控关系的关系，是交叉关系而不是并列关系，不宜将它们并列地列为经济法的调整对象。

其三，经济法是否调整各种涉外经济关系？

中国经济法学界，在对涉外经济关系法律调整的认识问题上，没有调整与不调整涉外经济关系之分，但有调整各种涉外经济关系与调整特定涉外经济关系之别。

如前所述，有些学者在讲到经济法调整对象的范围时，列举了若干类经济关系，其中之一是涉外经济关系。他们只说经济法调整涉外经济关系，未说调整一定范围的涉外经济关系或特定的涉外经济关系，对经济法所调整的涉外经济关系的范围未作任何限制。实际上，这是在告诉人们，各种涉外经济关系都由经济法调整。

笔者认为，涉外经济法属于经济法的范围，涉外经济法的调整对象是在国家协调的本国经济运行过程中发生的涉外经济关系。这种经济关系包括涉外市场

---

① 王保树主编：《经济法原理》，社会科学文献出版社 2004 年版，第 27—32 页。

② 刘文华主编：《新编经济法学》，高等教育出版社 1993 年版，第 8—12 页。

③ 刘隆亨：《经济法概论》，北京大学出版社 1997 年版，第 30—33 页。

④ 顾功耘主编：《经济法教程》，上海人民出版社 2002 年版，第 16—19 页。

⑤ 刘瑞复：《经济法的一般概念》，见李昌麒、刘瑞复主编：《经济法》，法律出版社 2004 年版，第 68—72 页。

监管关系和涉外宏观调控关系，而不是各种涉外经济关系。例如，涉外商品买卖关系、涉外财产赠与关系、涉外遗产继承关系虽然也属于涉外经济关系的范围，但应该由民法调整，而不归经济法调整。由于涉外经济法并不调整各种涉外经济关系，因此，笼统地说涉外经济法调整涉外经济关系不妥，认为经济法调整各种涉外经济关系更不妥。对此，黎学玲教授正确地指出："并非一切涉外经济关系都由涉外经济法调整。涉外经济法只调整一定范围的涉外经济关系。"①

其四，涉外经济关系能否作为国际经济法的调整对象？

国际经济法学界有两种主要学说——"广义说"（也有称其为"传统学派"或"国际经济法的国际法派观点"）和"狭义说"（也有称其为"新兴学派"或"国际经济法的独立派观点"）②。其中，持上述第一种学说的学者占多数，持第二种学说的学者占少数。这两种学说分别对国际经济法学的发展作出了贡献。但也各有若干值得商榷之处，其中有些还是基本问题。就"广义说"而言，有一种观点认为，在国际经济法的调整对象中包括涉外经济关系。例如，有的学者说："国内经济法学者认为涉外经济关系是国内经济法的调整对象，是完全正确的。然而，涉外经济关系实际上也是国际经济关系，完全排除国际经济法对它的调整，既不合理，又对事不利……。所以，涉外经济关系应当同为国际经济法和国内经济法的调整对象。"③又如，有的学者说："广义说"和"狭义说"这"两种学说都认为，国际经济法的调整对象是国际经济关系"。又说："为了调整本国涉外经济关系，各国都制定了涉外经济法及有关冲突法。这些国内法规范是国际经济法的重要渊源。"④

对于上述观点，可作如下评析：一是以上说的"国内经济法"，是相对于"国际经济法"而言的，实际上就是人们通常所说的"经济法"。二是笼统地说"涉外经济关系是国内经济法的调整对象"，并不是"完全正确的"。因为除了经济法调整特定的涉外经济关系以外，还由其他法（如民法）也调整一定范围的涉外经济关系。三是认为"涉外经济关系实际上也是国际经济关系"，这不妥；认为"国际经济法的调整对象是国际经济关系"，同时认为调整"本国涉外经济关系"的是各国的涉外经济法及有关冲突法，"这些国内法规范是国际经济沃的重要渊源"，实际上等于说"本国涉外经济关系"属于"国际经济关系"的范围，这同样不妥。因为上述观点混淆了涉外经济关系与国际经济关系的界限。四是认为"涉

① 黎学玲：《论中国涉外经济法的概念与法律性质》，载《经济法制》1990 年第 12 期，第 2 页。

② 参见陈安主编：《国际经济法学》，北京大学出版社 1994 年版，第 30—32 页；姚梅镇主编：《国际经济法概论》，武汉大学出版社 1989 年版，第 2、6 页；高树异主编：《国际经济法总论》，吉林大学出版社 1989 年版，第 32、36 页。

③ 高尔森主编：《国际经济法通论》，法律出版社 1998 年版，第 8 页。

④ 曾华群：《国际经济法导论》，法律出版社 1997 年版，第 38、143 页。

外经济关系应当同为国际经济法和国内经济法的调整对象”,这是不正确的;认为包括涉外经济法在内的“国内法规范”是“国际经济法”的重要渊源,这也是不正确的。因为国际经济法属于国际法体系,它的调整对象是在两个以上国家共同协调的国际经济运行过程中发生的经济关系而不是涉外经济关系;涉外经济法属于国内法体系,涉外经济关系是由国内法调整而不是属于国际法体系的国际经济法调整的。国际法与国内法的界限不容混淆。

与“广义说”的上述观点不同,“狭义说”认为,涉外经济关系是国内法的调整对象,而不是国际经济法的调整对象。例如,有些学者说,国际经济法和经济法既有联系也有区别,后者虽也调整涉外经济关系,但属国内法,与国际经济法之属于国际法显然不同。[①] 可见,在持“狭义说”观点的学者看来,涉外经济关系不能作为国际经济法的调整对象,应该划清国内法与国际法的界限。这是正确的。

综上所述,在国家协调的本国经济运行过程中发生的经济关系应该由经济法调整。至于它在不同历史时期的表现形式、特别是在社会主义市场经济条件下的表现形式有哪些,虽然取得了相当多的共识,但是还存在着不少意见分歧有待解决。总的来说,对于市场监管关系和宏观调控关系的法律调整问题,尚需深入研究,进一步统一认识;对于企业组织管理关系、社会保障关系和涉外经济关系的法律调整问题,亟须密切联系实际,加大研究力度,以便逐步取得共识。

---

① 参见王铁崖主编:《国际法》,法律出版社 1981 年版,第 421 页;汪瑄:《略论国际经济法》,载《中国国际法年刊》(1983),中国对外翻译出版公司 1983 年版,第 396 页。

第六章 经济法的地位

一、经济法地位的概念

经济法的地位，是指经济法在法的体系[①]中所处的位置。为了明确其含义，要搞清楚何谓法的体系，经济法在法的体系中是不是一个独立而重要的法的部门，它与其他法的部门是什么关系，它是否属于公法的范围。

有的学者指出："在我国法律和法学界，对于法律体系的理解和适用上，可以说早就比较统一或一致，也就是传统上认为作为一个国家整体的法律体系，'通常指由一个国家的全部现行法律规范分类组合为不同的法律部门而形成的有机联系的统一整体。'这就是本书所指的法律体系，也就是按照一定的原则和标准划分的同类法律规范所组成的法律部门所构成的一个有机联系的整体，即部门法体系。"[②]笔者认为：肯定法的体系是由法的部门组成的有机联系的统一整体，是正确的；但是，对"法的体系"这一概念下定义，还应指出，组成法的体系的法的部门是多层次的、门类齐全的。所以，笔者对"法的体系"这一概念下了这样一个定义：法的体系是由多层次的、门类齐全的法的部门组成的有机联系的统一整体。就纵向结构而言，组成法的体系的法的部门，是层次分明的而不是杂乱无章的；就横向结构而言，组成法的体系的法的部门，是门类齐全而不是残缺不全的。所谓多层次的法的部门，是指属于第一层次的法的部门可以分别划分为若干个第二层次的法的部门，第二层次的法的部门又可以分别划分为若干个第三层次的法的部门，这样的划分可以一直进行到满足实践的需要为止。就一

① 法学界往往把由"法律部门"组成的体系称为"法律体系"，但是也有把规范性文件体系称为"法律体系"的。为了避免概念上的混淆，笔者主张，将由法的部门组成的体系称为"法的体系"，将由规范性文件组成的体系称为"法律体系"。

② 沈宗灵主编：《法理学》，北京大学出版社 2003 年版，第 296 页。

个国家而言，各层次的各个法的部门虽然都有自己特定的调整对象，但它们又都建立在同一的经济基础之上，体现着同一的阶级意志，具有共同的指导思想和任务，因而形成为有机联系的统一整体。

法的体系不同于规范性文件体系。因为规范性文件体系是由多层次的、门类齐全的规范性文件——由国家机关依照法定的权限和程序制定的，具有普遍法律约束力的文件——组成的有机联系的统一整体。多层次的规范性文件，包括具有最高法律效力的规范性文件——《宪法》以及《宪法》统率下的基本规范性文件、主要规范性文件、辅助规范性文件等。在这里，需要着重搞清楚法的体系与中国特色社会主义法律体系的区别。笔者于1999年指出，中国特色社会主义法律体系，是指由符合中国情的，体现社会主义基本制度要求的，多层次的、门类齐全的规范性文件组成的有机联系的统一整体。简言之，中国特色社会主义法律体系，是指符合中国国情的，体现社会主义基本制度要求的规范性文件体系。① 中国特色社会主义法律体系具有三个基本标志：一是符合中国国情的，而不是照搬照抄外国的；二是体现社会主义基本制度要求的，而不是资本主义的：三是规范性文件体系，而不是部门法体系。有一种有影响的观点认为，在中国特色社会主义法律体系的三个基本标志中，不包括符合中国国情，也不包括体现社会主义基本制度的要求。这显然不妥。要是以这种观点指导我国的立法工作，就会使我国的立法工作走偏方向，就不可能建立和完善中国特色社会主义法律体系。中国特色社会主义法律体系与法的体系的主要区别有二：其一，中国特色社会主义法律体系是由规范性文件组成的体系；法的体系是由法的部门组成的体系。第九届全国人大第一次会议批准的《全国人民代表大会常务委员会工作报告》指出，在第八届全国人大及其常务委员会任期的5年内，通过法律85个、有关法律问题的决定33个，共计118个，为形成有中国特色社会主义法律体系奠定了基础。② 第九届全国人大第二次会议批准的《全国人民代表大会常务委员会工作报告》指出，按照5年立法规划，本届任期内要制定和修改法律89个，初步形成中国特色社会主义法律体系。③ 第十届全国人大第二次会议批准的《全国人民代表大会常务委员会工作报告》指出，列入本届人大常委会5年立法规划的立法项目共76件，制定这个立法规划着眼于本届任期(2003年3月至2008年3月)内基本形成中国特色社会主义法律体系。④ 可见，中国特色社会主义法律体系是由“法律”而不是法的部门组成的。这里说的“法律”，不是从部门法意义上讲的，而是从规范性文件意义上讲的。规范性文件有层次之分，规范性

① 杨紫烜主编：《经济法》，北京大学出版社、高等教育出版社1999年版，第36页。

② 参见《全国人民代表大会常务委员会公报》1998年第1号。

③ 参见《全国人民代表大会常务委员会公报》1999年第2号。

④ 参见《全国人民代表大会常务委员会公报》2004年第3号。

文件体系中的规范性文件，不仅包括全国人大制定的《宪法》和法律以及全国人大常委会制定的法律，而且包括国务院和其他有关国家机关分别制定的行政法规、地方性法规、规章等规范性文件。所以，由规范性文件组成的中国特色社会主义法律体系，不同于由法的部门组成的法的体系。其二，中国特色社会主义法律体系是由中国的、社会主义的规范性文件组成的体系，其外延不包括由外国的、社会主义或非社会主义的规范性文件组成的体系；法的体系的外延，不仅包括由民法、经济法、行政法等法的部门组成的国内法体系（作为国内法体系，既包括由中国的法的部门组成的体系，又包括由外国的法的部门组成的体系；既包括由社会主义国家的法的部门组成的体系，又包括由非社会主义国家的法的部门组成的体系），而且包括由国际经济法、国际公法等法的部门组成的国际法体系。

法的体系也不同于法学体系。因为法学体系是由多层次的、门类齐全的法学分支学科组成的有机联系的统一整体。由于法学体系是由法的分支学科组成的，因此，它属于上层建筑中意识形态的范畴；而法的体系，由于它是由法的部门组成的，法的部门是由法律规范组成的，因此，它属于上层建筑中法律制度的范畴。对于法学怎么具体划分分支学科，目前在法学界尚无定论。但是，在法学分支学科是否多层次的、门类齐全的问题上，应该作出肯定的回答。

由于法的体系是由多层次的、门类齐全的法的部门组成的，因此要回答经济法在法的体系中所处的位置问题，必须说明它是不是一个独立的法的部门。如果经济法是某一层次的一个独立的法的部门，则表明它在法的体系中具有一定的位置；如果经济法在任何层次上都不是一个独立的法的部门，那就是说它不是法的体系的组成部分，在法的体系中没有什么位置可言。

每个独立的法的部门之所以产生和存在，都是由于实践的需要，但是它们的重要性并不都是相同的。经济法的重要程度如何，也直接关系到它在法的体系中的位置。

作为一个独立而重要的法的部门的经济法与其他独立的法的部门是什么关系呢？它们之间有哪些联系和区别呢？这也是搞清楚经济法的地位需要回答的问题。

在国外，不少国家的学者将法划分为公法和私法两大法域。在中国法学界，目前一般也认同这种划分。经济法属于何种法域，也涉及其地位问题。这是我们在研究经济法的地位时需要进行论述的问题之一。

二、经济法是一个独立的法的部门

（一）独立的法的部门的概念

在法学界，对于法的部门（不少学者称其为法律部门）这一概念的认识，存在着多种不同的观点。例如，认为“凡调整特定社会关系的全部现行法律规范，就组成一个独立的法律部门。”①认为“法律部门调整同类社会关系的法律规范的总和。一个国家的法律所调整的社会关系是多种多样的，凡调整同类社会关系的法律规范的总和，就构成一个独立的法律部门。”②认为“法律部门就是调整因其本身性质而要求有同类调整方法的社会关系的法律规范的总和。”③认为“部门法又称法律部门，是指一个国家根据一定的原则和标准划分的本国同类法律规范的总称。”④认为“‘法律部门’这一概念，在有的法学著作和教材中被称为‘部门法’。它是指按照法律规范自身的不同性质、调整社会关系的不同领域和不同方法等所划分的同类法律规范的总和。”⑤认为“法的部门划分是相对的……这种相对性主要表现为法律部门之间的交叉性和层次包容性，也表现为同一项法规可以同时属于不同的法律部门”。“部门法之间的交叉，主要表现为不同部门的相关法规发生交叉。”⑥认为“目前，我国现行有效的法律229件，加上现行有效的行政法规约600件、地方性法规7000多件，构成中国特色社会主义法律体系的各个法律部门已经齐全。”⑦

对于上述各种观点，可以作以下评析：一是认为，独立的法的部门是调整“同类”社会关系的法律规范的总和。这种认识虽有一定道理，可是并不准确。因为多数情况是这样，但是不完全是这样。例如，民法虽然调整平等主体之间的财产关系和人身关系这两类不同性质的社会关系，但也可以成为一个独立的法的部门。二是认为，法的部门是“一个国家”的“本国同类法律规范的总称”。这肯定了国内法体系中的法的部门是对的，否定了属于国际法体系中的法的部门不妥，使用“同类”二字不够确切。三是在对法的部门这一概念下的定义中，使用“一定”、“等”之类含混的概念，是违反逻辑学关于定义概念中不得使用含混

① 杨紫烜：《论经济法的若干理论问题》，载《北京大学学报》1986年第3期，第64页。

② 曾庆敏主编：《法学大辞典》，上海辞书出版社1998年版，第1114页。

③ 孙国华、朱景文主编：《法理学》，中国人民大学出版社1999年版，第298页。

④ 沈宗灵主编：《法理学》，北京大学出版社2003年版，第297页。

⑤ 张文显主编：《法理学》，高等教育出版社2003年版，第100页。

⑥ 潘静成、刘文华主编：《经济法》，中国人民大学出版社2005年版，第85、86页。

⑦ 全国人大常委会法制工作委员会：《十届全国人大及其常委会五年立法工作简述》，载《人民日报》2008年3月11日。

概念这一定义规则的。四是在对法的部门这一概念所下的有些定义中,除了法的调整对象以外,还将法的调整"方法"等作为划分法的部门的标准,笔者不敢苟同。五是既肯定经济法是"一个独立部门",又说法的部门之间存在"交叉"或"交叉性",这是自相矛盾的。其所谓"理由"是,"一项法规可以同时属于不同的法律部门"。这不能成立,因为在一个规范性文件中存在着属于不同法的部门的法律规范,不能等同于一个规范性文件可以同时属于不同的法的部门。六是认为,"法律部门"是由"法律"、"行政法规"、"地方性法规""构成"的。这不妥,因为法的部门是由现行法律规范组成的,而不是由规范性文件构成的。七是认为,凡是调整特定社会关系的全部现行法律规范,就组成一个独立的法律部门。这是可取的。

关于独立的法的部门的概念,根据笔者研究的体会,吸取法学界研究的成果,应该下这样一个定义:独立的法的部门,是指调整特定社会关系的现行法律规范的总称。这里说的"独立的法的部门",不仅包括国内法部门,而且包括国际法部门;调整的"特定社会关系"不仅包括同类的社会关系,而且在一定条件下也包括不同类的社会关系;"现行法律规范"(不包括已经失效的法律规范)是组成独立的法的部门的要素;现行法律规范的"总称",是指对全部现行法律规范的总的称呼。

(二)为什么说经济法是一个独立的法的部门

在我国,经济法学界相当一致地认为,经济法是一个独立的法的部门;整个法学界大多数人认为,经济法是一个独立的法的部门。当然,重要的问题,并不在于主张经济法是一个独立的法的部门的人是不是占大多数,是不是越来越多。而是应该实事求是地回答为什么说经济法是一个独立的法的部门。这就要搞清楚以下两个问题:

第一,划分法的部门的标准是不是法的调整对象?

划分是把一个属概念分为若干个种概念,以揭示属概念外延的逻辑方法。划分由母项、子项和划分标准三部分组成。划分标准,是指把母项分为若干子项的根据。划分的根据是事物的属性。由于事物有多个属性,所以,对于同一个概念,可以根据不同的属性进行不同的划分。划分的标准,可以是事物的一个属性,也可以是事物的几个属性的组合或结合。[①] 划分法的部门的标准问题,以及法的体系和法的部门的概念问题,都是法理学的重要问题。但是,法理学界并没

① 参见吴家麟主编:《法律逻辑学》,群众出版社 1983 年版,第 61、62 页;中国人民大学哲学系逻辑教研室编:《逻辑学》,中国人民大学出版社 1996 年版,第 33、34 页;雍琦:《法律逻辑学》,法律出版社 2004 年版,第 59—61 页。

有把这些问题、特别是划分法的部门的标准问题解决好。因此,在我们研究经济法的地位问题时,需要对上述问题、特别是划分法的部门的标准问题,进行深入探讨。就整个法学界而言,在划分法的部门的标准问题上,主要有以下三种观点:

其一,主张一个标准。

这又有两种主张:一是认为,划分法的部门的标准只有一个,即调整对象。例如,在中国经济法学界,有的学者说:“每一个独立的法的部门,必有自己特定的调整对象;没有特定的调整对象,就不能成为一个独立的法的部门。法的调整对象是划分法的部门的标准。”①有的学者指出:“划分部门法的标准是该部门法的调整对象。”②有的学者认为:“是不是独立的法律部门,关键是看它有没有自己独特的调整对象。”“由于经济法有了特有的调整对象,经济法可以无疑义地以一个法律部门立于法律体系之中了。”③有的民法学者也认为:“划分法律部门的标准是不同性质的社会关系。”他还说:“从建立整个法律体系出发划分基本法律部门……这种分类采用的标准只能是按社会关系的本质属性,采用其他标准是不能完成这项任务的。”④在法理学界,有些论著在介绍关于划分法的部门的标准的不同观点时指出,有一种观点认为,社会关系即法律调整的对象是划分法的部门的唯一标准。⑤ 在国外,苏联学者 M. A. 阿尔扎诺夫于 1936 年就提出,法律调整的对象是划分法律部门的标准。⑥ 在俄罗斯,也有学者认为:“部门法间界限不是按照主体,而是按照它们所调整的社会关系的性质划分的。”⑦二是认为,划分法的部门的标准只有一个,但不是调整对象,而是法律的调整方法或法律的制裁形式。例如,有的中国学者认为,按照法律的调整方法,可以将“基础法律部门”划分为三大实体法和三大诉讼法,即刑法、民法、行政法、刑事诉讼法、民事诉讼法和行政诉讼法。⑧ 又如,苏联学者 B. Φ. 麦舍拉认为,根据法律制裁形式的性质,把法分为民法、刑法、行政法这三个基本部门法,其他各种实体法

---

① 杨紫烜主编:《经济法》,北京大学出版社、高等教育出版社 1999 年版第 38 页,2006 年、2008 年版第 39 页。

② 顾功耘主编:《经济法教程》,上海人民出版社 2002 年版,第 4 页。

③ 王保树主编:《经济法原理》,社会科学文献出版社 2004 年版,第 64、65 页。

④ 佟柔:《关于经济法几个问题的答问》,载《湖北财经学院学报》1982 年第 1 期,第 129 页;佟柔:《关于经济法的几个理论问题》,载《中国法学》1984 年第 2 期,第 61 页。

⑤ 参见孙国华、朱景文主编:《法理学》,中国人民大学出版社 1999 年版,第 300 页;卓泽渊主编:《法学导论》,法律出版社 2003 年版,第 25 页。

⑥ 参见《苏联法的体系及其发展前景》,载《法学译丛》1983 年第 1 期,第 1 页。

⑦ 〔俄〕B. B. 拉普捷夫:《经济法经营活动法》,原载〔俄〕《国家与法》1993 年第 1 期,见《外国法译评》1993 年第 4 期。

⑧ 参见王源扩:《法律部门划分理论再探讨——兼论经济法的地位问题》,载《安徽大学法学评论》2001 年第 1 卷,安徽大学出版社 2001 年版,第 113 页。

都不过是综合法律部门。[①]

其二,主张两个标准。

这也有两种不同的主张:一是不少学者主张,在同一次划分法的部门的过程中,要交叉地使用调整对象和调整方法这两个标准,即以调整对象为主要标准,但是这还不够,因此要以调整方法为辅助标准。因为在他们看来,刑法之所以成为一个独立的法的部门,是由于它在调整多种社会关系时采取了刑罚这种制裁形式作为特殊的调整方法。[②] 二是有些学者主张,在同一次划分法的部门的过程中,要同时使用调整对象和调整方法这两个标准。例如,在苏联,有的学者主张,将法律调整的社会关系的内容和法律调整的方法相结合或者统一起来,作为法律部门划分的标准或依据。[③] 有的中国学者说:"为什么经济法不是独立的法律部门? 这是因为经济法没有特定的被调整的社会经济关系,没有特定的调整方法。"[④]在这里,实际上是将调整对象和调整方法同时作为划分法的部门的两个标准。

其三,主张多个标准。

这又有几种不同的主张。例如,有的学者认为:"仅仅利用法律所调整的社会关系领域作标准来划分法律部门显然是不够的,还要综合利用法律调整机制的多个标准。也就是说,划分法律部门仅利用一个标准是不够的,利用两个标准有时也是不够的,比如利用法律调整社会关系领域和法律调整方法,就无法区分开作为都是经济关系的民法和经济法部门,那就需要加入一个法律所调整的法律关系主体之间的地位和关系。"[⑤]有些学者以经济法在调整对象、调整方法、法律关系主体、法的原则和处理程序等方面与其他法存在不同的"特点"作为理由,来论证经济法是一个独立的法的部门。[⑥] 这实际上是认为划分法的部门有多个标准。

对于上述观点,需要从以下五方面进行评析:

其一,划分法的部门的标准,应该是法的调整对象。

大家知道,根据实践的需要,对于法,可以使用不同的标准进行不同的划分。例如,除了可以把法划分为若干个法的部门以外,还可以划分为国内法和国际

① 参见〔苏联〕C. H. 勃拉图西:《苏维埃部门法:概念、对象、方法》,载《法学译丛》1982 年第 2 期。

② 参见北京大学法学院法学理论教研室编:《法学基础理论》(新编本),北京大学出版社 1984 年版,第 396—398 页;孙国华、朱景文主编:《法理学》,中国人民大学出版社 1999 年版,第 299 页;卓泽渊主编:《法学导论》,法律出版社 2003 年版,第 25、26 页;张文显主编:《法理学》,高等教育出版社 2003 年版,第 100、101 页。

③ 参见《苏联法的体系及其发展前景》,载《法学译丛》1983 年第 1 期,第 1 页。

④ 参见许明月主编:《经济法学论点要览》,法律出版社 2000 年版,第 224 页。

⑤ 沈宗灵主编:《法理学》,北京大学出版社 2003 年版,第 302 页。

⑥ 参见许明月主编:《经济法学论点要览》,法律出版社 2000 年版,第 194、199、200、212 页。

法、实体法和程序法、制定法和非制定法、一般法和特别法等等。这每一种划分,其标准都是不同的。就划分法的部门的标准而言,其标准只能是法的调整对象,即法所调整的社会关系。因为法的体系是由法的部门组成的,法的部门是由法律规范组成的,法律规范是调整一定社会关系的。调整同一类社会关系或互相关联的不同类的社会关系(如特定的财产关系和人身关系)的法律规范,组成一个独立的法的部门。一个国家之所以有多个法的部门,决定于该国国内法规范所调整的社会关系的多样性。在国际法领域之所以有多个法的部门,决定于国际法规范调整的社会关系的多样性。逻辑学告诉我们,划分的规则之一是,各子项的外延必须互不相容。也就是说,各子项之间必须是外延完全不同的关系,即全异关系。根据法律规范调整对象的不同,可以把法划分为若干个部门。按照这一标准划分的结果,每一个法的部门(指同一次划分出的各个子项)的调整对象都是特定的,而不是交叉的、重叠的,这样才能把各个法的部门区分开来。

有些学者认为,只按法的调整对象作为划分法的部门的标准,就无法把都调整经济关系的经济法和民法区分开来了。这种观点是不能成立的。因为经济法和民法虽然都调整经济关系,但经济关系是可分的,经济法和民法分别调整的是不同的经济关系,而且民法还调整特定的人身关系,经济法是不调整人身关系的。所以,按调整对象作为划分法的部门的标准,完全可以把经济法和民法区分开来。

至于能否以法律制裁形式作为划分的部门的唯一标准的问题,笔者的回答是否定的。因为一个法的部门往往适用多种法律制裁形式,一种法律制裁形式往往适用于多个法的部门;如果按照法律制裁形式作为划分法的部门的标准,划分出的所谓法的部门之间就不是全异关系,这就犯了"子项相容"的逻辑错误。

其二,划分法的部门,不能"多标准交叉划分"。

划分的规则之一是,同一次划分必须按照相同的标准进行。在同一次划分时,不能先以一个属性或几个属性的组合作为标准,在划分终了以前改变划分的标准;在一次划分结束以后,如果需要继续进行划分,则可以使用上次划分的标准,也可以使用新的标准。如果像有些学者所主张的那样,在同一次划分法的部门时,先使用调整对象这一标准,在划分进行过程中改变为以调整方法作为划分的标准,或者先以调整对象、调整方法为划分的标准,在划分进行过程中改变为以法律关系的主体作为划分的标准,这样就会使划分出来的各个法的部门的外延互相交叉,界限不清。这在逻辑学上就犯了"多标准交叉划分"的错误。这样的划分,就不能使我们通过划分法的部门,达到明确法这一概念的外延的目的。

其三,划分法的部门,不宜以若干属性的组合作为标准。

从逻辑学的理论上来说,可以以一个属性作为划分的标准,但并未排除将几个属性的组合或结合作为划分的标准。例如:以年龄这一属性作为标准,可以把学生划分为成年学生和未成年学生;以性别这一属性作为标准,可以把学生划分为男生和女生;以年龄和性别这两个属性的组合作为标准,可以把学生划分为成年男生、成年女生、未成年男生、未成年女生。又如:以法的创制主体这一属性作为标准,可以把法划分为国内法和国际法;以法所规定的内容这一属性作为标准,可以把法划分为实体法和程序法;以法的创制主体和法所规定的内容这两个属性的组合作为标准,可以把法划分为国内实体法、国内程序法、国际实体法、国际程序法。但是,划分法的部门,不宜以若干属性的组合作为标准。因为法的调整方法①、法律关系的主体等属性不宜组合为划分法的部门的标准,它们也不宜共同或分别与调整对象这一属性组合为划分法的部门的标准。为什么?原因在于:一个法的部门往往使用多种法的调整方法,一种法的调整方法往往在多个法的部门中使用;一个法的部门有多种法律关系的主体,一种法律关系的主体往往既是某个法的部门的主体,又是其他法的部门的主体;如果在进行法的部门的划分时以上述法的属性的组合作为标准,或者它们共同或分别与调整对象这一属性的组合作为标准,划分出的所谓法的部门之间就不是全异关系,就会犯"子项相容"的逻辑错误。

其四,不能将法的部门的特点等同于划分法的部门的标准。

事物的属性有两类:一是与其他事物共有的属性,即共性;二是与其他事物不同的属性,即个性(或称特殊性、特性、特征、特点)。事物的个性又有两类:一是该事物的本质属性;二是该事物的非本质属性或一般属性。只有明确了事物的本质属性,才能从根本上把一事物与其他事物区别开来。当然,全面地了解事物的个性,对于进一步认识事物也是有意义的。就法的部门的划分而言,不能以法的若干一般特点代替法的调整对象作为划分法的部门的标准。有些经济法学者肯定经济法是一个独立的法的部门,这是正确的。但是,他们以经济法的多个"特点"为论据来证明"经济法是一个独立的法的部门"这一论题的真实性,这不妥。因为这实际上等于说,划分法的部门有许多标准,从而模糊了划分法的部门的真正标准,因而不能有力地说明为什么经济法是一个独立的法的部门。其实,能否证明"经济法是一个独立的法的部门"这一论题的真实性,并不取决于人们提出的论据数量的多少。如果不是针对论题提出论据,如果提出的论据同论题之间没有必然的联系,论据提得再多,对于证明论题的真实性也是无济于事的。相反,这倒反而使有些人从中找到否定经济法是一个独立的法的部门的"理由"。

① 在法理学著作中,法的调整方法,一般指法律规范调整社会关系的手段和方式。其中,包括法律制裁形式。参见沈宗灵主编:《法理学》,高等教育出版社 1994 年版,第 327 页;卓泽渊主编:《法学导论》,法律出版社 2003 年版,第 26 页。

其五，确定划分法的部门的标准不能脱离实际。

在法学界，一些代表性的著作认为，中国有7个、8个，甚至10个以上法的部门。[①] 被他们划出的法的部门中，有些确实是独立的法的部门，有的所谓法的部门虽然长期以来也被不少人认为是独立的法的部门（当然，不是独立的法的部门，并不等于相关的法律不重要），但它们调整的几乎是各种社会关系，同其他法的部门的调整对象是交叉的，实际上没有特定的调整对象。那么，有些学者是怎么认定这些法的部门的呢？他们不是先从实际出发正确地确定划分法的部门的标准，后划分法的部门，而是按照传统的说法先认定哪些是法的部门，然后再去寻找一些属性作为划分法的部门的标准，以说明他们原先认定的哪些法的部门都是存在的。这种确定划分法的部门的标准的方法，是脱离实际的。

第二，经济法有没有特定的调整对象？

关于经济法的调整对象问题，本书第五章作了全面论述。在这里，笔者对于经济法有没有特定调整对象的问题，作一些简要补充。如前所述，凡是调整特定社会关系的全部现行法律规范，就组成一个独立的法的部门。法的调整对象是划分法的部门的标准。因此，经济法是不是一个独立的法的部门，决定于经济法是否具有特定的调整对象。

如果一个法调整的社会关系同其他法调整的社会关系是交叉的或重叠的，则表明它没有特定的调整对象。没有特定调整对象的法，就不是独立的法的部门。

"特定的调整对象"，不同于所谓"单一的调整对象"。有的观点认为："综合经济法的理论依据，是法律部门的建立需以单一的调整对象为前提，而单一的调整对象则是同一性质的社会关系。"[②]这就是说，凡是独立的法的部门其调整对象都必须是单一的，调整对象不单一的都不能成为一个独立的法的部门。对此，笔者不敢苟同。如果同意这种观点，就意味着否认民法是独立的法的部门。因为民法调整一定范围的财产关系和人身关系这两种不同性质的社会关系，不是单一的调整对象。而否定民法为独立的法的部门，将会造成法学理论和法制建设的混乱。这是我们大家都不愿意看到的。

那么，经济法有没有特定的调整对象呢？有。因为第一，它的调整对象有一定的范围。这个范围就是经济法只调整在国家协调的本国经济运行过程中发生

---

① 参见《中国大百科全书·法学》，中国大百科全书出版社1984年版，第85页；孙国华、朱景文主编：《法理学》，中国人民大学出版社1999年版，第303—306页；王维澄：《关于有中国特色社会主义法律体系的几个问题》，参见全国人大常委会办公厅研究室编：《全国人大常委会法制讲座汇编》（第二辑），中国民主法制出版社2000年版，第42—44页；张福森主编：《干部法律知识读本》（上册），法律出版社2001年版，第26—28页；沈宗灵主编：《法理学》，北京大学出版社2003年版，第305—313页；卓泽渊主编：《法学导论》，法律出版社2003年版，第26—28页。

② 《中国经济法诸论》编写组编著：《中国经济法诸论》，法律出版社1987年版，第2页。

的经济关系,不调整其他经济关系,更不调整非经济关系。第二,经济法的调整对象同其他法的部门的调整对象是可以分开的。就是说,经济法调整的在国家协调的本国经济运行过程中发生的经济关系,同其他法的部门的调整对象既不是交叉的,也不是重叠的。所以,有充分的理由指出,经济法是一个独立的法的部门。

（三）对否认经济法是一个独立的法的部门的观点的评析

法学界有些学者为了否认经济法是一个独立的法的部门,从不同的角度提出了种种所谓"论据"。这些都是值得商榷的。其中,有代表性的论据之一,是说经济法没有特定的调整对象,不是一个独立的法律部门。这种观点明显是不正确的。有一种观点认为,经济法的调整对象同民法、行政法、国际经济法等法的部门的调整对象是交叉的。这实际上否认了经济法和有关法各自具有特定的调整对象,并将导致否认这些法是独立的法的部门。这种观点也不可取。而且,这同他们中的部分学者承认经济法等是独立的法的部门,是自相矛盾的。对于上述两种观点,在本书第五章中已经作了较为详细的分析,这里不必赘述。为了进一步明确为什么经济法是一个独立的法的部门,还需要对以下几种观点作一些分析:

第一种观点认为,在历史唯物主义看来法都是经济的,因此经济法不是一个独立的法的部门,连"经济法"这个名称也不科学。

应该指出:各种法都是建立在一定经济基础之上又为这种经济基础服务的;但并不是各种法都调整经济关系的;就是调整经济关系的若干法,它们各自调整的经济关系也是不同的。因此,拿"法都是经济的"作为"论据",是根本不能否定经济法是调整特定经济关系的,是不能否定经济法是一个独立的法的部门的。说"经济法"这个名称也不科学,这种观点本身就是不科学的。

第二种观点认为,无论是单个的经济法规或是它们的总和都不能形成独立的法的部门,因此经济法不是一个独立的法的部门。

这是一个省略了小前提的三段论。其大前提是,无论是单个的经济法规或是它们的总和都不能形成独立的法的部门;其省略的小前提是,经济法是一系列经济法规①;其结论是,经济法不是一个独立的法的部门。笔者认为,上述三段论的大前提是对的,推理形式也没有问题,其结论之所以错误,是因为其小前提是错误的。其小前提之所以错误,是由于经济法是调整特定经济关系的法律规范的总称,它是由经济法律规范而不是经济法规组成的,因此,无论是单个经济法规,或一系列经济法规,或经济法规的总称(总和),都不能等同于经济法。为

① 参见《中国经济法诸论》编写组编著:《中国经济法诸论》,法律出版社 1987 年版,第 228、229 页。

什么小前提的错误会导致其结论的错误呢？因为三段论是演绎推理的一种形式；演绎推理是由一般到特殊的推理，其结论寓于前提之中。

第三种观点认为，各种单行经济法规只是民法的补充，因此不能说经济法是一个独立的法的部门。

需要明确，民法并不是调整各种经济关系的，在各种单行经济法规的调整对象中，有些经济关系（如市场监管关系、宏观调控关系）本来就不是民法所调整的。所以，不能说各种单行经济法规只是民法的补充，不能以此否定经济法是一个独立的法的部门。同时，经济法本来也不是各种单行经济法规的总称，因而以各种单行经济法规只是民法的补充为“论据”，来否定经济法是一个独立的法的部门，是没有道理的。

第四种观点认为，经济法的调整对象仍然是“民商关系”，只是与民商法的“调整手段”不同而已。

这种观点也否认了经济法具有特定的调整对象，并必将导致否认经济法是一个独立的法的部门。这种观点也不可取。因为经济法和民法各有特定的调整对象，经济法并不调整民事关系，经济法与民法的调整对象既不交叉，也不重叠，是可以分开的。至于“商法”，它是否具有特定的调整对象，是不是一个独立的法的部门，本章将在后面进行论述。事实上，不存在经济法调整“民商关系”的问题。如果据此否认经济法是一个独立的法的部门，当然是无济于事的。

第五种观点认为，在经济法律中有民法、行政法规范，经济法只是民法规范和行政法规范的组合，而不是一个独立的法的部门。

对于这种观点，有必要指出两点：一是以“经济法律”中有民法、行政法规范为“论据”，得出“经济法”不是一个独立的法的部门的结论表明，持这一观点的学者将经济法律与经济法混为一谈，这不妥，他们据此得出的结论是站不住的。二是在经济法律中存在大量经济法律规范，也往往存在属于其他法的部门的法律规范。但是，不能把经济法律等同于经济法，认为经济法是民法规范和行政法规范的组合是不符合实际的，以此否认经济法是一个独立的法的部门是不正确的。

第六种观点认为，财政法、土地管理法都是独立的法的部门，因此不能认为包括财政法、土地管理法在内的经济法也是独立的法的部门。

笔者认为，财政法、土地管理法都有特定的调整对象，可以形成为各自独立的法的部门。但是，它们的调整对象和作为经济法组成部分的其他法的调整对象，同属于在国家协调的本国经济运行过程中发生的经济关系的范围，具有普遍性。而在国家协调的本国经济运行过程中发生的经济关系对于其他经济关系和非经济关系来说，又具有特殊性。正如毛泽东同志所指出的：“由于事物范围的极其广大，发展的无限性，所以，在一定场合为普遍性的东西，而在另一一定场合则变为特殊性。反之，在一定场合为特殊性的东西，而在另一一定场合则变为普遍性。”①因此，根据马克思主义哲学关于特殊性与普遍性的辩证关系的原理，不能承认了财政法、土地管理法是独立的法的部门，而否认经济法是一个独立的法的部门。也就是说，对于不同层次的独立的法的部门来说，不能承认了这一个层次的法的部门而否认另一个层次的法的部门。

三、经济法是一个重要的法的部门

（一）为什么说经济法是一个重要的法的部门

一个法的部门的重要性如何，不决定于研究该法的学者的主观愿望，也不决定于哪一个“大人物”说了什么，而决定于该法作用的大小。一个法的部门作用的大小，决定于该法的调整对象以及由其调整对象所决定的该法的基本功能。

经济法之所以重要，是因为经济法的调整对象是在国家协调的本国经济运行过程中发生的经济关系，使经济法成为国家协调本国经济运行之法，从而对于保护经济法主体的合法权益，维护经济秩序，促进资源的优化配置，提高经济效益，保障国家经济安全，推动经济发展和社会进步，发挥了重要作用。就中国而言，实现经济法的基本功能，有助于保护经济法主体的合法权益，维护经济秩序，坚持社会主义道路，建立和完善社会主义市场经济体制，保障国家经济安全，促进社会主义现代化建设，推动经济社会和人的全面发展。

（二）对如何看待经济法的重要性的一种观点的评析

有些学者提出：“民法和经济法究竟谁是调整社会主义市场经济的基本法”？他们的答案是：“民法是调整社会主义市场经济的基本法”。还说：“从法律的角度看，市场经济是一种完全架构于民事权利义务关系基础之上的经济形态，而市场经济关系本质上也就是一种民事权利义务关系”。② 笔者认为，在《人民日报》“探索与商榷”栏目发表的文章中提出的上述观点，有几个问题确实值得商榷：一是社会主义市场经济是不是民法、经济法的调整对象？应该说，民法除了调整特定的人身关系以外，它和经济法的调整对象是不同的经济关系，而不是经济体制。社会主义市场经济，是指与社会主义基本制度相结合的，市场在国家宏观调控下对资源配置起基础性作用的经济体制。它不仅不是非社会主义国家民法、经济法的调整对象，而且也不是社会主义国家民法、经济法的调整对象。二是民法、经济法是不是基本法？应该说，“基本法”这一概念，是从规范性文件

① 《毛泽东选集》第1卷，人民出版社1991年版，第318页。
② 李双元、屈茂辉：《民法是调整社会主义市场经济的基本法》，载《人民日报》1994年5月4日。

意义上讲的，不是从部门法意义上讲的。例如，现行的《中华人民共和国民法通则》和今后要制定的《中华人民共和国民法》（实际上也就是《民法典》）以及外国制定的、现行的《民法典》，都是基本法；今后应制定的《中华人民共和国经济法纲要》或《中华人民共和国经济法》，也是基本法。不宜把民法、经济法以及其他法的部门称为基本法。有些学者把我国《民法通则》视为基本法，这是对的；同时，又把民法这个部门法说成基本法①，这不妥。三是民法和经济法之间是不是基本法和非基本法的关系？应该说，基本法是相对于非基本法而言的，基本法与非基本法是统率和被统率的关系。民法、经济法不是基本法，也根本不是基本法和非基本法之间的关系，不是统率和被统率的关系。四是能不能说市场经济是一种完全架构于民事权利义务关系基础之上的经济形态？不能。因为：市场经济不是经济形态，而是一种经济体制；民事权利义务关系是一种思想意志关系，它不是市场经济的基础。想以"市场经济是一种完全架构于民事权利义务关系基础之上的经济形态"作为论据，来证明"民法是调整社会主义市场经济的基本法"这个论题的真实性，是无济于事的。五是能不能说市场经济关系本质上也就是一种民事权利义务关系？也不能。因为市场经济关系是一种物质利益关系，属于经济基础的范畴，民事权利义务关系是一种思想意志关系，属于上层建筑的范畴，不能把它们混为一谈。想以"市场经济关系本质上也就是一种民事权利义务关系"作为论据，来论证"民法是调整社会主义市场经济的基本法"这个论题的真实性，同样是无济于事的。笔者认为，民法和经济法都是重要的法的部门。但是，不能将民法视为调整社会主义市场经济的基本法，将经济法视为非基本法；反之，也不能将经济法视为调整社会主义市场经济的基本法，而将民法视为非基本法。

四、经济法与相关法的关系②

（一）经济法与民法的关系

1. 在调整对象方面的关系

研究经济法与民法的关系，首先要了解经济法与民法在调整对象方面的关

① 参见梁慧星：《关于我国民事法律制度的几个问题》，载《全国人大常委会法制讲座汇编》（第二辑），中国民主法制出版社2000年版，第112页；魏振瀛主编：《民法》，北京大学出版社、高等教育出版社2007年版，第12页。

② 经济法与相关法的关系问题，是研究经济法地位的一个重要方面。不了解经济法与相关法的关系，也就不能深刻了解经济法。本章要着重论述经济法与民法、"商法"、行政法、国际经济法的关系，因为它们之间不仅关系密切，而且十分重要；同时，在法学研究和法律实践中，又常常发生混淆它们之间界限的情况。

系;要了解它们在调整对象方面的关系,首先要了解它们各自的调整对象是什么样的社会关系。关于经济法的调整对象,在法学界(包括经济法学界),有些观点是一致的或基本一致的,但是还存在着不同的认识。至于本书的观点,在第五章中作了详细论述,这里不再重复。

下面,着重谈一谈民法的调整对象问题。在法学界(包括民法学界),一般认为,对于民法的调整对象人们的看法是一致的,没有什么争论。其实不然。应该说,虽然争论不是很多,但也还存在不少不同观点。这可从以下几个方面进行介绍和分析:

其一,从民法是否调整特定社会关系来看。多数学者对此作出了肯定的回答。应该指出,这种观点是正确的。但是,有些学者提出了另外的观点,值得商榷。例如,有的学者却认为:"民法是调整民事生活的"[①]。笔者认为,"民事生活"同民法的调整对象有联系,但它不能等同于民法所调整的社会关系。又如,有的学者说:"民法是调整社会主义市场经济的"[②]。这不妥。因为"民法"这一概念的外延,是包括了各种不同社会制度国家的民法在内的,而剥削阶级国家的民法是不调整社会主义市场经济的;就是社会主义国家的民法,也不能把社会主义市场经济这种经济体制,当作民法的调整对象。

其二,从民法与商法的关系来看。有一种观点认为,商法是民法的组成部分。另一种观点认为,民法、商法共同组成一个法的部门,他们称其为"民商法"或"民法商法"部门。还有一种观点认为,民法、商法是各自独立的两个法的部门。上述三种观点对民法调整对象的内容和范围的看法,显然是不同的。至于笔者的观点,在后面就会谈到。

其三,从民法与婚姻家庭法的关系来看。法学界较为普遍地认为,婚姻法是民法的组成部分。但另有一种观点认为,民法和婚姻法是两个并列的法的部门。例如,孙国华、朱景文主编的《法理学》和卓泽渊主编的《法学导论》都将民法、婚姻法视为两个各自独立的法的部门。[③] 以上两种观点对民法调整对象的内容和范围的看法是不同的。应该说:民法是一个独立的法的部门是毫无疑义的;认为婚姻家庭法(在我国,虽然一般称其为"婚姻法",但实际上是"婚姻家庭法",它不仅调整婚姻关系,而且调整家庭关系)也是一个独立的法的部门是正确的,因为它具有特定的调整对象——婚姻家庭关系。

其四,从民法与合同法的关系来看。国内外法学界几乎一致认为,合同法是

---

① 参见梁慧星:《关于我国民事法律制度的几个问题》,载《全国人大常委会法制讲座汇编》(第二辑),中国民主法制出版社 2000 年版,第 112 页。

② 李双元、屈茂辉:《民法是调整社会主义市场经济的基本法》,载《人民日报》1994 年 5 月 4 日。

③ 参见孙国华、朱景文主编:《法理学》,中国人民大学出版社 1999 年版,第 303、304 页;卓泽渊主编:《法学导论》,法律出版社 2003 年版,第 27 页。

民法的组成部分。但是,也有学者认为:"完全可以把合同法从民法中分离出去,作为一个独立的应用法律部门"①。笔者认为,合同法的调整对象属于民法调整对象的范围,合同法显然是民法的重要组成部分之一,将它排除于民法之外欠妥。

其五,从对于我国《民法通则》关于民法调整对象的规定来看。人们的不同的理解有二:一是对于《民法通则》第1条关于"为了……正确调整民事关系……制定本法"的规定如何理解?对此,有一种观点认为,这里说的"调整民事关系",就是调整民事法律关系。因为《民法通则》第85条关于"合同是当事人之间设立、变更、终止民事关系的协议"的规定中说的"民事关系",与该法第1条中的"民事关系"概念相同,都是指民事法律关系。还认为,《民法通则》第85条的规定与我国《合同法》第2条第1款所规定的"本法所称合同是平等主体的自然人、法人、其他组织之间设立、变更、终止民事权利义务关系的协议"也是一致的,民事关系就是民事法律关系,民事法律关系就是民事权利义务关系。另一种观点认为:《民法通则》第1条中的"民事关系",不同于"民事法律关系",如果认为民事关系就是民事法律关系,前者是后者的简称,这就等于说民法"调整民事关系",即"调整民事法律关系",而民法"调整民事法律关系"的观点是不正确的;《民法通则》第1条关于民法"调整民事关系"的规定,同该法第2条关于"中华人民共和国民法调整平等主体的公民之间、法人之间、公民和法人之间的财产关系和人身关系"的规定的精神是一致的。还认为:《合同法》第2条第1款的规定是正确的;在《民法通则》第85条中如果不使用"民事关系"这一概念,而使用"民事法律关系"或"民事权利义务关系"这一概念,就与我国《合同法》第2条第1款的规定一致了,这才是正确的。二是对于《民法通则》第2条的规定如何理解?有一种观点认为,该条正确地规定了我国民法的调整对象,划清了民法与其他法的部门在调整对象问题上的界限。另一种观点认为,划分法的部门的标准是法的调整对象而不是法的主体,因此,规定民法的调整对象,就应指明其调整的社会关系的性质而不宜强调其主体。还认为:"平等主体的公民"、"法人"这一提法也值得商榷。因为公民并不只是"平等主体",如"中华人民共和国公民有依照法律纳税的义务"②,在税收法律关系中,公民就不是"平等主体";当然,公民、法人可以作为"平等主体",但是,"平等主体"不仅是公民、法人,非公民的自然人和非法人的其他组织也可以作为"平等主体"参加民事法律关系,成为民法的主体。

① 参见王源扩:《法律部门划分理论再探讨——兼论经济法的地位问题》,载《安徽大学法学评论》2001年第1卷,安徽大学出版社2001年版,第114页。

② 《中华人民共和国宪法》第56条。

其六,从对于我国《民法通则》(草案)的有关说明来看。关于该法(草案)的说明[①](简称《说明》)指出:"民法主要调整平等主体间的财产关系,即横向的财产、经济关系。政府对经济的管理,国家和企业之间以及企业内部等纵向经济关系或者行政管理关系,不是平等主体之间的经济关系,主要由有关经济法、行政法调整,民法基本上不作规定。""民法还要调整属于民事范围内的人身关系。"对此,有一种观点认为,《说明》中的上述内容,不仅明确了民法的调整对象,而且划清了民法与经济法、行政法在调整对象问题的界限。另一种观点认为,上述《说明》,在一定程度上有助于人们理解民法的调整对象,但是,有些问题令人费解。例如,"平等主体间的财产关系,即横向的财产、经济关系"[②]怎么理解?本来,"平等主体间的财产关系",就是横向的财产关系或横向的经济关系。怎么"平等主体间的财产关系",成了横向的财产关系和横向的经济关系了呢?那么,究竟什么是财产关系?什么是经济关系?财产关系和经济关系又是什么关系呢?又如,"政府对经济的管理,国家和企业之间以及企业内部等纵向经济关系或者行政管理关系,不是平等主体之间的经济关系"怎么理解?"国家和企业之间"的"纵向经济关系"是一种经济管理关系,它与"行政管理关系"是什么关系?能够把它们等同吗?"企业内部"的"纵向经济关系",主体双方都不是国家行政机关,难道这种关系也是"行政管理关系"的组成部分吗?说"纵向经济关系或者行政管理关系,……主要由有关经济法、行政法调整",那么,经济法与行政法的调整对象究竟怎样划分呢?再如,民法主要调整平等主体间的财产关系,不是平等主体之间的经济关系,"民法基本上不作规定"怎么理解?难道民法也调整一部分"不平等主体间的经济关系"吗?那么,民法的调整对象与其他法的部门的调整对象又怎么划分呢?

可见,在民法的调整对象问题上,法学界(包括民法学界)还存在着不少不同的观点,这个问题尚未得到很好解决。

但是,应该肯定,经济法与民法都有特定的调整对象,都调整一定范围的经济关系。这是经济法和民法在调整对象问题上的共同点。人们通常将民法调整的平等的人身关系以外的社会关系,称为平等的财产关系,民事法律也是这样规定的,而财产关系实际上就是经济关系。在中国,有一种观点认为,经济法和民法调整对象是相互交叉的,有的经济关系要由经济法与民法共同调整。他们想

---

① 1986年4月2日在第六届全国人民代表大会第四次会议上所作的说明,载《人民日报》1986年4月17日。

② 这一论断与1986年3月11日在第六届全国人大常委会第十三次会议上所作的关于《中华人民共和国民法通则(草案)》修改情况的说明所指出的"平等主体间的财产关系,即横向联系的财产关系和经济关系"(见《人民日报》1986年3月12日)是一致的。这就是说,"平等主体间的财产关系"=横向的财产关系+横向的经济关系。

以此说明经济法与民法在调整对象问题上的联系。而事实上,这种否定经济法和民法各自具有特定的调整对象的观点,是不能成立的。

在看到经济法和民法在调整对象方面所具有的共同点的同时,还必须看到,它们在调整对象方面的显著区别,它们各有自己不同于其他法的部门的调整对象。经济法的调整对象是在国家协调的本国经济运行过程中发生的经济关系。民法的调整对象是平等的财产关系和人身关系(不包括婚姻家庭关系中的财产关系和人身关系,下同),简称民事关系。经济法不仅不调整人身关系等一切非经济关系,而且不调整各种经济关系,其中包括民法所调整的那部分经济关系,即平等的财产关系或称平等的经济关系。所以,经济法和民法虽然都调整一定范围的经济关系,但它们各自调整的是不同的经济关系,互不交叉和重叠。

2. *在法的地位方面的关系*

经济法和民法在整个法的体系中,都属于国内法体系,都是独立的法的部门,而不是综合部门,更不是法学学科。但是,如前所述,在 20 世纪 20 年代,苏联学者 A.Г.戈伊赫巴尔格却认为,民法是经济法的组成部分。与此相反,在中国,"有的认为经济法没有统一的调整对象和方法,不能构成独立的法律部门,只能看作是民法的补充"①。有的学者说:"从经济法是国家为调整经济关系而制定的法律规范概念出发,则民法也可以说是经济法,而且我认为是基本的经济法。"②应该说,上述观点都是不能成立的。因为经济法和民法都有特定的调整对象,是两个独立的法的部门。它们之间是并列关系,而不是从属关系。

经济法与民法在法域属性方面具有重要区别:前者,属于公法的范围;后者,属于私法的范围。对此,本章将在后面进行论述。

3. *在法律关系主体方面的关系*

经济法的主体有协调主体和协调受体之分。前者,包括法定的国家权力机关、国家行政机关;后者,包括使用预算收入的国家机关、企业、事业单位、行业性中介组织、个体经营户、个人等。

民法的主体是自然人、法人和其他组织。我国《民法通则》第二章的章名为"公民(自然人)"。有一本名为《民法通则释义》的著作说:"在民事关系中,公民这一概念等同于自然人"③。对于上述规定和释义,有一种观点表示完全赞同。这值得商榷。因为自然人是法人的对称,指自然界中的人,是民事权利和义务的主体。自然人与公民是两个不同的概念。公民是指具有一国国籍,并根据该国宪法、法律的规定,享有权利和承担义务的人。凡是公民都是自然人,而自

① 参见高等学校法学教材:《法学概论》,法律出版社 1982 年版,第 212 页。
② 高程德:《经济法》,上海人民出版社 2003 年版,前言第 1 页。
③ 穆生秦主编:《民法通则释义》,法律出版社 1987 年版,第 4 页。

然人不一定是公民，不能把自然人等同于公民。

需要指出的是："在人类社会，作为基本单元的社会实体，一般以个人和组织体而存在，法律则依据社会实体在一定领域所处角色赋予其法律资格，具有一定法律资格的社会实体才是法律意义上的主体。同一社会实体在不同领域所处角色不同，法律就赋予其不同法律资格。"①例如，公司既可以作为协调受体参加经济法律关系，成为经济法的主体，又可以作为法人参加民事法律关系，成为民法的主体。这种情况既体现了经济法主体与民法主体的联系，又体现了它们之间的区别。

4. *在法的渊源方面的关系*

经济法与民法的渊源，都包括宪法、法律、行政法规、地方性法规、自治条例和单行条例、部门规章、地方政府规章等规范性文件，以及习惯法、判例法、法定解释。对此，本书将在第十三章进行详细论述。

5. *在法律后果方面的关系*

法律后果分为两类：一是法定的有利后果，即有利的法律后果或肯定性法律后果；二是法定的不利后果，即不利的法律后果或否定性法律后果。

在组成经济法的法律规范中，法定的有利后果，表现为对于符合经济法的合法行为的有效性的承认、保护，以至对行为人的奖励；法定的不利后果，表现为对于违反经济法的违法行为的有效性的否认，以至对行为人的惩罚。对于违反经济法义务的违法行为人的法定不利后果，采取追究经济责任和非经济责任两种形式：经济责任包括补偿性经济责任和惩罚性经济责任；非经济责任包括行为责任、信誉责任、资格减免责任和人身责任。

在组成民法的法律规范中，其法律后也具有法定的有利后果和法定的不利后果之分。但是，在法定的有利后果中，一般不包括奖励；在法定的不利后果中，根据我国《民法通则》第134条第1款的规定，承担民事责任的方式主要有：停止侵害；排除妨碍；消除危险；返还财产；恢复原状；修理、重作、更换；赔偿损失；支付违约金；消除影响、恢复名誉；赔礼道歉。

总之，经济法与民法既有联系，又有区别；它们都属于国内法体系，都是独立的法的部门；它们之间是并列关系，而不是从属关系，也不是交叉关系。

---

① 王全兴：《经济法主体的一般原理》，见杨紫烜主编：《经济法》，北京大学出版社、高等教育出版社2008年版，第95页。

（二）经济法与“商法”的关系[①]的关系

1．对于在“商法”概念问题上的不同观点的评析

要搞清楚经济法与“商法”的关系，必须首先明确“商法”的概念。

对于“商法”这一概念，法学界有多种不同的理解。概括起来，主要有以下几种：

其一，从学科的意义上理解“商法”：认为“商法在我国是一个新兴但令人困惑的学科”[②]。

其二，从商事主体的角度定义“商法”：认为依《德国商法典》，商法是适用于商人的特别私法[③]；认为商法是规范商人的特别法[④]。

其三，从商事行为（或活动）的角度定义“商法”：认为依《法国商法典》，商法是关于一定商行为的特别法[⑤]；认为商法是“调整商事活动的法律规范的总称”[⑥]；认为“商法是指调整与商业活动有关的法律规范的总称”[⑦]。

其四，从商事主体和商事行为（或活动）结合的角度定义“商法”：认为商法是“调整市场经济关系中商人、商业组织和商业活动的法律规范的总称”[⑧]；认为商法是“调整企业组织以及商业活动的法律规范的总称”[⑨]；认为“商法是规范现代市场主体（商人）和现代市场行为（商行为）的法律规范的总称”[⑩]；认为“商法是指调整商事法律关系主体和商业活动的法律规范的总称。”[⑪]

其五，从调整一定范围社会关系的角度定义“商法”：认为“商法是调整商事关系的法律规范的总称”[⑫]；认为“商事法是调整商事关系的法律规范的总和”[⑬]；认为商法是“调整平等商事主体之间的商事关系的法律规范的总称”[⑭]；

---

① 目前，在经济法的著作中，在谈到经济法与相关法的关系时，通常都要谈到经济法与“商法”或“民商法”的关系。笔者认为，本书在谈了经济法与民法的关系以后，也有论述经济法与“商法”的关系的必要。不过，本书是从经济法与规范性文件意义上讲的“商法”的关系的。

② 蒋大兴：《商事关系法律调整之研究》，载《中国法学》2005年第3期。

③ 转引自范健、王建文：《商法论》，高等教育出版社2003年版，第33页。

④ 转引自王作全主编：《商法学》，北京大学出版社2002年版，第3页。

⑤ 转引自范健、王建文：《商法论》，高等教育出版社2003年版，第33页。

⑥ 赵中孚主编：《商法总论》，中国人民大学出版社1999年版，第3页。

⑦ 李昌麒：《经济法——国家干预经济的基本法律形式》，四川人民出版社1995年版，第260页。

⑧ 《中国大百科全书·法学》，中国大百科全书出版社1984年版，第505页。

⑨ 《法学词典》，上海辞书出版社1989年版，第939页。

⑩ 徐学鹿主编：《商法教程》，中国财政经济出版社1997年版，第1页。

⑪ 沈宗灵主编：《法理学》，北京大学出版社2003年版，第308页。

⑫ 王作全主编：《商法学》，北京大学出版社2002年版，第4页；魏振瀛主编：《民法》，北京大学出版社、高等教育出版社2007年版，第3页。

⑬ 王保树主编：《中国商事法》，人民法院出版社1996年版，第3页。

⑭ 王保树：《中国的商事法律制度》，载《全国人大常委会法制讲座汇编》（第二辑），中国民主法制出版社2000年版，第148页。

认为“商法是调整商事财产关系和商事人身关系的法律规范组成的有机联系的法律规范体系”[①];认为“在大陆法的思维和背景下,‘商法’只能是指私的调整各种经济贸易关系的法”[②];认为“商法是指调整商事交易主体在其商行为中所形成的法律关系,即商事法律关系的法律规范的总称”[③];认为“商法是指调整因商主体及其他主体所从事的商行为而形成的法律关系即商事法律关系的法律规范的总称。可以更加简洁地将其定义为:商法乃指调整因商行为而形成的商事法律关系的法律规范的总称”[④];认为“商法是以商事活动中产生的商事关系,包括商事权利和义务关系为调整对象的法律规范的总称”[⑤]。

其六,从规范性文件意义上理解“商法”:认为“形式意义上的商法是指坚持民商分立体制的国家所制定的,并以《商法典》命名的法律文件”[⑥];认为“形式的商法指商法典;实质的商法指商法典和规定商事的各种法规”[⑦];认为“商法是关于商事的法律”[⑧];认为在英美法系中,“商法”一般是指“与商事交易有关的各种法律”[⑨];认为“商法[commercial law]是一个相当含混的一般性术语,用来指与商业有关的各种法律”[⑩]。

有些学者在谈到“我国商法学界关于商法的定义”时指出:“几乎所有的定义都失之模糊,未能准确地表达出商法的内涵。”[⑪]有的学者说:“商法的内容是朦胧的,商法的边界是模糊的”。“商法这令人眼花缭乱的内容和体系,不能不使人深深地陷入迷茫和困惑之中。”[⑫]有的学者认为,在我国,对商法的外延及内涵的争论从未停止过。商法到底调整什么内容,具有极大的不确定性;对于商法的外延,学者们也常常感到困惑和不解。[⑬]

笔者认为,法学界、特别是商法学界,对“商法”的研究取得了一定的成果,但是,还存在着不少问题需要解决。仅从对“商法”概念这一最基本问题的理解和对这一概念所下的各种定义来看,虽有值得肯定的内容,但有一些问题值得商

---

① 寇志新主编:《商法学》,法律出版社 1996 年版,第 1 页。
② 史际春、陈岳琴:《论商法》,载《中国法学》2001 年第 4 期。
③ 范健主编:《商法》,高等教育出版社、北京大学出版社 2002 年版,第 5 页。
④ 范健、王建文:《商法论》,高等教育出版社 2003 年版,第 37 页。
⑤ 王卫国主编:《商法概论》,中国政法大学出版社 2000 年版,第 7 页。
⑥ 王作全主编:《商法学》,北京大学出版社 2002 年版,第 4 页。
⑦ 魏振瀛主编:《民商法原理与实务》,北京大学出版社 1996 年版,第 13 页。
⑧ 赵万一主编:《商法学》,中国法制出版社 1999 年版,第 1 页。
⑨ 王作全主编:《商法学》,北京大学出版社 2002 年版,第 3 页。
⑩ [英]戴维·M. 沃克:《牛津法律大辞典》,北京社会与科技发展研究所组织翻译,光明日报出版社 1988 年版,第 180 页。
⑪ 范健、王建文:《商法论》,高等教育出版社 2003 年版,第 34 页。
⑫ 赵旭东:《商法的困惑与思考》,载《政法论坛》2002 年第 1 期。
⑬ 参见刘保玉、陈龙业:《析商事通则与民法一般规则的关系——商事通则立法的可行性悖议》,载《河南省政法管理干部学院学报》2005 年第 4 期。

榷。下面,进行一些评析:

其一,商法学是一门重要的法学学科,"商法"不是一门学科,把"商法"视为学科不妥。任何法都是由国家制定或认可的法律规范组成的,它属于上层建筑中制度的范畴;而任何学科都是人们从事学术研究的产物,属于上层建筑中意识形态的范畴。不能把两者混为一谈。

其二,从商事主体、商事行为(或活动)或者两者结合的角度定义"商法",不能揭示"商法"这一概念的内涵,是不可取的。因为"商法"与其他法的根本区别,不是法的主体,不是主体的行为(或活动),也不是两者的结合。此外,有些提法也不合适。例如,"规范商人"、"规范现代市场主体"的提法欠妥,因为规范的对象应该是主体的行为而不是主体本身。又如,"调整商事活动"、"调整……商人、商业组织和商业活动"、"调整企业组织以及商业活动"、"调整商事法律关系主体和商业活动"等提法也欠妥,因为任何法的调整对象应该是一定的社会关系而不是什么主体、主体的活动或者两者的结合。再如,"商法是指调整与商业活动有关的法律规范的总称"的提法令人费解,因为如果从字面上看,可以理解为商法是"调整与商业活动有关的法律规范",但这不是作者的本意,作者是要说商法是"调整……的法律规范的总称"。那么,商法"调整与商业活动有关的"什么呢?作者没有交待,人们也无法了解。

其三,从调整一定范围的社会关系的角度定义"商法",虽然是个进步,但还存在一些问题。所谓"是个进步",是指这比从学科的意义上理解"商法",从商事主体、商事行为(或活动)以及商事主体和商事行为(或活动)结合的角度定义"商法",有明显改进。所谓"存在一些问题",包括以下几点:一是认为"商法"的调整对象是"商事法律关系"、"商事权利和义务关系",是不正确的。因为如前所述,任何法都调整一定社会关系,但都不调整任何法律关系或者权利和义务关系。二是认为"商事关系,包括商事权利和义务关系",这也不对。因为前者是一种经济关系即物质利益关系,后者是一种思想意志关系,后者不是前者的组成部分。三是认为"商法"的调整对象是"各种经济贸易关系",这明显扩大了其调整对象的范围,不妥。四是认为"商法"的调整对象是"商事关系",这涉及到如何理解商事关系以及它同民法、经济法的调整对象的关系等问题,本书将在后面作进一步分析。

其四,从规范性文件意义上理解"商法"是有道理的,但是,有的认识也有不妥之处。一是不能将"以《商法典》命名的法律文件"或者"关于商事的法律"或者"与商事交易有关的各种法律",等同于从规范性文件意义上讲的"商法"。因为从规范性文件意义上讲的"商法",应该包括一切商事法律(含《商法典》,但不限于《商法典》)、法规、规章等规范性文件。二是将"商法典和规定商事的各种法规"说成是"实质的商法",不妥。因为"商法典和规定商事的各种法规"都属于规范性文件意义上讲的“商法”的范围(按照有的学者的观点,它属于“形式意义上商法”的范围),而不是“实质的商法”。

2.“商法”是不是一个独立的法的部门

“商法”是否具有独立的部门法地位,这是一个颇有不同意见的问题。

有一种观点认为,商法是一个独立的法的部门。例如,有的学者说:“无论在外国,还是在我国,商法都是法律体系中重要的法律部门之一。”①这在商法学界是许多人的主张,在其他学界也有少数人支持这一观点。他们的论据主要有四:一是认为,实行“民商分立”的国家不仅制定了《民法典》,而且制定了《商法典》,表明其承认商法是一个独立的法的部门。中国也应实行“民商分立”,制定《商法典》,使商法成为一个独立的法的部门。二是认为,新中国成立后,我们党和国家始终没有使用过商法的概念,1993 年 11 月 14 日中共十四届三中全会作出的《关于建立社会主义市场经济体制若干问题的决定》,“明确提出在我国要进一步完善商法。”②三是认为,商法具有特殊的调整对象,因而成为一个独立的法的部门。四是认为,使商法成为一个独立的法的部门,是发展商品经济、实行市场经济的需要。

另一种观点认为,商法不是一个独立的法的部门。这是法学界许多人的观点。在持这一种观点的学者中,又有五种不同的主张:一是主张,“民商合一”,认为商法是民法的组成部分,商法不是一个独立的法的部门。例如,有的学者认为,商法调整的商事关系,“也是平等主体之间的关系,属于民事关系的一种”。“民法与商法并不是两个并立的法律部门,其相互之间是一般法与特别法的关系;民法是一般法,而商法是民法的特别法。”③有的学者说:“我国立法体现的是民商合一制,我们通常说的民法的概念包括商法在内。”④二是主张,将“民商法”或“民法商法”视为一个法的部门。例如,有一种观点认为,“民法商法”是我国七个法律部门之一⑤。三是主张,“商经合一”,认为商法是经济法的组成部分,商法不是一个独立的法的部门。例如,有的学者指出:“我国许多经济法学者都是把商法调整的社会关系纳入到经济法的调整范围。从而,在我国树立了一种实际上可称‘商经合一’的立法主张,我本人也是这种主张的积极的倡导者之

---

① 王作全主编:《商法学》,北京大学出版社 2002 年版,第 9—10 页。

② 徐学鹿:《商法是市场经济的内在要求》,载《南京大学法学评论》1995 年秋,第 68—75 页。

③ 王家福:《社会主义市场经济的法律保障》,见全国干部培训教材编审指导委员会组织编写:《社会主义法制理论读本》,人民出版社 2002 年版,第 300 页。

④ 魏振瀛主编:《民法》,北京大学出版社、高等教育出版社 2007 年版,第 3 页。

⑤ 参见王维澄:《关于有中国特色社会主义法律体系的几个问题》,载全国人大常委会办公厅研究室编:《全国人大常委会法制讲座汇编》(第二辑),中国民主法制出版社 2002 年版,第 42 页。

一。"[①]四是主张，经济法是商法的延伸。如前所述，在比利时的经济法理论中，有一种商法延伸论。在J.范兰看来，"商法"这种表达方式，现在已经变得很不恰当了，最好是用"经济法"这种名称代替"商法"那种过时的名称。五是主张，传统上所说的商事法律、法规等规范性文件中的民法规范和经济法规范，分别属于民法、经济法部门，商法不是一个独立的法的部门法。[②]

"商法"究竟是不是一个独的法的部门？特别是在中国，究竟有没有必要形成一个"商法"部门？对此，应该坚持理论联系实际的原则，经过深入研究，力求作出正确的结论。这是一项事关法学和法制建设发展的大事。但是，法学界对此还缺乏深入研究，无论作出肯定回答还是作出否定回答的学者，至今还尚未提出系统的、有充分说服力的论据。下面，笔者主要联系中国的实际，进行一些论述：

第一，在我国有没有必要制定《商法典》？

大家知道，由于历史的原因和现实情况的差异，国外在民事、商事立法方面出现了不同立法模式：一部分国家既没有制定《民法典》，也没有制定《商法典》[③]；一部分国家制定了《民法典》，没有制定《商法典》；一部分国家不仅制定了《民法典》，而且制定了《商法典》。我国有自己的国情，对国外的做法不能照搬，只能借鉴。如果因为有些国家制定了《商法典》，而认为中国就应该制定，那么大多数国家没有制定《商法典》，我们为什么不可以借鉴呢？当然，要不要借鉴不能单纯考虑制定了《商法典》的国家数量的多少，而要看制定《商法典》能否更好地推动国民经济的发展，但是国外的实践至今并不能证明这一点。根据我国的实际情况，许多民商法学者也指出，我国应采用民商合一体制，不制定《商法典》。[④]

再从商事立法的发展来看，起初其立法宗旨是为了维护商人阶层的特殊利

---

① 李昌麒：《经济法——国家干预经济的基本法律形式》，四川人民出版社1995年版，第261—262页。

② 参见杨紫烜：《建立社会主义市场经济体制与经济法的发展》，载《光明日报》1993年6月6日；杨紫烜主编：《经济法》，北京大学出版社、高等教育出版社1999年版第48—49页，2006年版第45页，2008年版第45页；李昌麒：《经济法——国家干预经济的基本法律形式》，四川人民出版社1995年版，第262页。

③ 美国是否制定了相当于一些大陆法系国家制定的《商法典》那样的法典呢？有的学者指出："美国虽然制定了统一商法典，但它与欧洲大陆国家的商法典有很大不同。它规定的不是上述的各种商法制度，而主要是商品买卖制度"（江平：《西方国家民商法概要》，法律出版社1984年版，第6页）。有些学者指出：美国法学会与统一州法委员会共同制定的《美国统一商法典》，并不具有直接法律效力（参见范健、王建文：《商法论》，高等教育出版社2003年版，第40页）。

④ 参见王家福：《社会主义市场经济法律制度建设问题》，载司法部法制宣传司编：《中共中央举办法律知识讲座纪实》，法律出版社1995年版，第97页；王保树：《中国的商事法律制度》，载全国人大常委会办公厅研究室编：《全国人大常委会法制讲座汇编》（第二辑），中国民主法制出版社2000年版，第151页。

益，后来随着社会化大生产的发展，出现了人的普遍商化和生产职能与流通职能的相互渗透，在很多情况下商人与非商人、商行为与其他经济行为已无法区分，商人阶层及其特殊利益已不再存在。有些民法学者指出："从我国情况看，把企业和公民分为商人和非商人，把商品经济活动分为商事行为和民事行为，也是行不通的。……不能也不必要单独制订商法典和商法总则。"[①]有些商法学者也指出，就已经制定了《商法典》的国家而言，其《商法典》存在着猛烈"瓦解的趋势"。例如，"大陆法系著名的三部商法典[②]，一百余年来几乎被瓦解殆尽。《法国商法典》制定于1807年，原法典共648系，分为四卷。但目前继续有效的仅有140条，其中只有约30个条款保留1807年的原文。"[③]

第二，制定了《商法典》是否就形成了"商法"部门？

法理学告诉我们，是否形成为一个独立的法的部门，同是否制定相关法典没有必然的联系。在国内外，没有制定《民法典》、《经济法典》、《行政法典》等相关法典，并不影响民法、经济法、行政法等作为独立的法的部门的存在；反之，制定了《商法典》等法典，并不等于形成了相应的部门法。因为任何一个独立的法的部门都是调整特定社会关系的现行法律规范的总称，而不是就某一个规范性文件而言的，即使该规范性文件的名称叫做什么法典也是如此。

第三，完善商事法律是否等于形成"商法"部门？

中共中央《关于建立社会主义市场经济体制若干问题的决定》指出：要"遵循宪法规定的原则，加快经济立法，进一步完善民商法律、刑事法律、有关国家机构和行政管理方面的法律，本世纪末初步建立适应社会主义市场经济的法律体系"[④]。这里说的"民商法律"，就是民事法律和商事法律，是从规范性文件意义上讲的。商事法律不等于"商法"部门。党中央在上述《决定》中并没有使用"商法"这个概念。就商事法律而言，无论其数量多寡，都不能将其视为"商法"部门。完善商事法律，并不等于形成"商法"部门。

第四，没有特定的调整对象能否形成"商法"部门？

法学界对商法这一概念有多种不同的理解，下了多个不同的定义。概括起来，主要有两类相互有联系的定义：一是从商事主体和商事行为结合的角度下定义；二是就其调整对象下定义。前者认为，商法是规定商事主体和商事行为的法律规范的总称，商法包括组织法和行为法。后者，最有代表性的定义是：商法是调整商事关系的法律规范的总称。什么是商事关系？这又有几种观点。例如：

---

① 王利明：《论中国民法典的制订》，载《政法论坛》1998年第5期，第52页。

② 这里说的"三部商法典"，是指《法国商法典》、《德国商法典》、《日本商法典》——本书作者注。

③ 参见徐学鹿、梁鹏：《非法典化》，载《时代法学》2005年第4期。

④ 《人民日报》1993年11月17日。

认为“现代商事关系，就是现代市场交易关系”[1]；认为“商事关系是人们基于营利目的而发生的经济关系”[2]；认为“所谓‘商事关系’，是指市场经营主体的营业活动中所产生的社会关系，也是平等主体之间的关系，属于民事关系的一种”[3]；认为“商事关系就是平等主体之间基于营利行为而形成的民事关系，商事关系的主体一定是平等的，其性质主要是财产关系，而民事关系是范围更广的人身关系和财产关系，民事关系与商事关系是典型的种属关系。”[4]

联系到学者们较为普遍认可的商法的内容来分析，也就不难了解，所谓商事关系包括关于商事主体和商事行为的法律规范所调整的一些经济关系。由于这些经济关系分别属于民法和经济法这两个法的部门调整对象的范围，它不是什么特定的调整对象。因此，调整这些经济关系的法律规范虽然数量很多，但并不能形成为“商法”部门。

第五，从中国经济发展的需要来看，是否有必要形成“商法”部门？

根据历史的传统和现实的国情，在我国，一系列有关经济关系已经分别成为民法调整对象的主要组成部分和经济法的特定调整对象。民法和经济法既发挥其各自的功能，又相互紧密配合，共同引导、推进和保障社会主义市场经济体制的建立和完善，推动国民经济的平稳、较快发展。因而，不需要也不应该把一部分本应分别属于民法和经济法的法律规范凑合在一起，称其为独立于民法和经济法的“商法”部门。[5] 在是否需要与可能形成“商法”部门的问题上，还有一些学者也正确地指出：我国当前，“并无在民法、经济法……之外另立商法部门的客观条件和法学基础。”[6]“商法本身不可能组成部门法体系”[7]。

3. 经济法与规范性文件意义上讲的“商法”的关系

从规范性文件意义上讲的“商法”，在不少学者看来，包括公司、票据、证券、保险、海商等方面的规范性文件。就这些规范性文件的内容而言，包括关于商事主体的法律规范和商事行为的法律规范：前者，调整的对象主要是组织管理关系，也包括一部分市场交易关系；后者，调整的对象包括市场交易关系、市场监管关系、宏观调控关系。

---

① 徐学鹿：《商法的几个基本理论问题》，载《法学杂志》1999 年第 1 期。

② 王保树：《中国的商事法律制度》，载全国人大常委会办公厅研究室编：《全国人大常委会法制讲座汇编》（第二辑），中国民主法制出版社 2000 年版，第 150 页。

③ 王家福：《社会主义市场经济的法律保障》，载全国干部培训教材编审指导委员会组织编写：《社会主义法制理论读本》，人民出版社 2002 年版，第 300 页。

④ 刘保玉、陈龙业：《析商事通则与民法一般规则的关系——商事通则立法的可行性悖议》，载《河南省政法管理干部学院学报》2005 年第 4 期。

⑤ 参见杨紫烜：《建立社会主义市场经济体制与经济法的发展》，载《光明日报》1993 年 6 月 6 日。

⑥ 史际春：《社会主义市场经济与我国的经济法》，载《中国法学》1995 年第 3 期，第 56 页；潘静成、刘文华主编：《经济法》，中国人民大学出版社 2005 年版，第 87—88 页。

⑦ 王利明：《论中国民法典的制订》，载《政法论坛》1998 年第 5 期，第 52 页。

笔者认为,上述市场交易关系是一种平等的经济关系,属于民法调整对象的范围。在被一些学者所称的商事法律、法规等规范性文件中,调整上述市场交易关系的法律规范,实质上是民事法律规范。这也就是有些学者所说的,有大量的民法规范散见于《公司法》、《票据法》、《海商法》等单行法律中。① 这些民事法律规范,应该归入民法部门。关于上述组织管理关系的法律调整,如前所述,既不宜将其与市场监管关系、宏观调控关系并列地作为经济法的调整对象,又不宜将其一概排除于经济法调整对象之外。这种经济关系不是平等的经济关系不属于民法调整对象的范围,也不是平等的商事关系不属于"商法"调整对象的范围。上述市场监管关系、宏观调控关系,显然属于经济法调整对象的范围。在被一些学者所称的商事法律、法规等规范性文件中的经济法律规范,应该归入经济法部门。有的学者指出:在《公司法》、《票据法》、《证券法》、《保险法》、《海商法》等法律中,既有属于民法范畴的规定,又有属于经济法范畴的规定;这些法律既可以作为民法的渊源,也可以作为经济法的渊源。② 这一论断是正确的。

(三) 经济法与行政法的关系

1. 在调整对象方面的关系

关于经济法的调整对象,本书已经作过详细论述,这里不再重复。

下面,先来谈谈法学界在行政法调整对象问题上的几种不同观点:

其一,主张行政法调整一定范围的"社会关系"。例如:认为行政法"主要是调整国家行政机关之间及其在行政管理活动中同其他国家机关、社会团体和公民间发生的社会关系"③;认为"行政法是调整国家行政管理活动中形成的社会关系的",国家行政管理"涉及范围很广,包括治安、民政、工商、文教、卫生、税务、财政、交通、环境、边境等多方面的行政管理。"④

其二,主张行政法调整"行政关系"或"国家行政关系"。例如:认为行政法"调整行政关系","行政关系,从本质上说,就是规定行政关系各方当事人之间的权利义务关系"⑤;认为行政法的"调整对象是行政主体在行政管理活动中和其他国家机关、社会团体、企业事业单位以及公民之间的关系,即行政关系",其内容"涉及政治、经济、军事……各个领域"⑥;认为"行政法只宜调整发生在行政

---

① 孙国华、朱景文主编:《法理学》,中国人民大学出版社 1999 年版,第 304 页。

② 参见李昌麒:《经济法——国家干预经济的基本法律形式》,四川人民出版社 1995 年版,第 262 页。

③ 《法学词典》(增订版),上海辞书出版社 1984 年版,第 334 页。

④ 孙国华、朱景文主编:《法理学》,中国人民大学出版社 1999 年版,第 303 页。

⑤ 罗豪才主编:《行政法学》,中国政法大学出版社 1989 年版,第 3 页。

⑥ 曾庆敏主编:《法学大辞典》,上海辞书出版社 1998 年版,第 561 页。

活动中的行政关系，而经济法则调整发生在经济活动中的经济管理关系”[①]；认为行政法“调整行政与公民之间的关系”，同时又说，相对于“一般行政法”而言的“特别行政法是指调整特定行政领域的法律，如建设法、道路法、职业法、经济法、社会法、教育法、高等教育法等”[②]；认为行政法“调整行政关系，即在行政管理活动中，国家行政机关同相对人之间发生的关系，国家行政机关相互之间发生的关系”[③]；认为行政法是“调整行政关系的”，“所谓‘行政关系’，是指行政主体行使行政职能和接受行政法制监督而与行政相对人、行政法制监督主体所发生的各种关系以及行政主体内部发生的各种关系”[④]；认为“行政法的调整对象是国家行政关系”，即“国家行政机关在行使其行政职权过程中发生的各种社会关系”[⑤]。

其三，主张行政法调整“行政管理关系”。例如：认为“行政法以调整行政管理关系为宜，而不调整经济管理关系”[⑥]；认为“经济法调整经济管理关系……行政法调整行政组织关系以及经济领域以外的其他行政管理关系”[⑦]。

其四，主张行政法调整“行政法律关系”。例如：认为行政法是“调整各种国家行政机关之间，以及国家行政机关同其他国家机关、企业事业单位、社会团体和公民之间行政法律关系的”[⑧]；认为行政法“调整国家行政机关实现国家行政管理活动中所发生的社会关系，即行政法律关系”[⑨]。

其五，主张行政法调整“国家行政管理活动”或“政府行政活动”。例如：认为“行政法是调整有关国家行政管理活动的”[⑩]；认为“行政法是调整政府行政活动的”[⑪]。

对于上述观点应该实事求是地进行评析。客观地讲，法学界对于行政法调整对象的研究是有成绩的，不少观点是有道理的或是正确的。这主要表现在以下几个方面：一是任何法都是以社会关系为调整对象的，但都有一定的范围。认为行政法调整一定范围的社会关系，这是可取的。二是认为行政法调整的社会

① 这是王保树提出的观点。参见许明月主编：《经济法学论点要览》，法律出版社2000年版，第262页。

② 〔德〕哈特穆特·毛雷尔：《行政法学总论》，高家伟译，法律出版社2000年版，第33、34页。

③ 卓泽渊主编：《法学导论》，法律出版社2003年版，第27页。

④ 姜明安主编：《行政法与行政诉讼法》，北京大学出版社、高等教育出版社2007年版，第18页。

⑤ 李国本：《中国经济法基本理论与基本制度研究》，中国社会出版社2007年版，第155页。

⑥ 杨紫烜主编：《经济法》，北京大学出版社、高等教育出版社1999年版第49页，2006年、2008年版第46页；参见杨紫烜主编：《经济法原理》，北京大学出版社1987年版，第17页。

⑦ 谢次昌主编：《中国经济法概论》，中国法制出版社1991年版，第57页。

⑧ 王珉灿主编：《行政法概要》，法律出版社1983年版，第1页。

⑨ 《中国大百科全书·法学》，中国大百科全书出版社1984年版，第672页。

⑩ 张文显主编：《法理学》，高等教育出版社2003年版，第105页。

⑪ B. Schwarts, Administration Law, Boston: Little Brown, 1976, pp. 1—2.

关系是在国家行政管理活动中形成的,或者是在国家行政机关行使行政职能过程中发生的,这是有道理的。因为离开了国家行政管理活动或者离开了国家行政机关行使行政职能而发生的社会关系,是不能成为行政法的调整对象的。三是认为行政法的调整对象是行政关系,它不包括经济管理关系在内。在这里,使用"行政关系"这一概念欠妥,但是明确指出经济管理关系不归行政法调整是恰当的。四是认为行政法调整行政管理关系,不调整经济管理关系,经济管理关系应由经济法调整,这是正确的。

但是,还必须看到,法学界在行政法调整对象问题上的观点,也有不少值得商榷之处:一是在谈到行政法的调整对象时,使用"主要调整……社会关系",这不妥。因为没有指出"次要调整……社会关系",人们就无法了解行政法的调整对象究竟是那些社会关系。二是行政法与其他法的调整对象的区别,关键在于它们各自调整着不同性质的社会关系,而不宜以强调其主体的不同来区别它们的调整对象。三是将工商、税务、财政等管理包括在行政管理之中而排除在经济管理之外,混淆了在国家行政管理活动中发生的行政管理关系和在国家经济管理活动中发生的经济管理关系的界限。四是认为行政法中的所谓"特别行政法",是指调整特定行政领域的法律,其中包括"经济法"在内。这就是把"经济法"视为规范性文件中的"法律",并且把它视为行政法的组成部分,这显然是错误的。五是如前所述,法律关系,是指根据法的规定发生的权利和义务关系。任何法都是调整一定范围的社会关系的,但任何法都不调整法律关系。认为行政法调整行政法律关系的观点是不正确的。六是人们的行为或活动与社会关系有着密的联系,但是不能混为一谈。人们的行为或活动是法的规范对象而不是调整对象,将"国家行政管理活动"或"政府行政活动"视为行政法的调整对象缺乏科学性。

可见,无论在整个法学界还是在行政法学界,对于行政法的调整对象都还存在着不同的观点。这影响着对于经济法与行政法在调整对象问题上的关系的认识。但是,应该肯定,经济法与行政法都调整一定范围的管理关系,它们调整的都是以服从为特征的社会关系。这是经济法与行政法这两个法的部门在调整对象问题上的共性。有些学者断言,存在着"经济法同行政法调整对象的交叉"或"某些交叉",他们主观上是想借此说明经济法与行政法在调整对象问题上的联系,而实际上,这是一种否认经济法和行政法各自具有特定的调整对象的观点,是不恰当的。

在肯定经济法与行政法在调整对象方面所具有的共性的同时,还必须看到,它们在调整对象方面的个性,它们各自所具有的特定的调整对象。如前所述,经济法是调整在国家协调的本国经济运行过程中发生的经济关系的。其中,包括市场监管关系、宏观调控关系。行政法以调整行政管理关系为宜,而不调整经济管理关系。如果由行政法调整经济管理关系,就意味着主要依靠行政层次、行政区划、行政手段来管理经济,这就会造成政企职责不分,使企业成为国家机构的附属物,压抑企业的生机和活力,不利于国民经济的发展。

2. 在法的地位方面的关系

经济法与行政法在整个法的体系中,都属于国内法体系,都是独立的法的部门,不是综合部门,更不是法学学科。但是,如前所述,在第二次世界大战以后,苏联学者 C.H.勃拉图西把经济法视为经济行政法,说它是"行政法的一部分"。在中国,也有学者认为,经济法即经济行政法,属于行政法的一个分支[①];有的说,经济行政法既属于经济法的组成部分,又属于行政法的组成部分[②]。上述观点都是不可取的。因为经济法和行政法都有特定的调整对象,是两个独立的法的部门,它们之间是并列关系,而不是从属关系,也不是交叉关系。

经济法与行政法都是重要的法的部门。它们对于维护国家利益和社会公共利益,对于国家的改革和发展,都发挥着重要的作用。同时也要看到,它们作用的发挥也有不同的情况。经济法对于引导、推进和保障经济体制改革的发展起着重要作用。行政法对于引导、推进和保障政治体制改革的发展起着重要作用。经济法在推动国民经济的发展方面所起的作用,比行政法所起的作用更为直接和明显。

在法域属性方面,经济法与行政法都属于公法的范围。对此,本章将在后面进行论述。

3. 在法律关系主体方面的关系

关于经济法主体的种类,笔者已经作了阐述。

至于行政法的主体,包括行政主体、行政相对人两类。行政主体是国家行政机关。行政相对人包括企业、事业单位、社会团体、个体经营户、个人等。

将经济法主体与行政法主体进行比较,我们可以看到:在经济法的协调主体和行政法的行政主体中都包括国家行政机关,但是国家权力机关是经济法的协调主体而不是行政法的行政主体。

4. 在法的渊源方面的关系

经济法与行政法的渊源,都包括宪法、法律、行政法规、地方性法规、自治条例和单行条例、部门规章、地方政府规章等规范性文件,以及习惯法、判例法、法定解释。法定解释包括立法解释、行政解释、司法解释。

---

① 参见李君:《本质的经济法与经济法的基本原则》,载《经济法学、劳动法学》(复印报刊资料)2002年第9期,第22页。

② 转引自程信和:《经济法新论——改革开放中的若干经济法律问题》,中山大学出版社1993年版,第16页。

5. 在法律后果方面的关系

在组成经济法的法律规范和组成行政法的法律规范中，都有法定的有利后果和法定的不利后果之分。法定的有利后果，都表现为对于合法行为的有效性的承认、保护，以至对行为人的奖励。

在组成经济法的法律规范中，对于违反经济法义务的违法行为人的法定不利后果，如前所述，采取追究经济责任和非经济责任两种形式：经济责任包括补偿性经济责任和惩罚性经济责任；非经济责任包括行为责任、信誉责任、资格减免责任和人身责任。在组成行政法的法律规范中，对于违反行政法义务而引起的不利法律后果，主要采取行政制裁的形式。行政制裁包括行政处罚和行政处分。

总之，经济法与行政法既有联系，又有区别，它们同属国内法体系，它们之间是并列关系，而不是从属关系、交叉关系。

（四）经济法与国际经济法的关系

1. 在法的创制主体方面的关系

经济法属于国内法体系，国际经济法属于国际法体系。那么，什么是划分国内法和国际法的标准呢？对此，除了笔者的观点以外，法学界主要有四种观点：一是认为，“按照法律的主体划分，法律可划分为国际法和国内法两大类”①；二是认为，把法律划分为国内法和国际法，“是根据法律的适用范围”②；三是认为，国内法和国际法是“按照法的制定的主体和适用范围所作的分类”③；四是认为，国内法和国际法划分的标准是“法的创制和适用主体的不同”④。

对上述观点，可作如下评析：一是法律关系主体不能成为划分国内法和国际法的标准。因为有些法律关系的主体，既可以成为国内法的主体，也可以成为国际法的主体。二是把法的适用范围作为划分国内法和国际法的标准也不妥。虽然一般而言国内法在国内适用，国际法在两个以上国家适用，但是，这不是绝对的，国内外法律中关于法的域外效力的规定就是证明。例如，我国《刑法》第 7 条和第 8 条分别规定：“中华人民共和国公民在中华人民共和国领域外犯本法规定之罪的，适用本法，但是按本法规定的最高刑为三年以下有期徒刑的，可以不予追究。中华人民共和国国家工作人员和军人在中华人民共和国领域外犯本法

① 北京大学法学院法学理论教研室编：《法学基础理论》（新编本），北京大学出版社 1984 年版，第 36 页。

② 吴家麟主编：《法律逻辑学》，群众出版社 1983 年版，第 64 页。

③ 《中国大百科全书·法学》，中国大百科全书出版社 1984 年版，第 80 页；《法学辞典》（增订版），上海辞书出版社 1984 年版，第 518 页。

④ 沈宗灵主编：《法理学》，高等教育出版社 1994 年版，第 319 页。

规定之罪的,适用本法。”“外国人在中华人民共和国领域外对中华人民共和国国家或者公民犯罪,而按本法规定的最低刑为三年以上有期徒刑的,可以适用本法,但是按照犯罪地的法律不受处罚的除外。”三是将“法的制定的主体和适用范围”视为划分国内法和国际法的标准的正确性,要具体分析:它的不妥之处是把法的“适用范围”作为划分国内法和国际法的标准之一;它的可取之处是把法的“制定的主体”列入了划分国内法和国际法的标准之中。但后者只提法的“制定”的主体,将法的“认可”的主体排除在划分国内法和国际法的标准之外,则不全面。四是将“法的创制和适用主体的不同”作为划分国内法和国际法的标准的正确性,也要具体分析:它的不妥之处是把法的“适用主体”作为划分国内法和国际法的标准之一,这里的所谓“适用主体”就是指的法律关系主体,而法律关系主体是不能成为划分国内法和国际法的标准的;它的可取之处是把法的创制主体列入了划分国内法和国际法的标准之中,这比把法的“制定的主体”列入划分国内法和国际法的标准之中又有改进。

笔者认为,只有法的创制主体才是划分国内法和国际法的标准。具体来说:由一个国家制定或认可的法律规范的总称,就是国内法;由两个以上国家制定或认可的法律规范的总称,就是国际法。

那么,经济法与国际经济法在法的创制方面有什么共性与个性呢?笔者认为,属于国内法体系的经济法和属于国际法体系的国际经济法,都是由国家创制的即国家制定或认可的,这是它们的共性。经济法是由一个国家创制的即一个国家制定或认可的,而国际经济法是由两个以上国家共同创制的即两个以上国家共同制定或认可的,这是它们的个性。

2. 在调整对象方面的关系

关于经济法的调整对象,本书已经作过详细论述。那么,国际经济法的调整对象是什么样的社会关系呢?对此,除了笔者的观点以外,在法学界(包括国际经济法学界在内)主要有以下四种观点:

其一,主张国际经济法的调整对象是狭义的国际经济关系,通常指国家之间、国际组织之间、国家与国际组织之间的经济关系。例如:认为国际经济法调整国际经济关系,国际经济法的主体主要是主权国家,另外还有类似国家的政治实体、政府间国际组织或国际机构①;认为国际经济法调整国家之间在经济领域的关系②;认为国际经济法的调整对象是狭义的国际经济关系,仅指国家、国际

---

① 参见王铁崖主编:《国际法》,法律出版社1981年版,第421页。

② 参见史久镛:《论国际经济法的概念和范围》,载《中国国际法年刊》(1983),中国对外翻译出版公司1983年版,第359、362页。

组织间的经济关系[①]。

其二，主张对于国际经济法调整的国际经济关系应作广义的理解，即除了调整狭义的国际经济关系之外，还调整不同国家的个人之间、法人之间、个人与法人之间以及他们与国家（他国）、国际组织之间的各种经济关系，其中包括涉外经济关系。例如：认为国际经济法包括属于国际法范畴的、调整国家之间经济关系的世界经济法与属于国内法范畴的、调整一国私人与他国私人经济关系的外部国民经济法[②]；国际经济法调整国际的即跨国的、具有涉外因素的各种经济关系，其中包括一国国内的各种涉外经济关系[③]；认为"涉外经济关系应当同为国际经济法和国内经济法的调整对象"[④]；认为"国际经济法调整的应是指广义的国际经济关系，即个人、法人、国家与国际组织间由于从事跨越国境的经济活动所产生的各种关系"[⑤]。

其三，主张国际经济法的调整对象是广义的国际经济关系，同时又说国际经济法调整国际经济法律关系或权利与义务关系。例如，有的学者在谈到国际经济法的概念和调整对象时说："国际经济法是关于国际社会中经济关系与经济组织的国际法规范和国内法规范的总称，更具体地说，是调整国际经济交往中关于商品生产、流通、资本和技术移动、信贷、结算、税收等法律关系与国际经济组织的法规和法制的总称。""国际经济法所调整的法律关系，也同国际法不同，并不限于政府间或国家与国际组织相互间的关系，而且包括国家、国际组织、个人、法人、企业团体相互间的关系。"[⑥]并说："国际经济法是直接调整国际经济关系中的权利与义务关系，属于实体法规范。"[⑦]又如，有的学者说："国际经济法……所调整的对象，不仅仅限于国家政府相互之间、国际组织相互之间以及国家政府与国际组织之间的经济关系，而且包括大量的分属于不同国家的个人之间、法人之间、个人与法人之间以及他们与异国政府或国际组织之间的各种经济关系。"同时又说：国际经济法"调整超越一国国境的经济法律关系"[⑧]。再如，有的学者说："国际经济法……是调整国际经济关系的法律规范的总称，是调整自然人、

---

① 转引自余劲松、吴志攀主编：《国际经济法》，北京大学出版社、高等教育出版社2005年版，第4页。

② 这是德国学者哈姆斯（B. Harms）的观点，转引自姚梅镇主编：《国际经济法概论》，武汉大学出版社1989年版，第6页；曾华群：《国际经济法导论》，法律出版社1997年版，第26页。

③ 高树异主编：《国际经济法总论》，吉林大学出版社1989年版，第24—25页。

④ 高尔森主编：《国际经济法通论》，法律出版社1998年版，第8页。

⑤ 余劲松、吴志攀主编：《国际经济法》，北京大学出版社、高等教育出版社2005年版，第4页。

⑥ 姚梅镇主编：《国际经济法概论》，武汉大学出版社1989年版，第22—24页。

⑦ 姚梅镇：《国际经济法是一个独立的法学部门》，载《中国国际法年刊》（1983），中国对外翻译出版公司1983年版，第382页。

⑧ 陈安主编：《国际经济法学》，北京大学出版社1994年版，第31、39页。

法人、国家和国际组织相互之间各种经济法律关系的总和。”①

其四，主张国际经济法的调整对象是国际经济活动。例如，日本学者金泽良雄认为：“国际经济法可以理解为从国际经济总体立场出发，依据条约对国际经济活动，进行多边的统一乃至调整的法律规范。”②另一位日本学者横川新认为：“国际经济法主要是通过条约来调整国际间经济活动的法律规范”③。在这两位日本学者看来，国际经济活动成了国际经济法的调整对象。

笔者认为，对于上述第一、第二种观点不能全盘肯定，也不能全盘否定；第三种观点不妥；第四种观点有待商榷。下面，作进一步评析：

有些学者认为，国际经济法的调整对象是经济关系，但不是全部经济关系，而只是一定范围的经济关系，它不调整属于国内法调整的经济关系，更不调整非经济关系。应该说，这是正确的。有些学者认为，国家之间、国际组织之间、国家与国际组织之间以外的经济关系不能完全排除在国际经济法的调整对象之外。这也是有道理的。但是，在上述四种观点中的以下几个问题，需要讨论：

第一，国家之间、国际组织之间、国家与国际组织之间的经济关系以外的经济关系，为什么不能一概排除在国际经济法的调整对象之外？

大家知道，在国际经济实践中，除了发生在国家之间、国际组织之间、国家与国际组织之间的经济关系以外，还大量存在着不同国家的个人、企业和其地实体参与的经济关系。其中，有不少经济关系并不是由国内法调整的涉外经济关系，而是在两个以上国家共同协调的国际经济运行过程中发生的经济关系。但是，有些学者却无视国内法、国际公法调整对象以外的上述经济关系的客观存在，将这种经济关系排除在国际经济法的调整对象之外，否认对其进行法律调整的必要性。这是脱离实际的。应该认为，不论发生在何种主体之间，只要是在两个以上国家共同协调的国际经济运行过程中发生的经济关系，都应该由国际经济法调整。

第二，国际经济法是否调整涉外经济关系？

认为在国际经济法的调整对象中包括涉外经济关系的观点，是不可取的。涉外经济关系，即具有涉外因素的经济关系，它是由国内法调整的。而国际经济法属于国际法体系，它不调整涉外经济关系。国内法与国际法有着密切的联系，但是，不能因此而抹杀它们之间的界限。将涉外经济关系纳入国际经济法调整对象的范围，就是将调整涉外经济关系的国内法视为属于国际法体系的国际经济法的组成部分，这就混淆了国内法和国际法的界限，是不科学的。那种认为涉

① 曹建明主编：《国际经济法概论》，法律出版社 1998 年版，第 1 页。

② 〔日〕金泽良雄：《国际经济法序论》，日本有斐阁 1979 年版，第二章。

③ 转引自姚梅镇主编：《国际经济法概论》，武汉大学出版社 1989 年版，第 4 页。

外经济关系既是国际经济法的调整对象又是国内经济法的调整对象的观点，更是明显地混淆了国内法和国际法的界限，实不可取。

第三，国际经济法是否调整国际经济法律关系或权利与义务关系？

认为国际经济法律关系是国际经济法的调整对象的观点，是明显地不能成立的。法理学的常识告诉我们，任何法都是调整一定社会关系的，但是都不调整法律关系，国际经济法也不例外。国际经济法律关系是根据国际经济法的规定发生的权利和义务关系。它的发生是以国际经济法的存在为前的，是先有国际经济法后有国际经济法律关系，而不是相反。说什么国际经济法调整国际经济法律关系，就等于说只有有了国际经济法律关系才有国际经济法的调整对象，国际经济法才存在，是先有国际经济法律关系后有国际经济法。这是与实际情况不相符合的。

更为令人费解的是，有一些权威性论著在断言国际经济法的调整对象是国际经济关系的同时，又说国际经济法律关系是国际经济法的调整对象。有的甚至还说，国际经济法是调整国际经济关系中的权利与义务关系的。显然，这都是没有正确理解国际经济关系同国际经济法律关系或权利与义务关系的关系。应该明确，国际经济关系是一种物质关系或称物质利益关系，国际经济法律关系或权利与义务关系是一种思想关系或称思想意志关系，它们是分别属于经济基础和上层建筑两个不同范畴的两种社会关系。把国际经济关系等同于国际经济法律关系，或者把作为法律关系的权利与义务视为国际经济关系的组成部分，都抹杀了国际经济关系同国际经济法律关系或权利与义务关系之间的原则界限，是违反历史唯物主义关于经济基础与上层建筑的基本原理的，显然是不正确的。

第四，国际经济法是否调整国际经济活动？

认为国际经济法是调整国际经济活动的观点，值得商榷。我们知道，组成国际经济法的国际经济法律规范是一种特殊的行为规则或行为规范。它的规范对象是国际经济行为或活动。国际经济行为或活动体现社会关系，又影响社会关系，但它不同于社会关系。不能把国际经济行为或活动当作国际经济法的调整对象。

如前所述，笔者认为：经济法的调整对象，是在国家协调的本国经济运行过程中发生的经济关系；国际经济法的调整对象，是在两个以上国家共同协调的国际经济运行过程中发生的经济关系。可见，经济法与国际经济法各自都有特定的调整对象，都是调整在国家协调的经济运行过程中发生的经济关系的，都不调整其他经济关系，更不调整非经济关系，这是它们在调整对象方面的共性。但是，经济法调整的经济关系是在本国经济运行过程中发生的，对本国经济运行的协调是一个国家的协调，而国际经济法调整的经济关系是在国际经济运行过程中发生的，对国际经济运行的协调是两个以上国家的共同协调，这是它们在调整对象方面的个性。

3. 在法的地位方面的关系

关于经济法的地位,本章正在作详细论述。那么,对于国际经济法的地位应该怎样认识呢? 对此,在法学界(包括国际经济法学界在内)存在着意见分歧,主要表现在以下三个方面,其中每一个方面又有不同的观点:

其一,主张国际经济法是一个法的部门。例如,英国学者施瓦曾伯格(G. Schwarzenberger)认为,国际经济法属于"国际公法的一个特别分支"。① 又如,在中国学者中,有这样几种观点:"国际经济法是国际公法的一个部门"、"是国际公法的特殊部门"②;"国际经济法是一个独立的法的部门"③;"国际经济法……是一个独立的、综合的、新兴的法律部门。"④

其二,主张国际经济法是一门法学学科。例如,德国学者伊格纳兹·赛德尔·霍享维德恩认为,国际经济法"仅是整个国际公法学科的一部分,但这是重要的部分"⑤。在中国,有的学者认为:"国际经济法是第二次世界大战后形成的一门新兴的、独立的学科。"⑥有的学者认为:"国际经济法作为一个独立学科已经完全确立了自己的地位。"⑦

其三,主张国际经济法既是一个法的部门,又是一门法学学科。例如,认为"国际经济法作为法律体系和法律学科,较为年轻"⑧;认为国际经济法"是第二次世界大战后兴起的一个法的部门及法的学科"⑨;认为"国际经济法是一个独立的法律部门和法学体系"⑩。有的学者在断言"国际经济法是一门独立的学科"的同时,又说:"国际经济法是一个综合的部门"⑪。有的学者认为"国际经济法是一门新兴的边缘性学科"的同时,又说:"调整超越一国国境的经济法律关系的国际经济法,确实是一个涉及国际法与国内法、'公法'与'私法'、国际商法

① 施瓦曾伯格:《国际经济法的范围及标准》,载《国际法季刊》1948 年第 2 卷第 2 期。

② 史久镛:《论国际经济法的概念和范围》,载《中国国际法年刊》(1983),中国对外翻译出版公司 1983 年版,第 360、362 页。

③ 杨紫烜:《经济法与国际经济法的关系论纲》,载《经济与法》1996 年第 12 期;杨紫烜:《论国际经济法基础理论的若干问题》,载《法商研究》2000 年第 3 期。

④ 余劲松、吴志攀主编:《国际经济法》,北京大学出版社、高等教育出版社 2005 年版,第 4 页。

⑤ 转引自李泽锐:《关于国际经济法的理论分歧》,载《中国国际法年刊》(1995),中国对外翻译出版公司 1996 年版,第 297 页。

⑥ 曹建明主编:《国际经济法概论》,法律出版社 1998 年版,第 1 页。

⑦ 参见屈广清、李国安:《中国国际经济法学会 2002 年年会暨学术研讨会综述》,载陈安主编:《国际经济法论丛》(第 7 卷),法律出版社 2003 年版,第 650 页。

⑧ 史久镛:《论国际经济法的概念和范围》,载《中国国际法年刊》(1983),中国对外翻译出版公司 1983 年版,第 359 页。

⑨ 《法学词典》(增订版),上海辞书出版社 1984 年版,第 336 页。

⑩ 高树异主编:《国际经济法总论》,吉林大学出版社 1989 年版,第 24—25 页。

⑪ 王名扬:《国际经济法是一门独立的学科》,载《中国国际法年刊》(1983),中国对外翻译出版公司 1983 年版,第 386、390 页。

与各国涉外经济法等多种法律规范的边缘性综合体。它是根据迫切的现实需要‘应运而兴’的综合性法律部门”。[①]

上述观点向我们提出了以下三个需要进行全面分析和深入论述的问题：

第一，国际经济法是一门法学学科，还是一个法的部门？

笔者认为，国际经济法是由国际经济法律规范组成的，国际经济法律规范是有特定调整对象的，国际经济法在法的体系中是一个不同于其他部门法的法的部门。国际经济法学是研究国际经济法及其发展规律的法学学科，它是法学体系中的一门学科。由于它以国际经济法及其发展规律为特定研究对象，它的研究对象不是综合的，不是跨部门的，它是一门独立的法学学科。

有些学者把国际经济法说成是一门“学科”、“法的学科”、“法律学科”、“独立学科”或“法学体系”，实际上否定了国际经济法这个法的部门的存在，是不正确的。把国际经济法说成是一门“边缘性学科”，不仅无视国际经济法这个法的部门的存在，而且否定了国际经济法学是一门独立的法学学科，更是不可取的。

有些学者认为，国际经济法是“法律体系和法律学科”、“法的部门及法的学科”或“法律部门和法学体系”。这种观点混淆了国际经济法与国际经济法学的界限，是不正确的。

第二，国际经济法是一个法的综合部门，还是一个独立的法的部门？

笔者认为，国际经济法是不是一个独立的法的部门，决定于它是否具有特定的调整对象。那么，国际经济法有没有特定的调整对象呢？有。所以，国际经济法是一个独立的法的部门。

有的学者说，国际经济法是一个“综合的部门”、“综合性法律部门”或“边缘性综合体”。其“理由”是：国际经济法的调整对象包括涉外经济关系；属于国际经济法的法律规范包括国际法规范和国内法规范。笔者认为，其结论之所以站不住，是因为其“理由”不能成立。如前所述，一切涉外经济关系，都不应该由国际经济法调整；调整涉外经济关系的法律规范是由一个国家而不是两个以上国家创制的，是国内法规范而不是国际法规范。所以，混淆国际法与国内法的界限以及不同法的部门之间界限的“综合部门法论”，是不可取的。有些国际经济法学者认为，调整涉外经济关系的法均属国内法，应该划清国际法和国内法的界限。这是正确的。

至于国际经济法是不是“独立的、综合的”法的部门的问题，在笔者看来，肯定国际经济法具有独立性是正确的。因为国际经济法调整的在两个以上国家共同协调的国际经济运行过程中发生的经济关系所涉及的范围同其他法的部门的调整对象是能够分开的，而不是交叉的、重叠的，也就是说，它的调整对象是独立的；同时，调整上述特定经济关系的法律规范，即国际经济法律规范也是独立的。

---

① 陈安主编：《国际经济法学》，北京大学出版社 1994 年版，第 1、39 页。

但是,有的学者在肯定国际经济法是一个"独立的"法的部门的同时,又说它是一个"综合的"法的部门,这是自相矛盾的。

第三,国际经济法是国际公法的一个部门,还是国际法体系中的一个独立的法的部门?

认为国际经济法是一个独立的法的部门,它属于国际法体系,这是笔者和一些学者的见解。就国际经济法和国际公法的关系而言,它们都是由两个以上国家创制的法律规范组成的,因而都属于国际法体系;同时,它们都各有自己特定的调整对象,是各自独立的法的部门,它们的关系是并列关系,而不是从属关系。

有些学者认为,国际经济法是"国际公法的一个分支"或"一个特别分支",是"国际公法的一个部门"或"特殊部门"。其"理由"是:国际经济法和国际公法的主体相同,只限于国家和国际组织。这里应该指出三点:一是将国际经济法的主体等同于国际公法的主体是不符合实际的;二是划分法的部门的标准不是法的主体,而是法的调整对象;三是国际经济法之所以是一个独立的法的部门而不是国际公法的一个部门,因为国际经济法有特定的调整对象,它的调整对象并不从属于国际公法的调整对象。有些国际经济法学者持"综合部门法论"虽然不妥,但是他们认为国际经济法不是国际公法的一个部门的观点是正确的。

此外,德国学者汉斯·卡尔·尼佩代(Hans Carl Nipperdey)认为,经济法有六个方面内容,其中包括国际经济法。[①] 对于这种观点,笔者不敢苟同。因为它混淆了国内法与国际法的界限,既否定了经济法是一个独立的法的部门,又否定了国际经济法是一个独立的法的部门。

就经济法与国际经济法在地位方面的异同而言,它们有共性,有个性。其共性是:经济法与国际经济法都是整个法的体系中的独立的法的部门,而不是综合部门或边缘性综合体,更不是法的独立学科或者边缘学科;它们对于维护经济秩序,推动经济发展,都发挥着重要作用;它们都属于公法的范围,而不属于私法的范围,也不是所谓第三法域。其个性是:经济法属于国内法体系,而国际经济法属于国际法体系;经济法主要在维护本国经济秩序,推动本国经济的发展方面发挥作用,而国际经济法主要在建立国际经济秩序,推动世界经济发展方面发挥作用。

4. 在法律关系主体方面的关系

在前面,笔者对经济法的主体进行了阐述。下面,先着重谈谈国际经济法的主体的种类,然后再来谈经济法主体与国际经济法主体的异同。

在国际经济法学界一般都认为,国家和国际组织是国际经济法的主体。但在法人和自然人是不是国际经济法主体的问题上,存在着严重的意见分歧。笔

① 转引自张世明:《经济法学理论演变研究》,中国民主法制出版社2000年版,第100页。

者认为,国际经济法的主体应该包括国家、国际组织、单独关税区、企业和其他组织体、个人。考虑到“法人”、“自然人”通常是私法中使用的概念,在谈到国际经济法的主体时,以不使用为好。

第一,国家。

国家是国际经济法的主体,这在国际经济法学界是得到公认的。在一些国际经济法的著作中,一般是从国家作为国际经济法主体的特殊性、国家的经济权利能力和行为能力、国家及其财产豁免问题等方面来论述国家的国际经济法主体资格的①。这些内容,可供参考。

第二,国际组织。

国际组织包括以国家为单位参加的国际组织和民间的国际组织。如无特别说明,本书所说的国际组织,仅指以国家为单位参加的国际组织。以国家为单位参加的国际组织必须具有由其成员国共同授予的法律人格,才能作为国际经济法主体独立地享有权利和承担义务,以行使其职能,实现其宗旨。

有一种观点认为,只有国际组织中的国际经济组织才属于国际经济法主体的范围②。笔者认为,充分注意到国际经济组织在国际经济法主体体系中的重要地位和巨大作用是正确的,但是,认为国际经济组织以外的国际组织不是国际经济法主体的观点值得商榷。因为这一类国际组织虽然不以经济职能、经济活动和经济目标为主,但是并不等于都没有经济职能,都不从事经济活动,都不具有经济目标,如果将其排除在国际经济法主体的范围之外,不利于促进国际经济交流和合作,推动世界经济的发展。

第三,单独关税区。

根据《马拉喀什建立世界贸易组织协定》第 12 条的规定,单独关税区,是指主权国家以外的,在处理其对外贸易关系及《马拉喀什建立世界贸易组织协定》和多边贸易协定③规定的其他事项方面拥有完全自主权的区域。例如,我国的香港特别行政区、澳门特别行政区和台湾地区,就是单独关税区。根据我国《香港基本法》、《澳门基本法》的规定,中央人民政府分别授权香港特别行政区和澳门特别行政区各自依照上述《基本法》自行处理有关的对外事务。香港特别行政区和澳门特别行政区可以在经济、贸易、金融、航运、通讯、旅游、文化、体育等领域分别以“中国香港”和“中国澳门”的名义,单独的同世界各国、各地区及有关国际组织保持和发展关系,签订和履行有关协议。

---

① 参见陈安主编:《国际经济法总论》,法律出版社 1991 年版,第 222—227 页。

② 同上书,第 228 页;曾华群:《国际经济法导论》,法律出版社 1997 年版,第 105 页。

③ 多边贸易协定,是指《马拉喀什建立世界贸易组织协定》的附件 1、附件 2 和附件 3 所列的协定及相关法律文件。

第四,企业和其他组织体。

这里说的企业,包括各类企业。例如:就企业的法律属性而言,包括法人企业和非法人企业;就企业生产资料所有制而言,包括公有制企业和非公有制企业;就企业组织形式而言,包括公司、合伙企业和个人独资企业;在公司中,就公司的国籍而言,包括本国公司、外国公司和跨国公司。总之,各类企业都可以成为国际经济法的主体。

这里说的其他组织体,是指能够独立享有财产权利和承担财产义务的,企业以外的社会组织,包括非企业的其他经济组织、事业单位和社会团体。

在笔者看来,认为企业和其他组织体可以成为国际经济法的主体,是有法律根据的。例如,1985 年 9 月 12 日签订的中国和奥地利《关于促进和相互保护投资协定》第 1 条规定,"投资者"一词,包括"具有或不具有法人资格的组织或社团"。又如,1988 年 8 月 27 日签订的中国和日本《关于鼓励和相互保护投资协定》规定,投资者包括国民、"企业、其他经济组织和社团"。上述两个《协定》是中国和奥地利、日本分别签订的《协定》,属于双边经济条约的范围。根据其规定,企业和其他组织体均可参加国际经济法律关系,享有权利,承担义务,成为国际经济法的主体。

第五,个人。

国际经济交往的实践表明,个人可以成为国际经济法的主体。例如:中国和奥地利《关于促进和相互保护投资协定》(1985 年)规定,"投资者"包括具有各自国籍的"自然人";中国和新加坡《关于促进和保护投资协定》(1985 年)规定,作为投资者的"国民"一词,系指"作为中华人民共和国公民的个人"和"新加坡公民"。与此同时,上述《协定》对促进和保护投资的措施以及相关的权利和义务作出了规定。可见,个人可以成为根据上述《协定》的规定而发生的权利和义务关系的参加者,即国际经济法主体。

对经济法和国际经济法的主体的种类的论述表明,经济法与国际经济法在主体方面的共性是:它们的主体都包括企业和其他组织体以及个人。它们在主体方面的个性是:国家、国际组织、单独关税区一般不是经济法的主体,但国家、国际组织、单独关税区都是国际经济法的主体。

5. 在法的渊源方面的关系

关于经济法的渊源,本书还将设专章进行详细论述,本章只在分析它与国际经济法渊源的异同时进行简要论述。

国际经济法的渊源,有实质渊源和形式渊源之分。笔者认为,国际经济法的实质渊源,是指国际经济法律规范来源于谁的意志。具体来说,国际经济法的实质渊源,是指国际经济法律规范来源于两个以上国家的统治阶级的协调意志。国际经济法的形式渊源,是指国际经济法律规范来源于何种法的形式。换言之,国际经济法的形式渊源，是指国际经济法律规范的表现形式。在中外法学论著中，国际经济法的渊源的概念，通常是从形式意义上讲的，本书如无特别说明，也是从形式意义上讲的。

国际经济法的渊源有哪些？这是一个有争论的问题。笔者认为，根据法的创制方式的不同，可将法划分为制定法和非制定法。作为国际经济法渊源的制定法，包括条约和国际组织[①]制定的规范性文件；非制定法，即国际习惯法。以下，分别进行论述：

第一，条约。

条约，是指两个以上国家缔结的、规定其相互权利和义务的协议。缔结条约的主体一般为国家，但国际组织也可以成为缔约的主体。对于条约有广义、狭义两种理解：广义上讲的条约，包括以各种不同名称表示的国家之间的协议，如公约、条约、专约、盟约、规约、宪章、联合声明、协定、议定书、换文等；狭义上讲的条约，仅指以"条约"为名称的国家之间的协议。

条约属于国际经济法的渊源。那么，它是国际经济法的渊源之一还是国际经济法的唯一渊源呢？有的学者说："国际经济法是基于第一次构成国际社会的国家（有时是国际组织）的合意所订立的条约的总和。"[②]这实际上等于把条约视为国际经济法的唯一渊源。这不妥。因为条约虽是国际经济法的重要渊源，但只是其渊源之一，而不是唯一渊源，除了条约之外，国际经济法还有其他渊源。

作为国际经济法渊源之一的究竟是"条约"，还是"国际条约"呢？在国际经济法学界，一般持后一种观点。笔者认为，上述观点的语言表达并不准确，甚至可能造成误解。因为条约虽有多种，但是没有国际条约和国内条约之分；条约本来就是一种国际协议，不宜在"条约"之前再加"国际"二字。所以，应该说"条约"（而不是"国际条约"）是国际经济法的渊源之一。

作为国际经济法渊源之一的是指"条约"，还是仅指条约中的"经济条约"呢？不少学者认为，"国际经济条约"才属于国际经济法的渊源[③]。笔者认为，"经济条约"当然是国际经济法的渊源，但是，不能认为非经济条约不是国际经济法的渊源。对于"国际经济条约"这一语词，除了应将"国际"二字删除以外，还应将"经济"二字删除。因为根据条约是否主要以经济为内容，可以划分为经济条约和非经济条约。但是，这只有相对的意义：在经济条约中，经济内容至少占主要地位，但不一定每一个经济条约的内容全是经济的；在非经济条约中，

---

① 本文所说的"国际组织"，如无特别说明，均指两个以上国家参加的国际组织，而不是民间的国际组织。

② 〔日〕金泽良雄：《国际经济法序论》，日本有斐阁 1979 年版，第 2 章。

③ 参见陈安主编：《国际经济法总论》，法律出版社 1991 年版，第 117 页；曾华群：《国际经济法导论》，法律出版社 1997 年版，第 117 页。

非经济内容至少占主要地位,但不一定每一个非经济条约的内容完全不是经济的。如果将非经济条约一概排除在国际经济法的渊源之外,这就等于把非经济条约中的国际经济法律规范排除在国际经济法之外,这不可取。所以,应该说"条约"(而不仅是"经济条约")属于国际经济法的渊源。

第二,国际组织制定的规范性文件。

国际组织制定的文件有规范性文件和非规范性文件之分。其中,规范性文件是国际经济法的渊源之一。

国际组织成立的依据是其成员国共同缔结的条约。按照该条约,如果某国际组织有权制定直接适用于各成员国的规范性文件,这些规范性文件就属于国际经济法的渊源。例如,欧洲联盟理事会按照规定制定的基本规范性文件及其实施办法,对各成员国具有直接的法律约束力,属于国际经济法的渊源。

有些国际组织在成立时由其成员国缔结的条约,虽然并没有明确规定该组织有权制定直接适用于各成员国的规范性文件。但是,国际经济法是两个以上国家的协调意志的体现。国际组织制定的规范性文件,包括联合国大会通过的规范性决议,不论是一致通过的还是按规定以特别多数或简单多数通过的,对于表示同意该规范性文件的所有成员国来说,表明该规范性文件体现了这些国家的协调意志,表明它们愿意接受该规范性文件的约束。所以,该规范性文件理所当然地对这些国家具有法律约束力,属于国际经济法的渊源。

第三,国际习惯法。

笔者认为,国际习惯法,是指由两个以上国家认可并赋予法律约束力的国际习惯。也就是说,国际习惯经两个以上国家认可并赋予法律约束力就起了质的变化,成为国际习惯法。

国际习惯法不同于国际习惯。国际习惯虽然也是一种社会规范,但是把国际习惯视为国际经济法的渊源之一不妥。无论是不成文的国际习惯,还是由民间组织编纂成文的被称为非官方文件的国际习惯,均不具有法律约束力。只有被两个以上国家认可并赋予法律约束力的国际习惯,才对这些国家具有法律约束力,才能被称为国际习惯法,才属于国际经济法的渊源。

为了搞清楚国际经济法的渊源究竟有哪些,还应该明确下列问题:

第一,涉外经济法律、法规是否属于国际经济法的渊源?

涉外经济法律、法规是由一个国家而不是两个以上国家制定的,它们属于国内法范畴而不属于国际法范畴。所以,不能把涉外经济法律、法规看作国际经济法的渊源之一,因为国内法和国际法的界限不容混淆。

第二,判例是否属于国际经济法的渊源?

国际法院的判例不是国际经济法的渊源。《国际法院规约》第 59 条规定:"法院之裁判除对于当事国及本案外,无拘束力。"这表明,国际法院的判决对于在它之后发生的案件并没有法律约束力,国际法院并没有创制法律的功能。可见,国际法院的判例不能形成为国际判例法,不属于国际经济法的渊源。

第三,跨国公司参与订立的协议是否属于国际经济法的渊源?

跨国公司不论其规模有多大,作用有多么重要,它只是经济组织而不是国家,没有立法权,不能制定或认可法律规范。作为国际经济法渊源的制定法和非制定法,毫无例外地都是由两个以上国家制定或认可的法律规范组成的。所以,跨国公司相互间、跨国公司与国家或国际组织间订立的协议,都不属于国际经济法的渊源,也不是什么特殊渊源。

第四,权威法学家的学说是否属于国际经济法的渊源?

应该指出,任何权威法学家的学说,都不属于国际法和国内法的渊源,当然也不属于国际经济法的渊源。理由很清楚:权威法学家的学说对于立法和法的实施虽然有很大的影响,但是任何权威法学家的学说都不是法律规范的表现形式。

概括起来说,规范性文件一般是经济法的主要渊源更是国际经济法的主要渊源,国内习惯法和国际习惯法分别是经济法和国际经济法的渊源。涉外经济法律、法规和判例法、法定解释是经济法的渊源而不是国际经济法的渊源,条约、国际组织(主权国家参加的)制定的规范性文件是国际经济法的渊源而不是经济法的渊源。

总之,经济法与国际经济法既有联系,又有区别,它们虽然分别属于国内法体系和国际法体系,但在整个法的体系中它们是并列关系,而不是从属关系或交叉关系。

五、经济法的法域属性

(一) 公法和私法的概念

古罗马法学家 D. 乌尔比安首先提出公法、私法的划分以后,被后代法学家广泛采用。但是,由于国内外法学界对其划分标准存在着意见分歧,因而对于公法、私法的概念至今没有统一的认识。就立法而言,现在还没有一个国家对公法、私法的概念下定义。为了说明经济法与公法、私法这两大法域的关系,需要先谈一谈对公法和私法划分标准的认识以及对公法、私法概念的理解。

关于划分公法和私法的标准,主要有三种理论:一是“利益论”(又称“目的论”),即以保护国家利益为目的的法为公法,以保护私人利益为目的的法为私法;二是“主体论”,即法律关系的主体一方或双方代表公共权力的法为公法,法律关系的主体双方都是私人的法为私法;三是“权力论”(又称“服从论”),即规定国家与公民、法人之间权力服从关系的法为公法,规定公民、法人之间权利对等关系的法为私法。①

上述三种理论都有一定道理,它们相互之间也有密切的联系。按照以上理论,保护国家利益的法,必须有代表公共权力的一方或双方主体参加法律关系,形成主体之间的权力服从关系;而保护私人利益的法,其主体双方均为私人,其相互之间的关系是权利对等关系。

但是又要看到,上述理论又都各自存在一定的缺陷。其一,按照"利益论",以保护国家利益为目的的法为公法,以保护私人利益为目的的法为私法。那么,按照法律规定,既保护国家利益又保护私人利益的行政法、经济法难道就不是公法了吗?难道它们只有放弃对私人利益的保护才能成为公法吗?不是。再说,按照法律规定,既保护私人利益又保护国家利益的民法难道就不是私法了吗?难道它只有放弃对国家利益的保护才能成为私法吗?也不是。其二,按照"主体论",法律关系的主体一方或双方代表公共权力的法为公法,法律关系的主体双方都是私人的法为私法。这就是说,法律关系的主体只有两类,即代表公共权力的主体和私人。那么,当国家机关不是以"私人"(国家机关法人)的身份参加法律关系时,难道就只能以公共权力代表的身份参加法律关系吗?企业不能以公共权力代表的身份参加法律关系,难道就只能以"私人"(企业法人)的身份参加法律关系吗?都不是。例如,当使用预算收入的国家机关作为被审计单位是以审计受体的身份而不是以"私人"的身份参加审计法律关系的,也不是代表公共权力的主体参加审计法律关系的。又如,当企业违反竞争法受到查处时,是以竞争监管受体的身份而不是以"私人"的身份参加竞争监管法律关系的。其三,按照"权力论",规定国家与公民、法人之间权力服从关系的法为公法,规定公民、法人之间权利对等关系的法为私法。这样,规定国家与非公民的自然人、非法人的企业或其他组织之间的权力服从关系的法律规范就会被排除在公法之外,规定非公民的自然人、非法人的企业或其他组织之间权利对等关系的法律规范也会被排除在私法之外,这都不妥。

既然国内外法学界对于公法、私法的划分标准长期没有统一认识,而上述划分标准也都存在缺陷,因此,可以考虑在吸取划分公法、私法的有关理论长处的基础上,确立这样一种理论——"对象论",即以调整对象作为划分公法和私法的标准。需要说明的是,这里说的"调整对象",是指法律规范的调整对象而不是指规范性文件的调整对象,因为一个规范性文件往往并不只是调整一种社会

① 参见《中国大百科全书·法学》,中国大百科全书出版社 1984 年版,第 80 页;程信和:《公法、私法与经济法》,载《中外法学》1997 年第 1 期,第 11 页;陈宏光、曹达全:《公私法划分问题探讨》,载《安徽大学法律评论》第 6 卷第 2 期,安徽大学出版社 2006 年版,第 90 页。

关系。所以，笔者认为："公法是调整服从关系的法律规范的总称；私法是调整平等关系的法律规范的总称。应该注意的是，作为公法和私法调整对象的社会关系均不包括法律关系，因为法律关系是根据法的规定发生的权利和义务关系，它不能作为任何法的调整对象。"[①]可以说，这种理论虽然还不成熟，尚需继续探讨，但它不是没有道理的，在法学界有不少与"对象论"基本相同或类似的观点不是偶然的。例如，有的学者指出，关于公法、私法划分的标准，一直有不同的意见。其中，也有的主张以法律调整的不同关系作为标准。[②] 又如，有的学者说："如何区分公法与私法？学术界有多种不同的学说，但人们普遍同意以下观点：公法调整非平等主体之间的社会关系，以确立公权并使其服从法律规制为根本任务；私法调整平等主体之间的社会关系，以确认私权并保证其实现为己任。"[③]再如，有些学者认为："应当从公私法所调整的社会关系的角度来界定它们之间的区别。"[④]

（二）对否认经济法属于公法范围的观点的评析

在经济法与公法、私法的关系以及经济法的法域属性问题上，国内外法学界否认经济法属于公法范围的观点主要有两种：

第一，认为经济法兼具公法与私法的性质。

有些学者认为，经济法兼具公法与私法的性质。与此同时，他们并不认为或者没有提出经济法是公法、私法之外的新的法域。例如，德国学者努斯鲍姆认为，经济法兼具公法与私法的性质[⑤]。日本学者金泽良雄说：经济法"不仅采取公法的规制，同时也采用了私法方面的规制。从这种意义上说，经济法正是跨于公法、私法两个领域，并也存在着这两者相互牵连以至相互交错的现象。"[⑥]在中国，有的学者说："经济法是以公法性质为主，兼具私法的性质。""经济法并非是主次不分的混合体。因而也不必强调它是公法、私法之外的社会法，或者强调它是公法、私法之外的新的法域。"[⑦]

第二，认为经济法属于第三法域或第三法域的组成部分。

有些学者认为，就法域属性而言，经济法既不是公法，也不是私法，而属于第

① 杨紫烜主编：《经济法》，北京大学出版社、高等教育出版社 1999 年版第 44 页，2006 年、2008 年版第 49 页。

② 沈宗灵主编：《法理学》，北京大学出版社 2003 年版，第 125 页。

③ 王保树主编：《经济法原理》，社会科学文献出版社 2004 年版，第 63 页。

④ 陈宏光、曹达全：《公私法划分问题探讨》，载《安徽大学法律评论》第 6 卷第 2 期，安徽大学出版社 2006 年版，第 97 页。

⑤ 转引自张世明：《经济法学理论演变研究》，中国民主法制出版社 2000 年版，第 71 页。

⑥ 〔日〕金泽良雄：《经济法概论》，满达人译，甘肃人民出版社 1985 年版，第 33 页。

⑦ 王保树主编：《经济法原理》，社会科学文献出版社 2004 年版，第 64 页。

三法域。例如,日本学者菊池勇夫说:“经济法是超越公法、私法之外的一个独立的法域。”[①]又如,有的中国学者指出:“许多法律、法规,特别是经济法律、法规,往往是公法规范与私法规范并存,且互相联系、互相制约着,人们很难把它们简单地归入公法或私法任何一类中去。……应该承认这是在传统公法与私法之间形成的第三法域,而经济法就是这一第三法域的典型代表。”[②]

有些学者认为,经济法是第三法域的组成部分。例如,日本学者丹宗昭信指出,以垄断禁止法为基础把经济法加以系统化的观点,“认识到经济法的性质既不属于传统公法,也不属于传统私法的范畴,而是带有两种法律的混合形态特征的法。经济法这个新的法律部门已经处于社会法的一部分的地位。”[③]又如,有的中国学者认为:在传统公法和私法之外又产生了一个新的法域;它以社会公共利益的维护作为其基本的价值追求,因而,被人们称为社会法;社会法包括经济法、社会保障法、劳动法。[④] 有的中国学者指出:“如果将法部门按‘私法—社会法—公法’三元结构划分,经济法宜纳入社会法法域,作为社会法的一个部门法。”[⑤]有的中国学者说:“将那些既有公法成分又有私法成分的经济法绝对地划入公法或者私法范畴,都是不恰当的。”“以社会为本位的、具有公私法兼容性质的经济法”,“应是介于公法和私法之间的‘第三法域’。”同时又说:“经济法与社会法是同属于第三法域下的两个并行的法律部门”。[⑥] 看来,该学者实际上主张,经济法是第三法域的组成部分。

笔者认为,对于上述观点进行评析,应该明确以下几个问题:

第一,不能因为经济法律、法规中既有公法规范又有私法规范,就认为经济法兼具公法与私法的性质。

有些学者以经济法律、法规中既有公法规范又有私法规范为“理由”,认为经济法兼具公法与私法性质,是公法与私法规范的混合(兼具、兼容、兼顾、融合、结合或并存,下同)。笔者认为,在经济法律、法规中,往往既有公法规范又有私法规范,这是事实。在《中华人民共和国城市房地产管理法》中,关于城市房地产管理的法律规范是公法规范,关于城市房地产交易的法律规范是私法规范,这就是例证。在《中华人民共和国证券法》中,关于证券监督管理的法律规范是公法规范,关于证券交易的法律规范是私法规范,这是又一个例证。问题是,能否因为经济法律、法规中往往既有公法规范又有私法规范,就认为经济法

① 转引自何勤华:《当代日本法学——人与作品》,上海社会科学出版社 1991 年版,第 339 页。

② 刘文华:《经济法本源论》,载《经济法制论坛》2003 年 12 月号,第 18 页。

③ 〔日〕丹宗昭信、厚谷襄儿编:《现代经济法入门》,谢次昌译,群众出版社 1985 年版,第 48 页。

④ 参见种明钊主编:《社会保障法律制度研究》,法律出版社 2000 年版,第 21、22 页。

⑤ 郑少华:《社会经济法散论》,载《经济法学、劳动法学》(复印报刊资料)2001 年第 11 期,第 37 页。

⑥ 李昌麒主编:《经济法学》,法律出版社 2007 年版,第 98、99、103 页。

兼具公法与私法的性质呢？就认为经济法是公法与私法规范的混合呢？不能。因为有些学者得出上述结论表明，无论这些学者意识到与否，他们实际上是把经济法视为经济法律的总称或经济法律、法规、规章等规范性文件的总称，而这是不恰当的。需要指出，许多经济法律、法规、规章等规范性文件中的法律规范并不都是经济法规范，而经济法律、法规、规章等规范性文件以外的成文法或不成文法中还有大量经济法规范。经济法是由全部经济法律规范即经济法规范组成的，只要是经济法规范，无论它们以成文法还是不以成文法为表现形式，在成文法中无论它们是否以经济法律、法规、规章等规范性文件为表现形式，它们都属于经济法的范围；反之，凡不是经济法规范，即使它们是以经济法律、法规、规章等规范性文件为表现形式的，它们也不属于经济法的范围。

第二，不能把经济法视为由公法规范与私法规范组成的第三法域。

有的学者认为，经济法律、法规中既有公法规范又有私法规范，因此，不能将经济法归入公法或私法，应该承认经济法是第三法域的典型代表。笔者认为，不能把既有公法规范又有私法规范的经济法律、法规一概划归公法或一概划归私法，这是有道理的。因为如果要这样做的话，就会使公法中出现私法规范或者私法中出现公法规范，从而搞乱公法与私法的界限。但是，我们完全可以把经济法律、法规、规章等规范性文件中调整平等关系的私法规范和以其他制定法以及非制定法为表现形式的私法规范全部划归私法，把其中调整在国家协调的本国经济运行过程中发生的经济关系（它属于服从关系的范围）的经济法规范和以其他制定法以及非制定法为表现形式的经济法规范全部划归公法，从而明确经济法的法域属性。可见，问题并不是认为经济法律、法规中既有公法规范又有私法规范这一观点不正确，也不是认为不能把既有公法规范又有私法规范的经济法律、法规一概划归公法或一概划归私法的观点不正确。问题是，把经济法律、法规等规范性文件中存在公法规范和私法规范，视为经济法中存在公法规范和私法规范，这实际上就是把经济法视为经济法律、法规等规范性文件的总称，而这是不正确的。还应该指出，公法规范和私法规范，并不因为同时存在于不少经济法律、法规等规范性文件中而改变为组成第三法域的第三种类型的法律规范。

第三，不能认为经济法只是维护社会公共利益的。

有些学者认为，经济法是以社会为本位，只维护社会公共利益[①]，因此，经济法不是公法，也不是私法，而是社会法或社会法的组成部分。可见，这些学者也主张以维护什么"利益"作为划分法域的标准。需要指出的是：马克思主义法学认为，法具有阶级性和社会性，其中阶级性是主要的，是本质属性；关于法的性质的上述理论，也完全适合于用来分析经济法的性质，因此，经济法具有维护社会

① 对此，本书将在第十一章进行详细评析。

公共利益的一面,但是绝不只是维护社会公共利益的,那种认为经济法只是维护社会公共利益即全体社会成员的共同利益的观点,是不符合实际情况的,是违反阶级分析的方法[①]的,是片面的。

第四,不能认为"法律三元结构"的观点是科学的。

有的学者认为,在"三元社会结构"的基础上,产生了"法律三元结构",经济法是作为第三法域的社会法的组成部分。长期以来,国内外在社会结构和法的结构的问题上都存在着不同的观点,要正确地认识这两个问题,还需要作深入的研究。但是,有两点首先应该明确:一是在现代社会,仍然存在着阶级和阶级斗争,这是客观事实;在存在阶级和阶级斗争的社会中,不能否认国家与法的阶级性,"全民国家"、"全民法"是不存在的,认为法的结构的变化产生了只维护社会全体成员利益或每个人利益的社会法是不可取的。二是法所调整的社会关系按其是否具有隶属性进行划分,只能划分为服从关系与平等关系,而不可能有既不是服从关系也不是平等关系的社会关系,因此,按照"对象论"可以将法划分为公法与私法两大法域,而不可能有既不是公法也不是私法的第三法域。对于法域三元论的观点,有些学者早就指出:"认为经济法是与公法、私法相并列的、独立的第三法域的观点是欠妥当的,即三元论的观点是不尽如人意的。"[②]

(三)经济法属于公法的范围

学术界有不少人认为,经济法属于公法的范围,不是部分公法、私法规范的混合,也不是什么第三法域。例如,在国外,以法国经济法学者费尔南·夏尔·让泰为代表的"经济生活国家干预论"认为,经济法属于公法。[③] 法国学者阿莱克西·雅克曼、居伊·施朗斯指出,有些人认为经济法是一个新的部门,按照他们的经济法定义,"经济法属于公法的范畴。"是"经济公法"。[④] 荷兰学者使用较多的是"社会经济法"这一概念,大多数学者也都"同意它属于公法范围。"[⑤]日本学者美浓部认为:经济法"理应属于公法"这样的意见,"可以认为是不无道理的。"[⑥]又如,在国内,有的学者说:"从经济法自身的调整对象和立法宗旨,可以认为经济法属于传统公法,具有公法的性质。"[⑦]"传统的公法与私法的二元划分尚未完全过时,而是仍然有其可取之处。处于社会法法域中的经济法具有更为

---

① 阶级分析的方法是法学研究的基本方法之一,也是经济法学研究的基本方法之一。我们不仅应该承认阶级分析的方法,而且应该把这种方法实际运用到我们的研究工作中来。

② 张守文、于雷:《市场经济与新经济法》,北京大学出版社 1993 年版,第 80 页。

③ 参见〔法〕罗伯·萨维:《法国法律上的经济法概念》,载《法学译丛》1983 年第 5 期。

④ 〔法〕阿莱克西·雅克曼、居伊·施朗斯:《经济法》,宇泉译,商务印书馆 1997 年版,第 74、75 页。

⑤ 同上书,第 57、58 页。

⑥ 转引自〔日〕金泽良雄:《经济法概论》,满达人译,甘肃人民出版社 1985 年版,第 35 页。

⑦ 张守文、于雷:《市场经济与新经济法》,北京大学出版社 1993 年版,第 80 页。

突出的公法特征，因而仍然可以把它归入公法之中”。[①] 有的学者指出：“经济法属于公法的范围，不属于私法的范围，不是部分公法、私法规范的混合，也不是什么第三法域。”[②]还有一些学者认为：“经济法等，属于公法。”[③]“经济法属于公法范畴”[④]。

总的来说，关于经济法的法域属性问题，在国内外法学界，主要有三种理论：认为经济法兼具公法与私法的性质；认为经济法属于第三法域或第三法域的组成部分；认为经济法属于公法的范围。至今还没有发现认为经济法属于私法范围的观点。

笔者认为，经济法属于公法的范围。要真正搞清楚为什么经济法属于公法的范围，除了我们在“对否认经济法属于公法范围的观点的评析”时所指出的应该明确的几个问题以外，还必须正确认识下列四个问题：

其一，公法、私法的划分标准。如前所述，在公法、私法划分标准问题上的“利益论”、“主体论”、“权力论”都各有可取之处，又都各有一定缺陷。这就需要总结经验，取长补短，并在此基础上形成一种新的理论——“对象论”，即以调整对象作为划分公法、私法的标准。

其二，公法、私法的调整对象和概念。在明确了公法、私法的划分标准以后，还要进一步了解公法、私法的调整对象是什么样的社会关系，这是明确其概念的关键。如前所述：公法是调整服从关系的法律规范的总称；私法是调整平等关系的法律规范的总称。

其三，经济法的调整对象与公法、私法调整对象的关系。经济法是以在国家协调的本国经济运行过程中发生的经济关系为调整对象的，这种经济关系属于公法所调整的服从关系的范围，而不属于私法调整的平等关系的范围。

其四，经济法与公法、私法的关系。根据以上三点分析，可以得出结论：经济法规范是公法规范而不是私法规范；由经济法规范组成的经济法属于公法的范围而不属于私法的范围，也不是什么第三法域或第三法域的组成部分。

---

① 张守文：《经济法理论的重构》，人民出版社2004年版，第257页。

② 杨紫烜主编：《经济法》，北京大学出版社、高等教育出版社1999年版第45页，2006年版第51页。

③ 梁慧星：《关于我国民事法律制度的几个问题》，见《全国人大常委会法制讲座汇编》（第二辑），中国民主法制出版社2000年版，第113页。

④ 王家福：《社会主义市场经济的法律保障》，见全国干部培训教材编审指导委员会组织编写：《社会主义法制理论读本》，人民出版社2002年版，第299页。

第七章 经济法的体系之一:经济法体系的概念和结构

一、经济法体系的概念

(一)研究经济法体系的概念以承认经济法的存在为前提

只有承认经济法,才会承认经济法体系的存在;承认经济法体系的存在,就有研究经济法体系概念的必要。

在第二次世界大战以后,苏联有一种关于经济法的理论——综合部门法论认为,每一个独立的法律部门在法的体系中都有一定的地位,而作为综合部门的经济法在法的体系中"没有任何位置"。①

有的中国学者说:"经济法不是一个独立的法律部门。""经济法没有自己的法律体系"。②

笔者认为,在整个法的体系中经济法是一个独立的法的部门,经济法本身又有自己的体系;否认经济法作为一个独立的法的部门的客观存在,必然否认经济法具有自己的体系,即经济法体系。在对待经济法体系的问题上,应该采取唯物主义的态度。

(二)对经济法体系概念问题上的不同观点的评析

1. 在经济法体系概念问题上的不同观点

在法学界,在经济法体系的概念问题上,存在着多种不同的观点:

其一,认为"我国经济法体系应当由总则、分则和经济仲裁与经济司法三编

① 参见张世明:《经济法学理论演变研究》,中国民主法制出版社2000年版,第157页。

② 佟柔:《关于经济法的几个理论问题》,载《中国法学》1984年第2期,第62、64页。

组成。”[①]或者认为,我国经济法的体系包括总论、分论、附论(经济仲裁和经济司法)。[②] 在这里,有关学者虽然不是对经济法体系这一概念下定义,但也反映了他们对什么是经济法体系的认识。

其二,认为“经济法体系可指经济立法体系,也可指经济法学体系。”[③]

其三,认为“经济法体系应该包括两种含义,即经济法律体系和经济法学体系。”[④]或者认为:“经济法体系,是经济法规体系和经济法学体系的总体。”[⑤]

其四,认为“经济法是多层次的,有总的基本法,也有各种单行的法律、法规。它们都是有机联系彼此配合,组成一个体系。”[⑥]

其五,认为“经济法体系包括:经济立法体系、经济法律体系、经济法学体系。”[⑦]

其六,认为“经济法体系亦即经济法规体系,它是在经济法规分类的基础上,根据各种经济法规性质的异同,关系的亲疏,按一定标准和序列,分层次、分系统排列组合的统一体。”[⑧]

其七,认为“所谓经济法律体系,是指经济法这一法律部门的体系。”[⑨]

其八,认为经济法体系是由经济法规范构成的体系或系统。例如,认为“将经济法体系定位于由经济法规范构成的体系更具合理性。”[⑩]或者认为:“经济法的体系,也就是相关的经济法规范所构成的一个系统。经济法体系由此也可称为经济法系统。”[⑪]或者认为:“对经济法体系应作这样的概括:即它是按照统一性和内在有机联系的要求,由经济法规范构成的部门法体系。”[⑫]

其九,认为“可将经济法体系定义为由各个经济法部门组成的有机联系的统一整体。”[⑬]

---

① 西南政法学院经济法教研室编:《经济法讲义》(1982年),转引自许明月主编:《经济法学论点要览》,法律出版社2000年版,第424—425页。

② 张继志:《实用经济法学》,成都科技大学出版社1987年版,第17页。

③ 中国人民大学法律系经济法教研室编著:《中国经济法教程》,中国人民大学出版社1985年版,第19页。

④ 张士元:《论经济法体系》,见《经济法学研究》,复旦大学出版社1986年版,第45页。

⑤ 张序九主编:《经济法教程》,吉林人民出版社1986年版,第22页。

⑥ 潘念之编著:《中国经济法理论探索》,上海社会科学出版社1987年版,第20页。

⑦ 潘静成、刘文华主编:《经济法基础理论教程》,高等教育出版社1993年版,第65页。

⑧ 潘静成主编:《经济法学》,中央广播电视大学出版社1996年版,第24页。

⑨ 程宝山:《经济法基础理论研究》,郑州大学出版社2003年版,第96页。

⑩ 肖江平:《经济法学术体系的构造——兼论经济法体系》,见杨紫烜主编:《经济法研究》第3卷,北京大学出版社2003年版,第66页。

⑪ 张守文:《经济法理论的重构》,人民出版社2004年版,第264页。

⑫ 王保树主编:《经济法原理》,社会科学文献出版社2004年版,第69页。

⑬ 顾功耘、罗培新主编:《经济法前沿问题》,北京大学出版社2006年版,第2页。

2. 对经济法体系概念问题上的不同观点的简要评析

笔者认为,经济法体系与经济立法体系、经济法律体系、经济法规体系、经济法学体系、经济法教材体系的关系,都是有联系、有区别,但是不能混为一谈。上述第一至第七种观点未能分清经济法体系与经济立法体系、经济法律体系、经济法规体系、经济法学体系、经济法教材体系的界限,值得商榷。上述第八种观点是有道理的,因为经济法体系是由经济法部门组成的,经济法部门是由经济法规范组成的,归根结底,经济法体系是由经济法规范组成的,从这个意义上来说,认为经济法体系是由经济法规范所构成的体系或系统,是可以的。上述第九种观点指出:经济法体系是“由各个经济法部门组成的有机联系的统一整体”。这是正确的。当然,这不是说,以上第八、第九两种观点就不需要完善了。因为在对经济法体系这一概念下的定义中,如果明确指出组成经济法体系的经济法部门是“多层次的”、“门类齐全的”就更好一些。

(三)本书对经济法体系的概念的认识

1. 经济法体系的定义及其基本含义

笔者对经济法体系这一概念先后下过两个定义:一是认为:“经济法体系,是由多层次的经济法部门组成的有机联系的统一整体。”[①]二是认为:“经济法体系,是由多层次的、门类齐全的经济法部门组成的有机联系的统一整体。”[②]这两个定义反映了在中国经济法学的初步发展阶段和走向成熟阶段,笔者对经济法体系这一概念认识的发展。应该说,以上第一个定义还不完善。因为该定义虽然并不认为组成经济法体系的经济法部门可以是残缺不全的,但是,它并没有明确指出组成经济法体系的经济法部门是“门类齐全的”。以上第二个定义比前一个定义有了改进。这是笔者新的观点,也是笔者认为本书对经济法体系这一概念应该下的定义。其基本含义有三:

第一,经济法体系是由经济法部门组成的有机联系的统一整体。经济法体系是由经济法部门组成的。不同的经济法部门各有特定的调整对象,各有自己的特点,但又相互关联、彼此依赖,形成一个统一的整体。

第二,组成经济法体系的经济法部门是多层次的。根据经济法律规范的调整对象是否具有某种属性,可以把经济法划分为若干个较大的经济法部门,然后又可以将每个较大的经济法部门再划分为若干个较小的经济法部门。为满足实

---

① 杨紫烜:《论经济法的若干理论问题》,载《北京大学学报(哲学社会科学版)》1986 年第 3 期,第 66 页;杨紫烜:《管理—协作经济法论纲》,载《经济法制》1990 年第 11 期,第 10 页。

② 杨紫烜:《论新经济法体系——关于适应社会主义市场经济需要的经济法体系的若干问题》,载《中外法学》1995 年第 1 期,第 1 页;杨紫烜主编:《经济法》,北京大学出版社、高等教育出版社 1999 年版第 53 页,2006 年、2008 年版第 71 页。

践的需要，这样的划分可以进行多次。经过连续划分[①]，必然形成多层次的经济法部门。可见，就纵向结构而言，经济法体系是层次分明而不是杂乱无章的。

第三，组成经济法体系的经济法部门是门类齐全的。这里说的“门类齐全”，要求属于经济法调整对象范围的每个层次的特定经济关系的各个方面，都有相应的经济法部门予以调整。可见，就横向结构而言，经济法体系是门类齐全而不是残缺不全的。

2. 需要澄清的两个误解

“科学上不同的学派可以自由争论。”[②]“自由争论”，要摆事实、讲道理。在学术讨论过程中，澄清误解是摆事实、讲道理的要求，有利于促进科学的进步，而不会影响学界的团结和友谊。为了让读者如实了解笔者在经济法体系的概念问题上的观点，需要澄清两个误解：

其一，有的学者在引用笔者在1986年2月发表的一篇论文中的一段话时断言：论文作者“认为经济法体系即调整经济关系的规范性文件体系，是由多层次的经济法规组成的有机联系的统一整体”[③]。这一引文在基本概念的表述上是与原文不符合的。原文写道，中共中央《关于制定国民经济和社会发展第七个五年计划的建议》明确指出：“要力争在‘七五’期间建立起比较完备的经济法规体系。”“我理解，党中央提出建立的经济法规体系，即调整经济关系的规范性文件体系，是由多层次的经济法规组成的有机联系的统一整体。”[④]笔者在这里谈的是对“经济法规体系”这一概念的认识，不是对“经济法体系”这一概念的认识。而且笔者历来是将“经济法体系”与“经济法规体系”明确区分开的，从不把它们混为一谈。可是，有的学者却把笔者对“经济法规体系”这一概念的认识，说成了笔者对“经济法体系”这一概念的认识，这是很大的误解。

其二，有的学者说：“关于经济法体系的涵义，学界主要有两种观点：一种认为就是指经济法律体系；一种认为它既可指经济法律体系，也可指经济法学体系。我们赞同第二种观点。”[⑤]对于第一种观点，该学者加的注释是：“杨紫烜主编：《经济法》，北京大学出版社、高等教育出版社，1999年11月版，第53页。”应该指出，在学术问题上，每一个人都有发表赞成什么观点，反对什么的观点的自由，这是无可非议的。但是，为了澄清事实，笔者需要作以下说明：·是笔者在《经济法》这部教材（1999年11月版，第53页）中原文是这样写的：“经济法体系

① “连续划分是把一次划分得出的子项作为母项，继续划分出子项，直到满足实践的需要为止。”见吴家麟主编：《法律逻辑学》，群众出版社1983年版，第62页。

② 毛泽东：《关于正确处理人民内部矛盾的问题》，人民出版社1957年版，第25页。

③ 王保树主编：《经济法原理》，社会科学文献出版社2004年版，第68—69页。

④ 杨紫烜：《关于制定〈中华人民共和国经济法纲要〉的建议》，载《法制建设》1986年第1期，第22页。

⑤ 程宝山：《经济法基础理论研究》，郑州大学出版社2003年版，第95—96页。

是由多层次的、门类齐全的经济法部门组成的有机联系的统一整体。"二是笔者还在该教材的第53—54页明确指出,经济法体系同经济法律体系、经济法规体系"有区别,有联系,不能混淆",并对其区别和联系作了具体分析。三是可以肯定地说,笔者在任何时候都没有将经济法体系"认为就是指经济法律体系"。当然,在经济法学界,确实有些学者将"经济法体系"等同于"经济法律体系",但是,其中不包括笔者。

(四)经济法体系的概念与相关概念的关系

1. 经济法体系同经济立法体系的关系

经济立法体系,是指由列入经济立法规划的,多层次的、门类齐全的规范性文件组成的有机联系的统一整体。简言之,经济立法体系,是指列入经济立法规划的规范性文件体系。

对于经济法体系同经济立法体系的关系,既要看到它们的区别,又要看到它们的联系。

经济法体系不能等同于经济立法体系。它们之间的区别主要表现在三个方面:一是组成经济法体系的是经济法部门,而组成经济立法体系的是列入经济立法规划的规范性文件;二是组成经济法部门的法律规范都是经济法律规范即经济法规范,而组成经济立法体系的规范性文件(即列入经济立法规划的规范性文件)中的法律规范不仅仅是经济法规范;三是组成经济法部门的经济法规范是现行的,而组成经济立法体系的规范性文件中的法律规范是计划制定或修改的(只有执行了经济立法规划,制定或修改的规范性文件开始施行后,其中的法律规范才是现行的)。

经济法体系同经济立法体系的联系主要表现在两个方面:一是组成经济法体系的经济法部门中的经济法规范,除了以习惯法、判例法、法定解释为表现形式的以外,在现代国家大多数是通过调整经济关系的规范性文件表现出来的,少数是通过其他规范性文件表现出来的。因此,在现代国家,建立和实施经济立法体系,制定和修改多层次的、门类齐全的调整经济关系的规范性文件,有助于使组成经济法体系的经济法部门中的经济法规范的数量得到增加,质量得到提高,从而促进经济法体系的建立和完善。二是在现代国家,建立和完善经济法体系需要有计划、有步骤地制定和修改多层次的、门类齐全的调整经济关系的规范性文件,从而促进经济立法体系的建立和实施。

如前所述,有的学者认为,经济法体系可指经济立法体系。有的学者认为,经济法体系包括经济立法体系。前者,实质上是将经济法体系等同于经济立法体系;后者,实质上是将经济立法体系视为经济法体系的组成部分。这都不妥。在这个问题上,另一些学者的观点是正确的。他们说:"经济法体系和经济立法体系是两个不同的概念，我们不应把二者相混同。”①

2. 经济法体系同调整经济关系的规范性文件体系的关系

调整经济关系的规范性文件体系，是指由调整经济关系的，多层次的、门类齐全的规范性文件组成的有机联系的统一整体。这一定义的基本含义有四：一是该体系是由规范性文件组成的有机联系的统一整体。组成这一体系的不同的规范性文件虽然各有自己的特点，但又相互关联、彼此依赖，形成一个统一的整体。二是这种规范性文件是以经济关系为调整对象的。这里说的经济关系，不仅包括经济法调整的市场监管关系、宏观调控关系，而且包括民法调整的平等的经济关系，以及别的法调整的其他经济关系。三是这种规范性文件是多层次的。它不仅包括经济法律，而且包括经济法规、经济规章等规范性文件。四是这种规范性文件是门类齐全的。它要求各个层次的规范性文件分别对各类经济关系进行调整。

经济法体系同调整经济关系的规范性文件体系有区别，有联系，不能混淆。

经济法体系同调整经济关系的规范性文件体系之间的区别主要表现在两个方面：一是组成经济法体系的是经济法部门，而组成调整经济关系的规范性文件体系的是经济法律、经济法规、经济规章等规范性文件；二是组成经济法部门的法律规范都是经济法规范，而组成调整经济关系的规范性文件中的法律规范不仅包括经济法规范，而且包括调整平等经济关系的民法规范和调整其他经济关系的其他法的规范。

经济法体系同调整经济关系的规范性文件体系之间的联系也主要表现在两个方面：一是在现代国家，组成经济法体系的经济法部门中的经济法规范大多数是通过调整经济关系的规范性文件表现出来的。因此，建立和完善调整经济关系的规范性文件体系，制定和修改多层次的、门类齐全的调整经济关系的规范性文件，有助于使组成经济法体系的经济法部门中的经济法规范的数量得到增加，质量得到提高，从而促进经济法体系的建立和完善。二是在现代国家，建立和完善经济法体系需要制定和修改多层次的、门类齐全的调整经济关系的规范性文件，从而促进调整经济关系的规范性文件体系的建立和完善。

如前所述，有些学者分别认为：经济法律体系，是指经济法部门的体系；经济法体系亦即经济法规体系；经济法体系中包括经济法律体系；经济法体系中包括经济法规体系。在这些观点中，有的将经济法体系等同于经济法律体系或经济法规体系，有的将经济法律体系或经济法规体系视为经济法体系的组成部分。这是不可取的。对于这个问题，另一些学者的观点是有道理的。例如，肖江平博士认为：“如果将经济法只作法律规范总称或总和理解，那么对经济法体系和经

① 徐孟洲、吴宏伟主编：《中华人民共和国经济法原理》，国际文化出版公司 1988 年版，第 33 页。

济法律体系的理解有根本区别。"[①]又如,王保树教授指出:"经济法体系到底是经济法规范体系,还是经济法律、法规体系?就表面层次而言,似乎经济法规范和经济法律、法规无都大区别。实则不然,前者更着重于经济法体系的根本属性,与上述的统一性和内在有机联系是一致的。后者强调的是经济法律、法规的集合"[②]。

3. 经济法体系同社会主义市场经济法律体系的关系

在全国人大和全国人大常委会的文件中,多次使用"社会主义市场经济法律体系"[③]这一概念。对于社会主义市场经济法律体系的有关问题,曾经是我国学术界、特别是法学界研究的热点问题。

那么,如何理解社会主义市场经济法律体系这一概念呢?笔者认为,社会主义市场经济法律体系,是指由调整社会主义市场经济关系的,多层次的、门类齐全的规范性文件组成的有机联系的统一整体。简言之,社会主义市场经济法律体系,是指调整社会主义市场经济关系的规范性文件体系。为了明确这一概念,有必要着重指出,这一法律体系的构成要素是调整社会主义市场经济关系的规范性文件,而不是经济法部门。第八届全国人大第三次会议批准的《全国人民代表大会常务委员会工作报告》指出:"为了实现本届常委会任期内大体形成社会主义市场经济法律体系框架的目标,要按照五年立法规划的要求,继续抓紧制定一批有关社会主义市场经济方面的法律,如票据法、保险法、国有资产管理法、合同法、担保法、破产法等。"[④]第八届全国人大第五次会议批准的《全国人民代表大会常务委员会工作报告》指出:"要按照本届内大体形成社会主义市场经济法律体系框架的要求,继续把经济立法放在重要位置,抓紧制定有关市场经济方面的法律,如国有资产法、证券法、期货交易法等。"[⑤]第九届全国人大第一次会议批准的《全国人民代表大会常务委员会工作报告》指出:第八届全国人大常委会"任期内制定的有关市场经济方面的法律,连同以前制定的有关市场经济法律,初步构成社会主义市场经济法律体系框架"[⑥]。以上说的"市场经济方面的

① 肖江平:《经济法学术体系的构造——兼论经济法体系》,见杨紫烜主编:《经济法研究》第3卷,北京大学出版社2003年版,第65页。

② 王保树主编:《经济法原理》,社会科学文献出版社2004年版,第69页。

③ 第八届全国人民代表大会第三次会议批准的《全国人民代表大会常务委员会工作报告》,见《全国人民代表大会常务委员会公报》1995年第3号;第八届全国人民代表大会第四次、第五次会议《关于全国人民代表大会常务委员会工作报告的决议》,见《全国人民代表大会常务委员会公报》1996年第3号、1997年第2号;第九届全国人民代表大会第一次会议批准的《全国人民代表大会常务委员会工作报告》,见《全国人民代表大会常务委员会公报》1998年第1号。

④ 《全国人民代表大会常务委员会公报》1995年第3号。

⑤ 《全国人民代表大会常务委员会公报》1997年第2号。

⑥ 《全国人民代表大会常务委员会公报》1998年第1号。

法律"①，不是从法的部门的意义上讲的，而是从规范性文件的意义上讲的。这里说的规范性文件，不仅包括全国人民代表大会及其常委会制定的经济法律，而且包括其他法定的国家机关制定的经济法规、经济规章等规范性文件。可见，社会主义市场经济法律体系是由调整社会主义市场经济关系的规范性文件而不是经济法部门组成的。

明确了社会主义市场经济法律体系与经济法体系这两个概念，它们之间的关系也就容易搞清楚了。就它们的区别而言，主要表现在两个方面：一是经济法体系是由经济法部门组成的体系；社会主义市场经济法律体系是由规范性文件组成的体系。二是组成经济法体系的经济法部门，不仅包括社会主义的经济法部门，而且包括非社会主义的经济法部门；组成社会主义市场经济法律体系的规范性文件是以社会主义市场经济关系为调整对象的，它不包括调整非社会主义市场经济关系的规范性文件。

4. 经济法体系同经济法学体系的关系

经济法学体系，是指由多层次的、门类齐全的经济法学的分支学科组成的有机联系的统一整体。要明确经济法学体系的概念，应该着重搞清楚该体系的构成要素是经济法学的分支学科，而不是经济法部门。它同经济法体系有区别，有联系。

它们的区别主要有二：一是组成经济法体系的是经济法部门；组成经济法学体系的是经济法学的分支学科。二是组成经济法部门的法律规范是国家创制的，具有法律约束力；经济法学的分支学科的观点和内容是学术研究的产物，不是国家创制的，没有法律约束力。

经济法体系同经济法学体系也有密切的联系：一是组成经济法体系的经济法部门是经济法学研究的重要内容，它制约着这个国家经济法学体系的形成；二是经济法学的发展及其体系的形成，特别是经济法总论研究的开展和深入，又会影响经济法体系的建立和发展。

如前所述，有些学者认为，经济法体系，也可以指经济法学体系。有的认为，经济法体系包括经济法学体系。前者，实际上是将经济法体系等同于经济法学体系；后者，实际上是将经济法学体系视为经济法体系的组成部分。这都不妥。因为上述观点未能正确认识经济法体系同经济法学体系的联系以及它们之间的明显区别，混淆了它们的界限。

---

① 这里说的"市场经济方面的法律"，包括"规范市场主体、维护市场秩序、加强宏观调控、完善社会保障等方面的法律"。参见田纪云：《在人民代表大会制度理论研究和宣传座谈会上的讲话》（《人民日报》1994 年 9 月 13 日）；王汉斌：《加强法制建设　保障经济发展》（《人民日报》1994 年 9 月 15 日）；乔石：《在首都各界纪念人民代表大会成立四十周年大会上的讲话》（《人民日报》1994 年 9 月 16 日）。

5. 经济法体系同经济法教材体系的关系

编写经济法教材是供经济法教学用的,经济法教材体系必然会在不同程度上反映经济法体系。但是,不能把经济法教材体系视为经济法体系。经济法的教学实践表明,不能要求把由多层次的、门类齐全的经济法部门组成的经济法体系的全部内容一一列入经济法教材体系之中,这是一方面;另一方面,有些虽然不属于经济法体系的内容,但与经济法体系有密切联系,根据实际需要,也可以列入经济法教材体系之中。

如前所述,有些学者认为,我国经济法体系应当由总则、分则、经济仲裁与经济司法三编组成;或者认为,我国经济法的体系包括总论、分论、附论(经济仲裁和经济司法)。这反映了他们把 20 世纪 80 年代一些经济法教材的结构当作了经济法体系的结构,是不恰当的。

二、经济法体系的结构

(一) 经济法体系的结构的概念

由于经济法体系不同于经济立法体系、调整经济关系的规范性文件体系、社会主义市场经济法律体系、经济法学体系、经济法教材体系,因此,经济法体系的结构也不同于这些其他体系的结构,不能互相混淆。

要正确认识经济法体系结构的概念,以正确认识经济法体系的概念为前提。关于经济法体系的概念,前面已经作了论述,这里不再重复。此外,还需要了解"结构"这一语词的含义。按照《现代汉语规范词典》的解释,结构是"构成事物整体的各个部分及其配搭、组合的方式"①。

基于笔者对经济法体系这一概念的理解和上述《词典》对"结构"的解释,笔者认为,经济法体系的结构,是指经济法体系究竟是由哪些层次、哪些门类的经济法部门组成(或构成)的。

(二) 形成经济法体系的结构的依据

形成经济法体系的结构的依据,是经济法调整对象的结构。经济法是以特定经济关系为调整对象的,不同层次的经济法部门是以不同层次的特定经济关系为调整对象的,各个层次的不同门类的经济法部门是以各该层次的特定经济关系的不同方面为调整对象的。因此,经济法体系的结构,决定于作为经济法所调整的特定经济关系的结构。

---

① 《现代汉语规范词典》,外语教学与研究出版社、语文出版社 2004 年版,第 669 页。

如前所述,经济法调整的特定经济关系,是在国家协调的本国经济运行过程中发生的经济关系。这种经济关系有层次之分和门类之别。它们分别成为不同层次、不同门类经济法部门的调整对象。

有的学者指出,在经济法体系内部构造的分析之中,有一种构造类型是:"将经济法体系仅仅理解为部门法体系时,是'根据组成经济法的法律规范所调整的经济关系在性质上所具有的不同特点'而设计经济法体系。"以后,"由于将经济法体系与经济法律体系分开已成多数研究者的共识,经济法体系构造的分析中明显混同二者已经不太多了"。①

(三)经济法体系的结构的内容

1. 对经济法体系的结构的内容问题上不同观点的评析

由于人们对经济法体系的概念有不同认识,必然影响到对经济法体系结构的内容的认识;即使对经济法体系的概念持相同观点的人,如果他们对经济法调整的特定经济关系的结构认识不同,也会影响到他们对经济法体系结构的内容的认识。

国内外法学界(主要是经济法学界),在经济法体系的结构问题上,有些观点是一致的或者相近的,同时也存在着许多不同意见。仅就本书第二章"外国经济法学发展概况"部分所介绍的有关内容来看,国外一些有代表性的经济法学者分别认为经济法体系结构的内容包括二、三、四、五或六个部分。在这全部内容中,有公企业法、特殊会社法、经济私法、垄断禁止法(有学者称为禁止垄断法或营业竞争限制防止法)、不正当竞争防止法、经济基本体制法、经济指导与管理法(有学者称为经济引导与经济监督法)、计划法、不景气对策措施法、产业促进法(有学者称为产业政策法)、财政法、租税法、银行法、价格法、对外经济法、军政法、经济刑法、经济诉讼法、国际经济法等。再就本书第三章"中国经济法学发展概况"部分所介绍的有关内容来看,中国一些有代表性的经济法学者分别认为经济法体系结构的内容包括二、三、四、五或七个部分。在这全部内容中,有经济法总论、经济法分论、经济法总则、经济法分则、经济仲裁与经济司法、多层次的经济法律和法规、基本经济法、全局性经济管理法规、部门性经济管理法规、企业管理法规、经济组织法(有学者称为市场主体法、企业管理法、企业组织管理法或企业发展促进法)、市场监管法(有的学者称为市场管理法、市场规制法、市场秩序规制法、维护市场秩序法或市场障碍排除法)、宏观调控法(有学者称为宏观经济调控法、宏观经济管理法、经济调控法或国家对经济的引导促进法)、国家投资经营法、经济监督法、社会分配法、经济活动法、社会保障法、涉外

① 参见肖江平:《中国经济法学术史研究》,人民法院出版社2002年版,第197—198页。

经济法(有学者称为对外经济法或国家对外经济的引导促进法)等。

以上所列举的被视为属于经济法体系结构的内容,由于是国内外不同的学者在不同时期分别提出的,因此,出现这样一些情况:有些是上位法,有些是下位法;在同一个层次的法中,有些法实质相同,但使用的语词有别:有些法之间不是并列关系,而是交叉关系。

笔者认为,对于国内外学者在经济法体系结构的内容问题上的不同观点,应该从以下三个方面进行评析:

第一,有些观点是正确的或基本正确的。

许多学者分别将市场监管法、市场管理法、市场规制法、市场秩序规制法、市场秩序维护法或市场障碍排除法等,以及宏观调控法、宏观经济调控法、宏观经济管理法、经济调控法、国家对经济的引导促进法、经济基本体制法、经济指导与管理法或经济引导与经济监督法等视为经济法体系结构的内容,这是正确的或基上正确的,虽然在有些语词的使用上尚需考虑,在对市场监管法、宏观调控法内容的理解上尚需统一认识。

有些学者分别将垄断禁止法、禁止垄断法或营业竞争限制防止法,以及不正当竞争防止法等列入了经济法体系结构的内容之中,这是正确的。但是要明确,它们在经济法体系的结构中是第二层次的法的部门,是作为第一层次法的部门的市场监管法的组成部分,与市场监管法不是并列关系而是从属关系。

有些学者分别将计划法、不景气对策措施法、产业促进法(有学者称为产业政策法)、财政法、租税法、价格法列入了经济法体系结构的内容之中,这是正确的或基本正确的。但是要明确:在经济法体系的结构中,它们多数是第二层次的法的部门,是作为第一层次法的部门的宏观调控法的组成部分,它们与宏观调控法不是并列关系;有的是第三层次的法的部门,如"租税法"是作为第二层次的法的部门的财政法的组成部分,与财政法不是并列关系。

第二,有些观点不妥。

有些学者分别将经济法总论、分论、附论(经济仲裁和经济司法),或者经济法总则、分则、经济仲裁和经济司法视为经济法体系结构的内容。他们把一些经济法教材体系的结构当作经济法体系的结构,这不妥。

有些学者分别将多层次的经济法律和法规、基本经济法、全局性经济管理法规、部门性经济管理法规、企业管理法规等规范性文件视为经济法体系结构的内容。他们把调整经济关系的规范性文件误认为是经济法体系的构成要素,也不妥。

有些学者分别将军政法、经济刑法、经济诉讼法、国际经济法列入了经济法体系结构的内容之中。这些观点分别混淆了同属于实体法的经济法与军政法、经济刑法之间的界限,混淆了属于实体法的经济法与属于程序法的经济诉讼法之间的界限,混淆了属于国内法体系的经济法与属于国际法体系的国际经济法之间的界限,都不可取。

第三,对有些观点要具体分析。

有些学者分别将公企业法、特殊会社法、经济私法(含企业法的内容)、经济组织法、市场主体规制法、企业组织管理法、企业管理法或企业发展促进法列入了经济法体系结构的内容之中。对此,可作如下分析:一是将以上这些法视为经济法体系结构的内容有一定道理,因为在这些法中有相当一些内容是调整市场监管关系的市场监管法规范和调整宏观调控关系的宏观调控法规范;二是可以将以上这些法中的市场监管法规范和宏观调控法规范,分别纳入属于经济法体系的市场监管法、宏观调控法之中;三是以上这些法中除了有市场监管法规范和宏观调控法规范以外,还有其他法的部门的规范,不宜将这些法与市场监管法、宏观调控法并列地列为经济法体系结构的内容。

有些学者分别将国家投资经营法、银行法、社会分配法等列入了经济法体系结构的内容之中。这同样要具体分析。一方面,这些法在不同程度上具有经济法规范,将它们视为经济法体系结构的内容有他们的道理;另一方面,将这些法视为经济法体系结构的内容也有值得商榷之处,因为这些法还不同程度上包括了非经济法的法律规范①。

有些学者将经济活动法列入了经济法体系结构的内容之中。这也要具体分析。如何理解经济活动法?有的学者说:"经济活动法调整的是经济主体间的权利、义务关系,包括经济合同法和竞争法、消费者保护法等内容。"②对于上述论断,需要指出以下几点:一是被列入经济活动法之中的竞争法、消费者权益保护法属于经济法的范围,在经济合同法中也有经济法规范,从这个意义上说,将经济活动法列入了经济法体系结构的内容之中有一定道理;二是在多层次的经济法体系的结构中,竞争法、消费者权益保护法是市场监管法的组成部分;三是在经济合同法中,虽然有部分经济法规范,但又有相当多非经济法规范,不宜将整个经济合同法列入经济法体系结构的内容之中;四是认为经济活动法调整经济主体间的权利、义务关系,这不妥。

有些学者将社会保障法列入了经济法体系结构的内容之中(过去,笔者也持此观点)。这也要具体分析。本书在第五章中指出:"不宜将社会保障关系与市场监管关系、宏观调控关系并列地作为经济法的调整对象;至于社会保障关系的各个组成部分,既不是经济法都不调整,也不是都由经济法调整。"因此,调整

① 例如:在银行法中的中央银行法,属于经济法的范围;在商业银行法中,不仅有经济法规范,而且有非经济法规范。

② 潘静成、刘文华主编:《经济法》,中国人民大学出版社 2005 年版,第 93—94 页。

社会保障关系的社会保障法不宜与市场监管法、宏观调控法并列地列为经济法体系结构的内容。但是,由于在该法的调整对象中除了调整其他经济关系的以外,相当一些内容属于经济法调整的特定经济关系的范围,因此,应当将调整这些特定经济关系的经济法规范,分别列入经济法体系结构的相关内容之中。

还有一些学者主张,将涉外经济法(有学者称为对外经济法或国家对外经济的引导促进法)与市场监管法、宏观调控法并列地列入了经济法体系的结构之中。这值得商榷。什么是涉外经济法?涉外经济法并不调整全部涉外经济关系,只调整特定的涉外经济关系。因此,不能把涉外经济法说成是调整涉外经济关系的法律规范的总称。笔者认为,涉外经济法是调整在国家协调的本国经济运行过程中发生的涉外经济关系的法律规范的总称。它同市场监管法、宏观调控法不是并列关系,而是交叉关系。可以把涉外经济法中的市场监管法规范和宏观调控法规范分别列入市场监管法、宏观调控法之中,而不宜将涉外经济法与市场监管法、宏观调控法并列地列为经济法体系结构的内容。

2. 本书对经济法体系结构应该包括的内容的认识

在对经济法体系结构的内容问题上的不同观点进行评析的过程中,笔者已经谈了哪些法应该或不应该作为经济法体系结构的内容。在这里,需要进一步指出的是,经济法调整对象的结构,决定了经济法体系的结构。属于经济法调整对象范围的不同层次、不同门类的特定经济关系的结构,决定了经济法体系的结构是多层次的、门类齐全的经济法部门。笔者认为,在现代市场经济条件下,经济法体系的结构中第一层次的经济法部门,是市场监管法和宏观调控法。在中国经济法学界,虽然在经济法体系结构的内容中是否还应该包括其他法的问题上至今存在着意见分歧,但在应该包括市场监管法和宏观调控法的问题上观点是基本一致的。

对于市场监管法和宏观调控法,根据实践的需要,可以按照不同的标准进行多种不同的划分。对于市场监管法,按照调整对象为标准进行连续划分,可以先划分为市场准入与退出法、竞争法、消费者权益保护法、产品质量法等;然后,再继续划分。对于宏观调控法,按照调整对象为标准进行连续划分,可以先划分为计划法、财政法、中央银行法、价格调控法等;然后,再继续划分。关于经济法体系结构的具体内容,本书将在第八、九章中分别进行详细论述。

第八章
经济法的体系之二:市场监管法

一、市场监管与市场监管法的概念

(一) 市场监管的概念

市场监管,是指法定的国家机关对市场准入与退出以及市场经营主体在其存续期间的运营进行的监督和管理。这一定义指明了市场监管主体是"法定的国家机关",即依法赋予市场监督管理职权的主体。市场监管的对象包括两个方面:一是尚未进入市场的个人和组织及其业务准入市场、已经进入市场的市场经营主体及其业务退出市场;二是市场经营主体在其存续期的运营。这里说的"运营",指周而复始地开展业务活动。这里说的"监督和管理",是指监察、督促和管辖、治理。

(二) 关于"市场监管法"这一语词的使用

任何概念都是通过语词来表达的。概念是语词的思想内容;语词是概念的语言表达形式。同一个概念不一定只用同一个语词来表达;表达同一个概念的不同语词不一定都是正确的。目前,经济法学界使用的"市场监管法"、"市场管理法"、"市场规制法"、"市场调控法"、"市场障碍排除法"、"市场秩序维护法"、"市场秩序规制法"、"市场运行法"、"市场运行规制法"等语词,不同的学者想表达的大体上是同一个概念。但是,在这些语词中,有的合适,有的有一定道理,有的值得商榷。

那么,对于上述语词的使用应该怎样评析呢?究竟使用何种语词才是准确表达概念的语言形式呢?笔者认为,需要指出以下几点:一是使用"市场规制法"这一语词当然有道理,但是还以不使用为好。在本书第五章中,笔者论述了由于人们对于"规制"这一语词有多种不同的理解,必然会导致对"市场规制”、“市场规制关系”这两个语词的歧义,因此,这两个语词以不使用为好。根据同样的理由,本书也不主张使用“市场规制法”这一语词。二是使用“市场调控法”这一语词,易与“宏观调控法”相混淆。例如,本应属于宏观调控法范围的对市场供求关系调节和控制的法律规范,就很可能被人们视为“市场调控法”的内容。三是使用“市场障碍排除法”这一语词,也值得商榷。因为在提出这一语词的学者看来,“市场障碍,即限制竞争和不正当竞争”①,这样,“市场障碍排除法”实际上就是指“竞争法”,而“市场障碍排除法”或“竞争法”是不包括本来属于市场监管法范围的消费者权益保护法、产品质量法等在内的。四是使用“市场秩序维护法”这一语词,不利于明确经济法与民法的界限。因为属于民法范围的合同法等也具有维护市场秩序的功能。五是使用“市场秩序规制法”这一语词,也不很恰当。因为它不仅包括了“规制”这一容易引起歧义的语词,而且包括了使用“市场秩序法”这一语词的缺点。六是使用“市场运行法”这一语词,不妥。因为它包括了市场交易法、市场监管法两方面的内容,而市场交易法属于民法的范围,将“市场运行法”视为经济法的组成部分,混淆了经济法与民法的界限。七是使用“市场运行规制法”这一语词,同样不妥。因为这不仅包括了“规制”这一容易引起歧义的语词,而且包括了使用“市场运行法”这一语词的不足之处。八是使用“市场管理法”这一语词是可以的,但不如使用“市场监管法”更好。“市场管理法”这一语词中的“管理”是从广义上讲的,包含了“监督”的内容,就其实际含义而言,它同“市场监管法”是基本相同的,但使用“市场监管法”提高了市场监督的地位。相对来说,使用“市场监管法”这一语词更好一些。对此,笔者在本书第五章中进行了论述,这里不必赘述。

(三)市场监管法的定义

中国经济法学界的学者们,在分别使用市场监管法等多个不同语词的同时,各自下了多个不同的定义。例如:认为“市场规制法,是调整国家对市场进行规制过程中发生的社会关系的法律规范之总称。”②认为市场管理法“是调整市场管理关系的法律规范的总称。”③认为市场规制法是“旨在规范特定市场行为、保护特定市场主体的法律制度的总称。”④认为“市场规制法是调整市场竞争关系和政府对市场进行协调、监管过程中发生的市场管理关系的法律规范系统。”⑤

---

① 漆多俊:《经济法基础理论》,武汉大学出版社 2000 年版,第 277 页。

② 同上书,第 276 页。

③ 王保树主编:《经济法原理》,社会科学文献出版社 2004 年版,第 139 页。

④ 李昌麒、刘瑞复主编:《经济法》,法律出版社 2004 年版,第 263 页。

⑤ 潘静成、刘文华主编:《经济法》,中国人民大学出版社 2005 年版,第 230—231 页。

认为“市场秩序规制法是指国家从社会整体利益出发,为维护市场机制的正常运行,对影响市场秩序、偏离市场经济要求的行为进行规制的法律规范的总称。市场秩序规制法以社会利益为本位”。①

笔者认为,市场监管法的调整对象,是在国家进行市场监督管理过程中发生的经济关系,简称市场监督管理关系,即市场监管关系。市场监管法,是指调整在国家进行市场监督、管理过程中发生的经济关系的法律规范的总称。这个定义有四个基本含义:一是市场监管法属于法的范畴(即属于法的体系,下同)。因为它同其他法一样都是由法律规范组成的。二是市场监管法属于国内法体系。因为组成市场监管法的法律规范所调整的市场监管关系是在本国经济运行过程中发生的,对这种经济运行的协调是一个国家的协调,市场监管法律规范是由一个国家制定或认可的。三是市场监管法属于经济法体系。因为市场监管法调整的市场监管关系属于经济法调整对象——在国家协调的本国经济运行过程中发生的经济关系——的范围。四是市场监管法又不同于同属于经济法体系的宏观调控法。因为作为市场监管法调整对象的市场监管关系,不同于作为宏观调控法调整对象的宏观调控关系。

为了进一步明确市场监管法的概念,需要指出以下几点:一是在作为定义组成部分的定义项中,概括其调整对象时以不使用“社会关系”为宜。经济关系是社会关系;社会关系不一定是经济关系。有的学者既然认为“市场规制法”属于经济法体系的“三个基本构成”之一,那么,它的调整对象就只能是特定的经济关系,而不宜包括其他社会关系。因此,它的调整对象以使用“经济关系”这一概念为好,而不宜使用“社会关系”这种外延宽泛的概念。二是在作为定义组成部分的定义项中,不宜包括调整“市场竞争关系”的内容。“市场竞争关系”是一种平等的经济关系,不宜由属于市场监管法范围的竞争法调整,竞争法的调整对象是“竞争监管关系”而不是“市场竞争关系”。因此,将“市场竞争关系”包括在市场监管法的调整对象之中欠妥。三是在作为定义组成部分的定义项中,不应当使用“特定”这一概念。因为这是违反“定义项中不得使用含混概念”这一定义规则的。四是在作为定义组成部分的定义项中或有关论述中,强调该法以社会利益为本位,从社会整体利益出发,值得商榷。因为经济法以及作为其重要组成部分的市场监管法既有社会性又有阶级性,而且阶级性是主要的,因此,在肯定其社会性的同时,不能否定其阶级性。

---

① 李昌麒主编:《经济法学》,法律出版社2007年版,第227页。

二、市场监管法的地位

（一）市场监管法是经济法体系中的一个独立的法的部门

法的体系是由多层次的、门类齐全的法的部门组成的。市场监管法是不是一个独立的法的部门，决定于它是否具有特定的调整对象。市场监管法属于哪一个部门法的体系，决定于它的调整对象属于哪一个法的部门的调整对象的范围。由于市场监管法具有特定的调整对象，其调整对象属于经济法调整对象的范围，因此，市场监管法是经济法体系中的一个独立的法的部门。

（二）市场监管法是经济法体系中的一个重要的法的部门

市场监管法之所以是一个重要的法的部门，是由于它发挥着重要作用：一方面，它为规范市场活动主体及其业务准入与退出市场的行为提供法律依据，为规范市场活动主体存续期的运营行为提供法律依据；另一方面，它又为规范市场监管主体的市场监管行为提供法律依据。因此，市场监管法的创制和实施，有助于保护市场活动主体的合法权益，维护市场经济秩序，保障经济安全，实现市场功能，促进经济社会发展。

那么，在经济法体系中，能否认为市场监管法是经济法的核心呢？笔者认为，回答应该是否定的。因为市场监管法和宏观调控法是经济法体系中的两个法的部门，从它们之间的相互关系来看，不能将市场监管法视为处于核心或中心的地位，而将宏观调控法置于市场监管法周围的地位。有的学者指出，市场监管法和宏观调控法"不能说孰为核心孰为辅助"①。这是有道理的。

（三）市场监管法与其他法的关系

对此，需要着重指出两点：一是由于市场监管法与宏观调控法各自都有特定的调整对象，它们的调整对象又都属于经济法调整对象的范围，因此，它们都是经济法体系中的独立的法的部门，它们之间的关系是并列关系；二是由于在整个法的体系中，经济法与民法、行政法等是并列关系，市场监管法是经济法体系中的一个独立的法的部门，因此，市场监管法与民法、行政法等法的部门既不是包含关系，也不是交叉关系。

还应该看到，在一些市场监管法律中存在着某些民法规范或行政法规范，但是，不能据此认为市场监管法与民法、行政法是交叉关系。因为市场监管法是市

---

① 盛杰民：《竞争法律制度》，见杨紫烜主编：《经济法》，北京大学出版社、高等教育出版社 2008 年版，第 219 页。

场监管法律规范的总称,而不是市场监管法律的总称;市场监管法律中的民法规范或行政法规范分别属于民法和行政法而不属于市场监管法。

(四)市场监管法的法域属性

市场监管法是以在国家进行市场监督管理过程中发生的经济关系为调整对象的。这种经济关系发生在法定的国家机关与市场活动主体之间,它属于公法调整的服从关系的范围,而不属于私法调整的平等关系的范围。因此,调整这种服从关系的市场监管法,属于公法的范围,而不属于私法的范围。

有些学者认为:"市场规制法……具有公法与私法相互融合渗透的特点"①。对此,笔者不敢苟同。大家知道,在不少有关法律中既有公法规范又有私法规范,这是事实。但是,不能据此认为"市场规制法"是公法与私法的"融合"。因为这种观点,实际上等于说作为一个法的部门的"市场规制法"是关于"市场规制"方面的法律的总称,而这是不能成立的。

三、市场监管法的体系

(一)市场监管法体系概论

市场监管法是经济法体系中的一个独立的法的部门,它本身又有自己的体系。市场监管法体系是由多层次的、门类齐全的市场监管法部门组成的有机联系的统一整体。需要注意的是,市场监管法体系与市场监管法律体系虽有密切联系,但是不能混为一谈:前者,是由市场监管法部门组成的;后者,是由市场监管法律、法规、规章等规范性文件组成的。

要明确市场监管法体系的概念和结构,还应该搞清楚划分市场监管法的标准是什么?笔者认为,根据实践的需要,对于市场监管法,可以按照不同的标准进行多种不同的划分。其中,按照调整对象为标准,划分出的是不同的市场监管法部门。这种划分可以连续进行,从而形成多层次的、门类齐全的市场监管法体系。市场监管法体系也正是以调整对象为标准对市场监管法进行连续划分形成的。

关于市场监管法(有些学者称为"市场规制法"或"市场管理法"等)的结构的内容,中国经济法学者有多种不同的认识。

其一,认为它包括或主要包括两个方面的法。例如,有的学者认为:"市场规制法,主要含反垄断(限制竞争)法,反不正当竞争法"。② 另有学者认为,从广

---

① 潘静成、刘文华主编:《经济法》,中国人民大学出版社 2005 年版,第 238 页。

② 漆多俊:《经济法基础理论》,武汉大学出版社 2000 年版,第 238 页。

义上说："市场规制法不仅包括通常意义上的一般市场规制法（即前面谈到的传统的竞争法和消法），在此基础上，还包括特殊市场规制法，如金融市场规制法（包括银行监管法、保险监管法和证券监管法）、电力市场规制法、石油市场规制法、房地产市场规制法等。"①还有学者认为："市场监管法包括适用于各具体市场的行业性市场监管法，如银行业监管、保险监管、证券监管、期货监管、房地产监管、技术市场监管和信息市场监管的法律规范等；也包括适用于各类市场的功能性市场监管法，如会计、审计法律规范等。"②

其二，认为它包括或主要包括三个方面的法。例如，有的学者认为："在市场规制法方面，主要包括反垄断法、反不正当竞争法和消费者保护法。"③另有学者认为，市场规制法体系由三大部分所构成：一是市场规制一般法（主要有市场准入法、反不正当竞争法、消费者权益保护法、质量规制法、价格规制法、合同规制法、中介服务规制法）；二是市场规制特别法（主要有金融市场监管法、劳动力市场监管法、房地产市场监管法、电讯市场监管法等）；三是市场规制相关法（主要有企业法、侵权行为法、合同法、知识产权法等）。④

其三，认为它包括或主要包括四个方面的法。例如，有的学者认为："市场秩序规制法主要包括：(1) 反垄断法；(2) 反不正当竞争法；(3) 消费者权益保护法；(4) 产品质量法。"⑤另有学者认为，市场管理法包括反不正当竞争法、反垄断法（或反限制竞争法）、消费者权益保护法、市场职能管理法。⑥ 还有学者认为："多数学者将市场管理法分为四个类型，即：市场主体管理法、市场客体管理法、市场行为管理法和专门市场管理法。"⑦

其四，认为它包括或主要包括五个方面的法。例如，有些学者认为："市场规制法诸如反垄断法、反不正当竞争法、消费者权益保护法、产品质量法、价格法等"。⑧

其五，认为它包括或主要包括六个方面的法。例如，有的学者认为："市场

---

① 张守文：《经济法理论的重构》，人民出版社 2004 年版，第 265、270 页。

② 吴弘、胡伟：《市场监管法论——市场监管法的基本理论与基本制度》，北京大学出版社 2006 年版，第 6 页。

③ 张守文、于雷：《市场经济与新经济法》，北京大学出版社 1993 年版，第 89 页。

④ 王全兴：《经济法基础理论专题研究》，中国检察出版社 2002 年版，第 595—596 页。

⑤ 李昌麒主编：《经济法学》，法律出版社 2007 年版，第 110 页。

⑥ 王保树主编：《经济法原理》，社会科学文献出版社 2004 年版，第 72 页。该书作者还认为：市场"职能管理涉及的内容较多，其主要者有广告管理、计量管理、标准化管理和质量管理。"（第 29 页）

⑦ 李东方主编：《市场管理法教程》，中国政法大学出版社 2003 年版，第 20 页。该书作者还认为："市场客体管理法主要有产品质量法、食品卫生法、药品管理法、烟草专卖法、建筑法等管理法律制度。"（第 21 页）"市场交易行为法……具体包括：反不正当竞争法、反垄断法、消费者权益保护法、计量法、价格法、广告法等管理法律制度。"（第 21—22 页）

⑧ 李昌麒、刘瑞复主编：《经济法》，法律出版社 2004 年版，第 263 页。

秩序法……主要有反垄断法、公平竞争法、消费者权益保护法,以及广告、质量、计量等法律制度"[1]。另有学者认为:"市场管理法,主要包括反垄断法、反不正当竞争法、消费者权益保护法、产品质量法、证券管理法及房地产管理法等"[2]。

其六,认为它包括或主要包括七个方面的法。例如,有些学者认为:"市场规制法体系主要由以下几部分构成":市场竞争法、产品质量法、价格法、消费者权益保护法、广告法、计量法和标准化法。[3]

其七,认为它包括或主要包括十个方面的法。例如,有的学者认为,市场管理法有其自身的规范体系,主要包括"市场准入法规范、市场退出法规范、竞争法规范、公平交易法规范、产品质量法规范、消费者权益保护法规范、合同监管法规范、广告商标管理法规范、价格管理法规范、特种市场管理规范等。"[4]

对于中国经济法学界提出的以上各种观点,可以作以下评析:

其一,有些观点是可取或基本上可取的。例如:学者们认为,在市场监管法(为了叙述的方便,这里说的市场监管法包括有些学者所称的市场管理法、市场规制法等在内,下同)的结构中,应该包括反垄断法、反不正当竞争法、消费者权益保护法、产品质量法;另有一些学者分别指出,在市场监管法的结构中,还应该包括广告监管法、银行业监管法、证券监管法、保险监管法、期货监管法、房地产管理法,以及电力市场、劳动力市场、技术市场、电讯市场监管法;还有的学者说,市场准入与退出法也应该纳入市场监管法的结构之中。这些从不同角度提出的观点都有可取之处。

其二,有些观点欠妥。例如,在价格法中有些是价格监管法规范,它属于市场监管法规范的范围,因此,有的学者将价格法纳入市场监管法的结构之中也有一定道理。但在价格法中,属于宏观调控法范围的价格调控法规范是主要的,把整个价格法视为属于市场监管法的范围不妥[5]。又如,有的学者将企业法、侵权行为法、合同法、知识产权法作为"市场规制相关法"视为"市场规制法体系"的三大部分之一,这不可取。由于在这些法中,虽有某些市场监管法规范(如市场准入与退出法规范、合同监管法规范、技术市场监管法规范),但在以上这些法中,有的法有不少民法规范和一些属于经济法的宏观调控法规范,有的法绝大多数甚至全部是民法规范,因此,不宜把这些法视为市场监管法体系的组成部分。

其三,有些观点需要继续研究。例如,有的学者将计量法、标准化法纳入市

---

① 吴弘主编:《新经济法学》,立信会计出版社 1997 年版,第 19—20 页。

② 石少侠:《对经济法概念、对象、体系的再认识》,载《吉林大学社会科学报》1998 年第 5 期,第 26—28 页。

③ 潘静成、刘文华主编:《经济法》,中国人民大学出版社 2005 年版,第 236—237 页。

④ 郑曙光、汪海军:《市场管理法新论》,中国检察出版社 2005 年版,第 22 页。

⑤ 当然,把整个价格法视为属于宏观调控法的范围也不妥。应该说,作为价格调控法规范总称的价格调控法是宏观调控法的组成部分。

场监管法的结构之中,这是否恰当,尚待进一步研究。一般认为,计量法、标准化法属于技术监督法的范围。它们与市场监管法、特别是其中的产品质量法关系十分密切,产品质量法的实施离不开计量法、标准化法。至于它们本身是否就属于市场监管法的范围,至今还没有提出充分的论据予以说明。

其四,研究市场监管法体系的结构,不仅要知道哪些法属于市场监管法体系的范围,而且应该明确这些法分别属于市场监管法体系中的哪一个层次。可是,过去不少论著在谈到市场监管法体系结构的内容时,往往列举了不少法,但缺乏明确的层次之分;或者虽有层次之分,但其科学性尚有值得商榷之处。这是一个有待解决的问题。

笔者认为,以市场监管的行业为标准,可以将市场监管法划分为广告监管法、房地产监管法、金融监管法等。对于这些监管法还可以继续划分。例如,可将金融监管法划分为银行业监管法、证券监管法、保险监管法、期货监管法等。这是实践所需要的。但是,要形成市场监管法体系,必须按照调整对象为标准进行连续划分。这就是先将市场监管法划分为市场准入与退出法、竞争法、消费者权益保护法、产品质量法等;然后,再继续划分。

总之,多年来,中国经济法学界对于市场监管法体系的结构的内容提出了多种不同的见解,至今还存在着很大分歧,反映了学者们进行艰难探索的过程;同时,有些已经取得或基本取得共识的观点是可取的,有些观点虽然没有得到多数人的赞同但是并不等于没有道理,这反映了学者们对市场监管法体系的结构的研究已经取得了相当大的成就。

由于篇幅有限,加上对市场监管法体系的结构的内容尚需继续进行探索,本书仅对市场监管法中的市场准入与退出法、竞争法(含反垄断法和反不正当竞争法)、消费者权益保护法、产品质量法着重进行论述。

(二)市场准入与退出法

1. 市场准入与退出法的概念

市场准入与退出法,是指调整在准许个人、组织及业务依照法定的条件和程序进入市场以及已经进入市场的主体及业务依照法定的条件和程序离开市场过程中发生的经济关系的法律规范的总称。下面,分别对市场准入与市场准入法的概念以及市场退出与市场退出法的概念进行论述:

(1) 市场准入与市场准入法的概念

什么是市场准入?

有些学者指出,市场准入一词虽被广泛使用,但国内外都没有统一的定义,对其内涵和外延也是众说纷纭、莫衷一是,大体可分为三种类型:一是不少人是在国际经济贸易领域内使用市场准入一词的,从国际经济关系的角度,围绕

WTO 来阐述市场准入,强调的是一国(地区)市场对他国(地区)商品和投资的开放;二是更多人是从政府适当控制机构进入、避免恶性竞争、保障市场安全角度使用市场准入一词,从制度安排的角度,强调市场准入是市场主体和交易对象进入市场的政府管理,包括进入任何市场领域成为市场经营主体都必须进行的工商登记以及进入特定市场的许可等;三是也有人是从市场主体的角度使用市场准入一词,强调市场准入是市场经营主体根据自身需要,通过法定程序,进入到其未涉足的区域或领域市场或新兴产业领域的行为或过程。① 在对上述观点进行介绍和分析的基础上,他们对"市场准入"这一概念下了如下定义:"市场准入是市场监管机构为确保市场安全稳定与有序竞争,对国内外的个人、法人或其他组织进入一定市场、参与市场活动的约束与限制。"②另有学者认为:"市场准入是指市场主体或市场主体所生产经营的商品经获准从事市场交易的一项市场管理行为。"③

国内外对"市场准入"这一概念的三种理解和一些学者对这一概念所下的定义,都有一定道理,在不同程度上给人以启发。但是,现在还不能说,上述概念已经有了一个科学的定义。要做到这一点,还需要进一步探讨。对于市场准入,可否这样认识:市场准入不仅包括准许尚未进入市场的主体进入市场,而且包括准许尚未进入市场的业务进入市场;不是谁想进入市场就进入市场,也不是谁愿让其进入市场就进入市场,而是必须依照法定的条件和程序进入市场;不符合进入市场的法定条件和程序进入市场是违法的,符合进入市场的法定条件和程序不准许进入市场也是违法的。根据上述认识,笔者认为,可以用简明的语言,对"市场准入"这一概念下这样一个定义:市场准入,是指准许尚未进入市场的个人、组织及业务依照法定的条件和程序进入市场。在这里,之所以使用"个人、组织"这样的概念,而未使用"市场主体"、"市场经营主体"、"法人"的概念,是因为"个人、组织"在初次进入市场以前还不是"市场主体"、"市场经营主体"、"法人";即使进入市场成了企业,也不一定都具有法人资格,如个人独资企业、合伙企业。

什么是市场准入法?

对于市场准入法这一概念,学界也有不同的理解。有些学者认为:"市场准入法是规范市场主体或市场主体所生产的商品进入市场进行交易活动的法律规范的总称。"④另有学者认为:"市场准入法律制度通常被简称为市场准入制度,

① 参见吴弘、胡伟:《市场监管法论——市场监管法的基本理论与基本制度》,北京大学出版社 2006 年版,第 95—97 页。

② 同上书,第 97 页。

③ 郑曙光、汪海军:《市场管理法新论》,中国检察出版社 2005 年版,第 79 页。

④ 同上书,第 81 页。

是指有关国家或政府准许自然人、法人进入市场从事经营活动的法定条件和程序规则的总称。”①

对于上述定义，是否可以这样认识：在市场准入法的定义中，使用“……法律规范的总称”比使用“……法定条件和程序规则的总称”要好；在谈市场准入时，只讲主体进入市场而不讲业务进入市场不够全面；在谈主体进入市场时，使用“个人、组织”比使用“市场主体”、“法人”要合适；在谈业务进入市场时，仅限于“商品”进入市场范围窄了些。笔者认为，市场准入法的调整对象，是在准许个人、组织及业务，依照法定的条件和程序进入市场过程中发生的经济关系，简称市场准入关系。市场准入法，是指调整在准许个人、组织及业务依照法定的条件和程序进入市场过程中发生的经济关系的法律规范的总称。

（2）市场退出与市场退出法的概念

什么是市场退出？

有的学者认为，市场退出，是指作为市场主体的企业停止经营、清理或转让债权债务、关闭机构及其分支机构、丧失独立法人资格的过程。② 另有学者指出：“市场退出是指市场主体不再成为市场产品的供给者而退出市场交易和竞争领域，或市场主体生产的商品不准在市场上经销而撤出市场领域。”③

笔者认为：市场退出不仅包括已经进入市场的主体④离开市场，而且包括已经进入市场的业务⑤离开市场；不是谁想离开市场就离开市场，也不是谁愿让其离开市场就离开市场，而是必须依照法定的条件和程序离开市场；不符合离开市场的法定的条件和程序离开市场是违法的，符合离开市场的法定条件和程序不离开市场也是违法的。根据上述认识，可以对“市场退出”这一概念下这样一个定义：市场退出，是指已经进入市场的主体及业务依照法定的条件和程序离开市场。

什么是市场退出法？

市场退出法的调整对象，是在已经进入市场的主体及业务依照法定的条件和程序离开市场过程中发生的经济关系，简称市场退出关系。市场退出法，是指调整在已经进入市场的主体及业务依照法定的条件和程序离开市场过程中发生的经济关系的法律规范的总称。

2. 市场准入与退出法的部门法属性

关于市场准入法的部门法属性，有一种观点认为：企业法中的市场准入法部

---

① 李昌麒主编：《经济法学》，法律出版社 2007 年版，第 188 页。

② 参见乔炳亚：《论我国中央银行对金融机构市场退出的监管》，载《金融研究》1997 年第 6 期。

③ 郑曙光、汪海军：《市场管理法新论》，中国检察出版社 2005 年版，第 134 页。

④ 这里说的主体不仅指企业，而且包括其他市场主体；就企业而言，不一定都具有法人资格；就具有法人资格的企业而言，并没有“独立法人”和非“独立法人”之分。

⑤ 这里说的业务不仅指商品，而且包括服务和投资等。

分可随同企业法划入民商法范围;市场准入法纳入民商法,主要是基于企业法体系完整的考虑。又说:将企业法中的市场准入法部分划入经济法,更符合市场准入法的法律属性;市场准入法应当是市场规制法的重要组成部分;市场准入法纳入市场规制法,主要是基于市场规制法体系完整的考虑。[①] 有些学者发表了与此类似的观点:"市场准入法纳入到民商法,主要是基于企业法体系的完整性考虑;将其纳入到市场管理法,主要是基于市场管理法体系的完整性考虑。"与此同时,他们强调指出:"我们认为市场准入法应纳入市场管理法来认识。"[②]另一种观点认为:"市场准入制度从性质上讲,应属于市场监管法的一部分。"[③]应该说,后一种观点是可取的。笔者认为:市场准入法属于市场监管法的范围,市场监管法属于经济法的范围;认为市场准入法既可以纳入民商法,又可以纳入经济法,这种观点不妥。因为法的部门是多层次的,判断一个层次较低的法的部门属于哪一个层次较高的法的部门的范围,要视组成层次较低的法的部门的法律规范的性质而定;而法律规范的性质决定于它的调整对象。就市场准入法的调整对象而言,它的调整对象是市场准入关系,市场准入关系属于市场监管关系的范围,市场监管关系属于经济法所调整的经济关系的范围;就市场准入法的法律规范而言,调整市场准入关系的法律规范是市场准入法律规范,市场准入法律规范属于市场监管法律规范的范围,市场监管法律规范属于经济法律规范的范围。因此,作为市场准入法律规范总称的市场准入法属于市场监管法的范围,市场监管法属于经济法的范围。

关于市场退出法的部门法属性,应该明确:就调整对象而言,市场退出法的调整对象是市场退出关系,市场退出关系属于市场监管关系的范围,市场监管关系属于经济法所调整的经济关系的范围;就法律规范而言,调整市场退出关系的法律规范是市场退出法律规范,市场退出法律规范属于市场监管法律规范的范围,市场监管法律规范属于经济法律规范的范围。因此,作为市场退出法律规范总称的市场退出法属于市场监管法的范围,市场监管法属于经济法的范围。

3. 市场准入与退出法的重要地位

关于市场准入法的重要性,有些学者正确地指出,市场准入法所确认的准入制度的合理与否,对经济发展具有重要影响。制度的松紧程度直接影响着市场主体进入市场的成本和难易程度,影响着市场秩序和交易安全,影响着经济效率和活跃程度。随着改革的深入,市场准入制度会在某些领域放松准入限制,而在某些领域仍会加强限制。例如,某些产品或服务涉及国家安全和国防利益,仍要

---

① 王全兴:《经济法基础理论专题研究》,中国检察出版社 2002 年版,第 596—597 页。

② 郑曙光、汪海军:《市场管理法新论》,中国检察出版社 2005 年版,第 82—83 页。

③ 吴弘、胡伟:《市场监管法论——市场监管法的基本理论与基本制度》,北京大学出版社 2006 年版,第 98 页。

有严格的准入限制。[①] 笔者认为,法的重要程度决定于其作用的大小。体现松紧适度的市场准入制度的市场准入法,具有重要作用。这主要表现在两个方面:一是有助于符合法定条件的个人、组织及业务依照法定程序进入市场,以降低进入市场的成本,提高经济效率;二是有助于防止不符合法定条件的个人、组织及业务违反法定程序进入市场,以维护市场经济秩序和国家安全。

有些学者指出,市场退出有四方面意义:一是维护市场体系的安全与稳定;二是保障市场运行效率;三是保护客户和社会公共利益;四是适应经济全球化与国际竞争的需要。[②] 应该说,市场退出法的重要地位是与市场退出的意义分不开的。符合市场经济规律的市场退出法,是已经进入市场的主体及业务根据实践需要依法离开市场的重要保证。市场退出法是市场监管法的重要组成部分。

4. 市场准入与退出法的体系的结构

市场准入法可以划分为主体准入法和业务准入法。前者,又可以划分为一般市场主体准入法和特殊市场(国家作出特殊规定的市场,如涉及公共安全的军工产品市场,涉及人民身体健康的食品、药品市场等,下同)主体准入法;后者,又可以划分为商品准入法、服务准入法、投资准入法等。

市场退出法可以划分为主体退出法和业务退出法。前者,又可以划分为一般市场主体退出法和特殊市场主体退出法;后者,又可以划分为商品退出法、服务退出法、投资退出法等。

(三)竞争法

1. 竞争法概论

(1) 竞争与竞争法的概念

什么是竞争?

对于"竞争"这一概念,学术界有多种不同的观点。例如:

有的学者指出:"竞争的含意是甚为广泛的,几乎可以这样表述:凡通过某种形式的较量而分出高低优劣的活动或过程都是竞争。但是,竞争随着商品经济的发展而发展,竞争有了极大变化,现代意义的竞争系指商品生产经营者之间,一种互相对立又互相促进的关系,即经济活动中的竞争,通常称商业竞争或市场竞争。"[③]

有的学者认为:"竞争是商品生产经营者为争夺消费者以实现自己利益而

---

① 参见郑曙光、汪海军:《市场管理法新论》,中国检察出版社 2005 年版,第 79—81 页。

② 参见吴弘、胡伟:《市场监管法论——市场监管法的基本理论与基本制度》,北京大学出版社 2006 年版,第 127 页。

③ 吴炯主编:《维护公平竞争法》,中国人事出版社 1991 年版,第 2 页。

采取的一种活动方式。”①

有的学者说:“竞争是指两个以上主体为追求同一目标而角逐,以争取胜过对手的社会现象。”同时,又说:“在法理上可将竞争定义为:经济体利益相斥的两个以上市场主体,采用能够促成交易的手段,互相争夺市场而导致优胜劣汰的行为。”②

在有的学者看来,竞争是一个内涵颇为丰富的概念:既有生物学意义上的竞争,也有社会学、经济学、法学意义上的竞争。“法学意义上的竞争概念是指两个以上的生产经营者,以谋取有利的生存发展环境和尽量多的利润为目的,以其他利害关系人为对手,所进行的各种商业性行为。”③

《现代汉语规范词典》对“竞争”这一概念下的定义是:“双方或多方之间,为了各自的利益,通过自身力量的相互较量来争夺胜利。”④

有些学者断言:“市场竞争一般是指商品生产经营者在市场经营活动中,为了取得有利的产销条件而进行的相互争利活动。”⑤

上述定义表明,有些学者实际上认为对“竞争”这一概念有广义和狭义两种理解,广义的竞争包括生物学、社会学、经济学、法学意义上的竞争。这是符合实际的。与此同时,这些定义在不同程度上揭示了“竞争”这一概念的内涵,有不少可取之处;当然,也不是没有值得商榷的地方。

那么,在我们讨论竞争法中的“竞争”概念时,应该对它下一个什么样的定义呢?在吸取其他学者研究成果的基础上,经过本人的进一步研究,笔者认为,竞争法中的竞争,是指经营者之间在商品经济活动中为了获取更大的经济利益而进行较量的行为。该定义的基本含义有四:一是竞争是一种行为,是相互进行较量的行为;二是这种相互进行较量的行为发生在经营者之间,就是说,参与竞争的主体是两个或两个以上经营者;三是这种相互进行较量的行为是在商品经济活动中进行的;四是经营者之间相互进行较量的行为,其目的是为了获取更大的经济利益。这种竞争,可以称为经济竞争或市场竞争,称其为“商业竞争”不够确切。

什么是竞争法?

在中国经济法学界,对“竞争法”这一概念有多种不同的看法,下了多个不同的定义。

① 李昌麒:《经济法——国家干预经济的基本法律形式》,四川人民出版社 1995 年版,第 334 页。

② 王全兴主编:《竞争法通论》,中国检察出版社 1997 年版,第 25—26 页。

③ 种明钊主编:《竞争法》,法律出版社 1997 年版,第 3、8 页。

④ 《现代汉语规范词典》,外语教学与研究出版社、语文出版社 2004 年版,第 699 页。

⑤ 潘静成、刘文华主编:《经济法》,中国人民大学出版社 2005 年版,第 241 页。

其一,认为“竞争法是调整竞争关系的法律规范的总称。”①

其二,认为“凡是市场交易和竞争所应遵循的法律规范,都属于竞争法”,这是广义的竞争法;“旨在限制和禁止非正当竞争以保护公平交易的,调整竞争关系以及与其密切联系的其他社会关系的法律规范的总称”,这是狭义的竞争法。还认为:竞争关系是“竞争法的主要调整对象”;在竞争法所调整的“其他社会关系”中,特别重要的有市场交易关系、竞争规制关系、消费者权益保护关系。②

其三,认为“所谓竞争法,是调整市场竞争关系和市场竞争管理关系的法律规范的总和。”还说:“广义的竞争法是指有关维护促进公平竞争、反不正当竞争和反垄断的法律法规的总称”。③

其四,认为“以传统的为法律概念定义的方式,也可以把竞争法概括为是调整竞争者之间、竞争者与受竞争影响的相关利益者之间以及竞争者与竞争行为规制者之间的社会关系的法律规范的总称。”④

其五,认为“竞争法是调整竞争关系的有机统一的法律规范体系。”⑤

其六,认为“市场竞争法(以下简称为竞争法)是由国家制定或认可的,调整市场竞争关系和市场竞争管理关系的法律规范的总称。”其中,“竞争关系是一种经济关系”。又说:“竞争关系是作为平等的市场主体的经营者之间基于竞争而形成的权利义务关系”。⑥

本书认为,竞争法的调整对象是,在反对垄断和不正当竞争过程中发生的经济关系,简称竞争监管关系。竞争法,是指调整在反对垄断和不正当竞争过程中发生的经济关系的法律规范的总称。其基本含义有五:一是竞争法属于法的范畴。因为它同其他法一样都是由法律规范组成的。二是竞争法属于国内法体系。因为组成竞争法的法律规范所调整的竞争监管关系是在本国经济运行过程中发生的,对这种经济运行的协调是一个国家的协调,竞争法律规范是由一个国家制定或认可的。三是竞争法属于经济法体系。因为它调整的竞争监管关系属于经济法调整的特定经济关系的范围。四是竞争法属于市场监管法体系。因为它调整的竞争监管关系属于作为市场监管法调整对象的市场监管关系的范围。五是竞争法又不同于同属于市场监管法体系的其他法。因为作为竞争法调整对象的竞争监管关系,又不同于市场准入与退出法、消费者权益保护法、产品质量法等的调整对象。

---

① 刘剑文、崔军主编:《竞争法要论》,武汉大学出版社 1996 年版,第 5 页;于忠龙、陈乃新:《论竞争法只调整竞争关系》,载《安徽大学法律评论》第 6 卷第 1 期,第 12 页。

② 王全兴主编:《竞争法通论》,中国检察出版社 1997 年版,第 33—35 页。

③ 种明钊主编:《竞争法》,法律出版社 1997 年版,第 32—33 页。

④ 徐士英:《竞争法论》,世界图书出版公司 2000 年版,第 18 页。

⑤ 潘静成、刘文华主编:《经济法》,中国人民大学出版社 2005 年版,第 243 页。

⑥ 郑曙光、汪海军:《市场管理法新论》,中国检察出版社 2005 年版,第 236—237 页。

为了进一步搞清楚竞争法的概念，需要明确以下几个问题：

其一，认为竞争法是"……法律规范的总称"，这是正确的。认为竞争法是"……法律规范的总和"、是"……有机统一的法律规范体系"，也是有道理的。有一种观点把竞争法说成是"……法律法规的总称"，这不妥。因为竞争法律、法规中的法律规范不一定都是竞争法律规范，而竞争法律规范并不只是以竞争法律、法规为表现形式的。

其二，在竞争法的定义中，要正确地概括竞争法的调整对象。在这里，需要指出以下几点：一是认为竞争法调整"市场竞争管理关系"或"竞争规制关系"，这是有道理的。因为它体现了国家对本国经济运行的协调，而不同于平等的经济关系。二是认为竞争法调整"竞争关系"或"市场竞争关系"，这不妥。因为误认为这种平等的经济关系由竞争法调整，就会由此得出结论：调整平等经济关系的竞争法属于民法的组成部分。而这样的结论，由于其前提不正确，因此显然是错误的。竞争法是调整竞争监管关系的。也就是，在经营者之间发生国家禁止的排除、限制竞争行为或者发生不正当竞争行为时，国家为了反对垄断和不正当竞争，于是发生了竞争监管主体与经营者之间的竞争监管关系，这才是竞争法的调整对象。三是认为"市场交易关系"是竞争法调整对象的组成部分，这同样不妥。因为"市场交易关系"是一种平等的经济关系而不同于竞争监管关系，它也不是竞争监管关系的组成部分，所以，不应该由经济法和作为经济法组成部分的竞争法调整。四是认为"消费者权益保护关系"是竞争法调整对象的组成部分，这也不妥。在一定意义上，可以认为这种经济关系是消费者权益保护法的调整对象，但它不是竞争法的调整对象的组成部分。因为消费者权益保护法与竞争法同属于市场监管法的范围，它们是并列关系而不是从属关系，消费者权益保护法不是竞争法的组成部分。五是认为竞争关系是一种经济关系，这是正确的，但是，不能把这种平等的经济关系视为竞争法的调整对象；与此同时，把竞争关系说成是一种"基于竞争而形成的权利义务关系"，这不妥，因为经济关系不能等同于权利义务关系，权利义务关系不能当作竞争法的调整对象。

其三，在竞争法的定义中强调发生在何种主体之间的社会关系，而不是强调竞争法调整的是何种性质的社会关系，这不可取。因为要揭示竞争法这一概念的内涵，必须在定义中明确指出竞争法的调整对象的特殊性，而不是强调其主体的特殊性。

其四，认为凡是市场交易所应遵循的法律规范也都属于竞争法，这一观点值得商榷。所谓市场交易所应遵循的法律规范，即市场交易法律规范，是调整市场交易关系的法律规范。它与市场监管法律规范具有质的区别，如证券交易法律规范不同于证券监管法律规范、期货交易法律规范不同于期货监管法律规范，它们的原则界限不能混淆。因此，市场交易法律规范不属于作为市场监管法组成部分的竞争法。

其五,在竞争法的定义中出现竞争法"是由国家制定或认可的"内容,这不妥。因为在经济法的定义中,不应列举各种法律规范共有的属性。

(2) 竞争法的地位

关于竞争法的地位,着重谈以下三个问题:

其一,竞争法的部门法属性。

在国内外法学界,对竞争法的部门法属性主要有三种观点:一是认为,竞争法属于经济法;二是认为,竞争法属于民法;三是认为,竞争法属于商法。①

认为竞争法属于经济法的范围,是经济法的组成部分。这是法学界多数人的主张,是正确的。有一种观点认为,就法律规范的部门法属性而言,从整体上来看,竞争法应当属于经济法,但是,竞争法律规范中包括经济法律规范、民事法律规范、行政法律规范等。应该指出,认为竞争法"应当属于经济法"的论断是对的,认为竞争法中包括了多个法的部门法的法律规范的观点不可取。不能把有些竞争法律、法规中包括了某些非经济法规范,视为竞争法律规范中还包括什么民事法律规范、行政法律规范等。

另一种观点认为,竞争法属于民法部门。其所谓"理由"是,竞争法的调整对象是发生在平等主体之间的竞争关系,即横向经济关系,因此,竞争法律规范是民事法律规范,竞争法属于民法部门。必须指出,上述结论——竞争法属于民法部门——之所以不正确,是因为其前提——竞争法的调整对象是发生在平等主体之间的竞争关系——是不能成立的。

还有一种观点认为,竞争法属于商法,这也不妥。因为商法不仅不能成为一个独立的法的部门,而且竞争法调整的竞争监管关系也不属于有些学者所说的商法所调整的"商事关系"的范围。

在笔者看来,竞争法属于经济法部门是毫无疑义的。因为如前所述,竞争法的调整对象是,在反对垄断和不正当竞争过程中发生的经济关系,简称竞争监管关系。竞争法调整的竞争监管关系属于市场监管法调整的市场监管关系的范围,市场监管关系属于经济法调整对象的范围;调整竞争监管关系的法律规范即竞争法律规范属于市场监管法律规范的范围,市场监管法律规范属于经济法律规范的范围;所以,作为竞争法律规范总称的竞争法属于市场监管法部门,市场监管法属于经济法部门。法的部门是多层次的,经济法、市场监管法、竞争法都是独立的法的部门,但是,它们处在不同的层次上。

---

① 参见文海兴、王艳林:《市场经济的守护神——公平竞争法研究》,贵州人民出版社 1995 年版,第 12 页;王全兴主编:《竞争法通论》,中国检察出版社 1997 年版,第 35—36 页;种明钊主编:《竞争法》,法律出版社 1997 年版,第 47 页;史际春主编:《经济法》,中国人民大学出版社 2005 年版,第 565 页;吕明瑜:《竞争法教程》,中国人民大学出版社 2008 年版,第 45—48 页。

其二,竞争法的重要地位。

在承认竞争法属于经济法部门的学者中,一致认为竞争法具有重要地位。但是,在竞争法是不是经济法的核心的问题上,看法并不一致:一是认为,竞争法是经济法的核心或者作为竞争法组成部分的反垄断法是经济法的核心;二是认为,不宜把竞争法或者作为竞争法组成部分的反垄断法视为经济法的核心。[①]

在笔者看来,认为"竞争法是经济法的核心"或者"反垄断法是经济法的核心"的观点值得商榷。这可以从三方面进行分析:一是"竞争法是经济法的核心"或者"反垄断法是经济法的核心"的命题能否成立就是一个问题。因为讨论某一个法是不是核心,是就该法与同它处于同一个层次的其他法的关系而言的。在经济法体系的结构中,市场监管法和宏观调控法是第一层次的经济法部门,属于市场监管法范围的市场准入与退出法、竞争法、消费者权益保护法、产品质量法等是第二层次的经济法部门,属于竞争法范围的反垄断法、反不正当竞争法是第三层次的经济法部门。如果问:竞争法是不是市场监管法的核心?回答应该是肯定的。因为竞争法在市场监管法体系中相对于市场准入与退出法、消费者权益保护法、产品质量法等而言,是处于核心地位。如果问:竞争法或者反垄断法是不是经济法的核心?这样提出问题本身就不太合适。因为在整个经济法体系中,竞争法或者反垄断法与宏观调控法并不处于同一个层次,不能把竞争法或者反垄断法与宏观调控法进行比较,将前者作为核心,将宏观调控法置于竞争法或者反垄断法周围的地位。应该说:竞争法和反垄断法是层次有别的两个重要的法的部门;但是,不宜将竞争法或者反垄断法视为经济法的核心。二是能不能认为经济法是以竞争法为核心产生和发展起来的呢?不能。经济法产生和发展的历史表明,在竞争法产生以前很早的古代社会就已经产生了经济法,那时有大量关于土地、农业、手工业、商业、财政等方面的经济法律规范,但是还没有竞争法[②],因此,在古代社会,经济法根本不可能是以竞争法核心产生和发展起来的。再从资本主义国家关于经济法的规范性文件制定的情况来看,在美国于1890年制定《谢尔曼法》、德国于1896年制定《反不正当竞争法》以前,美国就制定了《关税法案》(1789年)、《莫里尔关税法》(1861年)、《国家银行法》(1863年)、《商业管埋法》(1887年),英国制定了《英格兰银行条例》(1844年),法国制定了《粮食限价法》(1793年)、《全面限价法》(1793年),日本制定了《地税改革条

① 参见王全兴主编:《竞争法通论》,中国检察出版社1997年版,第36页;种明钊主编:《竞争法》,法律出版社1997年版,第49—50页;王晓晔:《竞争法的基础理论问题》,载李昌麒主编:《经济法论坛》第2卷,群众出版社2004年版,第279—282页;李志刚、熊可:《第七届经济法前沿理论研讨会综述》,载《安徽大学法律评论》2006年第6卷第1期,第245页;盛杰民:《竞争法律制度》,见杨紫烜主编:《经济法》,北京大学出版社、高等教育出版社2008年版,第218—219页。

② 在奴隶社会和封建社会,由于自然经济占统治地位,商品经济还处在它本身发展的第一阶段——简单商品经济阶段,市场经济尚未产生,因此,当时还没有也不可能有竞争法。

例》(1873年)等。我们怎么能够无视这些事实,而认为资本主义国家的经济法是以竞争法为核心产生和发展起来的呢?三是能不能说现代市场经济与竞争的密切联系决定了竞争法是经济法的核心呢?也不能。应该说:现代市场经济与竞争的密切联系决定了竞争法的必要性和重要性;但是,不能决定竞争法是经济法的核心。如果因为现代市场经济与竞争的密切联系就能决定它是经济法的核心的话,那么,按照这一逻辑,现代市场经济与市场监管、宏观调控以及分别属于市场监管、宏观调控范围的市场准入与退出、消费者权益保护、产品质量、计划、财政、金融、价格等都有密切联系,经济法的核心岂不就太多了吗?而多核心实际上就是无核心。

其三,竞争法属于公法的范围。

在竞争法是否属于公法的范围的问题上,有两种观点:一是认为,竞争法属于公法的范围;二是认为,竞争法是公法私法兼容、以公法属性为主。①

笔者赞同上述第一种观点,第二种观点值得商榷。这可以从两方面来分析:一是从经济法的法域属性以及经济法与竞争法的关系来看。本书在第六章阐明了为什么说经济法属于公法的范围;同时,阐明了为什么认为经济法是以公法性质为主、兼具私法的性质的观点是站不住的。② 而竞争法属于经济法的范围,因此,认为竞争法属于公法范围的观点是可取的,而不能认为竞争法是公法私法兼容、以公法属性为主。二是从竞争法的调整对象与公法调整对象的关系来看。竞争法的调整对象是竞争监管关系,这种经济关系属于公法所调整的服从关系的范围,因此,竞争法属于公法的范围。

(3) 竞争法的体系的结构

在竞争法的体系的结构问题上,主要有两种观点:

其一,多数学者认为,竞争法可以划分为反垄断法和反不正当竞争法。例如,有些学者认为:“反垄断法和反不正当竞争法同属竞争法范畴,是保护公平竞争的两个重要的法律部门”③。有的学者说:“广义竞争法包括反对垄断行为的法律制度和反对不正当竞争行为的法律制度。狭义的竞争法仅指反垄断法”。“我国法律体系中的竞争法一般是广义的,包括反垄断法和反不正当竞争法。”“人们把反不正当竞争法和反垄断法概括为‘竞争法’”。④ 有的学者指出:“竞争立法十分发达的西方国家,往往将竞争法区分为反垄断法律规范和反不

① 参见刘剑文、崔军主编:《竞争法要论》,武汉大学出版社1996年版,第19页;王全兴主编:《竞争法通论》,中国检察出版社1997年版,第35—36页。

② 参见本书第六章“经济法的法域属性”部分的有关内容。

③ 刘剑文、崔军主编:《竞争法要论》,武汉大学出版社1996年版,第19页。

④ 王晓晔:《竞争法的基础理论问题》,载李昌麒主编:《经济法论坛》第2卷,群众出版社2004年版,第258—259页。

正当竞争法律规范两部分”;“现代中国法学界的多数学者,是将反垄断法与反不正当竞争法作为一个竞争法的整体来研究其定位的”。①

其二,有的学者认为,综观各国竞争立法,竞争法体系一般包括五个主要组成部分,即反不正当竞争实体法、反垄断实体法、竞争体制规制法(或称竞争规制主体组织法)、竞争规制程序法、竞争相关法(“与竞争规制相关联的法,包括民商法、消费者权益保护法、产品质量法、价格法、广告法、拍卖法、招标投标法、外贸法、知识产权法、环境法、自然资源法、商业银行法、证券法等多种法规”)。②

大家知道,反垄断法和反不正当竞争法都是保护公平竞争的,这在我国《反垄断法》和《反不正当竞争法》的立法宗旨中有明确的规定。据此,将反垄断法和反不正当竞争法概括为竞争法,是科学的;将竞争法划分为由全部反垄断法律规范组成的反垄断法和由全部反不正当竞争法律规范组成的反不正当竞争法,也是科学的。根据实践的需要,对反垄断法、反不正当竞争法都还可以继续进行划分。

那么,能否将竞争法划分为反不正当竞争实体法、反垄断实体法、竞争体制规制法、竞争规制程序法、竞争相关法等并列的法的部门呢?对此,笔者不敢苟同。因为这是对竞争法进行多标准交叉划分的结果,是不符合逻辑学关于划分的规则的。尤其是不能将“竞争相关法”视为竞争法体系的“主要组成部分”之一。因为竞争法体系是由竞争法部门(属于竞争法的法的部门)组成的,竞争法部门以外的任何法,包括“竞争相关法”,都不能成为竞争法体系结构的内容。例如:消费者权益保护法、产品质量法、价格法、外贸法等虽然属于经济法的范围,但都不是竞争法部门,都不宜纳入竞争法体系的结构之中;至于民法、知识产权法等,它们不属于经济法部门,更不应该纳入竞争法体系的结构之中。

(4) 竞争法的立法模式

竞争法包括反垄断法和反不正当竞争法。竞争法的立法模式主要有两种:一是分立式,即对于反垄断和反不正当竞争由国家立法机关分别制定两部法律,各自在反垄断法律体系和反不正当竞争法律体系中起统率作用。例如,我国的《反垄断法》和《反不正当竞争法》,德国的《反对限制竞争法》和《反不正当竞争法》,日本的《禁止垄断法》和《不正当竞争防止法》。二是合并式,即对于反垄断和反不正当竞争由国家立法机关制定一部统一的法律,在竞争法律体系中起统率作用。例如,俄罗斯的《关于在商品市场中竞争和限制垄断活动的法律》,保加利亚的《保护竞争法》。此外,有的国家如美国,由国家立法机关制定《谢尔曼法》、《克莱顿法》和《联邦贸易委员会法》等若干部竞争法律,加上其他一些有关

---

① 吕明瑜:《竞争法教程》,中国人民大学出版社 2008 年版,第 45 页。

② 王全兴主编:《竞争法通论》,中国检察出版社 1997 年版,第 41—42 页。

规范性文件和判例法,共同调整竞争监管关系。这也可以称其为竞争立法的其他模式。

不同国家在竞争立法中采取不同的模式,同它们各自的立法传统、立法经验和经济状况有密切的关系。但是,无论采取何种模式,都应该做到:在注意反垄断法和反不正当竞争法的内在联系、它们的共性的同时,要明确它们质的区别,不能混淆其界限;在注意借鉴国外竞争立法经验的同时,要坚持从本国的实际出发;在注意竞争立法中作出概括的、原则性规定的同时,要作出体现原则性的一系列明确的、具体规定,使竞争法具有可操作性;在注意降低竞争立法成本的同时,要充分考虑有利于提高竞争法的实施效率。

2. 反垄断法

(1) 垄断与反垄断法的概念

什么是垄断?

作为一个经济学的概念,最初,垄断是指一个或少数几个企业在市场上独占或具有控制地位的情形。经济学对垄断的研究开始于对市场结构的分析,即市场自由竞争会导致市场力量的集中,形成垄断。这被称为"结构主义"理论。20世纪后期,经济学界对上述研究框架提出了质疑。其实,真正构成市场垄断、对市场经济的发展产生影响的是企业滥用市场控制地位、构筑市场进入壁垒的行为。这种被称为"行为主义"的理论的出现,使得对垄断的理解由单纯的"结构"转为"结构加行为",并以"行为"为重点。①

在法学界,对于"垄断"这一概念,学者们下了多个不同的定义。例如:认为"垄断是与自由竞争相对的一个概念,是指排斥、限制竞争的各种行为的总称"②;认为"反垄断法所规制的垄断是指特定主体在经济活动中限制和阻碍竞争的状态或行为"③;认为"垄断(Monopoly)是指经营者违反法律规定在特定市场内滥用市场支配地位或者与其他经营者合谋,排除或限制竞争,损害消费者权益,违反公共利益的行为"④;认为"法律上关于垄断的基本含义是指各国反垄断法律中规定的,垄断主体对市场运行过程进行排他性控制或对市场竞争进行实质性的限制、妨碍公平竞争秩序的行为或状态。"⑤

应该说,经济学界和法学界对垄断的理解虽有区别,但有密切联系。经济学界关于"结构主义"和"行为主义"(以"行为主义"为重点)的理论,对于反垄断立法具有重要影响。经济学界对垄断的理解和法学界对"垄断"这一概念所下

① 李昌麒主编:《经济法学》,法律出版社 2007 年版,第 240—241 页。
② 种明钊主编:《竞争法》,法律出版社 1997 年版,第 283 页。
③ 李昌麒、刘瑞复主编:《经济法》,法律出版社 2004 年版,第 278 页。
④ 郑曙光、汪海军:《市场管理法新论》,中国检察出版社 2005 年版,第 262 页。
⑤ 李昌麒主编:《经济法学》,法律出版社 2007 年版,第 242 页。

的定义,给了人们不少启发;当然,也有些需要讨论的问题。

笔者认为,反垄断法中的垄断,是指经营者在商品经济活动中为了获取更大的经济利益而排除、限制竞争的行为。这个定义的基本含义有四:一是垄断是一种行为,是排除、限制竞争的行为;二是从事排除、限制竞争的行为的主体是经营者;三是这种排除、限制竞争的行为是在商品经济活动中进行的;四是经营者从事排除、限制竞争的行为的目的是为了获取更大的经济利益。需要进一步论述的有这样几个问题:一是为什么只说垄断是一种"行为"而不提"行为或状态"或者"状态或行为"呢?因为结构主义的反垄断制度已经在历史的发展中被淘汰,结构主义的观点已经不符合客观需要。"从世界各国反垄断立法的发展趋势看,反垄断立法逐渐集中在垄断行为上,不再对市场支配地位进行规制。……原先采取结构规制原则的国家,如美国、日本等,也转而采取行为规制的立法原则。"①还有学者指出,美国司法部和联邦贸易委员会于 1997 年 4 月 8 日公布的对《横向并购指南》的第五次修正案,不仅标志着结构主义对美国反垄断法指导地位的终结,而且标志着结构主义的反垄断制度已在全世界遭到历史性的淘汰。因为现行各国反垄断法中虽然尚存日本《禁止私人垄断及确保公正交易法》是典型的结构主义反垄断制度,但因其从未付诸实施,迄今尚无一案例,因而也就不足为据了。② 二是为什么说垄断是一种"排除、限制"竞争的行为,而不讲垄断是一种"排斥、限制"、"限制和阻碍"或者"限制、妨碍"竞争的行为呢?因为这些语词虽然含义相近,但是并不相同,相对而言,使用"排除、限制"的语词更为确切。③ 三是为什么说从事排除、限制竞争这种行为的是"经营者",而不讲是"特定主体"呢?因为定义项必须明确,"特定主体"中的"特定"是一个含混的概念,不宜在定义项中使用。四是笔者在对反垄断法中的"垄断"这一概念所下的定义中,为什么没有讲垄断是"经营者违反法律规定……的行为"?这是因为垄断有非法垄断与合法垄断之分:非法垄断是法律所禁止或限制的垄断;合法垄断是法律允许和保护的垄断。《反垄断法》中的适用除外制度表明,《反垄断法》并不反对一切垄断。

什么是反垄断法?

笔者认为,对于反垄断法,可以划分为形式意义的反垄断法和实质意义的反垄断法。形式意义的反垄断法,即关于反垄断的基本规范性文件。在外国,关于

---

① 王小波:《反垄断法不只针对跨国公司——访商务部反垄断调查办公室主任尚明》,载《经济参考报》2004 年 12 月 23 日。

② 黄欣:《WTO、经济全球化、知识经济与我国反垄断立法关系研究》,载《安徽大学法律评论》2006 年第 6 卷第 1 期,第 106 页。

③ "排除"具有去除、除掉的含义;"限制"具有控制约束、不允许超过规定的含义。参见《现代汉语规范词典》,外语教学与研究出版社、语文出版社 2004 年版,第 972、1416 页。

反垄断的基本规范性文件，存在不同的称谓。例如，德国称《反对限制竞争法》(《卡特尔法》)，日本称《禁止私人垄断及确保公平交易法》(简称《禁止垄断法》)，波兰称《反国民经济垄断法》。在中国，关于反垄断的基本规范性文件，就是第十届全国人民代表大会常务委员会第二十九次会议于2007年8月30日通过、自2008年8月1日起施行的《中华人民共和国反垄断法》(简称《反垄断法》)①。

关于实质意义的反垄断法，有学者认为："反垄断法，指防止和排除限制竞争行为的法律规范的总和。"②有学者说："一般认为，反垄断法是禁止非法限制竞争、维护公平自由竞争秩序和经济活力的一类法律的通称。"③有学者主张："反垄断法是有关禁止阻碍、限制或妨害竞争的企业间协议、合谋、联合行动和滥用经济优势的行为，借以保护市场公平竞争、维护市场秩序的法律规范体系。"④还有学者指出："反垄断法(Anti-Monopoly Law)是国家对市场主体以排斥和限制竞争、控制市场为目的而实施的反竞争行为进行规制的法律规范的总和。"⑤

笔者认为，实质意义的反垄断法，即作为一个法的部门的反垄断法。本书关于反垄断法的概念，如果没有特别的说明，都是从实质意义上讲的。反垄断法的调整对象是，在反对经营者在商品经济活动中为了获取更大的经济利益而排除、限制竞争的行为过程中发生的经济关系，简称在反对垄断过程中发生的竞争监管关系。反垄断法，是指调整在反对经营者在商品经济活动中为了获取更大的经济利益而排除、限制竞争的行为过程中发生的经济关系的法律规范的总称。作为竞争法组成部分的反垄断法，属于法的范畴，属于国内法体系，属于经济法体系，属于市场监管法体系，属于竞争法体系。它之所以属于竞争法体系，是因为反垄断法调整的在反对垄断过程中发生的竞争监管关系，属于竞争法调整的竞争监管关系的范围。但它又不同于同属于竞争法体系的反不正当竞争法，其中，最主要的是反垄断法与反不正当竞争法的调整对象不同。此外，需要指出以下三点：一是在本书的定义中使用了"……法律规范的总称"的语词，而没有使用"……一类法律的通称"的语词。因为实质意义上的反垄断法，不仅不是某一

---

① 我国的《反垄断法》是一部十分重要的法律。这是毫无疑义的。但是，不能认为《反垄断法》是"基本法律"(见最高人民法院《关于认真学习和贯彻〈中华人民共和国反垄断法〉的通知》，载《最高人民法院公报》2008年第9号)。因为我国《宪法》第62条明确规定，只有全国人民代表会才有权制定"基本法律"。《宪法》第67条明确规定，全国人大常委会制定的法律是"全国人民代表会制定的法律以外的其他法律"。

② 王保树主编：《经济法原理》，社会科学文献出版社2004年版，第169页。

③ 李昌麒、刘瑞复主编：《经济法》，法律出版社2004年版，第276页。

④ 潘静成、刘文华主编：《经济法》，中国人民大学出版社2005年版，第256页。

⑤ 李昌麒主编：《经济法学》，法律出版社2007年版，第244页。

部法律,而且也不是一类法律。二是本书的定义与有些定义的一个重要区别是,明确地指出了反垄断法的调整对象。因为这是区别反垄断法与其他法的关键所在。三是在本书的定义中使用了反对“排除、限制竞争”的语词,而没有使用“防止和排除限制竞争行为”、“禁止非法限制竞争”、“禁止阻碍、限制或妨害竞争”或者“排斥和限制竞争”等语词。因为虽然这些语词的含义相近,但使用反对“排除、限制竞争”的语词更为确切。

(2) 反垄断法禁止的行为[①]

我国《反垄断法》第 3 条规定,本法规定的垄断行为包括:经营者达成垄断协议;经营者滥用市场支配地位;具有或者可能具有排除、限制竞争效果的经营者集中。“这三类行为均属于传统的、典型的经济垄断行为,都是被奉为现代市场经济体制的国家所反对与禁止的,只是在不同法系的国家里名称不同而已。”[②]此外,我国《反垄断法》还对禁止滥用行政权力排除、限制竞争的行为和禁止滥用知识产权排除、限制竞争的行为作出了规定。下面,主要根据我国《反垄断法》的有关规定,阐述五个问题:

其一,对经营者达成垄断协议的行为的规范。

经营者达成垄断协议的行为,在反垄断法理论上通常称为联合限制竞争行为。这在不同国家的有关法律和法学文献中有不同的表达方式,其含义相同或相近。“卡特尔”(德语为 Kartell,英语和法语为 cartel)在德国等许多国家广泛使用,指“协议”或“同盟”。美国《谢尔曼法》将联合限制竞争行为以“合同”(contract)、“联合”(combination)、“共谋”(conspiracy)等三个语词表述,美国《关于竞争者之间联合行为的反托斯指南》将其表述为“联合行为”(collaborations)。意大利的《竞争和公平交易法》将其表述为“限制竞争自由的协议”。日本《禁止垄断法》将其表述为“不正当交易限制”。在我国,根据《反垄断法》第 13 条第 2 款的规定,垄断协议,是指经营者达成或者采取的旨在排除、限制竞争的协议、决定或者其他协同行为。

《反垄断法》第 13 条第 1 款规定,禁止具有竞争关系的经营者之间达成下列垄断协议:固定或者变更商品价格;限制商品的生产数量或者销售数量;分割销售市场或者原材料采购市场;限制购买新技术、新设备或者限制开发新技术、新产品;联合抵制交易;国务院反垄断执法机构认定的其他垄断协议。该法第 14 条规定,禁止经营者与交易相对人达成下列垄断协议:固定向第三人转售商品的价格;限定向第三人转售商品的最低价格;国务院反垄断执法机构认定的其他垄

① 除另行注明出处的以外,请参见曹康泰:《关于〈中华人民共和国反垄断法(草案)〉的说明》,载《全国人民代表大会常务委员会公报》2007 年第 6 号。

② 吴炯主编:《中华人民共和国反垄断法解读》,中国工商出版社 2007 年版,第 14 页。

断协议。

行业协会本身虽然不是经营者,但它是由同业的经营者组成的,它的行为也要受《反垄断法》的规范。为此,该法第 2 章第 16 条规定:“行业协会不得组织本行业的经营者从事本章禁止的垄断行为。”

其二,对经营者滥用市场支配地位的行为的规范。

市场支配地位(market dominant position),又称市场控制地位,是德国、欧共体反垄断法中的重要概念。美国反托拉斯法使用的相应概念是“垄断力”(monopoly power)或“市场支配力”(market power)。日本《禁止垄断法》使用的相应概念是“垄断状态”。[①] 在我国,根据《反垄断法》第 17 条第 2 款的规定,市场支配地位,是指经营者在相关市场内具有能够控制商品价格、数量或者其他交易条件,或者能够阻碍、影响其他经营者进入相关市场能力的市场地位。

那么,应该如何认定经营者具有市场支配地位呢?在总结国际上反垄断立法和执法经验的基础上,《反垄断法》第 18 条规定了认定经营者具有市场支配地位,应当依据下列因素:该经营者在相关市场的市场份额,以及相关市场的竞争状况;该经营者控制销售市场或者原材料采购市场的能力;该经营者的财力和技术条件;其他经营者对该经营者在交易上的依赖程度;其他经营者进入相关市场的难易程度;与认定该经营者市场支配地位有关的其他因素。与此同时,该法第 19 条规定,有下列情形之一的,可以推定经营者具有市场支配地位:一个经营者在相关市场的市场份额达到 1/2 的;两个经营者在相关市场的市场份额合计达到 2/3 的;三个经营者在相关市场的市场份额合计达到 3/4 的。在上述两个或三个经营者中,有的经营者市场份额不足 1/10 的,不应当推定该经营者具有市场支配地位。被推定具有市场支配地位的经营者,有证据证明不具有市场支配地位的,不应当认定其具有市场支配地位。

了解什么是市场支配地位以及如何认定市场支配地位是重要的。同时,还必须明确,各国反垄断法一般都不禁止经营者通过竞争取得市场支配地位,但都禁止经营者滥用其市场支配地位排除、限制竞争的行为。我国《反垄断法》采取这一国际通行做法,不反对经营者具有市场支配地位本身,但严格禁止经营者滥用其市场支配地位的行为。所以,《反垄断法》第 6 案规定:“具有市场支配地位的经营者,不得滥用市场支配地位,排除、限制竞争。”同时,第 17 条第 1 款具体规定,禁止具有市场支配地位的经营者从事下列滥用市场支配地位的行为:以不公平的高价销售商品或者以不公平的低价购买商品;没有正当理由,以低于成本的价格销售商品;没有正当理由,拒绝与交易相对人进行交易;没有正当理由,限定交易相对人只能与其进行交易或者只能与其指定的经营者进行交易;没有正

① 吕明瑜:《竞争法制度研究》,郑州大学出版社 2004 年版,第 9 页。

当理由搭售商品,或者在交易时附加其他不合理的交易条件;没有正当理由,对条件相同的交易相对人在交易价格等交易条件上实行差别待遇;国务院反垄断执法机构认定的其他滥用市场支配地位的行为。这样规定,既不妨碍、不限制大企业(包括大公司在内,下同)的存在和发展,符合我国鼓励企业做大做强、发展规模经济的政策,又能够有效制止经营者滥用其市场支配地位破坏竞争的行为,有利于创造和维护公平竞争的市场环境,保护消费者权益。

其三,对具有或者可能具有排除、限制竞争效果的经营者集中行为的规范。

根据《反垄断法》第 20 条的规定,经营者集中是指下列情形:经营者合并;经营者通过取得股权或者资产的方式取得对其他经营者的控制权;经营者通过合同等方式取得对其他经营者的控制权或者能够对其他经营者施加决定性影响。

国家禁止具有或者可能具有排除、限制竞争效果的经营者集中。为此,根据我国实际情况,并参照大多数国家反垄断法控制经营者集中的作法,《反垄断法》规定了对经营者集中的申报、审查制度。

经营者集中达到国务院规定的申报标准的,经营者应当事先向国务院反垄断执法机构申报①,未申报的不得实施集中。经营者向国务院反垄断执法机构申报集中,应当提交申报书、集中对相关市场竞争状况影响的说明、集中协议、参与集中的经营者经会计师事务所审计的上一会计年度财务会计报告、国务院反垄断执法机构规定的其他文件、资料。

国务院反垄断执法机构应当自收到经营者提交的符合规定的文件、资料之日起 30 日内,对申报的经营者集中进行初步审查,作出是否实施进一步审查的决定,并书面通知经营者。国务院反垄断执法机构作出决定前,经营者不得实施集中。国务院反垄断执法机构作出不实施进一步审查的决定或者逾期未作出决定的,经营者可以实施集中。国务院反垄断执法机构决定实施进一步审查的,应当自决定之日起 90 日内审查完毕②,作出是否禁止经营者集中的决定,并书面通知经营者。作出禁止经营者集中的决定,应当说明理由。审查期间,经营者不得实施集中。审查经营者集中,应当考虑下列因素:参与集中的经营者在相关市场的市场份额及其对市场的控制力;相关市场的市场集中度;经营者集中对市场进入、技术进步的影响;经营者集中对消费者和其他有关经营者的影响;经营者

---

① 经营者集中有下列情形之一的,可以不向国务院反垄断执法机构申报:(1) 参与集中的一个经营者拥有其他每个经营者 50% 以上有表决权的股份或者资产的;(2) 参与集中的每个经营者 50% 以上有表决权的股份或者资产被同一个未参与集中的经营者拥有的。

② 有下列情形之一的,国务院反垄断执法机构经书面通知经营者,可以延长前款规定的审查期限,但最长不得超过 60 日:(1) 经营者同意延长审查期限的;(2) 经营者提交的文件、资料不准确,需要进一步核实的;(3) 经营者申报后有关情况发生重大变化的。国务院反垄断执法机构逾期未作出决定的,经营者可以实施集中。

集中对国民经济发展的影响;国务院反垄断执法机构认为应当考虑的影响市场竞争的其他因素。

经营者集中具有或者可能具有排除、限制竞争效果的,国务院反垄断执法机构应当作出禁止经营者集中的决定。国务院反垄断执法机构应当将禁止经营者集中的决定或者对经营者集中附加限制性条件的决定,及时向社会公布。

对外资并购境内企业或者以其他方式参与经营者集中,涉及国家安全的,除依照反垄断法规定进行经营者集中审查外,还应当按照国家有关规定进行国家安全审查。

其四,对滥用行政权力排除、限制竞争的行为的规范。

多年来,学术界有一种观点认为,垄断有经济性垄断和行政性垄断之分。他们把行政机关和法律、法规授权的具有管理公共事务职能的组织滥用行政权力排除、限制竞争的行为称为"行政性垄断"。其实,所谓"行政性垄断"这一提法的科学性值得商榷。如前所述,反垄断法中的垄断,是指经营者在商品经济活动中,为了获取更大的经济利益而排除、限制竞争的行为。而所谓"行政性垄断"行为虽然也是一种排除、限制竞争的行为,但它与反垄断法中的垄断行为有显著区别:一是垄断行为的主体是经营者,而所谓"行政性垄断"行为的主体是行政机关和法律、法规授权的具有管理公共事务职能的组织;二是垄断行为是经营者在商品经济活动中的行为,而所谓"行政性垄断"行为的主体本身并不从事商品经济活动;三是垄断行为排除、限制竞争是凭借其经济优势,而所谓"行政性垄断"排除、限制竞争靠的是滥用行政权力。可见,所谓"行政性垄断"行为,不是反垄断法中的垄断行为;所谓"行政性垄断",不是反垄断法中的垄断。正因为如此,在《中华人民共和国反垄断法》的起草过程中,虽然曾经在总则的有关条文和第五章的名称中出现过所谓"行政性垄断"的概念,但后来经过反复研究,在该法的草案和正式通过的法律中,没有再使用所谓"行政性垄断"的概念,而使用"滥用行政权力排除、限制竞争"的概念。

滥用行政权力排除、限制竞争的行为有多种表现形式。《反垄断法》第五章明确规定,禁止行政机关和法律、法规授权的具有管理公共事务职能的组织滥用行政权力排除、限制竞争的下列行为:一是限定或者变相限定单位或者个人经营、购买、使用其指定的经营者提供的商品;二是妨碍商品在地区之间自由流通;三是以设定歧视性资质要求、评审标准或者不依法发布信息等方式,排斥或者限制外地经营者参加本地的招标投标活动;四是采取与本地经营者不平等待遇等方式,排斥或者限制外地经营者在本地投资或者设立分支机构;五是强制经营者从事反垄断法规定的垄断行为。与此同时,该法第五章第37条还规定:"行政机关不得滥用行政权力,制定含有排除、限制竞争内容的规定。"

反垄断法对行政机关和法律、法规授权的具有管理公共事务职能的组织滥用行政权力排除、限制竞争问题如何规定,一直存在分歧。有一种观点认为:虽然目前滥用行政权力排除、限制竞争的行为在我国还不同程度存在,但这种行为在性质上属于行政权力的不当行使,主要不是依靠反垄断法能够解决的问题;同时,为了解决上述问题,我国一些现行法律和行政法规已经作了有关规定,《反垄断法》不必再作规定。另一种观点认为,《反垄断法》应该作出规定。因为在实践中,滥用行政权力排除、限制竞争的问题还较为普遍,这类行为扭曲竞争机制,损害经营者和消费者合法权益,妨碍统一开放竞争有序的现代市场体系的建立和完善。笔者认为,为了预防和制止滥用行政权力排除、限制竞争的行为,我国《反垄断法》在总则中对禁止滥用行政权力排除、限制竞争作出原则性规定的同时,另设专章对此作出具体规定,是完全必要的,具有重要意义。

其五,对滥用知识产权排除、限制竞争的行为的规范。

《反垄断法》在保护经营者依法行使知识产权的行为的同时,第 55 条明确规定:"经营者滥用知识产权,排除、限制竞争的行为,适用本法。"

上述规定,既体现了立法应当从实际出发的原则,又借鉴了国外反垄断立法的经验。在实践中,存在着经营者不当行使知识产权的问题。掌握知识产权的大企业常常通过强制性一揽子许可、在许可合同中附加不合理条件、利用市场支配地位收取不合理许可费等手段,限制竞争、谋求垄断,妨碍技术创新和技术进步,损害消费者权益。因此,在保护知识产权的同时,也必须防止和制止滥用知识产权排除、限制竞争的行为,这是目前各国普遍面临的问题。随着知识产权问题越来越趋于国际化,有的国家一方面非常强调保护知识产权,特别是要求其他国家承担保护知识产权的国际义务,另一方面又将滥用知识产权排除、限制竞争的行为纳入反垄断执法范围,或者直接规定反垄断法适用于滥用知识产权排除、限制竞争的行为。考虑到在我国也不同程度地存在这类问题,特别是考虑到滥用知识产权已经成为大企业谋求垄断地位的重要手段,因此,我国反垄断法应当将滥用知识产权排除、限制竞争的行为纳入适用范围,为防止和制止滥用知识产权排除、限制竞争提供法律依据。

(3) 反垄断法的适用除外

反垄断法,顾名思义是反对垄断的。但是,各国的反垄断法都有适用除外的规定,而不是反对一切垄断。就是说,有些垄断是法律所禁止或限制的垄断,有些垄断是法律所允许和保护的垄断。前者是非法垄断;后者是合法垄断。反垄断法的适用除外,是指对于经营者在商品经济活动中,为了获取更大的经济利益而排除、限制竞争的行为,因其符合法定条件而从反垄断法禁止的垄断中排除出去的法律制度。这就是说:反垄断法的适用除外是一种法律制度;之所以称这种法律制度为反垄断法的适用除外,是因为对于经营者特定的排除、限制竞争的行为从反垄断法禁止的垄断中排除出去;之所以将这种行为从反垄断法禁止的垄断中排除出去,是因其符合法定条件。

反垄断法的适用除外具有重要意义。一般来说,垄断具有排除、限制竞争,影响经济运行效率的提高,损害消费者利益和社会公共利益的消极作用。对此,必须要有足够的认识。但是,在特定条件下,垄断也有积极的一面。例如:国家对国有经济占控制地位的关系国民经济命脉和国家安全的行业以及依法实行专营专卖的行业的经营者的合法经营活动予以保护,有助于维护国民经济命脉和国家安全;经营者达成的某些协议,在整体上有利于改进技术、发展经济、维护消费者利益和社会公共利益;反垄断法不反对经营者具有市场支配地位本身,不妨碍、不限制大企业的存在和发展,有利于企业做大做强和发展规模经济;经营者依法行使知识产权的行为不适用反垄断法,有助于保护知识产权。垄断的两面性,不仅决定了制定和实施《反垄断法》的必要性,而且决定了建立和实施反垄断法适用除外制度的必要性。

关于反垄断法适用除外的范围,虽然不同国家、不同时期的规定是有差别的,但是,总的来说,各国反垄断立法的实践表明,适用除外的范围一般包括这样几种情况:一些国家垄断行业和自然垄断行业的经营者的排除、限制竞争的行为;经营者达成的在整体上有利于改进技术、发展经济、维护消费者利益和社会公共利益的协议的行为;某些特定的利大于弊的经营者的集中行为;经营者依法行使知识产权(知识产权权利人享有的一种独占权利,即垄断权)的行为。在我国,根据《反垄断法》的规定,适用除外的范围包括以下几个方面:一是国有经济占控制地位的关系国民经济命脉和国家安全的行业以及依法实行专营专卖的行业,国家对其经营者的合法经营活动予以保护。与此同时,国家对这些行业的经营者的经营行为及其商品和服务的价格依法实施监管和调控,维护消费者利益,促进技术进步。这些行业的经营者应当依法经营,诚实守信,严格自律,接受社会公众的监督,不得利用其控制地位或者专营专卖地位损害消费者利益。二是由于经营者达成的某些协议虽有限制竞争的后果,但在整体上有利于改进技术、发展经济、维护消费者利益和社会公共利益的,在一定情况下,对经营者达成的这类协议不适用《反垄断法》关于禁止经营者达成垄断协议的规定。所以,《反垄断法》第 15 条规定,经营者能够证明所达成的协议属于下列情形之一的,不适用该法第 13、14 条的规定:为改进技术、研究开发新产品的;为提高产品质量降低成本、增进效率,统一产品价格、标准或者实行专业化分工的;为提高中小经营者经营效率,增强中小经营者竞争力的;为实现节约能源、保护环境、救灾救助等社会公共利益的;因经济不景气,为缓解销售量严重下降或者生产明显过剩的。属于以上情形,经营者还应当证明所达成的协议不会严重限制相关市场竞争,并且能够使消费者分享由此产生的利益。还规定,为保障对外贸易和对外经济合作中的正当利益达成的协议,以及符合法律和国务院规定的其他情形达成的协议,不属于该法禁止的范围。三是经营者可以通过公平竞争、自愿联合,依法实施集中,扩大经营规模,提高市场竞争能力。经营者能够证明其集中对竞争产生的有利影响明显大于不利影响,或者符合社会公共利益的,国务院反垄断执法机构可以作出对经营者集中不予禁止的决定。对不予禁止的经营者集中,国务院反垄断执法机构可以决定附加减少集中对竞争产生不利影响的限制性条件。四是各国反垄断法一般都规定正当行使知识产权的行为不适用反垄断法。在我国,为了保护知识产权,《反垄断法》第55条明确规定:"经营者依照有关知识产权的法律、行政法规规定行使知识产权的行为,不适用本法"。就是说,经营者依法行使知识产权权利人享有的垄断权的行为,不仅受知识产权法的保护,而且受反垄断法的保护。五是农业在国民经济中的基础性地位和农业对自然条件的依赖性,需要国家对农业采取特殊的保护政策。为此,《反垄断法》第56条规定,农业生产者及农村经济组织在农产品生产、加工、销售、运输、储存等经营活动中实施的联合或者协同行为,不适用本法。

(4)反垄断法的域外适用

反垄断法的域外适用,是指一国的反垄断法对于国外的垄断行为因其对国内的市场竞争产生排除、限制的影响而发生效力的法律制度。这就是说:反垄断法的域外适用是一种法律制度;之所以称这种法律制度为反垄断法的域外适用,是因为作为国内法的反垄断法对于国外的垄断行为发生效力;反垄断法之所以对于国外的垄断行为发生效力,是因为该行为对国内的市场竞争产生排除、限制的影响。

美国是世界上实行反垄断法域外适用最早的国家。早在1911年,美国最高法院在审理"美国烟草公司案"时就确立了其反托拉斯法的域外适用。1945年,美国最高法院在审理"美国铝公司案"时正式确立了反垄断法域外适用的效果原则。根据这一原则,如果行为的目的旨在而且确实给美国经济带来了危害性的影响,即使该行为是由外国公司所为且发生在美国境外,也会被认为违反了美国的《谢尔曼法》而适用美国法律。美国反垄断法的域外适用曾遭到了英国、加拿大、澳大利亚、新西兰等国家有针对性的法律抵制[①]。与此同时,一些国家和地区又纷纷效仿美国,主张其反垄断法的域外适用。例如:德国、欧共体相继建立了反垄断法的域外适用制度;俄罗斯1995年修订后的《关于在商品市场中竞争和限制垄断活动的法律》第2条、保加利亚1998年修订后的《保护竞争法》第2条第1款也都规定了各自的域外效力。就连过去曾对美国反垄断法的域外适

---

① 这种法律抵制包括多种形式。例如:依据对等原则采取反向措施,把本国法亦适用于域外;立法规定,在国外法院行使域外管辖权时,禁止本国个人或组织向外国法院提供证据、情报及任何形式的协助;立法规定,拒绝承认和执行外国法院反垄断法的判决。参见王全兴主编:《竞争法通论》,中国检察出版社1997年版,第141页。

用持抵制态度的英国、加拿大和澳大利亚,在后来修订本国反垄断法时也增加了域外适用的规定。①

在我国,《反垄断法》第2条规定:“中华人民共和国境内经济活动中的垄断行为,适用本法”。与此同时,又规定:“中华人民共和国境外的垄断行为,对境内市场竞争产生排除、限制影响的,适用本法。”这是完全必要的,具有重要意义。首先,只有既禁止境内经济活动中的垄断行为,又禁止对境内市场竞争产生排除、限制影响的境外的垄断行为,才是全面地禁止垄断行为,体现《反垄断法》立法宗旨的要求。其次,在许多国家早已建立和实行反垄断法域外适用制度的情况下,我国《反垄断法》作出域外适用的规定,体现了国际经济交往中的对等原则,不仅有助于维护本国的经济利益,而且有助于维护国家主权。再次,不同国家反垄断法域外适用条款的实施,产生国家间的利益矛盾和法律冲突,中国作为一个有影响的发展中大国,在《反垄断法》中作出域外适用的规定,有助于推动反垄断法的国际协调和合理的国际竞争秩序的建立。

(5)反垄断法的实施

关于反垄断法的实施,主要谈以下三个问题:

其一,反垄断的主管机构。

关于外国反垄断主管机构的设置②,就其数量而言,有些国家由一个机关作为反垄断的主管机构,如日本的公正交易委员会、匈牙利的经济竞争局;有些国家则由两个或两个以上机关作为反垄断的主管机构,如德国的联邦经济部、联邦卡特尔局、州卡特尔局,美国的联邦贸易委员会和司法部的反托拉斯局。就反垄断的主管机构的性质和隶属关系而言,主要有两种情况:一是有些国家反垄断的主管机构是准司法机关或具有准司法性。例如,美国的联邦贸易委员会和日本的公正交易委员会不仅享有行政权,而且享有准司法权和准立法权。其中,美国的联邦贸易委员会虽隶属于总统,但直接对国会负责;日本的公正交易委员会虽隶属于内阁总理大臣,但是独立行使职权。二是有些国家反垄断的主管机构则是专门从事反垄断执法的行政机关。这是欧洲多数国家所采取的体制,如德国的卡特尔局、英国的公平贸易办公室,它们分别隶属于经济部长和商业部长。这些专门的行政执法机关的上级领导也以政策决策的方式参与执行反垄断法,但专门机关在具体案件的裁决上有相当大的独立性。此外,有些国家除了专门的准司法机关或行政执法机关以外,还设立了专门的顾问机关,如德国的垄断委员会、英国的垄断与合并委员会。在反垄断主管机构与反不正当竞争主管机构的

---

① 参见王先林:《WTO竞争政策与中国反垄断立法》,北京大学出版社2005年版,第252、253页;李昌麒主编:《经济法学》,法律出版社2007年版,第279、280页。

② 参见吕明瑜:《竞争法制度研究》,郑州大学出版社2004年版,第142—144页;李昌麒、刘瑞复主编:《经济法》,法律出版社2004年版,第295—297页。

关系问题上,有的国家只设立一个机构统一主管两个法的执行,如日本的公正交易委员会;有的国家设立两个机构分别主管两个法的执行,或者只设立反垄断主管机构而没有专门的反不正当竞争主管机构,如德国的卡特尔局和法国的竞争审议委员会只负责执行反垄断法。总之,在国外,由于不同国家历史条件和具体情况的不同,在反垄断的主管机构的设置上没有统一的模式。

如何从我国的实际情况出发,借鉴国外在反垄断主管机构设置上的经验,确定我国的反垄断主管机构,是近年来我国经济法学界和有关立法机关关注的一个重要问题。现在,国家立法机关已经作出了如下决策:在我国,反垄断的主管机构实行二元执法体制,即分别设立反垄断委员会和反垄断法执法机构。《反垄断法》第 9 条规定,国务院设立反垄断委员会,负责组织、协调、指导反垄断工作,履行下列职责:研究拟订有关竞争政策;组织调查、评估市场总体竞争状况,发布评估报告;制定、发布反垄断指南;协调反垄断行政执法工作;国务院规定的其他职责。国务院反垄断委员会的组成和工作规则由国务院规定。与此同时,该法第 10 条规定,国务院规定的承担反垄断执法职责的机构(以下统称国务院反垄断执法机构)依照本法规定,负责反垄断执法工作。国务院反垄断执法机构根据工作需要,可以授权省、自治区、直辖市人民政府相应的机构,依照本法规定负责有关反垄断执法工作。上述规定中的"国务院规定的承担反垄断执法职责的机构"究竟是什么样的机构?是否要维持我国现行的承担反垄断执法职责的三个机构——国家工商行政管理总局、国家发展和改革委员会、商务部——多头执法的局面?目前尚不明确。笔者认为,除了司法机关在竞争法的实施中发挥重要作用以外,关于反垄断主管机构的设置,主要涉及两个问题:一是反垄断和反不正当竞争是否只设一个统一的主管机构?一般来说,只设一个统一的主管机构,有助于竞争法执法的协调和统一,提高竞争法的实施效率。特别是在实行合并式竞争立法模式的国家,更有必要建立这样一个统一的、权威的执法机构。二是在不是只设一个统一的主管机构的情况下,反垄断和反不正当竞争是否分别设立两个主管机构而不是多个机构?应该说,在我国实行分立式竞争立法模式的情况下,分别设立两个主管机构应该是一个好的选择。目前,就反垄断而言,我国现行反垄断法执法机构包括三个机构,设立反垄断委员会这样的机构,负责组织、协调、指导反垄断工作,有助于减少多头执法产生的问题。但是,根据《反垄断法》的规定,我国分别设立反垄断委员会和反垄断法执法机构这种二元执法体制,还不如创造条件,只设立一个统一的、专门承担反垄断执法职责的权威机构。因为这符合精简、统一、效能的原则,提高反垄断法执法效率,降低执法成本,更好地保证反垄断法的实施。

其二,对涉嫌垄断行为的调查。

反垄断执法机构对涉嫌垄断行为的调查,可依据职权启动,也可依据举报启动。这具体体现在《反垄断法》第38条的下列规定之中:一是反垄断执法机构依法对涉嫌垄断行为进行调查。二是对涉嫌垄断行为,任何单位和个人有权向反垄断执法机构举报。反垄断执法机构应当为举报人保密。举报采用书面形式并提供相关事实和证据的,反垄断执法机构应当进行必要的调查。

根据《反垄断法》第六章的有关规定,反垄断执法机构及其工作人员对涉嫌垄断行为进行调查过程中的职权和职责,除了第45条另行规定的以外,有如下六项:一是反垄断执法机构调查涉嫌垄断行为,执法人员不得少于2人,并应当出示执法证件。二是反垄断执法机构调查涉嫌垄断行为,可以采取下列措施:进入被调查的经营者的营业场所或者其他有关场所进行检查;询问被调查的经营者、利害关系人或者其他有关单位或者个人,要求其说明有关情况;查阅、复制被调查的经营者、利害关系人或者其他有关单位或者个人的有关单证、协议、会计账簿、业务函电、电子数据等文件、资料;查封、扣押相关证据;查询经营者的银行账户。采取上述规定的措施,应当向反垄断执法机构主要负责人书面报告,并经批准。三是执法人员进行询问和调查,应当制作笔录,并由被询问人或者被调查人签字。四是垄断执法机构及其工作人员对执法过程中知悉的商业秘密负有保密义务。五是反垄断执法机构应当对被调查的经营者、利害关系人提出的事实、理由和证据进行核实。六是反垄断执法机构对涉嫌垄断行为调查核实后,认为构成垄断行为的,应当依法作出处理决定,并可以向社会公布。

被调查的经营者、利害关系人或者其他有关单位或者个人的权利和义务,主要是两个方面:一是应当配合反垄断执法机构依法履行职责,不得拒绝、阻碍反垄断执法机构的调查;二是被调查经营者、利害关系人有权陈述意见。

关于中止调查、终止调查和恢复调查的问题,《反垄断法》第45条作出了如下规定:一是对反垄断执法机构调查的涉嫌垄断行为,被调查的经营者承诺在反垄断执法机构认可的期限内采取具体措施消除该行为后果的,反垄断执法机构可以决定中止调查。中止调查的决定应当载明被调查的经营者承诺的具体内容。二是反垄断执法机构决定中止调查的,应当对经营者履行承诺的情况进行监督。经营者履行承诺的,反垄断执法机构可以决定终止调查。三是有下列情形之一的,反垄断执法机构应当恢复调查:经营者未履行承诺的;作出中止调查决定所依据的事实发生重大变化的;中止调查的决定是基于经营者提供的不完整或者不真实的信息作出的。

其三,违反《反垄断法》的法律责任。

关于法律责任的规定,是《反垄断法》的重要组成部分。一部《反垄断法》如果没有关于法律责任的规定,它就缺乏规范性,就不能发挥《反垄断法》的功能。当然,在《反垄断法》中,主要内容还是关于权利和义务(包括国家机关的职权和职责)的法律规定。但是,如果不对违反《反垄断法》的法律责任作出规定或者规定得很不到位，那么，权利的行使和义务的履行就会落空；如果不仅对法律责任作出规定，而且规定得符合实际的需要，就可以为权利的行使和义务的履行提供法律保证。

关于违反《反垄断法》的责任主体，我国《反垄断法》作了全面规定，其中包括违反《反垄断法》的下列个人、单位、机关：经营者，行业协会，行政机关，法律、法规授权的具有管理公共事务职能的组织，被调查的经营者、利害关系人或者其他有关单位或者个人，反垄断执法机构工作人员。总之，对于违反《反垄断法》应当依法追究法律责任的责任主体，概莫能外。

关于法律责任形式和处罚力度，《反垄断法》对于不同的法律责任主体，根据其违法的不同性质和情节轻重作出了规定。其中，法律责任形式包括了通常所说的行政责任、民事责任和刑事责任。如果按照法律责任是否直接具有物质利益的内容，可以把它划分为经济责任和非经济责任。经济责任即财产责任，是指由于违反法律义务而引起的物质利益上的法定不利后果。经济责任，包括补偿性经济责任和惩罚性经济责任。例如，赔偿损失、罚款、没收违法所得、罚金等。非经济责任即非财产责任，是指由于违反法律义务而引起的非物质利益上的法定不利后果。非经济责任，包括行为责任、信誉责任、资格减免责任和人身责任。例如，责令停止违法行为，责令停止实施集中、限期处分股份或资产、限期转让营业以及采取其他必要措施恢复到集中前的状态，责令改正，撤销登记，被剥夺人身自由的责任等。此外，有些条款虽然也规定了要对违反《反垄断法》的责任主体给予处罚，但是，并没有规定具体的法律责任形式，如“依法给予处分”、“可以向有关上级机关提出依法处理的建议”等。总之，在我国《反垄断法》关于法律责任形式的规定中，相对于非经济责任而言，经济责任是主要的；在经济责任中，罚款占有重要地位；在非经济责任中，行为责任占有重要地位。

3. 反不正当竞争法

(1) 不正当竞争与反不正当竞争法的概念

什么是不正当竞争？

关于不正当竞争的概念，在国内外的规范性文件中有不同的规定，在国内外法学界有不同的认识。例如，1883 年签订的《保护工业产权的巴黎公约》规定：“凡在工商活动中违反诚实经营的竞争行为即构成不正当竞争的行为”。德国 1870 年的《反不正当竞争法》第 1 条规定：“行为人在商业交易中以竞争为目的而违背善良风俗，可向其请求停止行为和损害赔偿。”葡萄牙在 1940 年颁布的工业产权法中规定：“凡竞争行为违反任何一个部门内之经济法规或诚实习惯者，均成为不正当竞争。”与此同时，美国、日本、韩国等许多国家的法律，对不正当竞争列举了多种行为，但是没有概括的规定。我国《反不正当竞争法》第 2 条第 2 款规定：“本法所称的不正当竞争，是指经营者违反本法规定，损害其他经营者的合法权益，扰乱社会经济秩序的行为。”

在国外学者中，法国著名的反不正当竞争法学者塞特-戈尔（Saint-Gal）说：“凡利用欺诈的手段出售其产品，目的在于从他人所取得的现状获得利益，或使他人的商品或企业解体，其中包括尚不足以使其商业市场之全部或一部分受到打击的行为，均应视为实现经济竞争中的不正当竞争。”①在中国学者中，有的认为，从广义上说，所谓不正当竞争行为大体上可以划分为两类：一是垄断或限制竞争行为；二是狭义的不正当竞争行为，主要指经营者采用欺骗、胁迫、利诱以及其他违背诚实信用和公平交易商业惯例的手段从事市场交易的行为。② 有的学者说：“不正当竞争是指在市场竞争活动中，采取虚假、欺骗、损人利己等不正当竞争手段牟取利益，损害国家、其他竞争者和消费者利益，扰乱正常市场竞争秩序的行为。”③有的学者指出：“不正当竞争是指违背商业道德与法律，不按照价值规律的要求，以不正当手段与方式谋求经济效益的行为。”④有的学者断言：“不正当竞争行为（Unfair Competition），是相对于市场竞争中的正当手段而言的，它泛指经营者为了争夺市场竞争优势，违反法律和公认的商业道德，采用欺诈、混淆等手段扰乱正常的市场竞争秩序，并损害其他经营者和消费者合法利益的行为。”⑤

笔者认为，不正当竞争，是指经营者在商品经济活动中为了获取更大经济利益而采取违反经营道德的手段，损害其他经营者和消费者的合法权益，扰乱社会经济秩序的行为。这个定义的基本含义有六：一是不正当竞争是一种行为；二是从事这种行为的主体是经营者；三是这是经营者在商品经济活动中的行为；四是从事这种行为的目的是为了获取更大的经济利益；五是从事这种行为所采取的手段是违反经营道德的手段；六是这种行为的危害，是损害其他经营者和消费者的合法权益，扰乱社会经济秩序。需要进一步论述的有这样几个问题：一是所谓广义的不正当竞争问题。有一种观点认为，“垄断或限制竞争行为”属于广义的不正当竞争行为，这不妥。因为“垄断或限制竞争行为”虽然与不正当竞争行为有联系，但是不应混淆其界限；否则，就会导致将反垄断法视为反不正当竞争法的组成部分的错误。二是不正当竞争是不是经营者在商品经济活动中的行为？有的法律规定和法学论著分别指出，不正当竞争是经营者在“工商活动”、“商业交易”或“出售其产品”中的行为，这没有错，但是这些语词所涉及的范围窄了一

① 转引自戴奎生、邵建东、陈立虚：《竞争法研究》，中国大百科全书出版社 1993 年版，第 14 页。

② 原国家工商行政管理局条法司：《反不正当竞争法释义》，河北人民出版社 1993 年版，第 9—10 页。

③ 张德霖：《竞争与反不正当竞争——反不正当竞争法理论实践与国外法律规范》，人民日报出版社 1994 年版，第 105 页。

④ 戴奎生、邵建东、陈立虚：《竞争法研究》，中国大百科全书出版社 1993 年版，第 14 页。

⑤ 李昌麒主编：《经济法学》，法律出版社 2007 年版，第 289 页。

些。将不正当竞争概括为经营者在“商品经济活动”中的行为,则较为确切。三是不正当竞争的目的是什么?有些学者分别认为,经营者进行不正当竞争“以竞争为目的”或“为了争夺市场竞争优势”,这并没有真正揭示其目的所在。有些学者分别认为,经营者进行不正当竞争目的在于“获得利益”或“牟取利益”,这没有错,但是还不够明确。有的学者认为,经营者进行不正当竞争是为了“谋求经济效益”,这不很确切。相对而言,是否以经营者“为了获取更大经济利益”来概括不正当竞争的目的为好。四是关于不正当竞争的手段问题。有的公约和法律的规定以及法学论著分别指出,不正当竞争的手段是“违反诚实经营”或“违背善良风俗”,或者认为经营者在不正当竞争中“利用欺诈的手段”。这些概括都有一定道理,但不够全面。有的学者在对所谓“狭义的不正当竞争行为”这一概念下的定义中,列举了“经营者采用欺骗、胁迫、利诱以及其他违背诚实信用和公平交易商业惯例的手段”,其内容较为全面,但是使定义不很简练。可否认为,将不正当竞争的手段概括为“违反经营道德”比较简练和全面。五是关于不正当竞争与非法竞争的关系问题。有些法律和有些学者在关于不正当竞争的定义中分别说,不正当竞争是违反“经济法规”、“违反本法规定”、“违背……法律”或“违反法律”的,对此要具体分析。笔者认为,不正当竞争与非法竞争有着密切的联系。在制定了有关反不正当竞争的法律的国家,凡是法律禁止的不正当竞争都是非法竞争。但是,又不能将不正当竞争简单地等同于非法竞争。因为,在没有制定《反不正当竞争法》的国家或者关于反不正当竞争的法律很不完备的国家,对于某些不正当竞争法律尚未作出禁止的规定,这些尚未被法律禁止的不正当竞争暂时还不是非法竞争。六是下定义不能同语反复。有的学者在对“不正当竞争”这一概念即被定义项下的定义中,在定义项中包含了“不正当竞争”这一被定义项,这是违反逻辑学关于定义项中不能直接或间接地包含被定义项这一定义的规则的。七是定义项必须明确。对不正当竞争这一概念下的定义,在定义项中使用“主要”、“等”之类的概念,这不妥。因为这违反了逻辑学关于定义项中不能使用含混概念这一定义的规则。

什么是反不正当竞争法?

对于反不正当竞争法,在法学界有多种不同的观点,下了多个不同的定义。例如,有的学者说:“反不正当竞争法就是由国家制定的明令禁止商品生产者、经营者在生产经营活动中采取不正当的、损害他人合法权益、扰乱正常的市场秩序并牟取非法利益的法律规范的总称。”[①]有的学者认为:反不正当竞争法,“在形式意义上,仅指某一部关于反不正当竞争的专门法律,如我国1993年的《反不

① 张德霖:《竞争与反不正当竞争——反不正当竞争法理论实践与国外法律规范》,人民日报出版社1994年版,第112页。

正当竞争法》,日本 1934 年的《不正当竞争防止法》。在实质意义上,是指通过规制不正当竞争行为来调整竞争关系的法律规范的总称”。① 有的学者指出:“从内容上看,有广义的反不正当竞争法和狭义的反不正当竞争法之分。广义的反不正当竞争法相当于‘竞争法’。……我国现行《反不正当竞争法》采用综合调整模式,不仅禁止狭义的不正当竞争行为,而且规范垄断和限制竞争行为,因此我国现行法是在广义上使用‘反不正当竞争法’这个概念的。”②在有的学者看来:“从广义上说,反不正当竞争法是国家为了维护市场竞争在经济运行中的基础性作用,对市场主体的一切偏离公平竞争原则的行为进行规制的法律规范的总称。从狭义上讲,反不正当竞争法是国家对经营者在市场竞争中违反商业道德、扰乱经济秩序的行为进行规制的法律规范的总称。”③

研究反不正当竞争法的概念,首先需要明确反不正当竞争法可否划分为广义的反不正当竞争法和狭义的反不正当竞争法?笔者认为,将反不正当竞争法划分为广义的反不正当竞争法和狭义的反不正当竞争法,并把所谓广义的反不正当竞争法等同于竞争法,或者认为广义的反不正当竞争法包括反垄断法在内,这不妥。因为竞争法有特定的含义,它包括反垄断法和反不正当竞争法,在反不正当竞争法这一概念之前加上“广义”二字,把它与竞争法等同起来,混淆了竞争法与反不正当竞争法的界限。的确,我国现行的《反不正当竞争法》不仅把通常视为不正当竞争的行为作出了禁止的规定,而且把滥用权力排除、限制竞争等属于反垄断法禁止的一些行为也规定到了该法之中。但是,不能认为,现行的法律规定都是科学的。虽然在制定《反垄断法》的条件尚不成熟的上世纪 90 年代前期,把当时迫切需要予以禁止的滥用权力排除、限制竞争等反垄断法禁止的一些行为规定到《反不正当竞争法》之中是可以理解的,但是,这并不表明这样规定是科学的和必要的。因为这混淆了反不正当竞争与反垄断的界限,这也正是在修改《反不正当竞争法》时必须解决的一个问题;同时,如果当时由国务院制定一个行政法规,就制止滥用权力排除、限制竞争等若干问题作出规定是完全可行的,用不着在《反不正当竞争法》中规定反垄断法的内容。

研究反不正当竞争法的概念,还应该明确反不正当竞争法可否划分为形式意义的反不正当竞争法和实质意义的反不正当竞争法?对此,回答应该是肯定的。形式意义的反不正当竞争法,即关于反不正当竞争的基本规范性文件。在外国,关于反不正当竞争的基本规范性文件,有不同的称谓。例如,德国、瑞士称《反不正当竞争法》,日本、韩国称《不正当竞争防止法》,罗马尼亚称《制止不正

① 王全兴主编:《竞争法通论》,中国检察出版社 1997 年版,第 55 页。
② 李昌麒、刘瑞复主编:《经济法》,法律出版社 2004 年版,第 305 页。
③ 李昌麒主编:《经济法学》,法律出版社 2007 年版,第 292 页。

当竞争法》。在我国，关于反不正当竞争的基本规范性文件，就是第八届全国人民代表大会常务委员会第三次会议于 1993 年 9 月 2 日通过、自同年 12 月 1 日起施行的《中华人民共和国反不正当竞争法》(简称《反不正当竞争法》)。这部法律的制定和实施发挥了积极的作用，但它已经不能很好适应现实的需要，亟须修改完善。应该说，形式意义上的反不正当竞争法和实质意义上的反不正当竞争法有着密切的联系。作为一个法的部门的反不正当竞争法属于竞争法的范围，竞争法属于市场监管法的范围，市场监管法属于经济法的范围。但是，遗憾的是，由一些权威单位编辑的《中华人民共和国法律》(法律出版社 1999 年版)、《中华人民共和国法律总目》(中国民主法制出版社 2003 年版)，以及《中国的法治建设》附录[①](《人民日报》2008 年 2 月 29 日)，却把《中华人民共和国反不正当竞争法》这部形式意义上的反不正当竞争法列入了"民商法"、"民商法类"或"民法商法"的法律之中；同样令人遗憾的是，有一些权威人士主编的《中华人民共和国法库·行政法卷》(人民法院出版社 2002 年版)却把《中华人民共和国反不正当竞争法》作为行政法的法律编入了"行政法卷"。这涉及一个重要的理论问题——规范性文件的部门法属性问题——应该搞清楚。所谓规范性文件的部门法属性，是指该规范性文件是属于哪一个法的部门的规范性文件。那么，如何来判断规范性文件的部门法属性呢？笔者认为：规范性文件是由法律规范组成的，组成某一个规范性文件的法律规范的性质，决定该规范性文件是属于哪一个法的部门的规范性文件；当某一个规范性文件是由若干不同性质的法律规范组成的时候，根据矛盾的主要方面决定事物的本质的哲学原理，要看该规范性文件中哪一种性质的法律规范是主要的，来判断该规范性文件的部门法属性。由于我国《反不正当竞争法》中的法律规范绝大多数是经济法律规范，而不是其他法的法律规范，所以它是经济法的法律，而不是民商法法律或行政法法律。

实质意义的反不正当竞争法，即作为一个法的部门的反不正当竞争法。本书关于反不正当竞争法的概念，如果没有特别的说明，都是从实质意义上讲的。笔者认为，反不正当竞争法的调整对象是，在反对经营者在商品经济活动中为了获取更大经济利益而采取违反经营道德的手段，损害其他经营者和消费者的合法权益，扰乱社会经济秩序的行为过程中发生的经济关系，简称在反对不正当竞争过程中发生的竞争监管关系。反不正当竞争法，是指调整在反对经营者在商品经济活动中为了获取更大经济利益而采取违反经营道德的手段，损害其他经营者和消费者的合法权益，扰乱社会经济秩序的行为过程中发生的经济关系的法律规范的总称。作为竞争法组成部分的反不正当竞争法，属于法的范畴，属于

① 在该附录中，将《中华人民共和国反不正当竞争法》列入"民法商法"的法律之中，这不妥；同时，这与《中国的法治建设》正文中将该法列入"市场管理的法律制度"部分，是自相矛盾的。

国内法体系,属于经济法体系,属于市场监管法体系,属于竞争法体系。它之所以属于竞争法体系,是因为反不正当竞争法调整的在反对不正当竞争过程中发生的竞争监管关系,属于竞争法调整的竞争监管关系的范围。但它又不同于同属于竞争法体系的反垄断法,其中,最主要的是反不正当竞争法与反垄断法的调整对象不同。

为了进一步搞清楚反不正当竞争法的概念,还有必要明确以下问题:一是如何评价认为"反不正当竞争法是……法律规范的总称"的观点?应该认为,不少学者这样说是可取的。它表明,反不正当竞争法属于法的范畴。二是对于反不正当竞争法这一概念下的定义中不谈其调整对象或者认为它的调整对象是"竞争关系",这怎么认识?笔者认为:搞清楚反不正当竞争法的调整对象,是明确反不正当竞争法的概念的关键;反不正当竞争法的调整对象是在反对不正当竞争过程中发生的竞争监管关系,而不是"竞争关系"这种平等的经济关系。三是在反不正当竞争法的定义中有没有必要写"是由国家制定的"?无此必要。因为任何法都是由国家制定或认可的法律规范组成的,既然在反不正当竞争法的定义中已经指出它是"……法律规范的总称",就表明它具有各种法律规范共有的属性,因此没有必要再讲它"是由国家制定的"。

(2) 反不正当竞争法禁止的行为

反不正当竞争法禁止的行为,就是不正当竞争行为。不同国家在不同时期对于不正当竞争行为的种类和内容的规定,虽然具有不少相同或相近之处,但存在着差别。我国 1993 年制定的《反不正当竞争法》第 2 章列举了 11 种不正当竞争行为。其中,包括了一些本应属于反垄断法禁止的滥用权力排除、限制竞争等行为。2007 年制定的《反垄断法》,已将原在《反不正当竞争法》中规定的一些滥用权力排除、限制竞争等行为,作为该法禁止的行为作出了规定。现在,我国不正当竞争行为主要有以下几种:

其一,欺骗性市场交易行为。

经营者不得采用下列不正当手段从事市场交易,损害竞争对手:假冒他人的注册商标;擅自使用知名商品特有的名称、包装、装潢,或者使用与知名商品近似的名称、包装、装潢,造成和他人的知名商品相混淆,使购买者误以为是该知名商品;擅自使用他人的企业名称或者姓名,引人误认为是他人的商品;在商品上伪造或者冒用认证标志、名优标志等质量标志,伪造产地,对商品质量作引人误解的虚假表示。

其二,商业贿赂行为。

经营者不得采用财物或者其他手段进行贿赂以销售或者购买商品。在账外暗中给予对方单位或者个人回扣的,以行贿论处;对方单位或者个人在账外暗中收受回扣的,以受贿论处。经营者销售或者购买商品,可以以明示方式给对方折扣,可以给中间人佣金。经营者给对方折扣、给中间人佣金的,必须如实入账。接受折扣、佣金的经营者也必须如实入账。

其三,虚假宣传行为。

经营者不得利用广告或者其他方法,对商品的质量、制作成分、性能、用途、生产者、有效期限、产地等作引人误解的虚假宣传。广告的经营者不得在明知或者应知的情况下,代理、设计、制作、发布虚假广告。

其四,侵犯商业秘密行为。

《反不正当竞争法》所称的商业秘密,是指不为公众所知悉、能为权利人带来经济利益、具有实用性并经权利人采取保密措施的技术信息和经营信息。

经营者不得采用下列手段侵犯商业秘密:以盗窃、利诱、胁迫或者其他不正当手段获取权利人的商业秘密;披露、使用或者允许他人使用以上述手段获取的权利人的商业秘密;违反约定或者违反权利人有关保守商业秘密的要求,披露、使用或者允许他人使用其所掌握的商业秘密。第三人明知或者应知以上所列违法行为,获取、使用或者披露他人的商业秘密,视为侵犯商业秘密。

其五,不正当有奖销售行为。

经营者不得从事下列有奖销售:用谎称有奖或者故意让内定人员中奖的欺骗方式进行有奖销售;利用有奖销售的手段推销质次价高的商品;抽奖式的有奖销售,最高奖的金额超过5000元。

其六,诋毁商誉行为。

经营者不得捏造、散布虚伪事实,损害竞争对手的商业信誉、商品声誉。

(3) 反不正当竞争法的实施

根据我国《反不正当竞争法》的有关规定,反不正当竞争法的实施主要涉及以下四个问题:

其一,保证反不正当竞争法实施的原则。

为了保证反不正当竞争法的实施,《反不正当竞争法》在第1章总则的有关条款作了如下规定:

各级人民政府应当采取措施,制止不正当竞争行为,为公平竞争创造良好的环境和条件。

国家鼓励、支持和保护一切组织和个人对不正当竞争行为进行社会监督。

国家机关工作人员不得支持,包庇不正当竞争行为。

其二,反不正当竞争的主管机构。

根据《反不正当竞争法》第3条第2款的规定,县级以上人民政府工商行政管理部门对不正当竞争行为进行监督检查;法律、行政法规规定由其他部门监督检查的依照其规定。

可以认为:上述规定实际上确立了县级以上工商行政管理部门是我国反不

正当竞争的主管机构的地位;同时,肯定了法律、行政法规规定由其他部门对不正当竞争行为监督检查的,依照其规定。应该说,1993 年的这一规定是一种多头执法的机构设置,不符合只设立一个统一的、专门承担反不正当竞争执法职责的权威机构的要求,不利于提高反不正当竞争法执法效率,降低执法成本,更好地保证反不正当竞争法的实施。这是在修改《反不正当竞争法》时应予解决的一个问题。

其三,对不正当竞争行为的监督检查。

在我国,县级以上监督检查部门可以对不正当竞争行为进行监督检查。

监督检查部门在监督检查不正当竞争行为时,有权行使下列职权:一是询问权。监督检查部门有权按照规定程序询问被检查的经营者、利害关系人、证明人,并要求提供证明材料或者与不正当竞争行为有关的其他资料。二是查询、复制权。监督检查部门有权查询、复制与不正当竞争行为有关的协议、账册、单据、文件、记录、业务函电和其他资料。三是检查权。监督检查部门有权检查与《反不正当竞争法》规定的欺骗性市场交易行为有关的财物,必要时可以责令被检查的经营者说明该商品的来源和数量,暂停销售,听候检查,不得转移、隐匿、销毁财物。四是处罚权。监督检查部门有权对从事不正当竞争的经营者依法给予处罚。

监督检查部门工作人员监督检查不正当竞争行为时,应当出示检查证件。

监督检查部门在监督检查不正当竞争行为时,被检查的经营者、利害关系人和证明人应当如实提供有关资料或者情况。

其四,违反《反不正当竞争法》的法律责任。

为了保证《反不正当竞争法》的实施,该法规定:经营者应当为其不正当竞争行为承担法律责任;监督检查不正当竞争行为的国家机关工作人员违法的也要承担法律责任;被侵害的经营者的合法权益受到不正当竞争行为损害的,可以向人民法院提起诉讼。

经营者违反《反不正当竞争法》的规定,给被侵害的经营者造成损害的,应当承担损害赔偿责任①。与此同时,有下列情况之一的,经营者还应当依法承担其他法律责任:一是欺骗性市场交易行为的法律责任。经营者假冒他人的注册商标,擅自使用他人的企业名称或者姓名,伪造或者冒用认证标志、名优标志等质量标志,伪造产地,对商品质量作引人误解的虚假表示的,依照我国《商标法》、《产品质量法》的规定处罚。经营者擅自使用知名商品特有的名称、包装、装潢,或者使用与知名商品近似的名称、包装、装潢,造成和他人的知名商品相混

① 被侵害的经营者的损失难以计算的,赔偿额为侵权期间因侵权所获得的利润,并应当承担被侵害的经营者因调查该经营者侵害其合法权益的不正当竞争行为所支付的合理费用。

淆，使购买者误认为是该知名商品的，监督检查部门应当责令停止违法行为，没收违法所得，可以根据情节处以违法所得1倍以上3倍以下罚款；情节严重的，可以吊销营业执照；销售伪劣商品，构成犯罪的，依法追究刑事责任。二是商业贿赂行为的法律责任。经营者采用财物或者其他手段进行贿赂以销售或者购买商品，构成犯罪的，依法追究刑事责任；不构成犯罪的，监督检查部门可以根据情节处以1万元以上20万元以下的罚款，有违法所得的，予以没收。三是虚假宣传行为的法律责任。经营者利用广告或者其他方法，对商品作引人误解的虚假宣传的，监督检查部门应当责令停止违法行为，消除影响，可以根据情节处以1万元以上20万元以下的罚款。广告的经营者，在明知或者应知的情况下，代理、设计、制作、发布虚假广告的，监督检查部门应当责令停止违法行为，没收违法所得，并依法处以罚款。四是侵犯商业秘密行为的法律责任。经营者违反《反不正当竞争法》规定侵犯商业秘密的，监督检查部门应当责令停止违法行为，可以根据情节处以1万元以上20万元以下的罚款。五是不正当有奖销售行为的法律责任。经营者违反《反不正当竞争法》规定进行有奖销售的，监督检查部门应当责令停止违法行为，可以根据情节处以1万元以上10万元以下的罚款。六是抗拒监督检查的法律责任。经营者有违反被责令暂停销售，不得转移、隐匿、销毁与不正当竞争行为有关的财物的行为的，监督检查部门可以根据情节处以被销售、转移、隐匿、销毁财物的价款的1倍以上3倍以下的罚款。《反不正当竞争法》第29条规定：当事人对监督检查部门作出的处罚决定不服的，可以自收到处罚决定之日起15日内向上一级主管机关申请复议；对复议决定不服的，可以自收到复议决定书之日起15日内向人民法院提起诉讼；也可以直接向人民法院提起诉讼。

监督检查不正当竞争行为的国家机关工作人员滥用职权、玩忽职守，构成犯罪的，依法追究刑事责任；不构成犯罪的，给予行政处分。监督检查不正当竞争行为的国家机关工作人员徇私舞弊，对明知有违反《反不正当竞争法》规定构成犯罪的经营者故意包庇不使他受追诉的，依法追究刑事责任。

总之，《反不正当竞争法》关于违反《反不正当竞争法》的法律责任主体的上述规定是必要的。关于法律责任形式，就经济责任和非经济责任而言，以经济责任为主；在经济责任中，以承担损害赔偿责任这种补偿性经济责任和罚款这种惩罚性经济责任为主，这是可取的。此外，需要指出两个问题：一是该法未对诋毁商誉行为的法律责任作出规定，应在修改《反不正当竞争法》时予以补充；二是由于该法将一些本应属于反垄断法禁止的滥用权力排除、限制竞争等行为规定在不正当竞争行为之中，于是规定了相应的法律责任。这些内容，应该在该法修改时予以删除。

（四）消费者权益保护法

1．消费者与消费者权益保护法的概念

什么是消费者？

国际标准化组织消费者政策委员会（ISO/COPOLCO）于1978年5月在日内瓦召开的首届年会上指出，消费者是为个人目的购买、使用商品和接受服务的个体社会成员。

日本学者竹内昭夫认为，所谓消费者，就是为生活消费而购买、利用他人供给的物资和劳务的人，是供给者的对称。①

《中华人民共和国消费者权益保护法》（简称《消费者权益保护法》）第2条规定："消费者为生活消费需要购买、使用商品或者接受服务，其权益受本法保护；本法未作规定的，受其他有关法律、法规保护。"

笔者认为，我国《消费者权益保护法》中的消费者，是指为生活消费的需要而购买、使用商品或者接受服务的个人和单位。这个定义的基本含义有三：一是这里说的消费是生活消费，而不是生产消费。② 二是这里说的消费方式，包括购买、使用商品，以及接受服务。三是这里说的消费者主要是个人；同时，也包括单位，即为了个人的最终生活消费而购买、使用商品或者接受服务的单位。③

什么是消费者权益保护法？

在中国经济法学界，对"消费者权益保护法"这一概念有多种不同的看法，下了多个不同的定义。

其一，认为"消费者权益保护法是调整国家机关、经营者、消费者相互之间因保护消费者权益而产生的社会关系的法律规范的总称。"这里说的"社会关系"中，包括"经营者与消费者之间的社会关系。这是一种横向经济关系，主要是买卖关系或者服务与被服务的关系……。"④

其二，认为"消费者权益保护法，是确认和保护个体社会成员（消费者）为生活消费而购买和使用商品或接受服务所享有的正当权益的法律规范的总称。""消费者权益保护法调整因保护消费者利益而发生的社会关系"。其中，"包括商品或服务的生产、经营者与消费者之间的关系，……从性质上说，生产者、经营者与消费者之间的关系，属于平等主体之间的民事权利义务关系。"⑤

---

① 参见〔日〕金泽良雄：《经济法概论》，满达人译，中国法制出版社2005年版，第460页。

② 《消费者权益保护法》第54条规定："农民购买、使用直接用于农业生产的生产资料，参照本法执行。"这是从实际情况出发，所作出的对《消费者权益保护法》特殊适用的规定。

③ 参见孙琬钟等主编：《中华人民共和国法律释义全书》（全三卷），中国言实出版社1996年版，第738页。

④ 王全兴主编：《竞争法通论》，中国检察出版社1997年版，第221—222页。

⑤ 王保树主编：《经济法原理》，社会科学文献出版社2004年版，第193页。

其三,认为"消费者权益保护法概念有广义、狭义之分。广义的消费者权益保护法是指所有有关保护消费者权益的法律、法规,实际上是指保护消费者权益法律体系"。"狭义的消费者权益保护法,即作为上述法律体系中的消费者权益保护法的基本法——《消费者权益保护法》。"①

其四,认为"消费者权益保护法是指调整国家在保护消费者权益过程中所发生的各种社会关系而制定的法律规范的总称。"②

其五,认为"通常所说的消费者保护法有广义与狭义之分,狭义上的消费者保护法仅指消费者保护基本法……;广义上的消费者保护法是指由国家制定、颁布的具有保护消费者功能的各种法律规范的总称。"③

其六,认为"消费者权益保护法,是调整在保护消费者权益的过程中发生的经济关系的法律规范的总称。""其独特的调整对象,即在保护消费者权益过程中所发生的经济关系。"④

笔者认为,研究消费者权益保护法的概念,首先需要明确两个问题:一是可否划分为广义的消费者权益保护法和狭义的消费者权益保护法?二是可否划分为形式意义的消费者权益保护法和实质意义的消费者权益保护法?应该指出:对于前者,要具体分析;对于后者,回答是肯定的。

所谓广义的消费者权益保护法,有两种观点:一是"指所有有关保护消费者权益的法律、法规";二是指"具有保护消费者功能的各种法律规范的总称"。所谓狭义的消费者权益保护法,有些学者分别认为,它是指"消费者权益保护法的基本法——《消费者权益保护法》"或"消费者保护基本法"。可以认为,这里所说的广义的消费者权益保护法所包括的消费者权益保护法律规范与狭义的消费者权益保护法所包括的消费者权益保护法律规范比较,前者数量多、涉及的面广,后者数量少、涉及面狭,从这个意义讲,说它们是广义和狭义的关系不是没有道理的。但是,有两点值得商榷:一是认为广义的消费者权益保护法是"指所有有关保护消费者权益的法律、法规",这不妥。因为作为一个法的部门的消费者权益保护法是由消费者权益保护法律规范组成的,不是由消费者权益保护法律、法规组成的,它不是消费者权益保护法律、法规的总称。二是广义和狭义应该是包含和被包含的关系,而将"具有保护消费者功能的各种法律规范的总称"(这是从法的部门意义上讲的)视为广义的消费者权益保护法,将"消费者保护基本法"(它是规范性文件,其中的法律规范并不全是消费者权益保护法律规范)视

---

① 潘静成、刘文华主编:《经济法》,中国人民大学出版社 2005 年版,第 267 页。

② 郑曙光、汪海军:《市场管理法新论》,中国检察出版社 2005 年版,第 312 页。

③ 李昌麒主编:《经济法学》,法律出版社 2007 年版,第 317 页。

④ 张守文:《消费者权益保护法律制度》,见杨紫烜主编:《经济法》,北京大学出版社、高等教育出版社 2008 年版,第 244 页。

为狭义的消费者权益保护法，它们之间就不是包含和被包含的关系。

那么，什么是形式意义的消费者权益保护法呢？形式意义的消费者权益保护法，即关于保护消费者权益的基本规范性文件。在外国，关于保护消费者或消费者权益的基本规范性文件，存在不同的称谓。例如，英国称《消费者利益保护法》，西班牙称《消费者和使用者利益保护法》，日本称《保护消费者基本法》，韩国称《消费者保护法》，泰国称《消费者保护法》。在中国，关于保护消费者权益的基本规范性文件，就是第八届全国人民代表大会常务委员会第四次会议于1993年10月31日通过、自1994年1月1日起施行的《中华人民共和国消费者权益保护法》。应该说，形式意义的消费者权益保护法和实质意义消费者权益保护法有着密切的联系。作为一个法的部门的消费者权益保护法属于市场监管法的范围，市场监管法属于经济法的范围。作为基本规范性文件的《消费者权益保护法》，是一部经济法的法律，而不是民法、行政法或其他法的法律。因为组成《消费者权益保护法》的法律规范绝大多数是经济法律规范。但是，遗憾的是，由一些权威单位编辑的《中华人民共和国法律》（法律出版社1999年版）、《中华人民共和国法律总目》（中国民主法制出版社2003年版），以及《中国的法治建设》附录[①]（《人民日报》2008年2月29日）却把《中华人民共和国消费者权益保护法》列入了“民商法”、“民商法类”或“民法商法”的法律之中，这不妥；与此同时，有一些权威人士主编的《中华人民共和国法库·行政法卷》（人民法院出版社2002年版）却把《中华人民共和国消费者权益保护法》作为行政法的法律编入了“行政法卷”，这也是不可取的。

实质意义的消费者权益保护法，即作为一个法的部门的消费者权益保护法。本书关于消费者权益保护法的概念，如果没有特别的说明，都是从实质意义上讲的。笔者认为，消费者权益保护法的调整对象是，在保护个人为生活消费而购买、使用商品或接受服务所享有的权利和利益过程中所发生的经济关系，简称在保护消费者权益过程中发生的市场监管关系。消费者权益保护法，是指调整在保护个人为生活消费而购买、使用商品或接受服务所享有的权利和利益过程中所发生的经济关系的法律规范的总称。上述定义的基本含义有五：一是消费者权益保护法属于法的范畴。因为它同其他法一样都是由法律规范组成的。二是消费者权益保护法属于国内法体系。因为组成消费者权益保护法的法律规范的调整对象是在本国经济运行过程中发生的，对这种经济运行的协调是一个国家的协调，消费者权益保护法律规范是由一个国家制定或认可的。三是消费者权益保护法属于经济法体系。因为它的调整对象属于经济法调整的特定经济关系

① 在该附录中，将《中华人民共和国消费者权益保护法》列入“民法商法”的法律之中，这不妥；同时，这与《中国的法治建设》正文中将该法列入“市场管理的法律制度”部分，是自相矛盾的。

的范围。四是消费者权益保护法属于市场监管法体系。因为它的调整对象属于作为市场监管法调整对象的市场监管关系的范围。五是消费者权益保护法又不同于同属于市场监管法体系的其他法。因为它的调整对象是在保护消费者权益过程中发生的市场监管关系，这不同于市场准入与退出法、竞争法、产品质量法等的调整对象。

为了进一步明确消费者权益保护法的概念，有必要再指出以下四点：

其一，在上述定义中为什么说消费者权益保护法是"……法律规范的总称"，而没有使用"……所有有关保护消费者权益的法律、法规"的提法？因为消费者权益保护法是"……法律规范的总称"不仅是笔者一贯的认识，而且是许多学者的正确观点，而消费者权益保护法律、法规中的法律规范不一定都是消费者权益保护法律规范，消费者权益保护法律规范并不只是以消费者权益保护法律、法规为表现形式的。

其二，在消费者权益保护法的定义中，如何正确地概括其调整对象？有的学者指出，消费者权益保护法有"独特的调整对象，即在保护消费者权益过程中所发生的经济关系。"这是正确的。但是，由于作为经济法调整对象的经济关系包括市场监管关系和宏观调控关系，消费者权益保护法属于市场监管法的范围，因此，将消费者权益保护法的调整对象界定为在保护消费者权益过程中所发生的市场监管关系更为明确。有的学者认为，在消费者权益保护法调整的"社会关系"中，包括"横向经济关系，主要是买卖关系或者服务与被服务的关系"。这不妥。因为把本应属于民法调整的部分经济关系列入作为经济法组成部分的消费者权益保护法的调整对象之中，混淆了经济法与民法的界限。有的学者说，在消费者权益保护法调整的"社会关系"中，包括"属于平等主体之间的民事权利义务关系"。这更为不妥。因为民事权利义务关系是一种法律关系，它不仅不能作为消费者权益保护法的调整对象，而且不能作为包括民法在内的任何法的调整对象。

其三，在消费者权益保护法的定义中，有没有必要写国家"制定的法律规范"或者"国家制定、颁布的"法律规范？没有必要。因为任何法都是由国家制定或认可的法律规范组成的，在消费者权益保护法的定义中，不应列举各种法律规范共有的属性。

其四，是否需要把"国家机关、经营者、消费者"作为法律关系的主体写入消费者权益保护法的定义之中？不需要。因为要揭示消费者权益保护法这一概念的内涵，必须在定义中明确指出消费者权益保护法的调整对象的特殊性，而不是强调其主体的特殊性。

2. 消费者权益保护法的部门法属性

在法学界，对于消费者权益保护法的部门属性存在着不同的观点。有的学者说，消费者保护法具有经济法的性质；同时又说，消费者保护法中包含着大量的民事法律规范和行政管理性质的规范,消费者保护法与民法、行政法的关系存在着交叉关系。[①] 有的学者指出:“就组成我国法律体系的规范而言,消费者权益保护法属于经济法的范畴。具体言之,属于其中的市场管理法。……消费者权益保护法在市场经法律体系中占有不容忽视的地位。”[②]有的学者认为:“从总体上说,消费者保护法具有经济法的性质,是经济法的重要组成部分。”“但这并不意味着其体系内部不能包含其他性质的法律规范。”[③]

应该说,认为“消费者权益保护法属于经济法的范畴。具体言之,属于其中的市场管理法。”[④]这是正确的。有些学者一方面说,消费者保护法具有经济法的性质,是经济法的重要组成部分;另一方面又说,消费者保护法中包含着其他性质的法律规范或者说包含着大量的民事法律规范和行政管理性质的规范。这前一句话是正确的,后一句话不可取,前后不能自圆其说。我们知道,消费者权益保护法是一个法的部门,它是由全部消费者权益保护法律规范组成的。它不同于被称为《消费者权益保护法》的规范性文件,在《消费者权益保护法》中,主要是消费者权益保护法律规范,同时也有一些属于其他法的部门的法律规范。作为一个法的部门的消费者权益保护法与作为规范性文件的《消费者权益保护法》有着密切的联系,但是不容混淆。笔者认为:消费者权益保护法属于市场监管法的范围;市场监管法属于经济法的范围。为什么?因为任何一个法的部门都是由特定的法律规范组成的,而法律规范的性质决定于它的调整对象。具体来说,关于消费者权益保护法的部门法属性,应该明确:就调整对象而言,消费者权益保护法的调整对象是在保护消费者权益过程中发生的市场监管关系,它属于市场监管关系的范围,而市场监管关系属于经济法所调整的经济关系的范围;就法律规范而言,调整在保护消费者权益过程中发生的市场监管关系的法律规范是消费者权益保护法律规范,它属于市场监管法律规范的范围,而市场监管法律规范属于经济法律规范的范围;所以,作为消费者权益保护法律规范总称的消费者权益保护法属于市场监管法的范围,市场监管法属于经济法的范围。

3. 消费者的权利和经营者的义务

(1) 消费者的权利

在国外,凡是制定了关于消费者权益保护法的国家和国际组织[⑤],都把消费

① 李昌麒、许明月:《消费者权益保护法》,法律出版社 1997 年版,第 57—59 页。

② 王保树主编:《经济法原理》,社会科学文献出版社 2004 年版,第 196 页。

③ 李昌麒主编:《经济法学》,法律出版社 2007 年版,第 318—319 页。

④ 这里说的“市场管理法”,虽与“市场监管法”语词不同,但实质相同。

⑤ 这里说的国际组织,指的是以主权国家为其成员的国际组织,如欧洲联盟、联合国,而不包括民间的国际组织,如国际消费者组织联盟。以主权国家为其成员的国际组织制定的关于消费者权益保护的规范性文件,虽然属于国际经济法的渊源,但是,对于有关国家制定或修改国内的消费者权益保护法有影响。

者的权利作为其重要内容作出了规定。韩国《消费者权益保护法》(1968 年)规定了七项消费者权利,泰国《消费者保护法》(1979 年)规定了四项消费者权利,西班牙《消费者和使用者利益保护法》(1984 年)规定了六项消费者权利。欧洲理事会制定的,在国际上有较大影响的《消费者保护宪章》,规定了五项消费者的基本权利,即要求得到保护和援助权、要求损害赔偿权、得到信息权、接受教育权、成立代表机构和获得咨询权。1985 年 4 月 9 日,联合国大会通过的《保护消费者准则》规定,要确保消费者的下列合理需要得到满足:保护消费者的健康和安全不受危害;促进和保护消费者的经济利益;使消费者得到充足信息,以便他们能够按照个人愿望和需要作出选择;消费者教育;提供有效的消费者赔偿办法;有组织消费者团体或者组织的自由。关于消费者权利的这六项规定,对于许多国家在此后制定或修改国内的消费者权益保护法有相当大的影响。立法实践表明,不同时期的不同国家和国际组织关于消费者的权利作出的规定虽然存在差别,但有不少相同或相近之处,并逐步走向完善。

我国在制定《消费者权益保护法》的过程中,总结了一些省、自治区、直辖市制定和实施《消费者权益保护条例》的经验,并结合我国的情况借鉴了国外的经验,规定了九项消费者的权利。我国《消费者权益保护法》第 2 章用专章规定的"消费者的权利",是国家对消费者权益进行保护的前提条件,是贯彻该法立法宗旨中关于"保护消费者的合法权益,维护社会经济秩序"的规定的客观要求,是这部重要法律的核心内容。下面,简要谈谈这九项消费者的权利:

第一,保障安全权。

消费者在购买、使用商品和接受服务时享有人身、财产安全不受损害的权利。消费者有权要求经营者提供的商品和服务,符合保障人身、财产安全的要求。

第二,知悉真情权。

消费者享有知悉其购买、使用的商品或者接受的服务的真实情况的权利。消费者有权根据商品或者服务的不同情况,要求经营者提供商品的价格、产地、生产者、用途、性能、规格、等级、主要成分、生产日期、有效期限、检验合格证明、使用方法说明书、售后服务,或者服务的内容、规格、费用等有关情况。

第三,自主选择权。

消费者享有自主选择商品或者服务的权利。消费者有权自主选择提供商品或者服务的经营者,自主选择商品品种或者服务方式,自主决定购买或者不购买任何一种商品、接受或者不接受任何一项服务。消费者在自主选择商品或者服务时,有权进行比较、鉴别和挑选。

第四,公平交易权。

消费者享有公平交易的权利。消费者在购买商品或者接受服务时,有权获得质量保障、价格合理、计量正确等公平交易条件,有权拒绝经营者的强制交易行为。

第五,获得赔偿权。

消费者因购买、使用商品或者接受服务受到人身、财产损害的,享有依法获得赔偿的权利。

第六,依法结社权。

消费者享有依法成立维护自身合法权益的社会团体的权利。

第七,获取知识权。

消费者享有获得有关消费和消费者权益保护方面的知识的权利。消费者应当努力掌握所需商品或者服务的知识和使用技能,正确使用商品,提高自我保护意识。

第八,获得尊重权。

消费者在购买、使用商品和接受服务时,享有其人格尊严、民族风俗习惯得到尊重的权利。

第九,进行监督权。

消费者享有对商品和服务以及保护消费者权益工作进行监督的权利。消费者有权检举、控告侵害消费者权益的行为和国家机关及其工作人员在保护消费者权益工作中的违法失职行为,有权对保护消费者权益工作提出批评、建议。

(2) 经营者的义务

经营者的义务与消费者的权利有着密切的联系:为了保护消费者的权利,经营者必须履行其义务;经营者不履行其义务,消费者就不能享有其权利。为此,《消费者权益保护法》在规定消费者的权利的同时,规定了经营者的义务。该法在总则中规定:"经营者为消费者提供其生产、销售的商品或者提供服务,应当遵守本法;本法未作规定的,应当遵守其他有关法律、法规。""经营者与消费者进行交易,应当遵循自愿、平等、公平、诚实信用的原则。"与此同时,该法第3章用专章规定了"经营者的义务"。这是国家保护消费者权益的法律保证,是贯彻该法立法宗旨中关于"保护消费者的合法权益,维护社会经济秩序"的规定的客观要求,也是这部法律极为重要的内容。下面,根据《消费者权益保护法》第3章的规定,简要谈谈经营者的义务:

第一,依照法定和约定履行的义务。

经营者向消费者提供商品或者服务,应当依照我国《产品质量法》和其他有关法律、法规的规定履行义务。经营者和消费者有约定的,应当按照约定履行义务,但双方的约定不得违背法律、法规的规定。

经营者提供商品或者服务,按照国家规定或者与消费者的约定,承担包修、包换、包退或者其他责任的,应当按照国家规定或者约定履行,不得故意拖延或者无理拒绝。

第二,听取意见和接受监督的义务。

经营者应当听取消费者对其提供的商品或者服务的意见,接受消费者的监督。

第三,保障人身和财产安全的义务。

经营者应当保证其提供的商品或者服务符合保障人身、财产安全的要求。对可能危及人身、财产安全的商品和服务,应当向消费者作出真实的说明和明确的警示,并说明和标明正确使用商品或者接受服务的方法以及防止危害发生的方法。

经营者发现其提供的商品或者服务存在严重缺陷,即使正确使用商品或者接受服务仍然可能对人身、财产安全造成危害的,应当立即向有关行政部门报告和告知消费者,并采取防止危害发生的措施。

第四,不作虚假宣传的义务。

经营者应当向消费者提供有关商品或者服务的真实信息,不得作引人误解的虚假宣传。商店提供商品应当明码标价。

经营者对消费者就其提供的商品或者服务的质量和使用方法等问题提出的询问,应当作出真实、明确的答复。

第五,标明真实名称和标记的义务。

经营者应当标明其真实名称和标记。租赁他人柜台或者场地的经营者,应当标明其真实名称和标记。

第六,出具凭证和单据的义务。

经营者提供商品或者服务,应当按照国家有关规定或者商业惯例向消费者出具购货凭证或者服务单据;消费者索要购货凭证或者服务单据的,经营者必须出具。

第七,提供符合要求的商品或服务的义务。

经营者应当保证在正常使用商品或者接受服务的情况下其提供的商品或者服务应当具有的质量、性能、用途和有效期限;但消费者在购买该商品或者接受该服务前已经知道其存在瑕疵的除外。

经营者以广告、产品说明、实物样品或者其他方式表明商品或者服务的质量状况的,应当保证其提供的商品或者服务的实际质量与表明的质量状况相符。

第八,不得从事不公平、不合理交易的义务。

经营者不得以格式合同、通知、声明、店堂告示等方式作出对消费者不公平、不合理的规定,或者减轻、免除其损害消费者合法权益应当承担的民事责任。格式合同、通知、声明、店堂告示等含有上述内容的,其内容无效。

第九,不得侵犯消费者人身权的义务。

经营者不得对消费者进行侮辱、诽谤,不得搜查消费者的身体及其携带的物品,不得侵犯消费者的人身自由。

4. 对消费者合法权益的保护

(1) 国家对消费者合法权益的保护

为了保护消费者合法权益,我国《消费者权益保护法》在总则中规定:消费者"权益受本法保护;本法未作规定的,受其他有关法律、法规保护。""国家保护消费者的合法权益不受侵害。国家采取措施,保障消费者依法行使权利,维护消费者的合法权益。"与此同时,该法第4章又从以下三个方面对消费者合法权益的国家保护作出了进一步规定:

第一,法律、法规和政策保护。

根据我国《立法法》第5条的规定,立法应当"保障人民通过多种途径参与立法活动"。《消费者权益保护法》第26条规定:"国家制定有关消费者权益的法律、法规和政策时,应当听取消费者的意见和要求。"这就是说,广泛听取人民群众、特别是消费者的意见和要求,是为了更好地对消费者合法权益提供法律、法规和政策的保护。对消费者合法权益提供法律、法规和政策的保护,不能理解为仅仅是国家权力机关的立法保护。

第二,行政保护。

各级人民政府应当加强领导,组织、协调、督促有关行政部门做好保护消费者合法权益的工作。各级人民政府应当加强监督,预防危害消费者人身、财产安全行为的发生,及时制止危害消费者人身、财产安全的行为。

各级人民政府工商行政管理部门和其他有关行政部门应当依照法律、法规的规定,在各自的职责范围内,采取措施,保护消费者的合法权益。有关行政部门应当听取消费者及其社会团体对经营者交易行为、商品和服务质量问题的意见,及时调查处理。

有关国家行政机关应当依照法律、法规规定的权限和程序,惩处经营者在提供商品和服务中侵害消费者合法权益的违法行为。

第三,司法保护。

人民检察院和人民法院应当依照法律、法规规定的权限和程序,惩处经营者在提供商品和服务中侵害消费者合法权益的违法犯罪行为。人民法院应当采取措施,方便消费者提起诉讼。对符合我国法定起诉条件的消费者权益争议,必须受理,并及时审理。

(2) 社会对消费者权益保护

我国《消费者权益保护法》第6条规定:"保护消费者的合法权益是全社会的共同责任。国家鼓励、支持一切组织和个人对损害消费者合法权益的行为进行社会监督。大众传播媒介应当做好维护消费者合法权益的宣传,对损害消费者合法权益的行为进行舆论监督。"

由于消费者组织在保护消费者合法权益方面具有重要作用,《消费者权益保护法》第31条对其性质和职能作出了明确规定。消费者协会和其他消费者组织是依法成立的对商品和服务进行社会监督的保护消费者合法权益的社会团体。

消费者协会履行下列职能:向消费者提供消费信息和咨询服务;参与有关行政部门对商品和服务的监督、检查;就有关消费者合法权益的问题,向有关行政部门反映、查询,提出建议;受理消费者的投诉,并对投诉事项进行调查、调解;投诉事项涉及商品和服务质量问题的,可以提请鉴定部门鉴定,鉴定部门应当告知鉴定结论;就损害消费者合法权益的行为,支持受损害的消费者提起诉讼;对损害消费者合法权益的行为,通过大众传播媒介予以揭露、批评。各级人民政府对消费者协会履行职能应当予以支持。

根据消费者组织的性质和职能,消费者组织不得从事商品经营和营利性服务,不得以牟利为目的向社会推荐商品和服务。

5. 争议的解决和法律责任

(1) 消费者和经营者权益争议的解决

根据我国《消费者权益保护法》第34条的规定,消费者和经营者发生消费者权益争议的,可以通过下列途径解决:与经营者协商和解;请求消费者协会调解;向有关行政部门申诉;根据与经营者达成的仲裁协议提请仲裁机构仲裁;向人民法院提起诉讼。

消费者的合法权益受到损害的,根据不同情况确定直接承担和最终承担赔偿责任的主体。

其一,在一般情况下,损害赔偿责任主体的确定。

消费者在购买、使用商品时,其合法权益受到损害的,可以向销售者要求赔偿。销售者赔偿后,属于生产者的责任或者属于向销售者提供商品的其他销售者的责任的,销售者有权向生产者或者其他销售者追偿。

消费者或者其他受害人因商品缺陷造成人身、财产损害的,可以向销售者要求赔偿,也可以向生产者要求赔偿。属于生产者责任的,销售者赔偿后,有权向生产者追偿。属于销售者责任的,生产者赔偿后,有权向销售者追偿。

消费者在接受服务时,其合法权益受到损害的,可以向服务者要求赔偿。

其二,原企业分立、合并的,损害赔偿责任主体的确定。

消费者在购买、使用商品或者接受服务时,其合法权益受到损害,因原企业分立、合并的,可以向变更后承受其权利义务的企业要求赔偿。

其三，经营者使用他人营业执照的，损害赔偿责任主体的确定。

使用他人营业执照的违法经营者提供商品或者服务，损害消费者合法权益，消费者可以向其要求赔偿，也可以向营业执照的持有人要求赔偿。

其四，消费者在展销会、租赁柜台购买商品或者接受服务的，损害赔偿责任主体的确定。

消费者在展销会、租赁柜台购买商品或者接受服务，其合法权益受到损害的，可以向销售者或者服务者要求赔偿。展销会结束或者柜台租赁期满后，也可以向展销会的举办者、柜台的出租者要求赔偿。展销会的举办者、柜台的出租者赔偿后，有权向销售者或者服务者追偿。

其五，经营者利用虚假广告提供商品或者服务的，损害赔偿责任主体的确定。

消费者因经营者利用虚假广告提供商品或者服务，其合法权益受到损害的，可以向经营者要求赔偿。广告的经营者发布虚假广告的，消费者可以请求行政主管部门予以惩处。广告的经营者不能提供经营者的真实名称、地址的，应当承担赔偿责任。

（2）违反消费者权益保护法的法律责任

《消费者权益保护法》第7章对法律责任作了详细规定，这是这部法律不可缺少的重要内容，是保证消费者权益保护法实施的需要。

该法着重规定了经营者违反法定义务应当承担的法律责任；同时，规定了阻碍有关行政部门工作人员依法执行职务的人员的法律责任，以及玩忽职守或者包庇经营者侵害消费者合法权益的行为的国家机关工作人员的法律责任。这都是必要的。

关于法律责任形式和处罚力度，《消费者权益保护法》对于不同的法律责任主体，根据其违法的不同性质和情节轻重作出了规定。其中，法律责任形式包括了通常所说的民事责任、行政责任和刑事责任。如果按照法律责任是否直接具有物质利益的内容，可以把它划分为经济责任和非经济责任。其中，以经济责任为主。在经济责任中，包括补偿性经济责任（如赔偿损失，退还货款和服务费用，退回预付款并承担预付款的利息，为受到人身伤害的消费者或其他受害人支付医疗费、治疗期间的护理费、因误工减少的收入等）和惩罚性经济责任（如罚款，没收违法所得，加倍赔偿等）。在非经济责任中，包括行为责任（如修理、重作、更换、退货、补足商品数量，责令停业整顿，责令停止侵害，责令改正，恢复名誉、消除影响等），信誉责任（如赔礼道歉，警告、记过、记大过等），资格减免责任（如吊销营业执照，撤职、开除等），人身责任（如拘留以及判处管制、拘役或徒刑等）。总的来说，《消费者权益保护法》所规定的法律责任形式和处罚力度是可行的，但也有值得研究的问题。例如，该法第49条规定："经营者提供商品或者服务有欺诈行为的,应当按照消费者的要求增加赔偿其受到的损失,增加赔偿的金额为消费者购买商品的价款或者接受服务的费用的一倍。”笔者认为,这一规定和法学界使用的“加倍赔偿”、“惩罚性赔偿”等语词都值得商榷。因为经济责任的补偿性与惩罚性的界限不应混淆。赔偿责任即赔偿损失的责任,其赔偿额应与损失额相当。责令违反法律义务的经营者向受到损失的消费者支付与其购买商品的价款或者接受服务的费用相等的金额,在性质上是“赔偿”;责令违反法律义务的经营者向受到损失的消费者另行支付相当于上述金额一倍的金额,在性质上是“惩罚”而不是“赔偿”。把增加支付的具有惩罚性的金额称为增加“赔偿”,这就混淆了经济责任的补偿性与惩罚性的界限。

(五)产品质量法

1. 产品、产品质量与产品质量法的概念

什么是产品?

产品是自然物之外的一切劳动生产物。这是对产品这一概念的广义的理解。相对于对产品的广义的理解而言,国内外法律关于产品的规定,是对产品的狭义的理解。例如,欧共体《关于对有缺陷的产品的责任指令》(1985年)规定:“产品是指初级农产品和狩猎物以外的所有动产,即使已被组合在另一动产或不动产之内。初级农产品是指种植业、畜牧业、渔业产品,不包括经过加工的这类产品。产品也包括电。”又如,德国的《产品责任法》(1989年)规定,产品指一切动产,其中包括构成另一动产或不动产的一部分的物,也包括电,但不包括未经加工的农产品。再如,1993年制定、2000年修改的《中华人民共和国产品质量法》(简称《产品质量法》)第2条第2款规定:“本法所称产品是指经过加工、制作,用于销售的产品。”就是说,这里所称的“产品”,不包括初级农产品和其他未经加工、制作的产品,以及不用于销售的产品。该法第2条第3款规定:“建设工程不适用本法规定;但是,建设工程使用的建筑材料、建筑构配件和设备,属于前款规定的产品范围的,适用本法规定。”第73条第1款规定:“军工产品质量监督管理办法,由国务院、中央军事委员会另行制定。”可见,不适用《产品质量法》规定的产品,除了初级农产品和其他未经加工、制作的产品,以及不用于销售的产品以外,还包括作为不动产的建设工程,以及军工产品。

什么是产品质量?

国务院发布的《工业产品质量责任条例》(1986年)规定:“产品质量是指国家的有关法规、质量标准及合同规定的对产品适用、安全和其他特性的要求”。《产品质量法》虽然没有对产品质量这一概念下定义,但其有关规定与上述《条例》规定的精神是一致的。可以认为,产品质量,是指产品符合规定要求的特性。这里说的“特性”包括适用性、安全性、可靠性、可维修性等。其中,最主要的是适用性和安全性。适用性是产品能够满足使用需要的特性。安全性是产品对人身和财产不存在不合理的危险因素的特性。

什么是产品质量法？

对于产品质量法这一概念，经济法学界下了多个不同的定义。

其一，认为“产品质量法是调整产品质量监督管理关系和产品质量责任关系的法律规范的总称。”①

其二，认为“产品质量法是指调整产品质量监督管理机构和生产者、销售者之间，生产者、销售者和用户、消费者之间，因产品质量监督管理和侵权行为而发生的社会关系的法律规范的总称。”②

其三，认为“产品质量法，是指为了调整产品生产与销售以及对产品质量进行监督管理过程中所形成的社会关系而由国家制定的法律规范的总称。”③

其四，认为“产品质量法是调整产品在生产、流通以及监督管理过程中，因产品质量而发生的各种经济关系的法律规范的总称。”④

笔者认为，产品质量法有形式意义上的产品质量法和实质意义上的产品质量法之分。形式意义上的产品质量法，即关于产品质量监督管理的基本规范性文件。在我国，关于产品质量监督管理的基本规范性文件，就是第七届全国人大常委会第三十次会议于 1993 年 2 月 22 日通过，第九届全国人大常委会第三十次会议于 2000 年 7 月 8 日修改的《中华人民共和国产品质量法》。

实质意义的产品质量法，即作为一个法的部门的产品质量法。本书所说的产品质量法，如果没有特别说明，都是从实质意义上讲的。笔者认为，产品质量法的调整对象是，在对产品应当具有符合规定要求的特性进行监督、管理过程中发生的经济关系，简称在对产品质量进行监督管理过程中发生的市场监管关系。产品质量法，是指调整在对产品应当具有符合规定要求的特性进行监督、管理过程中发生的经济关系的法律规范的总称。上述定义的基本含义有五：一是产品质量法属于法的范畴。因为它同其他法一样都是由法律规范组成的。中国经济法学界也普遍认为：“产品质量法是……法律规范的总称。”这是可取的。二是产品质量法属于国内法体系。因为组成产品质量法的法律规范的调整对象是在本国经济运行过程中发生的，对这种经济运行的协调是一个国家的协调，产品质量法律规范是由一个国家制定或认可的。三是产品质量法属于经济法体系。因为产品质量法的调整对象属于经济法调整的特定经济关系的范围。四是产品质量法属于市场监管法体系。因为它的调整对象属于作为市场监管法调整对象的

① 李昌麒主编：《经济法学》，中国政法大学出版社 1999 年版，第 443 页。
② 王保树主编：《经济法原理》，社会科学文献出版社 2004 年版，第 223 页。
③ 潘静成、刘文华主编：《经济法》，中国人民大学出版社 2005 年版，第 288 页。
④ 郑曙光、汪海军：《市场管理法新论》，中国检察出版社 2005 年版，第 209 页。

市场监管关系的范围。五是产品质量法又不同于同属于市场监管法体系的其他法。因为它的调整对象是在对产品质量进行监督、管理过程中发生的市场监管关系，这不同于市场准入与退出法、竞争法、消费者权益保护法等的调整对象。

为了进一步明确产品质量法的概念，有必要再指出以下三点：

其一，在产品质量法的定义中，如何正确地概括其调整对象？在笔者看来，不少学者认为产品质量监督管理关系应该由产品质量法调整，这是正确的。但是，有些学者同时认为，产品质量法还调整下列“经济关系”或“社会关系”：产品在生产、流通过程中因产品质量而发生的经济关系；或者产品质量责任关系；或者生产者、销售者和用户、消费者之间，因产品质量侵权行为而发生的社会关系；或者在产品生产与销售过程中所形成的社会关系。由于在上述“经济关系”或“社会关系”中，有一些平等的经济关系本来属于民法调整对象的范围，而不应该纳入产品质量法（它属于市场监管法的组成部分，市场监管法属于经济法的组成部分）的调整对象之中，混淆经济法与民法的界限。固然，在《产品质量法》中有一些调整这种平等经济关系的民法规范，但是，决不能因此就认为作为法的部门的产品质量法也调整这种平等的经济关系，决不能认为产品质量法中还存在什么民法规范。

其二，在产品质量法的定义中，有没有必要写“由国家制定的法律规范”？没有必要。因为任何法都是由国家制定或认可的法律规范组成的，在产品质量法的定义中，不应列举各种法律规范共有的属性。

其三，是否需要把“产品质量监督管理机构”、“生产者、销售者”、“用户、消费者”作为法律关系的主体写入产品质量法的定义之中？不需要。因为要揭示产品质量法这一概念的内涵，必须在定义中明确指出产品质量法的调整对象的特殊性，而不是强调其主体的特殊性。

2. 产品质量监督管理制度

(1) 产品质量监督管理体制

各级人民政府应当加强对产品质量工作的统筹规划和组织领导，引导、督促生产者、销售者加强产品质量管理，提高产品质量。

关于产品质量监督的主管部门，《产品质量法》第 8 条规定：在中央，国务院产品质量监督部门主管全国产品质量监督工作；在地方，县级以上地方产品质量监督部门主管本行政区域内的产品质量监督工作。[①]

与此同时，该法第8条还就有关部门对产品质量的监督作出了规定：在中央，国务院有关部门在各自的职责范围内负责产品质量监督工作；在地方，县级以上地方人民政府有关部门在各自的职责范围内负责产品质量监督工作。[②]

此外，法律对产品质量的监督部门另有规定的，依照有关法律的规定执行。

（2）产品质量检验制度和标准制度

根据《产品质量法》的有关规定，产品质量应当检验合格，不得以不合格产品冒充合格产品。产品质量检验机构必须具备相应的检测条件和能力，经省级以上人民政府产品质量监督部门或者其授权的部门考核合格后，方可承担产品质量检验工作。法律、行政法规对产品质量检验机构另有规定的，依照有关法律、行政法规的规定执行。从事产品质量检验的社会中介机构必须依法设立，不得与行政机关和其他国家机关存在隶属关系或者其他利益关系。产品质量检验机构必须依法按照有关标准，客观、公正地出具检验结果。产品质量检验机构不得向社会推荐生产者的产品；不得参与产品经营活动。

国家鼓励推行科学的质量管理方法，采用先进的科学技术，鼓励企业产品质量达到并且超过行业标准、国家标准和国际标准。对产品质量管理先进和产品质量达到国际先进水平、成绩显著的单位和个人，给予奖励。可能危及人体健康和人身、财产安全的工业产品，必须符合保障人体健康和人身、财产安全的国家标准、行业标准；未制定国家标准、行业标准的，必须符合保障人体健康和人身、财产安全的要求。禁止生产、销售不符合保障人体健康和人身、财产安全的标准和要求的工业产品。具体管理办法由国务院规定。

（3）企业质量体系认证制度和产品质量认证制度

国家根据国际通用的质量管理标准，推行企业质量体系认证制度。企业根据自愿原则可以向国务院产品质量监督部门认可的或者国务院产品质量监督部门授权的部门认可的认证机构申请企业质量体系认证。经认证合格的，由认证机构颁发企业质量体系认证证书。

国家参照国际先进的产品标准和技术要求，推行产品质量认证制度。企业根据自愿原则可以向国务院产品质量监督部门认可的或者国务院产品质量监督

---

① 县级以上产品质量监督部门根据已经取得的违法嫌疑证据或者举报，对涉嫌违反《产品质量法》规定的行为进行查处时，可以行使该法第18条第1款规定的下列职权：对当事人涉嫌从事违反本法的生产、销售活动的场所实施现场检查；向当事人的法定代表人、主要负责人和其他有关人员调查、了解与涉嫌从事违反本法的生产、销售活动有关的情况；查阅、复制当事人有关的合同、发票、账簿以及其他有关资料；对有根据认为不符合保障人体健康和人身、财产安全的国家标准、行业标准的产品或者有其他严重质量问题的产品，以及直接用于生产、销售该项产品的原辅材料、包装物、生产工具，予以查封或者扣押。

② 县级以上工商行政管理部门按照国务院规定的职责范围，对涉嫌违反《产品质量法》规定的行为进行查处时，可以行使该法第18条第1款规定的职权。

部门授权的部门认可的认证机构申请产品质量认证。经认证合格的，由认证机构颁发产品质量认证证书，准许企业在产品或者其包装上使用产品质量认证标志。

从事产品质量认证的社会中介机构必须依法设立，不得与行政机关和其他国家机关存在隶属关系或者其他利益关系。

产品质量认证机构必须依法按照有关标准，客观、公正地出具认证证明。产品质量认证机构应当依照国家规定对准许使用认证标志的产品进行认证后的跟踪检查；对不符合认证标准而使用认证标志的，要求其改正；情节严重的，取消其使用认证标志的资格。

（4）产品质量监督检查制度

国家对产品质量实行以抽查为主要方式的监督检查制度，对可能危及人体健康和人身、财产安全的产品，影响国计民生的重要工业产品以及消费者、有关组织反映有质量问题的产品进行抽查。抽查的样品应当在市场上或者企业成品仓库内的待销产品中随机抽取。监督抽查工作由国务院产品质量监督部门规划和组织。县级以上地方产品质量监督部门在本行政区域内也可以组织监督抽查。法律对产品质量的监督检查另有规定的，依照有关法律的规定执行。国家监督抽查的产品，地方不得另行重复抽查；上级监督抽查的产品，下级不得另行重复抽查。

根据监督抽查的需要，可以对产品进行检验。检验抽取样品的数量不得超过检验的合理需要，并不得向被检查人收取检验费用。监督抽查所需检验费用按照国务院规定列支。生产者、销售者对抽查检验的结果有异议的，可以自收到检验结果之日起 15 日内向实施监督抽查的产品质量监督部门或者其上级产品质量监督部门申请复检，由受理复检的产品质量监督部门作出复检结论。

对依法进行的产品质量监督检查，生产者、销售者不得拒绝。

国务院和省、自治区、直辖市人民政府的产品质量监督部门应当定期发布其监督抽查的产品的质量状况公告。产品质量监督部门不得向社会推荐生产者的产品；不得参与产品经营活动。

（5）产品质量社会监督制度

任何单位和个人对违反《产品质量法》规定的行为，有权向产品质量监督部门或者其他有关部门检举。产品质量监督部门和有关部门应当为检举人保密，并按照省、自治区、直辖市人民政府的规定给予奖励。

消费者有权就产品质量问题，向产品的生产者、销售者查询；向产品质量监督部门、工商行政管理部门及有关部门申诉，接受申诉的部门应当负责处理。

保护消费者权益的社会组织可以就消费者反映的产品质量问题建议有关部门负责处理，支持消费者对因产品质量造成的损害向人民法院起诉。

3. 生产者、销售者的产品质量义务

(1) 关于产品质量"责任和义务"的关系

《产品质量法》第3章为"生产者、销售者的产品质量责任和义务"。在这里,"责任"的概念如何理解?在现代汉语中,"责任"一词有两种含义:一是分内应做的事,如尽责任;二是没有做好分内应做的事,因而应当承担的过失,如追究责任。[①] 在法学界,对于"法律责任"主要有两种理解:一是认为,法律责任与法律义务同义;二是认为,法律责任是由于违法行为而应当承担的法律后果。[②] 笔者认为,法律责任是由于违反法律义务而引起的法定的不利后果。

怎样理解《产品质量法》第3章所规定的产品质量"责任和义务"的关系呢?本来,在一定意义上,将"责任"理解为"义务"是可以的。但是,如果将第3章中的产品质量"责任"与产品质量"义务"理解为同义词的话,那么,它们之间的关系就是同一关系,在这种情况下使用"产品质量责任和义务"的提法,"责任"与"义务"就成了同义反复而没有必要,应该以改为"产品质量义务"为宜。如果将"产品质量责任"理解为违反《产品质量法》规定的产品质量义务而引起的法定的不利后果的话,这与该法第3章规定的内容不符,这一章所规定的是生产者、销售者依法必须作为和不作为的义务,该法第4、5章所规定的内容才是违反《产品质量法》规定的产品质量义务而引起的法定的不利后果。

(2) 生产者的产品质量义务

根据《产品质量法》第3章第1节的规定,生产者的产品质量义务包括以下两个方面:

其一,依法必须为一定行为的义务(简称作为的义务)。其具体内容:一是生产者生产的产品其质量应当符合下列要求:不存在危及人身、财产安全的不合理的危险,有保障人体健康和人身、财产安全的国家标准、行业标准的,应当符合该标准;具备产品应当具备的使用性能,但是,对产品存在使用性能的瑕疵作出说明的除外;符合在产品或者其包装上注明采用的产品标准,符合以产品说明、实物样品等方式表明的质量状况。二是产品或者其包装上的标识必须真实,并符合下列要求:有产品质量检验合格证明;有中文标明的产品名称、生产厂厂名和厂址;根据产品的特点和使用要求,需要标明产品规格、等级、所含主要成分的名称和含量的,用中文相应予以标明;需要事先让消费者知晓的,应当在外包装上标明,或者预先向消费者提供有关资料;限期使用的产品,应当在显著位置清晰地标明生产日期和安全使用期或者失效日期;使用不当,容易造成产品本身损

① 《现代汉语词典》(修订本),商务印书馆1996年版,第1574页。

② 孙国华、朱景文主编:《法理学》,中国人民大学出版社1999年版,第388页;《法学词典》(增订版),上海辞书出版社1984年第2版,第618页。

坏或者可能危及人身、财产安全的产品,应当有警示标志或者中文警示说明。裸装的食品和其他根据产品的特点难以附加标识的裸装产品,可以不附加产品标识。三是易碎、易燃、易爆、有毒、有腐蚀性、有放射性等危险物品以及储运中不能倒置和其他有特殊要求的产品,其包装质量必须符合相应要求,依照国家有关规定作出警示标志或者中文警示说明,标明储运注意事项。

其二,依法必须不为一定行为的义务(简称不作为的义务)。其具体内容:一是生产者不得生产国家明令淘汰的产品;二是生产者不得伪造产地,不得伪造或者冒用他人的厂名、厂址;三是生产者不得伪造或者冒用认证标志等质量标志;四是生产者生产产品,不得掺杂、掺假,不得以假充真、以次充好,不得以不合格产品冒充合格产品。

(3) 销售者的产品质量义务

根据《产品质量法》第3章第2节的规定,销售者有以下两个方面产品质量义务:

其一,依法必须为一定行为的义务(简称作为的义务)。其具体内容:一是销售者应当建立并执行进货检查验收制度,验明产品合格证明和其他标识;二是销售者应当采取措施,保持销售产品的质量;三是销售者销售的产品的标识应当符合《产品质量法》的有关规定。

其二,依法必须不为一定行为的义务(简称不作为的义务)。其具体内容:一是销售者不得销售国家明令淘汰并停止销售的产品和失效、变质的产品;二是销售者不得伪造产地,不得伪造或者冒用他人的厂名、厂址;三是销售者不得伪造或者冒用认证标志等质量标志;四是销售者销售产品,不得掺杂、掺假,不得以假充真、以次充好,不得以不合格产品冒充合格产品。

4. 违反产品质量法的法律责任

为了保证产品质量法的实施,不仅我国《产品质量法》对违反产品质量法的法律责任作出了规定,而且《中华人民共和国刑法》还专门设置了"生产、销售伪劣商品罪"一节。

违反产品质量法的法律责任主体,包括违反法定义务的下列人员:生产者、销售者、供货者,造成受害人人身伤害或财产损失的侵害人,产品质量检验机构及其负责的主管人员和其他直接责任人员,产品质量认证机构及其负责的主管人员和其他直接责任人员,其他社会中介机构、有关社会团体的工作人员,产品质量监督部门、工商行政管理部门、各级人民政府的工作人员和其他国家机关工作人员,以及阻碍产品质量监督部门或者工商行政管理部门的工作人员依法执行职务的人员。这些规定是必要的。

对于不同的法律责任主体,根据其违法的不同性质和情节轻重,我国法律对其承担法律责任的形式和处罚力度作出了规定。其中,法律责任形式包括了通常所说的民事责任、行政责任和刑事责任。如果按照法律责任是否直接具有物质利益的内容,可以把它划分为经济责任和非经济责任。在经济责任中,补偿性经济责任包括赔偿损失,赔偿医疗费、治疗期间的护理费、因误工减少的收入等费用,支付残疾者生活自助具费、生活补助费、残疾赔偿金以及由其扶养的人所必需的生活费等费用,支付丧葬费、死亡赔偿金以及由死者生前扶养的人所必需的生活费等费用,恢复受害人的财产原状或者折价赔偿等;惩罚性经济责任包括没收违法生产、销售的产品,没收违法所得,没收全部运输、保管、仓储或者提供制假生产技术的收入,没收财产,罚款,罚金等。在非经济责任中,行为责任包括负责修理、更换、退货,责令改正,责令停止生产、销售,责令停业整顿,责令停止使用禁止销售的产品用于经营性服务,责令退还在产品质量监督抽查中超过规定的数量索取的样品或者向被检查人收取的检验费用,消除影响等;信誉责任包括警告,记过,记大过等;资格减免责任包括吊销营业执照,取消或撤销检验资格、认证资格,撤职,开除等;人身责任包括拘留,判处管制、拘役、有期徒刑、无期徒刑或死刑。

第九章
经济法的体系之三:宏观调控法

一、宏观调控与宏观调控法的概念

(一)宏观调控的概念

“宏观”一词原是物理学中的一个名词,它与“微观”一词相对,是指能为人的肉眼所见的外界范围。1933 年,“宏观”一词被引入经济学领域。20 世纪 40 年代以后,这一概念开始在西方经济学中被广泛应用。在西方经济学中,“宏观”一词总是与国民经济活动所表现出来的那些经济总量相联系的。① 在现代汉语中,“宏观”泛指有关战略整体的或全局的。②

“调控”即调节和控制。调节,是从数量上或程度上调整控制,使符合要求;控制,是掌握、支配,使不出一定范围。③

关于宏观调控,《现代汉语规范词典》指出,宏观调控,是指从总体和全局上对事物的发展和变化进行调节和控制。④ 这是从广义上讲的,它包括不同领域的宏观调控。

笔者认为,从狭义上讲,宏观调控,是指国家为了实现经济总量的基本平衡,促进经济结构的优化,推动经济社会的协调发展,对国民经济总体活动进行的调节和控制。这表明:宏观调控的主体是以具有宏观调控权的国家权力机关和行政机关为代表的国家;宏观调控的客体是国民经济总体活动;宏观调控的功能是对国民经济总体活动进行调节和控制;宏观调控的基本目标是实现经济总量的

---

① 参见刘晓西:《宏观经济管理》,载《经济改革名词解释》(第一辑),辽宁人民出版社 1981 年版,第 12 页。

② 《现代汉语规范词典》,外语教学与研究出版社、语文出版社 2004 年版,第 541 页。

③ 同上书,第 1292、754 页。

④ 同上书,第 541 页。

基本平衡，促进经济结构的优化，推动经济社会的协调发展。人们通常说的宏观调控是从狭义上讲的，仅指经济领域的宏观调控，即宏观经济调控。其根据有二：一是我国现行《宪法》的规定。《宪法》第15条第2款规定的“国家加强经济立法，完善宏观调控”告诉我们：国家通过加强经济领域的立法需要完善的宏观调控，就是经济领域的宏观调控；反之，要完善经济领域的宏观调控需要加强的立法，就是经济领域的立法。二是中共中央关于社会主义市场经济体制的两个《决定》[①]。这两个《决定》中所讲的“建立健全宏观经济调控体系”、“健全的宏观调控体系”、“继续改善宏观调控”、“完善国家宏观调控体系”中使用的“宏观经济调控”和“宏观调控”这两个语词，完全是在同一个意义上使用的。如果没有特别说明，本书所使用的宏观调控就是从狭义上讲的。

为了进一步明确宏观调控这一概念，了解一下经济学界关于宏观调控的主要任务或宏观经济政策目标的论述是有益的。有的学者认为，宏观调控的主要任务是国际上通行的四个方面，即促进经济增长，增加就业，稳定物价，保持国际收支平衡。但是，与发达市场经济国家不同，中国现阶段的宏观调控，其主要任务，除保持宏观经济总量的基本平衡外，还包含重大结构的调整，如收入分配，以及产业结构、地区经济结构、城乡经济结构、消费结构、投资结构等的调整。[②] 还有一些学者指出，目前，国内外的宏观经济学界都有将宏观经济政策目标的内容扩大化的趋向。国外有学者将收入分配平等程度纳入宏观政策目标。在国内，比较有代表性的观点是，我国宏观经济政策目标有三类：一是稳定目标，包括充分就业、物价稳定和对外收支平衡；二是发展目标，包括保持适当的增长率、短期需要服从长期发展；三是平等目标，包括对社会困难群体的关照。[③] 事物都是发展变化的，宏观调控也不例外，在不同的国家和同一个国家的不同时期，宏观调控的内容和目标是不同的或者不完全相同的。

（二）关于“宏观调控法”这一语词的使用

在中国经济法学界，普遍认为宏观调控法属于经济法的范围，但是使用了不同的语词，如“宏观调控法”、“宏观经济调控法”、“国家宏观调控法”、“宏观经济管理法”、“经济调控法”、“经济管理法”、“国家对经济的引导促进法”等。

笔者认为，在上述语词中，有些语词的使用者虽然主观上想表达的思想内容没有问题，但是，该语词本身是否确切尚需讨论。一是关于“国家宏观调控法”

① 《关于建立社会主义市场经济体制若干问题的决定》，载《人民日报》1993年11月17日；《关于完善社会主义市场经济体制若干问题的决定》，载《人民日报》2003年10月22日。

② 张卓元：《转变政府职能　改善经济调控》，载《经济参考报》2002年12月4日。

③ 中国社会科学院经济研究所课题组：《宏观经济理论研究的新进展》，载《人民日报》2002年12月28日。

这一语词的使用。我们讲的“宏观调控”本来就是国家进行的调控，因此，使用“国家宏观调控法”这样的语词虽然没有错，但是在“宏观调控法”之前加“国家”实际上并没有必要。二是关于“宏观经济管理法”这一语词的使用。宏观经济管理中的“宏观”是相对于微观经济管理中的“微观”而言的。“微观”本是自然科学、特别是物理学中所使用的概念，原意是“微小”，以肉眼所不能及为限。由于企业管理所涉及的是单个经济单位，所以也就被称之为微观经济管理。[①] 宏观经济管理是相对于微观经济管理而言的，也就是微观经济管理以外的管理，即企业管理以外的管理。可见，宏观经济管理所涉及的范围比宏观调控要广。例如，市场管理并不属于宏观调控的范围，但它不是企业管理，而属于宏观经济管理的范围。所以，使用“宏观经济管理法”这一语词不如使用“宏观调控法”这一语词好。三是关于“经济调控法”这一语词的使用。如上所述，“宏观调控法”即“宏观经济调控法”。“经济调控法”与“宏观经济调控法”相比，少了“宏观”二字，而少了这两个不应缺少的字的语词——“经济调控法”——是不确切的。四是关于“国家对经济的引导促进法”这一语词的使用。据使用这一语词的学者的解释，该语词“大致相当于我国人们所谓的宏观调控法。”“大致相当于”表明，它与宏观调控法是存在差别的。这一差别也就是该语词在准确表达概念的语言形式上的差别。大家知道，语词是概念的语言表达形式。应该说，在上述几个语词中，“宏观经济调控法”、“宏观调控法”（从狭义上讲的“宏观调控”即宏观经济调控，因此，“宏观调控法”即“宏观经济调控法”）才是准确表达概念的语言形式。“宏观调控法”这一语词在我国被法学界、特别是经济法学界广泛使用不是偶然的。因为在我国《宪法》中明确规定了要通过加强经济立法，“完善宏观调控”；在全国人大和国务院的文件中，在中共中央关于建立和完善社会主义市场经济体制的《决定》中，经常使用“宏观调控”这一语词。可见，使用“宏观调控法”这一语词，同《宪法》以及党和国家的文件的精神是一致的。

（三）宏观调控法的定义

中国经济法学界的学者们，在分别使用宏观调控法等多个不同语词的同时，各自下了多个不同的定义。例如：认为“宏观调控法是指调整国家在调节和控制宏观经济运行中所发生的经济关系的法律规范的总称。”[②]认为“国家宏观调控法是调整国家对社会经济宏观调控中发生的各种社会关系的法律规范的总称。”[③]认为“宏观经济管理法要言之就是调整宏观经济管理关系的法律规范的

---

① 参见杜月昇：《微观经济管理》，载《经济改革名词解释》（第一辑），辽宁人民出版社 1981 年版，第 14 页。

② 王守渝、弓孟谦：《宏观经济调控法律制度》，中国经济出版社 1995 年版，第 1 页。

③ 漆多俊：《经济法基础理论》，武汉大学出版社 2000 年版，第 352 页。

总称。”“宏观经济管理实质上就是政府经济管理即政府干预，宏观经济管理法就是政府干预法。”[①]认为“宏观调控法是调整国家对国民经济进行宏观调控过程中发生的各种社会经济关系的法律规范的总称。”[②]认为“宏观经济调控法，简言之，是调整宏观经济调控关系之法。宏观经济调控关系是指国家在宏观调控过程中与其他社会组织发生的各种社会经济关系”。[③]

笔者认为，宏观调控法的调整对象是，在国家对国民经济总体活动进行调节和控制过程中发生的经济关系，简称宏观调控关系。宏观调控法，是指调整在国家对国民经济总体活动进行调节、控制过程中发生的经济关系的法律规范的总称。这个定义有四个基本含义：一是宏观调控法属于法的范畴（即属于法的体系，下同）。因为它同其他法一样都是由法律规范组成的。二是宏观调控法属于国内法体系。因为组成宏观调控法的法律规范所调整的宏观调控关系是在本国经济运行过程中发生的，对这种经济运行的协调是一个国家的协调，宏观调控法律规范是由一个国家制定或认可的。三是宏观调控法属于经济法体系。因为宏观调控法调整的宏观调控关系属于经济法调整对象——在国家协调的本国经济运行过程中发生的经济关系——的范围。四是宏观调控法又不同于同属于经济法体系的市场监管法。因为作为宏观调控法调整对象的宏观调控关系，不同于作为市场监管法调整对象的市场监管关系。

为了进一步明确宏观调控法的概念，需要指出以下三点：一是在作为定义组成部分的定义项中，概括其调整对象时以不使用“各种社会关系”为宜。经济关系是社会关系；社会关系不一定是经济关系。有的学者既然认为宏观调控法属于经济法的组成部分，那么，它的调整对象就只能是特定的经济关系，而不宜包括其他社会关系。因此，它的调整对象以使用“经济关系”这一概念为好，而不宜使用“各种社会关系”这种外延宽泛的概念。二是在作为定义组成部分的定义项中，将宏观调控法的调整对象概括为宏观经济管理关系值得商榷。如上所述，有的学者认为，企业管理被称为微观经济管理。据此，企业管理关系，即微观经济管理关系。宏观经济管理关系是相对于微观经济管理关系而言的，也就是企业管理关系以外的管理关系。可见，不属于企业管理关系范围的市场管理关系，属于宏观经济管理关系的范围。这样，宏观经济管理关系所涉及的范围比宏观调控关系要广。所以，将宏观调控法的调整对象概括为宏观经济管理法关系并不确切。三是不宜将宏观调控法称为宏观经济管理法，并认为宏观经济管理法就是政府干预法。实际上，这是不适当地将宏观调控法等同于政府干预法。

---

① 王保树主编：《经济法原理》，社会科学文献出版社 2004 年版，第 233、240 页。

② 李昌麒、刘瑞复主编：《经济法》，法律出版社 2004 年版，第 140 页。

③ 李昌麒主编：《经济法学》，法律出版社 2007 年版，第 382 页。

在我国，根据《中华人民共和国宪法》和有关法律的规定，具有宏观调控权的国家权力机关和行政机关，不仅包括国务院及其具有宏观调控职能的部门，而且包括全国人民代表大会及其常委会。

二、宏观调控法的地位

（一）宏观调控法是经济法体系中的一个独立的法的部门

法的体系有层次之分。经济法是法的体系中的一个独立的法的部门。经济法体系也有层次之分。宏观调控法是经济法体系中的一个独立的法的部门。它之所以是一个独立的法的部门，是因为它具有特定的调整对象，这就是前面说的“在国家对国民经济总体活动进行调节和控制过程中发生的经济关系，简称宏观调控关系。”它之所以属于经济法体系，是因为它的调整对象属于经济法调整的特定经济关系的范围，即在国家协调的本国经济运行过程中发生的经济关系的范围。

（二）宏观调控法是经济法体系中的一个重要的法的部门

宏观调控法在经济法体系中为什么是一个重要的法的部门呢？这可以从以下两个方面来论述：

其一，从宏观调控法与宏观调控的关系来看。

完善宏观调控是实行现代市场经济体制的内在要求。现代市场经济就是市场在国家宏观调控下对资源配置起基础性作用的经济体制。无论在中国还是外国，在现代市场经济条件下，市场对资源配置起着基础性作用。但是，市场调节具有自发性、滞后性和一定盲目性，在经济运行中存在着“市场失效”或“市场失灵”。因此，必须由宏观调控来解决市场调节解决不了或解决不好的问题。

完善宏观调控是推动经济社会的协调发展的需要。要实现经济总量的基本平衡，促进经济结构的优化，推动区域协调发展，提高资源和能源利用效率，增强可持续发展能力，必须完善宏观调控。

可见，宏观调控至关重要。宏观调控法的重要性首先决定于宏观调控的重要性，如果宏观调控本身并不重要，也就谈不上宏观调控法的重要性。

其二，从宏观调控的三种手段的相互关系来看。

关于宏观调控的手段问题，经常见到以下两种、特别是第二种提法：一是宏观调控的手段有经济手段、法律手段、行政手段；二是进行宏观调控以经济手段、法律手段为主，辅之以必要的行政手段。笔者认为，在上述提法中，前者容易使人感到三种手段是并列关系，它们没有主次之分；后者会使人感到经济手段、法律手段同行政手段有主次之分，而经济手段同法律手段是并列关系。总之，无论前者还是后者，都没有反映出宏观调控的经济手段、行政手段同法律手段的内在联系，没有反映出这三种手段处在不同的层次之上。

应该指出，宏观调控的经济手段、行政手段同法律手段有着紧密的联系。如果把经济手段、行政手段同法律手段割裂开来或者对立起来，经济手段和行政手段是软弱无力的，不可能发挥应有的作用。虽然不能说实行宏观调控的任何经济手段和行政手段都必须采取法律的形式，但是，在一个法制健全的国家，重要的经济手段和行政手段一般都会采取法律的形式。所以，当我们说宏观调控以经济手段为主，辅之以必要的行政手段时，应该认为，这里说的"经济手段"主要是以法律为形式的经济手段同时包括未采取法律形式的经济手段，这里说的"行政手段"主要是以法律为形式的行政手段，同时包括未采取法律形式的行政手段。当我们说宏观调控以法律手段为主，辅之以必要的非法律手段时，应该认为，这里说的"法律手段"主要是以法律为形式的经济手段，同时包括以法律为形式的行政手段，这里说的"非法律手段"包括未采取法律形式的经济手段和行政手段。

可见，宏观调控的法律手段至关重要。这表明了依照宏观调控法实行宏观调控的重要性。由于宏观调控法明确规定宏观调控主体和宏观调控受体的权利、义务和相应的法律后果，并以国家强制力保证实施，能够有效地规范宏观调控主体和宏观调控受体的行为，将宏观调控的决策及其实施纳入法治轨道。

宏观调控法是不是经济法的核心？有的学者认为，宏观引导调控法即宏观调控法，"宏观引导调控法正在成为各国经济法的核心。"①笔者认为，在经济法体系中，就市场监管法和宏观调控法这两个法的部门之间的相互关系而言，无论现在和今后都不宜将宏观调控法视为处于核心或中心的地位，而将市场监管法置于宏观调控法周围的地位。

（三）宏观调控法与其他法的关系

在经济法体系中，宏观调控法与市场监管法各自都有特定的调整对象，是两个独立的法的部门，它们之间的关系是并列关系。

在整个法的体系中，经济法与民法、行政法是并列关系，宏观调控法是经济法体系中的一个独立的法的部门，宏观调控法与民法、行政法部门既不是包含关系，也不是交叉关系。

有的学者认为，宏观调控法具有"经济法这一部门法属性"②。这是正确的。

---

① 漆多俊主编：《经济法学》，高等教育出版社 2007 年版，第 92、99 页。
② 漆多俊：《经济法基础理论》，武汉大学出版社 2000 年版，第 366—367 页。

需要商榷的是下列论断:经济法同行政法存在某些交叉;宏观调控法同行政法存在交叉;计划管理法、预算法、税收征收管理法、中央银行法、价格管理法、外汇管理法、外贸管理法等是具有较多的行政法性质的规范,但同时也具有经济法(宏观调控法)性质;行政法可以将它们纳入其法律体系,但它们也属于经济法体系范畴。① 笔者认为:经济法与行政法在法的体系中处于同一个层次上,是两个并列的法的部门,它们之间不是交叉关系;宏观调控法是经济法体系中的一个法的部门,与行政法不在同一个层次之上,它们之间既不是包含关系,也不是交叉关系;划分法的部门的标准是法的调整对象,判断法律规范的部门法属性要以其调整对象作为依据,不能将作为经济法组成部分的宏观调控法的法律规范同时视为行政法的法律规范;认为计划管理法、预算法、税收征收管理法、中央银行法、价格管理法、外汇管理法、外贸管理法等属于经济法体系,同时又将它们纳入行政法体系,这不妥。

(四) 宏观调控法的法域属性

宏观调控法是以在国家对国民经济总体活动进行调节和控制过程中发生的经济关系为调整对象的。它属于公法调整的服从关系的范围,而不属于私法调整的平等关系的范围。因此,宏观调控法属于公法的范围,而不属于私法的范围。

有些学者说:"宏观调控法……具有公法与私法相互融合渗透的特点"②。这值得商榷。在笔者看来,在有些宏观调控法律中确实既有公法规范又有私法规范,但是这并不能作为得出宏观调控法是公法与私法相互融合渗透的"论据"。因为以此为"论据",实际上等于将作为一个法的部门的宏观调控法视为宏观调控法律的总称,而这是不能成立的。

三、宏观调控法的体系

(一) 宏观调控法体系概论

宏观调控法是属于经济法体系的一个法的部门,它本身又有自己的体系。宏观调控法的体系是由多层次的、门类齐全的宏观调控法部门组成的有机联系的统一整体。需要注意的是,宏观调控法体系是由宏观调控法部门组成的,它与由宏观调控法律、法规、规章等规范性文件组成的宏观调控法律体系虽有密切联系,但是不能混为一谈。

---

① 漆多俊:《经济法基础理论》,武汉大学出版社 2000 年版,第 368、367 页。

② 潘静成、刘文华主编:《经济法》,中国人民大学出版社 2005 年版,第 238 页。

关于宏观调控法体系的结构的内容，在中国经济法学界，有多种不同的观点。例如：

有的学者认为，经济调控法体系的结构分综合性经济调控法和手段性经济调控法两部分：前者，主要包括国民经济稳定增长法、区域经济协调发展法、计划法、预算法；后者，主要包括货币法、税法和固定资产投资法。①

有的学者说，根据宏观经济调控法的调整对象，它的结构体系或基本内容应当包括以下主要法律制度：财政预算法、税法、金融法、产业结构规划法、固定资产投资法、国民经济与社会发展计划法、对外经济贸易法。②

有的学者指出，宏观经济管理法是一种综合性的法律。具体由以下几种各具功能的法律综合构成：计划法、财政法、中央银行法、产业政策法。③

有的学者断言："根据宏观经济调控理论体系及宏观调控法的调整对象，我国宏观调控法的体系主要应由国家宏观调控基本法和宏观调控部门法两个层面的内容构成。""国家宏观调控基本法是国家对国民经济进行宏观调控最基本的法律。包括国家宏观经济调控基本法和国民经济稳定增长法。""根据宏观调控法的调整对象和调整方法，我国宏观调控法的部门法体系应由国民经济和社会发展计划法、财政税收法、金融调控法、投资法、产业调节法、国有资产管理法、价格法、审计法、国际收支平衡法、就业法等内容构成。"④

有的学者持这样的观点："据宏观调控法的调整对象和定义，我国宏观调控法的基本内容或体系包括以下主要法律制度：财政预算法、税法、金融法、产业结构与布局规划法、固定资产投资法、国民经济与社会发展计划法、经济稳定增长法和对外经济贸易法等法律制度。"⑤

对于上述观点进行评析，需要着重指出以下两点：

其一，在中国经济法学界，对于宏观调控法体系的结构的内容之所以出现不同的观点，一个重要原因是，对于宏观调控法究竟按什么标准进行划分存在着不同的理解。例如，一些学者主张，划分宏观调控法的标准分别是，宏观经济调控理论体系及宏观调控法的调整对象、调整对象和调整方法、调整对象和定义、调整对象、功能等。笔者认为，对于宏观调控法，根据实践的需要，可以按照不同的标准（如宏观调控法的调整对象、宏观调控的内容等）进行多种不同的划分。其中，按照调整对象为标准，划分出的是不同的宏观调控法部门。这种划分可以连

① 参见刘瑞复：《经济法学原理》，北京大学出版社 2000 年版，第 328、331 页。

② 参见徐孟洲：《经济法的对象、根据和体系结构研究》，见徐杰主编：《经济法论丛》（第 2 卷），法律出版社 2001 年版，第 52—54 页。

③ 参见王保树主编：《经济法原理》，社会科学文献出版社 2004 年版，第 247—254 页。

④ 李昌麒、刘瑞复主编：《经济法》，法律出版社 2004 年版，第 158—159 页。

⑤ 潘静成、刘文华主编：《经济法》，中国人民大学出版社 2005 年版，第 337 页。

续进行,从而形成多层次的、门类齐全的宏观调控法体系。宏观调控法体系也正是以调整对象为标准对宏观调控法进行连续划分形成的。

其二,关于宏观调控法(有学者称为宏观经济调控法、宏观经济管理法、经济调控法或国家对经济的引导促进法等)体系的结构的内容,主要有这样两种情况:一是有些观点是可取或基本上可取的。例如:比较多的学者认为,宏观调控法的体系的结构中包括计划法(有些学者所说的国民经济与社会发展计划法与计划法的含义相同)、财政法、税法、金融调控法(有些学者所说的金融法、中央银行法、货币法与金融调控法的含义相同或相似);有些学者主张,固定资产投资法(有些学者所说的投资法与固定资产投资法的含义相似)、产业政策法(有些学者所说的产业结构规划法、产业结构与布局规划法、产业调节法与产业政策法的含义相同或相似)、区域经济协调发展法、国有资产管理法、资源与能源调控法、价格法,也应包括在宏观调控法体系的结构之中。二是有些观点欠妥。例如,预算法本是财政法的组成部分,它们之间是包含关系而不是并列关系,可是有的学者却使用了"财政预算法"这样的语词。又如,在"对外经济贸易法"中,有许多宏观调控法的内容,但并不都是宏观调控法的内容,如外商投资企业法,因此,不宜将"对外经济贸易法"全部纳入宏观调控法体系的结构之中。再如,"宏观调控法的体系"本来是由宏观调控法部门而不是宏观调控法律组成的。可是,有的学者却把作为"基本的法律"的"国家宏观经济调控基本法"[①]视为"宏观调控法的体系"的主要组成部分之一,这值得商榷。笔者认为,以宏观调控的内容为标准,可以将宏观调控法划分为产业调控法、区域经济调控法、资源与能源调控法、国有资产调控法、对外经济调控法等。这是实践所需要的。但是,要形成宏观调控法体系,必须按照调整对象为标准进行连续划分。这就是先将宏观调控法划分为计划法、财政法、中央银行法、价格调控法等;然后,再继续划分。

总之,多年来,中国经济法学界对于宏观调控法体系的结构的内容提出了多种不同的见解,至今还存在着很大分歧,反映了学者们进行艰难探索的过程;同时,有些已经取得或基本取得共识的观点是可取的,有些观点虽然没有得到多数人的赞同但是并不等于都没有道理,这反映了学者们对宏观调控法体系的结构的研究已经取得了相当大的成就。

由于篇幅有限,加上对宏观调控法体系的结构的内容尚需继续进行探索,本书仅对宏观调控法中的计划法、财政法、中央银行法、价格调控法着重进行论述。

---

① 有的学者认为:"国家宏观经济调控基本法是国家对国民经济进行宏观调控最基本的法律",在其总则中,包括立法宗旨、适用范围等。见李昌麒、刘瑞复主编:《经济法》,法律出版社 2004 年版,第 158—159 页。

(二) 计划法

1. 计划的概念、特征和形式

(1) 计划的概念

从广义上讲,计划是人们制定的未来规定时期内的行动目标与实现该目标的措施的方案。这一定义的基本含义有四:一是计划是一种“方案”,但方案不一定是计划(如“汉语拼音方案”就不是计划);二是计划的内容,即“行动目标与实现该目标的措施”;三是计划的期限,即“未来规定时期”,包括长期、中期、短期计划;四是制订计划的主体,即“人们”,包括国家、地区、行业、单位和个人。

对于狭义上讲的计划,即计划法所说的计划的概念,可以下这样一个定义:计划是国家制定的未来规定时期内国民经济和社会发展目标与实现该目标的措施的方案。这就是说:计划是一种“方案”;计划的内容,即“国民经济和社会发展目标和实现该目标的措施”;计划的期限,即“未来规定时期”,包括长期、中期、短期计划;制订计划的主体,即“国家”,指法定的国家机关。

(2) 计划的特征

在社会主义市场经济条件下,虽然还有必要的指令性计划指标,但在总体上实行的是指导性计划。指导性计划的特征,是突出宏观性、战略性、政策性。

宏观性是说,计划所要反映和调控的主要是宏观经济总量平衡和宏观经济结构协调问题,确定宏观经济目标和宏观经济政策,一般不对微观经济活动规定计划任务,全国计划的总指标绝大多数都不需要层层分解下达到地方和企业。战略性是说,计划的重点是处理好国民经济和社会发展中全局性、长远性的重大问题,如保持经济持续、适度、快速增长和社会总供求的动态平衡,促进产业结构优化升级和地区经济协调发展,实施科教兴国和可持续发展战略,提高国际经济竞争力和保障国家经济安全等。政策性是说,计划的主干是经过综合协调的宏观经济政策,而不是许多具体的计划指标;计划目标的实现主要是通过运用经济调节政策去诱导、激励和规范各类经济主体的行为,而不是靠分配强制性的任务。①

(3) 计划的形式

在我国,根据实践的需要,可以按照不同的标准对计划进行划分。例如:

按照计划内容所涉及的范围,可以划分为综合性计划、行业计划和专项计划。综合计划,就是国民经济和社会发展计划。行业计划,是规定本行业发展目标和实现该目标的措施的计划。专项计划,是为了解决经济和社会发展中的专

---

① 全国干部培训教材编审指导委员会组织编写:《社会主义市场经济概论》,人民出版社 2002 年版,第 277 页。

门问题[1]制定的计划。

按照计划的期限,可以划分为长期计划、中期计划和短期计划。长期计划,一般是期限在十年或十年以上的计划或规划。中期计划,一般是期限为五年的计划或规划。短期计划,一般是期限为一年的计划,也称年度计划。

按计划适用的地域,可以划分为全国计划和地方计划。全国计划,也称中央计划,是指在全国范围内实施的,对地方计划的制订与实施具有指导作用的计划。地方计划,是指体现全国计划要求的,符合本地实际并在本地实施的计划。

2. 计划法的概念和地位

(1) 计划法的概念

对于计划法,可以划分为形式意义的计划法和实质意义的计划法。形式意义的计划法,即关于计划的基本规范性文件。例如,法国的《计划化改革法》[2],匈牙利的《国民经济计划法》(1973 年),罗马尼亚的《经济社会发展计划法》(1979 年),波兰的《社会—经济计划法》(1982 年)等。在我国,《中华人民共和国计划法》的起草工作虽然从上个世纪的 80 年代初就开始了,但是,这部重要法律至今还没有出台。这种立法严重滞后的情况应该尽快改变。

实质意义的计划法,即作为一个法的部门的计划法。本书关于计划法的概念,如果没有特别的说明,都是从实质意义上讲的。笔者认为,计划法的调整对象是,在国家制定和实施未来规定时期内国民经济和社会发展目标与实现该目标的措施的方案过程中发生的经济关系,即在计划的制订和实施过程中发生的经济关系,简称计划调控关系,也就是通常所说的计划关系。计划法,是指调整在国家制定和实施未来规定时期内国民经济和社会发展目标与实现该目标的措施的方案过程中发生的经济关系的法律规范的总称。其基本含义有五:一是计划法属于法的范畴。因为它同其他法一样都是由法律规范组成的。二是计划法属于国内法体系。因为组成计划法的法律规范所调整的计划调控关系是在本国经济运行过程中发生的,对这种经济运行的协调是一个国家的协调,计划法律规范是由一个国家制定或认可的。三是计划法属于经济法体系。因为它调整的计划调控关系属于经济法调整的特定经济关系的范围。四是计划法属于宏观调控法体系。因为它调整的计划调控关系属于作为宏观调控法调整对象的宏观调控关系的范围。五是计划法又不同于同属于宏观调控法体系的其他法。因为作为计划法调整对象的计划调控关系,又不同于财政法、中央银行法、价格调控法等的调整对象。

---

① 这里说的“专门问题”,通常指经济和社会发展中的一些关键问题或重要的薄弱环节。

② 该法于 1982 年制定,共 21 条,分为三个部分:第一部分国家计划;第二部分地区计划;第三部分其他的和暂行的措施。其中,第一部分有 3 章,即第一章国家计划的内容,第二章国家计划制定和通过的程序,第三章国家计划的实施与计划合同。

（2）计划法的地位

关于计划法的地位，着重谈以下三个问题：

其一，计划法的部门法属性。

关于计划法的部门法属性，有的学者指出："有两种不同的观点，一种观点认为，计划法应属于行政法的范畴，是我国行政法的组成部分；而另一种观点则认为计划法应属于经济法的组成部分。对此，笔者赞同第二种观点。"①应该说，这第二种观点是正确的。

笔者历来认为，计划法不是行政法的组成部分。因为行政法是调整行政管理关系的法律规范的总称，其调整对象是行政管理关系，而计划法调整的计划调控关系，是在计划的制订和实施过程中发生的经济关系，它不属于行政管理关系的范围。如果由于计划法的主体中包括国家行政机关而认为计划法属于行政法的范围，也是不可取的。因为划分法的部门的标准不是法的主体，判断计划法的部门法属性也不能以其主体作为标准。

应该指出，计划法具有特定的调整对象，是宏观调控法体系中的一个独立的法的部门。因为计划法调整的计划调控关系属于宏观调控法调整的宏观调控关系的范围，调整计划调控关系的法律规范即计划法律规范属于宏观调控法律规范的范围，所以，作为计划法律规范总称的计划法属于宏观调控法体系。而宏观调控法属于经济法体系，因此，计划法是属于经济法体系的宏观调控法体系中的一个独立的法的部门。

其二，计划法的重要地位。

1984 年 10 月 20 日，党的十二届三中全会作出了《关于经济体制改革的决定》。有些学者不能全面理解上述《决定》的精神，片面强调大力发展商品生产和商品交换，而无视计划和计划法应有的重要地位。1992 年 10 月党的十四大报告指出："我国经济体制改革的目标是建立社会主义市场经济体制"。对此，有些学者片面地认为，今后要实行社会主义市场经济了，计划和计划法就不怎么重要了，更有甚者根本否认计划法的必要性，谁要一提计划法就认为这是传统的计划经济的思维模式。

笔者认为，将计划和计划法的重要性强调到不适当的高度是片面的，但是，也不能把计划和计划法同实行社会主义市场经济割裂开来、对立起来。要正确认识计划法的重要地位，首先要正确认识计划调控在宏观调控体系中以至在整个国民经济和社会发展中的重要地位。党的十四大报告指出："国家计划是宏观调控的重要手段之一。"②中共十四届三中全会指出："宏观调控的主要任务

① 董玉明：《市场经济条件下的计划法研究》，书海出版社 2001 年版，第 35 页。

② 载《人民日报》1992 年 10 月 21 日。

是:保持经济总量的基本平衡,促进经济结构的优化,引导国民经济持续、快速、健康发展,推动社会全面进步。”要“建立计划、金融、财政之间相互配合和制约的机制,加强对经济运行的综合协调。”[①]中共十六届三中全会指出:要“进一步健全国家计划和财政政策、货币政策等相互配合的宏观调控体系。国家计划明确的宏观调控目标和总体要求,是制定财政政策和货币政策的主要依据。”[②]这充分说明:宏观调控对于经济和社会的全面发展至关重要;计划调控在宏观调控体系中的地位至关重要。显然,经最高国家权力机关审查、批准的国民经济和社会发展计划,体现了国家最高层次的战略指导,它是制定国家财政政策和货币政策的“主要依据”。

由于计划调控在宏观调控体系中以至在国民经济和社会发展中的地位极为重要,而规范计划行为、调整计划调控关系的计划法将计划的制订和实施纳入法治轨道,可以为制定好、实施好计划提供法律保证,以利于充分实现计划的功能,发挥计划的作用,推动国民经济和社会的全面发展。所以,计划法在宏观调控法体系中是一个重要的法的部门,在经济法体系中也具有重要的地位。

其三,计划法属于公法的范围。

在计划法是否属于公法的范围的问题上,有两种观点:笔者和许多学者认为,计划法属于公法的范围;有的学者认为,计划法“明显地体现了经济法的公法与私法相结合的社会法性质”[③]。

应该指出,上述第二种观点值得商榷。这可以从两方面来分析:一是从经济法的法域属性以及经济法与计划法的关系来看。本书在第六章阐明了经济法属于公法的范围[④],而计划法属于宏观调控法的范围,宏观调控法属于经济法的范围,因此,认为计划法“明显地体现了经济法的公法与私法相结合的社会法性质”的观点不妥。二是从计划法的调整对象与公法调整对象的关系来看。计划法是调整计划调控关系的,它属于公法所调整的服从关系的范围,因此,计划法属于公法的范围。

3. 计划立法与《计划法》的制定

新中国成立以来,我国先后制定了《关于国民经济计划编制暂行办法》(1952 年)、《关于改进计划体制的若干暂行规定》(1984 年)、《关于改进计划管理体制的规定》(1958 年)、《关于加强综合财政计划工作的决定》(1960 年)、

① 中共中央:《关于建立社会主义市场经济体制若干问题的决定》(1993 年 11 月 14 日),载《人民日报》1993 年 11 月 17 日。

② 中共中央:《关于完善社会主义市场经济体制若干问题的决定》(2003 年 10 月 14 日),载《人民日报》2003 年 10 月 22 日。

③ 王先林:《市场经济条件下的计划法初论》,载《安徽大学法律评论》2002 年第 2 卷第 2 期,第 146 页。

④ 参见本书第六章“经济法的法域属性”部分的有关内容。

《关于拟订长期计划的通知》(1980 年)①、《国家指令性计划和国家订货的暂行规定》(1993 年)、《国家科技计划管理暂行规定》(2001 年)、《土地利用年度计划管理办法》(2004 年修订)等规范性文件。上述规范性文件虽在不同时期发挥了各自的作用,但是,总的来说,我国的计划立法很不适应国民经济和社会全面发展的需要,特别是《中华人民共和国计划法》(简称《计划法》)制定滞后的问题非常突出。可靠资料表明,1980 年 8 月国家计委经济条法办公室草拟了关于起草《计划法》的设想,经同年 11 月召开的全国计划会议讨论后正式开始了《计划法》的起草工作。后来的情况又是怎么样呢? 2002 年 9 月 11 日,国家发展计划委员会在一份文件中指出:"第七届和第八届全国人大常委会都曾将宏观调控方面的重要立法——《中华人民共和国计划法》纳入全国人大立法规划,国务院前几年的立法计划也将其列为重要立法项目。国家计委受全国人大常委会和国务院的委托,曾组织有经济学界、法学界专家等各方面人员参加的相对稳定的起草队伍,并多次召开了由有关部门、地方计划工作者和法律专家、学者参加的座谈会、研讨会,还组织力量多次深入有关省市和企业进行调查研究,做了大量的基础性工作,形成了《计划法(草稿)》。党的十四届三中全会以后,根据建立社会主义市场经济体制的要求,结合计划职能转变的情况,国家计委又对《计划法(草稿)》进行了全面修改,并征求了各省、自治区、直辖市人民政府和国务院有关部门的意见。起草工作历经十余年,数十次易稿,已于 1995 年 6 月将《计划法(送审稿)》提交国务院审议。但是,由于对是否需要制定《计划法》这样的宏观调控法还存在不同的认识,因此《计划法(送审稿)》一直处于搁置状态。"②

应该承认,在关于计划的基本规范性文件的制定方面,我国明显地落后于其他一些国家。例如,有不少国家先后制定了《计划法》以及与计划直接有关的法律,如美国的《充分就业和国民经济平衡增长法》(1976 年),英国的《城乡计划法》(1971 年)、《金融服务受管计划法》(1991 年),法国的《关于实施中期计划法令》(1946 年)、《计划化改革法》(1982 年),德国的《经济稳定与增长促进法》(1967 年),比利时的《计划组织和经济分权法》(1970 年),匈牙利的《国民经济计划法》(1973 年),南斯拉夫的《社会计划体制基础和社会计划法》(1976 年),罗马尼亚的《经济社会发展计划法》(1979 年),波兰的《社会—经济计划法》(1982 年)等。

那么,在我国,从 1980 年开始起草《计划法》以来,为什么这一部重要法律

① 国务院就制定 1981 年至 1990 年发展国民经济十年规划发出的这个《通知》,除了指明制订规划的意义和工作要求以外,提出了规划的主要内容和需要解决的 12 个重大问题。

② 国家发展计划委员会的这份文件,是对第九届全国人大第五次会议上由杨紫烜等 5 位代表分别在 5 个代表团领衔提出的 5 份《关于制定〈中华人民共和国宏观调控法〉的议案》(共 169 位全国人大代表在《议案》上签名)的答复。

总是出不了台呢?大家知道,反垄断有《反垄断法》,反不正当竞争有《反不正当竞争法》,保护消费者权益有《消费者权益保护法》,保证产品质量有《产品质量法》,关于预算有《预算法》,关于金融调控有《中国人民银行法》,关于价格调控有《价格法》,而《计划法》却长期出不了台,难道将计划的制订和实施纳入法治轨道就没有必要吗?为什么有些实行市场经济的西方国家和有些曾经实行计划经济的社会主义国家有《计划法》而中国却没有《计划法》呢?为什么《计划法》曾经纳入了第七届和第八届《全国人大常委会立法规划》,而不纳入第九届、第十届和第十一届《全国人大常委会立法规划》呢?看来,问题的关键在于对我国的立法决策具有重要影响的一些人员对于制定《计划法》的必要性和重要性还缺乏应有的认识。用国家发展计划委员会的话来说,就是"由于对是否需要制定《计划法》这样的宏观调控法还存在不同的认识"。

在实行计划经济体制的时期,"计划万能论"很有市场;在实行社会主义市场经济的情况下,"市场万能论"流行了起来。这是两种不同形式的片面性。现在,"计划万能论"没有什么市场了,而"市场万能论"却有相当大的影响。应该明确:在社会主义市场经济条件下,我们要重视市场,但绝不能迷信市场;我们不能迷信计划,但绝不能不重视计划的作用。必须指出:要实现国民经济和社会的全面发展,必须实行社会主义市场经济,它是与社会主义基本制度相结合的,市场在国家宏观调控下对资源配置起基础性作用的经济体制;实行社会主义市场经济,必须"完善宏观调控",否定宏观调控不仅不是社会主义市场经济,而且也不是现代市场经济;"完善宏观调控",必须实现计划的功能,发挥计划的重要作用;发挥计划的作用,就要制订和实施计划,就会有计划行为;为了保证计划的科学性和科学的计划得到切实实施,必须规范计划行为;为了全面规范计划行为,需要建立和完善计划法律体系;建立和完善计划法律体系,就需要制定《计划法》及其配套法规、规章等一系列规范性文件。总之,制定《计划法》,建立和完善计划法律体系,是规范计划行为、发挥计划作用的需要,是"完善宏观调控"的需要,是实行社会主义市场经济的需要,是实现国民经济和社会全面发展的需要。为了加强计划立法,建立和完善计划法律体系,使《计划法》的制定尽快提到国家立法工作的重要议事日程上来,并使该法早日公布施行,必须提高对计划和计划法的认识,提高对社会主义市场经济的认识,提高对实行依法治国的认识。

4. 计划法的基本制度

(1) 计划的编制和审批

计划的编制一般包括如下步骤:一是深入实际,调查研究,掌握正确的计划信息;二是根据收集的各种信息,对经济和社会的未来发展趋势进行全面分析,认真进行计划预测;三是在科学的计划预测的基础上,对人力、物力和财力进行统筹安排，做好计划的综合平衡；四是运用正确的理论和方法，对计划目标和实现目标的措施进行最优选择，初步进行计划决策①。这有助于使编制的计划力求符合客观规律的要求，符合经济和社会发展发展的实际需要。

不同的计划由不同的国家机关进行编制和审批：由国务院编制（国家发展和改革委员会负责计划编制的具体工作）、全国人民代表大会审查和批准全国的国民经济和社会发展计划；由县级以上地方各级人民政府编制（同级发展和改革委员会负责计划编制的具体工作）、县级以上地方各级人民代表大会审查和批准本行政区域内的国民经济和社会发展计划；由乡、民族乡、镇的人民代表大会根据国家计划，决定本行政区域内的经济、文化事业和公共事业的建设计划；由国务院有关部门编制、国务院审查和批准全国的行业计划。

（2）计划的实施

对此，着重讲以下三个问题：

其一，计划的执行。

计划经过审批生效以后，应当采取措施使计划得以执行。我国《宪法》在第89条中规定：国务院"执行国民经济和社会发展计划"。我国《地方各级人民代表大会和地方各级人民政府组织法》在第8、59、61条中分别规定：县级以上地方各级人民代表大会在本行政区域内，保证国家计划的执行；县级以上地方各级人民政府执行国民经济和社会发展计划；乡、民族乡、镇的人民政府执行本行政区域内的经济和社会发展计划。

计划的执行，主要靠计划中所体现出的经济政策、经济杠杆、经济参数的诱导，使相关主体能够基于理性的选择，审时度势，趋利避害，以实现计划的预期目标。② 有的承担指令性计划指标任务的单位，必须采取切实有效的措施，保证计划任务的完成。

其二，计划在执行过程中的修改③。

在计划执行的过程中，发生以下特殊情况之一需要对计划进行修改的，可以依照法定程序进行修改：一是国际关系发生重大变化；二是遭受重大自然灾害；三是国家的重大政策发生变化；四是发生其他特殊的重大情况。

我国《宪法》、《地方各级人民代表大会和地方各级人民政府组织法》和《各级人民代表大会常务委员会监督法》的有关条款分别规定：在全国人民代表大会闭会期间，由全国人大常委会审查和批准由国务院提出的国民经济和社会发

① 初步计划决策是相对于最终计划决策而言的。由法定的国家机关编制计划草案是初步计划决策，由法定的国家机关批准计划是最终计划决策。

② 参见周林彬：《计划和投资法律制度》，见杨紫烜主编：《经济法》，北京大学出版社、高等教育出版社2008年版，第439页。

③ 这里说的计划的"修改"，包括对计划的部分"调整"和"变更"。

展计划在执行过程中所必须作的部分调整方案;县级以上的地方各级人大常委会根据本级人民政府的建议,决定对本行政区域内的国民经济和社会发展计划的部分变更;国民经济和社会发展五年规划经过实施情况的中期评估认为需要调整的,人民政府应当将调整方案提请本级人民代表大会常务委员会审查和批准。

其三,计划执行情况的监督、检查。

为了保证计划的执行,必须加强对计划执行情况的监督、检查。我国《宪法》和《各级人民代表大会常务委员会监督法》的有关条款分别作出了如下规定:一是全国人民代表大会审查和批准国民经济和社会发展计划执行情况的报告。二是县级以上的地方各级人民代表大会审查和批准本行政区域内的国民经济和社会发展计划执行情况的报告。三是国务院和县级以上地方各级人民政府应当在每年六月至九月期间,向本级人民代表大会常务委员会报告本年度上一阶段国民经济和社会发展计划的执行情况。四是全国人大常委会和县级以上的地方各级人大常委会的组成人员对国民经济和社会发展计划执行情况报告的审议意见交由本级人民政府研究处理。人民政府应当将研究处理情况向常务委员会提出书面报告。常务委员会听取的国民经济和社会发展计划执行情况报告及审议意见,人民政府对审议意见研究处理情况的报告,向本级人民代表大会代表通报并向社会公布。五是国民经济和社会发展五年规划经人民代表大会批准后,在实施的中期阶段,人民政府应当将规划实施情况的中期评估报告提请本级人民代表大会常务委员会审议。

此外,需要指出,为了保证计划法的实施,计划法对于违反计划法的法律责任作出规定是完全必要的。无论是国家机关及其工作人员,还是有关单位和个人,凡是违反计划法的,都应当根据其情节轻重依法追究法律责任。

(三) 财政法

1. 财政法概论

(1) 财政与财政法的概念

什么是财政?

对财政的理解,首先要明确的一个问题,是财政与税收的关系问题。在有关论著和文件中,我们常常见到“财税”、“财政、税收”、“财政与税收”、“完善财税体制”、“深化财税体制改革”、“推进财政税收体制改革”等提法。对此,有两种理解:一是认为,财政不包括税收,税收不是财政的组成部分,它们是并列关系;二是认为,它们虽然不是并列关系,但是为了体现税收在财政中的重要地位和相对独立性,因此将财政与税收并提。笔者认为:上述第一种观点是不可取的;第二种观点可以理解,但其提法不确切,容易造成财政与税收是并列关系的误解。

笔者历来认为，税收是财政的组成部分，财政与税收是包含关系，而不是并列关系。[①] 不少有关文件和论著也先后指出，"财政"的内容中包括"税收"在内，税收是财政的组成部分。例如，中共十四届三中全会指出："财政运用预算和税收手段，着重调节经济结构和社会分配。"[②]《中华人民共和国国民经济和社会发展"九五"计划和2010年远景目标纲要》(1996年3月17日)指出："财政通过实施财政改策，运用预算、税收手段……，着重调节收入分配结构和地区分配结构。"[③]中共十五届五中全会指出：要"综合运用计划、财政、金融等手段……积极稳妥地推进税费改革。健全税收制度，强化税收征管。"[④]有的学者说："财政制度最主要、最基本的内容是税收制度和预算制度。"[⑤]另有学者认为，财政关系主要包括预算关系、税收关系、国债关系、政府采购关系等。[⑥]

那么，按照税收是财政的组成部分，财政与税收是包含关系这种理解，对财政这一概念应该下一个什么样的定义呢？笔者认为，财政，是指国家为了实现其职能而参与国民收入的分配和再分配的经济活动。这就是说：财政是一种经济活动[⑦]；这种经济活动的内容即财政的内容，是参与国民收入的分配和再分配；这种经济活动的目的即财政的目的，是实现国家职能；从事这种经济活动的主体即财政的主体，是国家。

什么是财政法？

财政与税收的关系是包含关系，还是并列关系？怎样理解这个问题，直接关系到对财政法与税法的关系的认识，直接关系到对财政法的概念的认识。本书不主张将财政法与税法视为并列关系。我们知道，财政法包括财政收入法和财政支出法，而税收是国家财政收入的最主要的来源，税法是财政收入法的主要组

---

① 例如，早在1980年1月和同年3月，由笔者先后起草的《关于成立经济法专业的报告》、《北京大学法律学系经济法专业一九八零级教学方案》中，都将"财政金融法"列为必修课。当时很明确，财政的内容中包括税收，财政与金融才是并列关系。1980年10月，在讨论全国第一部经济法统编教材《经济法学》的编写大纲时，笔者和一些学者主张，税收是财政的组成部分，应将"税收的法律规定"作为该教材第十一章"财政法律制度"中的第三节。1987年出版的、由笔者确定编写大纲并主编的《经济法原理》一书，第十五章"财政法律制度"的第三节也是"税收的法律规定"。当然，在编写教材时，考虑到税收法律制度不仅重要而且内容丰富，为了保持各章之间篇幅的大致平衡而不至于过分悬殊，于是将税法的内容从财政法律制度中分出来而单列一章税收法律制度，这是可以理解的。

② 中共中央：《关于建立社会主义市场经济体制若干问题的决定》(1993年11月14日)，载《人民日报》1993年11月17日。

③ 《人民日报》1996年3月20日。

④ 中共中央：《关于制定国民经济和社会发展第十个五年计划的建议》(2000年10月11日)，载《人民日报》2000年10月19日。

⑤ 全国干部培训教材编审指导委员会组织编写：《社会主义市场经济概论》，人民出版社2002年版，第282页。

⑥ 李昌麒主编：《经济法学》，法律出版社2007年版，第410页。

⑦ 财政是一种经济活动，财政制度是一种制度，财政关系是一种社会关系。不能因为财政与财政制度、财政关系具有密切联系，而将财政视为"一种制度"、"一种社会关系"。

成部分,如果把税法从财政法中排除出去,财政法是残缺不全的,世界上不应该有这样的"财政法"。

笔者认为,财政法的调整对象是在国家为了实现其职能而凭借其政治权力,参与国民收入的分配和再分配的经济活动过程中发生的经济关系。这种经济关系,包括财政收入调控关系和财政支出调控关系,简称财政调控关系,也就是通常所说的财政关系[①]。财政法,是指调整在国家为了实现其职能而凭借其政治权力,参与国民收入的分配和再分配的经济活动过程中发生的经济关系的法律规范的总称。这个定义的基本含义有五:一是财政法属于法的范畴。因为它同其他法一样都是由法律规范组成的。二是财政法属于国内法体系。因为组成财政法的法律规范所调整的财政调控关系是在本国经济运行过程中发生的,对这种经济运行的协调是一个国家的协调,财政法律规范是由一个国家制定或认可的。三是财政法属于经济法体系。因为它调整的财政调控关系属于经济法调整的特定经济关系的范围。四是财政法属于宏观调控法体系。因为它调整的财政调控关系属于作为宏观调控法调整对象的宏观调控关系的范围。五是财政法又不同于同属于宏观调控法体系的其他法。因为作为财政法调整对象的财政调控关系,又不同于计划法、中央银行法、价格调控法等的调整对象。

(2) 财政法的地位

关于财政法的地位,着重谈以下三个问题:

其一,财政法的部门法属性。

关于财政法的部门法属性,有几种不同的观点:认为财政法是与经济法、行政法等相并列的部门法[②];认为"财政法与行政法、经济法的关系,不能看作为平行的相邻关系,而是一种间接从属关系"[③];认为财政法是宏观调控法体系中的一个独立的法的部门,宏观调控法是经济法体系中的一个独立的法的部门[④]。

本书认为,对于上述几种观点,有必要指出三点:一是财政法与经济法、行政法不是并列关系。因为经济法与行政法是并列关系,而财政法属于宏观调控法体系,宏观调控法属于经济法体系,因此,将财政法与经济法、行政法视为并列关系不妥。二是认为财政法与行政法、经济法"不能看作为平行的相邻关系"是正确的,认为财政法与经济法是"间接从属关系"有道理。但是,不能说财政法与行政法之间是什么"间接从属关系"。因为财政法属于宏观调控法体系,宏观调

---

① 财政法的调整对象,可以简称为财政调控关系或财政关系。财政行为、财政制度不能等同于财政调控关系或财政关系,不能视为财政法的调整对象,更不能认为财政法调整的财政关系中包括"财政权利义务关系"。"财政权利义务关系"之所以不属于财政法调整的财政关系的范围,是因为"财政权利义务关系"是一种思想意志关系,而财政关系是一种经济关系即物质利益关系,它们的界限不应混淆。

② 参见蔺翠牌主编:《中国财政法学研究》,中国财政经济出版社 1993 年版,第 191 页。

③ 罗玉珍主编:《财政法教程》,法律出版社 1986 年版,第 24—25 页。

④ 这是笔者和许多经济法学者的观点。

控法并不属于行政法体系。三是认为财政法是宏观调控法体系中的一个独立的法的部门,宏观调控法是经济法体系中的一个独立的法的部门,这一观点是可取的。因为财政法调整的财政调控关系属于宏观调控法调整的宏观调控关系的范围,宏观调控关系属于经济法调整对象的范围;调整财政调控关系的法律规范即财政法律规范属于宏观调控法律规范的范围,宏观调控法律规范属于经济法律规范的范围;所以,作为财政法律规范总称的财政法属于宏观调控法体系,宏观调控法属于经济法体系。法的部门是多层次的,经济法、宏观调控法、财政法都是独立的法的部门,但是,它们处在不同的层次上。

其二,财政法的重要地位。

财政调控即财政宏观调控,是现代市场经济宏观调控体系的重要支柱之一。财政具有多种重要功能①。在我国,财政的经济功能主要有三项:一是调节供求总量功能,有助于保持社会供求总量的基本平衡,实现经济平稳、较快发展;二是促进结构优化功能,有助于经济结构的优化升级,增强国民经济持续增长的能力;三是分配收入功能,有助于缩小收入差距,逐步实现共同富裕的目标。

财政法将财政活动纳入法治轨道,可以从法律上保证上述财政功能的实现,发挥财政在我国宏观调控中的重要作用,推动国民经济又快又好的发展和社会全面进步。所以,财政法在宏观调控法体系中是一个重要的法的部门,在经济法体系中也具有重要的地位。

其三,财政法属于公法的范围。

财政法是否属于公法的范围?笔者认为,答案应该是肯定的。这可以从两方面来分析:一是从经济法的法域属性以及经济法与财政法的关系来看。如前所述,经济法属于公法的范围,而财政法属于经济法的范围,因此,财政法属于公法的范围。二是从财政法的调整对象与公法调整对象的关系来看。财政法是调整财政调控关系的,它属于公法所调整的服从关系的范围,因此,财政法属于公法的范围。

(3) 财政法的体系

关于财政法体系的概念和结构,主要有这样三种观点:一是在谈到"我国财政法的体系"时说:"我国财政法应当由以下几个方面的法规构成自身的体系。"这里说的"几个方面的法规"包括:"首先要制订一个基本财政法";"在此基础上,根据需要制订预算法、税法、国有企业财务管理法、财务监督法";然后,"以这四个方面的法规为依据,制订各种条例、规定、办法和细则。"②二是认为:"财

① 功能不同于职能。功能指事物的功用和效能。职能即职责和功能。参见《现代汉语规范词典》,外语教学与研究出版社、语文出版社 2004 年版,第 455、1678 页。

② 罗玉珍主编:《财政法教程》,法律出版社 1986 年版,第 24 页。

政法的体系一般包括财政法总则、财政管理体制法、国家预算法、国有资产管理法、国债法、税收法、政府采购法、转移支付法和财政监督法等。”[①]或者认为:“我国财政法的基本内容,一般包括财政法总则、国家预算法、税法、国有资产管理法和财政监督法等。上述基本内容在财政法基本原则的指导下,构成我国社会主义财政法的有机体系。”[②]三是对财政法的体系下了如下定义:“财政法的体系是由财政法的各部门法所组成的和谐统一的整体。”同时指出:“对于财政法体系的结构,一般是从财政收入和财政支出的角度来分析。”“可以认为,财政法体系主要由五个部门法构成”,即预算法、税法、国债法、政府采购法和转移支付法。[③]

对于以上观点,可作如下评析:

其一,不宜将财政法的体系视为财政“法规”体系,即由关于财政的规范性文件组成的体系。因为财政法体系不是由关于财政的规范性文件组成的体系,而是由财政法部门组成的体系。

其二,认为财政法的体系包括财政法“总则”等内容,这似乎是把作为规范性文件的法律的结构当作了财政法的体系,值得商榷。大家知道,作为规范性文件的法律,其结构一般是第一章“总则”,然后再分若干章。而在财政法体系中,是没有“总则”与非总则之分的。此外,需要明确,如果是作为规范性文件的法律的结构,除了“总则”和其他有关章以外,还应该有专章规定法律责任和附则。

其三,在财政法体系的定义中强调:财政法的体系是“由财政法的各部门法所组成的”;财政法的体系虽然是由财政法的不同部门法组成的,但它是“和谐统一的整体”;“对于财政法体系的结构,一般是从财政收入和财政支出的角度来分析”的。这都是可取的。关于“财政法体系主要由五个部门法构成”的论断有一定道理,但尚待进一步讨论。

本书认为,对于财政法的体系这一概念,可以下这样一个定义:财政法体系是由多层次的、门类齐全的财政法部门组成的有机联系的统一整体。其基本含义是:财政法体系是“由财政法部门组成的有机联系的统一整体”[④];组成财政法体系的财政法部门是“多层次的”;组成财政法体系的财政法部门是“门类齐全的”。关于财政法体系的结构,由于其结构决定于财政法的调整对象的结构,而财政法调整的财政调控关系包括财政收入调控关系和财政支出调控关系,因此,可将财政法划分为财政收入法和财政支出法两个独立的法的部门。财政收入法

---

① 刘剑文主编:《财税法学》,高等教育出版社2004年版,第19页。

② 潘静成、刘文华主编:《经济法》,中国人民大学出版社2005年版,第391—392页。关于财政法总则的内容,该书认为:“总则要规定财政法的宗旨、任务、基本原则和适用范围,还要规定财政法主体的法律地位、财政管理体制等。”

③ 张守文:《财税法学》,中国人民大学出版社2007年版,第35、37页。张守文:《财税法律制度》,见杨紫烜主编:《经济法》,北京大学出版社、高等教育出版社2008年版,第554页。

④ 这里说的“财政法部门”,即属于财政法体系的法的部门。

又可以划分为税法、国债法等。财政支出法又可以划分为政府采购法、转移支付法等。那么,预算法是不是属于财政法的一个独立的法的部门呢?不少学者做出了肯定的回答。笔者认为,这是一个需要研究的问题。本书的观点是:预算法中的财政收入法律规范是财政收入法的组成部分,预算法中的财政支出法律规范是财政支出法的组成部分;预算法中的财政收入法律规范和财政支出法律规范,并不另行组成一个独立的法的部门。

但是,《中华人民共和国预算法》①(简称《预算法》)和《中华人民共和国预算法实施条例》以及其他有关规范性文件中的预算法律规范,不仅数量多而且十分重要,因此有进一步论述的必要;与此同时,考虑到目前有关立法的进展等情况,本书将着重对属于财政法体系的税法、国债法、政府采购法等法的部门分别进行论述。

2. 预算法

(1) 预算与预算法的概念

什么是预算?

对此,在学者中有这样一些观点:认为"预算,又叫国家预算。它是指经一定程序核定的国家机关、社会组织对未来一定时期内收入和支出的精细预计方案。"②认为"预算一般指国家预算。是指一定时期(财政年度)内国家财政的收支预计"③。认为"预算是经法定程序批准的国家各级人民政府和实行预算管理的各部门、各单位一定期间的财政或财务收支计划"。④ 认为"预算,是国家以年度财政收支计划的形式依法对国民收入的征集和主要支出的安排进行集中统一的计划活动。"⑤认为"预算,即国家预算,它是依照法定程序编制的基本财政收支计划"⑥。认为"预算法上所称预算,是指国家预算,即国家对会计年度内的收入和支出的预先估算。"⑦

笔者认为,预算,即国家预算,是指在未来规定时期内国家财政收入和支出的方案。其基本含义有三:一是预算是一种"方案",而不是一种"活动"。说它是一种"计划"也可以,因为"计划"也是一种"方案"。二是预算的内容,是"国家财政收入和支出"或"国家财政的收支"⑧。不宜将"各种社会组织"的收入和

---

① 该法于1994年3月22日由第八届全国人民代表大会第二次会议通过,自1995年1月1日起施行。

② 罗玉珍主编:《财政法教程》,法律出版社1986年版,第47页。

③ 王守渝、弓孟谦:《宏观经济调控法律制度》,中国经济出版社1995年版,第77页。

④ 潘静成、刘文华主编:《经济法》,中国人民大学出版社2005年版,第393页。

⑤ 卢炯星:《宏观经济法》,厦门大学出版社2005年版,第238页。

⑥ 李昌麒主编:《经济法学》,法律出版社2007年版,第411页。

⑦ 张守文:《财税法学》,中国人民大学出版社2007年版,第61页。

⑧ 财政收入即预算收入,财政支出即预算支出。

支出都视为预算的内容,因为根据《预算法》第6、7条的规定,各级人民政府的各部门(含直属单位,下同)的预算由本部门所属各单位预算组成,而单位预算仅指列入部门预算的国家机关、社会团体和其他单位的收支预算。三是预算的期限,是"未来规定时期",即未来"预算年度"(在我国,自1月1日起至12月31日止)。此外,需要讨论的问题是:有没有必要把预算是"经一定程序核定"或"依照法定程序编制"或"经法定程序批准"这样的内容写入预算的定义之中呢?笔者认为,没有必要。因为在定义中指出了"预算,即国家预算",它是"国家财政收入和支出的方案",那么,无论在国内还是国外,预算当然是经依法"编制"、"审查和批准",并可以依法"调整"的;同时,在定义中使用"经一定程序核定"或"依照法定程序编制"或"经法定程序批准"这样的语词,有的不确切,有的不完整。

什么是预算法?

对于预算法这一概念,学者们下了多个定义。例如:认为"预算法是调整国家机关、社会组织、公民在筹集和分配预算资金过程中所发生的社会关系的法律规范的总和。"①认为"预算法是国家调整预算收支关系的法律规范的总称。"②认为"预算法是调整预算关系的法律规范的总称,是财政法的重要组成部分。所谓预算关系,是指在国家预算收入、支出和进行预算管理过程中产生的经济关系。"③认为预算法"是国家调整预算收支关系的法律规范的总称。"④认为"预算法,是调整在国家进行预算资金的筹集、分配、使用和管理过程中所发生的社会关系的法律规范的总称。"⑤

应该指出,中国经济法学界对预算法这一概念所下的上述定义,有不少可取之处可供学习,但也不是没有需要商榷的地方。笔者认为,预算法的调整对象是,在按照未来规定时期内的方案收入和支出国家财政资金过程中发生的经济关系,即国家预算资金的收入和支出过程中发生的经济关系,简称预算调控关系,也就是通常所说的预算关系。预算法,是指调整在按照未来规定时期内的方案收入和支出国家财政资金过程中发生的经济关系的法律规范的总称。为了进一步明确预算法的概念,尚需指出三点:一是预算调控关系是预算法调整的对象,说它是"国家调整"的对象不够准确。二是预算法调整的只是一定范围的经济关系而不是一切经济关系,更不包括其他社会关系。三是由于各级人民政府的各部门的预算由本部门所属各单位预算组成,而单位预算仅指列入部门预算的国家机关、社会团体和其

① 罗玉珍主编:《财政法教程》,法律出版社1986年版,第47页。

② 王守渝、弓孟谦:《宏观经济调控法律制度》,中国经济出版社1995年版,第77页。

③ 潘静成、刘文华主编:《经济法》,中国人民大学出版社2005年版,第393页。

④ 李昌麒主编:《经济法学》,法律出版社2007年版,第411页。

⑤ 张守文:《财税法学》,中国人民大学出版社2007年版,第62页。

他单位的收支预算，并不包括所有社会组织的“收支预算”，更不包括公民个人的“收支预算”。因此，不宜将公民和有些社会组织“在筹集和分配预算资金过程中所发生的社会关系”纳入预算法的调整对象之中。

(2) 预算体系与预算管理职权

其一，预算体系。

17 世纪，英国编制了世界上第一个国家预算。到 20 世纪，绝大多数国家都建立了国家预算制度。有一级政府就有一级财政收支活动主体，也就有一级预算。在现代社会，大多数国家都实行多级预算。①

在我国，预算分为中央预算和地方预算。地方预算又分为四级，即省、自治区、直辖市预算，设区的市、自治州预算，县、自治县、不设区的市、市辖区预算，乡、民族乡、镇预算（不具备设立预算条件的乡、民族乡、镇，经省、自治区、直辖市政府确定，可以暂不设立预算）。我国《预算法》第 4—7 条还规定了中央预算的组成和包括的数额，以及地方预算的组成和包括的数额。

其二，预算管理职权。

关于我国预算管理的职权，《预算法》从以下五个方面作出了规定：一是各级国家权力机关的预算管理职权：全国人民代表大会和县级以上地方各级人民代表大会依法享有审查权、批准权、改变或者撤销权；设立预算的乡、民族乡、镇的人民代表大会依法享有审查和批准权、监督权、撤销权；全国人大常委会和县级以上地方各级人大常委会依法享有监督权、审查和批准权、撤销权。② 二是各级人民政府的预算管理职权：国务院和县级以上地方各级政府依法享有编制权、报告权、执行权、决定权、监督权、改变或者撤销权；乡、民族乡、镇政府依法享有编制权、报告权、执行权、决定权。③ 三是各级政府的财政部门的预算管理职权：具体编制权、具体执行权、提出方案权、定期报告权。④ 四是各部门的预算管理职权：编制本部门预算、决算草案；组织和监督本部门预算的执行；定期向本级政府财政部门报告预算的执行情况。五是列入部门预算的国家机关、社会团体和其他单位的预算管理职权：编制本单位预算、决算草案；按照国家规定上缴预算收入，安排预算支出，并接受国家有关部门的监督。

(3) 预算收支范围

预算由预算收入和预算支出组成。

预算收入包括：税收收入；依照规定应当上缴的国有资产收益；专项收入；其

① 全国人大常委会预算工作委员会办公室编：《预算审查监督》，中国民主法制出版社 2000 年版，第 255 页。

② 国家权力机关的预算管理职权的具体内容，见我国《预算法》第 12、13 条。

③ 各级人民政府的预算管理职权的具体内容，见我国《预算法》第 14、15 条。

④ 各级财政部门的预算管理职权的具体内容，见我国《预算法》第 16 条。

他收入。预算收入划分为中央预算收入、地方预算收入、中央和地方预算共享收入。上级政府不得在预算之外调用下级政府预算的资金。下级政府不得挤占或者截留属于上级政府预算的资金。

预算支出包括:经济建设支出;教育、科学、文化、卫生、体育等事业发展支出;国家管理费用支出;国防支出;各项补贴支出;其他支出。预算支出划分为中央预算支出和地方预算支出。

(4) 预算编制与审批

其一,预算编制。

各级政府编制年度预算草案的依据:一是法律、法规;二是国民经济和社会发展计划、财政中长期计划以及有关的财政经济政策;三是本级政府的预算管理职权和财政管理体制确定的预算收支范围;四是上一年度预算执行情况和本年度预算收支变化因素;五是上级政府对编制本年度预算草案的指示和要求。①

预算编制应当遵循的原则:一是按照复式预算编制的原则。中央预算和地方各级政府预算按照复式预算编制。复式预算的编制办法和实施步骤,由国务院规定。二是不列赤字原则。中央政府公共预算不列赤字。地方各级预算按照量入为出、收支平衡的原则编制,不列赤字。三是真实、合法原则。按照规定必须列入预算的收入,不得隐瞒、少列,也不得将上一年的非正常收入作为编制预算收入的依据。四是厉行节约原则。各级预算支出的编制,应当贯彻厉行节约、勤俭建国的方针。五是统筹兼顾的原则。各级预算支出的编制,应当统筹兼顾、确保重点,在保证政府公共支出合理需要的前提下,妥善安排其他各类预算支出。

预算的编制内容:一是中央预算的编制内容包括:本级预算收入和支出;上一年度结余用于本年度安排的支出;返还或者补助地方的支出;地方上解的收入。中央财政本年度举借的国内外债务和还本付息数额应当在本级预算中单独列示。二是地方各级政府预算的编制内容包括:本级预算收入和支出;上一年度结余用于本年度安排的支出;上级返还或者补助的收入;返还或者补助下级的支出;上解上级的支出;下级上解的收入。

预算的编制程序:一是国务院于每年 11 月 10 日前向省、自治区、直辖市政府和中央各部门下达编制下一年度预算草案的指示,提出编制预算草案的原则和要求。财政部部署编制预算草案的具体事项。二是中央各部门布置所属各单位编制预算草案,并在对各单位编制的预算草案进行审核后汇总编制本部门预算草案,于每年 12 月 10 日前报财政部审核。三是省、自治区、直辖市政府提出

---

① 这是《中华人民共和国预算法实施条例》第 16 条规定的内容。与此同时,《实施条例》第 17 条还对各部门、各单位编制年度预算草案的依据作出了规定。

本行政区域编制预算草案的要求。县级以上地方各级政府财政部门审核本级各部门的预算草案,编制本级政府预算草案,汇编本级总预算草案,经本级政府审定后,按规定期限报上一级政府。省、自治区、直辖市政府财政部门汇总的本级总预算草案,应于下一年1月10日前报财政部。四是财政部审核中央各部门的预算草案,编制中央预算草案;汇总地方预算草案,汇编中央和地方预算草案。

其二,预算审批。

国务院在全国人民代表大会举行会议时,向大会作关于中央和地方预算草案的报告。地方各级政府在本级人民代表大会举行会议时,向大会作关于本级总预算草案的报告。

中央预算由全国人民代表大会审查和批准。地方各级政府预算由本级人民代表大会审查和批准。

(5) 预算执行与调整

其一,预算执行。

各级预算由本级政府组织执行,具体工作由本级政府财政部门负责。

预算收入征收部门,必须依照法律、行政法规的规定,及时、足额征收应征的预算收入。

有预算收入上缴任务的部门和单位,必须依照法律、行政法规和财政部的规定,将应当上缴的预算资金及时、足额地上缴国库。

各级政府财政部门必须依照法律、行政法规和财政部的规定,及时、足额地拨付预算支出资金,加强对预算支出的管理和监督。各级政府、各部门、各单位的支出必须按照预算执行。

各级国库必须按照国家有关规定,及时准确地办理预算收入的收纳、划分、留解和预算支出的拨付。各级国库库款的支配权属于本级政府财政部门。

其二,预算调整。

预算调整,是指经批准的预算,在执行中因特殊情况需要增加支出或者减少收入,使原批准的收支平衡的预算的总支出超过总收入,或者使原批准的预算中举借债务的数额增加的部分变更。

各级政府对于必须进行的预算调整,应当编制预算调整方案。中央预算的调整方案必须提请全国人大常委会审查和批准。县级以上地方各级政府预算的调整方案必须提请本级人大常委会审查和批准;乡、民族乡、镇政府预算的调整方案必须提请本级人民代表大会审查和批准。

(6) 决算制度

决算是年度预算收支执行结果的会计报告。根据《预算法》第8章的规定,决算制度的内容主要包括决算草案的编制和审批两个方面。

决算草案由各级政府、各部门、各单位,在每一预算年度终了后按照国务院规定的时间编制。编制决算草案的具体事项，由财政部部署。编制决算草案，必须符合法律、行政法规，做到收支数额准确、内容完整、报送及时。各部门对所属各单位的决算草案，应当审核并汇总编制本部门的决算草案，在规定的期限内报本级政府财政部门审核。各级政府财政部门对本级各部门决算草案审核后发现有不符合法律、行政法规规定的，有权予以纠正。

财政部编制中央决算草案，报国务院审定后，由国务院提请全国人大常委会审查和批准。县级以上地方各级政府财政部门编制本级决算草案，报本级政府审查后，由本级政府提请本级人大常委会审查和批准。乡、民族乡、镇政府编制本级决算草案，提请本级人民代表大会审查和批准。

（7）预算与决算的监督以及违反预算法的法律责任

其一，预算与决算的监督。

对于预算与决算的监督，分为国家权力机关的监督和国家行政机关的监督。国家行政机关的监督，又可分为各级政府、各级政府财政部门、各级政府审计部门的监督。

全国人民代表大会及其常委会对中央和地方预算、决算进行监督。县级以上地方各级人民代表大会及其常委会对本级和下级政府预算、决算进行监督。乡、民族乡、镇人民代表大会对本级预算、决算进行监督。各级人民代表大会和县级以上各级人大常委会有权就预算、决算中的重大事项或者特定问题组织调查，有关的政府、部门、单位和个人应当如实反映情况和提供必要的材料。各级人民代表大会和县级以上各级人大常委会举行会议时，人大代表或者常委会组成人员，依照法律规定程序就预算、决算中的有关问题提出询问或者质询，受询问或者受质询的有关的政府或者财政部门必须及时给予答复。

各级政府应当在每一预算年度内至少二次向本级人民代表大会或者其常委会作预算执行情况的报告。各级政府监督下级政府的预算执行；下级政府应当定期向上一级政府报告预算执行情况。

各级政府财政部门负责监督检查本级各部门及其所属各单位预算的执行；并向本级政府和上一级政府财政部门报告预算执行情况。

各级政府审计部门对本级各部门、各单位和下级政府的预算执行、决算实行审计监督。

其二，违反预算法的法律责任。

根据《预算法》第 9 章的规定，有下列情形之一的，对负有直接责任的主管人员和其他直接责任人员依法追究责任：一是各级政府未经依法批准擅自变更预算，使经批准的收支平衡的预算的总支出超过总收入，或者使经批准的预算中举借债务的数额增加的；二是违反法律、行政法规的规定，擅自动用国库库款或者擅自以其他方式支配已入国库的库款的；三是隐瞒预算收入或者将不应当在预算内支出的款项转为预算内支出的。与此同时,属于上述第二种情形的,由政府财政部门责令退还或者追回国库库款;属于上述第三种情形的,由上一级政府或者本级政府财政部门责令纠正。

3. 税法

(1) 税法概论

其一,税收与税法的概念。

什么是税收?

笔者认为,税收,是指国家为了实现其职能而凭借其政治权力,依法强制、无偿地取得财政收入的经济活动。这就是说:税收是一种经济活动;这种经济活动的内容,是取得财政收入;这种财政收入是强制、无偿地取得的;这种强制、无偿地取得财政收入必须依法进行;这种取得财政收入的目的,是实现国家职能;从事这种取得财政收入的经济活动的主体,是国家;国家取得这种财政收入所凭借的权力,是政治权力。

什么是税法?

对于税法这一概念,国内外学者下了多个定义。例如:认为税法是"有关确定哪些收入、支付或交易应当纳税,以及按什么税率纳税的法律规范的总称。"[①]认为税法"是政府当局凭以要求纳税人将其收入或财产的一部分转移给政府的条例。"[②]认为"税法是指由国家最高权力机关或其授权的行政机关制定的有关调整国家在筹集财政资金方面所形成的税收关系的法律规范的总称。简言之,税法就是调整税收关系的法律规范。"又说,税法的调整对象包括"国家为主体参与的分配关系",以及"国家权力机关、国家行政机关、税务专门机关在管理国家税收时所产生的一种行政关系。"[③]认为"税法是……调整税收征纳关系的法律规范。""税法的调整对象是参与税收征纳关系的主体之间所发生的经济关系,这种经济关系是一种特殊形式的经济分配关系"。[④]认为"税法是由国家制定、认可的,并由国家强制力保证实施的调整税收关系的规范系统。""在税收过程中形成的社会关系,主要包括税收分配关系和征纳程序关系。这是税法调整的对象。"[⑤]认为"税法是调整在税收活动中发生的社会关系的法律规范的总称"。"税法的调整对象是在税收活动中发生的社会关系,这种社会关系简称税收关系。"[⑥]

① 〔英〕戴维·M.沃克:《牛津法律大辞典》,邓正来等译,光明日报出版社1988年版,第790页。
② 《不列颠百科全书》(第16卷),中国大百科全书出版社1999年版,第472页。
③ 罗玉珍主编:《财政法教程》,法律出版社1986年版,第104、107页。
④ 刘隆亨:《中国税法概论》,北京大学出版社1995年版,第56—57页。
⑤ 潘静成、刘文华主编:《经济法》,中国人民大学出版社2005年版,第411—412页。
⑥ 张守文:《财税法学》,中国人民大学出版社2007年版,第179—180页。

笔者认为，税收活动，是指在国家为了实现其职能而凭借其政治权力，依法强制、无偿地取得财政收入的经济活动。税法的调整对象是，在国家为了实现其职能而凭借其政治权力，依法强制、无偿地取得财政收入的经济活动过程中发生的经济关系，简称在税收活动过程中发生的经济关系，即税收调控关系，也就是通常所说的税收关系。税法，是指调整在国家为了实现其职能而凭借其政治权力，依法强制、无偿地取得财政收入的经济活动过程中发生的经济关系的法律规范的总称。作为财政法的组成部分的税法，属于法的范畴，属于国内法体系，属于经济法体系，属于宏观调控法体系，属于财政法体系。它之所以属于财政法体系，是因为税法调整的税收调控关系，属于财政法调整的财政调控关系的范围。但它又不同于同属于财政法体系的国债法、政府采购法、转移支付法等法的部门，其中，最主要的是税法与这些法的调整对象不同。

为了进一步明确税法的概念，有必要讨论以下几个问题：一是如何评价认为"税法是……法律规范的总称"的观点？应该认为，不少学者这样说是可取的。它表明，税法属于法的范畴。有的学者将作为税法表现形式之一的税收"条例"视为税法，这很不全面。有些学者说："税法就是……法律规范"或"税法是……的法律规范"。这有道理，因为没有税收法律规范就没有税法。但是，应该明确，税法不是由一个或一些而是由大量税收法律规范组成的。不能将"税法是……法律规范的总称"等同于"税法就是……的法律规范"或"税法是……的法律规范"。二是可否将"政府"视为唯一的征税主体？不可。我们知道，征税是国家的一种经济活动，国家是唯一的征税主体，国家授权的行政机关（如税务机关、海关等）代表国家直接行使征税权。三是在税法的定义中不谈税法的调整对象是否合适？不合适。因为在税法的定义中不谈税法的调整对象就不能揭示税法这一概念的内涵，不能把税法与其他法区别开来。有的学者将税法仅仅说成是确定征税客体和税率的法律规范的总称，这是不全面的。四是究竟应该怎样界定税法的调整对象？有些学者认为，税法的调整对象是税收关系。这是正确的。但是，人们对税收关系有不同的理解：认为它是一种"经济关系"而不包括经济关系以外的社会关系，这是可取的；认为它主要包括"税收分配关系和征纳程序关系"，这有道理；认为税收关系中包括"一种行政关系"，这不妥[①]。五是在税法的定义中说一些法律规范共有的属性有没有必要？没有必要。例如：说"税法是指由国家最高权力机关或其授权的行政机关制定的"；或者说"税法是由国家制定、认可的，并由国家强制力保证实施的"。这都是多余的。因为只要

① 一些行政法学者认为，行政法调整"行政关系"。其实，行政法的调整对象应该是行政管理关系，而不包括经济管理关系。国家机关之间在税收活动中发生的税收管理关系属于经济管理关系的范围，经济管理关系属于经济关系的范围。认为国家机关之间在税收活动中发生的税收管理关系应该由税法调整，这是对的。但是，不宜将这种经济关系称为"一种行政关系"，这不利于划清经济法与行政法的界限。

在税法的定义中指出了它是"……法律规范的总称",就表明它具有各种法律规范所共有的属性,就没有必要再在定义中讲这些共有的属性了;否则,还可能造成误解,好像税法还有由国家制定或认可的和不是由国家制定或认可的之分,有由国家强制力保证实施的和不是由国家强制力保证实施的之分。

其二,税法的地位。

税法具有特定的调整对象——税收调控关系。它属于财政法调整的财政调控关系的范围。因此,由调整税收调控关系的法律规范组成的税法,是财政法体系中的一个独立的法的部门。不能认为税法的调整对象有所谓"综合性",而将税法视为法的体系中的一个"综合领域"。

税收是国家财政收入的基本来源,是国家宏观调控的重要经济杠杆之一。税法不仅是税收的法律依据,而且是税收的法律保障。它的重要作用表明,税法是一个重要的法的部门。

其三,税法的体系。

税法体系是由多层次的、门类齐全的税法部门组成的有机联系的统一整体。不能把由税收法律、法规、规章等规范性文件组成的体系称为税法体系。

有的学者认为:"从内容上划分,税法包括税收实体法、税收程序法。"[①]有的学者说,由于税法的调整对象主要包括税收分配关系和征纳程序关系,因此,税法应该包括两部分,即实体法和程序法。[②] 这些观点在很大程度上是有道理的。笔者认为:税法体系的结构决定于税法的调整对象的结构;税法的调整对象是税收调控关系,税收调控关系包括税收分配关系和税收征收管理关系;因此,可以将税法划分为税收分配法和税收征管法两个法的部门。根据实践的需要,对于税收分配法和税收征管法还可以继续进行划分。例如,可将税收分配法划分为商品税法(又称流转税法,下同)、所得税法、财产税法等法的部门。由于商品税法、所得税法在税法体系中具有的重要地位,本书将作简要阐述;而财产税法的重要性目前还不如商品税法和所得税法,限于篇幅,本书的阐述不再展开。

其四,税法的构成要素。

要素是构成事物的必要因素。税法的构成要素,是指构成税法的必要因素。学习和研究税法,必须了解税法的构成要素。一般认为,税法具有下列构成要素:

税法主体,是指税收法律关系的参加者或当事人。它包括征税主体和纳税主体。征税主体,又称征税人,国家是唯一的征税主体,国家授权的行政机关(简称征税机关)代表国家直接行使征税权。依法征税,既是征税机关(如税务机关、海关等国家机关)的职权,也是其职责。纳税主体,又称纳税人或纳税义

---

① 王保树主编:《经济法原理》,社会科学文献出版社2004年版,第319页。

② 潘静成、刘文华主编:《经济法》,中国人民大学出版社2005年版,第412页。

务人,是指依照税法规定负有纳税义务的单位和个人。我国税法还规定了扣缴义务人,即依法负有代扣代缴、代收代缴税款义务的单位和个人。

征税对象,又称征税客体,是指对什么东西征税。它是划分不同税种的标准,在税法的构成要素中具有重要地位。对于征税对象,根据其性质的不同,可以分为应税商品与劳务、应税所得、应税财产三大类。

计税依据,又称计税标准或计税基数,是指用以计算应纳税额的基数。它是征税对象量化的体现。

税种,即税收种类,是指征的什么税。根据征税对象的不同,税种可以划分为商品税、所得税、财产税三大类,这三类税又分别包括若干种税。

税目,是指对各税种应当征税的具体项目。它使征税范围进一步明确,体现征税的广度。

税率,是指应纳税额占征税对象的数额的比例。它是计算应征税款的尺度。税率的高低,直接关系到国家财政收入的多少和纳税人负担的轻重。国家可以通过对税率的调整,协调国民经济的运行。税率在税法的构成要素中具有重要地位。税率可分为三种:一是比例税率,是指对于同样的征税对象,不论其数额大小,都按照同一个比例计算应纳税额的税率。二是累进税率,是指随着征税对象的数额逐级提高,适用的税率也相应提高的税率。征税对象数额越大,适用的税率越高;征税对象数额越小,适用的税率越低。三是定额税率,又称固定税率,是指按照征税对象的一定计量单位,直接规定固定的税额。

减免税,是指按照税法的规定,对于符合条件的纳税人或者征税对象,减征或者免征税款。对于减税、免税,税法一般规定了减免期限。

纳税环节,是指应纳税的商品从生产到消费的流转过程中,税款应当在什么阶段缴纳。

纳税期限,是指税法对纳税人应当缴纳税款的时间限制。它包括纳税计算期即多长时间计缴一次税款,以及税款缴库期即在多长时间内缴纳税款。

纳税地点,是指纳税人依据税法的规定,向征税机关申报、缴纳税款的具体地方。

违法处理,是指对违反税法的单位和个人,依照法定的条件和程序,追究法律责任。

(2) 商品税法

商品税,是指以应税商品(包括劳务在内)为征税对象的一类税。① 为什么

---

① 这里说的商品税中的“商品”是从广义上说的,包括“劳务”在内的,在这种情况下,商品税的征税对象是应税商品(包括劳务在内);从狭义上说的“商品”与“劳务”是并列关系,在这种情况下,以应税商品与劳务为征税对象的一类税,可以称为商品与劳务税。

以应税商品(包括劳务在内)为征税对象的一类税称为商品税呢?因为划分不同税种的标准是征税对象,而不是税法的其他构成要素。商品税是我国税收收入的主要来源。商品税法在整个税法体系中具有重要地位。商品税主要包括增值税、消费税、营业税和关税。相应地,商品税法主要包括增值税法、消费税法、营业税法和关税法。我国增值税法律规范、消费税法律规范、营业税法律规范的主要表现形式,分别是《中华人民共和国增值税暂行条例》、《中华人民共和国消费税暂行条例》、《中华人民共和国营业税暂行条例》①等行政法规和有关部门规章。我国关税法律规范的主要表现形式,是国务院发布的《中华人民共和国进出口关税条例》②和作为该《条例》组成部分的《中华人民共和国海关进出口税则》、《中华人民共和国进境物品进口税税率表》,以及《中华人民共和国海关法》(简称《海关法》)③的相关规定。

增值税,是指以应税商品(包括劳务在内)的增值额为计税依据的一种商品税。我国增值税的征税主体,主要是税务机关,进口环节的增值税由海关代征;纳税主体,是在我国境内销售货物、提供应税劳务以及进口货物的单位和个人。增值税的征税范围包括三个方面,即销售货物、提供应税劳务和进口货物。增值税的税率分为三档,即基本税率17%、低税率13%和零税率。此外,有关增值税的行政法规和部门规章还对增值税应纳税额的计算、税收减免、纳税地点和纳税期限等作出了规定。

消费税,是指以应税消费品的销售收入额为计税依据的一种商品税。我国消费税的征税主体,主要是税务机关,进口环节的消费税由海关代征;纳税主体,是在我国境内从事生产、委托加工和进口应税消费品的单位和个人,以及国务院确定的销售应税消费品的其他单位和个人。消费税的征税范围包括14个税目。消费税的税率包括两类,即比例税率和定额税率。此外,有关消费税的行政法规和部门规章还对消费税应纳税额的计算、税收减免、纳税地点和纳税期限等作出了规定。

营业税,是指以应税劳务营业额、无形资产转让额、不动产销售额④为计税依据的一种商品税。我国营业税的征税主体,是税务机关;纳税主体,是在我国境内提供应税劳务、转让无形资产、销售不动产的单位和个人。营业税的征税范

① 国务院于1993年12月13日发布了这三个《暂行条例》,自1994年1月1日起施行。2008年11月10日,国务院发布了国务院第三十四次常务会议于同年11月5日修订通过的三个《暂行条例》,自2009年1月1日起施行。

② 国务院于1985年3月7日发布了《中华人民共和国进出口关税条例》,先后于1987年、1992年、2003年作了修订。2003年修订的《关税条例》于同年11月23日发布,自2004年4月1日起施行。

③ 该法于1987年1月22日由第六届全国人大常委会第十九次会议通过,2000年作了修改。

④ 根据《中华人民共和国营业税暂行条例》第3条的规定,这里说的“营业额、转让额、销售额”,统称为营业额。

围包括9个税目。关于税率,交通运输业、建筑业、邮电通信业、文化体育业适用3%的税率;金融保险业、服务业、转让无形资产、销售不动产适用5%的税率;娱乐业适用5%—20%的税率。此外,有关营业税的行政法规和部门规章还对营业税应纳税额的计算、税收减免、纳税地点和纳税期限等作出了规定。

关税,是指以应税进出关境的货物与进境物品的完税价格为计税依据的一种商品税。我国的关税的征税主体,是海关;纳税主体,是依法负有缴纳关税义务的单位和个人,包括进口货物的收货人、出口货物的发货人、进境物品的所有人。关税的征税范围,包括准许进出我国关境的货物与进境物品。我国关税税率,分为进口税率和出口税率。其中,进口关税设置最惠国税率、协定税率、特惠税率、普通税率、关税配额税率等税率。对进口货物和出口货物,在一定期限内可以实行暂定税率。此外,有关关税的法律和行政法规还对进出口货物和进境物品完税价格的确定、关税应纳税额的计算、税收减免等作出了规定。

(3) 所得税法

所得税,又称收益税,是指以应税所得(即应税纯收益)为征税对象的一类税。以应税所得或纯收益为征税对象的一类税之所以称为所得税,是因为划分不同税种的标准是征税对象,而不是税法的其他构成要素。所得税是我国税收收入的重要来源。所得税法在税法体系中具有重要地位。所得税主要包括企业所得税、个人所得税。相应地,所得税法主要包括企业所得税法、个人所得税法。我国企业所得税法律规范、个人所得税法律规范的主要表现形式,分别是《中华人民共和国企业所得税法》(简称《企业所得税法》)及其《实施条例》、《中华人民共和国个人所得税法》(简称《个人所得税法》)及其《实施条例》。[①]

企业所得税,是指以应税企业所得(即应税企业纯收益)为计税依据的一种所得税。我国企业所得税的征税主体,是税务机关;纳税主体,是在中华人民共和国境内的企业(不包括个人独资企业、合伙企业)和其他取得收入的组织(以下统称企业)。企业分为居民企业[②]和非居民企业[③]。居民企业应当就其来源于中国境内、境外的所得缴纳企业所得税。非居民企业在中国境内设立机构、场所

① 《中华人民共和国企业所得税法》由第十届全国人民代表大会第五次会议于2007年3月16日通过,自2008年1月1日起施行。《中华人民共和国企业所得税法实施条例》于2007年12月6日由国务院发布,自2008年1月1日起施行。《中华人民共和国个人所得税法》由第五届全国人民代表大会第三次会议于1980年9月10日通过,1993年10月31日、1999年8月30日、2005年10月27日、2007年6月29日、2007年12月29日全国人大常委会先后进行了修改。《中华人民共和国个人所得税法实施条例》于1994年1月28日由国务院发布,2005年12月19日、2008年2月18日国务院先后进行了修改。

② 居民企业,是指依法在中国境内成立,或者依照外国(地区)法律成立但实际管理机构在中国境内的企业。

③ 非居民企业,是指依照外国(地区)法律成立且实际管理机构不在中国境内,但在中国境内设立机构、场所的,或者在中国境内未设立机构、场所,但有来源于中国境内所得的企业。

的，应当就其所设机构、场所取得的来源于中国境内的所得，以及发生在中国境外但与其所设机构、场所有实际联系的所得，缴纳企业所得税。非居民企业在中国境内未设立机构、场所的，或者虽设立机构、场所但取得的所得与其所设机构、场所没有实际联系的，应当就其来源于中国境内的所得缴纳企业所得税。企业所得税的税率为25%。非居民企业在中国境内未设立机构、场所的，或者虽设立机构、场所但取得的所得与其所设机构、场所没有实际联系的，其来源于中国境内的所得，适用税率为20%。企业应纳税所得额，为企业每一纳税年度的收入总额，减除不征税收入、免税收入、各项扣除以及允许弥补的以前年度亏损后的余额。企业应纳税额，为企业的应纳税所得额乘以适用税率，减除依照《企业所得税法》关于税收优惠的规定减免和抵免的税额后的余额。此外，《企业所得税法》及其《实施条例》还对税收优惠、源泉扣缴、特别纳税调整等作出了规定。

个人所得税，是指以应税个人所得额（即应税个人纯收益额）为计税依据的一种所得税。我国个人所得税的征税主体，是税务机关；纳税主体，是在中国境内有住所，或者无住所而在境内居住满1年的个人和在中国境内无住所又不居住或者无住所而在境内居住不满1年的个人。个人所得税的扣缴义务人，是支付所得的单位或者个人。个人所得税的征税范围，包括11个税目，即工资、薪金所得，个体工商户的生产、经营所得，对企事业单位的承包经营、承租经营所得，劳务报酬所得，稿酬所得，特许权使用费所得，利息、股息、红利所得，财产租赁所得，财产转让所得，偶然所得，经国务院财政部门确定征税的其他所得。个人所得税的税率，对于前三类所得适用超额累进税率；其他所得适用比例税率。同样适用超额累进税率或比例税率的不同税目，税率也不尽相同。此外，《个人所得税法》及其《实施条例》还对应税额的计算、税收减免、纳税期限等作出了规定。

（4）税收征管法

税收征管，是指征税机关对纳税人依法进行的税款征收管理。税收征管法对于加强税收征收管理，规范税收征收和缴纳行为，保障国家税收收入，保护纳税人的合法权益，促进经济和社会发展，发挥着重要作用。税收征管法在税法体系中具有重要地位。我国税收征管法律规范的主要表现形式，是《中华人民共和国税收征收管理法》（简称《税收征收管理法》）及其《实施细则》①和相关法律、行政法规、部门规章中的有关规定②。下面，简要阐述四个问题：

---

① 《中华人民共和国税收征收管理法》由第七届全国人大常委会第二十七次会议于1992年9月4日通过，1995年2月28日全国人大常委会修改，2001年4月28日第九届全国人大常会第二十一次会议修订，自2001年5月1日起施行。《中华人民共和国税收征收管理法实施细则》由国务院于2002年9月7日发布，自2002年10月15日起施行（1993年8月4日国务院发布的《中华人民共和国税收征收管理法实施细则》同时废止）。

② 例如，《海关法》第五章关税的有关条款，《企业所得税法》第七章征收管理的规定，以及《增值税暂行条例》、《消费税暂行条例》、《营业税暂行条例》的有关条款等。

其一,税收征收管理机关。

《税收征收管理法》第5条第1款规定:国务院税务主管部门主管全国税收征收管理工作;各地国家税务局和地方税务局应当按照国务院规定的税收征收管理范围分别进行征收管理。根据《海关法》的有关规定,海关是关税的征收管理机关。

其二,税务管理。

税务管理包括三方面内容:一是税务登记。从事生产、经营的纳税人(简称纳税人),自领取营业执照之日起30日内,持有关证件,向税务机关申报办理税务登记。税务机关应当自收到申报之日起30日内审核并发给税务登记证件。纳税人税务登记的内容发生变化的,依法向税务机关申报办理变更或者注销税务登记。二是账簿、凭证管理。纳税人、扣缴义务人应当按照有关规定设置账簿,根据合法、有效凭证记账,进行核算。税务机关是发票的主管机关,负责发票印制、领购、开具、取得、保管、缴销的管理和监督。单位、个人在购销商品、提供或者接受经营服务以及从事其他经营活动中,应当按照规定开具、使用、取得发票。纳税人、扣缴义务人必须按照规定的保管期限保管账簿、记账凭证、完税凭证及其他有关资料,不得伪造、变造或者擅自损毁。三是纳税申报。纳税人必须依照规定,如实办理纳税申报,报送纳税申报表、财务会计报表以及税务机关根据实际需要要求纳税人报送的其他纳税资料。扣缴义务人必须依照规定,如实报送代扣代缴、代收代缴税款报告表以及税务机关根据实际需要要求扣缴义务人报送的其他有关资料。

其三,税款征收。

在税款征收方面,税务机关主要行使下列职权:依法征收税款;依法加收滞纳金;依法核定纳税人应纳税额;对关联企业因违反规定而减少其应纳税的收入或者所得额的,有权进行合理调整;依法扣押纳税人商品、货物;依法采取税收保全措施;依法采取强制执行措施;依法通知出境管理机关阻止欠缴税款的纳税人或者他的法定代表人出境;依法行使代位权、撤销权;依法要求纳税人、扣缴义务人补缴税款;依法追征税款、滞纳金。

在税款征收方面,税务机关的职责主要有:不得违反法律、行政法规的规定开征、停征、多征、少征、提前征收、延缓征收或者摊派税款;按照规定付给扣缴义务人代扣、代收手续费;必须给纳税人开具完税凭证;未按规定解除税收保全措施,使纳税人的合法利益遭受损失的,应当承担赔偿责任;不得查封、扣押纳税人个人及其所扶养家属维持生活必需的住房和用品;采取税收保全措施、强制执行措施使纳税人、扣缴义务人或者纳税担保人的合法权益遭受损失的,应当依法承担赔偿责任;应当对纳税人欠缴税款的情况定期予以公告;扣押财产必须开付收据,查封财产必须开付清单;退还纳税人超过应纳税额缴纳的税款;依法将征收的税款、滞纳金缴入国库。

纳税人、扣缴义务人的权利主要有:纳税人依法缴纳税款,有权取得完税凭证;纳税人因有特殊困难,不能按期缴纳税款的,经批准,可以延期缴纳税款;纳税人可以依法书面申请减税、免税;纳税人可以向税务机关要求退还多缴的税款并加算银行同期存款利息;扣缴义务人依法履行代扣、代收税款义务,有权按照规定获得代扣、代收手续费。

纳税人、扣缴义务人的义务主要有:必须依照法律、行政法规的规定缴纳税款、代扣代缴、代收代缴税款;纳税人要求扣缴义务人开具代扣、代收税款凭证的,扣缴义务人应当开具;纳税人有欠税情形而以其财产设定抵押、质押的,应当向抵押权人、质权人说明其欠税情况;纳税人有合并、分立情形的,应当向税务机关报告,并依法缴清税款;欠缴税款数额较大的纳税人在处分其不动产或者大额资产之前,应当向税务机关报告。

其四,税务检查。

税务机关进行税务检查时,行使下列职权:账簿、记账凭证、报表和有关资料检查权;应纳税财产、有关经营情况实地检查权;有关的文件、证明材料、资料取得权;有关的问题和情况询问权;与托运、邮寄应纳税财产的有关单据、凭证、资料检查权;存款账户、储蓄存款查询权。此外,税务机关还可以依法采取税收保全措施或者强制执行措施;有权依法向有关单位和个人调查有关情况;在调查税务违法案件时,可以记录、录音、录像、照相和复制与案件有关的情况和资料。

税务机关在税务检查方面的义务有:出示税务检查证和税务检查通知书的义务;退还账簿、记账凭证、报表和其他有关资料的义务;为被检查人保守秘密的义务。

税务检查相对人的权利和义务包括:税务机关派出的人员进行税务检查未出示税务检查证和税务检查通知书的,被检查人有权拒绝检查;纳税人、扣缴义务人有权要求税务机关为其情况保密;纳税人、扣缴义务人必须接受税务机关依法进行的税务检查,如实反映情况,提供有关资料,不得拒绝、隐瞒;税务机关依法进行税务检查时,有关单位和个人有义务向税务机关如实提供有关资料及证明材料。

(5)违反税法的法律责任

税法主体违反税收征纳制度的类型是很多的。依据主要的制度类别来划分,主要包括违反税收征管制度的法律责任、违反发票管理制度的法律责任、违反税务代理制度的法律责任、违反海关税收制度的法律责任。[①] 考虑到违反税收征管制度的法律责任的重要性和本书篇幅有限,下面简要阐述违反税收征收

① 张守文:《财税法学》,中国人民大学出版社 2007 年版,第 416 页。

管理法的法律责任:

为了保证税收征收管理法的实施,我国《税收征收管理法》及其《实施细则》对违反税收征收管理法的法律责任作出了规定;同时,《中华人民共和国刑法》还专门设置了“危害税收征管罪”一节。

关于违反税收征收管理法的法律责任主体,不仅包括违反法定义务的纳税人、扣缴义务人,而且包括税务机关及其直接负责的主管人员和其他直接责任人员、税务人员、税务代理人、纳税人和扣缴义务人的开户银行或者其他金融机构及其直接负责的主管人员和其他直接责任人员。此外,还包括骗取国家退税的单位和个人、抗税的单位和个人、非法印制发票的单位和个人、未经税务机关依法委托征收税款的单位和个人,以及擅自作出税收的开征、停征或者减税、免税、退税、补税以及其他同税收法律、行政法规相抵触的决定的直接负责的主管人员和其他直接责任人员。这些规定都是必要的。

对于不同的法律责任主体,我国法律根据其违法的不同性质和情节轻重,对其承担法律责任的形式和处罚力度作出了规定。其中,法律责任形式包括了通常所说的民事责任、行政责任和刑事责任。如果按照法律责任是否直接具有物质利益的内容,可以把它划分为经济责任和非经济责任。在经济责任中,补偿性经济责任包括承担赔偿责任,扣缴税款,追缴少缴、欠缴或拒缴的税款、滞纳金,追征税款、滞纳金,追缴骗取的出口退税款,责令退还查封、扣押或收取的财物;惩罚性经济责任包括加收滞纳金,没收违法所得,没收非法印制发票的作案工具,罚款,罚金。在非经济责任中,行为责任包括责令限期缴纳税款、解缴税款,收缴违法的纳税人、扣缴义务人的发票或停止向其发售发票,责令改正或责令限期改正,撤销擅自作出的违反法律、行政法规的决定;信誉责任包括警告,记过,记大过;资格减免责任包括吊销营业执照,降级,撤职,开除;人身责任包括判处管制、拘役、有期徒刑、无期徒刑或死刑。

4. 国债法

(1) 国债与国债法的概念

什么是国债?

国债,又称国家公债,是指国家为了取得财政收入以实现其职能而凭借国家信用所举借的债务。这个定义的基本含义有四:一是国债是一种债务。它具有各种债务所共有的属性,如举借债务都是自愿的、要偿还的,具有自愿性、偿还性,它与税收、罚款、没收财产等不同。二是国债是国家举借的债务。国债的债务人只能是国家,而不是个人和社会组织。三是国家举借债务的目的是取得财政收入以实现其职能。这不同于个人、企业等债务。四是国家举借债务取得财政收入所凭借的是国家信用。国家信用是信用等级最高的信用。因此,国债比任何其他债务更具安全性,风险性最小。

什么是国债法?

笔者认为,国债法的调整对象是,在国家为了取得财政收入以实现其职能而凭借国家信用所举借的债务资金的筹集和使用过程中发生的经济关系,即在国债资金的筹集和使用过程中发生的经济关系,简称国债调控关系。国债法,是指调整在国家为了取得财政收入以实现其职能而凭借国家信用所举借的债务资金的筹集和使用过程中发生的经济关系的法律规范的总称。作为财政法组成部分的国债法,属于法的范畴,属于国内法体系,属于经济法体系,属于宏观调控法体系,属于财政法体系。它之所以属于财政法体系,是因为国债法调整的国债调控关系,属于财政法调整的财政调控关系的范围。但它又不同于同属于财政法体系的税法、政府采购法、转移支付法等法的部门,其中,最主要的是国债法与这些法的调整对象不同。

组成国债法的法律规范即国债法律规范,主要是以关于国债的规范性文件为表现形式的。例如,美国先后制定了《自由公债法》(1917 年)、《公共债务法》(1942 年)、《政府债券法》(1986 年)。韩国于 1979 年制定了《政府债券法》,1994 年对该法进行了修订。在我国,中央人民政府于 1949 年 12 月 2 日作出了《关于发行人民胜利建设公债的决定》,上个世纪 50 年代,中央政府和全国人大常委会先后分别制定了多个年度的《国家经济建设公债条例》。改革开放以来,在上世纪 80 年代至 1991 年,国务院多次制定了年度的《国库券条例》和《1991 年特种国债条例》。此后,国务院于 1992 年 3 月 18 日发布了现行的《中华人民共和国国库券条例》(简称《国库券条例》),国务院有关部门先后制定了一些关于国债的规章①。但是,我国的《国债法》尚未制定,国债立法还很不完善。

(2) 国债法的地位

国债法具有特定的调整对象——国债调控关系。它属于财政法调整的财政调控关系的范围。因此,由调整国债调控关系的法律规范组成的国债法,是财政法体系中的一个独立的法的部门。

国债是国家财政收入的来源之一,是国家宏观调控的经济杠杆。它具有取得财政收入,弥补财政赤字的功能;具有调节生产、消费,促进经济结构优化和经济总量平衡的功能。国债法是国债资金的筹集和使用的法律依据,是发挥国债功能的法律保障。国债法是财政法中的一个不可缺少的法的部门。

(3) 国债的种类

国债的种类与国债立法有着密切的联系,国债的种类是国债法的重要内容之一。

---

① 这些部门规章是《国债一级自营商管理办法》(1993 年)、《国债托管管理暂行办理》(1997 年)、《商业银行柜台记账式国债交易管理办法》(2002 年)、《外债管理暂行办法》(2003 年)等。

对于国债,按照不同的标准,可以做不同的划分。例如:按发行地域的不同,可分为国内债务和国外债务;按用途的不同,可分为赤字国债、建设国债、特种国债;按流通性能的不同,可分为上市国债和不上市国债;按偿还期限的不同,可分为定期国债[①]和不定期国债;按举借方式的不同,可分为国家债券和国家借款;按偿付方式的不同,可分为普通国债与有奖国债;等。

自20世纪80年代以来,我国发行的国债的主要形式,是国库券、国家建设债券、国家重点建设债券、特种国债等。

(4) 国债资金的筹集和使用

关于国债资金的筹集和使用,我国《国库券条例》和《外债管理暂行办法》的有关条款分别作出了规定。在贯彻上述规定的过程中,要注意体现"加强政府债务管理,防范政府债务风险"[②]和"加强政府债务管理,严格控制新债,防范和化解财政风险"[③]的精神。

在国债资金的筹集方面,每年国库券的发行数额、利率、偿还期等,经国务院确定后,由财政部予以公告。国家下达的国库券发行计划,应当按期完成。国库券的发行和还本付息事宜,在各级人民政府统一领导下,由财政部门和中国人民银行组织有关部门多渠道办理。原国家发展计划委员会会同有关部门根据国民经济和社会发展需要,以及国际收支状况和外债承受能力,制定国家借用外债计划,合理确定全口径外债的总量和结构调控目标。国际金融组织贷款和外国政府贷款由国家统一对外举借。原国家发展计划委员会会同财政部等有关部门制定世界银行、亚洲开发银行、联合国农业发展基金会和外国政府贷款备选项目规划。其中,世界银行、亚洲开发银行、联合国农业发展基金会和重点国别外国政府贷款备选项目规划须经国务院批准。财政部代表国家在境外发行债券由财政部报国务院审批,并纳入国家借用外债计划。

在国债资金的使用方面,发行国库券筹集的资金,由国务院统一安排使用,主要是弥补财政赤字[④],用于经济建设和特殊需要。外债资金应当主要用于经济发展和存量外债的结构调整。国际金融组织贷款和外国政府贷款等中长期国外优惠贷款重点用于基础性和公益性建设项目,并向中西部地区倾斜。外债管理部门负责对外债资金使用进行管理和监督。

---

① 定期国债,又可分为短期国债(1年以内)、中期国债(1年至10年)、长期国债(10年以上)。

② 第十届全国人民代表会第四次会议于2006年3月14日批准的《中华人民共和国国民经济和社会发展第十一个五年规划纲要》。

③ 第十一届全国人民代表会第一次会议于2008月3月18日批准的《关于2007年中央和地方预算执行情况与2008年中央和地方预算草案的报告》,载《人民日报》2008年3月21日。

④ 财政赤字,亦称"预算赤字",是指在一个财政年度内财政支出超过财政支入的差额,因会计记账规则要求用红色墨水登记收入负数,故将财政年度内财政支出超过财政支入的差额称为"财政赤字"。见全国人大常委会预算工作委员会办公室编:《预算审查监督》,中国民主法制出版社2000年版,第267页。

5. 政府采购法

(1) 政府采购与政府采购法的概念

什么是政府采购?

在谈到世界贸易组织的《政府采购协议》时,有一种观点认为:"政府采购是指,政府为政府机关自用或为公共目的而选择购买货物或服务的活动,其所购买的货物或服务不用于商业转售,也不用于供商业销售的生产。"①有些学者在引用并肯定《中华人民共和国政府采购法》(简称《政府采购法》)关于政府采购的定义的同时,认为"所谓政府采购,在一般意义上是指政府对维持政府正常运转所需物品的采买与购置"②;或者认为"所谓政府采购,也称公共采购,是指政府为了实现公共目的,按照法定的方式和程序,以购买者身份购进货物、工程和服务的行为。"③那么,我国《政府采购法》对政府采购这一概念下了一个什么样的定义的呢?该法第2条第2款明确指出:"本法所称政府采购,是指各级国家机关、事业单位和团体组织,使用财政性资金采购依法制定的集中采购目录以内的或者采购限额标准以上的货物、工程和服务的行为。"

笔者认为,我国《政府采购法》为了明确其适用范围,对该法所称的政府采购这一概念下的定义是符合我国的情况和需要的。但是,考虑到国内外情况的差异和有关国家的法律对政府采购的定义的规定有所不同,可以对政府采购这一概念下这样一个定义:政府采购,是指法定的主体使用财政资金依法选择购置货物、工程和服务的行为。其基本含义有五:一是政府采购是一种"行为"或活动。二是这种行为是"选择购置货物、工程和服务的行为"。这里说的"选择购置"即采购;这里说的"货物、工程和服务"即采购对象,它不限于"物品",这与《政府采购协议》的规定是一致的,因为该《协议》"规定的采购对象是货物和服务(包括工程服务与非工程服务)。"④三是这种行为必须"依法"进行,即采购的对象、方式和程序必须按照法律的规定进行。四是政府采购使用的资金是"财政资金"。政府采购应当严格按照批准的预算执行。这是一种财政支出,是国家实行宏观调控的需要。五是进行政府采购的主体即采购人,是法定主体,可以是政府,也可以是法定的各级国家机关、事业单位和团体组织。

什么是政府采购法?

笔者认为,政府采购法的调整对象是,在法定的主体使用财政资金依法选择购置货物、工程和服务的过程中发生的经济关系,即在政府采购过程中发生的经济关系,简称政府采购调控关系。政府采购法,是指调整在法定的主体使用财政

---

① 石广生主编:《中国加入世界贸易组织知识读本》(一),人民出版社2001年版,第250页。

② 潘静成、刘文华主编:《经济法》,中国人民大学出版社2005年版,第402页。

③ 张守文:《财税法学》,中国人民大学出版社2007年版,第125页。

④ 石广生主编:《中国加入世界贸易组织知识读本》(一),人民出版社2001年版,第253页。

资金依法选择购置货物、工程和服务的过程中发生的经济关系的法律规范的总称。这是从实质意义上讲的政府采购法。作为财政法的组成部分的政府采购法,属于法的范畴,属于国内法体系,属于经济法体系,属于宏观调控法体系,属于财政法体系。它之所以属于财政法体系,是因为政府采购法调整的政府采购调控关系,属于财政法调整的财政调控关系的范围。但它又不同于同属于财政法体系的税法、国债法、转移支付法等法的部门,其中,最主要的是政府采购法与这些法的调整对象不同。

组成政府采购法的法律规范即政府采购法律规范,主要是以关于政府采购的规范性文件为表现形式的。在我国,这样的规范性文件主要是,由第九届全国人大常委会第二十八次会议于2002年6月29日通过、自2003年1月1日起施行的《中华人民共和国政府采购法》。这部法律是我国形式意义上讲的政府采购法。此外,在上述法律制定以后,财政部还发布了《中央单位政府采购管理施行办法》(自2004年9月1日起施行)、《政府采购信息公告管理办法》(自2004年9月11日起施行)等部门规章。应该说,我国在政府采购立法方面虽然取得了相当大的成绩,但是目前尚不够完善,还缺乏一些应有的配套法规。

(2) 政府采购法的地位

政府采购法是一个独立的法的部门。政府采购调控关系是政府采购法的特定调整对象。它属于财政法调整的财政调控关系的范围。需要指出的是,在作为规范性文件的《政府采购法》中的法律规范,虽然并不都是调整政府采购调控关系的法律规范,即组成政府采购法的法律规范。① 但是,由于《政府采购法》并不等于作为一个法的部门的政府采购法,因此,这并不影响政府采购法具有特定的调整对象,也不影响由调整政府采购调控关系的法律规范组成的政府采购法是财政法体系中的一个独立的法的部门。

政府采购法是一个重要的法的部门。政府采购已有二百多年历史。随着1994年一些世界贸易组织成员签署WTO《政府采购协议》和联合国贸易法委员会当年通过《货物、工程和服务采购示范法》,不少国家的政府采购法律制度越来越完善,采购规模也越来越大。现在,政府采购已成为许多国家管理财政支出、调节经济运行、维护本国利益的基本制度和重要手段。② 在我国,政府采购法的实施,对于强化财政支出管理,规范政府采购行为,提高政府采购资金的使用效益,维护国家利益和社会公共利益,保护政府采购当事人的合法权益,促进廉政建设,加强宏观调控,实现国家的经济和社会发展政策目标,发挥了重要作

---

① 例如,在《政府采购法》中关于政府采购合同的某些法律规范,就不是组成政府采购法的法律规范。因为这种法律规范虽然也是调整经济关系的,但这种经济关系不是政府采购调控关系。

② 参见姚振炎:《关于〈中华人民共和国政府采购法(草案)〉的说明》,载《全国人民代表大会常务委员会公报》2002年第4号。

用。这表明,政府采购法是财政法律系中的一个重要的法的部门。

(3)《政府采购法》的内容

《政府采购法》有多方面的内容。这里简要讲以下六点;

其一,政府采购当事人。

政府采购当事人,是指在政府采购活动中享有权利和承担义务的各类主体。这包括采购人、采购代理机构和供应商等。

采购人,是指依法进行政府采购的国家机关、事业单位、团体组织。

集中采购机构为采购代理机构。集中采购机构是非营利事业法人,根据采购人的委托办理采购事宜。

供应商,是指向采购人提供货物、工程或者服务的法人、其他组织或者自然人。

其二,采购对象。

在我国,采购对象是依法制定的集中采购目录以内的或者采购限额标准以上的货物、工程和服务。

政府集中采购目录和采购限额标准依照《政府采购法》规定的权限制定:一是属于中央预算的政府采购项目,其集中采购目录由国务院确定并公布;属于地方预算的政府采购项目,其集中采购目录由省、自治区、直辖市人民政府或者其授权的机构确定并公布。二是政府采购限额标准,属于中央预算的政府采购项目,由国务院确定并公布;属于地方预算的政府采购项目,由省、自治区、直辖市人民政府或者其授权的机构确定并公布。

其三,政府采购方式。

政府采购采用以下方式:一是公开招标;二是邀请招标;三是竞争性谈判;四是单一来源采购;五是询价;六是国务院政府采购监督管理部门认定的其他采购方式。其中,公开招标应作为政府采购的主要采购方式。

其四,政府采购程序。

《政府采购法》第 33 条规定:“负有编制部门预算职责的部门在编制下一财政年度部门预算时,应当将该财政年度政府采购的项目及资金预算列出,报本级财政部门汇总。部门预算的审批,按预算管理权限和程序进行。”

与此同时,该法有关条款对采取不同方式进行采购的程序分别作了规定。该法还规定:采购人或者其委托的采购代理机构应当组织对供应商履约的验收;采购人、采购代理机构对政府采购项目每项采购活动的采购文件应当妥善保存,不得伪造、变造、隐匿或者销毁。

其五,政府采购合同。

政府采购合同适用合同法。采购人和供应商之间的权利和义务,应当按照平等、自愿的原则以合同方式约定。政府采购合同应当采用书面形式。

国务院政府采购监督管理部门应当会同国务院有关部门,规定政府采购合同必须具备的条款。采购人应当将政府采购项目的采购合同副本报同级政府采购监督管理部门和有关部门备案。

其六,监督检查。

各级人民政府财政部门是负责政府采购监督管理的部门,依法履行对政府采购活动的监督管理职责。各级人民政府其他有关部门依法履行与政府采购活动有关的监督管理职责。

政府采购监督管理部门应当加强对政府采购活动及集中采购机构的监督检查。监督检查的主要内容:一是有关政府采购的法律、行政法规和规章的执行情况;二是采购范围、采购方式和采购程序的执行情况;三是政府采购人员的职业素质和专业技能。

依照法律、行政法规的规定对政府采购负有行政监督职责的政府有关部门,应当按照其职责分工,加强对政府采购活动的监督。

集中采购机构应当建立健全内部监督管理制度。

任何单位和个人对政府采购活动中的违法行为,有权控告和检举,有关部门、机关应当依照各自职责及时处理。

(4) 违反政府采购法的法律责任

根据我国《政府采购法》第 8 章的规定,关于违反政府采购法的法律责任主体,不仅包括违反法定义务的采购人、采购代理机构及其工作人员、直接负责的主管人员和其他直接责任人员,以及供应商,而且包括政府采购监督管理部门的工作人员、负责人、直接负责的主管人员和其他直接责任人员,以及阻挠和限制供应商进入本地区或者本行业政府采购市场的任何单位或者个人和单位负责人。

对于不同的法律责任主体,《政府采购法》和有关法律根据其违法的不同性质和情节轻重,对其承担法律责任的形式和处罚力度作出了规定。其中,法律责任形式包括了通常所说的民事责任、行政责任和刑事责任。如果按照法律责任是否直接具有物质利益的内容,可以把它划分为经济责任和非经济责任。在经济责任中,补偿性经济责任包括承担赔偿责任;惩罚性经济责任包括罚款,没收违法所得等。在非经济责任中,行为责任包括责令改正或责令限期改正,终止采购活动,停止按预算向采购人支付资金,禁止参加政府采购活动;信誉责任包括通报,列入不良行为记录名单,警告,记过,记大过;资格减免责任包括吊销营业执照,取消采购代理机构进行相关业务的资格,取消集中采购机构代理采购的资格,降级,撤职,开除;人身责任包括判处拘役、有期徒刑等。

（四）中央银行法

1. 中央银行的性质、地位和组织机构

（1）中央银行的性质

中央银行的名称，在各国并不统一。例如：中国称为中国人民银行；日本称为日本银行；印度称为储备银行；土耳其、阿根廷称为中央银行；英国称为英格兰银行；法国称为法兰西银行；比利时称为国家银行；美国称为美国联邦储备银行。

中央银行不同于银行体系中的其他银行。它是国家银行、发行银行、银行的银行。中央银行是国家银行，它主管一国的金融业，代表国家从事国内、国际有关金融活动。中央银行是发行银行，是各个国家货币的唯一发行者。中央银行是银行的银行，是银行业金融机构存款准备金的最终保管者，并对商业银行发放贷款，是最后货款者。

中央银行是金融调控的唯一主体。在外国是这样，在中国更是如此。根据《中华人民共和国中国人民银行法》（简称《中国人民银行法》）的有关规定，要建立和完善中央银行宏观调控体系，由中国人民银行依法行使金融调控权，其他金融机构和国家机关不能成为金融调控的主体。

（2）中央银行的地位

中央银行与其他金融机构的关系，表明了它在整个金融机构体系中的地位。大家知道，金融机构体系包括银行体系和非银行金融机构体系。前者，包括中央银行、商业银行、政策性银行等；后者，包括保险公司、信用合作社、财务公司、证券公司、基金管理公司、信托投资公司、金融资产管理公司、金融租赁公司、典当行等。相对而言，前者比后者更为重要；在银行体系中，中央银行的地位比其他银行的地位更为重要。中央银行在整个金融机构体系中，居于主导地位。

从中央银行与有关国家机关的关系来看，各国中央银行的地位并不是相同的。例如："有的国家的中央银行独立于政府，直接对议会负责，如美国；有的国家的中央银行是政府的组成部分，但独立于政府财政部门，如英国；也有的国家的中央银行隶属于政府财政部门，受到财政部门的影响或控制。"[①]在我国，中国人民银行与国务院的关系是领导与被领导的关系；同时，它依法独立执行货币政策，履行职责，开展业务，不受地方政府、各级政府部门、社会团体和个人的干涉。中国人民银行与财政部、审计署的关系，《中国人民银行法》第 38 条第 2 款、第 40 条分别规定：中国人民银行的预算经国务院财政部门审核后，纳入中央预算，接受国务院财政部门的预算执行监督；中国人民银行的财务收支和会计事务，应

① 李昌麒、刘瑞复主编：《经济法》，法律出版社 2004 年版，第 246 页。

当执行法律、行政法规和国家统一的财务、会计制度,接受国务院审计机关和财政部门依法分别进行的审计和监督。关于中国人民银行与全国人大常委会的关系,根据该法第6条的规定,中国人民银行应当向全国人民代表大会常务委员会提出有关货币政策情况和金融业运行情况的工作报告,接受监督。

(3) 中央银行的组织机构

中央银行的组织结构形式,有一元制和二元制之分。所谓一元制,是指一个国家只设一个中央银行,根据其履行职责的需要可以设立分支机构。这是世界上绝大多数国家所实行的组织结构形式。所谓二元制,是指在一个国家中央和地方分别设立中央银行,在执行统一的货币政策的同时,地方设立的中央银行在其辖区内享有相对独立的职权。这是在一些联邦制国家所实行的组织结构形式。在我国,实行的是一元制的组织结构形式。中国人民银行是中华人民共和国的中央银行。它根据履行职责的需要设立分支机构,作为中国人民银行的派出机构。中国人民银行对分支机构实行统一领导和管理。中国人民银行的分支机构根据中国人民银行的授权,维护本辖区的金融稳定,承办有关业务。

关于中国人民银行的内部领导制度,中国人民银行实行行长负责制。行长领导中国人民银行的工作,副行长协助行长工作。为了保证国家货币政策的正确制定和执行,中国人民银行设立了货币政策委员会。它在国家宏观调控、货币政策制定和调整中,发挥着重要作用。

2. 中央银行法的概念和地位

(1) 中央银行法的概念

为了正确认识中央银行法这一概念,需要明确四个问题:其一,作为一个法的部门的中央银行法与作为一部法律的《中央银行法》的关系。笔者认为,作为一个法的部门的中央银行法,也就是作为宏观调控法体系的组成部分的中央银行法,不能与作为一部法律的《中央银行法》相混淆。因为前者是实质意义上的中央银行法,后者是形式意义上的《中央银行法》。在我国,形式意义上的中央银行法就是1995年3月18日第八届全国人民代表大会第三次会议通过、2003年12月27日第十届全国人民代表大会常务委员会第六次会议修改的《中华人民共和国中国人民银行法》。本书关于中央银行法的概念,如果没有特别的说明,都是从实质意义上讲的。其二,中央银行法的调整对象。笔者认为,中央银行法的调整对象是,在金融宏观调控过程中发生的经济关系,简称金融调控关系。其三,中央银行法的定义。笔者认为,中央银行法,是指调整在金融宏观调控过程中发生的经济关系的法律规范的总称。简言之,中央银行法是调整金融调控关系的法律规范的总称。其四,中央银行法的定义的基本含义。笔者认为,该定义的基本含义有五:一是中央银行法属于法的范畴。因为它同其他法一样都是由法律规范组成的。二是中央银行法属于国内法体系。因为组成中央银行法的法律规范所调整的金融调控关系是在本国经济运行过程中发生的,对这种经济运行的协调是一个国家的协调,中央银行法律规范是由一个国家制定或认可的。三是中央银行法属于经济法体系。因为它调整的金融调控关系属于经济法调整的特定经济关系的范围。四是中央银行法属于宏观调控法体系。因为它调整的金融调控关系属于作为宏观调控法调整对象的宏观调控关系的范围。五是中央银行法又不同于同属于宏观调控法体系的其他法。因为作为中央银行法调整对象的金融调控关系,又不同于计划法、财政法、价格调控法等的调整对象。

(2) 中央银行法的地位

在宏观调控法的组成部分中,究竟是金融法、金融调控法,还是中央银行法?对此,经济法学界存在着不同的认识:不少学者认为,金融法是宏观调控法的组成部分;有些学者认为,金融调控法是宏观调控法的组成部分;也有学者认为,中央银行法是宏观调控法的组成部分。本书认为,第一种观点有一定道理,但是不很准确。因为金融调控法或中央银行法是金融法体系的核心,从这个意义上说金融法是宏观调控法的组成部分是有一定道理的;但是,金融法体系的其他组成部分并不属于宏观调控法的范围,笼统地说金融法是宏观调控法的组成部分不很准确。上述第二、第三种观点都是正确的。虽然这两种观点使用的语词不同,但是实质一样,因为中央银行是金融调控的唯一主体,中央银行的调控就是金融调控,中央银行法也就是金融调控法。

应该指出,中央银行法具有特定的调整对象,是宏观调控法体系中的一个独立的法的部门。因为中央银行法调整的金融调控关系属于宏观调控法调整的宏观调控关系的范围,调整金融调控关系的法律规范即中央银行法律规范属于宏观调控法律规范的范围,所以,作为中央银行法律规范总称的中央银行法属于宏观调控法体系。而宏观调控法属于经济法体系,因此,中央银行法是属于经济法体系的宏观调控法体系中的一个独立的法的部门。

金融是现代经济的核心。金融调控即金融宏观调控,是现代市场经济宏观调控体系的重要支柱之一。中央银行法将金融调控活动纳入法治轨道,可以为发挥金融调控在我国宏观调控中的重要作用提供法律保证,推动国民经济又快又好的发展和社会全面进步。所以,中央银行法在宏观调控法体系中是一个重要的法的部门,在经济法体系中也具有重要的地位。

3. 中央银行的宏观调控

(1) 金融调控与货币政策

保持经济总量的基本平衡,即保持社会总供给和总需求之间的大体平衡,是宏观经济调控的核心内容之一。在市场经济条件下,社会总供给和总需求的平衡,从价值形态上看,就是货币供应量和货币需求量的平衡。要保证社会总供给和总需求的平衡,就必须使货币供应量和货币需求量相平衡。[①]

货币政策,是指中央银行为实现宏观调控目标而采取的调节和控制货币供应总量[②]的方针、措施的总称。中央银行的主要职能是正确制定和执行货币政策;只有正确制定和执行货币政策,才能正确处理货币供求关系,充分发挥中央银行在金融调控中的作用,以利于实现宏观经济调控目标。

(2) 货币政策目标

货币政策目标的选择,各个国家都是根据不同时期的具体经济环境和市场情况确定的,并适时进行调整。在上世纪 30 年代以前的国际金本位制时期,各国中央银行的货币政策目标主要是稳定币值。上世纪 30 年代初世界经济大危机之后,英、美等国将谋求充分就业作为其货币政策目标之一。上世纪 50 年代后期,欧美一些国家的中央银行又把经济增长确定为货币政策目标之一。上世纪 60 年代以后,美国等几个西方国家国际收支持续出现逆差,也影响了其国内经济的发展,又将国际收支平衡列为货币政策目标之一。这样,在西方一些主要国家,货币政策目标便成为稳定币值、充分就业、经济增长和国际收支平衡等四项。这四项货币政策目标之间的关系比较复杂。其中,有的货币政策目标之间比较协调,有的相互之间存在矛盾。[③] 因此,以上四个货币政策目标很难在一个时期内同时实现,这就产生了货币政策目标选择中的权衡利弊和取舍问题。在实践中,在确定货币政策目标时,选择单一目标、双重目标或多重目标的国家都有;同时,不少国家还根据不同情况的出现和认识的变化而适时调整。

我国在总结本国的经验、借鉴外国经验的基础上,《中国人民银行法》第 3 条明确规定:"货币政策目标是保持货币币值的稳定,并以此促进经济增长。"需要指出,这不是两个并列的货币政策目标。其中,保持货币币值(实际购买力)稳定,是要防止通货膨胀或通货紧缩,保持物价总水平基本稳定,这是我国货币政策的直接目标;促进经济增长,是保持货币币值稳定的目标,即我国货币政策的根本目标。实践证明:保持货币币值稳定,能够促进经济增长;反之,货币币值急剧下降或上升,出现严重的通货膨胀或通货紧缩,都不利于经济增长。

(3) 货币政策工具

货币政策工具中的"工具"的含义,可以理解为为了达到目标所采取的措施或手段。据此,对于货币政策工具的含义,可以认为,它是中央银行为实现货币政策目标而采取的金融调控措施或手段。在我国,联系到《中国人民银行法》所

---

① 参见王维澄、李连仲:《社会主义市场经济教程》,北京大学出版社 1995 年版,第 250、276—277 页。

② 货币供应总量,即全社会的货币供应量。

③ 参见国家计委培训中心宏观经济管理编辑部:《宏观经济调控》,中国计划出版社 1995 年版,第 81—82 页。

规定的货币政策目标，对我国的货币政策工具这一概念可以下这样一个定义：中国的货币政策工具，是指中国人民银行为保持货币币值的稳定，并以此促进经济增长而采取的金融调控措施或手段。

对于货币政策工具，可以划分为一般性货币政策工具和选择性货币政策工具两类。前者，是国外市场经济国家中央银行经常采用的、传统的货币政策工具，包括存款准备金、再贴现、公开市场业务等三大政策工具。后者，是国外市场经济国家中央银行有选择地使用的货币政策工具，又称特殊货币政策工具，包括利率限额、信用配额、流动性比例、证券市场信用调控、不动产交易信用调控、预交进口保证金、道义劝告等。

关于我国货币政策工具的内容，《中国人民银行法》第23条从我国的实际情况出发，作出了明确规定：中国人民银行为执行货币政策，可以运用下列货币政策工具：一是要求银行业金融机构按照规定的比例交存存款准备金；二是确定中央银行基准利率；三是为在中国人民银行开立账户的银行业金融机构办理再贴现；四是向商业银行提供贷款[①]；五是在公开市场上买卖国债、其他政府债券和金融债券及外汇；六是国务院确定的其他货币政策工具。

（4）货币政策的制定与执行

《中国人民银行货币政策委员会条例》[②]第3条规定，货币政策委员会的职责是，在综合分析宏观经济形势的基础上，依据国家的宏观经济调控目标，讨论下列货币政策事项，并提出建议：货币政策的制定、调整；一定时期内的货币政策控制目标；货币政策工具的运用；有关货币政策的重要措施；货币政策与其他宏观经济政策的协调。

根据《中国人民银行法》的有关规定，中国人民银行在国务院领导下，依法制定和执行货币政策。中国人民银行为执行货币政策，可以运用该法规定的六项货币政策工具，并可以规定具体的条件和程序。如前所述，中国人民银行依法独立执行货币政策，履行职责，开展业务，不受地方政府、各级政府部门、社会团体和个人的干涉。有关货币政策情况，中国人民银行应当向全国人民代表大会常务委员会提出工作报告，接受监督。

4. 违反中央银行法的法律责任

违反中央银行法的行为包括以下几类：一是伪造、变造人民币，出售伪造、变造的人民币，或者明知是伪造、变造的人民币而运输的；二是购买伪造、变造的人民币或者明知是伪造、变造的人民币而持有、使用的；三是在宣传品、出版物或者

---

① 《中国人民银行法》第28条规定："中国人民银行根据执行货币政策的需要，可以决定对商业银行贷款的数额、期限、利率和方式，但贷款的期限不得超过一年。"

② 国务院于1997年4月15日发布，自发布之日起施行。

其他商品上非法使用人民币图样的;四是印制、发售代币票券,以代替人民币在市场上流通的;五是违反有关存款准备金管理的规定,违反与中国人民银行特种贷款有关的规定,违反有关人民币管理的规定,违反有关银行间同业拆借市场、银行间债券市场管理的规定,违反有关外汇管理的规定,违反有关黄金管理的规定,违反代理中国人民银行经理国库的规定,违反有关清算管理的规定,违反有关反洗钱的规定的;六是中国人民银行向地方政府、各级政府部门提供贷款,向非银行金融机构以及其他单位和个人提供贷款,对单位和个人提供担保,擅自动用发行基金的;七是地方政府、各级政府部门、社会团体和个人强令中国人民银行及其工作人员违反《中国人民银行法》第30条的规定提供贷款或者担保的;八是中国人民银行的工作人员泄露国家秘密或者所知悉的商业秘密的;九是中国人民银行的工作人员贪污受贿、徇私舞弊、滥用职权、玩忽职守的。

对于上述不同的违法行为,《中国人民银行法》第7章和《中华人民共和国刑法》等法律的有关条款根据其违法的不同性质和情节轻重,对其承担法律责任的形式和处罚力度作出了规定。其中,法律责任形式包括了通常所说的民事责任、行政责任和刑事责任。如果按照法律责任是否直接具有物质利益的内容,可以把它划分为经济责任和非经济责任。在经济责任中,补偿性经济责任包括承担部分或者全部赔偿责任;惩罚性经济责任包括罚款,罚金,没收违法所得,没收财产。在非经济责任中,行为责任包括责令改正,责令停止违法行为,销毁非法使用的人民币图样;信誉责任包括警告,记过,记大过;资格减免责任包括降级,撤职,开除;人身责任包括拘留,判处拘役、有期徒刑、无期徒刑、死刑。

(五)价格调控法

1. 价格的概念

价格是商品价值的货币表现。价值是凝结在商品中的抽象的人类劳动。商品价值不可能从商品本身得到表现。只有当一种商品同其他商品交换,才能表现出来。在货币出现以后,各种商品都首先同货币交换,使自己的价值在货币身上表现出来。商品价值的货币表现,就是价格。①

那么,能否因为价格是商品价值的货币表现,就认为商品的价格总是同商品价值相等呢?不能。大家知道,价值规律的客观要求是:商品的价值量决定于生产商品的社会必要劳动时间,商品交换应该按照价值量相等的原则进行。等价交换的原则要求,商品的价格应该符合价值,这是以供求平衡为前提的。在商品交换的实践中,由于受供求关系的影响,价格背离价值的情况是常有的,商品供不应求或供过于求,价格就高于或低于价值。但是,商品价格的上下波动总是围

---

① 参见许涤新主编:《政治经济学辞典》(上),人民出版社1980年版,第379页。

绕着商品的价值这一中心进行的,这反映了价值规律的要求。

关于《中华人民共和国价格法》(简称《价格法》)所称的价格,根据该法第2条的规定,价格包括商品价格和服务价格。商品价格,是指各类有形产品和无形资产的价格。服务价格,是指各类有偿服务的收费。

2. 价格调控法的概念和地位

(1) 价格调控法的概念

在国内外的立法实践和学术研究中,通常使用的是"价格法"这一概念,个别论著虽然使用了"价格调控法"这一概念,但是并没有对这一概念下定义,更没有对价格调控法的问题展开论述。笔者认为,在对宏观调控法进行研究的过程中,不仅有必要提出"价格调控法"这一概念并力求下一个科学的定义,而且应该对价格调控法的相关问题进行探讨和论述。

在经济法学界,一般认为,价格法的调整对象包括各种价格关系。笔者认为,价格调控法的调整对象不是各种价格关系,而是在运用价格杠杆进行宏观调控过程中发生的经济关系,简称价格调控关系。价格调控法,是指调整在运用价格杠杆进行宏观调控过程中发生的经济关系的法律规范的总称。简言之,价格调控法是调整价格调控关系的法律规范的总称。这个定义的基本含义有五:一是价格调控法属于法的范畴。因为它同其他法一样都是由法律规范组成的。二是价格调控法属于国内法体系。因为组成价格调控法的法律规范所调整的价格调控关系是在本国经济运行过程中发生的,对这种经济运行的协调是一个国家的协调,价格调控法律规范是由一个国家制定或认可的。三是价格调控法属于经济法体系。因为它调整的价格调控关系属于经济法调整的特定经济关系的范围。四是价格调控法属于宏观调控法体系。因为它调整的价格调控关系属于作为宏观调控法调整对象的宏观调控关系的范围。五是价格调控法又不同于同属于宏观调控法体系的其他法。因为作为价格调控法调整对象的价格调控关系,又不同于计划法、财政法、中央银行法等的调整对象。

以上讲的价格调控法是从实质意义上讲的,即作为一个法的部门的价格调控法。本书关于价格调控法的概念,如果没有特别的说明,都是从实质意义上讲的。在我国,形式意义上的价格调控法就是第八届全国人民代表大会常务委员会第二十九次会议于1997年12月29日通过、自1998年5月1日起施行的《中华人民共和国价格法》。那么,为什么这一部称为《价格法》的法律是我国形式意义上的价格调控法呢?因为在这一部法律中,虽然有不少价格监管的法律规范(简称价格监管法规范),但是,多数法律规范是价格调控的法律规范(简称价格调控法规范),根据矛盾的主要方面决定事物的本质的哲学原理,可以认为这一部法律是我国形式意义上的价格调控法。

(2) 价格调控法的地位

应该指出，价格调控法具有特定的调整对象，是宏观调控法体系中的一个独立的法的部门。因为价格调控法调整的价格调控关系属于宏观调控法调整的宏观调控关系的范围，调整价格调控关系的法律规范即价格调控法律规范属于宏观调控法律规范的范围，所以，作为价格调控法律规范总称的价格调控法属于宏观调控法体系。而宏观调控法属于经济法体系，因此，价格调控法是属于经济法体系的宏观调控法体系中的一个独立的法的部门。

价格是国家宏观调控的重要经济杠杆之一。稳定市场价格总水平是国家重要的宏观经济政策目标。我国《价格法》第 1 条将“规范价格行为，发挥价格合理配置资源的作用，稳定市场价格总水平”，作为该法立法宗旨的重要内容。实践表明，市场价格总水平急剧上升或下降，必将严重影响国民经济平稳、较快发展和社会安定。第十一届全国人民代表大会第一次会议批准的《关于 2007 年国民经济和社会发展计划执行情况与 2008 年国民经济和社会发展计划草案的报告》指出：要“把防止经济增长由偏快转为过热、防止价格由结构性上涨演变为明显通货膨胀作为宏观调控的首要任务”①。价格调控法将价格调控行为纳入法治轨道，可以为发挥价格调控在我国宏观调控中的重要作用提供法律保证，推动国民经济又快又好的发展和社会全面进步。所以，价格调控法在宏观调控法体系中是一个重要的法的部门。

3. 政府指导价与政府定价

(1) 政府指导价、政府定价与价格调控的关系

我国《价格法》第 3 条规定：“国家实行并逐步完善宏观经济调控下主要由市场形成价格的机制。价格的制定应当符合价值规律，大多数商品和服务价格实行市场调节价，极少数商品和服务价格实行政府指导价或者政府定价。”

为什么对极少数商品和服务价格实行政府指导价或者政府定价呢？这是国家“对价格活动实行……必要的调控”②的需要。这里说的“必要的调控”，就是对价格活动的宏观调控，即价格调控。

为什么主要由市场形成价格的机制呢？这是实行市场经济的内在要求。但是，这也不能与宏观调控割裂开来或对立起来，正如《价格法》在第 3 条中所规定的，在“宏观经济调控下主要由市场形成价格的机制”。

(2) 政府指导价与政府定价的概念

政府指导价，是指依照《价格法》规定，由政府价格主管部门或者其他有关

---

① 《人民日报》2008 年 3 月 21 日。

② 《价格法》第 4 条规定：“国家支持和促进公平、公开、合法的市场竞争，维护正常的价格秩序，对价格活动实行管理、监督和必要的调控。”

部门，按照定价权限和范围规定基准价及其浮动幅度，指导经营者制定的价格。政府指导价有三种形式，即浮动价格、最高限价和最低保护价。政府指导价的定价主体是双重的，政府规定基准价及浮动幅度、最高限价或者最低保护价，引导经营者据以制定具体价格。

政府定价，是指依照《价格法》规定，由政府价格主管部门或者其他有关部门，按照定价权限和范围制定的价格。政府定价的定价主体是政府，价格由政府价格主管部门或者有关部门按照定价权限和范围制定。

（3）实行政府指导价或者政府定价的范围

根据《价格法》第18条的规定，下列商品和服务价格，政府在必要时可以实行政府指导价或者政府定价：与国民经济发展和人民生活关系重大的极少数商品价格；资源稀缺的少数商品价格；自然垄断经营的商品价格；重要的公用事业价格；重要的公益性服务价格。

（4）政府指导价、政府定价的定价权限和具体适用范围

在我国，政府指导价、政府定价的定价权限和具体适用范围，以中央的和地方的定价目录为依据。中央定价目录由国务院价格主管部门制定、修订，报国务院批准后公布。地方定价目录由省、自治区、直辖市人民政府价格主管部门按照中央定价目录规定的定价权限和具体适用范围制定，经本级人民政府审核同意，报国务院价格主管部门审定后公布。省、自治区、直辖市人民政府以下各级地方人民政府不得制定定价目录。

国务院价格主管部门和其他有关部门，按照中央定价目录规定的定价权限和具体适用范围制定政府指导价、政府定价；其中重要的商品和服务价格的政府指导价、政府定价，应当按照规定经国务院批准。省、自治区、直辖市人民政府价格主管部门和其他有关部门，应当按照地方定价目录规定的定价权限和具体适用范围制定在本地区执行的政府指导价、政府定价。市、县人民政府可以根据省、自治区、直辖市人民政府的授权，按照地方定价目录规定的定价权限和具体适用范围制定在本地区执行的政府指导价、政府定价。

（5）制定政府指导价、政府定价的依据和原则

制定政府指导价、政府定价，应当依据有关商品或者服务的社会平均成本和市场供求状况、国民经济与社会发展要求以及社会承受能力，实行合理的购销差价、批零差价、地区差价和季节差价。商品或者服务价格与国际市场价格联系紧密的，可以参考国际市场价格。

制定政府指导价、政府定价，应当遵循公平、公开、公正和效率的原则。

（6）制定政府指导价、政府定价的程序

政府价格主管部门和其他有关部门制定政府指导价、政府定价，应当开展价格、成本调查，听取消费者、经营者和有关方面的意见。政府价格主管部门开展

对政府指导价、政府定价的价格、成本调查时，有关单位应当如实反映情况，提供必需的账簿、文件以及其他资料。

制定关系群众切身利益的公用事业价格、公益性服务价格、自然垄断经营的商品价格等政府指导价、政府定价，应当建立听证会制度，由政府价格主管部门主持，征求消费者、经营者和有关方面的意见，论证其必要性、可行性。

除涉及国家秘密外，政府指导价、政府定价制定后，由制定价格的部门向消费者、经营者公布。

(7) 政府指导价、政府定价的调整

政府指导价、政府定价的具体适用范围、价格水平，应当根据经济运行情况，按照规定的定价权限和程序适时调整。消费者、经营者可以对政府指导价、政府定价提出调整建议。

4. 价格总水平调控

(1) 价格总水平调控目标的确定

价格总水平，是指一个国家在一定时期内各种商品价格和服务价格的综合平均水平。

价格总水平的调控，首先必须正确地确定价格总水平调控的目标。价格总水平调控的目标，应该是市场价格总水平的稳定或基本稳定。这也是国家重要的宏观经济政策目标。确定市场价格总水平调控目标的根据，是国民经济发展的需要和社会承受能力。

市场价格总水平调控目标，应该列入国民经济和社会发展计划，我国正是这样做的。例如，《中华人民共和国国民经济和社会发展第十一个五年规划纲要》规定了九项"经济社会发展的主要目标"，第一项是"宏观经济平稳运行"，其中包括"价格总水平基本稳定"。又如，《关于 2007 年国民经济和社会发展计划执行情况与 2008 年国民经济和社会发展计划草案的报告》指出，2008 年在我国四项"经济和社会发展的主要目标"中，第二项是"价格涨幅得到合理控制。居民消费价格总水平涨幅控制在 4.8% 左右。"

(2) 价格总水平调控目标的实现

为了实现价格总水平调控目标，应该采取如下对策：一是综合运用货币、财政、投资、进出口等方面的政策和措施；二是建立重要商品储备制度、价格调节基金制度、价格监测制度①、粮食等重要农产品的保护价制度②；三是实行必要的干

① 为适应价格调控和管理的需要，政府价格主管部门应当建立价格监测制度，对重要商品、服务价格的变动进行监测。

② 政府在粮食等重要农产品的市场购买价格过低时，可以在收购中实行保护价格，并采取相应的经济措施保证其实现。

预措施[1]和紧急措施[2]。

5. 违反价格调控法的法律责任

我国《价格法》和《价格违法行为行政处罚规定》[3]对违反价格调控法的法律责任作出了规定。

(1) 经营者违反价格调控法的法律责任

经营者不执行政府指导价、政府定价,有下列行为之一的,责令改正,没收违法所得,并处违法所得5倍以下的罚款;没有违法所得的,处5万元以上50万元以下的罚款;情节严重的,责令停业整顿:一是超出政府指导价浮动幅度制定价格的;二是高于或者低于政府定价制定价格的;三是擅自制定属于政府指导价、政府定价范围内的商品或者服务价格的;四是提前或者推迟执行政府指导价、政府定价的;五是自立收费项目或者自定标准收费的;六是采取分解收费项目、重复收费、扩大收费范围等方式变相提高收费标准的;七是对政府明令取消的收费项目继续收费的;八是违反规定以保证金、抵押金等形式变相收费的;九是强制或者变相强制服务并收费的;十是不按照规定提供服务而收取费用的;十一是不执行政府指导价、政府定价的其他行为。

经营者不执行法定的价格干预措施、紧急措施,有下列行为之一的,责令改正,没收违法所得,并处违法所得5倍以下的罚款;没有违法所得的,处10万元以上100万元以下的罚款;情节严重的,责令停业整顿:一是不执行提价申报或者调价备案制度的;二是超过规定的差价率、利润率幅度的;三是不执行规定的限价、最低保护价的;四是不执行集中定价权限措施的;五是不执行冻结价格措施的;六是不执行法定的价格干预措施、紧急措施的其他行为。

(2) 地方政府或者各级政府有关部门违反价格调控法的法律责任

地方各级人民政府或者各级人民政府有关部门违反价格调控法的规定,超越定价权限和范围擅自制定、调整价格或者不执行法定的价格干预措施、紧急措施的,责令改正,并可以通报批评;对直接负责的主管人员和其他直接责任人员,依法给予行政处分。

---

① 当重要商品和服务价格显著上涨或者有可能显著上涨,国务院和省、自治区、直辖市人民政府可以对部分价格采取限定差价率或者利润率、规定限价、实行提价申报制度和调价备案制度等干预措施。省、自治区、直辖市人民政府采取上述规定的干预措施,应当报国务院备案。

② 当市场价格总水平出现剧烈波动等异常状态时,国务院可以在全国范围内或者部分区域内采取临时集中定价权限、部分或者全面冻结价格的紧急措施。

③ 《价格违法行为行政处罚规定》于1999年7月10日经国务院批准,1999年8月1日由国家发展计划委员会发布,根据2006年2月21日《国务院关于修改〈价格违法行为行政处罚规定〉的决定》第一次修订,根据2008年1月13日《国务院关于修改〈价格违法行为行政处罚规定〉的决定》第二次修订。

第十章 经济法的主体

一、经济法主体的概念

（一）经济法主体的定义及其基本含义

经济法主体，即经济法律关系主体，是指根据经济法的规定发生的权利和义务关系的参加者。简言之，经济法主体，是指经济法律关系的参加者。这个定义，具有以下三个基本含义：

第一，经济法主体是特定社会关系的“参加者”。这里所说的“参加者”，包括组织体和个人。不是组织体和个人，不能成为经济法主体；是组织体和个人不一定是经济法主体。

第二，经济法主体参加的是“权利和义务关系”。这里所说的“权利和义务关系”是一种特定的社会关系，属于上层建筑范畴的思想意志关系，而不是属于经济基础范畴的物质利益关系即经济关系。

第三，经济法主体参加的权利和义务关系是“根据经济法的规定发生的”。它就是经济法律关系。任何法的主体都是权利和义务关系的参加者。但是，只有“根据经济法的规定发生的”权利和义务关系的参加者，才是经济法主体。

（二）经济法主体与相关主体的区别

经济法主体不同于经济关系主体。因为经济法主体所参加的经济法律关系是在有了经济法以后才产生的一种思想意志关系，而经济关系主体所参加的经济关系是在经济法产生以前就已经存在的一种物质利益关系，这两种社会关系的性质不同，产生的时间也不同，决定了其各自主体之间的区别；同时，经济法律关系是经济法所调整的特定经济关系在法律上的反映，这种特定经济关系只是经济关系的组成部分而不是全部，经济法律关系和经济关系除了性质不同以外，其范围也不同，这也决定了经济法主体与经济关系主体之间的区别。

经济法主体不同于创制经济法的主体。国家权力机关和国家行政机关可以参加根据经济法的规定发生的权利和义务关系，成为经济法主体；也可以根据法定的职权和程序制定或认可经济法律规范，成为创制经济法的主体。但是，不能把这两种不同的主体混为一谈：不能在国家权力机关和国家行政机关参加经济法律关系时，将其视为创制经济法的主体；也不能在国家权力机关和国家行政机关依法制定或认可经济法律规范时，将其视为经济法主体。

经济法主体不同于民法、行政法、国际经济法等法的主体。经济法主体是经济法律关系的参加者，而民法、行政法、国际经济法主体分别是民事法律关系、行政法律关系、国际经济法律关系的参加者。这些不同的法律关系，决定了其各自的主体也是不同的。虽然有些组织体和个人既可以成为经济法的主体，也可以成为民法、行政法或国际经济法的主体，但是，不能混淆经济法主体与其他法的主体的界限。例如，企业可以参加经济法律关系，成为经济法主体，也可以参加民事法律关系、行政法律关系或国际经济法律关系，分别成为民法、行政法或国际经济法主体。但是，不能在企业参加经济法律关系时，将其视为其他法的主体；也不能在企业参加其他法律关系时，将其视为经济法主体。

二、经济法主体的体系

（一）经济法主体体系的概念和结构

经济法主体体系，是指由多层次的、门类齐全的经济法律关系的参加者组成的有机联系的统一整体。这一定义，具有三个基本含义：一是经济法主体体系是由经济法律关系的参加者（经济法主体）组成的有机联系的统一整体；二是组成经济法主体体系的经济法主体，在纵向结构上是多层次的；三是组成经济法主体体系的经济法主体，在横向结构上是门类齐全的。

就各个层次、各个门类的经济法主体的内部结构而言，都是“二元结构”。例如，第一层次的经济法主体，包括国家协调主体和国家协调受体。又如，第二层次的市场监管法主体、宏观调控法主体，分别包括市场监管主体和市场监管受体、宏观调控主体和宏观调控受体。再如，第三次层次的竞争法主体、财政法主体等，分别包括竞争监管主体、竞争监管受体和财政调控主体、财政调控受体等。其他层次的各个门类的经济法主体，也是“二元结构”。

经济法主体体系的结构，决定于经济法律关系的结构；经济法律关系的结构，决定于经济法调整的特定经济关系的结构。因此，经济法调整的特定经济关系包括市场监管关系和宏观调控关系，决定了经济法律关系包括市场监管法律关系和宏观调控法律关系;经济法律关系包括市场监管法律关系和宏观调控法律关系,决定了经济法主体包括市场监管法主体和宏观调控法主体。

(二)市场监管法主体

市场监管法主体,是指市场监管法律关系的参加者。由于市场监管法律关系是根据市场监管法的规定发生的权利和义务关系,因此也可以说,市场监管法主体,是指根据市场监管法的规定发生的权利和义务关系的参加者。

对于市场监管法主体,根据实践的需要,可以按照不同的标准进行连续划分。例如:

对于市场监管法,按照其调整对象的不同,可以划分为市场准入与退出法、竞争法、消费者权益保护法、产品质量法等;相应地,可将市场监管法主体划分为市场准入与退出法主体、竞争法主体、消费者权益保护法主体、产品质量法主体等。对于这些不同门类的市场监管法主体还可以继续进行划分,如竞争法主体又可划分为反垄断法主体和反不正当竞争法主体。以上不同层次和不同门类的市场监管法主体,都有监管主体和监管受体之分。

按照市场监管权限的不同,可将市场监管划分为政府监管和政府经济监管部门监管。对于政府监管和政府经济监管部门监管,按照其层级的不同,又可以分别划分为中央政府监管、地方政府监管和中央政府经济监管部门监管、地方政府经济监管部门监管。对于政府经济监管部门监管,按照监管行业的不同,又可以划分为广告业、房地产业、金融业等监管。对于金融业监管,还可以划分为银行业、证券业、保险业、期货业等监管。以上不同层次和不同门类的市场监管,有不同层次和不同门类的市场监管法主体。

按照市场监管法主体类型的不同,可将作为组织体的市场监管主体划分为政府监管主体和政府经济监管部门监管主体;将市场监管受体划分为组织体和个人。对于作为市场监管受体的组织体,又可划分为经营单位(如企业和从事经营活动的事业单位)和非经营单位(如作为经营者利益代表者的行业性中介组织)。对于作为市场监管受体的个人,又可划分为不同类型的个体经营者。

(三)宏观调控法主体

宏观调控法主体,是指宏观调控法律关系的参加者。由于宏观调控法律关系是根据宏观调控法的规定发生的权利和义务关系,因此也可以说,宏观调控法主体,是指根据宏观调控法的规定发生的权利和义务关系的参加者。

对于宏观调控法主体,根据实践的需要,也可以按照不同的标准进行连续划分。例如:

对于宏观调控法,按照其调整对象的不同,可以划分为计划法、财政法、中央银行法、价格调控法等;相应地,可将宏观调控法主体划分为计划法主体、财政法主体、中央银行法主体、价格调控法主体等。对于这些不同门类的宏观调控法主体可以继续进行划分,如财政法主体可以划分为财政收入法主体、财政支出法主体。财政收入法主体还可以划分为税法主体、国债法主体等。财政支出法主体还可以划分为政府采购法主体、转移支付法主体等。以上不同层次和不同门类的宏观调控法主体,也都有调控主体和调控受体之分。

按照宏观调控内容的不同,可将宏观调控法划分为产业调控法、区域经济调控法、资源与能源调控法、国有资产调控法、对外经济调控法等;相应地,可将宏观调控法主体划分为产业调控法主体、区域经济调控法主体、资源与能源调控法主体、国有资产调控法主体、对外经济调控法主体等。对于这些不同门类的宏观调控法主体可以继续进行划分,如产业调控法主体又可以划分为第一、第二、第三产业调控法主体。以上不同层次和不同门类的宏观调控法主体,也都有调控主体和调控受体之分。

按照进行宏观调控的国家机关地位的不同,可将宏观调控划分为国家权力机关调控和国家行政机关调控。对于国家权力机关调控和国家行政机关调控,按照其层级的不同,又可以分别划分为中央国家权力机关调控、地方国家权力机关调控和中央国家行政机关调控、地方国家行政机关调控。中央国家行政机关调控和地方国家行政机关调控,又可以分别划分为中央政府调控、中央政府经济调控部门调控和地方政府调控、地方政府经济调控部门调控。以上不同层次和不同门类的宏观调控,有不同层次和不同门类的宏观调控法主体。

按照宏观调控法主体类型的不同,可将作为组织体的宏观调控主体划分为国家权力机关调控主体和国家行政机关调控主体;将宏观调控受体划分为组织体和个人。对于作为宏观调控受体的组织体,又可划分为国家机关(如使用预算收入的国家机关)和社会组织。对于作为宏观调控受体的社会组织又可划分为经营单位和非经营单位(如使用预算收入的事业单位)。对于作为宏观调控受体的个人,又可以划分为个体经营者和非经营者的个人。

(四)行业性中介组织在经济法主体体系中的地位①

1. 行业性中介组织的概念

市场中介组织,是指依法设立,在国家机关与市场主体之间以及市场主体相互之间从事经济运行的中间服务事业的自治性社会组织。

---

① 参见曾东红:《市场中介组织法律制度》;肖江平:《市场监管法的一般原理》、《宏观调控法的一般原理》。见杨紫烜主编:《经济法》,北京大学出版社、高等教育出版社 2008 年版,第 169、172、183—184、209—210、428 页。

行业性中介组织属于市场中介组织的范围，是指由同一行业或者具有同一特性的成员组成，并以促进行业或者该集合群体的公共利益为目的的非营利性中介组织。它包括行业协会、商会、同业公会、专业(职业)协会等。在实质意义上，各类行业性中介组织与行业协会的基本功能和特征是相同的，故也可简称为行业中介组织或者行业组织。

2. 行业性中介组织不属于国家协调主体的范围

行业性中介组织可以接受政府授权，履行与行业有关的资质评定、原产地认证、行业调查、行业统计、制定行业发展规划和引导企业贯彻执行行业发展规划等部分公共经济管理职能，发挥某些市场监管和宏观调控的作用。需要注意的是，行业性中介组织不是国家机关，它只能在接受政府授权的条件下，才能履行以上职能，发挥上述作用，所以，它本身不是国家协调主体。

3. 行业性中介组织属于国家协调受体的范围

尽管市场监管受体常常是经营者，但有时也可能不是经营者而是其利益的代表者。例如，当行业性中介组织的行为违反市场监管法应受到监管主体的监管时，实施该行为的行业性中介组织也就成为市场监管受体。

行业性中介组织所为的经营指导行为，有时会违反宏观调控法的规定，影响总供给和总需求。因而，在特定情形下，作为经营者利益代表者的行业性中介组织，也会成为宏观调控受体。

总之，行业性中介组织不属于国家协调主体的范围，在一定条件下可以成为国家协调受体。

三、经济法主体资格的取得

(一) 经济法主体资格取得的概念

经济法主体资格，是指经济法律关系参加者的法律人格。这种法律人格表明了经济法主体的法律地位，具体体现为它享有经济法规定的权利(职权)，履行经济法规定的义务(职责)。

经济法主体资格的取得，是指社会实体依法成为经济法律关系参加者的法律人格。这一定义的基本含义有四：一是经济法主体资格中的“资格”，指的是主体的“法律人格”；二是这里说的法律人格不是其他主体的法律人格，而是“经济法律关系参加者”的法律人格；三是经济法关系参加者的法律人格必须“依法”取得；四是能够依法成为经济法关系参加者的必须是“社会实体”(包括组织体和个人)。

（二）取得经济法主体资格的法律依据

社会实体取得经济法主体资格有以下法律依据：

1. 宪法

我国《宪法》的下列规定，为有关组织体和个人取得经济法主体资格提供了基本法律依据：一是关于全国人民代表会及其常委会、国务院及其组成部门、地方各级人民代表大会和地方各级人民政府、民族自治地方的自治机关的性质、地位、职权、职责的规定；二是关于国有企业、集体经济组织、外商投资企业、私营经济组织的性质、地位和权利、义务的原则规定；三是关于个体经济的性质、地位和权利、义务的原则规定，以及关于公民的基本权利和义务的规定①。

2. 国家机关组织法

我国《全国人民代表大会组织法》、《国务院组织法》、《地方各级人民代表大会和地方各级人民政府组织法》等法律的下列规定，是全国人民代表大会及其常委会、国务院及其有关组成部门、地方各级人民代表大会和县级以上各级人大常委会、地方各级人民政府及其有关工作部门取得经济法主体资格的重要法律依据：一是关于上述国家机关性质、地位和职权、职责的规定；二是关于上述国家机关组织活动原则的规定；三是关于上述国家机关的设立、撤销或者合并的规定。

3. 其他法律，特别是有关经济法律

这些法律也是有关社会实体取得经济法主体资格的重要法律依据。例如：我国《反垄断法》、《反不正当竞争法》、《证券法》、《保险法》等法律关于反垄断、反不正当竞争、证券、保险等监管机构的性质、地位和职权、职责的规定，是这些机构取得市场监管主体资格的法律依据；上述法律关于经营者及其利益代表者的性质、地位和权利、义务的规定，是有关经营者及其利益代表者取得市场监管受体资格的法律依据。又如：我国《税收征收管理法》、《中央银行法》、《价格法》等法律关于税务机关、中国人民银行、价格主管部门等宏观调控机构的性质、地位和职权、职责的规定，是这些机构取得宏观调控主体资格的法律依据；上述法律关于经营者及其利益代表者的性质、地位和权利、义务的规定，是有关经营者及其利益代表者取得宏观调控受体资格的法律依据。

4. 有关经济法规和其他规范性文件

对于有些组织体和个人来说，有关经济法规和其他规范性文件是其取得经济法主体资格的法律依据。例如：《期货交易管理条例》②关于期货监督管理机

① 例如：我国《宪法》规定："任何公民享有宪法和法律规定的权利，同时必须履行宪法和法律规定的义务"（第33条第4款）；"中华人民共和国公民有依照法律纳税的义务"（第56条）。

② 国务院于2007年3月6日公布的《期货交易管理条例》，自同年4月15日起施行。该《条例》分为8章，共91条。

构的性质、地位和职权、职责的规定，是该机构取得市场监管主体资格的法律依据；该《条例》关于期货业务的经营者及其利益代表者的性质、地位和权利、义务的规定，以及设立、变更、终止的规定，是上述经营者及其利益代表者取得市场监管受体资格的法律依据。又如：《国家科技计划管理暂行规定》①关于科技部计划部门性质、地位和职权、职责的规定，是其取得宏观调控主体资格的法律依据；该《暂行规定》关于国家科技计划项目的承担者性质、地位和权利、义务的规定，是其取得宏观调控受体资格的法律依据。

（三）取得经济法主体资格的方式②

对于不同的社会实体而言，取得经济法主体资格的方式不尽相同。不同取得方式的实质差异在于国家对主体资格取得的控制程度的强弱。一般而言，取得市场监管主体和宏观调控主体资格，受国家控制的程度强于取得市场监管受体和宏观调控受体资格；社会责任较大的市场监管受体和宏观调控受体，受国家控制的程度强于社会责任较小的市场监管受体和宏观调控受体。

在我国，经济法主体资格的取得方式主要有以下几种：一是根据宪法、法律、法规的规定或者根据有关国家机关的决定、命令和特别授权而取得。这是国家机关取得经济法主体资格的基本方式。二是经审批（特许）和登记注册而取得，即先经有关国家机关审批或特许，再由有关国家机关登记注册，才取得主体资格。例如，设立商业银行，应当经国务院银行业监督管理机构审查批准。经批准设立的商业银行，由国务院银行业监督管理机构颁发经营许可证，并凭该许可证向工商行政管理部门办理登记，领取营业执照。三是经登记注册而取得。只要具备规定的条件，无需批准，经有关国家机关登记注册就可取得主体资格。例如，个人独资企业既不从事法律、行政法规禁止经营的业务的，又不从事法律、行政法规规定须报经有关部门审批的业务的，登记机关应当在收到设立申请文件之日起 15 日内，对符合《个人独资企业法》规定条件的，予以登记，发给营业执照。四是经法律、法规认可而取得。例如，个人只要具备《个人所得税法》规定的条件，就当然取得个人所得税纳税义务人即纳税人的资格。

---

① 科学技术部于 2001 年 1 月 20 日发布的《国家科技计划管理暂行规定》，自发布之日起施行。该《暂行规定》分为 6 章，共 26 条。其中，第 2 条规定：“本规定所称的国家科技计划是指：根据国家科技发展规划和战略安排的，以中央财政支持或以宏观政策调控、引导，由政府行政部门组织和实施的科学研究与试验发展活动及相关的其他科学技术活动。国家科技计划是国家解决社会和经济发展中涉及的重大科技问题、实现科技资源合理配置的重要手段。”

② 参见王全兴：《经济法主体的一般原理》，见杨紫烜主编：《经济法》，北京大学出版社、高等教育出版社 2008 年版，第 100 页。

四、经济法主体的权利(职权)和义务(职责)

(一)经济法主体的权利(职权)和义务(职责)的概念

人们通常所说的经济法主体的权利和义务的概念,有广义和狭义两种理解:一是从广义上讲,经济法主体的权利和义务既包括国家协调主体的职权和职责,也包括国家协调受体的权利和义务[①];二是从狭义上讲,经济法主体的权利和义务,仅指国家协调受体的权利和义务。

经济法主体的职权,即国家协调主体的职权,是指依照经济法的规定,国家协调主体具有自己作为或不作为和要求他人作为或不作为的资格。

经济法主体的职责,即国家协调主体的职责,是指依照经济法的规定,国家协调主体必须作为或不作为的责任。

狭义上讲的经济法主体的权利,即国家协调受体的权利,是指依照经济法的规定,国家协调受体具有自己作为或不作为和要求他人作为或不作为的资格。

狭义上讲的经济法主体的义务,即国家协调受体的义务,是指依照经济法的规定,国家协调受体必须作为或不作为的责任。

关于国家机关的职权和职责的关系,有的学者认为:"职权一词不仅指法律关系主体具有从事这种行为的资格或能力,而且也意味他必须从事这一行为,否则就成为失职或违法。"[②]笔者认为,从这个意义上来说,国家机关的职权可以理解为国家机关的职责。例如,我国《产品质量法》第18条第1款规定的四项职权[③],也可以理解为四项职责。笔者还认为,在有些情况下,国家机关的职责也可以理解为国家机关的职权。例如,《中国人民银行法》第4条第1款规定的十

① 例如,在人们讲到经济法律关系是一种权利和义务关系时,"权利"和"义务",不仅包括作为国家协调受体的社会组织和个人的权利、义务,而且包括作为国家协调主体的国家机关的职权、职责。又如,我国《反垄断法》第41条规定:"反垄断执法机构及其工作人员对执法过程中知悉的商业秘密负有保密义务。"在这里,"义务"这一概念就包括了作为国家协调主体的反垄断执法机构的职责在内的。

② 沈宗灵主编:《法理学》,北京大学出版社2003年版,第73页。

③ 《产品质量法》第18条第1款规定,县级以上产品质量监督部门根据已经取得的违法嫌疑证据或者举报,对涉嫌违反本法规定的行为进行查处时,可以行使下列职权:对当事人涉嫌从事违反本法的生产、销售活动的场所实施现场检查;向当事人的法定代表人、主要负责人和其他有关人员调查、了解与涉嫌从事违反本法的生产、销售活动有关的情况;查阅、复制当事人有关的合同、发票、账簿以及其他有关资料;对有根据认为不符合保障人体健康和人身、财产安全的国家标准、行业标准的产品或者有其他严重质量问题的产品,以及直接用于生产、销售该项产品的原辅材料、包装物、生产工具,予以查封或者扣押。

三项职责[①],也可以理解为十三项职权。可见,职权和职责的实际含义一般是相同的。但是,不能将职权与职责完全等同起来。因为在有些情况下,法律所规定的国家机关的职责[②]不宜视为国家机关的职权。所以,对于国家机关的职权,可以理解为国家机关的职责;对于国家机关的职责,在多数情况下可以理解为国家机关的职权,在有些情况下这样理解不妥。换言之,国家机关的职权也就是国家机关的职责;国家机关的职责不一定是国家机关的职权。

(二)国家协调主体的职权和职责

对于市场监管法主体中的市场监管主体和宏观调控法主体中的宏观调控主体,可以统称其为国家协调主体。换言之,国家协调主体包括市场监管主体和宏观调控主体。它们各自具有法定的职权和职责。下面,分别进行论述:

1. 市场监管主体的职权和职责

(1)市场监管主体的职权

市场监管主体的职权,简称市场监管权,是指依照市场监管法的规定,市场监管主体具有自己作为或不作为和要求他人作为或不作为的资格。对于市场监管主体的职权,根据实践的需要,可以按照不同的标准进行连续划分。例如:

如上所述,对于市场监管法,按照其调整对象的不同,可以划分为市场准入与退出法、竞争法、消费者权益保护法、产品质量法等。因此,市场监管主体的职权可以划分为:市场准入与退出监管权,如设立国有工业企业,必须依法报请政府或政府主管部门批准,并经工商行政管理部门核准登记;竞争监管权,如由县级以上人民政府工商行政管理部门对不正当竞争行为进行监督检查;消费者权益保护监管权,如各级人民政府应当加强监督,预防危害消费者人身、财产安全行为的发生,及时制止危害消费者人身、财产安全的行为;产品质量监管权,如国务院产品质量监督部门主管全国产品质量监督工作;等。对于以上市场监管权可以继续进行划分。比如,竞争监管权又可划分为反垄断监管权和反不正当竞争监管权。反垄断监管权还可划分为对经营者达成垄断协议监管权、对滥用市场支配地位监管权、对经营者集中监管权、对滥用行政权力排除和限制竞争监管

---

① 《中国人民银行法》第4条第1款规定,中国人民银行履行下列职责:发布与履行其职责有关的命令和规章;依法制定和执行货币政策;发行人民币,管理人民币流通;监督管理银行间同业拆借市场和银行间债券市场;实施外汇管理,监督管理银行间外汇市场;监督管理黄金市场;持有、管理、经营国家外汇储备、黄金储备;经理国库;维护支付、清算系统的正常运行;指导、部署金融业反洗钱工作,负责反洗钱的资金监测;负责金融业的统计、调查、分析和预测;作为国家的中央银行,从事有关的国际金融活动;国务院规定的其他职责。

② 例如,我国《税收征收管理法》第53条第1款规定:“国家税务局和地方税务局应当按照国家规定的税收征收管理范围和税款入库预算级次,将征收的税款缴入国库。”又如,我国《中国人民银行法》第29条规定:“中国人民银行不得对政府财政透支,不得直接认购、包销国债和其他政府债券。”

权、对滥用知识产权排除和限制竞争监管权。反不正当竞争监管权还可划分为对欺骗性市场交易监管权、对商业贿赂监管权、对虚假宣传监管权、对侵犯商业秘密监管权、对不正当有奖销售监管权、对诋毁商誉监管权。

按照在市场监管法制建设中环节的不同，市场监管主体的职权可以划分为市场监管立法权和市场监管执法权。对于市场监管立法权，按照国家机关地位的不同，又可以划分为权力机关市场监管立法权、行政机关市场监管立法权。对于权力机关和行政机关的市场监管立法权，按照其层级的不同，还可以分别划分为中央国家权力机关市场监管立法权①、地方国家权力机关市场监管立法权②和中央国家行政机关市场监管立法权③、地方国家行政机关市场监管立法权④。对于行政机关的市场监管执法权，按照其层级的不同，还可以划分为中央国家行政机关市场监管执法权⑤、地方国家行政机关市场监管执法权⑥。

（2）市场监管主体的职责

市场监管主体的职责，简称市场监管职责，是指依照市场监管法的规定，市场监管主体必须作为或不作为的责任。对于市场监管主体的职责，根据实践的需要，也可以按照不同的标准进行连续划分。例如：

如上所述，对于市场监管法，按照其调整对象的不同，可以划分为市场准入与退出法、竞争法、消费者权益保护法、产品质量法等。因此，市场监管主体的职责可以划分为：市场准入与退出监管职责，如设立外资企业的审批机关应当在收到申请设立外资企业的全部文件之日起 90 天内决定批准或不批准；竞争监管职责，如国务院规定的承担反垄断执法职责的机构依照《反垄断法》规定，负责反垄断执法工作；消费者权益保护监管职责，如各级人民政府工商行政管理部门和其他有关行政部门应当依照法律、法规的规定，在各自的职责范围内，采取措施，保护消费者的合法权益；产品质量监管职责，如产品质量监督部门和有关部门应当为检举违反《产品质量法》规定的行为的单位和个人保密；等。对于以上市场监管职责可以继续进行划分，如竞争监管职责又可以划分为反垄断监管职责和反不正当竞争监管职责。

---

① 例如，全国人大常委会先后制定了《反不正当竞争法》（1993 年）、《消费者权益保护法》（1993 年）、《反垄断法》（2007 年）等关于市场监管的法律。

② 例如，省、自治区、直辖市的人民代表大会及其常务委员会为了执行关于市场监管的法律、行政法规的规定，根据本行政区域的具体情况和实际需要，可以依法制定关于市场监管的地方性法规。

③ 例如，国务院先后制定了《期货交易管理条例》（2007 年）、《关于经营者集中申报标准的规定》（2008 年）等关于市场监管的行政法规。

④ 例如，省、自治区、直辖市和较大的市的人民政府，为了执行关于市场监管的法律、行政法规和本省、自治区、直辖市的地方性法规的规定，可以依法制定关于市场监管的地方政府规章。

⑤ 例如，为了执行我国《反垄断法》的有关规定，国务院反垄断执法机构依法对涉嫌垄断行为进行调查，经核实后认为构成垄断行为的，依法作出处理决定，并可以向社会公布。

⑥ 例如，县级以上监督检查部门对不正当竞争行为，可以进行监督检查。

按照在市场监管法制建设中环节的不同，市场监管主体的职责可以划分为市场监管立法职责和市场监管执法职责。对于市场监管立法职责，按照国家机关地位的不同，又可以划分为权力机关市场监管立法职责、行政机关市场监管立法职责。对于权力机关和行政机关的市场监管立法职责，按照其层级的不同，还可以分别划分为中央国家权力机关市场监管立法职责、地方国家权力机关市场监管立法职责和中央国家行政机关市场监管立法职责、地方国家行政机关市场监管立法职责。对于行政机关的市场监管执法职责，按照其层级的不同，还可以划分为中央国家行政机关市场监管执法职责、地方国家行政机关市场监管执法职责。

(3) 市场监管主体的职权和职责的关系

市场监管主体的立法权，即法定的市场监管主体立法职权。市场监管主体必须依法行使这一职权，既不能放弃，也不能越权。市场监管主体的立法职权和立法职责的实际含义一般是相同的。

市场监管主体执法职权也就是市场监管主体执法职责；市场监管主体执法职责不一定是市场监管执法职权。例如，我国《反垄断法》第 38 条规定："反垄断执法机构依法对涉嫌垄断行为进行调查。对涉嫌垄断行为，任何单位和个人有权向反垄断执法机构举报。反垄断执法机构应当为举报人保密。举报采用书面形式并提供相关事实和证据的，反垄断执法机构应当进行必要的调查。"其中，关于"依法对涉嫌垄断行为进行调查"的规定，是反垄断执法机构的职权，也是职责；关于"应当进行必要的调查"的规定，是反垄断执法机构的职责，也是职权；关于"应当为举报人保密"的规定，是反垄断执法机构的职责，而不是职权。

2. 宏观调控主体的职权和职责

(1) 宏观调控主体的职权

宏观调控主体的职权，简称宏观调控权，是指依照宏观调控法的规定，宏观调控主体具有自己作为或不作为和要求他人作为或不作为的资格。对于宏观调控主体的职权，根据实践的需要，可以按照不同的标准进行连续划分。例如：

如上所述，对于宏观调控法，按照其调整对象的不同，可以划分为计划法、财政法、中央银行法、价格调控法等。因此，宏观调控主体的职权可以划分为：计划调控权，如国家发展和改革委员会在宏观调控方面，重点是拟订和组织实施国民经济和社会发展战略、总体规划、年度计划；财政调控权，如中央预算由全国人民代表大会审查和批准，地方各级政府预算由本级人民代表大会审查和批准；(中央银行)金融调控权，如中国人民银行依法监测金融市场的运行情况，对金融市场实施宏观调控，促进其协调发展；价格调控权，如政府可以建立重要商品储备制度，设立价格调节基金，调控价格，稳定市场；等。对于这些宏观调控权，可以继续进行划分。比如，财政调控权可以划分为财政收入调控权、财政支出调控权。财政收入调控权还可以划分为税收调控权、国债调控权等。财政支出调控权还可以划分为政府采购调控权、转移支付调控权等。税收调控权还可以划分为税收分配调控权和税收征管调控权。税收分配调控权还可以划分为商品税调控权、所得税调控权、财产税调控权等。

按照在宏观调控法制建设中环节的不同,宏观调控主体的职权可以划分为宏观调控立法权和宏观调控执法权。对于宏观调控立法权和宏观调控执法权,按照国家机关地位的不同,又可以分别划分为权力机关宏观调控立法权、行政机关宏观调控立法权和权力机关宏观调控执法权、行政机关宏观调控执法权。对于上述权力机关和行政机关的宏观调控立法权,按照其层级的不同,还可以分别划分为中央国家权力机关宏观调控立法权①、地方国家权力机关宏观调控立法权②和中央国家行政机关宏观调控立法权③、地方国家行政机关宏观调控立法权④。对于上述权力机关和行政机关的宏观调控执法权,按照其层级的不同,还可以分别划分为中央国家权力机关宏观调控执法权⑤、地方国家权力机关宏观调控执法权⑥和中央国家行政机关宏观调控执法权⑦、地方国家行政机关宏观调控执法权⑧。

(2) 宏观调控主体的职责

宏观调控主体的职责,简称宏观调控职责,是指依照宏观调控法的规定,宏观调控主体必须作为或不作为的责任。对于宏观调控主体的职责,根据实践的需要,也可以按照不同的标准进行连续划分。例如:

如上所述,对于宏观调控法,按照其调整对象的不同,可以划分为计划法、财政法、中央银行法、价格调控法等。因此,宏观调控主体的职责可以划分为:计划调控职责,如国家发展和改革委员会要搞好国民经济综合平衡,维护国家经济安全;财政调控职责,如各级预算由本级政府组织执行,具体工作由本级政府财政

---

① 例如,全国人民代表大会制定了《预算法》(1994 年)。

② 例如,省、自治区、直辖市的人民代表大会及其常务委员会为了执行关于宏观调控的法律、行政法规的规定,根据本行政区域的具体情况和实际需要,可以依法制定关于宏观调控的地方性法规。

③ 例如,国务院先后制定了《预算法实施条例》(1995 年制定)、《外汇管理条例》(1996 制定,1997 年修改,2008 年修订)、《企业所得税法实施条例》(2007 年制定)等关于宏观调控的行政法规。

④ 例如,省、自治区、直辖市和较大的市的人民政府,为了执行关于宏观调控的法律、行政法规和本省、自治区、直辖市的地方性法规的规定,可以依法制定关于宏观调控的地方政府规章。

⑤ 例如,为了执行我国《预算法》第 12 条第 1 款的有关规定,全国人民代表大会每年都要审查中央和地方预算草案及中央和地方预算执行情况的报告,批准中央预算和中央预算执行情况的报告。

⑥ 例如,为了执行我国《预算法》第 13 条第 1 款的有关规定,县级以上地方各级人民代表大会每年都要审查本级总预算草案及本级总预算执行情况的报告,批准本级预算和本级预算执行情况的报告。

⑦ 例如,当市场价格总水平出现剧烈波动等异常状态时,国务院可以在全国范围内或者部分区域内采取临时集中定价权限、部分或者全面冻结价格的紧急措施。

⑧ 例如,省、自治区、直辖市人民政府价格主管部门和其他有关部门,应当按照地方定价目录规定的定价权限和具体适用范围制定在本地区执行的政府指导价、政府定价。

部门负责;(中央银行)金融调控职责,如中国人民银行应当向全国人民代表大会常务委员会提出有关货币政策情况和金融业运行情况的工作报告;价格调控职责,如为了适应价格调控和管理的需要,政府价格主管部门应当建立价格监测制度,对重要商品、服务价格的变动进行监测;等。对于这些宏观调控主体的职责,可以继续进行划分,这里不再赘述。

按照在宏观调控法制建设中环节的不同,宏观调控主体的职责可以划分为宏观调控立法职责和宏观调控执法职责。对于宏观调控立法职责和宏观调控执法职责,按照国家机关地位的不同,又可以分别划分为权力机关宏观调控立法职责、行政机关宏观调控立法职责和权力机关宏观调控执法职责、行政机关宏观调控执法职责。对于上述权力机关和行政机关的宏观调控立法职责,按照其层级的不同,还可以分别划分为中央国家权力机关宏观调控立法职责、地方国家权力机关宏观调控立法职责和中央国家行政机关宏观调控立法职责、地方国家行政机关宏观调控立法职责。对于上述权力机关和行政机关的宏观调控执法职责,按照其层级的不同,还可以分别划分为中央国家权力机关宏观调控执法职责、地方国家权力机关宏观调控执法职责和中央国家行政机关宏观调控执法职责、地方国家行政机关宏观调控执法职责。

(3) 宏观调控主体的职权和职责的关系

宏观调控主体的立法权,即法定的宏观调控主体立法职权。宏观调控主体必须依法行使这一职权,既不能放弃,也不能越权。宏观调控主体的立法职权和立法职责的实际含义一般是相同的。

宏观调控主体执法权也就是宏观调控主体执法职责;宏观调控主体执法职责不一定是宏观调控执法权。例如,我国《税收征收管理法》第 28 条第 1 款规定:“税务机关依照法律、行政法规的规定征收税款,不得违反法律、行政法规的规定开征、停征、多征、少征、提前征收、延缓征收或者摊派税款。”其中,依法“征收税款”是税务机关的职权,也是职责;“不得违反法律、行政法规的规定开征、停征、多征、少征、提前征收、延缓征收或者摊派税款”,是税务机关的职责,而不是职权。

(三) 国家协调受体的权利和义务

对于市场监管法主体中的市场监管受体和宏观调控法主体中的宏观调控受体,可以统称其为国家协调受体。换言之,国家协调受体包括市场监管受体和宏观调控受体。它们各自具有法定的权利和义务。下面,分别进行论述:

1. 市场监管受体的权利和义务

(1) 市场监管受体的权利

市场监管受体的权利,是指依照市场监管法的规定,市场监管受体具有自己作为或不作为和要求他人作为或不作为的资格。对于市场监管受体的权利，根据实践的需要，可以按照不同的标准进行连续划分。例如：

如上所述，对于市场监管法，按照其调整对象的不同，可以划分为市场准入与退出法、竞争法、消费者权益保护法、产品质量法等。因此，市场监管受体的权利可以划分为：市场准入与退出监管受体的权利，如公司凭公司登记机关核发的《企业法人营业执照》，可以刻制印章，开立银行账户；竞争监管受体的权利，如反垄断执法机构对涉嫌垄断行为进行调查，被调查的经营者、利害关系人有权陈述意见；消费者权益保护监管受体的权利，如“消费者或者其他受害人因商品缺陷造成人身、财产损害的，可以向销售者要求赔偿，也可以向生产者要求赔偿。属于生产者责任的，销售者赔偿后，有权向生产者追偿。属于销售者责任的，生产者赔偿后，有权向销售者追偿”①；产品质量监管受体的权利，如企业根据自愿原则可以向国务院产品质量监督部门认可的或者国务院产品质量监督部门授权的部门认可的认证机构申请产品质量认证，并在企业的产品或者其包装上使用经认证合格的产品质量认证标志；等。对于以上监管受体的权利可以继续进行划分，如竞争监管受体的权利又可划分为反垄断监管受体的权利和反不正当竞争监管受体的权利。

按照市场监管法主体类型的不同，可以将市场监管受体的权利划分为组织体的权利和个人的权利。对于作为市场监管受体的组织体的权利，又可划分为经营单位（如企业和从事经营活动的事业单位）的权利和非经营单位（如作为经营者利益代表者的行业性中介组织）的权利。对于作为市场监管受体的个人的权利，又可划分为不同类型的个体经营者的权利。

（2）市场监管受体的义务

市场监管受体的义务，是指依照市场监管法的规定，市场监管受体必须作为或不作为的责任。对于市场监管受体的义务，根据实践的需要，也可以按照不同的标准进行连续划分。例如：

如上所述，对于市场监管法，按照其调整对象的不同，可以划分为市场准入与退出法、竞争法、消费者权益保护法、产品质量法等。因此，市场监管受体的义务可以划分为：市场准入与退出监管受体的义务，如中外合作经营企业合作期限届满或者提前终止时，应当依照法定程序对其资产和债权、债务进行清算；竞争监管受体的义务，如反垄断执法机构对涉嫌垄断行为进行调查，被调查的经营者、利害关系人或者其他有关单位或者个人应当配合反垄断执法机构依法履行职责，不得拒绝、阻碍反垄断执法机构的调查；消费者权益保护监管受体的义务，如经营者发现其提供的商品或者服务存在严重缺陷，即使正确使用商品或者接

① 我国《消费者权益保护法》第35条第2款。

受服务仍然可能对人身、财产安全造成危害的，应当立即向有关行政部门报告和告知消费者，并采取防止危害发生的措施；产品质量监管受体的义务，如生产者生产产品，不得掺杂、掺假，不得以假充真、以次充好，不得以不合格产品冒充合格产品；等。对于以上监管受体的义务可以继续进行划分，如竞争监管受体的义务又可划分为反垄断监管受体的义务和反不正当竞争监管受体的义务。

按照市场监管法主体类型的不同，可以将市场监管受体的义务划分为组织体的义务和个人的义务。对于作为市场监管受体的组织体的义务，又可划分为经营单位（如企业和从事经营活动的事业单位）的义务和非经营单位（如作为经营者利益代表者的行业性中介组织）的义务。对于作为市场监管受体的个人的义务，又可划分为不同类型的个体经营者的义务。

2. 宏观调控受体的权利和义务

(1) 宏观调控受体的权利

宏观调控受体的权利，是指依照宏观调控法的规定，宏观调控受体具有自己作为或不作为和要求他人作为或不作为的资格。对于宏观调控受体的权利，根据实践的需要，可以按照不同的标准进行连续划分。例如：

如上所述，对于宏观调控法，按照其调整对象的不同，可以划分为计划法、财政法、中央银行法、价格调控法等。因此，宏观调控受体的权利可以划分为：计划调控受体的权利，如政府有关部门不按规定下达指令性计划的，企业可以拒绝执行；财政调控受体的权利，如供应商自由进入本地区和本行业的政府采购市场，不受任何单位和个人的阻挠和限制；（中央银行）金融调控受体的权利，如商业银行经中国人民银行批准，可以经营结汇、售汇业务；价格调控受体的权利，如消费者、经营者可以对政府指导价、政府定价提出调整建议；等。对于以上宏观调控受体的权利，可以继续进行划分。例如，财政调控受体的权利可以划分为财政收入调控受体的权利、财政支出调控受体的权利。财政收入调控受体的权利还可以划分为税收调控受体的权利、国债调控受体的权利等。财政支出调控受体的权利还可以划分为政府采购调控受体的权利、转移支付调控受体的权利等。税收调控受体的权利还可以划分为税收分配调控受体的权利和税收征管调控受体的权利。税收分配调控受体的权利还可以划分为商品税调控受体的权利、所得税调控受体的权利、财产税调控受体的权利等。

按照宏观调控法主体类型的不同，可以将宏观调控受体的权利划分为组织体的权利和个人的权利。对于作为宏观调控受体的组织体的权利，又可划分为国家机关（如使用预算收入的国家机关）的权利和社会组织的权利。对于作为宏观调控受体的社会组织的权利又可划分为经营单位（如企业和从事经营活动的事业单位）的权利和非经营单位（如使用预算收入的事业单位）的权利。对于作为宏观调控受体的个人的权利，又可以划分为个体经营者的权利和非经营者的个人的权利。

(2) 宏观调控受体的义务

宏观调控受体的义务，是指依照宏观调控法的规定，宏观调控受体必须作为或不作为的责任。对于宏观调控受体的义务，根据实践的需要，也可以按照不同的标准进行连续划分。例如：

如上所述，对于宏观调控法，按照其调整对象的不同，可以划分为计划法、财政法、中央银行法、价格调控法等。因此，宏观调控受体的义务可以划分为：计划调控受体的义务，如承担指令性任务的国有企业必须完成国家指令性计划；财政调控受体的义务，如供应商不得以向采购人、采购代理机构、评标委员会的组成人员、竞争性谈判小组的组成人员、询价小组的组成人员行贿或者采取其他不正当手段谋取中标或者成交；(中央银行)金融调控受体的义务，如商业银行应当按照中国人民银行的规定，向中国人民银行交存存款准备金，留足备付金；价格调控受体的义务，如政府价格主管部门开展对政府指导价、政府定价的价格、成本调查时，有关单位应当如实反映情况，提供必需的账簿、文件以及其他资料；等。对于这些调控受体的义务，可以继续进行划分，这里不再赘述。

按照宏观调控法主体类型的不同，可以将宏观调控受体划分为组织体的义务和个人的义务。对于作为宏观调控受体的组织体的义务，又可划分为国家机关(如使用预算收入的国家机关)的义务和社会组织的义务。对于作为宏观调控受体的社会组织的义务又可划分为经营单位(如企业和从事经营活动的事业单位)的义务和非经营单位(如使用预算收入的事业单位)的义务。对于作为宏观调控受体的个人的义务，又可以划分为个体经营者的义务和非经营者的个人的义务。

第十一章
经济法的理念

一、经济法理念的概念

（一）理念的概念

理念最早为古希腊哲学家柏拉图的用语，指独立于现实世界的、永远不变的普遍概念。认为它是唯一的存在，个别事物是其影子或摹本，都因为有它而存在。后来康德把人们超出经验范围，追求无限制、无条件的统一整体的认识时所产生的观念叫做"理念"。黑格尔认为，"理念"是"自在自为的真理——概念和客观性的绝对统一"。[①] 在我国，有学者认为，"理念"一词，是指一定世界观之下的某种基本观念、立场和追求。[②] 在现代汉语中，理念被理解为思想、观念、信念，以及认定和追求的某种目标、原则、方法等。[③] 有的学者指出，所谓理念，含理想与信念之义，指的是人们对于某种理想的目标模式及其实现的基本途径和方式的一种信仰、期待和追求。它包括对于理想目标的憧憬和对于通过某种基本途径和方式实现理想目标的信念两层含义。[④]

在关于理念的上述论断中，有些是在不同程度上具有积极意义的研究成果。例如：认为"理念"一词，是指一定世界观之下的某种基本观念、立场和追求；认为理念含理想与信念之义，指的是人们对于某种理想的目标模式及其实现的基本途径和方式的一种信仰、期待和追求。有些论断是唯心主义和形而上学的错误观点，如说什么理念是唯一的存在，是独立于现实世界的、永远不变的普遍概

① 《中国百科大辞典》，华夏出版社 1990 年版，第 20 页。

② 史际春、李青山：《论经济法的理念》，载《经济法学、劳动法学》（复印报刊资料）2003 年第 8 期，第 28 页。

③ 参见《现代汉语规范词典》，外语教学与研究出版社、语文出版社 2004 年版，第 804 页。

④ 漆多俊主编：《经济法学》，高等教育出版社 2007 年版，第 60 页。

念等等。

笔者认为，理念，是指人们关于追求的目标及其实现途径的基本观念。理念属于意识形态的范畴。它不仅包括关于人们追求的目标的基本观念，而且包括关于人们追求的目标的实现途径的基本观念。

（二）法的理念的概念

关于法的理念，德国的鲁道夫·施塔姆勒(Rudof Stammler)认为，法律理念乃是正义的实现。正义要求所有法律努力都应当指向这样一个目标，即实现在当时当地的条件下所可能实现的有关社会生活的最完美的和谐。[①] 我国的李双元等学者认为："法律理念就是对法律的本质及其发展规律的一种宏观的、整体的理性认知、把握和建构。"[②]我国台湾地区学者史尚宽先生说："法律制定及运用之最高原理，谓之法律之理念。"又说："法律之理念，为法律的目的及手段之指导原则。"[③]

上述论断都有一定的道理，对法学界研究法的理念有启发作用。例如：认为法的理念是法所追求的目标的实现；认为法的理念是对法律的本质及其发展规律的一种"理性认知"；认为法的理念是"法律制定及运用之最高原理"。

笔者认为，法的理念，是指人们关于法的宗旨及其实现途径的基本观念。所谓法的宗旨，是指贯穿于法之中的，人们创制和实施法所追求的目标。法的宗旨的实现途径，是指贯穿于法之中的，实现法的宗旨的路径、方法。

（三）经济法的理念的概念

何谓经济法的理念？我国经济法学界的一些学者发表了自己的见解：经济法理念"是关于经济法现象产生、发展、变化规律和相关的各种观点学说的理性认识"[④]；"经济法理念是人们关于借助于此法（它同民商法等部门法律互相配合）可以实现理想的社会经济生活目标模式的一种信念"[⑤]；"经济法的理念是人们对经济法的应然规定性的理性的、基本的认识和追求，是经济法及其适用的最

① 转引自〔美〕E.博登海默：《法理学——法律哲学与法律方法》，邓正来译，中国政法大学出版社1999年版，第173页。

② 李双元等：《法律理念及其现代化取向》，载《湖南政法管理干部学院学报》1999年第1期，第6页。

③ 史尚宽：《法律之理念与经验主义法学之综合》，载刁荣华主编：《中西法律思想论集》，台北汉林出版社1984年版，第259、263页。

④ 王保树主编：《经济法原理》，社会科学文献出版社2004年版，第3页。

⑤ 漆多俊：《经济法价值、理念与原则》，载漆多俊主编：《经济法论丛》第2卷，中国方正出版社1999年版，第78页。

高原理"[①];"经济法的理念,是指经济法的指导思想、基本精神和立法宗旨,是对经济法起长效作用的文化内涵"[②]。

在以上观点中,有不少可取之处。例如,认为经济法的理念是一种"理性认识",是实现"目标模式的一种信念","是经济法及其适用的最高原理","是经济法的指导思想、基本精神和立法宗旨"。

近年来,笔者在注意吸取学术界关于"理念"、"法的理念"和"经济法的理念"的一些研究成果的同时,结合经济法现象的实际情况,进行了进一步探讨和研究,于2004年对经济法的理念这一概念下了一个新的定义——经济法的理念,是指人们关于经济法的宗旨及其实现途径的基本观念。[③] 任何理念都是一种基本观念,经济法的理念也不例外。经济法的理念不是别的基本观念,而是人们关于经济法宗旨的基本观念以及关于经济法宗旨实现途径的基本观念。

为了搞清楚经济法理念的概念,还需要明确以下几个问题:

第一,如何理解"经济法的理念"这一被定义概念?

如上所述,理念是人们的一种基本观念,属于意识形态的范畴。意识形态属于上层建筑的范畴。也就是说,理念属于上层建筑中意识形态的范畴。经济法也属于上层建筑的范畴,但不属于意识形态的范畴。它属于上层建筑中制度的范畴。而制度本身不是观念,不是理念。那么,本文为什么使用"经济法的理念"这一概念呢?如果可以使用这一概念的话,在什么意义上使用才是合理的呢?笔者认为,制度本身虽然不是观念,不是理念,但任何制度都是人建立的,都贯穿着人的观念,人的理念。使用"经济法的理念"这一概念,是因为人们关于经济法的宗旨及其实现途径的基本观念就是"理念",而这种"理念"是贯穿在人们通过法定的国家机关创制的经济法之中的,所以称其为"经济法的理念"。

第二,经济法理念的实然性和应然性。

经济法的理念有实然性与应然性之分。经济法理念的实然性回答的问题是:贯穿在经济法之中的理念实际是什么?也就是说,经济法理念的实然性,是指实际贯穿于经济法之中的理念。经济法理念的应然性回答的问题是:贯穿在经济法之中的理念应该是什么?也就是说,经济法理念的应然性,是指应该贯穿于经济法之中的理念。

我们不仅要承认和研究经济法理念的实然性,而且要承认和研究经济法理念的应然性。在研究经济法理念的实然性和应然性时,都应该从实际出发,不能

---

① 史际春、李青山:《论经济法的理念》,载《经济法学、劳动法学》(复印报刊资料)2003年第8期,第30页。

② 徐孟洲:《论中国经济法的客观基础和人文理念》,载《法学杂志》2004年第4期,第36页。

③ 杨紫烜:《论科学发展观与中国经济法的理念》,载《财经法律评论》2005年第1卷,法律出版社2005年版,第3—17页。

脱离实际存在的大量经济法现象,以便从中找到规律性的东西,用以指导经济法学研究和经济法制建设的实践。

第三,经济法理念的层次性。

如前所述,经济法体系是由多层次的、门类齐全的经济法部门组成的有机联系的统一整体。对经济法进行连续划分,必然形成多层次的、门类齐全的经济法部门。

经济法部门有层次性,经济法的理念也有层次性。例如:作为经济法体系中的市场监管法、宏观调控法,分别有市场监管法的理念、宏观调控法的理念;作为市场监管法体系中的市场准入与退出法、竞争法、消费者权益保护法、产品质量法等,分别有市场准入与退出法的理念、竞争法的理念、消费者权益保护法的理念、产品质量法的理念;作为宏观调控法体系中的计划法、财政法、中央银行法、价格调控法等,分别有计划法的理念、财政法的理念、中央银行法的理念、价格调控法的理念等。

二、经济法理念的内容

经济法的理念与民法、行政法等法的部门的理念有共性,也有个性。之所以有共性,是由于它们同属于法的范畴;之所以有个性,是因为在法的体系中,它们是不同的法的部门。其个性,首先表现为经济法的宗旨不同于民法、行政法等法的部门的宗旨;另一个重要表现是,经济法宗旨的实现途径不同于民法、行政法等法的部门的宗旨的实现途径。

经济法理念的内容,包括经济法的宗旨和经济法宗旨的实现途径。下面,分别论述什么是经济法的宗旨及其实现途径和它们各自的内容:

(一)经济法宗旨的概念和内容

经济法的宗旨,是指贯穿于经济法之中的,人们创制和实施经济法所追求的目标。创制经济法是为了实施经济法,创制经济法所追求的目标也就是实施经济法所追求的目标。作为经济法的宗旨,这种目标是贯穿于经济法之中的,而不是存在于经济法之外的。

在现代市场经济条件下,经济法宗旨的内容是,维护市场经济秩序,防止和消除经济运行中的总量失衡和结构失调,优化资源配置,保障国家经济安全,推动经济发展和社会进步,以实现经济法主体利益的协调发展①。从维护掌握国

① "协调发展"中的"协调"二字,是从"协调"的第一种含义即"配合适宜"这一意义上使用的。详见本章第四部分的有关论述。

家政权的阶级的根本利益出发,实现经济法主体利益的协调发展,是经济法宗旨的基本内容。需要指出的是,社会主义国家经济法的宗旨与资本主义国家经济法的宗旨具有重要区别。这集中地表现为:社会主义国家经济法的宗旨,是从人民群众的根本利益出发,实现经济法主体利益的协调发展;资本主义国家经济法的宗旨,是从资产阶级的根本利益出发,实现经济法主体利益的协调发展。

多年来,在经济法学界,流行着这样一些观点:公法以国家为本位,维护国家利益;私法以个人为本位,维护私人利益;社会法以社会为本位,维护社会公共利益。又说,经济法正是以社会为本位,维护社会公共利益的。似乎经济法只是维护社会公共利益而不维护国家利益、私人利益的。上述观点值得商榷。

为了进一步搞清楚经济法宗旨的基本内容,需要进一步说明以下几个问题:

第一,利益的含义和种类。

在现代汉语中,利益就是"好处"。它同"害"、"弊"相对。所谓"利害"即利益和害处;"利弊"即好处和坏处。①

对于利益,根据实践的需要,可以从不同的角度,按照不同的标准,进行划分。从利益内容的角度,可以按不同标准划分为:经济利益、政治利益、文化利益和人身利益;不同阶级的利益,特别是统治阶级利益和被统治阶级利益;根本利益和非根本利益;合法利益和非法利益。从利益所涉及范围的角度,可以按不同的标准划分为:长远利益、短期利益和眼前利益;整体利益、局部利益和个别利益;中央利益和地方利益;多数人利益和少数人利益。从利益主体的角度,可以划分为:个人利益、集体利益、国家利益和社会公共利益。

第二,社会公共利益的概念。

我国《宪法》和法律在大体相同的意义上使用了"社会利益"、"公共利益"和"社会公共利益"三个语词。例如,《中华人民共和国宪法》第 10 条第 3 款规定:"国家为了公共利益的需要,可以依照法律规定对土地实行征收或者征用并给予补偿。"该法第 51 条规定,公民在行使自由和权利的时候,"不得损害国家的、社会的、集体的利益和其他公民的合法的自由和权利。"《中华人民共和国物权法》第 7 条规定:"物权的取得和行使,应当遵守法律,尊重社会公德,不得损害公共利益和他人合法权益。"《中华人民共和国反垄断法》将维护"社会公共利益"规定到了该法的立法宗旨之中,并在第 15、28 条等有关条款中作出了相应的规定。《中华人民共和国个人独资企业法》第 4 条规定,个人独资企业"不得损害社会公共利益。"《中华人民共和国证券法》也将维护"社会公共利益"规定到了该法的立法宗旨之中。

笔者认为,在以上几个语词中,"公共利益"的范围不够明确,易于引起歧

---

① 参见《现代汉语规范词典》,外语教学与研究出版社、语文出版社 2004 年版,第 808—809 页。

义，而且已经产生了一些不良后果[①]，今后应在经过法定程序对《宪法》和有关法律修改后，以不使用为宜。在其他两个语词中，应该说，与"社会利益"这个语词相比，"社会公共利益"这个语词是更能准确表达概念的语言形式。它现在已被我国许多重要法律广泛使用。今后，可以继续使用"社会公共利益"这一语词。

所谓社会公共利益，是指全体社会成员的共同利益。这与有些学者的下列论断是一致的："社会公共利益本质上就是普遍的每个人的利益"[②]；"以全体社会成员作为受益主体的社会公共利益，……带有普遍性和公共性"[③]。

第三，不能认为经济法所维护的利益只是社会公共利益。

为了搞清楚这个问题，需要从国家与法的性质和职能谈起。

马克思主义关于国家与法的学说认为：国家与法都具有阶级性和社会性，其中阶级性是主要的；都具有政治职能和社会职能，其中政治职能是主要的。就社会主义的国家与法的性质同剥削阶级的国家与法的性质的关系而言，它们的阶级本质根本不同，它们的社会性也有区别。就社会主义的国家与法的职能同剥削阶级的国家与法的职能的关系而言，它们的政治职能根本不同，它们的社会职能即社会公共职能也有区别。

关于政治职能和社会职能及其相互关系，恩格斯在《反杜林论》一书中指出："政治统治到处都是以执行某种社会职能为基础，而且政治统治只有在它执行了它的这种社会职能时才能持续下去。"[④]

关于法的职能的表现，就剥削阶级国家的法而言，其政治职能即阶级统治职能，表现为在确认和维护以生产资料私有制为基础的社会经济制度以及统治阶级对被统治阶级的专政方面的作用。在剥削阶级占统治地位的社会中，由于被统治阶级的斗争，统治阶级也可能被迫作出某种让步，在自己的法律中规定一些保护被统治阶级利益的条款。这种法律条款既反映了被统治阶级的斗争的成果，也体现了统治阶级为了维护自己的统治而暂时缓和阶级矛盾的一种手段。[⑤]它所行使的社会职能，表现为在办理一切社会都必须办的那些公共事务方面的作用。在我国，社会主义法的政治职能表现为在进行阶级斗争和实行人民民主专政方面具有重要作用；它的社会职能表现为在执行社会主义公共事务方面的作用正在加强。

法理学关于法的性质和职能的上述原理，也完全适合于用来分析经济法的

① 参见《"公共利益"不明土地大量流失》，载《人民日报》2004 年 8 月 4 日。

② 王保树、邱本：《经济法与社会公共性论纲》，载《经济法学、劳动法学》（复印报刊资料）2000 年第 8 期，第 13 页。

③ 赵万一：《对经济法若干基本理论问题的重新思考》，载《经济法学、劳动法学》（复印报刊资料）2002 年第 12 期，第 4 页。

④ 《马克思恩格斯选集》第 3 卷，人民出版社 1995 年版，第 523 页。

⑤ 参见沈宗灵主编：《法理学》，北京大学出版社 2003 年版，第 87—88 页。

性质与职能。因此,无论中国还是外国的经济法,在维护掌握国家政权的阶级的根本利益的前提下,都不同程度地具有维护社会公共利益的一面;同时,也决定了无论中国的还是外国的经济法,绝不只是维护社会公共利益,它们还维护个人利益、集体利益、国家利益。在社会主义中国,"国家利益"就是工人阶级领导的广大人民群众的利益。它与社会公共利益也是有区别的。就资本主义国家而言,"国家利益"实质上是掌握国家政权的阶级即资产阶级的利益。由于资本主义国家实行是的少数人对多数人的统治,资产阶级为了维护自己的统治,把自己的利益说成是全体社会成员的共同利益,这是虚伪的。

可见,那种认为国内外的经济法只是维护社会公共利益而不维护其他利益的观点,是不符合实际情况的,是违反阶级分析的方法①的,是片面的。

第四,不能认为经济法以外的法是不维护社会公共利益的。

先从法的性质和职能来看,如前所述,无论社会主义国家的法还是剥削阶级国家的法,都具有阶级性和社会性以及政治职能和社会职能。因而,它们都不同程度地具有维护社会公共利益的一面。作为法的组成部分,经济法是这样,其他法是否就概不维护社会公共利益呢?不是,实际情况不是这样。

再从现行法律规定来看,一系列民事法律、行政法律等规范性文件中的非经济法规范作出了维护"社会公共利益"或"公共利益"的规定,也清楚地说明了问题。例如,我国《民法通则》在第7、49、55、58、150条中分别规定:民事活动"不得损害社会公共利益";企业法人"损害国家利益或者社会公共利益的",对法人及其法定代表人依法追究责任;民事法律行为应当具备的条件之一,是"不违反法律或者社会公共利益";"违反法律或者社会公共利益的"民事行为无效;依照第八章规定"适用外国法律或者国际惯例的,不得违背中华人民共和国的社会公共利益。"《中华人民共和国合同法》第7、52、127条分别规定:当事人订立、履行合同,"不得扰乱社会经济秩序,损害社会公共利益";"损害社会公共利益"的合同无效;"对利用合同危害国家利益、社会公共利益的违法行为",依法追究责任。《中华人民共和国行政处罚法》第1条将"维护公共利益"规定到了该法的立法宗旨之中;该法第62条规定,执法人员玩忽职守,致使"公共利益"遭受损害的,依法追究责任。《中华人民共和国行政许可法》第1条也将"维护公共利益"规定到了该法的立法宗旨之中;与此同时,为了贯彻立法宗旨中的这一规定,该法第8、11、12、46、67、69条进一步作出了"维护公共利益"的规定。

可见,那种认为只有经济法才维护社会公共利益,其他法不维护社会公共利益的观点,没有看到法的性质、职能与法所维护的利益的内在联系,不符合现行

---

① 阶级分析的方法是法学的基本研究方法之一,也是经济法学的基本研究方法之一。在经济法学的研究中,有些观点之所以不妥,就是因为背离了阶级分析的方法。

法律的一系列规定,是不可取的。

(二) 经济法宗旨的实现途径的概念和内容

经济法宗旨的实现途径,是指贯穿于经济法之中的,实现经济法宗旨的路径、方法。作为经济法宗旨的实现途径,这种路径、方法是贯穿于经济法之中的,而不是存在于经济法之外的。

在现代市场经济条件下,经济法宗旨实现途径的内容是,将国家协调主体的市场监管行为、宏观调控行为和国家协调受体的经济活动纳入经济法制轨道,以实现对本国经济运行依法进行国家协调。对本国经济运行依法进行国家协调,是经济法宗旨实现途径的基本内容。需要指出的是,社会主义国家经济法宗旨的实现途径与资本主义国家经济法宗旨的实现途径也是有区别的。这不仅表现为对本国经济运行进行国家协调所依据的"法"具有不同的性质,而且表现为对本国经济运行进行的"国家协调"的广度和深度、内容和方式是不同的或不完全相同的。

本书所使用的"国家协调"中"协调"二字,是从"协调"的第二种含义即"使配合适宜"这一意义上使用的。①

三、经济法理念的意义

经济法理念的问题,是经济法的重要理论问题。但在经济法学界,对于经济法理念的研究还比较薄弱。至今,研究的学者较少,研究成果不多,而且存在意见分歧。这种状况如不改变,不利于经济法学整体理论水平的提高,不利于经济法制度的创新。因此,亟待加强研究。紧密联系经济法制建设的实际,深入研究经济法的理念,以便正确认识并切实贯彻经济法的理念,具有重要的理论和实践意义。这主要表现在以下两个方面:

(一) 加深理解和切实实施经济法

认识来源于实践。人们在经济法的实践中,对经济法的认识从感性阶段发展到理性阶段,逐渐形成了关于经济法宗旨及其实现途径的基本观念。这种基本观念,就是经济法的理念。它贯穿于经济法之中,反映了经济法的精神实质,体现了经济法的本质属性,是经济法的灵魂。认真研究并正确认识经济法理念的实然性,即实际贯穿于经济法之中的理念,有助于明确创制和实施经济法所追求的目标及其实现的路径和方法,从而加深对经济法的理解。

---

① 参见本书第五章第四部分的有关论述。

认识可以指导实践。认识并不只是消极的东西,它对实践具有能动的反作用。对于经济法理念的正确认识,可以指导人们通过正确的路径和方法,原原本本地实施经济法,以实现经济法的宗旨,使经济法的实施不会走偏方向。

(二) 健全经济法制,推动经济法的制度创新

认识往往落后于实践。认识不符合实际的情况时有发生。人们对经济法的认识不一定都是正确的,经济法的现行规定不一定都是正确的,实际贯穿于经济法之中的经济法的理念不一定都是正确的。因此,我们除了要认真研究并正确认识经济法理念的实然性以外,还要认真研究并正确认识经济法理念的应然性,即应该贯穿于经济法之中的理念。这有助于全面评析经济法的现行规定和经济法实施的现状,肯定成绩,指出问题,总结经验,提出改进措施,健全经济法制。

事物在发展,实践在继续,人们在新的实践中不断产生新的认识。而经济法具有相对稳定性,实际贯穿于经济法之中的经济法的理念即使在经济法创制的时候是正确的,随着客观情况的发展变化和实践的继续,它也需要丰富和发展。认真研究并正确认识经济法理念的应然性,可以使经济法的理念符合新的实际,并指导经济法的创制和实施,推动经济法的制度创新。

四、科学发展观与中国经济法的理念

(一) 科学发展观的概念

党的十六届三中全会《关于完善社会主义市场经济体制若干问题的决定》(以下简称《决定》)指出:"坚持以人为本,树立全面、协调、可持续的发展观,以促进经济社会和人的全面发展。"①党的十七大报告说:"科学发展观,第一要义是发展,核心是以人为本,基本要求是全面协调可持续,根本方法是统筹兼顾。"②这一科学发展观,体现了辩证唯物主义和历史唯物主义的基本原理,符合客观规律的要求,是对社会主义现代化建设指导思想的新发展,具有重大的理论价值和实践意义。我们要深刻领会、牢固树立和全面落实科学发展观。

根据笔者学习《决定》和十七大报告关于科学发展观的论断的体会,可否对科学发展观这一概念下这样一个定义:科学发展观,是指以发展为第一要义,以坚持以人为本为核心,以全面、协调、可持续发展为基本要求,以统筹兼顾为根本方法,以促进经济社会和人的全面发展为目标的,符合客观规律要求的发展理

① 中共中央:《关于完善社会主义市场经济体制若干问题的决定》(2003 年 10 月 14 日),载《人民日报》2003 年 10 月 22 日。

② 载《人民日报》2007 年 10 月 25 日。

念。其基本含义[①]如下：

第一，科学发展观以发展为第一要义。

科学发展观是指导发展的，发展是科学发展观的第一要义。要以经济建设为中心，不断解放和发展社会生产力。更好实施科教兴国战略、人才强国战略、可持续发展战略，着力把握发展规律、创新发展理念、转变发展方式、破解发展难题，提高发展质量和效益，实现又好又快发展，为发展中国特色社会主义打下坚实基础。

第二，科学发展观以坚持以人为本为核心。

坚持以人为本是科学发展观的核心，一切发展必须坚持以人为本。要始终把实现好、维护好、发展好最广大人民的根本利益作为党和国家一切工作的出发点和落脚点，尊重人民主体地位，发挥人民首创精神，保障人民各项权益，走共同富裕道路，促进人的全面发展，做到发展为了人民、发展依靠人民、发展成果由人民共享。

第三，科学发展观以全面、协调、可持续发展为基本要求。

科学发展观，即全面、协调、可持续的发展观。它以全面发展、协调发展、可持续发展为基本要求。要按照中国特色社会主义事业总体布局，全面推进经济建设、政治建设、文化建设、社会建设，促进现代化建设各个环节、各个方面相协调，促进生产关系与生产力、上层建筑与经济基础相协调。坚持生产发展、生活富裕、生态良好的文明发展道路，建设资源节约型、环境友好型社会，实现速度和结构质量效益相统一、经济发展与人口资源环境相协调，使人民在良好生态环境中生产生活，实现经济社会永续发展。

第四，科学发展观以统筹兼顾为根本方法。

科学发展观的根本方法是统筹兼顾。要正确认识和妥善处理中国特色社会主义事业中的重大关系，统筹城乡发展、区域发展、经济社会发展、人与自然和谐发展、国内发展和对外开放，统筹中央和地方关系，统筹个人利益和集体利益、局部利益和整体利益、当前利益和长远利益，统筹国内国际两个大局。

第五，科学发展观以促进经济社会和人的全面发展为目标。

科学发展观的目标是促进经济社会和人的全面发展。经济发展、社会发展、人的全面发展的关系是什么？发展要首先抓好经济发展。经济发展是社会发展的基础和前提。社会发展是经济发展的目的，并为经济发展提供有利条件。经济社会必须协调发展，其最终目的是满足人民群众的需要，促进人的全面发展。

第六，科学发展观是符合客观规律要求的发展理念。

科学发展观是关于发展目标及其实现途径的基本观念、基本认识或总体看

---

① 参见党的十七大报告，载《人民日报》2007 年 10 月 25 日。

法，是重大战略思想。这一发展观就是发展理念。科学发展观之所以是科学的，是由于它符合客观规律的要求。规律是事物内在的、本质的、必然的联系。规律具有客观性，人们不能创造、改变和消灭客观规律，但是可以发现、认识和利用客观规律。我们党提出的新的发展观是符合客观规律要求的。所以，这一发展观是科学的发展观。

（二）科学发展观与中国经济法主体利益的协调发展

1. 落实科学发展观必须坚持以人为本

以人为本的"本"，含"根本"、"中心"之义。以人为本的"人"，不同的发展观具有不同的内容。科学发展观中的"人"，可以诠释为占人口绝大多数的广大人民群众。在社会主义中国，以人为本的"人"，就是占人口绝大多数的以工人、农民等劳动者为主体的广大人民群众。

以人为本的观念在历史上源远流长。两千多年前的春秋时期，齐国著名政治家管仲最先提出了"以人为本"的概念。他在《管子·霸业》中说："夫霸王之所始也，以人为本，本治则国固，本乱则国危。"孟子也曾说过："民为贵，社稷次之，君为轻。"我国古代思想家的这些思想，在客观上有利于减轻当权者对老百姓的剥削和压迫。但是，他们提出的以人为本或民本思想的目的，主要是为了维持封建统治者的统治地位。① 西方的人本主义思潮宣扬人的意义和价值，推动了新兴资本主义的发展，至今仍有相当大的影响。需要指出的是："这一思潮最基本的特征，就是把人说成是超越历史、超越阶级、超越各种社会关系的抽象的人，在本质上是和马克思主义格格不入的。"②新华社在对近代西方的人本主义进行评析时指出："近代西方人本主义反对迷信、崇尚科学，反对专制、崇尚自由，反对神性、张扬人性，对于反对封建主义、对于推进人的解放起到过一定的积极作用。但人本主义离开具体的历史条件，离开人的社会性，以抽象的、永恒不变的人性说明社会历史，在本质上是为资产阶级取得和维护统治地位服务的。"③

我们党提出的以人为本即一切以人民群众为根本，是科学发展观的核心。落实科学发展观，就必须坚持以人为本。离开了一切发展为了人民，一切发展依靠人民，我们的发展就会迷失方向，就会偏离正确的道路。

以人为本的实质是利益问题。落实科学发展观，坚持以人为本，就要一切从人民群众的根本利益出发，促进经济社会的全面发展，不断提高人民群众的物质

---

① 钟轩理：《天地之间莫贵于民——如何正确理解以人为本》，载《人民日报》2004年9月13日。

② 邢贲思：《全面理解以人为本》，载《人民日报》2004年9月3日。

③ 新华社北京2007年11月12日电：《科学发展观核心是以人为本》，载《人民日报》2007年11月13日。

文化生活水平和健康水平，切实保障人民群众的经济、政治和文化权益，以实现人的全面发展。

2. 坚持以人为本，必须从人民群众的根本利益出发，实现中国经济法主体利益的协调发展

为了明确这个问题，下面讲三点：

第一，“协调发展”这一概念中“协调”的含义。

如前所述，在现代汉语中，“协调”的含义有二：一是配合适宜；二是使配合适宜。本书所使用的“协调发展”这一概念中“协调”的含义，是从“配合适宜”这一意义上使用的。

在我国《宪法》和党的文件中所使用的“协调”概念，往往是指现代汉语中所说的“协调”的第一种含义，即“配合适宜”。例如：1982 年 12 月 4 日，第五届全国人民代表大会第五次会议通过的《中华人民共和国宪法》第 15 条第 1 款规定：“国家在社会主义公有制基础上实行计划经济。国家通过计划经济的综合平衡和市场调节的辅助作用，保证国民经济按比例地协调发展。”1993 年 3 月 29 日，第八届全国人民代表大会第一次会议通过的《宪法修正案》规定了“国家实行社会主义市场经济”，删除了上述规定。2004 年 3 月 14 日，第十届全国人民代表大会第二次会议通过的《宪法修正案》，在宪法序言的第 7 自然段中增加了“推动物质文明、政治文明和精神文明协调发展”的规定。以上在我国《宪法》中先后两次使用的“协调”概念，均属现代汉语中“协调”的第一种含义。党的十二届三中全会、十四届三中全会、十六届三中全会先后通过的三个关于经济体制改革的决定[①]，分别 2 处、4 处、15 处使用了“协调”这一概念。其中，属于“协调”的第一种含义的共有 15 处，如“协调发展”、“相协调”、“树立全面、协调、可持续的发展观”、“形成行为规范、运转协调、公正透明、廉洁高效的行政管理体制”等。

第二，正确处理各种利益关系的重要性。

利益是人们行为的内在动力。正如马克思所指出的，人们奋斗所争取的一切，都同他们的利益有关。[②] 正确处理各种利益关系极为重要。在上层建筑领域，法不仅是利益的体现，而且对利益具有能动作用。就经济法而言，在我国，它可以通过正确规定各类经济法主体的权利、义务及其法律后果，以确认和分配利益，保障和促进利益的实现，使他们的利益得到协调发展。

第三，在我国，正确处理各种利益关系必须坚持以人为本。

所谓经济法主体利益的协调发展，在我国，当然不是只考虑某些经济法主体

① 中共中央：《关于经济体制改革的决定》(1984 年 10 月 20 日)；中共中央：《关于建立社会主义市场经济体制若干问题的决定》(1993 年 11 月 14 日)；中共中央：《关于完善社会主义市场经济体制若干问题的决定》(2003 年 10 月 14 日)。

② 参见《马克思恩格斯全集》第 1 卷，人民出版社 1956 年版，第 82 页。

的利益不考虑另一些经济法主体的利益，而应该从人民群众的根本利益出发，实现各种经济法主体，包括城市与乡村的、涉内与涉外的、中央与地方的、不同区域的、不同经济社会领域的、不同所有制的各类经济法主体利益的协调发展。只有这样，才符合坚持以人为本的要求。

不同类型的法贯穿不同的发展观。社会主义的法必须贯穿、也才能贯穿科学发展观，坚持以人为本，一切为了人民，一切依靠人民。中国的社会主义经济法是工人阶级领导下的广大人民意志的体现。该意志的内容是由工人阶级领导下的广大人民的利益决定的。从人民群众的根本利益出发，实现中国经济法主体利益的协调发展，是坚持以人为本的要求，也是我国经济法的社会主义性质决定的。

（三）科学发展观与中国对本国经济运行依法进行国家协调

1. 落实科学发展观必须坚持统筹兼顾

筹即筹划；统筹，有统一筹划、通盘筹划的含义，如统筹兼顾、统筹安排[①]。

科学的理论内含科学的方法，科学的方法支撑科学的理论。从方法论意义上讲，深入贯彻落实科学发展观，最根本的是要正确认识和妥善处理中国特色社会主义事业中的重大关系，切实做到统筹兼顾，既要总揽全局、统筹规划，又要抓住牵动全局的主要工作、事关群众利益的突出问题，着力推进、重点突破。党的十六届三中全会提出了“五个统筹”的思想，党的十七大报告在“五个统筹”的基础上，又进一步提出了“三个统筹”。因此，“统筹兼顾”包括以下内容：一是统筹城乡发展；二是统筹区域发展；三是统筹经济社会发展；四是统筹人与自然和谐发展；五是统筹国内发展和对外开放；六是统筹中央和地方关系；七是统筹个人利益和集体利益、局部利益和整体利益、当前利益和长远利益；八是统筹国内国际两个大局。这些方面的统筹，拓展了统筹兼顾方针的内涵、对象和范围，体现了我们党对社会主义建设规律认识的深化，从而成为深入贯彻落实科学发展观的根本切入点和重要现实途径。[②]

统筹兼顾是科学发展观的根本方法。只有坚持统筹兼顾才能调动各种积极因素，促进资源的优化配置，做到两个推进——推进生产力和生产关系、经济基础和上层建筑相协调，推进经济、政治、文化、社会建设的各个环节、各个方面相协调[③]，实现一个目标——经济社会和人的全面发展，体现一个核心——坚持以人为本。

---

① 参见《现代汉语规范词典》，外语教学与研究出版社、语文出版社 2004 年版，第 187、1309 页。

② 参见新华社北京 2007 年 11 月 14 日电：《科学发展观根本方法是统筹兼顾》，载《人民日报》2007 年 11 月 15 日。

③ 参见胡锦涛：《在中央人口资源环境工作座谈会上的讲话》，载《人民日报》2004 年 4 月 5 日。

坚持统筹兼顾,必须坚持马克思主义认识论,一切从实际出发,深入调查研究,认真总结正反两方面的经验,根据国内外情况的发展变化,切实解决实际存在的问题;必须遵循对立统一规律这一辩证法的根本规律,坚持"两点论",避免片面性,善于分析和正确处理各种矛盾。

2. 坚持统筹兼顾,必须对我国经济运行依照体现科学发展观要求的经济法进行国家协调

从统筹兼顾的内容来看,统筹兼顾离不开经济运行,统筹兼顾必须发挥国家的作用。因此,坚持统筹兼顾必须对经济运行进行国家协调。经济运行之所以必须国家协调,如前所述,其根源在于:生产力决定生产关系,生产关系对于生产力具有反作用;经济基础决定上层建筑,上层建筑对于经济基础具有反作用。经济运行具有自己的规律。国家不能随意左右经济运行,而只能因势利导,力求把经济运行协调到符合客观规律的轨道上来。就是说,国家行使经济管理的职能应该符合客观规律的要求,力求避免主观随意性。这就既充分肯定了"国家之手"在经济运行中的作用,又反映了对国家权力的必要限制。

国家协调经济运行的方式,包括法律手段和非法律手段,其中,法律手段是主要的。实践已经并将进一步证明,中国通过创制和实施体现科学发展观要求的经济法规范,将国家协调主体和国家协调受体的行为纳入经济法治轨道,对于实现中国经济法的宗旨至关重要。中国经济法是对本国经济运行进行国家协调的法律依据和法律保证。

需要进一步指出的是:这里说的经济运行是本国经济运行,而不是国际经济运行;对本国经济运行的协调是一个国家的协调,简称国家协调,而对国际经济运行的协调是两个以上国家的共同协调,简称国际协调。

第十二章
经济法的基本原则

一、经济法基本原则的概念

要搞清楚什么是经济法的基本原则,必须对这一概念下一个科学的定义,以揭示其内涵,即经济法基本原则这一概念所反映的事物的本质属性。而要下这样一个科学的定义是很不容易的。在中国,三十年来对经济法基本原则的研究虽在不断取得进展,但远未取得共识。至今,学界对经济法基本原则这一概念所下的完全不同或部分不同的定义已达30个左右。现在,亟须对经济法基本原则的概念的研究作一番总结,以便将这一研究进一步引向深入。

(一)对经济法基本原则这一概念下定义需要明确的几个问题①

第一,经济法的基本原则本身是不是一种"指导思想"?

不少论著认为,经济法的基本原则是一种"指导思想"、"总的指导思想"、"根本指导思想"、"具有普遍意义的指导思想"、"带有普遍意义的指导原理"或"基本法律观念"。

笔者认为,经济法的基本原则属于上层建筑中制度的范畴,具有法律约束力。"指导思想"、"指导原理"、"基本法律观念"属于上层建筑中意识形态的范畴,只要其未转化为法,就没有法律约束力。经济法的基本原则对于经济法的制定和实施,固然具有指导作用,但是,它本身不是"指导思想"、"指导原理"或"基本法律观念"。

第二,认为经济法的基本原则贯穿于"一切经济法律法规"之中的观点是否妥当?

---

① 一些论著对经济法基本原则这一概念所下的定义,请参见许明月主编:《经济法学论点要览》,法律出版社2000年版,第324—341页。

有一种观点认为，经济法的基本原则是贯穿于“经济法律”、“经济法规”、“各种经济法规”或“一切经济法律法规”之中的。

应该指出：经济法律、法规，即调整经济关系的法律、法规；这里说的“经济关系”，不仅包括经济法所调整的经济关系，而且包括民法、行政法等其他法所调整的经济关系。因此，不能认为，凡是经济法律、法规，都属于经济法的法律、法规的范围。① 所以，笼统地说经济法的基本原则贯穿于“经济法律”或“经济法规”中不妥；说它贯穿于“各种经济法规”或“一切经济法律法规”中更为不妥。还需要指出，经济法律规范除了以经济法律、法规为表现形式以外，还有不少经济法律规范是通过其他规范性文件和习惯法、判例法、法定解释表现出来的。而后者，同样是贯穿了经济法的基本原则的。从这个意义上说，又不能认为经济法的基本原则是仅仅贯穿于经济法律、法规之中的。

第三，经济法的基本原则可不可以说都是法律“规定”或“确定”的？

另一种观点认为，经济法的基本原则是“法律规定”或“法律确定”的。

对此，应作具体分析。固然，法律可以规定或确定经济法的基本原则，但是，不能认为只有“法律”才能规定或确定经济法的基本原则。因为制定法中的其他规范性文件和作为非制定法的习惯法、判例法、法定解释也是可以规定或认可经济法的基本原则的。也不能认为只有法律“规定”或“确定”的经济法基本原则才能成为经济法的基本原则。因为实际贯穿于各种经济法律规范之中的经济法基本原则，即使没有法律的明文“规定”或“确定”，也并不能否认它成为经济法的基本原则。②

第四，在经济法基本原则的定义中使用含混的概念对不对？

有些论著在对经济法的基本原则这一概念下的定义中，使用了“主要”、“若干”、“特定”或“等”这样一些概念。

上述这些概念都是含混的概念，在定义中不宜使用。逻辑学告诉我们，任何定义，都是由被定义概念、定义概念和联结词组成的。其中，被定义概念和定义概念是两个主要组成部分。“经济法的基本原则”是被揭示内涵的概念，即被定义概念或称被定义项；用来揭示“经济法的基本原则”这个被定义概念内涵的概念，即定义概念或称定义项。如前所述，定义的规则之一是，在定义概念中不得使用含混的概念。含混的概念，是指内涵和外延不明确的概念。下定义的目的，是为了明确被定义概念的内涵，而定义概念本身如果不明确，含糊不清，就无法揭示被定义概念的内涵，就不能达到下定义的目的。

---

① 例如，我国《合同法》是经济法律，但它不属于经济法的法律的范围，而是民事法律。

② 对于经济法是这样，对于其他法也是这样。例如，在法国民法中贯穿着所有权绝对原则、契约自由原则和过失责任原则，虽然《法国民法典》等法律并未对此作出明文规定，但并不影响这些原则成为法国民法的三大原则。

第五,在经济法基本原则的定义概念中能不能直接或间接包含被定义概念?

在对经济法基本原则这一概念下定义时,可否断言经济法的基本原则,是指"具有普遍意义的指导思想和基本原则"?

回答应该是否定的。因为在定义概念中直接包含了被定义概念,这就达不到下定义的目的。我们知道,之所以需要对被定义概念下定义,是因为它的内涵不明确,因此需要用定义概念去揭示其内涵。定义的规则之一是,在定义概念中不能直接或间接包含被定义概念。在定义概念中直接包含被定义概念,就会犯"同语反复"的逻辑错误;在定义概念中间接包含被定义概念,就会犯"循环定义"的逻辑错误。

第六,经济法基本原则的定义项的外延该不该与被定义项的外延不同?

定义的规则之一是:定义项的外延与被定义项的外延应该相等。也就是说,它们的外延应该重合,不得有宽窄之差。

但在有些定义中,被定义项是"经济法的基本原则",不是"社会主义经济法的基本原则",也不是"中国社会主义经济法的基本原则",而在定义项中使用了"经济法的社会主义性质的集中表现"或"体现中国社会主义经济法的本质和特征"等概念。这样,就出现了定义项的外延小于被定义项外延的情况,犯了"定义过窄"的逻辑错误。有一种观点认为,经济法的基本原则,是经济法调整"市场宏观调控的经济关系"必须遵循的"普遍行为准则"。持这种观点的学者正确地主张,关于经济法基本原则的定义要体现经济法的调整对象,但却认为它的调整对象仅仅是宏观调控关系,而不包括显然应该包括的市场监管关系。这是又一种定义项的外延小于被定义项的情况,同样不可取。

如前所述,另有一些学者在对经济法的基本原则下定义时,说它是贯穿于"各种经济法规"或"一切经济法律法规"之中的。这就否定了经济法的基本原则还贯穿于经济法律、法规以外的其他规范性文件和习惯法、判例法、法定解释中的经济法律规范之中,这又是一种"定义过窄"的情况。还应该指出,经济法的基本原则固然贯穿于许多经济法律、法规之中,但是,不能说它是贯穿于"各种经济法规"或"一切经济法律法规"之中的。因为有的经济法律、法规中并没有经济法律规范,其中贯穿的基本原则并不是经济法的基本原则,而是其他法的基本原则。从这个意义上说,上述定义项的外延超出了被定义项外延的范围,犯了"定义过宽"的逻辑错误。

(二)经济法基本原则的定义及其基本含义

搞清楚对经济法基本原则这一概念下定义应该明确的一些问题,是十分必要的。但是,要真正了解这一概念,还需要对它下一个科学的定义。这既是一个困难的任务,又是一个不可回避的责任。

笔者认为,经济法的基本原则,是指贯穿于各种经济法律规范之中的,在国家协调本国经济运行过程中必须遵循的根本准则。这一定义的基本含义如下:

首先,经济法的基本原则是"必须遵循的根本准则"。

任何法都是由法律规范组成的,经济法也不例外。法律规范是一种行为准则或称行为规则,它是由国家强制力保证实施的,是人们必须遵循的。经济法的基本原则这种行为准则,也是由国家强制力保证实施的,它不同于法律规范以外的行为准则;同时,它又不同于作为具体行为准则的法律规范,也不同于经济法的具体原则。经济法基本原则是根本的行为准则,即根本准则。对于经济法律规范和经济法的具体原则,它都处于统率的地位,是必须遵循的准则的准则,原则的原则。

其次,经济法的基本原则是"在国家协调本国经济运行过程中"必须遵循的根本准则。

在对经济法的基本原则这一概念下定义时,其定义概念应该体现经济法基本原则与民法、行政法等其他法的基本原则的本质区别。有些定义指出,经济法的基本原则是经济法的"特征"、"宗旨"或"价值"的"体现"、"具体体现"或"集中体现"。笔者认为,上述观点有一定道理。因为它有助于区别经济法的基本原则与其他法的基本原则。而经济法的特征、宗旨、价值都决定于经济法的本质,从这个意义上说,认为经济法的基本原则是经济法"本质"的体现,更接近真理。那么,经济法的本质(区别于其他法的本质属性)又是由什么决定的呢?由于法的调整对象是划分法的部门的标准,经济法的本质决定于经济法的调整对象。因此,将经济法的调整对象科学地反映到经济法基本原则的定义中去,就可以从根本上划清经济法基本原则与其他法的基本原则的界限。笔者认为,经济法的调整对象是在国家协调的本国经济运行过程中发生的经济关系,因此,经济法的基本原则是在国家协调本国经济运行过程中必须遵循的根本准则。

再次,经济法的基本原则是"贯穿于各种经济法律规范之中的"根本准则。

关于经济法基本原则的定义,之所以要在定义概念中指出经济法的基本原则是"贯穿于各种经济法律规范之中的",原因有三:一是经济法的基本原则是整个经济法部门的基本原则,而不是它的某一个组成部分的原则,因此,在"经济法律规范"之前需要加"各种"二字;二是经济法的基本原则属于上层建筑中经济法律制度的范畴,当然是贯穿于各种"经济法律规范"之中的,而不可能以经济法学的论著、负责人的讲话和社会团体的文件等作为载体;三是指出经济法的基本原则贯穿于各种"经济法律规范"之中,有助于进一步明确经济法的基本原则不同于民法、行政法等其他法的基本原则。

二、经济法基本原则的确认

三十年来,经济法学界在研究经济法基本原则的过程中,在回答经济法究竟有哪些基本原则问题时,提出了许多不同的观点。据统计,在各种论著中所讲到的完全不同或部分不同的经济法基本原则已达四十多个。实际上,经济法根本没有那么多基本原则。之所以出现这种情况,一个重要原因,是由于在经济法基本原则确认的标准和方法问题上缺乏科学性。那么,在这个问题的研究中怎样增强科学性呢?这正是我们需要探讨的。

(一)经济法基本原则确认的标准

要被确认为经济法的基本原则,必须符合下列标准:

第一,它必须是一种法的原则①。

能否被确为经济法的基本原则,首先要看是不是法的原则。

关于原则的含义,美国法学家弗里德曼指出了人们在三种不同意义上使用"原则"一词的情况:"有些学者把原则和规则划分开。原则是超级规则,是制造其他规则的规则,换句话说,是规则模式或模型。有些人以略为不同的意义用'原则'这词。'原则'起标准作用,即是人们用来衡量比它次要的规则的价值或效力的规则。'原则'还有一个意思是指归纳出的抽象东西。从这个意义上说,原则是总结许多更小的具体规则的广泛和一般的规则。"②应该说,上述观点对于我们认识什么是原则以及原则与准则或规则的关系是有启发的。笔者认为:准则即行为准则,规则即行为规则,准则就是规则;准则,是指在实践中应当遵循的具体行为规则;原则,是指贯穿于具体准则之中的,在实践中必须遵循的高级准则,是准则的准则。

何谓法的原则?人们对它下的定义是不同的。《牛津法律大辞典》从法的功能的角度下了这样一个定义:"法律原则[Principles of Law]许多法律推理的所依赖的前提,不断地、正当地适用于比较特别和具体的规则解决不了或不能充分、明确地解决的待决案件的一般原则。"③《布莱克法律辞典》认为,法律原则是为其他规则提供基础性或本源的综合性规则或原理,是法律行为、法律程序、法律决定的决定性规则。④ 在中国学者中,有的认为:"法律原则是法律规定的用

---

① 法的原则,在法学论著中一般称为"法律原则"。考虑到"法律"一词有广、狭两义,"法律原则"中的"法律"仅指广义,而广义的"法律"就是"法",因此,本书主张将"法律原则"改称为"法的原则"。

② 〔美〕弗里德曼:《法律制度》,中国政法大学出版社 1994 年版,第 46 页。

③ 《牛津法律大辞典》,光明日报出版社 1988 年版,第 717 页。

④ 参见 Black's Law Dictionary, West Publishing Co., 1983, p.1074。

以进行法律推理的准则。”[①]有的说：“法律原则是法律的基础性真理、原理，或是为其他法律要素提供基础或本源的综合性原理或出发点。”[②]有的指出：“法律原则应是用抽象语言表述的具有标准性和统帅意义的高级法律规则。”[③]应该说，在上述论述中，那种认为法律原则是一种“准则”、一种“综合性规则”或“高级法律规则”的观点，是有道理的；而认为法律原则是一种“原理”的观点，值得商榷。笔者认为，法的原则，是指贯穿于法律规范之中的，在法的实践中必须遵循的高级准则。法的原则与法律规范有联系，有区别。其联系的主要表现是：法律规范是具体准则，法的原则也是一种准则；它们都是必须遵循的；法的原则是法律规范的概括；法的原则贯穿于法律规范之中；法的原则对法律规范的创制和实施具有指导作用。就它们的区别而言，相对于法律规范来说，法的原则具有概括面广、稳定性强、适用范围宽、效力层次高、指导作用大等特点。

关于法的原则与经济法的基本原则的关系，需要指出：经济法的基本原则也是一种法的原则，它与法的原则有共性，但不能等同；经济法的基本原则必须是一种法的原则，政治原则、道德原则等不是法的原则就不可能成经济法的基本原则。

第二，它必须是一种经济法的原则。

能否被确认为经济法的基本原则，还要看是不是法的原则中的经济法原则。

如何理解“经济法原则”？有的经济法学者认为：“经济法原则就是，经济法规普遍坚持的，处理各种纷繁复杂经济法律问题的基本准绳”；同时认为，它是“贯穿于各种经济法规的一种总的精神实质，是经济法规的灵魂，它必须具有普遍适用性和高度的概括性”[④]。有的学者明确指出：“经济法原则与民法原则、行政法原则不能混同。”[⑤]有的学者说：“经济法原则是经济法在其调整特定社会关系时在特定范围内所普遍适用的基本准则。”[⑥]应该说，在上述观点中，除了使用“各种经济法规”、“特定”的概念值得商榷外，有些作者分别指出了经济法原则是具有“普遍适用性和高度的概括性”的“基本准绳”或“基本准则”，注意到了经济法原则与其他部门法原则的区别，这是有道理的。

笔者认为，经济法的原则，是指贯穿于经济法律规范之中的，在国家协调本国经济运行过程中必须遵循的高级准则。对这一定义，有必要说明三点：一是在定义项中使用“贯穿于经济法律规范之中的”，划清了经济法的原则与民法、行

① 沈宗灵主编：《法理学》，北京大学出版社 2003 年版，第 38 页。

② 张文显主编：《法理学》，高等教育出版社 2003 年版，第 95—96 页。

③ 王保树主编：《经济法原理》，社会科学文献出版社 2004 年版，第 34 页。

④ 《经济法理论学术论文集》，群众出版社 1985 年版，第 300—301 页。

⑤ 同上书，第 290 页。

⑥ 漆多俊：《经济法基础理论》，武汉大学出版社 2000 年版，第 167 页。

政法等原则的界限;二是在定义项中的经济法律规范之前未加“各种”或“部分”字样,表明经济法的原则既不等同于经济法的基本原则,也不等同于经济法的具体原则;三是在定义项中使用“高级准则”,有助于将经济法的原则既区别于作为“根本准则”的经济法的基本原则,又区别于作为“具体准则”的经济法律规范。

关于经济法原则与经济法的基本原则的关系,本书的观点:一是经济法的原则,不一定是经济法的基本原则,如经济法的具体原则,就不是经济法的基本原则。二是经济法的基本原则必须是一种经济法的原则;不是经济法的原则,如民法、行政法等其他法的原则,不可能成为经济法的基本原则。

第三,它必须是经济法原则中的基本原则。

能否被确认为经济法的基本原则,最后还要看在经济法的原则中,是具体原则还是基本原则。

关于经济法基本原则的概念,前面已经作了论述。在这里,着重谈谈经济法的基本原则与具体原则的关系问题。

近年来,一些经济法学者分别指出:“经济法基本原则,统领其他具体原则”[①]。“经济法的基本原则涵盖整个经济法部门,是该部门所有法律规范及从制定到实施全过程都需贯彻的;经济法的局部性原则,仅贯彻于该部门法中某个或某些种类(经济法的分支)的法律规范。不能将经济法的某个局部性原则,当作经济法的基本原则”[②]。“经济法的基本原则不是离开经济法而存在的,而是贯穿在整个经济法之中的。它不是仅仅贯穿在属于经济法体系的某一个部门经济法之中的,因此不同于经济法的具体原则”[③]。关于经济法的基本原则与具体原则的关系,以上这些论述是对的,但是还需要补充。

笔者认为,根据实践的需要,对于经济法的原则,可以按照不同的标准,分别划分为不同经济法部门的原则、不同经济法制度的原则等等。相对于经济法的基本原则而言,这些都是不同类型的经济法的具体原则。可以说,经济法的基本原则是从众多经济法的具体原则中概括出的、经济法领域最高层次的原则。它统率经济法的各种具体原则,是原则的原则。同经济法的具体原则相比,经济法的基本原则概括面更广,稳定性更强,适用范围更宽,效力层次更高,指导作用更大。由于经济法的基本原则和具体原则各有不同的特点,因此不能把某个经济法部门的原则、某种经济法制度的原则等经济法的具体原则,当作经济法的基本原则。

---

① 刘瑞复:《经济法学原理》,北京大学出版社 2000 年版,第 98 页。

② 漆多俊:《经济法基础理论》,武汉大学出版社 2000 年版,第 168 页。

③ 杨紫烜:《建立和完善适应社会主义市场经济体制的法律体系与〈经济法纲要〉的制定》,载李昌麒主编:《中国经济法治的反思与前瞻》,法律出版社 2001 年版,第 12 页。

（二）经济法基本原则确认的方法

马克思主义哲学是科学的世界观和方法论，也是我们正确认识经济法基本原则的指导思想和基本方法。毛泽东同志深刻地指出："实践、认识、再实践、再认识，这种形式，循环往复以至无穷……。这就是辩证唯物论的全部认识论"。①还说："矛盾的普遍性和矛盾的特殊性的关系，就是矛盾的共性和个性的关系。""这一共性个性、绝对相对的道理，是关于事物矛盾的问题的精髓，不懂得它，就等于抛弃了辩证法。"②

要正确确认经济法的基本原则，必须正确确认法的原则。下面，我们分别进行论述。

首先，关于法的原则的确认方法。

按照调整对象的不同，可以将法划分为若干个法的部门。部门法的原则贯穿于组成该法的法律规范之中。法的原则既贯穿于各部门法的原则之中，又贯穿于各种法律规范之中。

认识来源于实践。认识过程从认识特殊的事物开始。在法的实践中，人们首先认识了许多不同法律规范的特殊本质，然后进行概括工作，认识到其中有一类法律规范调整着在国家协调的本国经济运行过程中发生的经济关系，这类法律规范具有共同的本质，被统称为经济法律规范。在经济法律规范中，毫无例外地贯穿着作为其总称的经济法的原则。贯穿经济法的原则，是经济法律规范的共性。同样，贯穿民法原则、行政法原则和其他法的原则分别是民事法律规范、行政法律规范和其他法律规范的共性。

根据矛盾的共性和个性的辩证关系的原理，贯穿于经济法律规范之中的经济法原则，同贯穿于民事法律规范、行政法律规范和其他法律规范之中的民法原则、行政法原则和其他法的原则，各有自己的个性，因此，不能把它们互相混淆。与此同时，也要看到在上述个性中存在着共性。随着法的实践的继续，人们在认识了经济法原则、民法原则、行政法原则和其他法的原则的特殊本质的基础上，可以进一步概括出包含于上述原则的个性中的共性，即作为法的原则的共同本质。

但是，对法的原则的认识过程至此并没有完结。人们对法的原则的认识，还须回到法的实践中去发挥作用，并接受检验。同时，社会关系在发展，调整社会关系的法律规范也在发展，需要人们在反复实践中不断深化对法律规范的认识，

① 《毛泽东选集》第1卷，人民出版社1991年版，第296—297页。

② 同上书，第319—320页。

对部门法原则的认识,对法的原则的认识。

其次,关于经济法基本原则的确认方法。

经济法是一个独立而重要的法的部门。其原则有基本原则和具体原则之分。经济法的具体原则贯穿于部分经济法律规范之中。经济法的基本原则既贯穿于经济法的各种具体原则之中,又贯穿于各种经济法律规范之中。

人的认识离不开实践。在经济法的实践中,人们开始认识到许多经济法律规范的特殊本质,然后通过概括,认识到在这些经济法律规范的个性中存在的共性。这些经济法律规范可以分别组成市场监管法、宏观调控法这样的不同的经济法部门,或者经济法的主体制度、经济法的行为制度、经济法的后果制度这样的不同的经济法制度等等。它们都有各自的原则。这些原则统称为经济法的具体原则。

随着经济法实践的继续,人们在认识了各种经济法具体原则的特殊本质的基础上,通过进一步概括,可以认识到贯穿在这些具体原则之中的共性,即作为经济法基本原则的共同本质。

但是,对经济法基本原则的认识过程至此并没有结束。人们经过实践得到的对经济法基本原则的认识,必须再回到实践中去发挥作用,接受检验。同时,随着社会经济关系的发展,随着经济法的发展,应该在人们的反复实践中,不断丰富和发展对经济法律规范的认识,对经济法具体原则的认识,对经济法基本原则的认识。

三、经济法基本原则的构成

(一)对于经济法基本原则的构成的研究概况

多年来,经济法学界在研究经济法基本原则的过程中,在回答经济法究竟有哪些基本原则的问题时,提出了许多不同的观点。例如:

第一,认为经济法的基本原则只有1个,即"注重维护社会经济总体效益,兼顾社会各方经济利益公平。"①

第二,认为经济法的基本原则有2个:社会本位原则,效率优先、兼顾公平原则②;或者是市场竞争原则,宏观调控原则③。

第三,认为经济法的基本原则有3个:平衡协调原则,维护公平竞争原则,责

① 漆多俊:《经济法价值、理念与原则》,载漆多俊主编:《经济法论丛》第2卷,中国方正出版社1999年版,第87页。

② 程宝山:《经济法基本理论研究》,郑州大学出版社2003年版,第123、126页。

③ 邱本:《再论经济法的基本原则》,载李昌麒主编:《经济法论丛》第2卷,群众出版社2004年版,第36页。

权利相统一原则[①];或者是经济上的公平与公正原则,违法行为法定原则,经济管理权限和程序法定的原则[②]。

第四,认为经济法的基本原则有4个:经济民主原则,效率优先、兼顾公平原则,可持续发展原则,经济公正原则。[③]

第五,认为经济法的基本原则有5个:遵循客观经济规律的原则,巩固和发展社会主义公有制和保护多种经济成分合法发展的原则,国家统一领导和经济实体相对独立的原则,市场经济与宏观调控相结合的原则,责、权、利、效相结合的原则。[④]

第六,认为经济法的基本原则有6个:按客观经济规律办事的原则,坚持和发展社会主义公有制与保护非公有制合法发展的原则,国家宏观调控与市场机制相结合的原则,实行责权利相结合和国家、集体、个人利益相统一的原则,兼顾公平与效率的原则,经济民主与经济法制相结合的原则。[⑤]

第七,认为我国经济法的基本原则有7个:促进和保障社会主义市场经济健康发展的原则,促进和保障以社会主义公有制为主体的多种经济成分共同发展原则,遵循客观规律原则,实行经济民主原则,促进和保障社会主义公平竞争原则,兼顾国家、集体和个人利益原则,经济效益和社会效益相结合原则。[⑥]

第八,认为我国经济法的基本原则有8个:资源优化配置原则,国家适度干预原则,社会本位原则,经济民主原则,经济公平原则,经济效益原则,经济安全原则,可持续发展原则。[⑦]

近年来,在上述论著中讲到的不同的经济法基本原则有21个,如果加上1996年以来的其他经济法论著和1996年以前的经济法论著中所谈到的不同的经济法基本原则,数量就多得多。应该说,其中不少观点是有一定道理的,但许多所谓经济法的基本原则实际上并不是经济法的基本原则。之所以出现后一种情况,是由于在经济法基本原则确认的标准和方法上缺乏科学性,其表现有三:一是有些不是原则或者不是法的原则(前者如按劳分配等经济规律,后者如实行经济责任制、优化资源配置等经济工作原则),被当作了经济法的基本原则;二是有些虽是法的原则但不是经济法的原则或者不是经济法特有的原则(前者如经济立法原则、经济司法原则,后者如法制原则、责权利相统一原则、维护社会经济秩序原则),被误认为经济法的基本原则;三是有些虽是经济法的原则,但

---

① 史际春、邓峰:《经济法总论》,法律出版社1998年版,第163页。

② 王保树主编:《经济法原理》,社会科学文献出版社2004年版,第37—38页。

③ 顾功耘主编:《经济法教程》,上海人民出版社2002年版,第57页。

④ 黄菊昌主编:《经济法》,广西人民出版社1996年版,第12—15页。

⑤ 刘隆亨:《经济法概论》,北京大学出版社1997年版,第55、56、59、63、66、68页。

⑥ 肖平主编:《中国经济法》,中国政法大学出版社1994年版,第23—28页。

⑦ 李昌麒主编:《经济法学》,法律出版社2007年版,第76—84页。

只是具体原则（如维护公平竞争原则、保护消费者合法权益原则），被误认为经济法的基本原则。此外，有些学者将社会主义国家经济法特有的原则等同于经济法的基本原则，也不妥。

（二）对于经济法基本原则的构成应该怎样认识

经济法的基本原则与经济法的理念有着密切的联系。经济法的理念决定经济法的基本原则；经济法的基本原则体现经济法的理念。如前所述，经济法理念的内容，可以概括为两个方面：一是经济法的宗旨，它的基本内容是从维护掌握国家政权的阶级的根本利益出发，实现经济法主体利益的协调发展；二是经济法宗旨的实现途径，它的基本内容是对本国经济运行依法进行国家协调。这就决定了经济法的基本原则由经济法主体利益协调原则和国家协调本国经济运行法定原则构成。这是我们在吸取了有关研究成果的基础上提出的新的理论见解。

1. 经济法主体利益协调原则

有些论著在谈到经济法的基本原则或我国经济法的原则时，先后提出："兼顾国家、集体、个人三者的物质利益原则"①；"保障社会主义经济组织、个体经营者和涉外经济组织合法权益的原则"②；"统筹兼顾中央、地方、企业、职工权益的原则"③；"兼顾各方利益的原则"④；"坚持国家整体经济利益、兼顾各方经济利益的原则"⑤。这些论断，在一定程度上已经有了经济法主体利益协调原则的思想。

笔者认为，对于经济法主体利益协调原则，需要指出三点：一是这里所说的"经济法主体"，包括各种经济法主体。组成经济法主体体系的经济法主体是多层次的、门类齐全的：对于经济法主体，可以划分为国家协调主体和国家协调受体；对于国家协调主体和国家协调受体，又可以分别划分为市场监管主体、宏观调控主体和市场监管受体、宏观调控受体。这种划分可以继续进行下去，直到满足实践的需要为止。二是这里所说的"利益协调"不同于"利益平衡"。因为"平衡"与"协调"不同。平衡的含义，是相等、均等或大致均等。⑥ 经济法主体利益协调原则的基本精神是，经济法主体的依法作为或不作为对于经济社会的发展作出了贡献，就应依法获得相应的利益，即在增量利益的总和之中占有一个相对合理的比例，以实现经济法主体之间利益关系的"配合适宜"，而并不要求经济

---

① 许明月主编：《经济法学论点要览》，法律出版社 2000 年版，第 344 页。

② 同上书，第 358 页。

③ 同上书，第 371 页。

④ 同上书，第 400 页。

⑤ 杨紫烜：《建立和完善适应社会主义市场经济体制的法律体系与〈经济法纲要〉的制定》，载李昌麒主编：《中国经济法治的反思与前瞻》，法律出版社 2001 年版，第 13 页。

⑥ 参见《现代汉语规范词典》，外语教学与研究出版社、语文出版社 2004 年版，第 1002 页。

法主体之间利益的相等、均等或大致均等。三是在社会制度不同的国家,由于经济法性质的不同,经济法主体利益的协调具有重要区别。例如,在社会主义国家,经济法主体的利益协调应当以维护人民群众的根本利益为前提,而资本主义国家经济法主体的利益协调是以维护资产阶级的根本利益为前提的。

2. 国家协调本国经济运行法定原则

有的学者认为,在经济法的基本原则中包括:"违法行为法定原则","违法行为法定,即违法行为和犯罪行为由法律明示";"经济管理权限和程序法定的原则","经济管理权限和程序法定,即经济管理权限和程序必须由法律明示"。[①]有的学者指出,经济法的基本原则之一,是"调制法定原则"。"依据调制法定原则,调制的实体内容和程序规范都要由法律来加以规定"。[②] 还有的学者说,经济法的基本原则之一,是"经济协调行为法定原则"。该原则"强调国家特别是政府协调经济运行的职责、权限与程序的法定,强调经济法主体(包括经济管理职能部门、市场主体等)违法行为认定上的法定。"[③]以上论述表明,在中国的一些经济法学者中,已经在不同程度上具有了国家协调本国经济运行法定原则的思想。

笔者认为,国家协调本国经济运行法定原则的内容有三:一是经济法主体法定,即经济法主体的种类、取得经济法主体资格的条件和程序法定;二是经济法主体的行为法定,即国家协调主体的职权、职责法定和行使职权、履行职责的程序法定,以及国家协调受体的权利、义务法定,他们的行为合法与否依法的规定为准;三是经济法主体行为的后果法定,这包括经济法主体行为的法定的有利后果(即有利的法律后果或肯定性法律后果)和法定的不利后果(即不利的法律后果或否定性法律后果)。

四、经济法基本原则的作用

经济法基本原则的作用,主要表现在以下两个方面:

(一)有助于加强经济法的创制和实施,维护经济法制的统一

认真研究并正确认识经济法基本原则,有助于对受它统率的各种经济法律规范与经济法的各种具体原则加深理解和切实实施。

在经济法的实践中,一个国家的经济法律规范之间、经济法的具体原则之

① 王保树主编:《经济法原理》,社会科学文献出版社2004年版,第38页。

② 张守文:《经济法基本原则的确立》,载《经济法学、劳动法学》(复印报刊资料)2003年第8期,第51页。

③ 肖江平:《中国经济法学史研究》,人民法院出版社2002年版,第229页。

间、经济法律规范与经济法的具体原则之间，以及经济法律规范、经济法的具体原则与经济法的基本原则之间，往往出现互不协调、相互抵触的情况。对于这种现象应该怎么对待呢？笔者认为，由于经济法的具体原则的效力高于经济法律规范，经济法的基本原则的效力又高于经济法的具体原则，因此，凡是符合经济法基本原则的经济法的具体原则和经济法律规范，都是有效的；否则，都是无效的。这就是说，在经济法律规范、经济法的具体原则、经济法的基本原则出现不一致的情况下，经济法的基本原则为人们提供了判断上述规范和具体原则有效性的一个法律标准。这有助于维护经济法制的统一。

由于认识往往落后于实践，经济法的立法工作往往跟不上经济法制建设发展的需要，因此，在经济法的实践中，常常缺乏可供适用的经济法律规范和经济法的具体原则。在这种情况下，经济法的基本原则的作用是：在该基本原则的指导下，创制实际需要的、新的经济法律规范；在该基本原则的指导下，从新的和原有的有关经济法律规范中，概括出新的经济法具体原则；在新的经济法律规范创制出来前后和新的经济法具体原则概括出来前后，该基本原则可以作为经济法主体维护自己合法权益、寻求法律救济的依据或依据之一，可以作为经济执法机关和经济司法机关解决矛盾、处理纠纷、办理案件的依据或依据之一。

（二）有助于推动经济法制度的破旧立新，健全经济法制

在经济法领域，实际贯穿于各种经济法律规范之中的根本准则，与经济法律规范、经济法的具体原则相比，具有更高的法律效力。由于人们认识的局限性和立法工作的滞后性等原因，国家创制的现行经济法律规范不一定都是正确的，人们从部分现行经济法律规范中概括出的经济法的具体原则不一定都是正确的。

经济法基本原则，对于已经过时的或部分不符合实际需要的现行经济法律规范的废止、修改，能够发挥指导作用；对于现在还没有而实践需要的经济法律规范的创制，能够发挥指导作用；对于人们从现行的经济法律规范中正确地概括经济法的具体原则，也能发挥指导作用。可见，经济法的基本原则，对于推动经济法制度的破旧立新，健全经济法制，具有重要作用。

五、构建社会主义和谐社会与中国经济法基本原则

（一）社会主义和谐社会的含义

“社会”这一范畴，有广义和狭义之分。广义的“社会”，在“人类社会”、“社会形态”、“社会历史进程”的层次上运用，包括经济、政治、文化等各方面内容。狭义的“社会”，与经济、政治、文化并列，特指社会关系、社会环境、社会管理等

方面的状况。①

在现代汉语中,"和谐"的含义,指协调、配合适宜。"和谐"作为一个重要的哲学范畴,反映的是事物在其发展过程中表现出来的协调、完整和合乎规律的存在状态。"和谐社会",就是社会结构中的各个部分、各种要素处于一种相互协调的状态。②

党中央提出构建社会主义和谐社会的任务,意味着把社会建设从以往的经济、政治、文化三大方面的建设中提炼出来,放到了更加突出的、与经济建设、政治建设、文化建设并列的地位。③ 这表明,"社会主义和谐社会"中的"社会",是从狭义上讲的。还需要特别指出的是,我们党和我国人民所要构建的和谐社会是新型的、社会主义的和谐社会,它同传统的、非社会主义的所谓"和谐社会"具有本质的区别。在国内外历史上,虽然先后产生过不少有关社会和谐的思想,但是,这些思想无不具有提出者阶级地位的烙印。不同阶级所要的"和谐",具有不同的阶级实质。在近现代以至古代社会的某些国家,虽然一些时期也曾经呈现出一种相对和谐的状态,但是,在存在阶级压迫和阶级剥削的制度下,根本不可能实现真正的社会和谐。旧社会的统治者需要的所谓"和谐社会",本质上只不过是体现剥削阶级根本利益的统治秩序而已。我们所要建设的和谐社会,是社会主义的和谐社会,是要"形成全体人民各尽其能、各得其所而又和谐相处的社会"④。构建社会主义的和谐社会,不能离开四项基本原则,不能离开改革开放,不能离开科学发展。

(二)构建社会主义和谐社会与经济法主体利益协调原则

1. 构建社会主义和谐社会与利益协调

构建社会主义和谐社会必须利益协调。社会和谐的实质,是利益协调。构建社会主义和谐社会的关键,是要从广大人民群众的根本利益出发,妥善处理各方面的利益关系,实现各类主体的利益协调。处理利益关系必须从广大人民群众的根本利益出发,这是社会主义制度的本质要求。需要妥善处理的各方面利益关系,包括不同地区之间、不同行业之间、不同所有制单位之间的利益关系,城市与乡村之间、中央与地方之间的利益关系,个人利益、集体利益、国家利益、社会公共利益之间的关系,以及局部利益与整体利益之间、当前利益与长远利益之间的关系。

---

① 李忠杰:《三大文明与和谐社会》,2005 年 7 月 19 日《人民日报》。

② 朱步楼:《努力推进和谐社会建设》,2005 年 6 月 29 日《人民日报》。

③ 李忠杰:《三大文明与和谐社会》,2005 年 7 月 19 日《人民日报》。

④ 中共中央:《关于加强党的执政能力建设的决定》(2004 年 9 月 19 日),载《人民日报》2004 年 9 月 27 日。

构建社会主义和谐社会之所以必须利益协调，是因为利益是人们行为的内在动力。只有妥善处理各方面利益关系，使全体人民各得其所，共享改革发展的成果，实现各类主体的利益协调，才能增强人们的主人翁意识和社会责任感，充分发挥积极性、主动性和创造性，从而推动社会主义和谐社会建设的发展。

2. 利益协调与经济法主体利益协调原则

利益协调需要中国经济法。对于利益，可以按照不同的标准，进行不同的划分。按其发生和存在的领域为标准，一般分为物质利益、政治利益、精神利益。物质利益又称经济利益。在上层建筑领域，法不仅是利益的体现，而且对利益具有能动的作用。经济法是调整特定经济关系即物质利益关系的，其目的在于为各类经济法主体之间物质利益的分配提供法律保障。从这个意义上来说，经济法实质上就是物质利益分配法。在我国，经济法可以通过正确规定和实施各类经济法主体的权利、义务及其法律后果，以确认和分配利益，保障和促进利益的实现，使他们的利益得到协调发展。

中国经济法需要经济法主体利益协调原则。我国经济法在实现经济法主体利益的协调发展方面，已经发挥了相当大的作用，但是还不够。我国经济法应该进一步从广大人民群众的根本利益出发，正确反映和兼顾各类经济法主体的利益，使他们在经济社会发展过程中实现利益的同步增长，同时向弱势群体适当倾斜；要加强市场监管和宏观调控，特别是“通过改革税收制度、增加公共支出、加大转移支付力度等措施，合理调整国民收入分配格局”①，逐步解决城乡之间、地区之间和部分社会成员之间收入差距过大的问题。这是利益协调的必然要求，是构建社会主义和谐社会的必然要求。

（三）构建社会主义和谐社会与国家协调本国经济运行法定原则

1. 构建社会主义和谐社会与依法治国

构建社会主义和谐社会必须依法治国。社会主义和谐社会，必须是一个法治社会；没有法治，就不会有社会主义和谐社会。正如胡锦涛同志所指出的：“构建社会主义和谐社会，必须健全社会主义法制，建设社会主义法治国家，充分发挥法治在促进、实现、保障社会和谐方面的重要作用。”②

构建社会主义和谐社会之所以必须依法治国，是因为法作为上层建筑重要组成部分的一种社会规范，虽然不是万能的，但它对于构建社会主义和谐社会能够起到其他社会规范不可替代的作用。这是由法的特征决定的。法不同于其他

---

① 胡锦涛：《在省部级主要领导干部提高构建社会主义和谐社会能力研讨班上的讲话》(2005 年 2 月 19 日)，载《人民日报》2005 年 6 月 27 日。

② 同上。

社会规范的主要特征是:它是由国家制定或认可的;是掌握国家政权的阶级的意志的体现;是由国家强制力保证实施的。因此,法具有高度的权威。在我国,依照宪法和法律的规定,处理各种社会矛盾,管理国家事务和经济社会事务,能够有效治理国家,推动社会主义和谐社会建设的发展。

2. 依法治国与国家协调本国经济运行法定原则

依法治国需要中国经济法。依法治国的"法",从形式意义上讲,包括各种制定法和非制定法;就法的体系而言,它是由包括经济法在内的多层次的、门类齐全的法的部门组成的。对于依法治国,经济法和其他法的部门都是需要的、不可缺少的。经济法具有特定的调整对象,是一个独立而重要的法的部门。中国经济法在加强市场监管,反对垄断,制止不正当竞争,保护消费者合法权益,维护市场经济秩序,以及改善宏观调控,弥补市场调节的缺陷,防止或消除经济中的总量失衡和结构失调,优化资源配置,推动经济社会协调发展等方面发挥着重要作用,有助于落实依法治国基本方略。

中国经济法需要国家协调本国经济运行法定原则。我国经济法在落实依法治国基本方略方面,已经发挥了相当大的作用,但是还不够。我国经济法应该做到经济法主体法定、经济法主体的行为法定、经济法主体行为的后果法定,全面加强经济法的立法、守法、执法、司法。这是实行依法治国的必然要求,是构建社会主义和谐社会的必然要求。

第十三章 经济法的渊源和经济法的制定

一、经济法的渊源

（一）法的渊源与经济法渊源的概念

1. 法的渊源的概念

明确法的渊源的概念是搞清楚经济法渊源的概念的前提。法的渊源，简称法源。它有实质渊源和形式渊源之分。对于前者，主要有三种观点：一是认为，法出于神的意志；二是认为，法出于全民的公意；三是认为，法出于统治阶级的意志。[①] 对于后者，主要有四种观点：一是认为，"在中外法学多数著作中，法的渊源指效力渊源，即根据法的效力来源，而划分法的不同形式"[②]；二是认为，法的渊源，是指"法的创制及表现形式，即法由何种国家机关创制和表现为何种法律文件形式"[③]；三是认为，"法的形式渊源，即法律的各种表现形式"[④]；四是认为，"形式法源，即法律规范的表现形式"[⑤]；"法律规范的表现形式，简称法的形式或法的渊源"[⑥]。

本书认为，实质意义上讲的法的渊源，是指法律规范来源于谁的意志。具体来说，法的实质渊源，是指法律规范来源于掌握国家政权的阶级的意志，即表现为"国家意志"的统治阶级意志。其内容是由该阶级的物质生活条件决定的。形式意义上讲的法的渊源，是指法律规范来源于何种法的形式。换言之，法的形式渊源，是指法律规范的表现形式。

---

① 参见《中国大百科全书·法学》，中国大百科全书出版社 1984 年版，第 86 页。

② 沈宗灵主编：《法理学》，高等教育出版社 1994 年版，第 303 页。

③ 《法学词典》（增订版），上海辞书出版社 1984 年版，第 613 页。

④ 高树异主编：《国际经济法总论》，吉林大学出版社 1989 年版，第 60 页。

⑤ 陈安主编：《国际经济法总论》，法律出版社 1991 年版，第 117 页。

⑥ 杨紫烜主编：《经济法概要》，东北财经大学出版社 1995 年版，第 12 页。

在中外法学论著中,法的渊源的概念,通常是从形式意义上使用的。除了有特别说明的以外,本书也是从形式意义上使用的。

2. 经济法渊源的概念

经济法学界在对经济法渊源的研究中,阐述其种类的多,论述其概念的少。而对经济法渊源的种类之所以存在意见分歧,一个重要原因就在于对其概念的认识上存在着不同观点。

经济法的实质渊源,是指经济法律规范来源于谁的意志。具体来说,经济法的实质渊源,是指经济法律规范来源于掌握国家政权的阶级的意志,即表现为"国家意志"的统治阶级意志。经济法的形式渊源,是指经济法律规范来源于何种法的形式。换言之,经济法的形式渊源,是指经济法律规范的表现形式。

在中外法学论著中,经济法的渊源的概念,通常是从形式意义上使用的。除了有特别说明的以外,本书也是从形式意义上使用的。

(二) 经济法渊源的种类

1. 经济法的渊源有哪些

(1) 制定法

制定法,是指由国家机关依照法定的职权和程序制定的,以规范性文件为表现形式的法。在当代,制定法是许多国家法的主要渊源,也是经济法的主要渊源。在当代中国,作为经济法渊源的制定法主要有以下规范性文件:

第一,宪法。

我国现行宪法是1982年12月4日第五届全国人民代表大会第五次会议通过的《中华人民共和国宪法》(简称《宪法》)。该法根据1988年4月12日、1993年3月29日、1999年3月15日、2004年3月14日全国人民代表大会先后四次通过的《中华人民共和国宪法修正案》作了修订。根据我国《宪法》第64条的规定,《宪法》的修改,由全国人大常委会或者1/5以上的全国人大代表提议,并由全国人大以全体代表2/3以上的多数通过。

《宪法》规定了国家的根本制度和根本任务,是国家的根本大法,具有最高的法律效力。它是经济法的最重要的渊源。

第二,法律。

根据我国《宪法》的规定,法律包括基本法律和基本法律以外的法律。基本法律由全国人大制定和修改,以全体代表的过半数通过;在全国人大闭会期间,全国人大常委会有权对其进行部分补充和修改,但是不得同该法律的基本原则相抵触。基本法律以外的法律由全国人大常委会制定和修改,以常委会全体组成人员的过半数通过。法律在规范性文件体系中的地位,仅次于《宪法》。它是经济法的重要渊源。

全国人大及其常委会作出的规范性的决议、决定，同全国人大及其常委会制定的法律具有同等的法律效力，也属于经济法的渊源。

第三，行政法规。

国务院是最高国家权力机关的执行机关，是最高国家行政机关。国务院有权根据《宪法》和法律，制定和修改行政法规。其数量远比法律要多，地位仅次于《宪法》和法律。它是经济法的重要渊源。

国务院发布的规范性的决定和命令，同行政法规具有同等的法律效力，也属于经济法的渊源。

第四，地方性法规。

省、自治区、直辖市以及较大的市[①]的人民代表大会及其常委会可以制定和修改地方性法规。地方性法规以及省、自治区、直辖市和较大的市的人民代表大会及其常委会作出的规范性的决议、决定，也都属于经济法的渊源。

第五，自治条例和单行条例。

民族自治地方的人民代表大会有权根据当地特点，制定和修改自治条例和单行条例。自治条例和单行条例报上一级人大常委会批准后生效。它们也属于经济法的渊源。

第六，部门规章。

国务院所属的各部、各委员会、中国人民银行、审计署和具有行政管理职能的直属机构，可以根据法律和国务院的行政法规、决定、命令，在本部门的权限范围内制定和修改规章，发布规范性的命令、指示。这些规范性的文件，也都属于经济法的渊源。

第七，地方政府规章。

省、自治区、直辖市和较大的市的人民政府，可以根据法律、行政法规和本省、自治区、直辖市的地方性法规，制定和修改规章，发布规范性的决议、命令。这些规范性文件，也都属于经济法的渊源。

第八，特别行政区基本法和有关规范性文件。

我国《宪法》第31条规定："国家在必要时得设立特别行政区。在特别行政区内实行的制度按照具体情况由全国人民代表大会以法律规定。"根据上述规定，全国人民代表大会先后于1990年和1993年分别通过了《中华人民共和国香港特别行政区基本法》和《中华人民共和国澳门特别行政区基本法》。这两个基本法都规定，全国人民代表大会授权特别行政区享有立法权；特别行政区可以根

---

① 《中华人民共和国立法法》第63条第4款规定："本法所称较大的市是指省、自治区的人民政府所在地的市，经济特区所在地的市和经国务院批准的较大的市。"

据基本法的规定并依照法定程序制定、修改和废除法律。[①] 香港原有的法律,澳门原有的法律和其他规范性文件,除同基本法相抵触或经依法作出修改者外,予以保留。[②] 可见,我国特别行政区实行的是不同于各省、自治区、直辖市实行的法律制度。但是,特别行政区基本法和有关规范性文件也属于我国经济法的渊源。

(2) 习惯法

究竟习惯是法的渊源,还是习惯法是法的渊源?这在法理学界有不同的认识:一是认为,现代国家法的渊源中包括“习惯”,“习惯是一种法的渊源”。[③] 二是认为:“习惯和习惯法是两个不同的概念。只有得到国家认可的习惯才能成为习惯法。也就是说,我们一般所说的习惯,并不具有法律效力,不是法的一种渊源。”[④]

笔者认为,习惯是人们在长期交往中经过反复实践逐渐形成的一种社会规范。它不同于习惯法,因为它未经国家认可,不具有法律的约束力。所以,习惯不是法,不是法律规范的表现形式之一,不属于法的渊源,当然也不属于经济法的渊源,把习惯视为经济法的渊源之一不妥。习惯法,是指由国家认可并赋予法律约束力的习惯。也就是说,习惯经国家认可并赋予法律约束力就起了质的变化,成了习惯法。习惯法是法律规范的表现形式之一,属于法的渊源;习惯法也是经济法律规范的表现形式之一,属于经济法的渊源。但在当代中国,习惯法在经济法的渊源中并不占重要地位。

(3) 判例法

在法理学界,有一种观点认为,现代国家法的渊源中包括“司法机关的判例”,“司法判例是一种法的渊源”。[⑤] 另一种观点认为:“在以英美为代表的普通法系国家,判例法和制定法被认为是法的渊源的两种主要形式”。在当代中国,“判例并不是判例法,并不是法的渊源之一。”[⑥]

笔者认为,判例法,是指由国家认可并赋予法律约束力的判例。应该把判例与判例法区分开来,不能混为一谈。判例法在英美法系国家是法的重要渊源之一,也是经济法律规范的重要表现形式之一,属于经济法的渊源。在当代中国,除了香港特别行政区以外,有判例而没有判例法。在国外以法德为代表的大陆法系国家,也是有判例而没有判例法。当然,在中国和大陆法系国家的审判实践

---

① 《香港特别行政区基本法》第 2、73 条;《澳门特别行政区基本法》第 2、71 条。

② 《香港特别行政区基本法》第 8 条;《澳门特别行政区基本法》第 8 条。

③ 张文显主编:《法理学》,高等教育出版社 2003 年版,第 68 页。

④ 沈宗灵主编:《法理学》,北京大学出版社 2003 年版,第 289 页。

⑤ 张文显主编:《法理学》,高等教育出版社 2003 年版,第 68 页。

⑥ 沈宗灵主编:《法理学》,高等教育出版社 1994 年版,第 315 页。

中,判例有一定的参考价值,甚至具有重要作用。但是,这些判例未经国家认可并赋予法律约束力,它不是法,不是法律规范的表现形式,不是法的渊源之一,也不能被视为经济法的渊源之一。

(4)法定解释

法律解释即法的解释,是指对现行法律规范所作的说明。它有广义、狭义之分。从狭义上讲,法律解释即法定解释,亦称正式解释,是指法律授权的国家机关对法律规范所作的具有法律效力的说明。法定解释属于法的渊源,也属于经济法的渊源。广义上讲的法律解释,除了狭义的法律解释以外,还包括非法定解释。在我国,法定解释包括立法解释、行政解释和司法解释。

第一,立法解释。

狭义上所说的立法解释,是指全国人民代表大会常务委员会对宪法和法律所作的说明。我国《宪法》第67条规定,全国人大常委会有权"解释宪法"。根据《中华人民共和国立法法》(简称《立法法》)第42条的规定,法律有以下情况之一的,由全国人大常委会解释:一是"法律的规定需要进一步明确具体含义的";二是"法律制定后出现新的情况,需要明确适用法律依据的"。《立法法》第47条规定:"全国人民代表大会常务委员会的法律解释同法律具有同等效力。"其本意是,全国人民代表大会常务委员会的法律解释同被解释的法律(包括基本法律和基本法律以外的法律)具有同等效力。

广义上所说的立法解释,是指法定的国家机关对其制定的规范性文件所作的说明。这除了狭义的立法解释以外,还包括国务院和其他国家行政机关,以及地方国家权力机关及其常设机关,对其各自制定的规范性文件所作的说明。

第二,行政解释。

行政解释,是指法定的国家行政机关对于行政工作中具体应用法律、地方性法规的问题所作的说明。这包括两种情况:一是国务院及其主管部门对于行政工作中具体应用法律的问题所作的说明;二是省、自治区、直辖市和较大市的人民政府对于行政工作中具体应用地方性法规的问题所作的说明。

第三,司法解释。

司法解释,是指最高审判机关和最高检察机关,对于法院审判工作和检察院检察工作中具体应用法律的问题所作的说明。这包括三种情况:一是最高人民法院对于法院审判工作中具体应用法律的问题所作的说明;二是最高人民检察院对于检察院检察工作中具体应用法律的问题所作的说明;三是最高人民法院和最高人民检察院对于审判工作和检察工作中具体应用法律的共同性问题联合作的说明。

2. *研究经济法渊源的种类需要明确的几个问题*

除了应该搞清楚习惯法、判例法属于经济法的渊源,习惯和判例不是经济法

的渊源以外,尚需明确下列问题:

第一,经济法的法律、法规、规章以外的规范性文件是否属于经济法渊源的范围?

认为在规范性文件中,只有经济法的法律、法规、规章等规范性文件才属于经济法的渊源的范围,这不妥。因为在其他规范性文件中也往往包括某些甚至不少经济法律规范。例如,《中华人民共和国合同法》虽然在经济法律中不属于经济法的法律,但是,该法关于合同管理的法律规范属于经济法中市场监管法律规范的范围。又如,《中华人民共和国保险法》将"加强对保险业的监督管理"作为该法立法宗旨的一个重要内容规定到了第1条之中;同时,该法在"总则"部分的第9条作出了"国务院保险监督管理机构依照本法负责对保险业实施监督管理"的规定。不仅如此,这部法律还专设了"保险业的监督管理"一章,共18条;与此同时,该法还规定了违反保险业监督管理的法律规定的法律责任。应该说,关于保险业监督管理的法律规范属于经济法中市场监管法律规范的范围。所以,不能把经济法的法律、法规、规章以外的规范性文件排除在经济法的渊源之外。

第二,我国缔结或者参加的条约是否属于经济法渊源的范围?

要回答这个问题,首先要了解条约是不是法的渊源?是不是国内法的渊源?对此,在法理学界有这样一种观点:国际法作为一国的法的渊源,包括该国加入的国际条约和未加入的国际条约在内;因此,包括条约在内的国际法自然成为中国一种重要的法的渊源。[①] 另一种观点认为,国际条约虽然不属于国内法范畴。但是,我国签订或加入的国际条约是我国法的渊源之一。[②] 在经济法学界有学者说:"中国缔结或参加的国际公约或协定,……当它适用于经济法部门的经济法律关系时,就成为中国经济法的渊源"。[③]

笔者认为,为了明确我国缔结或者参加的条约是否属于经济法渊源的范围,需要搞清楚三个问题:一是条约的概念和种类。如前所述,条约是两个以上国家缔结的、规定其相互权利和义务的协议。对于条约有广义、狭义两种理解:广义上讲的条约,包括以各种不同名称表示的国家之间的协议,如公约、条约、专约、盟约、规约、宪章、联合声明、协定、议定书、换文等;狭义上讲的条约,仅指以"条约"为名称的国家之间的协议。条约有不同的种类,这是根据实践的需要,依照不同的标准划分的结果。例如,可将条约划分为:双边条约和多边条约;世界性条约和地区性条约;一般条约和专门条约;经济条约和非经济条约;造法性条约和契约性条约;等等。总之,条约有多种,但是没有国际条约

① 参见张文显主编:《法理学》,高等教育出版社2003年版,第70页。
② 参见孙国华、朱景文主编:《法理学》,中国人民大学出版社1999年版,第263页。
③ 史际春主编:《经济法》,中国人民大学出版社2005年版,第100页。

和国内条约之分。由于条约本来就是一种国际协议，因此不宜在“条约”之前再加“国际”二字。如果不是使用“条约”而是使用“国际条约”这一概念，可能造成除了“国际条约”之外还有“国内条约”的误解。二是条约是不是属于法的渊源？是不是属于国内法的渊源？应该说，条约是法的渊源之一，不过在法的渊源中，它属于国际法的渊源而不属于国内法的渊源。即使是一国缔结或者参加的条约，仍然是国际法的渊源而不属于该国国内法的渊源。当然，国内法与国际法有着密切的联系，在一定条件下可以互相转化。但是，有着密切联系的两个事物仍然是不同的事物，不能混淆。三是中国缔结或者参加的条约（包括经济条约在内，下同）是不是我国经济法的渊源？应该说，对于中国缔结或者参加的条约，我国有履行该条约的义条，但是不能由此得出该条约是我国经济法的渊源的结论。因为这是我国的国际法义务而不是国内法义务。把我国缔结或者参加的条约视为属于国内法体系的经济法的渊源，混淆了国内法与国际法的界限，是不可取的。

第三，非法定解释是否属于经济法渊源的范围？

非法定解释，亦称非正式解释，是指未经法律授权的主体对法律规范所作的没有法律效力的说明。这里说的“主体”包括未经法律授权的国家机关、法学组织和其他社会组织、法学和法律工作者以及其他公民等。非法定解释不属于法的渊源，也不属于经济法的渊源。但是，不能否认非法定解释对于包括经济法在内的立法、守法、执法、司法的作用，甚至重要影响。

第四，执政党的政策是否属于经济法渊源的范围？

有的学者认为，在中国，执政党的政策是“当代中国正式法的渊源”，是“重要渊源”。[①] 有的学者说：在我国，党的政策，尤其是基本政策是我国社会主义法律制定和实施的指导，但是党的政策只有变为国家意志，即国家法律，才有法律约束力；不能以党的政策代替国家法律。[②]

笔者认为，执政党的政策与法既有密切联系，也有明显区别。执政党一定会通过法定程序，将其认为需要赋予普遍约束力的该党的政策，制定为法律等规范性文件。这时，体现了执政党政策的法律等规范性文件，属于法的渊源，也属于经济法的渊源。但是，执政党认为不需要制定为法律等规范性文件的该党的政策，以及虽然认为需要制定但尚未制定为法律等规范文件的该党的政策，不是法的渊源即法律规范的表现形式，也不是经济法的渊源即经济法律规范的表现形式。

那么，可否将执政党做出的决定、通过的决议、制定的章程和发布的其他文

① 张文显主编：《法理学》，高等教育出版社2003年版，第69、70页。

② 沈宗灵主编：《法理学》，北京大学出版社2003年版，第288页。

件称为"党规党法"、"党内法规"或"法规性文件"呢？应该说，为了强调执政党的这些文件的权威性和重要性，强调这些文件应该得到贯彻执行，特别是对于党员来说更是如此，这是可以理解的。但是，党的文件本身不是由法定的国家机关制定的，不是由国家强制力保证实施的，不能视为"法"，不能称为"法规"；否则，就混淆了党的文件与法的界限。

至于中共中央和国务院共同发布的文件，作出的决定，是不是经济法的渊源的问题，笔者认为，它们既是党中央的政策性文件，又是国务院的行政法规，因而属于经济法的渊源。例如，1985 年中共中央、国务院《关于进一步活跃农村经济的十项政策》和 1992 年中共中央、国务院《关于加快发展第三产业的决定》，就具有这种双重性。

第五，企业、行业协会、证券交易所等社会经济组织制定的规章制度是否属于经济法渊源的范围？

笔者认为，上述社会经济组织制定的规章制度，无论其名称为"章程"、"规则"、"条例"，还是所谓"经营工作管理法规"、"工厂秩序法"等等，实际上都不是法。虽然这些规章制度也很重要，但是它们本身都不是由法定的国家机关制定的，都不是由国家强制力保证实施的，因此，它们都不是法，不是法律规范的表现形式，不是法的渊源，当然也不属于经济法渊源的范围。

第六，法学家的学说是否属于经济法渊源的范围？

在法理学界，有一种观点认为，"学识和法理"是"法的主要渊源形式"之一。① 或者认为，现代国家法的渊源包括"理论学说特别是法律学说。"②另一种观点认为："法律学说，特别是在西方国家所起的作用是相当大的；但是，它在绝大多数情况下不是一种正式的法的渊源。就它对于立法者和法官所起的作用来说，虽然没有法律约束力，但是有着相当大的说服力。"③

笔者认为，任何法学家的学说，都不属于法的渊源，当然也不属于经济法的渊源。理由很清楚：法学家的学说，特别是权威法学家的学说，对于立法和法的实施虽然有相当大的甚至很大的影响，但是任何法学家（包括经济法学家在内）的学说都不是任何法律规范（包括经济法律规范在内）的表现形式，因此，它不属于法的渊源，也不属于经济法的渊源。

---

① 参见孙国华、朱景文主编：《法理学》，中国人民大学出版社 1999 年版，第 258、259 页。

② 张文显主编：《法理学》，高等教育出版社 2003 年版，第 68 页。

③ 沈宗灵主编：《法理学》，北京大学出版社 2003 年版，第 290 页。

二、经济法的制定

（一）经济法制定的概念和意义

1. 经济法制定的概念

经济法的制定，是指国家机关依照法定的职权和程序制定经济法律规范的活动。这里说的“国家机关”，有广义、狭义两种理解：狭义，指最高国家权力机关及其常设机关；广义，指最高国家权力机关及其常设机关和其他法定的国家机关。能否认为，从狭义上讲，经济法的制定，是指最高国家权力机关及其常设机关依照法定的职权和程序制定经济法律的活动呢？能否认为，从广义上讲，经济法的制定，是指最高国家权力机关及其常设机关和其他法定的国家机关依照法定的职权和程序制定经济法律、经济法规、经济规章和调整经济关系的其他规范性文件的活动呢？笔者认为，考虑到经济法律规范主要是通过调整经济关系的规范性文件表现出来的，上述观点也不无道理。但是，这并不确切。因为经济法是由经济法律规范组成的，经济法是经济法律规范的总称，而不是经济法律的总称，也不是调整经济关系的规范性文件的总称。因此，应该认为，狭义上讲的经济法的制定，是指最高国家权力机关及其常设机关依照法定的职权和程序制定经济法律规范的活动；广义上讲的经济法的制定，是指最高国家权力机关及其常设机关和其他法定的国家机关依照法定的职权和程序制定经济法律规范的活动。本书如无特别说明，是从广义上使用经济法的制定这一概念的。

为了明确经济法的制定这一概念，需要了解经济法的制定与经济法的立法的关系。法理学告诉我们：“法区别于其他社会规范的首要之点在于：法是由国家制定或认可的。”“由国家制定或认可，是国家创制法的两种形式。”[①]笔者认为，创制法即立法，立法包括法的制定和法的认可。根据同样的理由，可以认为，经济法的立法，包括经济法的制定和经济法的认可。可见，经济法的制定不能等同于经济法的立法，它们的关系是从属关系（即包含关系，下同）。也就是说，经济法的制定包含于经济法的立法之中。

为了明确经济法的制定这一概念，还需要了解经济法的制定与经济立法的关系。什么是经济立法呢？经济立法，是指最高国家权力机关及其常设机关和其他法定的国家机关依照法定的职权和程序制定或认可调整经济关系的法律规范的活动。这里说的制定或认可的“法律规范”，即调整各种经济关系的法律规范。它不仅包括调整在国家协调的本国经济运行过程中发生的经济关系的法律

① 沈宗灵主编：《法理学》，高等教育出版社 1994 年版，第 32 页。

规范,即经济法律规范,而且包括调整其他经济关系的法律规范,如调整作为平等主体的自然人之间、法人之间、自然人和法人之间的财产关系(即经济关系)的法律规范(这是一种民事法律规范)。经济立法不仅包括经济法的立法,而且包括其他经济立法。可见,经济法的立法不等于经济立法,它们的关系是从属关系。也就是说,经济法的立法包含于经济立法之中。联系到以上说的经济法的制定与经济法的立法的关系,经济法的制定与经济立法是双重的从属关系:经济法的制定包含于经济法的立法之中;经济法的立法又包含于经济立法之中。

2. 经济法制定的意义

社会主义法制建设包括法的创制和法的实施两个方面。前者,要求做到"有法可依";后者,要求做到"有法必依,执法必严,违法必究"。社会主义经济法的法制建设同样包括经济法的创制和经济法的实施两个方面。它们的关系是:经济法的实施以经济法的创制为前提;经济法的创制以经济法的实施为目的。

如前所述,经济法的制定不同于经济法的立法。以成文法为主的中国,经济法的制定比经济法的认可意义更为重要。经济法制定的意义可以从多方面进行论述。仅从经济法的制定与经济法实施的关系来说,要实施好经济法首先要制定好经济法,制定好经济法就要制定出数量足够的、符合经济社会发展需要的,以规范性文件为表现形式的经济法律规范;经济法的制定的问题解决不好,出现无法可依的问题,就谈不上经济法的实施,或者虽然制定了经济法,但是质量不高,不适应经济社会发展需要,就不可能有好的实施效果。

(二)经济法制定的现状

在对经济法制定的现状进行评价时,应该实事求是地肯定中国经济法制定所取得的成绩,清醒地看到存在的差距,防止主观片面性。夸大成绩,无视差距,把经济法制定的工作说得十全十美,从而放松当前和未来的工作,不利于继续把中国经济法制定的工作以至整个经济法制建设推向前进;夸大差距,无视成绩,把经济法制定的工作说得一无是处,从而否定符合经济社会发展需要的经济法制度已经基本形成,不利于推动中国经济法制定的工作以至整个经济法制建设沿着正确的方向前进。

新中国成立以来,特别是1979年以来,我国经济法的制定取得了很大成绩。目前,在我国,符合经济社会发展需要的经济法制度已经基本形成。大家知道:经济法是由经济法律规范组成的;在社会主义市场经济条件下,经济法律规范主要是通过关于市场监管、宏观调控的规范性文件表现出来的。因此,在市场监管、宏观调控方面制定了一系列规范性文件,表明了经济法制定的现状和经济法的发展。经济法制定的实践表明,我国已经制定了包括法律,行政法规,地方性法规、自治条例和单行条例，部门规章和地方政府规章等四个层次的许多关于经济法的规范性文件。就其内容而言，这些规范性文件规定了经济法的主体，主体的权利（职权）和义务（职责），以及是否行使权利（职权）和履行义务（职责）的法律后果。就其质量而言，上述规范性文件，从总体上来说，是基本上符合经济社会发展需要的。

但是，我国经济法的制定与完善社会主义市场经济体制相比，与社会主义现代化建设发展的要求相比，与全面落实科学发展观的要求相比，还有相当大的差距。其表现为：一是有不少急需的经济法的法律、法规，特别是有一些起“支架”作用的基本法律，尚未制定出来，甚至还没有列入国家立法规划。二是有些经济法的法律、法规规定的内容简单、笼统，可操作性差；或者对有关问题规定不一致，相互抵触，使人无所适从；或者片面突出部门、地区利益，体现国家的整体利益不够；或者对于行为的法律后果、执法机关及其职责、执法机关不执法的后果未作规定或规定不明确；等等。三是有些经济法的法律、法规制定的时候是好的，但是，随着国内外情况的发展变化，已经不适应或部分地不适应实际需要了，但是还没有修改。这些差距的集中表现是，中国特色社会主义经济法规范性文件体系正在建立而尚未建立起来。

（三）经济法制定的基本经验

长期以来，我国在经济法制定的实践中积累了丰富的经验。就其基本经验而言，主要有以下六个方面：

第一，以《中华人民共和国宪法》为依据，贯彻党的基本路线，落实科学发展观。

《中华人民共和国宪法》是国家的根本大法，体现了人民的共同意志和根本利益，具有最高的法律效力。我国的各项立法工作必须以《宪法》为依据，维护社会主义法制的统一和尊严。任何违反《宪法》的精神和内容的法律、法规和其他规定都是无效的。我国经济法的制定也必须以《宪法》为依据。

党的基本路线是党和国家的生命线。贯彻中国共产党在社会主义初级阶段的基本路线，要求我国经济法的制定必须以经济建设为中心，坚持四项基本原则，坚持改革开放。

落实科学发展观，是马克思主义关于发展的世界观和方法论的集中体现，是符合客观规律要求的发展理念。落实科学发展观，要求我国经济法的制定坚持以人为本，贯彻全面、协调、可持续的发展观，以促进经济社会和人的全面发展。

第二，坚持走群众路线，体现广大人民群众的根本利益，推进民主立法。

坚持走群众路线，要求我们一切为了广大人民群众，一切依靠广大人民群众。我们的国家机关行使人民赋予的职权，进行立法工作，是为广大人民群众立法，立广大人民群众需要的法。这就决定了我们必须以体现广大人民群众的根本利益作为制定经济法的出发点和落脚点；在立法过程中，必须发扬社会主义民主，推进民主立法。

经济法的制定，要按照法定的权限和程序进行，防止越权立法和无序立法。要正确处理中央和地方、整体和局部、长远和当前等利益关系，防止通过立法不适当地保护或扩大部门利益和地方利益的倾向。经济法的制定，要正确处理权力与权利的关系，既要确保国家机关坚持执政为民的原则，依法有效地行使权力，又要对国家机关的行为进行必要的监督和制约，确保个人和单位的合法权益不受侵害。

经济法的制定，要深入调查研究，采取座谈会、论证会、听证会、公布经济法的法律、法规、规章等规范性文件的草案等多种形式，广泛听取社会各方面的意见，尤其是基层群众的意见，扩大公民对立法工作的有序参与，使我们制定的经济法的规范性文件充分反映广大人民群众的意志和愿望，体现他们的根本利益。

第三，正确处理数量与质量的关系。

数量与质量是对立的统一。制定经济法的规范性文件，既不能片面强调数量而忽视质量；反之，也不能片面强调质量而忽视数量。但是，在不同时期的不同情况下，在处理数量与质量的关系上侧重点可以有所不同。

在经济法的规范性文件很不完备的情况下，为了着重解决"有法可依"的问题，就迫切需要增加数量。所以，在上个世纪80—90年代，中共中央和全国人大及其常委会多次强调要"加快经济立法"，以适应改革、开放和社会主义现代化建设发展的需要。这是必要的。当然，侧重讲数量并不是不顾质量。因为制定出不符合要求的规范性文件，不仅不能起到应有的作用，而且可能起消极作用。

吴邦国同志指出："十届全国人大常委会从一开始就明确提出任期内'以基本形成中国特色社会主义法律体系为目标、以提高立法质量为重点'的立法工作思路，并以此指导立法工作。"[①]应该说，就整个立法工作来说，适时将提高质量作为重点是正确的。对经济法的制定来说，也需要适时将提高质量作为重点。经济法的制定质量的高低，直接关系到经济法实施效果的好坏和经济法作用的大小，必须予以重视。但是，也要看到，我国在经济法制定的某些方面已经严重滞后，中国特色社会主义经济法规范性文件体系还远没有建立起来。对于这种情况，应该引起足够的重视，并采取相应的对策。

那么，如何提高经济法制定的质量呢？除了在经济法制定的各个环节都要坚持正确的指导思想、坚持走群众路线以外，还应该注意以下几点：一是要明确

① 吴邦国：《全国人民代表大会常务委员会工作报告——2008年3月8日在第十一届全国人民代表大会第一次会议上》，载《人民日报》2008年3月22日。

经济法制定的质量问题，实质上是经济法制定的科学性问题，其根本标准是要符合客观规律，符合实际情况。为此，必须坚持科学立法。二是要编制好年度立法计划和中期甚至长期立法规划，并将经济法的立法作为其内容的一个重要方面。如果不能科学合理地确定立法项目，也就没有相关法律、法规的质量可言。三是优化经济法的法律、法规起草班子的结构，以提高有关法律、法规草案的质量。[①]四是组织好经济法的法律、法规草案的审议工作。对于全国人大及其常委会来说，很重要的一项工作就是做好法律草案的审议。全国人大法律委员会和其他有关专门委员会以及全国人大常委会都要把主要精力放在法律草案的审议上，做好这一工作对于提高立法质量至关重要。

第四，正确处理稳定性和变动性的关系。

经济法和其他法一样，必须在一定时期内保持稳定，不能朝令夕改。这对于维护正常的社会经济秩序，推动经济社会的发展是必要的；同时，也有利于维护经济法本身的权威性。但是，任何事物都是发展变化的，经济法也是这样。经济法的稳定性是相对的，而不是绝对的；否则，它就不能适应经济社会发展的需要，发挥应有的作用。历史唯物主义的态度，只能是把保持经济法的稳定性和对经济法的规范性文件的适时修改、废止结合起来。

所以，我们要根据需要和可能在制定新的经济法的规范性文件的同时，一方面对现行的符合经济社会发展需要的经济法的规范性文件，要保持其稳定性，维护其权威性，充分发挥其积极作用；另一方面，对于过去制定的，已在不同程度上不适应经济社会发展需要的经济法的规范性文件，应该及时进行修改或者废止，以解决“有法难依”的问题。

第五，立足现实，面向未来。

经济法的制定，既要立足现实，又要面向未来。也就是说，要处理好现实性和前瞻性的关系。

立足现实，要求我们制定经济法要从我国的国情出发，从实际情况出发，不能离开我国的国情照搬照抄国外的相关法律规定，不能离开当前的实际需要和可能进行经济法的制定。为此，就要深刻认识我国的国情，要深入进行调查研究，真正掌握实际情况。要根据实际具备的条件，解决实际存在的问题。制定、

① 就法律的起草而言，由国务院有关经济主管部门进行起草的好处是，这些部门了解情况，熟悉业务；其弊端是，容易产生片面强调局部利益，部门之间的利益难以协调，影响经济立法的速度和质量。今后，要进一步加强全国人大有关专门委员会和全国人大常委会法制工作委员会在经济法的法律起草工作中的作用；加强国务院法制办在经济法的法律、法规起草工作中的作用。比较多的法律草案，应该由上述机构牵头组织拟定，吸收国务院有关主管部门和法学院校、研究单位的专家参加；有些草案可以由国务院有关主管部门组织拟定，吸收法学院校、研究单位的专家参加；有些草案也可以委托法学院校、研究单位拟定。此外，还可以积极试行这样一种办法：引入竞争机制，采取招标投标的办法来确定拟定法律草案的班子。

修改、废止什么经济法的法律、法规,涉及哪些内容,必须从实际需要出发,以是否具备条件为转移,不能带有主观随意性。

经济法的制定,要面向未来,要有前瞻性,要为经济社会的发展留下空间,而不能囿于现状。要根据事物发展的规律,在经济法的法律、法规中提出奋斗的目标,指明前进的道路,将经济体制改革的正确方向规范化、法律化,引导和推进社会主义市场经济体制的建立和完善。关于立法的方式问题,同步立法虽然是基本的、主要的,但超前立法也是需要的。所谓超前立法,是指对将要形成的特定社会关系预先作出调整规定的立法方式。应该认为,事物的发展是有规律的,规律是可以认识的,建立在科学预测基础上的超前立法是符合客观要求的,可行的。超前进行经济法的制定,对于立法者来说固然尚无直接经验或很少直接经验,但可以学习借鉴他人的经验。如果在他人为直接经验的知识是正确地反映了客观事物发展的规律的,那么这些知识就是可靠的。所以,立法者离开了任何经验谈超前进行经济法的制定是不科学的;立法者从实际需要出发,借鉴他人经验(如果是属于可靠知识的话)超前进行经济法的制定是科学的。[①]

第六,认真总结我国的经验,借鉴外国的经验。

认识来源于实践。认真总结经济法制定的正反两方面经验,从中找到规律性的东西,对于今后搞好经济法的制定极为必要。我们既要总结我国的经验,又要借鉴外国的经验,但前者更为重要。

总结我国的经验,包括总结我国历史上经济法制定的经验,总结我国新民主主义革命时期革命根据地经济法制定的经验,总结新中国成立以来、特别是改革开放以来我国经济法制定的丰富经验。不重视和不认真总结我国自己经济法制定的经验,是不正确的。关于我国经济法制定的经验,笔者已经进行了论述,这里不再重复。

但是,仅仅总结本国经济法制定的经验是不够的。我们还必须从本国的实际情况出发,借鉴外国经济法制定的经验。对外开放是我国长期的基本国策。在加入世界贸易组织(WTO)后,为了更好地适应扩大对外开放的需要,适应实施 WTO 规则的需要,我国经济法的制定注意了与国际上通行的经贸规则相衔接,这是必要的。我们在进行经济法的制定时,要吸收和借鉴外国经济法的制定的成果与经验。但是,又要避免盲目性,不能以外国经济法制定的模式作为评价我国经济法制定状况的标准,更不能认为为了适应什么"全球经济一体化"的需要,实行所谓"全球法律一体化"。因为这只能有利于超级大国推行法律霸权主义。

---

① 在我国,超前立法的事例不少。1979 年《中华人民共和国中外合资经营企业法》的制定、1980 年《广东省经济特区条例》的制定,就是超前立法的很好例证。

对于外国经济法制定的历史和现状，需要进行系统研究，全面分析，区别对待：凡是体现人类文明发展共同成果的、国际上通行的规则和惯例，我国进行经济法制定时要注意与其必要的衔接；凡是外国经济法制定的成果和经验，应该以是否适合我国的情况和需要，决定我们要不要吸收和借鉴；凡是外国经济法制定走过的弯路，我们要从中吸取教训。总之，一定要从我国的国情和实际需要出发，吸收和借鉴外国经济法制定的成果和经验。

（四）建立和完善中国特色社会主义经济法规范性文件体系

1. 中国特色社会主义经济法规范性文件体系的概念

中国特色社会主义经济法规范性文件体系，是指符合中国国情的，体现社会主义基本制度要求的，由多层次的、门类齐全的经济法规范性文件组成的有机联系的统一整体。简言之，中国特色社会主义经济法规范性文件体系，是指符合中国国情的，体现社会主义基本制度要求的经济法规范性文件体系。中国特色社会主义经济法规范性文件体系有三个基本标志：一是符合中国国情；二是体现社会主义基本制度要求；三是经济法规范性文件体系。

经济法规范性文件体系不同于经济法体系，也不同于调整经济关系的规范性文件体系。因为经济法规范性文件体系的构成要素是经济法的规范性文件即主要由经济法律规范组成的规范性文件，而经济法体系的构成要素是经济法部门，调整经济关系的规范性文件体系的构成要素是调整经济关系（包括调整各种经济关系）的规范性文件。

关于中国特色社会主义经济法规范性文件体系与“中国特色社会主义法律体系”的关系，可以说，前者是后者的组成分。因为“中国特色社会主义法律体系”中的“法律体系”，是由多层次的、门类齐全的规范性文件组成的；这里说的“规范性文件”，是包括经济法规范性文件在内的各种规范性文件。

2. 建立和完善中国特色社会主义经济法规范性文件体系的意义

第一，有助于使我国的经济法规范性文件符合中国国情。

我们是在中国、为中国人民建立和完善中国特色社会主义经济法规范性文件体系。因此，组成该体系的经济法规范性文件必须具有中国特色。所以，在建立和完善这一体系的过程中，决不能背离中国国情，决不能照搬外国的什么体系，“不能用西方的法律体系来套我们的法律体系。”①

第二，有助于使我国的经济法规范性文件体现社会主义基本制度的要求。

作为一个社会主义国家，我们所要建立和完善的是中国特色社会主义经济

① 吴邦国：《坚持中国特色社会主义政治发展道路　努力把人大工作提高到一个新水平》，载《人民日报》2008年4月17日。

法规范性文件体系。因此,组成该体系的经济法规范性文件的性质必须是社会主义的而不是资本主义的。这就决定了我们在建立和完善这一体系的过程中,决不能背离社会主义的基本经济制度和基本政治制度的要求,照搬资本主义的基本经济制度和基本政治制度都是没有出路的。

第三,有助于使我国的经济法规范性文件成为有机联系的统一整体。

我国所要建立和完善的是中国特色社会主义经济法规范性文件体系。这就要求组成该体系的经济法规范性文件必须是层次分明而不是杂乱无章的,是门类齐全而不是残缺不全的。在这些规范性文件之间的关系,应该是和谐的,而不是相互抵触的。总之,我国所要制定和完善的经济法规范性文件是多层次的、门类齐全的,它们虽然各有自己的特点,但又相互关联、彼此依赖,形成为一个统一的整体。

第四,有助于推动我国经济法的发展。

如前所述,经济法的规范性文件即主要由经济法律规范组成的规范性文件(包括经济法的法律、法规、规章等)。建立和完善中国特色社会主义经济法规范性文件体系的过程,意味着我国经济法律规范的数量不断增加,质量日益提高,从而有力地推动中国特色社会主义经济法的发展。

第五,有助于中国特色社会主义法律体系的建立和完善。

中国特色社会主义经济法规范性文件体系是"中国特色社会主义法律体系"的组成部分,是它的一个重要方面。中国特色社会主义经济法规范性文件体系的建立和完善,有助于中国特色社会主义法律体系的建立和完善。

3. 建立和完善中国特色社会主义经济法规范性文件体系应该采取的对策

(1) 统一认识

只有统一认识,才能统一行动;只有统一行动,才能取得预期的效果。就我国法的制定而言,其直接目标是,党的十五大于1997年提出的到2010年形成有中国特色社会主义法律体系。此后,不仅在党和国家的文件中反复强调这个问题,而且在我国《立法法》第1条中还明确规定:要"建立和完善有中国特色社会主义法律体系"。由于上述目标的实现成了党和国家的共识,成了全国人民的共识,因而,十余年来,我国在实现这一目标方面取得了巨大的成就。

对于建立和完善中国特色社会主义经济法规范性文件体系来说,也需要统一认识。目前,在我国,无论是包括经济法学界在内的整个法学界,还是包括立法机关在内的整个法律界,对于中国特色社会主义经济法规范性文件体系的概念以及建立和完善这一体系的重大意义,都还缺乏研究,了解不够。因此,要建立和完善这一体系,首先要统一对中国特色社会主义经济法规范性文件体系的概念以及建立和完善这一体系的重大意义的认识。

(2) 制定规划

制定科学的规划,可以有步骤地实现预定的目标。在我国,根据全国人大常委会的立法规划,形成中国特色社会主义法律体系分为下列步骤:在八届人大任期(1993—1998 年)内,形成有中国特色社会主义法律体系的框架;在九届人大任期(1998—2003 年)内,初步形成有中国特色社会主义法律体系;在十届人大任期(2003—2008 年)内,基本形成中国特色社会主义法律体系;到 2010 年,形成中国特色社会主义法律体系;然后,逐步完善中国特色社会主义法律体系。实践证明,上述规划的制定和实施,已经并必将继续取得良好的效果。这也给了我们这样的启示:为了建立和完善中国特色社会主义经济法规范性文件体系,制定一个好的规划是多么重要。

过去,我国虽然并未提出建立和完善中国特色社会主义经济法规范性文件体系的目标,但是,在贯彻党和国家关于"加快经济立法"①、"加强经济立法"②、"完善经济法律制度"③和《立法法》关于"建立和完善有中国特色社会主义法律体系"的过程中,我国在制定和完善经济法规范性文件方面也取得了相当大的成绩。现在,如果能够制定一个建立和完善中国特色社会主义经济法规范性文件体系的规划或者在国家的立法规划中体现其基本内容,必将有助于更好地推动这一体系的建立和完善。关于建立和完善该体系的步骤,笔者建议:到 2010 年,基本形成有中国特色社会主义经济法规范性文件体系;到 2013 年,形成中国特色社会主义经济法规范性文件体系;然后,逐步完善中国特色社会主义经济法规范性文件体系。

(3) 抓紧制定和完善一批经济法规范性文件。

需要制定的法律主要有:《商业秘密保护法》、《反倾销和反补贴法》等关于市场监管的法律,以及《计划法》、《固定资产投资法》、《西部开发促进法》、《产业结构合理化促进法》、《高新技术产业法》、《电信法》、《粮食法》、《能源法》、《石油法》、《核能法》、《财政转移支付法》、《税收基本法》、《增值税法》、《外汇法》等关于宏观调控的法律。其中,《计划法》、《固定资产投资法》、《税收基本

① 例如,中共中央:《关于经济体制改革的决定》(1984 年 10 月 20 日),载《人民日报》1984 年 10 月 21 日;《全国人民代表大会常务委员会工作报告》(1986 年 4 月 2 日),载《人民日报》1986 年 4 月 19 日;中共中央:《关于建立社会主义市场经济体制若干问题的决定》(1993 年 11 月 14 日),载《人民日报》1993 年 11 月 17 日;第八届全国人民代表大会第四次会议批准的《中华人民共和国国民经济和社会发展"九五"计划和 2010 年远景目标纲要》,载《人民日报》1996 年 3 月 20 日。

② 例如,《中华人民共和国宪法修正案》(1993 年 3 月 29 日第八届全国人民代表大会第一次会议通过);中共中央:《关于完善社会主义市场经济体制若干问题的决定》(2003 年 10 月 14 日),载《人民日报》2003 年 10 月 22 日。

③ 中共中央:《关于完善社会主义市场经济体制若干问题的决定》(2003 年 10 月 14 日),载《人民日报》2003 年 10 月 22 日。

法》等在中国特色社会主义经济法规范性文件体系中起支架作用的法律，更需要抓紧制定。与此同时，要适时制定一批关于市场监管和宏观调控方面的法规、规章等规范性文件。

需要修改或修订的法律主要有：《反不正当竞争法》、《消费者权益保护法》、《城市房地产管理法》、《广告法》等关于市场监管的法律，以及《统计法》、《预算法》、《税收征收管理法》、《土地管理法》、《森林法》、《矿产资源法》、《邮政法》、《煤炭法》、《电力法》等关于宏观调控的法律。其中，《反不正当竞争法》、《预算法》等在中国特色社会主义经济法规范性文件体系中起支架作用的法律，更需要抓紧修改或修订。与此同时，要适时修改或修订一批关于市场监管和宏观调控方面的法规、规章等规范性文件。

在制定和完善以上经济法的法律、法规、规章等规范性文件的同时，特别需要指出的是：应该抓紧制定一部作为统率其他各种经济法规范性文件的基本法律——《中华人民共和国经济法纲要》（简称《经济法纲要》）；在条件成熟的时候，再制定《中华人民共和国经济法》（即中国的《经济法典》）。下面，着重就制定《经济法纲要》的若干问题作进一步论述：

其一，关于《经济法纲要》的命名。

在20世纪80年代，笔者提出了制定《经济法纲要》的建议。为什么要称为《经济法纲要》而不用其他的名称呢？主要有五个理由：一是称《经济法纲要》名副其实。纲要，是指事物最主要的、关键的部分，对其他部分影响极大。从我们所要制定的这部法律的结构、内容、繁简程度和它在全部经济法规范性文件中所处的统率地位来看，称其为《经济法纲要》是名副其实的。二是称《经济法纲要》可以作出较为合理的结构安排。因为它除了总则以外，还可以包括分则和附则，这样的结构较为合理，内容也较全面，具有一定的可操作性，可以较好地发挥作为经济法这个部门的基本法[①]的作用。如果制定一部称为《经济法总则》的法律，就难于将分则和附则作为其组成部分，内容不够全面，可操作性会差一些，作用会受到影响。三是称《经济法纲要》可区别于《经济法典》。《经济法纲要》和《经济法典》虽然都应该是由全国人民代表大会制定的基本法律[②]，但两者又有明显的区别。其主要区别之一是：前者内容全面，但简明扼要，条文以200条上下为宜；后者不仅内容全面，而且较为详细，条文应该在600条以上。因此，前者

① 从法理学来说，认为《经济法纲要》或《经济法典》是经济法这个独立的法的部门的基本法，正像认为《民法通则》或《民法典》是民法这个独立的法的部门的基本法一样，是可以的；认为经济法这个独立的法的部门本身就是基本法，如同认为民法这个独立的法的部门是基本法一样，值得商榷。

② 根据我国《宪法》的规定，凡是全国人民代表大会制定的法律都是"基本法律"。因此，应该由全国人大制定的《经济法纲要》或《经济法典》是基本法律；如果把作为独立的法的部门的经济法说成是基本法律，则不妥。

宜称为《经济法纲要》,以区别于《经济法典》。四是称《经济法纲要》可区别于被称为“纲要”的非规范性文件。长期以来,“纲要”这一概念被人们广泛使用。例如:关于国民经济和社会发展计划,有“计划纲要”;关于各项事业的发展,有各种“发展纲要”;以至讲课提纲被称为“讲授纲要”,等等。但是,不能据此就认为,《经济法纲要》没有“法律味”。应该说,“纲要”固然并不是法学概念,但是不能说任何纲要都不是法学概念,而要看是什么纲要。例如,我国政务院制定的《国营企业内部劳动规则纲要》(1954 年),我国国务院制定的《水土保持暂行纲要》(1957 年),以及苏联最高苏维埃于上世纪 50 年代后期至 80 年代初公布的 15 部苏联和各加盟共和国的立法纲要(包括《土地立法纲要》、《水立法纲要》、《森林立法纲要》、《民事立法纲要》、《刑事立法纲要》等等),就不能认为它们不是规范性文件,不属于法的范畴。所以,称《经济法纲要》可以清楚地表明它是一部经济法的法律,而区别于被称为“纲要”的非规范性文件。

其二,制定《经济法纲要》的必要性。

之所以要制定《经济法纲要》,可以从三个方面进行分析:一是制定《经济法纲要》是建立和完善中国特色社会主义经济法规范性文件体系的内在要求。我国要建立和完善的这一规范性文件体系是多层次的。所谓多层次的经济法规范性文件,包括下列几个不可缺少的层次:处于最高层次的基本法律《经济法纲要》[①];一批经济法的法律;许多被称为“行政法规”的经济法的法规;大量的被称为“地方性法规”的经济法的法规和主要由经济法律规范组成的“自治条例”、“单行条例”;数量更多的被称为“部门规章”、“地方政府规章”的经济法的规章。其中,《经济法纲要》相对于其他层次的经济法规范性文件来说,其调整对象范围广,稳定性强,法律效力高,处于统率的地位。因此,在多层次的经济法规范性文件中,如果没有一部《经济法纲要》,就缺少了最主要的、关键的层次。在这种情况下,即使其他经济法规范性文件数量再多,也不可能形成中国特色社会主义经济法规范性文件体系。所以,我国要建立和完善这一体系,必须制定《经济法纲要》。二是有助于维护经济法制度的统一。维护经济法制度的统一是“维护社会主义法制的统一”的一个重要方面。以我国《宪法》为依据制定一部《经济法纲要》,是维护经济法制度的统一的重大举措。如果有了体现《宪法》的精神和原则的《经济法纲要》,其他经济法规范性文件的制定在以《宪法》为基本立法依据的前提下,可以以《经济法纲要》为具体的立法依据,并指导这些规范性文件的有效实施,以防止和克服不同国家机关所制定的上述规范性文件之间互相重叠、互相脱节和互相抵触的现象,以及各有关单位和个人在实施上述规范性文

① 当前应该抓紧制定的,处于最高层次的基本法律是《经济法纲要》;在条件成熟的时候,再制定《中华人民共和国经济法》,即《经济法典》。

件过程中出现有法难依、无所适从和各行其是的问题。三是有助于完善社会主义市场经济体制，推动经济社会的发展。完善统一开放竞争有序的现代市场体系和以间接手段为主的宏观调控体系，是进一步完善社会主义市场经济体制的内在要求，能够有力地推动经济社会的发展。而制定一部统一调整市场监管关系和宏观调控关系的基本法律《经济法纲要》，可以更好地发挥经济法规范性文件体系的整体功能。这对于完善市场规则，有效地反对垄断，制止不正当竞争，保护消费者合法权益，维护市场经济秩序，实现市场功能，充分发挥市场机制的作用，具有重要作用；对于发挥宏观调控的长处，弥补市场调节的缺陷，防止或消除经济中的总量失衡和结构失调，优化资源配置，推动经济社会的协调发展，具有重要作用。

其三，制定《经济法纲要》的可行性。

有没有制定《经济法纲要》的可行性，取决于是否具备了必要的条件。笔者认为，在我国，已经具备了这样的条件：一是社会经济条件。我国不仅早已建立了社会主义制度，是一个社会主义国家，而且在2000年初步建立了社会主义市场经济体制，并在逐步走向完善。这表明，在我国，制定一部作为中国特色社会主义经济法规范性文件体系中最高层次的基本法律《经济法纲要》的基本条件——社会经济条件——已经具备。二是法制环境。“有法可依，有法必依，执法必严，违法必究”[①]，是党的十一届三中全会以来我国所实行的社会主义法制建设的基本理念。我国《宪法》第5条第1款规定：“中华人民共和国实行依法治国，建设社会主义法治国家。”第15条第2、3款分别规定：“国家加强经济立法，完善宏观调控。”“国家依法禁止任何组织或者个人扰乱社会经济秩序。”第九届全国人民代表大会第四次会议批准的《全国人民代表大会常务委员会工作报告》指出，经济法是我国的一个“法律部门”[②]。我国已经制定了一大批经济法规范性文件，取得了相当大的成绩，积累了丰富的经验。以上情况表明，我国已经具备了制定《经济法纲要》的法制环境。三是理论准备。在中国，1979年以后产生了经济法学。它是一门新兴的、发展中的学科，是一门独立而重要的学科。我国经济法学产生的时间虽然不长，但是发展很快。它的迅速发展为《经济法纲要》的制定提供了理论支持。三十年来，无论在经济法基本理论还是经济法制度的研究方面，都取得了很大的成绩。在经济法研究的广度和深度方面，我国正在、甚至已经走到了世界的前列。关于制定一部统率其他各种经济法规范性文件的基本法律的问题，中国经济法学界从上世纪80年代以来一直进行着研

① 《中国共产党第十一届中央委员会第三次全体会议公报》(1978年12月22日)，载《人民日报》1978年12月24日。

② 《全国人民代表大会常务委员会公报》2001年第3号。

究。在制定这部基本法律的必要性、可行性和名称等问题上，取得了广泛的共识。许多经济法学者还对《经济法纲要》的结构和内容进行了探讨，提出了一些设想和建议，可供制定《经济法纲要》时参考。①

其四，制定《经济法纲要》需要采取的措施。

为了制定好《经济法纲要》，建议采取下列措施：一是加强关于《经济法纲要》的理论问题和实际问题的研究、讨论和宣传。进一步统一对于为什么要制定《经济法纲要》、应该制定一部什么样的《经济法纲要》、怎样才能制定好《经济法纲要》的认识。二是将《经济法纲要》的制定早日列入国家立法规划。中国特色社会主义经济法规范性文件体系是中国特色社会主义法律体系的组成部分。《经济法纲要》在中国特色社会主义法律体系中是一部起支架作用的重要法律。制定《经济法纲要》是建立和完善中国特色社会主义法律体系的需要。三是组织好《经济法纲要》的起草班子。这个起草班子应该由经济法学者、立法专家、经济学学者以及具有丰富实践经验的经济管理干部组成。四是正式起草《经济法纲要》。在深入实际调查研究，认真总结我国的经验，借鉴国外相关经验的基础上，起草《经济法纲要》。然后，广泛征求意见，反复进行修改。五是适时将《经济法纲要》（草案）提交国家立法机关审议，并在全国人民代表大会通过后，由国家主席公布施行。

---

① 对制定《经济法纲要》的研究成果，部分地反映在下列论文和有关材料之中：一是《关于制定〈中华人民共和国经济法纲要〉的建议》（1985 年 9 月 23 日中国共产党全国代表会议通过的《关于制定国民经济和社会发展第七个五年计划的建议》提出了“力争在‘七五’期间建立起比较完备的经济法规体系”的任务。为落实这一任务，1985 年 12 月 10 日至 14 日，在国务院经济法规研究中心和中国经济法研究会联合召开了全国第二次经济法理论工作会议。在向大会提交的论文中，有一篇杨紫烜撰写的论文《关于制定〈中华人民共和国经济法纲要〉的建议》，载《法制建设》1986 年第 1 期）；二是《中华人民共和国经济法纲要起草大纲——征求意见稿》（1986 年 1 月 6 日，北京大学法学院经济法专业的 45 名教师和研究生联合向党和国家的领导人写信，建议制定《中华人民共和国经济法纲要》。该《建议》得到了有关领导同志的关注，并委托国务院经济法规研究中心考虑落实。1986 年 2 月 25 日至 3 月 3 日，国务院经济法规研究中心召开了《经济法纲要》起草工作会议。与会的全国近二十位经济法学者经过认真研究讨论，共同草拟了分为 10 章、共 54 条的《中华人民共和国经济法纲要起草大纲——征求意见稿》）；三是《〈经济法纲要〉的理论与设计》（该文作者为“程信和、王全兴、张守文、单飞跃、陈乃新、孔德周、何文龙七人研究小组”，载《法治研究》1999 年卷，浙江大学出版社 2000 年版，第 6—21 页）；四是《建立和完善适应社会主义市场经济体制的法律体系与〈经济法纲要〉的制定》（该文作者为杨紫烜，载李昌麒主编：《中国经济法治的反思与前瞻》，法律出版社 2001 年版，第 3—14 页）。

第十四章 经济法的实施和经济法的责任制度

一、经济法的实施

（一）经济法实施的概念和意义

1. 经济法实施的概念

经济法的实施，是指经济法律关系主体和国家司法机关实际施行经济法律规范的活动。有必要明确：这里说的实际施行"经济法律规范"的活动，不能等同于实际施行"经济法律、法规等规范性文件"的活动；国家司法机关，包括法院和检察院；经济法律关系主体，包括国家协调主体和国家协调受体；经济法的实施，包括经济守法、经济执法、经济司法。

经济守法，是指国家协调受体①遵守经济法律规范的活动。

经济执法，是指国家协调主体②依照法定的职权和程序执行经济法律规范的活动。

经济司法，是指国家司法机关依照法定的职权和程序处理经济法案件的活动。

为了明确上述概念，有必要进一步指出两点：一是需要搞清楚"经济执法"与"行政执法"的关系。"行政执法"有广义、狭义两种理解：狭义，指国家行政机关依照法定的职权和程序执行行政法律规范的活动；广义，指国家行政机关依照法定的职权和程序执行各种法律规范的活动。笔者认为：从狭义上理解的"行政执法"，就是"行政法的执法"的简称；从广义上理解的"行政执法"，是从执法主体的角度讲的，由于是行政机关执法而称其为"行政执法"，如果从执法内容

---

① 国家协调受体，包括市场监管受体和宏观调控受体。

② 国家协调主体，包括市场监管主体和宏观调控主体。

的角度讲,这里的“行政执法”包括了部分“经济执法”的内容,即包括了国家行政机关依照法定的职权和程序执行经济法律规范的活动。① 二是“经济执法”也有广义、狭义两种理解:上述“经济执法”的定义(即国家协调主体依照法定的职权和程序执行经济法律规范的活动)是从狭义上讲的;从广义上讲的“经济执法”,除了狭义的“经济执法”以外,还包括“经济司法”在内。

2. 经济法实施的意义

经济法实施的意义可以从多方面进行论述。仅从经济法的制定与经济法实施的关系来说,制定经济法是为了实施经济法。从这个意义上说,经济法的实施更为重要。在经济法领域,不仅要“有法可依”,而且要切实做到“有法必依,执法必严,违法必究”。只有这样,才能发挥经济法的作用,维护社会经济秩序,促进社会主义市场经济体制的建立和完善,推动经济社会的发展。如果制定了经济法而不去实施,即使经济法制定得再好也毫无意义。“法律的生命在于它的实行。”②说明法的实施多么必要。

(二) 经济法实施的现状

我国在经济法的实施方面做了许多工作,已取得了相当大的成绩;同时,还存在不少问题。这主要表现在以下几个方面:

第一,关于经济法制教育。

自从 1986 年以来,我国已经实施了四个五年法制宣传教育规划。目前,正在实施的是《关于在公民中开展法制宣传教育第五个五年规划》(2006 年—2010 年)③。总的来说,经过普法教育,“以宪法为核心的法律知识得到较为广泛的普及,人民群众的法律意识逐步增强;依法治理工作深入开展,各项事业的法治化管理水平逐步提高。”④还需要指出的是,普法教育的重要内容之一,是大力宣传社会主义市场经济方面的法律、法规,这对于增强广大干部和群众的经济法制观念,提高他们遵守经济法的自觉性,提高经济执法、司法干部依法办事的能力,发挥了积极作用。

但是,一些地方、部门、单位的领导干部对于包括经济法制教育在内的法制教育的意义认识不足,重视不够,组织领导不力;在不少领导干部、一般公务员和

---

① 作为“经济执法”主体的国家协调主体,不仅是国家行政机关,还有国家权力机关。国家权力机关依照法定的职权和程序执行经济法律规范的活动,也属于“经济执法”。例如,全国人民代表大会为了执行我国《预算法》第 12 条第 1 款的有关规定,每年都要依照法定的职权和程序审查中央和地方预算草案及中央和地方预算执行情况的报告,批准中央预算和中央预算执行情况的报告。

② 〔美〕庞德:《法理学》第 1 卷,耶鲁大学出版社 1959 年英文版,第 353 页。

③ 该《规划》由中宣部、司法部制定,经中共中央、国务院批准。

④ 第十届全国人大常委会第二十一次会议于 2006 年 4 月 29 日通过的《关于加强法制宣传教育的决议》,载《全国人民代表大会常务委员会公报》2006 年第 5 号。

其他公民中，还存在着法律知识缺乏，法律意识淡薄，学法用法的自觉性不强的现象。

第二，关于经济执法、司法干部队伍的建设。

国务院于1993年制定了《国家公务员暂行条例》。全国人大常委会于2005年制定了《中华人民共和国公务员法》。全国人大常委会于1995年制定了《中华人民共和国法官法》、《中华人民共和国检察官法》，2001年对这两部法律进行了修改。这些法律、法规的实施，有助于严格职业准入，加强职业道德教育和法律业务培训，规范经济执法、司法行为，提高经济执法、司法干部依法办事的能力，提高他们的综合素质。

前些年，随着经济社会的快速发展和案件数量的增加，一些人民法院和人民检察院出现了司法干部短缺的问题。2004年以后，在有关部门的支持下，适当增加了地方各级法院和检察院的编制，重点充实了基层法院、检察院的司法干部队伍，案多人少的矛盾有所缓解。但是，基层法院和检察院，特别是西部和边远贫困地区的基层法院和检察院的法官、检察官后继乏人的问题仍然存在。

应该说，我国的经济执法、司法干部绝大多数是好的和比较好的。没有他们忠于职守、积极工作，我国经济法制建设取得这样大成就是不可想象的。但是，也要看到：在经济执法、司法干部中，相当大一部分人的思想政治水平、专业知识和业务能力与新的形势和任务提出的要求相比，存在着不相适应的情况；有些经济执法、司法干部没有严格按照法定的权限和程序行使职权、履行职责，存在着越权作为和失职不作为的现象；还有极少数经济执法、司法干部以言代法、以权压法、徇私枉法、执法犯法、违法办案，给社会造成了很大危害和恶劣影响。对于经济执法、司法干部中的违法乱纪行为，必须依法严肃处理。

第三，关于健全经济执法、司法机构。

改革开放以来，我国进行了多次国家机关的机构改革。就市场监管和宏观调控方面的经济执法机构的设置而言，总的来说，基本上是适应改革开放和社会主义现代化建设发展的需要的。但是，也还存在一些问题。例如：有些应该设立的经济执法机构尚未设立；有些已经设立的经济执法机构还不健全；有些设立了几个职责交叉的经济执法机构，执法力量有待整合。

对于前些年在人民法院系统所采取的撤销经济审判庭的举措，在中国法学界和法律界存在着不同的意见。对此，究竟应该怎样评析？为了保证经济法的实施，在人民法院的机构设置上应该怎么办？本章将在后面另行论述。

第四，关于改革与完善经济执法、司法制度。

国家行政机关在改革与完善经济执法制度方面做了许多工作。为了贯彻落实国务院于2004年制定的《全面推进依法行政实施纲要》，国务院办公厅于2005年发布了《关于推行行政执法责任制的若干意见》，对建立健全执法评议考核制和执法过错责任追究制作出了规定，有助于促进经济执法。

国家行政机关和司法机关，在收费和罚没收入方面，建立和实行了“收支两条线”的制度，发挥了积极作用。

人民法院实行了立案与审判、审判与监督、审判与执行三个分立的制度①。人民检察院实行了办理职务犯罪案件的内部制约机制，案件受理、立案侦查、审查逮捕、审查起诉必须由不同的内设机构承办，由不同院领导分管②。最高人民法院和最高人民检察院分别在法院和检察院系统建立并实行了案件质量考评标准和办法，建立并实行了违法办案责任追究制度。这些都是必要的制度。

但是也要看到，实施经济法需要的经济执法、司法制度，有些应该建立的尚未建立，有些已经建立的还不健全。

第五，关于经济法实施的监督。

根据我国《宪法》和《地方各级人民代表大会和地方各级人民政府组织法》的规定，由人民代表大会统一行使国家权力，人民政府、人民法院和人民检察院由人大产生，对人大负责，受人大监督。2006 年 8 月 27 日，第十届全国人大常委会第二十三次会议通过了《中华人民共和国各级人民代表大会常务委员会监督法》（简称《监督法》）。该法分为 9 章，共 48 条，自 2007 年 1 月 1 日起施行。《监督法》的制定，“完善了各级人大常委会监督的形式和程序，有力地推动了人大监督工作的制度化、规范化、程序化”③，加强了对“一府两院”（即政府和法院、检察院，下同）的监督，加强了对法律、法规实施的监督，促进了依法行政和公正司法。但是，人民代表大会及其常务委员会的监督工作的针对性与实效性还有待增强。

在对行政权力的监督方面，我国已经建立和实行了较为完善的监督制度。这包括人民代表大会及其常委会的监督，政协的监督，司法机关的监督，人民群众的监督，新闻舆论的监督，以及政府系统内部的监督。关于政务公开和接受群众监督的问题，2007 年 4 月 5 日，国务院公布了《中华人民共和国政府信息公开条例》。该《条例》第 15 条规定，行政机关应当通过政府公报、政府网站、新闻发布会以及报刊、广播、电视等便于公众知晓的方式，主动公开规定范围内的政府

---

① 参见第九届全国人民代表大会第四次会议批准的《最高人民法院工作报告》，载《全国人民代表大会常务委员会公报》2001 年第 3 号。

② 参见第十一届全国人民代表大会第一次会议批准的《最高人民检察院工作报告》，载《全国人民代表大会常务委员会公报》2008 年第 3 号。

③ 第十一届全国人民代表大会第一次会议批准的《全国人民代表大会常务委员会工作报告》，载《全国人民代表大会常务委员会公报》2008 年第 3 号。

信息①。建立政务公开制度,让权力在阳光下运行,有助于保障人民群众的知情权、参与权、表达权和监督权。上述监督制度的实行取得了较好的效果。存在的问题主要是:一些领导干部对监督的重要性认识不够,存在着"说起来重要,做起来次要"的现象,致使一些监督措施并没有落实;有些监督制度本身尚需进一步完善。

为了促进公正司法,最高人民法院从以下五个方面加强了对权力运行的全方位、全过程监督,审判监督工作呈现出良好局面:一是认真执行审判工作内部监督的各项制度,建立健全审判质量与效率监督体系;二是发挥诉讼制度内在的监督制约作用,完善审级监督和再审监督机制;三是建立健全执行工作监督体系,完善执行工作监督机制;四是健全法官行为的监督制约机制,完善自律、惩戒、防范和保障机制;五是以自觉接受人大及其常委会监督为重点,完善接受外部监督的工作机制。但是,在监督工作和监督机制方面还存在一些问题:一是有些法院对加强审判工作监督的重要性认识不足,抓得不紧;二是审判和执行工作监督机制还不够完善;三是法官行为规范和教育、制度、监督并重的惩治和预防腐败体系还有待全面落实;四是有关审判工作公开的各项制度落实还不到位。②

在完善对检察机关自身的监督和制约机制方面,最高人民检察院采取了下列措施,取得了积极成效:一是加强检察机关执法活动内部的经常性监督;二是开展对检察机关执法活动的专项监督;三是强化对检察队伍的监督;四是主动接受人民群众监督和侦查机关、审判机关的制约;五是自觉接受人大及其常委会监督。但是,在对检察机关的监督方面还存在差距:一是对检察机关监督的长效机制需要进一步完善,监督体系还不健全、不严密;二是一些监督制度执行不力,有的还没有真正落实;三是上级检察院对下级检察院的领导和监督需要进一步加强,对检察机关监督的总体效能需要进一步提高。③

(三)经济法实施的基本经验

我国在经济法实施的过程中积累的基本经验,主要有以下五个方面:

第一,深入开展全方位的经济法制教育。

经济法制教育是全民法制教育的一个重要方面。要继续进行普及法律常识的教育,提高全民的经济法律意识,增强经济法制观念。这有助于他们自觉地遵

---

① 《政府信息公开条例》第9条规定,行政机关对符合下列基本要求之一的政府信息应当主动公开:涉及公民、法人或者其他组织切身利益的;需要社会公众广泛知晓或者参与的;反映本行政机关机构设置、职能、办事程序等情况的;其他依照法律、法规和国家有关规定应当主动公开的。

② 参见《最高人民法院关于完善审判工作监督机制 促进公正司法情况的报告》,载《全国人民代表大会常务委员会公报》1997年第7号。

③ 参见《最高人民检察院关于完善检察机关监督机制 促进公正执法情况的报告》,载《全国人民代表大会常务委员会公报》1997年第7号。

守经济法，运用经济法维护自身的合法权益，更好地同经济违法犯罪行为作斗争。

经济法制教育既要面向广大群众，又要以国家经济管理机关和经济司法机关的人员，特别是党和国家机关的领导干部作为重点。要教育经济执法、司法干部掌握马克思主义法律思想的基本原理，牢固树立社会主义法治理念，树立有权必有责、用权受监督、违法要追究的观念，提高他们的法律素质和依照经济法办事的能力。

要深入持久地开展经济法制教育，把经济法制教育贯穿于"实行依法治国，建设社会主义法治国家"的全过程。要坚持经济法制教育和经济法治实践相结合的原则，改进和完善经济法制教育的方式方法，进一步增强经济法制教育的针对性和实效性。

第二，加强经济执法、司法干部队伍的建设。

为了从干部队伍建设上保证经济法的实施，应该进一步贯彻落实我国《公务员法》、《法官法》、《检察官法》等法律关于公务员、法官、检察官的任职条件、任免、培训、权利和义务、考核、奖惩等有关规定，认真选择合格的人员担任经济执法、司法干部，加强对他们政治与业务的教育培训，加强廉政建设和思想作风建设，努力造就一支政治坚定、业务精通、作风过硬、纪律严明、廉洁奉公的经济执法、司法干部队伍。与此同时，要加大查处利用执法权和司法权贪赃枉法、徇私舞弊行为的力度，依法追究违法人员的法律责任。

经济执法、司法机构都要有必要数量的合格干部。有些经济执法、司法机构（主要是基层，特别西部和边远贫困地区）人员缺乏的问题，应该继续予以解决。

第三，健全经济执法、司法机构。

根据经济法实施的需要，在建立必要的新的经济执法、司法机构的同时，要健全已经建立但尚不健全的经济执法、司法机构，为强化经济法的实施提供组织保证。

为了巩固和发展经济法实施的成果，积极推进政府机构的改革至关重要。要深入贯彻落实科学发展观，按照建设服务政府、责任政府、法治政府和廉洁政府的要求，着力转变职能、理顺关系、优化结构、提高效能，做到权责一致、分工合理、决策科学、执行顺畅。要合理配置宏观调控部门的职能，国家发展和改革委员会、财政部、中国人民银行要建立健全协调机制，形成更加完善的宏观调控体系。要理顺市场监管体制，整合执法监管力量，解决多头执法、重复执法、交叉执法的问题。① 总之，要进一步加强和改进经济执法工作，努力做到严格执法、公

① 参见中共中央：《关于深化行政管理体制改革的意见》（2008 年 2 月 27 日），载《人民日报》2008 年 3 月 5 日；《国务院机构改革方案》，载《人民日报》2008 年 3 月 16 日。

正执法、文明执法。

应该建立健全实施经济法的审判机构。这个问题，本章将另作论述。

第四，改革与完善经济执法、司法制度。

要从制度上保证经济法的实施，必须采取切实措施，进一步改革与完善经济执法制度。要按照权力与责任挂钩、权力与利益脱钩的要求，建立健全权责明确、行为规范、运转协调、公正透明、廉洁高效的市场监管和宏观调控体制。要建立健全监管市场与经营市场分离的制度、罚款决定与罚款收缴分离的制度，以及执法责任制和执法过错追究制。

关于司法体制改革，党的十七大报告指出：要“深化司法体制改革，优化司法职权配置，规范司法行为，建设公正高效权威的社会主义司法制度，保证审判机关、检察机关依法独立公正地行使审判权、检察权。”①

我国在改革与完善经济执法、司法制度方面虽然已经取得了不少成绩，但是改革还要深化，制度尚需完善，有些制度还应该建立，如经济诉讼制度。那么，为什么审理违反经济法的经济纠纷案件不去适用《民事诉讼法》而要建立经济诉讼制度呢？其原因是，违反经济法的经济纠纷案件与违反民法的民事案件性质不同，各有特点，因此，民事审判庭审理民事案件需要《民事诉讼法》，经济审判机构审理经济纠纷案件需要《经济诉讼法》。过去，最高人民法院确定的经济审判庭受理案件的范围多数是民事案件，于是主要适用《民事诉讼法》；同时，经济审判庭也受理一部分违反经济法的经济纠纷案件，运用《民事诉讼法》解决不了问题，于是最高人民法院另行作了不少相关的“司法解释”。但是，最高人民法院的“司法解释”本应只是对于法院审判工作中具体应用法律问题所作的说明，它不能代替“立法”。所以，为了强化经济法的实施，健全经济法制，重建专门审理各种违反经济法的经济纠纷案件的新的经济审判机构，就需要制定一部《经济诉讼法》。总之，经济法的实施需要制定《经济诉讼法》；《经济诉讼法》的制定有助于保证经济法的实施。

第五，建立和健全监督体系。

经济法实施的基本经验之一，是必须强化对经济法实施的监督。为此，要进一步提高对加强监督工作重要性的认识，建立和健全监督体系，充实监督内容，完善监督方式，严格执行监督程序，不断提高监督水平，努力增强监督实效。为了保证经济法的实施，还必须惩治和预防腐败。正如中共中央所指出的：要“加强廉政法制建设，完善监督制约机制，建立健全与社会主义市场经济体制相适应

① 载《人民日报》2007年10月25日。

的教育、制度、监督并重的惩治和预防腐败体系。”①

要全面落实我国《宪法》、《地方各级人民代表大会和地方各级人民政府组织法》和《各级人民代表大会常务委员会监督法》关于监督的各项规定，进一步加强和改进人大及其常委会的监督工作。要加强对宪法、法律和法规实施情况的监督，加强对“一府两院”工作的监督。

各级人民政府要完善政府自身的监督制约机制，强化上级执法机关对下级执法机关的层级监督，充分发挥监察、审计等专门监督的作用。要自觉接受同级人民代表大会及其常委会的监督，接受政协的监督。要高度重视人民群众监督和新闻舆论监督。要大力推行政务公开，健全政府信息发布制度，完善各类公开办事制度，提高政府工作透明度，创造条件让人民更有效地监督政府。②

各级人民法院要进一步完善内部监督机制和外部监督机制③。前者，主要包括以下内容：进一步完善审判质量与效率监督机制④；进一步完善审级监督和再审监督机制⑤；进一步完善执行工作监督机制⑥；进一步完善法官行为监督机制⑦。后者，主要包括以下内容：自觉接受人大及其常委会的监督⑧；依法接受检察机关的法律监督⑨；接受人民政协的监督；保障人民群众对审判工作的知情权和监督权，接受新闻舆论的监督⑩。

各级人民检察院要进一步完善内部监督机制和外部监督机制⑪。前者，主

① 中共中央：《关于完善社会主义市场经济体制若干问题的决定》(2003 年 10 月 14 日)，载《人民日报》2003 年 10 月 22 日。

② 参见第十一届全国人民代表大会第一次会议批准的《政府工作报告》，载《全国人民代表大会常务委员会公报》2008 年第 3 号。

③ 参见《最高人民法院关于完善审判工作监督机制　促进公正司法情况的报告》，载《全国人民代表大会常务委员会公报》2007 年第 7 号。

④ 例如，完善立案、庭审监督机制，完善合议庭监督制约机制，完善审判质量与效率评估机制。

⑤ 例如，强化上级法院对下级法院、二审对一审的监督功能，完善申诉审查和再审监督机制。

⑥ 例如，规范执行行为，加强执行监督的制度建设，推进执行公开制度，完善执行投诉处理机制。

⑦ 例如，加强对法官行为和职业操守的监督，健全院长、庭长抓工作和管队伍的双重责任，加强对重点岗位审判人员的监督，完善对当事人投诉审判人员的处理。

⑧ 全面落实我国《宪法》和《监督法》等法律的有关规定以及最高人民法院制定的《关于人民法院接受人民代表大会及其常委会监督的若干意见》。

⑨ 例如，严格按照法律程序公正审理抗诉案件，认真听取检察机关提出的检察建议，及时检查和纠正案件审判过程中存在的问题。

⑩ 进一步落实最高人民法院制定的《关于加强人民法院审判公开工作的若干意见》，完善审判公开制度，增强审判工作透明度。

⑪ 参见《最高人民检察院关于完善检察机关监督机制　促进公正执法情况的报告》，载《全国人民代表大会常务委员会公报》2007 年第 7 号。

要包括下列内容:加强经常性监督[①];开展专项监督[②];强化对检察队伍的监督[③]。后者,主要包括下列内容:自觉接受人大及其常委会的监督[④];依法接受侦查机关和审判机关的制约;接受人民政协的监督;主动接受人民群众和新闻舆论的监督[⑤]。

(四)实施经济法的审判机构的设立

要不要设立实施经济法的审判机构,涉及到对于我国过去设立经济审判庭、后来又撤销经济审判庭怎么看?因此,下面谈三个问题:

1. 经济审判庭的设立和"收案范围"

(1)经济审判庭的设立

1978年12月18日至22日召开的党的十一届三中全会,作出了把全党工作的着重点转移到社会主义现代化建设上来,实行改革、开放和加强社会主义法制的重大战略决策。

第五届全国人民代表大会第二次会议于1979年7月1日通过了《中华人民共和国人民法院组织法》。该法规定:最高人民法院、高级人民法院设经济审判庭;直辖市的中级人民法院和省、自治区辖市的中级人民法院应设经济审判庭;在省、自治区内按地区设立的中级人民法院,根据需要可以设刑事、民事审判庭以外的其他审判庭。依照上述法律规定,截至1981年底,最高人民法院、各高级人民法院和293个中级人民法院设立了经济审判庭,多数基层人民法院也设立了经济审判庭。

第六届全国人大常委会第二次会议于1983年9月2日通过了《关于修改〈中华人民共和国人民法院组织法〉的决定》。经过此次修改的《中华人民共和国人民法院组织法》(简称《人民法院组织法》)明确规定:最高人民法院、高级人民法院、中级人民法院设经济审判庭;基层人民法院可以设经济审判庭。[⑥] 依照

① 例如,建立办案流程监督管理机制,推行问讯职务犯罪嫌疑人全程同步录音录像制度,健全上级检察院对下级检察院工作的监督机制。

② 例如,开展逮捕工作专项检查,开展公诉案件质量专项检查,开展对扣押、冻结款物的专项清理,开展刑事赔偿案件专项清理,集中处理涉检信访案件。

③ 例如,健全对领导干部的监督机制,健全对执法办案人员的监督机制,推行检务督察制度,健全执法责任制和责任追究制度。

④ 全面落实我国《宪法》和《监督法》等法律的有关规定以及最高人民检察院制定的《关于检察机关接受人民代表大会及其常委会监督的规定》。

⑤ 深入推行人民监督员制度,进一步落实最高人民检察院制定的《关于进一步深化人民检察院检务公开的意见》,完善检务公开制度,增强检察工作透明度。

⑥ 2006年10月31日第十届全国人大常委会第二十四次会议又通过了《关于修改〈中华人民共和国人民法院组织法〉的决定》,但是,并没有对人民法院经济审判庭的设立作任何修改。因此,1983年《人民法院组织法》的上述规定,仍然是现行《人民法院组织法》的规定。

上述法律规定，截至1985年底，不仅最高人民法院、各高级人民法院和中级人民法院普遍设立了经济审判庭，而且全国基层人民法院除了个别地处边远地区的以外，也都设立了经济审判庭。

(2) 经济审判庭的"收案范围"

最高人民法院经济审判庭于1980年8月8日提出的《关于人民法院经济审判庭收案范围的初步意见》指出："各地人民法院经济审判庭可暂受理如下各类案件"：一是经济纠纷案件；二是经济犯罪案件；三是涉外经济案件。与此同时，该《意见》还提出了分别属于上述三大类案件的16类具体案件。

最高人民法院于1985年12月9日发出的《关于加强经济审判工作的通知》指出，1984年3月，第一次全国经济审判工作会议明确规定，人民法院经济审判的收案范围主要是：经济合同纠纷案件；涉外的和涉港澳的经济纠纷案件；农村承包合同纠纷案件；经济损害赔偿纠纷案件；经济行政案件；其他经济纠纷案件。该《通知》要求："各级人民法院应当按照以上规定，及时受理上列各类经济纠纷案件。"

1989年4月4日，第七届全国人民代表大会第二次会议通过了《中华人民共和国行政诉讼法》。随着该法的制定和施行，"经济行政案件"[①]已不再属于经济审判庭受理案件的范围，而作为"行政案件"归行政审判庭审理；与此同时，在实践中出现的有些新类型的案件被列入了经济审判庭受理案件的范围。这样，经济审判庭受理的案件一般包括下列几类：经济合同纠纷案件，农村承包合同纠纷案件，企业承包、租赁经营合同纠纷案件，联营合同纠纷案件，企业破产案件，股票、债券、票据纠纷案件，经济损害赔偿纠纷案件，技术合同纠纷案件，工业产权纠纷案件，涉外和涉港、澳、台经济纠纷案件。

2. 经济审判庭的撤销和评析

(1) 经济审判庭的撤销

如前所述，最高人民法院在2000年8月8日举行的一次新闻发布会上宣布："将原有的经济(知识产权)、交通运输审判庭纳入民事审判的大类，建立了大民事审判格局，设立了四个民事审判庭"，从而撤销了经济审判庭。随后，各高级人民法院、中级人民法院和基层人民法院的经济审判庭也相继被撤销。

那么，为什么要撤销经济审判庭呢？对此，一些法官和学者发表了自己的观点。对于他们分别提出的种种"理由"，有必要进行介绍和评析。

(2) 对撤销经济审判庭的评析

对于经济审判庭应该怎么认识？1981年第五届全国人民代表大会第四次

---

① 有些人把经济法称为"经济行政法"，把许多违反经济法的经济纠纷案件称为"经济行政案件"。这不妥。

会议批准的《最高人民法院工作报告》指出："适应社会主义现代化建设事业的需要，开展经济审判工作，是新的历史时期赋予人民法院的一项重要任务，也是人民法院的一项新课题。"[①]1984年第六届全国人民代表大会第二次会议批准的《最高人民法院工作报告》指出："经济审判工作是新的历史时期人民法院的一项新任务。党的十一届三中全会以来，随着全党工作重点的转移和社会主义现代化建设事业的发展，迫切需要积极开展经济立法和经济司法工作，加强经济领域的社会主义法制，保障经济建设的顺利进行。""经济审判工作的初步开展，对于维护社会经济秩序，保护当事人的合法权益，促进经济管理水平和经济效益的提高，都起了积极作用。"[②]应该说，为了开展经济审判工作，《人民法院组织法》规定设立的经济审判庭是我国改革开放初期产生的新生事物。此后20年的司法实践表明，经济审判庭的工作对于维护社会经济秩序，健全经济法制，保障与促进改革开放和社会主义现代化建设的发展，发挥了重要作用。当然，同许多其他新生事物一样，经济审判庭也是有缺点的，甚至很不完善。我们的态度不应该全盘否定它，明令撤销它，而要爱护它，帮助它克服在受理案件的范围等方面存在的问题，促进它的健康发展，使它从不完善逐步走向完善，充分发挥其优越性。

本书认为，在人民法院系统撤销经济审判庭的举措值得商榷，为撤销经济审判庭辩护的种种所谓"理由"是不能成立的。下面，对这些"理由"[③]分别进行介绍，并一一评析：

"理由"之一：认为"经济审判庭的设置……扰乱了法院内设机构的科学布局，应当对之进行改造"。"最高法院打破原来设置的民事审判庭、经济审判庭、交通运输审判庭的格局，建立大民事审判新格局，这就使机构设置更加规范"。

评析：对于这种观点，必须指出两点：一是撤销经济审判庭是不符合全国人民代表大会制定的、现行的《人民法院组织法》这一基本法律关于设立经济审判庭的规定的。二是否定《人民法院组织法》关于设立经济审判庭的正确规定，是不正确的。个别人说什么"经济审判庭的设置……扰乱了法院内设机构的科学布局"，"建立大民事审判新格局，这就使机构设置更加规范"。在他们看来，《人民法院组织法》关于设立经济审判庭的规定"扰乱了"法院内设机构的科学布局，是不规范的。这是对《人民法院组织法》关于设立经济审判庭的正确规定的

---

① 载《全国人民代表大会常务委员会公报》1981年第5号。

② 载《全国人民代表大会常务委员会公报》1984年第2号。

③ 参见《人民日报》2000年8月9日《最高人民法院机关全面实施机构改革》一文；《人民法院报》2000年8月9日《最高人民法院全面实施机构改革》一文；《人民法院报》2000年8月29日《完善三大审判体系》一文；《人民法院报》2000年9月17日《审判体系的重大改革》一文；《人民法院报》2000年11月4日《现代民事审判制度与司法创新》一文。此外，可参见《法学》（复印报刊资料）1997年第11期《"经济审判庭"应易名为"商事审判庭"》一文；《人民法院报》2000年7月8日《经济审判庭设置的法学思考》一文。

公然否定,是不能容许的。更令人费解的是,无论是法官还是法学学者,他们不仅知道《人民法院组织法》关于设立经济审判庭的规定,而且知道"一切国家机关和武装力量、各政党和社会团体、各企业事业组织都必须遵守宪法和法律。一切违反宪法和法律的行为,必须予以追究"[①]。但是,他们却不去指出撤销经济审判庭是违反《人民法院组织法》的,反而为之辩护,这是错上加错。有人可能会问:如果认为《人民法院组织法》关于设立经济审判庭的规定是不正确的话,是否可以违反呢?笔者认为,这样的假设不能成立。因为最高人民法院关于经济审判庭受理案件范围的规定不是没有问题的,而《人民法院组织法》关于设立经济审判庭的规定是正确的。再退一步说,即使有的法律的某些现行规定真有问题的话,也不能公然违反现行规定,而应该先按法定程序修改法律,然后再按新的法律规定去执行。

"理由"之二:认为"建立了大民事审判格局,完善了刑事、民事、行政三大审判体系","这是与我国现行的刑事、民事、行政三大法律体系相适应的"。

评析:把部门法体系视为"法律体系"是不可取的。认为我国只有"现行的刑事、民事、行政三大法律体系",实际上就是认为我国只有这三个法的部门[②],而否认经济法这个独立的法的部门的客观存在。这是不正确的。有的人以上述根本站不住的观点作为"理由",来为撤销经济审判庭,建立"大民事审判格局",完善"刑事、民事、行政三大审判体系"辩护,是无济于事的。应该说,在最高人民法院确定的经济审判庭受理案件的范围等方面虽然存在不少问题,但是,设立经济审判庭本身是正确的,因此,需要通过改革以完善经济审判体系,而不应该把经济审判庭"置于死地"。

"理由"之三:认为经济审判庭"是计划经济体制的产物"。

评析:这种观点不符合事实。历史的发展表明,在改革开放以前我国实行计划经济体制的时候,根本没有经济审判庭;我国的经济审判庭是在党的十一届三中全会以后,为了适应全党、全国工作的着重点转移到社会主义现代化建设上来的需要,适应实行改革开放的需要,适应加强社会主义法制的需要而设立的。简言之,经济审判庭是改革开放的产物,而不是计划经济体制的产物。所以,不能以经济审判庭"是计划经济体制的产物"作为撤销经济审判庭的所谓"理由"。

"理由"之四:认为"原有的民庭、经济庭、知识产权庭、交通运输庭等……总的来说,它们审理的都是平等主体之间的民事权益争议,都是大民法调整的人身关系和财产关系。因此,应该把它们都归为民事这个大类中。"

---

① 《中华人民共和国宪法》第5条第4款。

② 这种观点不仅与法学界、法律界大多数人的观点不一致,而且不符合我国最高国家权力机关的意见。当然,在我国,法的部门究竟有哪些?至今还没有取得共识。但是,可以肯定:没有几个人认为我国的法的部门就是刑法、民法、行政法三个;也没有多少人不承认经济法是我国的一个法的部门。

评析:实际情况是,无论是最高人民法院经济审判庭于1980年还是最高人民法院于1985年先后确定的经济审判庭受理案件的范围中,少数才是属于违反经济法的经济纠纷案件,而多数则不是。应该说:前者,是可取的;后者,不妥。正确的做法应该是:以经济法学为指导,保留原来经济审判庭受理案件的范围中违反经济法的经济纠纷案件;把数量众多的、尚未纳入经济审判庭受理案件范围的违反经济法的经济纠纷案件,确定为经济审判庭受理案件的范围;把不是违反经济法的经济纠纷案件从原来经济审判庭受理案件的范围中排除出去,划归其他有关审判庭受理案件的范围。可是,实际的做法是有问题的:在确定经济审判庭受理案件的范围时离开了正确的理论指导,于是在经济审判庭受理案件的范围中包括了大量民事案件;然后,一些人又以不恰当的规定作为撤销经济审判庭的所谓"理由",进而否定《人民法院组织法》关于设立经济审判庭的正确规定。这是不正确的,有害的。

"理由"之五:认为《中华人民共和国经济合同法》(简称《经济合同法》)是"经济审判庭存在的基础",而该法现已不复存在。

评析:对于以上观点,需要从两方面进行评析:一是经济审判庭存在的基础究竟是什么?在我国,作为上层建筑组成部分的经济审判庭是建立在社会主义经济基础之上的。有些人为了替撤销经济审判庭辩护,说《经济合同法》是"经济审判庭存在的基础",是不可取的。当然,这不是说《经济合同法》与经济法没有联系。1981年制定的《经济合同法》①在1993年修改前的有关规定②和1981年关于该法草案的《说明》③表明,这部法律中的一部分法律规范属于经济法律规范的范围。即使是经过修改的《经济合同法》和1999年制定的《中华人民共和国合同法》中,也不是完全没有经济法律规范。就经济法与经济审判庭的关系而言,应该说:经济法的实施需要经济审判庭;经济审判庭的建立以经济法的存在为前提。而经济法不仅早已产生和存在,而且还在发展,因此,实施经济法的需要的经济审判庭不能撤销,应该完善。二是我国《经济合同法》被废止能否成为撤销经济审判庭的"理由"?不能。因为将《经济合同法》视为"经济审判

① 该法于1981年12月13日由第五届全国人民代表大会第四次会议通过,自1982年7月1日起施行。1993年9月2日,第八届全国人大常委会第三次会议通过了对该法进行修改的决定。1999年10月1日,在《中华人民共和国合同法》施行的同时,《经济合同法》被废止。

② 例如:《经济合同法》的有关条款规定:该法的立法宗旨之一,是"保证国家计划的执行";订立经济合同的原则之一,是"必须符合……计划的要求";"违反……计划的合同"为无效经济合同;"属于国家指令性计划产品和项目的经济往来,必须按国家下达的指标签订经济合同";"属于国家指导性计划产品和项目的经济往来,参照国家下达的指标,结合本单位的实际情况签订经济合同";"订立经济合同所依据的国家计划被修改或取消"的,"允许变更或解除经济合同";"经济合同的变更或解除如涉及国家指令性计划产品和项目,在签订协议前应报下达计划的业务主管部门批准"。与此同时,该法第六章还专门对"经济合同的管理"作出了规定。

③ 该《说明》指出:"经济合同既是使国家计划具体化和得到贯彻执行的重要形式,又是制订计划的重要依据和必要的补充。"见《人民日报》1981年12月9日。

庭存在的基础”这一观点是不可取的，所以，由此得出的结论——《经济合同法》的不复存在，经济审判庭也就丧失了存在的基础，应予撤销——是不能成立的。

“理由”之六：认为“经济审判庭也没有自己独立适用的诉讼法规范”。

评析：过去，经济审判庭审理案件在适用程序法方面，先是主要适用我国《民事诉讼法（试行）》，后是主要适用我国《民事诉讼法》。为什么要“主要适用”《民事诉讼法（试行）》或《民事诉讼法》呢？因为最高人民法院经济审判庭于1980年和最高人民法院于1985年先后确定的经济审判庭受理案件的范围中，多数是民事案件而不是违反经济法的经济纠纷案件，因此先后“主要适用”这两部法律。那么，为什么是“主要适用”而不是“全部适用”呢？因为只是适用《民事诉讼法（试行）》或《民事诉讼法》，解决不了审理违反经济法的经济纠纷案件所遇到的一些程序问题，这时，就需要适用最高人民法院所作的有关“司法解释”。如果正确地确定经济审判庭受理的案件都是违反经济法的经济纠纷案件，那么，只是适用最高人民法院所作的一些有关“司法解释”就远远不够了，就有必要制定《经济诉讼法》。所以，经济审判庭过去“没有自己独立适用的诉讼法规范”，并不等于客观上不需要“独立适用的诉讼法规范”；应该否定的不是经济审判庭存在的必要性，而是过去确定的经济审判庭受理案件的范围的不科学性。

“理由”之七：认为“建立大民事审判新格局，……与国际上通行的民商法律制度相适应”，“也反映了与国际民商事审判制度接轨的需要”。

评析：对此，有必要指出三点：一是有没有“国际上通行的”民商法律制度、民商事审判制度呢？没有。虽然各国的法律制度、审判制度有某些共性，可以借鉴，但是，由于国家的性质不同、国家的结构形式不同、国家政权的组织形式不同，国际上的法律制度、审判制度（包括民商法律制度、民商事审判制度）不仅阶级属性不同，而且表现形式也不同。二是有些人要中国与之“相适应”和“接轨”的是什么样的民商法律制度、民商事审判制度呢？既然国际上有没有通行的民商法律制度、民商事审判制度，那么，有些人要中国与之“相适应”和“接轨”的是西方国家的还是少数几个社会主义国家的民商法律制度、民商事审判制度呢？在一些人的心目中当然不是后者而是前者。三是主张与“国际上通行的”民商法律制度、民商事审判制度“相适应”与“接轨”，能够成为撤销经济审判庭，建立大民事审判新格局的“理由”吗？不能。因为根本不存在“国际上通行的”民商法律制度、民商事审判制度；同时，在“法律制度”、“审判制度”的建设上，我们必须坚持社会主义方向，坚持从中国的国情和实际出发，不能照搬西方国家的民商法律制度、民商事审判制度。

“理由”之八：认为“目前通行的观点认为，经济法……即经济行政法”。“名义上支撑经济审判庭的学理基础是经济法学，但实际上，经济法学的研究对象与经济审判庭的业务活动却并不兼容。”

评析：有人之所以说“经济法学的研究对象与经济审判庭的业务活动却并不兼容”，是因为在他看来，经济法学的研究对象是经济法，经济法“即经济行政法”，是行政法的组成部分，而经济审判庭的业务活动是审理民事案件，因此，它们“并不兼容”。其实这种观点是不能成立的。这里主要涉及两个问题：一是对经济法怎么定位？有人说：“目前通行的观点认为，经济法……即经济行政法”。这是把少数人不正确的传统观念当作“目前通行的观点”，是不符合事实的。事实是，目前真正通行的观点认为，经济法是一个独立的法的部门。这是对经济法的正确定位。二是对经济审判庭怎么定位？经济法的实施需要经济审判庭；经济审判庭受理的案件应该是违反经济法的经济纠纷案件，其任务是实施经济法。这是对经济审判庭的正确定位。可是，有的人却以经济审判庭主要受理民事案件的不恰当的规定为依据，认为经济审判庭就是“民二庭”，经济法学研究的“经济行政法”与“经济审判庭的业务活动却并不兼容”。这不妥。总之，依据对经济法和经济审判庭的错误定位来为撤销经济审判庭辩护，是没有用的。

“理由”之九：认为建立“大民事审判格局”，将“对法学理论研究、法学教育乃至学科设置产生积极的影响。”

评析：有的人所说的建立“大民事审判格局”，对“法学教育乃至学科设置产生积极的影响”，实际上是以法院“机构改革”为名，通过撤销经济审判庭，建立大民事审判格局，为高等学校本科取消经济法专业的设置，削弱经济法学的教育，从审判制度上提供支持。与此同时，有的人说，撤销经济审判庭，建立“大民事审判格局”，会“对法学理论研究……产生积极的影响”。这实际上是以“完善三大审判体系”为名，撤销经济审判庭，建立大民事审判格局，是为发展“大民法”服务的①，而对经济法理论研究的影响是负面的，对经济法学的发展起了消极作用。

3. 关于设立实施经济法的审判机构的若干问题

(1) 为什么要设立实施经济法的审判机构

设立实施经济法的审判机构之所以必要，从根本上来说，是由于经济法具有

① 如上所述，他们认为，总的来说，原有的民庭、经济庭、知识产权庭、交通运输庭等审判庭审理的都是平等主体之间的民事权益争议，都是“大民法”调整的人身关系和财产关系，因此，应该把它们都归为民事这个大类中。而实际上，在上述几个审判庭中，有些庭审理的并不都是民事案件。他们主张撤销经济审判庭，建立大民事审判格局，是为扩大民法调整对象范围，发展“大民法”服务的。

不同于民法、行政法等其他法的部门的特定调整对象,是一个独立的法的部门[①],这就决定了违反经济法的案件同违反民法、行政法等其他法的案件具有不同的性质和特点;同时,在司法实践中,违反经济法的案件数量又很多。因此,应该设立实施经济法的审判机构,以利于提高其适用实体法的专门化水平,提高审判人员的专业化水平,提高办案效率和办案质量,为经济法的实施提供可靠的司法保障,推动经济社会的发展。

(2) 设立什么样的实施经济法的审判机构

由于违反经济法的案件包括违反经济法的经济纠纷案件和违反经济法的经济犯罪案件,因此,需要设立审理这两个方面案件的审判机构。那么,究竟设立什么样的审判机构呢？这有两种可供选择的方案:一是设立一个审判庭,统一审理违反经济法的经济纠纷案件和违反经济法的经济犯罪案件;二是设立两个审判庭,分别审理违反经济法的经济纠纷案件和违反经济法的经济犯罪案件。

笔者主张,采用上述第二个方案。在国外,一些国家除了设立审理民事、刑事、行政等案件的审判机构以外,还先后设有卡特尔法庭、限制行为法院、竞争上诉法院、税收法庭、税收法院、财政法院、财政金融法院、经济法院等审判机构。在我国,从借鉴国外审判制度建设的经验考虑,除了在人民法院设立审理民事、刑事、行政等案件的审判庭以外,从我国的国情和实际需要出发,不必设立审理违反经济法的经济纠纷案件的若干个法庭或法院,而应该在人民法院设立一个统一审理违反经济法的经济纠纷案件的审判庭。审理违反经济法的经济纠纷案件的审判机构,仍然可以使用现行的《人民法院组织法》所规定的"经济审判庭"这个名称。当然,不是简单地恢复原来的经济审判庭,而是重建新的经济审判庭。新的经济审判庭主要新在对最高人民法院原来所规定的受理案件的范围要作重大调整。总的来说,它所审理的案件是违反经济法的经济纠纷案件,具体包括以下三个方面:一是在原来由经济审判庭受理的案件中属于违反经济法的经济纠纷案件;二是原来由经济审判庭受理、后划归行政审判庭受理的所谓"经济行政案件"[②]中违反经济法的经济纠纷案件;三是在实践中不断出现或增加的一

① 大家知道,对于经济法是不是一个独立的法的部门的看法,在20世纪80年代初期的中国,存在着比较大的意见分歧;到了上世纪末本世纪初,不仅中国法学界、法律界的大多数人认为经济法是一个独立的法的部门,而且经第九届全国人大第四次会议批准的《全国人民代表大会常务委员会工作报告》(载《全国人民代表大会常务委员会公报》2001年第3号)也肯定了经济法是一个独立的"法律部门"。

② 有些人把经济法称为"经济行政法",将"经济行政法"视为行政法的组成部分;把一些违反经济法的经济纠纷案件称为"经济行政案件",将"经济行政案件"视为行政案件的组成部分。这不妥。这是由于混淆了经济法与行政法的界限,从而导致对经济纠纷案件与行政案件界限的混淆。

些违反市场监管法和宏观调控法的案件[①]。

关于审理违反经济法的经济犯罪案件的审判机构的设立问题怎么办？目前，在许多人民法院设立了专门审理经济犯罪案件的刑事审判机构，并将其称为刑二庭或刑三庭。由于经济犯罪案件不一定是违反经济法的经济犯罪案件，而违反经济法的经济犯罪案件都属于经济犯罪案件的范围，因此，可以考虑另设一个刑事审判庭专门审理违反经济法的经济犯罪案件，或者在上述审理经济犯罪案件的刑二庭或刑三庭中设一个审判组专门审理违反经济法的经济犯罪案件。

(3) 怎样设立实施经济法的审判机构

为了使实施经济法的审判机构得以设立，建议采取下列对策：一是要解放思想，统一认识。应该在法学界和法律界开展一次摆事实讲道理的、畅所欲言的讨论，以统一对于设立实施经济法的审判机构的认识。二是由最高人民法院作出坚决执行《人民法院组织法》关于设立经济审判庭的规定的决定，并采取切实措施重建最高人民法院和地方各级人民法院的经济审判庭；同时，由最高人民法院对经济审判庭受理案件的范围作出正确的规定；接着，以贯彻最高人民法院作出的上述决定和规定为主题，由最高人民法院专门召开一次全国经济审判工作会议；然后，采取相应措施在各级人民法院落实会议精神。三是由最高人民法院作出在各级人民法院设立专门审理违反经济法的经济犯罪案件的刑事审判庭或审判组的决定，并采取相应措施在各级人民法院予以落实。

二、经济法的责任制度

(一) 法律责任与经济法责任的概念

1. 什么是法律责任

在法学界，对“法律责任”有广义、狭义两种理解[②]。认为广义的法律责任与法律义务同义，或相当于法律义务，或称一般意义上的法律义务。至于狭义的法

① 我国人民法院经济审判庭曾经在一定程度上已经审理了违反市场监管法和宏观调控法的案件。例如：为了紧密配合国家税制改革，支持和监督税务机关依法征税，督促纳税人依法纳税，1994 年人民法院审结税务案件比上年上升 79.44%；1995 年，各级人民法院“大力开展经济审判工作，保障国家宏观调控和各项改革措施的实施，促进社会主义市场经济的发展”；1996 年，全国人民法院重点审理的案件中，包括“整顿市场经济秩序和金融秩序方面的案件，坚决反对不正当竞争”。参见先后经 1995 年第八届全国人大第三次会议、1996 年第八届全国人大第四次会议、1997 年第八届全国人大第五次会议批准的《最高人民法院工作报告》，分别载《全国人民代表大会常务委员会公报》1995 年第 3 号、1996 年第 3 号、1997 年第 2 号。今后，违反市场监管法和宏观调控法的案件还会日益增加。

② 参见孙国华、朱景文主编：《法理学》，中国人民大学出版社 1999 年版，第 388 页；张文显主编：《法理学》，高等教育出版社 2003 年版，第 143 页。

律责任,主要有三种不同的观点①:一是认为,法律责任是由于违法行为而应当承担的法律后果;二是认为,法律责任是违法者由于违法行为而必须承担的具有强制性的法律上的责任;三是认为,法律责任是由特定法律事实所引起的对损害予以赔偿、补偿或接受惩罚的特殊义务,亦即由于违反第一性义务而引起的第二性义务。上述三种观点,可分别称其为“后果论”、“责任论”、“特殊义务论”。

应该说,将法律责任分为广义和狭义的法律责任值得商榷。因为广义、狭义所涉及的范围宽窄不同,广义包括狭义。而上述所谓广义和狭义的法律责任之间并不是从属关系,并不是本来意义上的广义和狭义的关系。因此,今后以不再使用广义法律责任、狭义法律责任的概念为宜。同时,考虑到法律责任与法律义务都是法学的基本概念,在法学概念体系中具有不同的含义和各自独立的地位,也不宜将法律责任与法律义务等同起来,混为一谈。

笔者认为,对“法律责任”这一概念可以下这样一个新的定义:法律责任是由于违反法律义务而引起的法定的不利后果。这里说的“法定的不利后果”,即不利的法律后果或否定性法律后果,而不是法定的有利后果,即有利的法律后果或肯定性法律后果。上述不利后果的种类和内容是由法规定的,法律责任具有法定性。这种后果的承担是由国家强制力保证的,法律责任具有国家强制性。“后果论”认为,法律责任是一种“法律后果”。这没有错,但是太笼统。“责任论”认为,法律责任是一种“法律上的责任”。这不妥。因为定义概念不应该直接或间接包含被定义概念。“特殊义务论”认为,法律责任是一种“特殊义务”。这揭示了法律责任与一般义务的联系是有意义的。但是,将广义法律责任视为一般法律义务(第一性义务)的同义词,将狭义法律责任等同于特殊义务(第二性义务),这就实际上否定了法律责任这一基本概念在法学概念体系中的独立地位,值得商榷。还需要指出,引起法定的不利后果是由于“违反法律义务”。法律义务包括法定义务和依法约定的义务,它们都离不开法的规定,违反法律义务具有违法性。“后果论”、“责任论”认为,引起法律后果或法律上的责任是由于“违法行为”。说“违法行为”没有错,但是未能指出违反了法律的哪一方面规定,不够明确。“特殊义务论”认为,引起“特殊义务”是因“特定法律事实”。其中,“特定”的称谓是含混的概念,而在定义概念中使用含混的概念是不符合“定义必须明确”这一定义规则的。

2. 什么是经济法责任

在经济法学界,关于经济法的法律责任,人们使用了多个不同的语词,如

① 参见《法学词典》(增订版),上海辞书出版社1984年第2版,第618页;〔奥〕凯尔森:《法与国家的一般理论》,沈宗灵译,中国大百科全书出版社1996年版,第65页;孙国华、朱景文主编:《法理学》,中国人民大学出版社1999年版,第388页;张文显主编:《法理学》,高等教育出版社2003年版,第143—144页。

"经济责任"、"经济法责任"、"经济法律责任"、"经济关系中的责任"、"经济法主体的法律责任"、"违反经济法的法律责任"等。笔者认为,以使用"经济法责任"这一语词为好。因为"经济法责任"这一语词是准确表达概念的语言形式,它不易使人对其思想内容产生误解:与"经济责任"比较,"经济法责任"不易被人误解为违反经济法义务只是承担财产责任;与"经济法律责任"比较,"经济法责任"不易被人误将经济法律等同于经济法;与"经济关系中的责任"比较,"经济法责任"不易被人同经济责任制相混淆。此外,与"经济法主体的法律责任"、"违反经济法的法律责任"比较,"经济法责任"更为简明和准确。

关于经济法的法律责任的概念,在经济法学界,所下的有代表性的定义[①]如下:一是经济法责任,是指经济法主体对其违反经济法义务或者不当行使经济法权利的行为所承担的法律后果;二是经济法责任,是指人们违反经济法规定的义务所应付的代价;三是经济法律责任,是指经济法主体因其进行了经济违法行为或未能完成经济法义务时,所应承受的处罚的责任;四是经济法律责任,是指违反了经济法律法规的规定,应当承担由法律规定的某种具有强制性的法律义务。以上定义,可分别简称其为"后果论"、"代价论"、"责任论"、"义务论"。

笔者认为,对"经济法责任"这一概念可以下这样一个新的定义:经济法责任是由于违反经济法义务而引起的经济法规范规定的不利后果。

以上说的"经济法规范规定的不利后果",也就是以各类制定法和非制定法为表现形式的经济法律规范规定的不利的法律后果或否定性法律后果。上述后果的种类和内容是由经济法规范规定的,经济法责任具有法定性。这种后果的承担是由国家强制力保证的,经济法责任具有国家强制性。经济法学界的"后果论"认为,关于经济法的法律责任是一种"法律后果"。这没有错,但是太笼统,没有指出它是一种法定的不利后果。"代价论"认为,经济法责任是一种"应付的代价"。这比笼统地说"法律后果"要好。但"代价"一词似乎不是法律用语。"责任论"认为,关于经济法的法律责任是一种应承受的处罚的"责任"。这欠妥。因为定义概念不应该直接或间接包含被定义概念。"义务论"认为,关于经济法的法律责任是"某种具有强制性的法律义务"。在这里,把法律责任说成"法律义务"欠妥;说具有"强制性的"法律义务,好像还存在不具有强制性的法律义务,值得商榷;在定义概念中使用"某种"这一含混的概念,不符合定义规则。

上述定义还指出,之所以引起经济法规范规定的不利后果,"是由于违反经

① 参见刘文华主编:《新编经济法学》,高等教育出版社 1993 年版,第 62 页;李昌麒:《经济法——国家干预经济的基本法律形式》,四川人民出版社 1995 年版,第 483 页;戴凤歧等:《经济法》(修订本),经济科学出版社 1996 年版,第 96 页;苏惠祥、邱本主编:《经济法原理》,吉林大学出版社 1997 年版,第 175 页;漆多俊主编:《经济法学》,高等教育出版社 2007 年版,第 100 页。

济法义务”。“违反经济法义务”具有违法性。“后果论”认为,引起法律后果是由于“违反经济法义务或者不当行使经济法权利”。在这里,如果把“或者不当行使经济权利”删去就好了。因为违反经济法义务,理应包括违反作为的经济法义务和违反不作为的经济法义务,而不当行使经济法权利,是违反不作为的经济法义务的①。“代价论”认为,引起应付的代价是由于“违反经济法规定的义务”。这是正确的。“责任论”认为,引起应承受的处罚的责任是由于“进行了经济违法行为或未能完成经济法义务”。使用“未能完成”的语词,对于“不作为”的经济法义务并不恰当。“义务论”认为,引起强制性的法律义务是由于“违反了经济法律法规”。需要指出,经济法不是经济法律法规的总称,“违反了经济法律法规”同违反经济法义务是有区别的。

(二) 法律责任的形式与经济法责任的形式

1. 法律责任形式与经济法责任形式的概念

法律责任形式,是指由于违反法律义务而引起的法定的不利后果的表现方式。

经济法责任形式,是指由于违反经济法义务而引起的经济法规范规定的不利后果的表现方式。

2. 法律责任形式与经济法责任形式的种类

(1) 法律责任形式的种类

在法律责任形式的种类问题上,需要明确以下两个问题:

其一,对于法律责任形式种类问题上的传统观念如何评析?

对于法律责任形式,法学界的学者按照不同的标准,进行了不同的划分。例如:按照承担责任的内容的不同,划分为财产责任、非财产责任;按照承担责任的主体的不同,划分为个人责任、单位责任、国家责任;按照行为人违反法律义务时心理状态的不同,划分为过错责任、无过错责任;按照行为所违反的部门法即法的部门的不同,划分为民事责任、行政责任、刑事责任;等等。长期以来,中国法学界比较一致地认为,按照部门法属性把法律责任形式划分为上述三种独立的责任形式②,是一种最基本的划分方法。这种传统观念对于国家立法、执法、司法实践有很大影响。

那么,能否认为法的部门的独立性决定了法律责任形式的独立性,民法、行政法、刑法的独立性分别决定了民事责任、行政责任、刑事责任的独立性呢?这

---

① 不得损害他人经济法权利,是不作为的经济法义务;不当行使经济法权利,是损害他人经济法权利的;所以,不当行使经济法权利,是违反不作为的经济法义务的。

② 此外,有少数学者认为,违宪责任也是一种独立的法律责任形式;有的学者认为,在独立的法律责任形式中还应包括诉讼责任。

需要商榷。因为这里有三个问题:一是如果法的部门的独立性决定法律责任的独立性的话,那么,独立的法的部门与独立的法律责任形式就应该数量相等。而事实果真如此吗?不是。在中国,究竟存在哪些法的部门?法学界的观点还很不一致。[①] 如前所述,不仅有的主张有7个、8个法的部门,有的主张有10个甚至12个法的部门,而且即使主张法的部门数量相同,但其内容又有很大差别。退一步说,就算上述一些权威论著所断言的存在7个、8个甚至10个以上法的部门没有多大问题的话,那么,当他们按照部门法属性划分法律责任的形式时,也就应该有7种、8种甚至10种以上独立的法律责任形式,为什么他们却认为只有3种(或4种、5种)独立的法律责任形式呢?反之,当他们认为只有3种(或4种、5种)独立的法律责任形式时,为什么同时又主张决定法律责任的法的部门却有7个、8个甚至10个以上,而不去否认3个(或4个、5个)法的部门以外的其他法的部门的存在呢?显然,这些都是不能自圆其说的。这是因为法的部门与法律责任形式本来就不存在什么一一对应的关系。二是如果民法、行政法、刑法的独立性分别决定民事责任、行政责任、刑事责任的独立性的话,那么,民法与民事责任、行政法与行政责任、刑法与刑事责任就应该具有对应关系。可是,事实上并不存在这样的关系。我国现行法律规定表明:违反民法义务,不仅承担民事责任;违反民法义务承担的责任,不能等同于民事责任。例如,根据我国《民法通则》第110、134条的规定,违反民法义务的当事人不仅承担民事责任,而且可以根据其行为危害性的大小依法给予罚款、拘留等处罚,直至依法追究刑事责任。同样,违反行政法义务,不仅承担行政责任;违反行政法义务承担的责任,不能等同于行政责任。例如,根据我国《行政处罚法》第58、60、62条和《行政许可法》第73、81条的规定,违反行政法义务的当事人不仅承担行政责任,而且可以根据其行政违法行为的不同情节,承担民事责任或者依法追究刑事责任。还有,违反刑法义务,不仅承担刑事责任;违反刑法义务承担的责任,不能等同于刑事责任。例如,根据我国《刑法》第33、34、35、37条的规定,违反刑法义务,一般要承担刑事责任,但也可能免予刑事处罚而承担民事责任或者行政责任。可见,对于民事责任、行政责任、刑事责任,是分别与民法、行政法、刑法相对应的、独立的法律责任形式这种传统观念的正确性,需要重新认识。三是按照所谓"部门法属性"将法律责任形式划分为民事责任、行政责任、刑事责任,符合逻辑学关于划分的规则吗?不符合。因为这样划分犯了"子项相容"的逻辑错误。

① 参见《中国大百科全书·法学》,中国大百科全书出版社1984年版,第85页;孙国华、朱景文主编:《法理学》,中国人民大学出版社1999年版,第303—306页;《全国人大常委会法制讲座汇编》(第二辑),中国民主法制出版社2000年版,第41页;张福森主编:《干部法律知识读本》,法律出版社2001年版,第26—28页;沈宗灵主编:《法理学》,北京大学出版社2003年版,第304—313页;卓泽渊主编:《法学导论》,法律出版社2003年版,第26—28页。

逻辑学告诉我们，子项的外延必须互不相容，是划分的规则之一。而民事责任中的惩罚性违约金、行政责任中的罚款、刑事责任中的罚金，虽然使用的语词各异，但实质相同；再看行政责任中的没收违法所得、没收非法财物与刑事责任中的没收财产，也是语词不同，实质一样。这样，由于划分出的上述子项之间即种概念之间是相容关系，就达不到通过划分以明确法律责任这个属概念外延的目的。

其二，对于法律责任形式种类问题上的观念是否需要创新？应该怎么创新？

应该创新，这是肯定的。法律责任形式种类问题上的传统观念不能成立，决定了在这个问题上必须解放思想，进行观念的创新。

怎么创新？笔者主张，应该按照承担法律责任的内容的不同，对法律责任形式进行连续划分，以建立法律责任体系的结构。这样，一是可以做到各子项的外延之间互不相容；二是可以吸取我国长期以来在法制建设的实践中，关于法律责任具体形式所作出的大量规定中所积累的经验；三是符合在新形势下进一步健全社会主义法制的实际需要。

对于法律责任形式，按照其是否直接具有物质利益的内容，可以把它划分为虽有密切联系、但有本质区别的经济责任和非经济责任。这是第一次划分。然后，还可以继续进行划分。以上说的经济责任即财产责任，是指由于违反法律义务而引起的物质利益上的法定不利后果。对于经济责任，又可以划分为补偿性经济责任和惩罚性经济责任。补偿性经济责任，是指由于违反法律义务而引起的在物质利益上承担弥补、赔偿损失的法定不利后果。惩罚性经济责任，是指由于违反法律义务而引起的在物质利益上被惩戒、处罚的法定不利后果。非经济责任即非财产责任，是指由于违反法律义务而引起的非物质利益上的法定不利后果。对于非经济责任，又可以划分为行为责任、信誉责任、资格减免责任和人身责任。行为责任，是指由于违反法律义务而引起的必须为或者禁止为规定行为的法定不利后果。信誉责任，是指由于违反法律义务而引起的信用和声誉上的法定不利后果。资格减免责任，是指由于违反法律义务而引起的被限制或者取消从事相关活动所应具备的身份的法定不利后果。人身责任，是指由于违反法律义务而引起的被剥夺人身自由以至生命的法定不利后果。

(2) 经济法责任形式的种类

经济法是法的体系中的一个独立的法的部门。上述法律责任形式的种类也适用于经济法。就是说：经济法责任形式也有经济责任和非经济责任之分；经济责任又有补偿性经济责任和惩罚性经济责任之分；非经济责任又有行为责任、信誉责任、资格减免责任和人身责任之分。还需要指出，上述法律责任形式的种类也适用于民法、行政法等法的部门。

但是，不同法的部门的法律责任的具体形式除了共性以外，也有个性。根据我国《反垄断法》、《预算法》、《税收征收管理法》、《政府采购法》、《中国人民银行法》等法律的有关规定,有些法律责任的具体责任形式是经济法所特有的。例如:责令停止实施集中、限期处分股份或资产、限期转让营业以及采取其他必要措施恢复到集中前的状态;责令退还或者追回国库库款;扣缴税款,追缴少缴、欠缴或拒缴的税款,追征税款,追缴骗取的出口退税款,责令限期缴纳税款、解缴税款,收缴违法的纳税人、扣缴义务人的发票或停止向其发售发票;终止采购人的采购活动,停止按预算向采购人支付资金,禁止参加政府采购活动,取消采购代理机构进行相关业务的资格,取消集中采购机构代理采购的资格;销毁非法使用的人民币图样;等等。

(三) 建立和完善经济法责任制度的意义

1. 建立和完善经济法责任制度是提高经济法制定的质量的需要

如何对待经济法责任制度,是影响经济法制定质量的重要原因之一。实行依法治国,必须增强法治观念。法治"治"谁?答案有三:"治"官;"治"民;既"治"官又"治"民。笔者赞同第三种答案。可是,有些领导部门和领导干部,却有这样的认识和态度:经济法的制定是为了管老百姓的,管下级部门的,而不是管自己的,因此,往往想通过经济法的制定把自己的权力规定得越大越好,自己的义务规定得越少越好,自己的责任规定得越轻越好;如果经济法的制定要使自己的行为受到约束,违反了义务要承担法律责任,那么,这样的法律以不制定为好。这种错误的认识和态度表明,有些人虽然口头上也在喊"依法治国",实际上,他们的法治观念接近于零。我们知道,法是由法律规范组成的;法律规范的逻辑构成包括假定、行为模式、法律后果三个部分;规范性是法的一个基本特征。可是,在我国制定的经济法规范性文件中,出现了如下不符合要求的情况:有些没有对经济法责任作出规定;有些对经济法责任作出的规定不明确、不全面;有些对经济法责任作出了规定,但是对执法机关及其职责、执法机关不执法的后果未作规定或规定不明确。这就致使有关经济法的法律、法规、规章缺乏规范性或者规范性很差,质量成了问题。

2. 建立和完善经济法责任制度是保证经济法实施的需要

是否规定和怎样规定经济法责任,是影响经济法实施效果的一个重要因素。改革开放以来,我国在经济法的实施方面取得了相当大的成绩。但是,还存着不少问题。之所以存在这些问题,重要原因之一是,有些经济法规范性文件规定了经济法的权利和义务,但是没有规定或者没有明确地、全面地规定违反经济法义务的不利法律后果,从而使关于经济法权利和义务的规定的实施得不到强有力的法律保障,严重地影响了经济法的实施效果。实际情况表明,我国的经济法责任制度虽已基本建立,但是尚未完全建立,更谈不上完善。所以,要保证经济法的实施,必须建立和完善经济法责任制度。

3. 经济法责任独立性问题辨析

以上分析表明,建立和完善经济法责任制度具有重要意义。但是,不能把经济法责任制度的重要性强调到不适当的高度。比如,能否认为经济法部门的独立性决定了经济法责任的独立性呢?不能。能否认为只有确立了经济法责任的独立地位,才能真正确立经济法部门的独立地位呢?也不能。应该说:肯定经济法是一个独立的法的部门是对的,这是一个早就解决了的问题;为了维护经济法部门的独立地位而强调经济法责任的独立性的愿望是好的,但是,善良的愿望不一定是科学的。这里有必要指出两点:一是我们不能因为其他学科的一些学者说民法、行政法、刑法的独立性决定了民事责任、行政责任、刑事责任的独立性,就跟着说经济法部门的独立性决定了经济法责任的独立性。笔者在前面已经从三个方面论述了认为法的部门的独立性决定法律责任形式的独立性的观点是不能成立的。根据同样的理由,也不能认为经济法部门的独立性决定了经济法责任的独立性。二是法的调整对象是划分法的部门的标准,经济法之所以是一个独立的法的部门决定于它具有特定的调整对象,而不决定于所谓经济法责任的独立地位。

(四)建立和完善经济法责任制度的对策

经济法责任制度是经济法制度的重要内容之一。在建立和完善经济法责任制度的过程中,要应用本书第十三章所论述的经济法制定的六项基本经验;同时,有必要采取以下两方面对策:

1. 加强对经济法责任制度的理论研究,提高对建立和完善经济法责任制度的认识

经济法责任理论是经济法基本理论的重要组成部分。但是,目前对经济法责任理论的研究还比较薄弱,人们在建立和完善经济法责任制度的认识上还有不少意见分歧。因此,要进一步加强对经济法责任制度的研究,为建立和完善经济法责任制度提供理论支持,提高人们对于建立和完善经济法责任制度的认识。

从目前的情况来看,需要着重对下列问题进行研究,提高认识:一是法律责任与经济法责任的概念。关于法律责任的概念,要研究并搞清楚:对法律责任的概念问题上的不同观点应该如何评析?对法律责任这一概念应该下一个什么样的定义?其基本含义是什么?关于经济法责任的概念,要研究并搞清楚:关于经济法的法律责任究竟使用什么语词才是准确表达概念的语言形式?对经济法责任的概念问题上的不同观点应该如何评析?对经济法责任这一概念应该下一个什么样的定义?其基本含义是什么?二是法律责任与经济法责任的形式。关于法律责任形式,要研究并搞清楚:什么是法律责任形式?对法律责任形式种类问题上的传统观念应该如何评析?在这个问题上的观念是否需要创新?怎么创

新？关于经济法责任形式,要研究并搞清楚:什么是经济法责任形式？经济法责任形式的种类有哪些？除了与其他法的部门共有的法律责任形式以外,经济法有哪些特有的法律责任形式？三是建立和完善经济法责任制度的意义。关于这个问题,要研究并搞清楚:建立和完善经济法责任制度与提高经济法制定的质量是什么关系？与保证经济法实施是什么关系？四是建立和完善经济法责任制度的对策。关于这个问题,要着重研究并搞清楚:为什么要加强对经济法责任制度的理论研究,提高对建立和完善经济法责任制度的认识？怎样加强和改进关于经济法责任制度的立法？

2. 加强和改进关于经济法责任制度的立法

在经济法制定的过程中,为了提高经济法制定的质量,要高度重视强化经济法的法律、法规、规章等规范性文件的规范性。为此,必须处理好三个关系:一是关于经济法权利义务与法律后果之间的关系;二是关于法定的有利后果与法定的不利后果之间的关系;三是关于不同的经济法律责任形式之间的关系。

对于我国现行的经济法规范性文件中关于经济法责任的规定,要根据不同情况,区别对待:有些规定符合经济社会发展需要的,应予保留,并保证实施;有些规定不符合经济社会发展需要的,应予修改;有些需要规定而未作规定的,应予补充。

为了建立和完善经济法责任制度,强化经济法的实施,不仅要总结经济法责任制度发展的历史经验,从中找到规律性的东西,用以指导经济法责任制度的建立和完善,而且要注意了解经济法责任制度建设的新情况,总结新经验,解决新问题。

结论
“国家协调论”的主要观点

本书对“国家协调论”的一系列问题进行了全面、系统的论述。下面概括了十六个方面的60个观点,即“国家协调论”的主要观点,作为本书的结论。

一、经济法学的概念和地位

(1) 经济法学的概念

经济法学是研究经济法及其发展规律的法学学科。它属于法学的范畴,是一门法学学科。经济法学以经济法及其发展规律为研究对象。它不仅研究经济法,而且研究经济法的发展规律;不仅研究经济法的现状,而且研究经济法的历史;不仅研究静态的经济法,而且研究动态的经济法。

(2) 经济法学的地位

经济法学的地位,是指经济法学在法学体系中所处的位置。所谓法学体系,是由多层次的、门类齐全的法学分支学科组成的有机联系的统一整体。根据实践的需要,可以按照不同的标准,对法学进行连续划分。

明确经济法学的地位,最重要的是要了解经济法学具有特定的研究对象,是法学体系中的一门独立学科;同时,也应了解它是一门国内法学,一门应用法学,一门新兴学科,一门重要学科。

二、经济法学与经济法的关系

(3) 正确认识经济法学与经济法的关系的重要性

经济法是一个独立的法的部门,经济法学是一门独立的法学学科,它们之间有联系,有区别,不应混淆。这是从事经济法的制度建设和经济法的理论研究必须首先要明确的一个基本问题。那种认为经济法既是一个法的部门,又是一门法学学科的观点，不能说是正确的。

(4) 经济法学和经济法的联系

它们的联系主要表现在两个方面：一是没有经济法，就不会有经济法学。因为没有经济法就不会有它的发展规律，没有经济法及其发展规律，就不存在经济法学的研究对象，也就没有经济法学。二是经济法学的产生和发展，为经济法的进一步发展开辟了道路。因为经济法学的产生和发展，有助于明确需要制定、认可和修改完善哪些经济法律规范，应该采取哪些正确的立法对策，这样就可以使经济法律规范的数量不断增加，质量日益提高，从而推动经济法的发展。

(5) 经济法学和经济法的区别

它们的区别主要表现在三个方面：一是经济法学是法学体系中的一门独立的学科；经济法是法的体系中的一个独立的部门。二是经济法学具有特定的研究对象；经济法具有特定的调整对象。三是经济法学是人们从事学术研究的产物，没有法律约束力；经济法是由国家制定或认可的，由国家强制力保证实施。

三、研究经济法的指导思想和方法

(6) 研究经济法的指导思想

马克思主义哲学，即辩证唯物主义和历史唯物主义，是关于自然、社会和人类思维的一般规律的科学，是科学的世界观和方法论的统一。研究经济法，必须以辩证唯物主义和历史唯物主义为指导思想和根本方法，决不能搞指导思想多元化。

(7) 研究经济法的方法

研究经济法的方法要体现研究经济法的指导思想；研究经济法的方法的创新不能离开研究经济法的指导思想。研究经济法需要采取的多种方法，其中包括社会调查方法、历史考察方法、阶级分析方法、经济和社会效益分析方法、博弈分析方法、系统分析方法、比较研究方法和语义分析方法等。

四、经济法的产生和发展

(8) 经济法产生和发展的必然性

经济法是生产力与生产关系、经济基础与上层建筑矛盾运动的必然产物。经济法是由经济法律规范组成的。通过经济法的立法，经济法律规范达到了相当多的数量，也就事实上产生了经济法。它既不是在人们提出经济法这一概念的时候才产生的，也不是在人们承认了它是一个独立的法的部门的时候才存在的。

无论在中国还是外国，经济法的立法不断加强，经济法律规范日益增加，这是社会经济关系发展变化的客观要求。经济法的发展是不依人们的意志为转移的。

(9) 前资本主义国家经济法的内容和特征

前资本主义国家经济法的内容，主要包括关于土地管理、农业管理、手工业管理、商业管理、对外贸易管理和财政（包括税收等，下同）等方面的法律规定。奴隶制国家和封建制国家制定和认可的大量经济法律规范表明，经济法在古代社会的产生和存在是客观事实。

前资本主义国家经济法的主要特征是：体现奴隶主或封建主阶级的意志；公开维护等级特权；协调本国经济运行主要运用直接手段；经济法律规范以“诸法合体”的法典为主要表现形式①。

(10) 资本主义国家经济法的内容和特征

资本主义国家经济法的内容，主要包括关于市场监管、计划、行业管理和产业发展、财政、金融、价格等方面的法律规定。

资本主义国家经济法的主要特征是：体现资产阶级的意志；形式上平等，事实上不平等；协调本国经济运行以间接手段为主；经济法律规范以单行经济法的法律、法规为主要表现形式②。

(11) 社会主义国家经济法的内容和特征

社会主义国家经济法的内容，主要包括关于市场监管、计划和统计、行业管理和产业发展、财政、金融、价格、会计和审计等方面的法律规定。

社会主义国家经济法的主要特征是：体现以工人阶级为领导的全国人民的意志；注重事实上的平等，促进共同富裕；协调本国经济运行从直接手段为主转变为间接手段为主；经济法律规范以单行经济法的法律、法规为主要表现形式。

五、经济法学的产生和发展

(12) 判断经济法学产生与否的标准

经济法学的产生，必须具备两个条件：一是经济法的产生；二是有了一批从事经济法教学和研究工作的学者。

判断经济法学产生与否的标准是，在已经具备经济法学产生的必要条件的基础上，经济法的研究是否已经取得了相当大的成就，发表和出版了一批经济法的论著。

---

① 但在有些奴隶制国家、封建制国家的有些时期，以非制定法为主要表现形式。

② 但在有些资本主义国家，非制定法的地位十分重要。

(13) 经济法学的产生

在国外,经济法学首先产生于20世纪20年代的德国。在第一次世界大战期间和战后,德国制定了不少经济法的法律。这一新的法律现象,引起了德国法学界的广泛关注,并进行了集中研究,取得了一系列研究成果,发表和出版了一批经济法的论著,从而产生了经济法学。

中国的经济法学是在1979年以后,随着我国的工作重点转移到社会主义现代化建设上来和改革开放的实行,随着经济法立法的加强,随着经济法教学、研究工作的开展和一批经济法论著的问世而产生的。

(14) 外国经济法学的发展

经济法学产生后,先后在德国、法国、比利时、荷兰、意大利等西欧国家和日本,以及苏联和东欧一些社会主义国家,得到了相当大的发展。

在外国经济法学发展的过程中,产生了多种关于经济法的理论,在经济法的概念、调整对象、地位、体系等问题上,提出了许多不同的观点。其中,对经济法学的发展做出积极贡献的,主要是一些肯定而不是否定经济法是一个独立的法的部门的学者。

外国经济法学的发展不是一帆风顺的,而是走过了一条曲折地向前发展的道路;特别是在苏联,经济法学的发展所受到的挫折极为严重。

(15) 中国经济法学的发展

我国经济法学的发展经历了两个阶段:从1979年至1992年实行有计划商品经济时期,是经济法学初步发展的阶段;从1993年以来建立和完善社会主义市场经济体制时期,是经济法学走向成熟的阶段。在我国经济法学发展的过程中,形成了多种关于经济法的理论,对经济法的概念、调整对象、地位、体系、理念、基本原则、制定和实施等问题进行了探讨和研究。其中,有些自成系统的经济法理论,集中体现了我国经济法研究的学术水平和丰硕成果。

我国的经济法学,产生得晚,发展得快。实践表明,三十年来我国法学领域革命性变革的一个突出成就,不仅是在我国创立了一门独立而重要的学科——经济法学,而且人们相当普遍地承认了经济法是一个独立而重要的法的部门,对经济法的许多重大理论问题和实际问题的研究正在不断深入。目前,从总体上来说,与国外经济法学的发展相比,中国正在、甚至已经走到了世界的前列。

我国经济法学在自己的发展过程中曾经遇到过种种阻力,走过曲折的道路。但是,新生事物具有强大的生命力,年轻的中国社会主义经济法学仍然以任何原有法学学科无可比拟的速度向前发展着。

六、经济法的概念

(16) 研究经济法概念的重要性

经济法的概念问题是经济法理论中的首要问题。深入研究并准确了解经济法的概念,是发展经济法学的需要,是健全经济法制的需要,是实行依法治国、建设社会主义法治国家的需要。

(17) 经济法概念的语源

摩莱里(Morelly)在1955年出版的《自然法典》一书中首先提出和使用了经济法这一概念。后来,德萨米(T. Dezamy)发展了摩莱里的经济法思想。最早使用经济法这一概念的不是尼古拉·博多(Nicolas Baudeau)。对于蒲鲁东(P. J. Proudhon)的法学思想和经济法观点,必须联系当时的历史背景和蒲鲁东的整个思想体系来进行分析,以揭示其实质。自从20世纪以来,在国外、特别是1979年以来的中国,经济法这一概念被广泛使用不是偶然的。

(18) 对经济法这一概念下定义应该注意的问题

应该注意的问题主要有:要明确经济法的定义与经济法概念的关系;经济法的定义与对经济法的有关论述要相互一致;在经济法的定义中,要正确地概括经济法的调整对象;在经济法的定义中,不需要讲各种法律规范共有的属性;在经济法的定义中,不必列举经济法的主体;在经济法的定义中,不应当使用含混的概念;在经济法的定义中,定义项的外延与被定义项的外延应该相等;在经济法的定义中,要指出经济法是以特定经济关系为调整对象的法律规范的总称。

(19) 经济法的定义及其基本含义

经济法是调整在国家协调的本国经济运行过程中发生的经济关系的法律规范的总称。这个定义有三个基本含义:一是经济法属于法的范畴。经济法同其他法的部门都是由法律规范组成的。它与其他法的部门有着普遍的联系。二是经济法属于国内法体系。国内法,是指由一个国家制定或认可的法律规范的总称。制定或认可经济法律规范的是一个国家,而不是两个以上国家。因此,经济法属于国内法体系,不属于国际法体系,不同于国际经济法。三是经济法不同于国内法体系中的其他法的部门。经济法不调整一切经济关系,更不调整非经济关系,而只调整特定的经济关系;这种经济关系是在"本国经济运行"过程中发生的;这种本国经济运行体现了"国家协调"。因此,经济法又不同于属于国内法体系的民法、行政法等法的部门。

七、经济法的调整对象

(20) 研究经济法调整对象的重要性

要对“经济法”这一概念下一个科学的定义,最重要的是要明确经济法的调整对象。经济法是不是一个独立的法的部门,决定于经济法是否具有特定的调整对象。经济法体系的结构,是由作为经济法调整对象的特定经济关系的结构决定的。可见,明确经济法有没有特定的调整对象以及它的特定调整对象是什么,这是准确了解“经济法”这一概念的关键,是搞清楚为什么经济法是一个独立的法的部门的关键,是弄明白经济法体系的结构的关键。

(21) 衡量经济法调整对象问题上的观点正确与否的标准

“真理的标准只能是社会的实践。实践的观点是辩证唯物论的认识论之第一的和基本的观点。”[①]衡量经济法调整对象问题上的观点正确与否的标准,只能是社会的实践。现阶段,在我国,最大量、最重要的实践是坚持“四项基本原则”和社会主义改革开放,是社会主义现代化建设。因此,应该根据坚持“四项基本原则”和社会主义改革开放的需要,根据社会主义现代化建设的需要,来确定我国社会主义经济法的调整对象。

坚持辩证唯物主义观点,不能以持不同观点者人数的多少、以持不同观点者职称和职务的高低、以各种不同的观点中哪一种符合国内外的传统说法或符合国内外的现行法律规定,作为衡量经济法调整对象问题上的观点正确与否的标准。

(22) 经济法具有特定的调整对象

经济法的调整对象有一定的范围,而不是漫无边际、捉摸不定的;经济法的调整对象同其他法的部门的调整对象是有区别的,是可以分开的。所以说,经济法具有特定的调整对象。直接否认经济法具有特定调整对象的观点,明显不妥。调整对象问题上的“交叉论”、“重叠论”,也值得商榷。因为这“两论”实际上否定了经济法、民法、行政法各自具有特定的调整对象,并进而会导致否定经济法、民法、行政法都是独立的法的部门。

(23) 经济法的特定调整对象是特定的经济关系

经济关系是通过物而形成的人与人之间的关系,简称物质关系或物质利益关系。要明确“经济关系”这一概念,还需要搞清楚经济关系与财产关系、生产关系的关系。可以说,经济关系、财产关系、生产关系都是通过物而形成的社会关系,都是物质关系而不是思想关系。这是三个从不同角度出发使用的同义词。

① 《毛泽东选集》第1卷,人民出版社1991年版,第284页。

经济法的调整对象不是一切经济关系,更不是其他社会关系。经济法律关系,是指根据经济法的规定发生的权利义务关系。把经济法律关系或经济权利义务关系视为经济法的调整对象,是不正确的。

(24) 经济法调整的特定经济关系是在国家协调的本国经济运行过程中发生的经济关系

国家协调,是指国家运用法律的和非法律的手段,使经济运行符合客观规律的要求,推动国民经济的发展。不同社会制度的国家,经济运行都不能没有国家协调。但在不同的国家以及同一个国家的不同时期,国家对经济运行进行协调的广度和深度、内容和方式是不同的,甚至有很大不同。

在国家协调的本国经济运行过程中发生的经济关系由经济法调整,能够体现经济法是国家协调本国经济运行之法,以实现经济法的基本功能。在社会主义市场经济条件下,在国家协调的本国经济运行过程中发生的经济关系的表现形式,包括市场监管关系和宏观调控关系。市场监管关系是在国家进行市场监督、管理过程中发生的经济关系。宏观调控关系是在国家对国民经济总体活动进行调节、控制过程中发生的经济关系。这两种经济关系应该由经济法调整。

八、经济法的地位

(25) 经济法地位的概念

经济法的地位,即经济法在法的体系中所处的位置。为了明确其含义,要搞清楚何谓法的体系,经济法在法的体系中是不是一个独立而重要的法的部门,它与其他法的部门是什么关系,它是否属于公法的范围。

法的体系是由多层次的、门类齐全的法的部门组成的有机联系的统一整体。它不同于规范性文件体系,即由多层次的、门类齐全的规范性文件组成的有机联系的统一整体;不同于中国特色社会主义法律体系,即符合中国国情的、体现社会主义基本制度要求的规范性文件体系;也不同于法学体系,即由多层次的、门类齐全的法学分支学科组成的有机联系的统一整体。

(26) 经济法是一个独立的法的部门

对于现行的法律规范,可以根据其调整对象的不同进行划分。凡是调整特定社会关系的全部现行法律规范,就组成一个独立的法律部门。也就是说,独立的法的部门,是指调整特定社会关系的现行法律规范的总称。

每一个独立的法的部门,必有自己特定的调整对象。法的调整对象是划分法的部门的标准。经济法是不是一个独立的法的部门,决定于经济法是否具有特定的调整对象。由于经济法的调整对象有一定的范围,它的调整对象同其他法的部门的调整对象是可以分开的,因此,经济法具有特定的调整对象,是一个独立的法的部门。

(27) 经济法是一个重要的法的部门

一个法的部门重要性如何,决定于该法作用的大小。经济法之所以是一个重要的法的部门,是因为它作为国家协调本国经济运行之法,对于保护经济法主体的合法权益,维护经济秩序,促进资源的优化配置,提高经济效益,保障国家经济安全,推动经济社会协调发展,发挥了重要作用。

(28) 经济法与相关法的关系

民法是调整平等的财产关系和人身关系的法律规范的总称。行政法是调整行政管理关系的法律规范的总称。经济法与民法、行政法既有密切的联系,又有重要区别。在国内法体系中,它们都是独立而重要的法的部门。它们之间是并列关系,而不是从属关系,也不是交叉关系。

国际经济法是调整在两个以上国家共同协调的国际经济运行过程中发生的经济关系的法律规范的总称。经济法与国际经济法虽然是分别属于国内法体系和国际法体系的两个独立而重要的法的部门,但它们既有密切的联系,又有重要区别。在整个法的体系中,它们是并列关系,而不是从属关系或交叉关系。

(29) 经济法的法域属性

关于划分公法和私法的标准,需要在吸取划分公法、私法的有关理论长处的基础上,确立一种新的理论——"对象论",即以调整对象作为划分公法和私法的标准。据此,笔者认为:公法是调整服从关系的法律规范的总称;私法是调整平等关系的法律规范的总称。

不少经济法律、经济法规中同时具有公法、私法规范,这是事实。但是,不能以此为"理由",认为经济法具有"兼容"、"兼顾"或"兼具"公法和私法的性质,或者认为是"第三法域"或第三法域的组成部分。因为经济法是由经济法律规范组成的,它不是经济法律、经济法规等规范性文件的总称。

由于调整对象是划分公法和私法的标准,公法是调整服从关系的,经济法调整的经济关系属于服从关系的范围,经济法规范是公法规范,因此,经济法属于公法的范围。

九、经济法的体系

(30) 经济法体系的概念

经济法体系是由多层次的、门类齐全的经济法部门组成的有机联系的统一整体。它不同于经济立法体系,即由列入经济立法规划的,多层次的、门类齐全的规范性文件组成的有机联系的统一整体;不同于调整经济关系的规范性文件体系,即由调整经济关系的,多层次的、门类齐全的规范性文件组成的有机联系的统一整体;不同于社会主义市场经济法律体系,即由调整社会主义市场经济关系的,多层次的、门类齐全的规范性文件组成的有机联系的统一整体;也不同于经济法学体系,即由多层次的、门类齐全的经济法学的分支学科组成的有机联系的统一整体。

(31) 形成经济法体系的结构的依据

形成经济法体系的结构的依据,是经济法调整对象的结构。经济法是以特定经济关系为调整对象的;不同层次的经济法部门是以不同层次的特定经济关系为调整对象的;各个层次的不同门类的经济法部门是以各该层次的特定经济关系的不同方面为调整对象的。因此,经济法体系的结构,决定于作为经济法所调整的特定经济关系的结构。

如前所述,经济法调整的特定经济关系,是在国家协调的本国经济运行过程中发生的经济关系。这种经济关系有层次之分和门类之别,它们分别成为不同层次、不同门类经济法部门的调整对象。

(32) 经济法体系的结构的内容之一:市场监管法

市场监管法,是指调整在国家进行市场监督、管理过程中发生的经济关系的法律规范的总称。

市场监管法是经济法体系中的一个独立而重要的法的部门。

市场监管法体系是由多层次的、门类齐全的市场监管法部门组成的有机联系的统一整体。

根据实践的需要,对于市场监管法,可以按照不同的标准进行多种不同的划分。按照调整对象为标准,可以将市场监管法划分为市场准入与退出法、竞争法、消费者权益保护法、产品质量法等。这种划分可以连续进行①,从而形成多层次的、门类齐全的市场监管法体系。

市场准入与退出法,是指调整在准许个人、组织及业务依照法定的条件和程序进入市场以及已经进入市场的主体及业务依照法定的条件和程序离开市场过程中发生的经济关系的法律规范的总称。

竞争法,是指调整在反对垄断和不正当竞争过程中发生的经济关系的法律规范的总称。

消费者权益保护法,是指调整在保护个人为生活消费而购买、使用商品或接受服务所享有的权利和利益过程中所发生的经济关系的法律规范的总称。

产品质量法,是指调整在对产品应当具有符合规定要求的特性进行监督、管理过程中发生的经济关系的法律规范的总称。

(33) 经济法体系的结构的内容之二:宏观调控法

宏观调控法,是指调整在对国民经济总体活动进行调节、控制的过程中发生

① 例如,按照调整对象为标准,可以将竞争法划分为反垄断法和反不正当竞争法。

的经济关系的法律规范的总称。

宏观调控法是经济法体系中的一个独立而重要的法的部门。

宏观调控法的体系是由多层次的、门类齐全的宏观调控法部门组成的有机联系的统一整体。

根据实践的需要，对于宏观调控法，可以按照不同的标准进行多种不同的划分。按照调整对象为标准，可以将宏观调控法划分为计划法、财政法、中央银行法、价格调控法等。这种划分可以连续进行①，从而形成多层次的、门类齐全的宏观调控法体系。

计划法，是指调整在国家制定和实施未来规定时期内国民经济和社会发展目标与实现该目标的措施的方案过程中发生的经济关系的法律规范的总称。

财政法，是指调整在国家为了实现其职能而凭借其政治权力，参与国民收入的分配和再分配的经济活动过程中发生的经济关系的法律规范的总称。

中央银行法，是指调整在金融宏观调控过程中发生的经济关系的法律规范的总称。

价格调控法，是指调整在运用价格杠杆进行宏观调控过程中发生的经济关系的法律规范的总称。

十、经济法的主体

(34) 经济法主体的概念

经济法主体，即经济法律关系主体，是指根据经济法的规定发生的权利和义务关系的参加者。简言之，经济法主体，是指经济法律关系的参加者。

经济法主体不同于经济关系主体，不同于创制经济法的主体，不同于民法、行政法、国际经济法等法的主体。

(35) 经济法主体的体系

经济法主体体系，是指由多层次的、门类齐全的经济法律关系的参加者组成的有机联系的统一整体。

就各个层次、各个门类的经济法主体的内部结构而言，都是“二元结构”。例如，第一层次的经济法主体，包括国家协调主体和国家协调受体；第二层次的市场监管法主体、宏观调控法主体，分别包括市场监管主体和市场监管受体、宏观调控主体和宏观调控受体。

行业性中介组织不属于国家协调主体的范围，在一定条件下可以成为国家

① 例如：按照调整对象为标准，可以将财政法划分为财政收入法和财政支出法；将财政收入法划分为税法、国债法等，将财政支出法划分为政府采购法、转移支付法等。

协调受体。

(36) 经济法主体资格的取得

经济法主体资格,是指经济法律关系参加者的法律人格。这种法律人格表明了经济法主体的法律地位,具体体现为它享有经济法规定的权利(职权),履行经济法规定的义务(职责)。

经济法主体资格的取得,是指社会实体依法成为经济法律关系参加者的法律人格。

社会实体取得经济法主体资格的法律依据包括:宪法;国家机关组织法;其他法律,特别是有关经济法律;有关经济法规和其他规范性文件。

在我国,经济法主体资格的取得方式主要有:根据宪法、法律、法规的规定或者根据有关国家机关的决定、命令和特别授权而取得;经审批(特许)和登记注册而取得;经登记注册而取得;经法律、法规认可而取得。

(37) 经济法主体的权利(职权)和义务(职责)

从广义上讲,经济法主体的权利和义务既包括国家协调主体的职权和职责,也包括国家协调受体的权利和义务。从狭义上讲,经济法主体的权利和义务,仅指国家协调受体的权利和义务。

国家协调主体的职权,是指依照经济法的规定,国家协调主体具有自己作为或不作为和要求他人作为或不作为的资格。国家协调主体的职责,是指依照经济法的规定,国家协调主体必须作为或不作为的责任。

国家协调受体的权利,是指依照经济法的规定,国家协调受体具有自己作为或不作为和要求他人作为或不作为的资格。国家协调受体的义务,是指依照经济法的规定,国家协调受体必须作为或不作为的责任。

国家协调主体包括市场监管主体和宏观调控主体。对于市场监管主体和宏观调控主体的职权和职责的内容,根据实践的需要,可以按照不同的标准进行连续划分。

国家协调受体包括市场监管受体和宏观调控受体。对于市场监管受体和宏观调控受体的权利和义务的内容,根据实践的需要,也可以按照不同的标准进行连续划分。

十一、经济法的理念

(38) 经济法的理念的概念

理念,是指人们关于追求的目标及其实现途径的基本观念。

法的理念,是指人们关于法的宗旨及其实现途径的基本观念。

经济法的理念,是指人们关于经济法的宗旨及其实现途径的基本观念。

(39) 经济法理念的内容

经济法理念的内容,包括经济法的宗旨和经济法宗旨的实现途径。

经济法的宗旨,是指贯穿于经济法之中的,创制和实施经济法所追求的目标。在现代市场经济条件下,经济法宗旨的内容可以概括为:维护市场经济秩序,防止和消除经济运行中的总量失衡和结构失调,优化资源配置,保障国家经济安全,推动经济发展和社会进步,以实现经济法主体利益的协调发展。从维护掌握国家政权的阶级的根本利益出发,实现经济法主体利益的协调发展,是经济法宗旨的基本内容。

经济法宗旨的实现途径,是指贯穿于经济法之中的,实现经济法宗旨的路径、方法。在现代市场经济条件下,经济法宗旨的实现途径的内容可以概括为:将经济法协调主体的市场监管行为、宏观调控行为和经济法协调受体的经济活动纳入经济法制轨道,以实现对本国经济运行依法进行国家协调。对本国经济运行依法进行国家协调,是经济法宗旨实现途径的基本内容。

(40) 认为经济法是以社会为本位,只维护社会公共利益的观点,值得商榷

多年来,在经济法学界,流行着这样一种观点:公法以国家为本位,维护国家利益;私法以个人为本位,维护私人利益;社会法以社会为本位,维护社会公共利益。又说,经济法正是以社会为本位,维护社会公共利益的。似乎经济法只是维护社会公共利益而不维护国家利益、私人利益的。

应该指出,所谓社会公共利益,是指全体社会成员的共同利益。马克思主义认为:国家与法都具有阶级性和社会性,其中阶级性是主要的;都具有政治职能和社会职能,其中政治职能是主要的。经济法具有维护社会公共利益的一面,但不是只维护社会公共利益;它还维护个人利益、集体利益、国家利益;国家利益实质上是掌握国家政权的阶级的利益。经济法以外的其他法不是只维护国家利益或私人利益而不维护社会公共利益的。

那种认为经济法只是维护社会公共利益而不维护其他利益的观点,认为只有经济法才维护社会公共利益而其他法不维护社会公共利益的观点,都是不符合实际情况的,不符合现行法律规定的,是违反阶级分析方法的,是片面的。

(41) 经济法理念的意义

经济法的理念有实然性与应然性之分。认真研究经济法理念的实然性,对于加深理解和切实实施经济法的现行规定,具有重要意义。认真研究经济法理念的应然性,对于发展经济法学,完善经济法制,不断推动经济法的制度创新,具有重要意义。

(42) 科学发展观与中国经济法的理念

科学发展观,是指以发展为第一要义,以坚持以人为本为核心,以全面、协调、可持续发展为基本要求,以统筹兼顾为根本方法,以促进经济社会和人的全

面发展为目标的,符合客观规律要求的发展理念。

落实科学发展观必须坚持以人为本[①];坚持以人为本,必须从人民群众的根本利益出发,实现中国经济法主体利益的协调发展。

落实科学发展观必须坚持统筹兼顾;坚持统筹兼顾,必须对我国经济运行依照体现科学发展观要求的经济法进行国家协调。

十二、经济法的基本原则

(43) 经济法基本原则的概念

经济法的基本原则,是指贯穿于各种经济法律规范之中的,在国家协调本国经济运行过程中必须遵循的根本准则。这就是说,它是“必须遵循的根本准则”,是“在国家协调本国经济运行过程中”必须遵循的根本准则,是“贯穿于各种经济法律规范之中的”根本准则。

(44) 经济法基本原则确认的标准

要被确认为经济法的基本原则,必须符合下列标准:一是它必须是一种法的原则。法的原则,是指贯穿于法律规范之中的,在法的实践中必须遵循的高级准则,是准则的准则。二是它必须是一种经济法的原则。经济法的原则,是指贯穿于经济法律规范之中的,在国家协调本国经济运行过程中必须遵循的高级准则。三是它必须是经济法原则中的基本原则。经济法的基本原则是从众多经济法的具体原则中概括出的、经济法领域最高层次的原则。它统率经济法的各种具体原则,是原则的原则。同经济法的具体原则相比,经济法的基本原则概括面更广,稳定性更强,适用范围更宽,效力层次更高,指导作用更大。

(45) 经济法基本原则的构成

经济法的基本原则与经济法的理念有着密切的联系:经济法的理念决定经济法的基本原则;经济法的基本原则体现经济法的理念。

经济法的基本原则由经济法主体利益协调原则和国家协调本国经济运行法定原则构成。对于经济法主体利益协调原则,需要指出三点:一是这里所说的“经济法主体”,包括各种经济法主体;二是“利益协调”不同于“利益平衡”;三是在社会制度不同的国家,经济法主体利益的协调具有重要区别。国家协调本国经济运行法定原则的内容有三:一是经济法主体法定;二是经济法主体的行为法定;三是经济法主体行为的后果法定。

① 我们党提出的以人为本即一切以人民群众为根本,是科学发展观的核心。而我国古代思想家提出的以人为本或民本思想的目的,主要是为了维持封建统治者的统治地位。近代西方人本主义思潮,在本质上是为资产阶级取得和维护统治地位服务的。

（46）经济法基本原则的作用

经济法基本原则对于经济法的创制、修改和废止，对于人们从现行的经济法律规范中正确地概括经济法的具体原则，具有指导作用。

在经济法律规范、经济法的具体原则、经济法的基本原则之间出现互不一致、相互抵触的情况下，经济法的基本原则可以作为人们判断上述法律规范和具体原则有效性的法律依据，有助于维护经济法制的统一。

认真研究并正确认识经济法的基本原则，有助于加深理解和切实实施各种现行的经济法律规范与经济法的具体原则。在缺乏可供适用的经济法律规范和经济法的具体原则的情况下，经济法的基本原则可以作为经济法主体维护自己合法权益、寻求法律救济的依据，可以作为经济执法机关和经济司法机关解决矛盾、处理纠纷、办理案件的依据。

（47）构建社会主义和谐社会与中国经济法的基本原则

我们党和我国人民所要构建的和谐社会是新型的、社会主义的和谐社会，是要“形成全体人民各尽其能、各得其所而又和谐相处的社会”①。它同传统的、非社会主义的所谓“和谐社会”具有本质区别。在国内外历史上，虽然先后产生过不少有关社会和谐的思想，但是，这些思想无不具有提出者阶级地位的烙印。不同阶级所要的“和谐”，具有不同的阶级实质。

构建社会主义和谐社会必须利益协调。利益协调需要中国经济法主体利益协调原则。在我国，经济法可以通过正确规定和实施各类经济法主体的权利、义务及其法律后果，以确认和分配利益，保障和促进利益的实现，使他们的利益得到协调发展。

构建社会主义和谐社会必须依法治国。依法治国需要中国经济法的国家协调本国经济运行法定原则。经济法主体法定、经济法主体的行为法定、经济法主体行为的后果法定，这是实行依法治国的必然要求，是构建社会主义和谐社会的必然要求。

十三、经济法的渊源

（48）经济法渊源的概念

经济法的实质渊源，是指经济法律规范来源于谁的意志。具体来说，经济法的实质渊源，是指经济法律规范来源于掌握国家政权的阶级的意志。

经济法的形式渊源，是指经济法律规范来源于何种法的形式。换言之，经济

① 中共中央：《关于加强党的执政能力建设的决定》（2004 年 9 月 19 日），载《人民日报》2004 年 9 月 27 日。

法的形式渊源,是指经济法律规范的表现形式。在中外法学论著中,经济法的渊源的概念,通常是从形式意义上使用的。

(49) 经济法渊源的种类

经济法的渊源有以下几种:一是制定法。制定法,是指由国家机关依照法定的职权和程序制定的,以规范性文件为表现形式的法。在当代,制定法是许多国家法的主要渊源,也是经济法的主要渊源。在我国,作为经济法渊源的制定法主要有以下规范性文件:宪法、法律、行政法规、地方性法规、自治条例和单行条例、部门规章、地方政府规章、特别行政区基本法和有关规范性文件。二是习惯法。习惯法,是指由国家认可并赋予法律约束力的习惯。在当代中国,习惯法也属于经济法的渊源,但不是主要渊源。三是判例法。判例法,是指由国家认可并赋予法律约束力的判例。在当代中国,除香港特别行政区外,有判例而没有判例法。四是法定解释。法定解释,亦称正式解释,是指对法律规范所作的具有法律效力的说明。在我国,法定解释包括立法解释、行政解释和司法解释。

十四、经济法的制定

(50) 经济法制定的概念

经济法的制定,是指国家机关依照法定的权限和程序制定经济法律规范的活动。经济法的制定不同于经济法的立法,因为经济法的立法,是指国家机关依照法定的职权和程序制定或认可经济法律规范的活动。经济法的制定不同于经济立法,因为经济立法,是指国家机关依照法定的职权和程序制定或认可调整各种经济关系的法律规范的活动。

(51) 经济法制定的基本经验

新中国经济法的制定有六项基本经验:一是以我国《宪法》为依据,坚持党的基本路线,落实科学发展观;二是坚持走群众路线,体现广大人民群众的根本利益,推进民主立法;三是正确处理数量与质量的关系;四是正确处理稳定性和变动性的关系;五是立足现实,面向未来;六是认真总结我国的经验,借鉴国外的经验。

(52) 建立和完善中国特色社会主义经济法规范性文件体系

中国特色社会主义经济法规范性文件体系,是指符合中国国情的,体现社会主义基本制度要求的,由多层次的、门类齐全的经济法规范性文件组成的有机联系的统一整体。

建立和完善中国特色社会主义经济法规范性文件体系,有助于使我国的经济法规范性文件符合中国国情,体现社会主义基本制度要求,成为有机联系的统一整体;有助于推动我国经济法的发展;有助于中国特色社会主义法律体系的建立和完善。

为了建立和完善中国特色社会主义经济法规范性文件体系,要统一对这一体系的概念以及建立和完善这一体系的重大意义的认识;要制定切实可行的立法规划;要抓紧制定和完善一批经济法规范性文件。

(53) 关于《经济法纲要》的制定

在需要制定的经济法规范性文件中,尤其要注意抓紧制定一部作为统率其他各种经济法规范性文件的基本法律——《经济法纲要》。这是建立和完善中国特色社会主义经济法规范性文件体系的内在要求;有助于维护经济法制度的统一;有助于完善社会主义市场经济体制,推动经济社会的发展。

在我国,制定《经济法纲要》已经具备了社会经济条件和法制环境,已经作了必要的理论准备。

为了制定好《经济法纲要》,需要采取的主要措施包括:加强关于《经济法纲要》的理论问题和实际问题的研究、讨论和宣传;将《经济法纲要》的制定早日列入国家立法规划;接着,着手起草《经济法纲要》;然后,将《经济法纲要》提交国家立法机关审议,并在全国人民代表大会通过后,由国家主席公布施行。

十五、经济法的实施

(54) 经济法实施的概念

经济法的实施,是指经济法律关系主体和国家司法机关实际施行经济法律规范的活动。它包括经济守法、经济执法、经济司法。

经济守法,是指国家协调受体遵守经济法律规范的活动。

经济执法,是指国家协调主体依照法定的职权和程序执行经济法律规范的活动。①

经济司法,是指国家司法机关依照法定的职权和程序处理经济法案件的活动。

(55) 经济法实施的基本经验

新中国经济法的实施有五项基本经验:一是深入开展全方位的经济法制教育,增强广大干部和群众的经济法制观念;二是加强经济执法、司法干部队伍的建设,提高其政治、业务素质;三是健全经济执法、司法机构;四是改革与完善经济执法、司法制度;五是建立和健全监督体系,全面加强对于经济守法、执法、司法的监督工作。

① 这一经济执法的定义是从狭义上讲的;从广义上讲的经济执法,还包括经济司法在内。

(56) 重建新的各级人民法院经济审判庭

健全经济执法、司法机构的一项重要内容,是重建新的各级人民法院经济审判庭。撤销经济审判庭是不符合我国现行的《人民法院组织法》关于设立经济审判庭的规定的。在司法实践中,违反经济法的案件不仅同违反其他法的案件具有不同的性质和特点,而且数量很多,因此,设立实施经济法的审判机构,有利于提高其适用实体法的专门化水平,提高审判人员的专业化水平,提高办案效率和办案质量,为经济法的实施提供可靠的司法保障,推动经济社会的发展。为了维护法律的尊严,强化经济法的实施,需要重建新的各级人民法院经济审判庭。

应该设立的审理违反经济法的经济纠纷案件的审判机构,仍然可以使用现行的《人民法院组织法》所规定的“经济审判庭”这个名称。当然,这不是简单地恢复原来的经济审判庭,而是重建新的经济审判庭。新的经济审判庭主要新在对最高人民法院原来所规定的受理案件的范围要作重大调整。

(57) 建立经济诉讼制度

改革与完善经济执法、司法制度的重要内容之一,是建立经济诉讼制度。违反经济法的经济纠纷案件与违反民法、行政法的案件性质不同,各有特点,因此,经济审判机构审理经济纠纷案件有必要建立经济诉讼制度。过去,最高人民法院确定的经济审判庭受理案件的范围多数是民事案件,主要适用《民事诉讼法》;同时,经济审判庭也受理一部分违反经济法的经济纠纷案件,运用《民事诉讼法》解决不了问题,于是最高人民法院另行作了不少相关的“司法解释”。但是,“司法解释”不能代替“立法”。所以,重建专门审理各种违反经济法的经济纠纷案件的新的经济审判机构,就需要制定一部《经济诉讼法》,以利于强化经济法的实施,健全经济法制。

十六、经济法的责任制度

(58) 经济法责任的概念

经济法责任是由于违反经济法义务而引起的经济法规范规定的不利后果。这里说的“经济法规范规定的不利后果”,也就是以各类制定法和非制定法为表现形式的经济法律规范规定的不利的法律后果或否定性法律后果。上述后果的种类和内容是由经济法规范规定的,经济法责任具有法定性。这种后果的承担是由国家强制力保证的,经济法责任具有国家强制性。之所以引起经济法规范规定的不利后果,“是由于违反经济法义务”,“违反经济法义务”具有违法性。

(59) 经济法责任的形式

经济法责任形式,是指由于违反经济法义务而引起的经济法规范规定的不利后果的表现方式。

按照经济法责任是否直接具有物质利益的内容，可以把它划分为经济责任和非经济责任。经济责任即财产责任，是指由于违反经济法义务而引起的物质利益上的法定不利后果。对于经济责任，又可以划分为补偿性经济责任和惩罚性经济责任。非经济责任即非财产责任，是指由于违反经济法义务而引起的非物质利益上的法定不利后果。对于非经济责任，又可以划分为行为责任、信誉责任、资格减免责任和人身责任。

(60) 建立和完善经济法责任制度的意义

在我国制定的经济法规范性文件中，有些没有对经济法责任作出规定或者规定得不明确、不全面；有些虽然对经济法责任作出了规定，但是对执法机关及其职责、执法机关不执法的后果未作规定或者规定不明确。这就致使这些经济法的规范性文件缺乏规范性或者规范性很差，质量成了问题。而经济法立法质量的上述问题，又必然导致关于经济法权利和义务的规定的实施得不到强有力的法律保障，影响了经济法的实施效果。因此，为了提高经济法制定的质量，保证经济法的实施，必须建立和完善经济法责任制度。